예기역주 1

禮記譯註 1

예기역주禮記譯註 1

초판 1쇄 인쇄 2024년 4월 21일
초판 1쇄 발행 2024년 4월 25일

지은이 / 정현鄭玄 주注, 진호陳澔 집설集說
옮긴이 / 장동우
인 쇄 / 북토리

펴낸곳 / 도서출판 동과서
경기 고양시 일산서구 송파로 151번길 24
등록번호 / 1996년 제22 - 405호
D.K.S. Publishing Co.
24, Songpa-ro 151 beon-gil, Ilsanseo-gu,
Goyang-si, Gyeonggi-do, Korea

전화 / (02)333-7533
팩스 / (02)6280-2353

값 45,000원

ISBN 978-89-6525-160-6 (94140)
978-89-6525-159-0 (세트)

잘못된 책은 교환해 드립니다.

예기역주 1

禮記譯註 1

정현鄭玄 주注 / 진호陳澔 집설集說

장동우 옮김

동과서

옮긴이 장동우 :

연세대학교 대학원에서 석사 및 박사학위를 받았으며, 대진대학교 인문학연구소 연구교수로 재직 중이다. 조선시대 『가례』에 대한 연구를 진행하고 있다. 저서로 『중국고대 상복의 제도와 이념』(공저)이 있으며, 역서로 『의례역주』(공역)가 있다. 「『주자가례』의 수용과 보급과정」, 「조선시대 『가례』 연구의 진전」, 「다산 『상의절요』의 연원과 재성문화의 원칙」, 「변례서를 통해 본 조선후기 『가례』 연구의 특성과 함의」, 「『상변통고』의 예학사적 위상」, 「『상례비요』의 판본에 관한 고찰」 등의 논문이 있다.

예기역주 서문

본 『예기역주』는 김용천, 박례경, 이봉규, 이원택, 장동우 다섯 사람이 권근權近(1352~1409)의 『예기천견록禮記淺見錄』을 역주하면서 함께 『예기』에 대한 연구와 역주를 진행하여 이룬 결과이다. 『예기천견록』은 이색李穡(1328~1396)의 유업을 이어받아 권근이 원대元代 학자 진호陳澔의 『예기집설禮記集說』을 바탕으로 이룬 주석서이다. 본 연구팀은 조선시대 내내 『예기집설대전禮記集說大全』이 『예기』의 대표적 주석서로 사용되었던 것을 고려하여, 경문 배치를 『예기집설대전』의 체제에 의거해서 구성하였다. 다만 「대학」과 「중용」은 『예기집설』에 없어 주희朱熹의 『대학장구大學章句』와 『중용장구中庸章句』를 새로 번역하여 넣었다. 그리고 십삼경주소본 『예기정의禮記正義』 가운데 정현鄭玄의 주注를 뽑아서 진호의 집설 앞에 배치하여 함께 완역하였다. 정현의 주는 한대漢代 예학 해석의 집성이라고 할 수 있고, 진호의 집설은 주자학의 입장에서 송대宋代 예설을 수렴한 것이라고 할 수 있다. 따라서 독자는 본 『예기역주』를 통해서 『예기』와 관련한 한대와 송대의 두 대표적 주석을 만나게 될 것이다.

역주에 참여한 다섯 사람의 『예기』에 대한 공동 강독과 역주, 연구는 『예기천견록』의 번역을 시작했던 2001년 이전으로 거슬러 올라간다. 다섯 사람 모두 학위 과정에서부터 삼례三禮와 예제禮制에 대한 연구에 종사해왔다. 김용천은 역사학 전공자로 한대 예학을 중심으로 중국 예제를 연구해왔다. 박례경은 철학 전공자로 『예기』에 대한 경학적 연구로 박사학위를 취득하였고, 중국과 한국의 예제와 예학 일반을 연구해왔다. 이봉규는 철학 전공자로 예설의 철학적 기반과 조선시대 예제에 대하여 연구해왔다. 이원택은 정치학 전공자로 조선 후기 예송을 중심으로 예설과 예제의 정치학적 맥락을 연구해왔다. 장동우는 철학 전공자로 조선 후기 예학의 변화와 조선시대 가례에 대하여 연구해왔다. 『예기』어 대한 공동 연구와 역주는 다섯 사람이 예학 관련 전공자로 성장하는 큰 바탕이 되었다.

다섯 사람은 함께 연구하는 과정에서, 한국연구재단의 지원을 받아 『의례儀禮』를 완역하여 2012년 8책의 『의례역주儀禮譯註』를 출간하였다. 그리고 『주례周禮』에 대한 역주를 김용천과 박례경 박사가 함께 진행하여 매년 『주례역주周禮譯註』가 순차적으로 출간되고 있다. 반면, 가장 먼저 역주를 시작한 『예기역주』는 이렇게 늦게야 독자에게 모습을 보이게 되었다. 늦게나마 출간하게 되어 만감이 교차하지만, 그 원인은 게으른 교열 때문으로 그 당사자의 한 사람으로서 사과드리지 않을 수 없다.

『예기역주』를 완역하는 동안 다섯 사람의 지식이 너무 부족하여 주변의 도움을 받지 않을 수 없었다. 『예기역주』 자체는 외부 지원 없이 다섯 사람의 공동 노력으로 이루어졌지만, 『예기천견록』 역주에 힘껏 지원해준 청명문화재단의 도움이 없었다면 어쩌면 이삭만 피고 결실을 맺지 못했을 것이다. 재단을 설립하신 청명 선생님과 재단에 깊은 감사를 드린다. 김유철 교수와 함께 『이십오사』의 『예악지』를 연구, 정리하고 역주하였던 김선민, 문정희, 방향숙, 최진묵, 홍승현 박사 이하 여러 선생님들로부터 중국 예학과 예제에 대한 무수한 정보들을 배울 수 있었다. 복식과 관련해서는 단국대 최연우 교수의 눈에 보일 듯한 설명이 또한 시야를 넓혀주었다. 장동우 교수의 주도로 올해 사업이 마무리된 『가례대전』 연구팀, 한재훈, 전성건, 김

윤정, 정현정, 박윤미, 차서연, 남경한, 김진우 선생님을 비롯해 여러 동학들의 지적을 통해 교정되었다. 이외에도 우리의 지식을 넓혀준 언급하지 못한 선생님들이 많다. 진심으로 감사드린다.

관혼상제를 비롯한 여러 예제와 세부 의절에 대하여 다양한 이야기가 『예기』에 담겨 있다. 대목마다 인류가 여러 환경에서 삶을 가꾸어갔던 곡절이 퇴적되어 있다. 청명 선생님은 당신을 매장하지 말라고 유언하셨고, 제자들은 그대로 따랐다. 그러나 기억하는 사람들에게 그리워하는 마음은 매장하던 시대의 사람들이 가졌던 것 못지않다. 그리워하는 마음을 어떻게 담아낼 것인가 하는 것은 우리가 빚어내는 방식에 달려 있다. 『예기』는 동아시아에서 인류가 빚어냈던 천고의 문양들로 우리를 안내해준다. 부디 독자가 그 문양을 완색하고 활용할 수 있기를 바란다.

번역은 생각보다 오역이 많다. 저술은 정보가 잘못되어도 맞지 않는 주장이라고 생각하면 되지만, 오역은 독자에게 오해를 야기한다. 그래서 번역은 끝이 나도 마음이 편치 않은 일이다. 여러 사람의 도움이 있었어도, 『예기역주』의 오역은 오로지 각 권을 맡은 역자의 책임이다. 단지 다섯 사람은 지적을 받고 고쳐서 더 나아지게 하리라는 마음을 늘 겸손하게 일관하겠다.

역자를 대표해
2024년 3월 1일
이봉규 삼가 적는다.

차례

예기역주 1

예기역주 서문 • 5

『예기역주禮記譯註』 해제 • 11

일러두기 • 31

『예기집설禮記集說』의 「서序」 • 33

『예기집설대전禮記集說大全』 「범례凡例」 • 37

『예기집설대전禮記集說大全』 「총론總論」 • 47

곡례상曲禮上 제1 • 55

곡례하曲禮下 제2 • 259

단궁상檀弓上 제3 • 377

단궁하檀弓下 제4 • 573

색인 • 755

예기역주 2

왕제王制 ___ 월령月令 ___ 증자문曾子問 ___ 문왕세자文王世子 ___ 예운禮運

예기역주 3

예기禮器 ___ 교특생郊特牲 ___ 내칙內則 ___ 옥조玉藻 ___ 명당위明堂位 ___ 상복소기喪服小記 ___ 대전大傳 ___ 소의少儀 ___ 학기學記

예기역주 4

악기樂記 ___ 잡기상雜記上 ___ 잡기하雜記下 ___ 상대기喪大記 ___ 제법祭法 ___ 제의祭義 ___ 제통祭統 ___ 경해經解 ___ 애공문哀公問 ___ 중니연거仲尼燕居 ___ 공자한거孔子閒居

예기역주 5

방기坊記 ___ 중용中庸 ___ 표기表記 ___ 치의緇衣 ___ 분상奔喪 ___ 문상問喪 ___ 복문服問 ___ 간전間傳 ___ 삼년문三年問 ___ 심의深衣 ___ 투호投壺 ___ 유행儒行 ___ 대학大學 ___ 관의冠義 ___ 혼의昏義 ___ 향음주의鄕飮酒義 ___ 사의射義 ___ 연의燕義 ___ 빙의聘義 ___ 상복사제喪服四制

『예기역주禮記譯註』 해제

* 이봉규

1. 본서의 편제

본서는 『예기집설』과, 『예기집설』에 빠진 『중용장구』, 『대학장구』를 완역하고, 『예기주소』의 정현 주注를 함께 완역하여 실었다. 본서의 본문과 권차卷次 그리고 장차章次는 『예기집설대전』의 체제를 따랐다. 『예기집설』에 빠진 「중용」과 「대학」은 주희의 『중용장구』와 『대학장구』 체제를 따랐다. 주석은 정현의 주와 진호의 집설을 함께 수록하였고, 경문 번역에서는 기본적으로 진호의 집설에 맞추어 번역하였다. 정현 주는 경문의 해당 부분에 번호를 표기하여 살펴볼 수 있게 하였다. 본 역주서를 통해 『예기집설대전』의 체제와 더불어 정현의 주를 비교해서 살펴볼 수 있게 구성하는 데 중점을 두었다.

2. 관련 저자: 대성戴聖, 정현鄭玄, 진호陳澔

(1) 대성戴聖

본 『예기역주』와 관련이 있는 편자와 저자는 세 사람이다. 『예기禮記』를 편찬한 대성戴聖(약 기원전 91~기원전 48 주로 활동), 후한 말기 『예기주禮記注』를 지은 정현鄭玄(127~200), 그리고 남송 말기 『예기집설禮記集說』을 지은 진호陳澔(1260~1341)이다.

대성은 서한 선제宣帝(기원전 91~기원전 48 재위) 시기에 활동한 관료이자 예학자로 위군魏郡 척구斥丘(현재 하남성 한단邯鄲시 성안成安현 북향의北鄕義진) 출신이다. 『한서漢書』 「유림전儒林傳」에 따르면, 맹경孟卿이 후창后倉과 려구경閭丘卿에 학문을 전수하였다. 후창은 예를 해설하여 『후씨곡대기后氏曲臺記』를 남겼고, 문인통한聞人通漢, 대덕戴德, 대성戴聖, 경보慶普에게 학문을 전하였다. 대덕은 대성의 숙부로 『대대례기大戴禮記』를 남겼고, 서량徐良에게 예학을 전수하였다. 대성은 『소대례기小臺禮記』를 편찬하였고 교인橋仁과 양영楊榮에게 예학을 전하였다. 대성은 구강九江의 태수를 지냈고, 박사博士로서 기원전 51년에 열린 석거각石渠閣 회의에 참여하여, 태자사인太子舍人으로 회의에 참여한 문인통한聞人通漢과 논변하였다. 『한서』에 대성의 독립된 전기는 없고, 「하무전何武傳」에 구강태수를 지낸 것과 하무何武와 관련한 행적이 간략히 전한다.

(2) 정현鄭玄(127~200)

정현鄭玄은 127년(후한 순제順帝 2)에 태어나 200년(후한 헌제獻帝 12)에 별세하였다. 자는 강성康成이고 북해 고밀현高密縣(현재 산동성 고밀高密시) 출신이다. 『후한서』 「정현전」에 따르면, 젊어서 향색부鄕嗇夫의 일을 하다가 태학에 들어가 제오원선第五元先[1]에게 『경씨역京氏易』, 『공양춘추公羊春秋』, 『삼통력三統歷』, 『구장산술九章算術』을 공부하였고, 장공조張恭祖에게 『고문상서古文尙書』, 『주례周禮』, 『춘추좌씨전春秋左氏傳』을 배웠다. 그리고 서쪽 부풍扶風

으로 가서 노식盧植의 소개로 마융馬融(79~166)으로부터 3년 동안 얼굴도 보지 못한 채 배웠고, 직접 대면할 기회를 얻어 의문을 가졌던 것을 모두 물은 다음 귀향하였다. 정현이 산동 집으로 돌아갈 때 마융은 "나의 도가 동쪽으로 가는구나!"라고 탄식하였다고 한다. 귀향한 뒤에 소작을 하면서 제자들을 가르쳤는데 천명이 넘었다. 당고黨錮의 화禍가 발생하자, 정현도 금고禁錮를 당하여 두문불출하고 저술에 몰두하였다.

당시 하휴何休가 『공양묵수公羊墨守』, 『좌씨고황左氏膏肓』, 『곡량폐질谷梁廢疾』을 쓰자, 정현은 『발묵수發墨守』, 『침고황鍼膏肓』, 『기폐질』을 써서 하휴를 반박하였다. 하휴가 정현의 반박을 보고 "정강성이 내 방에 들어와 내 창을 잡고 나를 공격하는구나!"라고 하였다. 정현은 고문경학을 위주로 금문경학의 설을 함께 채택하여 『주역』, 『모시毛詩』, 『의례』, 『주례』, 『예기』, 『논어』, 『효경』 등을 주석하였고, 「건상력乾象歷」, 「천문칠정론天文七政論」, 「상서대전尙書大傳」, 「상서중후尙書中侯」, 「노례체협의魯禮禘祫義」, 「육예론六藝論」, 「모시보毛詩譜」, 「박허신오경이의駁許愼五經異義」, 「답임효존주례난答臨孝存周禮難」 등을 지었다. 범엽范曄(398~445)은 「정현전」에서 "정현이 주요한 경전을 틀어쥐고 여러 학자들의 설을 망라하여, 번잡한 부분을 산절하고 누락되거나 잘못된 부분을 수정하자, 공부하는 이가 대체로 귀결처를 알게 되었다."라고 평가하였다. 정현의 주석은 제도와 명물의 훈고가 간명하면서도 상세하고, 고문경학과 금문경학을 종합하여 한 대 경학을 집대성하였다. 당 태종은 정현을 22명의 "선사先師"의 반열에 올리고 공자묘孔子廟에 배향하였다. 송대에 이르러 고밀백高密伯에 추봉追封되었다.

정현이 『주례』[2], 『의례』[3]와 『예기』에 대하여 주석을 가하면서 "삼례三禮"라는 명칭이 생겼다. 정현은 『주례』의 주석에서 정중鄭衆(鄭司農), 두자춘杜子春, 정흥鄭興(鄭少贛)의 주석을 보완하였다. 세 학자의 주석은 전하지 않아 정현의 주석 속에서 그 모습을 알 수 있다.[4] 정현은 『주례』를 주공周公이 지었다는 고문경학의 견해에 따르면서, 『예기』의 「왕제王制」 등 『주례』와 다른 것에 대해서는 하와 은의 제도라고 주장하여 후대에 비판을 받았다.[5] 『의례』에 대하여 정현은 고문본과 금문본을 함께 참고하여 교감하고 주석을 가하여 새로운 정본 『의례』를 편성하였다. 오늘날 전하는 『의례』는 정현이 정한 본이다.[6] 『예기』는 대성이 찬집한 이후 유향劉向(기원전77~기원전6)의 『별록別錄』본을 비롯하여 여러 본이 존재하였을 것으로 추정된다. 정현은 노식盧植과 마융馬融의 본을 활용하여 여러 이본을 참고하면서 정본을 편성하였고, 정현본이 오늘날까지 기준본이 되었다.[7]

정현의 저작은 『모시전毛詩箋』, 『주례주周禮注』, 『의례주儀禮注』, 『예기주禮記注』 등만 전하고 나머지는 산일되었다. 마국한馬國翰(1794~1857)의 『옥함산방집일서玉函山房輯逸書』에 일부가 전하고, 돈황燉煌에서 『논어주』 사본 일부가 발굴되어 복원되었다.[8]

(3) 진호陳澔

진호陳澔(1260~1341)의 자는 가대可大이고 호는 운주雲住, 북산수北山叟이다. 귀경歸經선생이라고도 불리었다. 진호가 활동한 시기는 남송 말기와 원 초기의 변동기였다. 진호는 평생 은거하여 강학에 종사하였다. 도창都昌(현 강서성 도창현)에 운주雲住서원[9]을 세워 가르쳤고, 만년에는 2년 동안 백운동서원白雲洞書院에서 강학을 주관하였다. 『강서통지江西通志』의 기록과 진호의 「예기집설서禮記集說序」(1322)에 따르면, 진호의 부친 진대유陳大猷는 황간黃榦의 제자인 요로饒魯에게 14년을 배웠고, 『예기』로 향시에 3번이나 합격한 뒤 1259년 진사에 급제하였다.[10] 그리고 종정랑從政郎, 황주군판관黃州軍

判官을 지내고 『상서집전尙書集傳』을 저술하였다.[11] 진호는 서문에서 진기유가 스승에게 『예기』에 대해 배운 것을 정리해 놓고 있었지만, 화재로 소실하여, 자신이 다시 『예기집설禮記集說』을 지었다고 밝혔다. 진호의 『예기집설』은 가학을 전승한 것임을 알 수 있다.

3. 『예기』의 성립과 편제

당대 공영달이 인용한 정현의 「육예론六藝論」에 "대덕은 『기記』 85편을 전하였다. 『대대례大戴禮』가 그것이다. 대성戴聖은 『예禮』 49편을 전하였다. 이 『예기禮記』가 그것이다."[12]라고 하였다. 『수서隋書』「경적지經籍志에서는 다음과 같이 설명하였다. "한 초기 하간헌왕이 공자의 제자와 뒤에 배운 이들이 기록한 131편을 얻어서 바쳤는데, 당시에 그 학문을 전승하는 이가 없었다. 유향劉向(기원전77~기원전6)에 이르러 경적을 살펴 대조할 때 130편을 조사하여 얻었다. 유향은 그 기회에 130편을 편차하여 차례를 정해놓았다. 또 『명당음양기明堂陰陽記』 33편, 『공자삼묘기孔子三朝記』 7편, 『왕씨사씨기王氏史氏記』 21편, 『악기樂記』 23편 등을 얻었다. 모두 5종 합계 214편이었다. 대덕戴德(선제 시기 박사)이 그 번잡하고 중복된 부분을 산절하여, 85편으로 합해서 『기記』로 편제하고 『대대기大戴記』라고 불렀다. 대성戴聖(선제 시기 박사)이 다시 대대의 책을 산절하여 46편으로 만들고 『소대기小戴記』라고 불렀다. 한 말기 마융馬融(79~166)이 드디어 대성의 학문을 전승하였다. 마융은 다시 「월령月令」 1편, 「명당위明堂位」 1편, 「악기樂記」 1편을 추가하여 49편으로 합해놓았다. 정현은 마융에게 배웠고 49편에 주석하였다. 오늘날 『주관周官』 6편, 『고경古經』 17편, 『소대기小戴記』 49편 등 전체 3종은 오직 정현의 주注만 학관에 세워져 있고, 그 나머지는 흩어지고 없어진 것이 많은 데다 또 전승되는 스승의 설도 없다."[13]

현재의 『예기』는 정현이 주석한 본을 전승한 것이다. 정현의 설명에 따르면, 대성이 편찬한 『예기』는 49편이 된다. 「경적지」의 설명에 따르면, 대성이 편찬한 『예기』는 46편이고, 「월령月令」, 「명당위明堂位」, 「악기樂記」 등은 마융이 추가한 것이다. 그러나 『한서漢書』에는 「예문지」를 포함하여 어디에도 대성이 49편 또는 46편을 찬집하여 전하였다는 언급이 없다. 정현의 설을 따라 대성이 『예기』를 편찬하였다고 해도, 대성이 활동한 서한 선제宣帝(기원전91~기원전48) 시기부터 정현(127~200)에 이르기까지 200여 년 동안 『예기』가 어떤 형태로 전승되었는지, 나아가 대성 이전에 『예기』는 어떤 모습이었는지 현재로서는 알 수 없다.

먼저 대성이 찬집하기 이전 『예기』와 관련된 언급은 『사기』와 『한서』에 산견된다. 『사기』「공자세가孔子世家」, 『한서』「경십삼왕전景十三王傳」 등에는 『예禮』와 『예기禮記』의 명칭이 보인다. 『한서』「예문지」에는 『예』 131편이 공자의 70명 제자의 후학이 기록한 것으로 언급되어 있지만, 『예기』라는 명칭이 나오지 않는다. 「유림전」에는 후창后倉이 문인통한聞人通漢, 대덕戴德, 대성戴聖, 경보慶普에게 전수하고, 대성은 교인橋仁과 양영楊榮에게 예학을 전수하였다고 밝혔지만, 전수한 자세한 내용은 밝히지 않았다.[14] 「경적지」에서는 하간헌왕이 131편을 바쳤지만 그 학문을 전승하는 이가 없었고, 유향劉向(기원전77~기원전6)에 이르러 130편을 조사하여 얻어 편차하여 차례를 정해놓았다고 하였다. 그러면서 동시에 유향보다 앞서 활동한 대성戴聖이 숙부 대덕이 85편으로 찬집한 『대대례기』를 49편으로 다시 찬집하였다고 하였다고 말하여 서술이 앞뒤로 자연스럽지 못하다. 학계에서는 『예기』의 찬자를 대성으로 설명한 「육예론」과 「경적지」의 설에 대한 찬반이 엇갈리고 있고, 또 대성을 찬자로 인정하다고 하더라도 대성이 찬집한 『예기』가 정현에게까지 전승된 과정에 대한 해명에서도 의견이 분분하다. 예컨대 마융이 46편에 3편을 추가하여 3편이 된 것인지에 대해서도 의견이 분분하다.[15)]

『한서』 등 관련 자료의 기록을 종합할 때, 정현 이전 『예기』의 전승과 관련된 내용은 대체로 다음과 같다.

① 서한 초기 고당생高堂生이 전한 사례士禮 17편이 학관에 세워졌지만, 『예기』는 서한 내내 학관에 세워지지 않았다. (『한서』 「예문지藝文志」와 「유림전儒林傳」)

② 고문古文으로 된 예고경禮古經 59편이 있었고, 사례士禮 17편보다 39편이 많았는데 유흠劉歆이 일례逸禮 39편을 학관에 세우자고 건의하였지만 실현되지 않았다. 다만 왕망王莽의 건의에 따라 평제 때 잠시 박사가 설치되었다. 그러나 일례逸禮 또는 예고경禮古經의 전승은 확인되지 않는다. (『한서』 「경십삼왕전景十三王傳」·「유흠전劉歆傳」·「예문지藝文志」; 『설문해자』 「서敍」.)

③ 대성戴聖은 교인橋仁에게 예학을 전하였고, 교인橋仁은 『예기장구』 49편을 저술하고 집안에서 『예기』의 학문을 전수하였다. (『한서』 「유림전」; 『후한서』 「교현전橋玄傳」)

④ 동한에 이르러 조충曹充과 조포曹褒 부자가 예박사가 되어 경씨慶氏의 예학을 전승하였고, 조포曹褒는 『예기』 49편을 전수하였다. (『후한서後漢書』 「조포전曹褒傳」)

⑤ 마융馬融은 『예기』의 학문을 전승하여 46편에 「월령月令」 1편, 「명당위明堂位」 1편, 「악기樂記」 1편을 추가하여 49편으로 합해 놓았다. (『수서』 「경적지」) 또는 마융은 『예기전禮記傳』을 지었고 노식盧植은 『예기』 10권을 지었다. (『후한서』 「예문지」; 『수서』 「경적지」; 『경전석문』 「서록叙錄」)

⑥ 정현은 장공조張恭祖에게 『예기』를 배운 뒤, 마융에게 『예기』를 배웠

고 49편에 주석하여 『예기주』를 남겼다. 마융과 노식, 정현 등이 주를 달았던 것은 똑같이 49편의 『소대례기小戴禮記』였다. (『후한서』 「정현전」; 『수서』 「경적지」)

오늘날 전하는 『예기』는 49편으로 편성되어 있다. 그 가운데 「곡례曲禮」, 「단궁檀弓」, 「잡기雜記」가 상하 양편으로 되어 있어 이들 양편을 한 편으로 취급하면 전체 46편이 된다. 「월령月令」, 「심의深衣」, 「투호投壺」 등 일부 편을 제외하면, 각 편의 내용은 여러 주제를 함께 포괄하고 있다. 예컨대, 「곡례」는 예의 목적에서부터 생활 예절, 그리고 길례吉禮, 흉례凶禮, 군례軍禮, 빈례賓禮, 가례嘉禮 등 오례五禮의 의절에 이르기까지 다양한 내용을 포함하고 있다. 「단궁」은 상례를 주로 말하지만, 신생申生이 공세자恭世子로 불리게 된 고사(20~22절), 복수의 의리(62~63절) 등 다른 주제도 포함하고 있다. 다른 편들도 마찬가지이다. 「관의冠義」, 「혼의昏義」, 「향음주의鄕飮酒義」, 「사의射義」, 「연의燕義」, 「빙의聘義」 등은 『의례儀禮』의 「사관례士冠禮」, 「사혼례士婚禮」, 「향음주례鄕飮酒禮」, 「향사례鄕射禮」와 「대사례大射禮」, 「연례燕禮」, 「빙례聘禮」에 대한 "기記(해설)"로 이해되기도 하지만, 내용 중에는 직접 관련이 없는 부분이 있다. 이를테면 「혼의」의 제8~9절은 왕후의 육궁六宮 제도를, 「연의」 제1절은 서자관庶子官 제도를, 「빙의」 제12절은 군자가 옥玉을 소중히 여기는 의리를 말하는 등, 일부 내용은 해당 편의 제목의 주제와 일치하지 않는다. 정현은 편마다 주제별로 분류된 유향의 『별록別錄』 가운데 어디에 속해 있는지 밝혔다.

49편의 제목과 대체적 내용, 그리고 『별록』에서 소속된 곳을 정리하면 다음과 같다.

편차	편목	내용	『별록』 소속
1	곡례상曲禮上	예 일반; 오례五禮	제도
2	곡례하曲禮下	예 일반; 오례五禮	제도
3	단궁상檀弓上	상례	통론
4	단궁하檀弓下	상례	통론
5	왕제王制	왕정王政의 제도	제도
6	월령月令	12개월의 천문天文과 정령政令	명당음양明堂陰陽
7	증자문曾子問	상례	상복喪服
8	문왕세자文王世子	교육과 선발	세자법世子法
9	예운禮運	예 일반; 예의 연원과 원리	통론
10	예기禮器	예 일반; 예의 원리와 규모; 제례	제도
11	교특생郊特牲	예 일반; 제례; 혼례	제사
12	내칙內則	집안 생활 예절	자법子法
13	옥조玉藻	천자, 제후, 대부, 사의 예절	통론
14	명당위明堂位	주공이 명당에서 제후를 조회한 의례; 노나라에서 주공에게 올린 제사; 우虞, 하夏, 은殷, 주周 사대四代의 예	명당음양明堂陰陽
15	상복소기喪服小記	상례, 제례	상복喪服
16	대전大傳	체제禘祭; 종법; 복제服制	통론
17	소의少儀	상견相見; 교접交接; 시봉侍奉	제도
18	학기學記	교육	통론
19	악기樂記	음악	악기樂記
20	잡기상雜記上	상례	상복
21	잡기하雜記下	상례; 혼례; 제례; 흔묘釁廟; 계례笄禮	상복
22	상대기喪大記	상례	상복
23	제법祭法	제례	제사
24	제의祭義	제례, 효경孝敬	제사
25	제통祭統	제례	제사
26	경해經解	육경; 군덕君德; 예	통론
27	애공문哀公問	애공과 공자의 예와 정치에 대한 문답	통론
28	중니연거仲尼燕居	공자와 자장, 자공, 자유의 예에 대한 문답	통론
29	공자한거孔子閒居	공자와 자공의 예와 군덕君德에 대한 문답	통론

30	방기坊記	민방民坊으로서의 예	통론
31	중용中庸	중용; 선왕의 덕; 치국의 도	통론
32	표기表記	인덕仁德; 우, 하, 은, 주의 차이; 군자	통론
33	치의緇衣	군민君民, 군신君臣 관계	통론
34	분상奔喪	상례, 분상奔喪	상복지례喪服之禮
35	문상問喪	상례, 초종례初終禮	상복
36	복문服問	상복喪服, 종복從服	상복
37	간전間傳	참최斬衰, 자최齊衰	상복
38	삼년문三年問	삼년상, 기년상, 대공9월상	상복
39	심의深衣	심의深衣	제도
40	투호投壺	투호投壺	길례
41	유행儒行	유자儒者의 덕행	통론
42	대학大學	대학의 도道; 삼강령三綱領, 팔조목八條目	통론
43	관의冠義	관례의 의의	길사吉事
44	혼의昏義	혼례의 의의	길사
45	향음주의鄕飮酒義	향음주례의 의의	길사
46	사의射義	사례射禮의 의의	길사
47	연의燕義	연례燕禮의 의의	길사
48	빙의聘義	빙례聘禮의 의의	길사
49	상복사제喪服四制	상례; 상복	상복

4. 역대 주요 주석서

(1) 정현鄭玄, 『예기주禮記注』

정현의 『예기주』는 현재 전하는 『예기』 경문 체제의 근원이 된다. 주석 또한 완정한 형태로 전하는 최초의 주석이다. 정현은 여러 자료를 참고하여 경문에 글자의 출입이 있을 경우 주석으로 밝혔다. 『예기』의 이본異本, 다른 경서, 『예기』 안의 다른 경문 등을 이용하여 교감하였는데 전부 206조목에 이른다. 오늘날 정현의 교감을 통해 당시 전하지 않는 『예기』의 이본이 있었음을 유추할 수 있고, 문장이 다른 부분에 대하여 알 수 있다.

정현은 『예기』 49편 전체에 걸쳐 주석하면서, 여러 설을 종합하여 채택하였는데, 대체로 간명하고 명확하게 주석을 부가하였다. 경서의 인용된 발언은 전거를 밝혀주는 한편, 경서의 내용을 이용하여 주석을 부가하기도 하였다. 특히 『맹자』의 말을 인용하여 주석한 것도 발견된다.(「곡례상」 3・74; 「왕제」 66・70; 「방기」 19) 그 가운데 「방기」 19의 주석에서 정현이 인용한 "순년오십이부실기유자지심舜年五十而不失其孺子之心"은 현행본 『맹자』에는 보이지 않는 구절이다. 조기趙岐(약 108~201)가 동시대에 활동하면서 『맹자장구孟子章句』를 지었고, 그 본이 현재 『맹자』의 체제임을 고려할 때, 정현이 보았던 『맹자』는 조기가 보았던 것과 다른 본일 가능성이 있다. 정현은 때로 주석 속에 참위설을 이용하였다. 예를 들면, 교제의 대상이 되는 제帝 또는 상제의 개념이나, 시조의 소자출所自出에 대한 체제禘祭 등에 대하여 주석하면서 『춘추위春秋緯』 「문요구文耀鉤」 등에 나오는 오방천제五方天帝에 의거하였다.(「예기」 52; 명당위 7; 「대전」 1 등)

정현이 주석을 부가한 이래, 『예기』는 역대 경문과 주석이 같이 포함된 형태로 간행되었다. 현재 전하는 최초의 본은 돈황 사본이다. 「대전大傳」부터 「소의少儀」까지 일부는 당唐에 대한 피휘가 없어 육조 시기 작성된 것으로 추정한다. 돈황 사본 가운데 당 시기 사본으로 「단궁」, 「월령」, 「유행」에서 「대학」에 이르기까지 일부가 전한다.

(2) 공영달, 『예기정의禮記正義』

공영달孔穎達(574~653)은 당 태종 시기 국자박사國子博士, 급사중給事中,

국자좨주國子祭酒 등을 역임하고 곡부현남曲阜縣男에 봉해졌다. 공영달은 칙명으로 안사고顔師古, 가공언賈公彦 등과 함께 『주역』, 『상서』, 『모시』, 『춘추좌씨전』, 『예기』 등에 대하여 오경정의五經正義를 편찬하였다. 또한 위징魏徵과 함께 『수서隋書』의 편찬에 참여하였다. 공영달은 『예기정의』 외에 『효경의소』를 지었지만 전하지 않는다.(『신당서』 「예문지」)

공영달의 소疏는 정현의 주注를 부연하여 설명하였는데, 황간皇侃의 『예기의소禮記義疏』와 웅안생熊安生의 『예기의소禮記義疏』 등 남북조의 여러 성과를 활용하였다. 공영달은 황간의 의소를 주요한 근거로 삼으면서 웅안생의 의소를 참고하였는데, 정현의 설과 다른 해설들은 모두 배제하였다.(「예기정의서」) 편마다 앞에 정현의 「삼례목록」 해당 부분을 실어놓았는데, 『삼례목록』이 별도로 전하지 않아 『예기정의』에 수록된 것을 토대로 그 내용을 파악한다. 『예기정의』 판본은 육덕명陸德明(약 550~630)의 『경전석문經典釋文』이 부가된 것과 부가되지 않은 것 두 종류가 있다.

(3) 위식衛湜, 『예기집설禮記集說』

위식衛湜은 남송 말기에 활동한 관료이자 학자이다. 자는 정숙正叔, 호는 역재櫟齋로, 직보모각直寶謨閣, 지원주知袁州 등을 역임하였고, 『역재櫟齋』라는 장서각을 지어놓고 독서에 몰두하여 역재선생으로 불리었다.16) 위식은 1226년 『예기집설禮記集說』을 조정에 바쳤다. 1225년 위료옹魏了翁이 쓴 서문과, 위식의 서문으로 볼 때 20여년에 걸쳐 작업을 진행하여 1225년경에 완성한 것으로 추정된다. 『예기집설』은 1231년 조선상趙善湘이 강동조원江東漕院에서 판각한 뒤에 조구재趙九載와 함께 위식衛湜이 수정을 가하였다.17)

위식은 『예기집설』에 정현의 주부터 시작하여 144 주석가의 주석을 채록해 놓았다. 채록할 때는 단일한 주석서만 아니라, 문집 등에 흩어져 있는 관련된 설들도 함께 수록하였다. 위식은 정현이나 공영달 등 특정한 설을 기본으로 삼지 않고 모든 설을 병렬하여 제시해서, 독자가 판별하게 하였다. 주희의 설도 "신안주씨"로 채록되어 있다. 사고전서 『예기집설』의 「제요提要」에서는 『경의고經義考』에서 채록한 주석이 가장 풍부하지만, 제목이나 저자가 밝혀지지 않은 것이 49가지이고, 그 모두가 위식의 『예기집설』에 의해서 전해지는 것이라고 밝혔다.[18] 『예기』 주석과 관련해서 후대에 실전된 저술뿐 아니라, 현전하는 저서에 들어 있지 않은 주석도 포함하고 있어, 『예기집설』은 문헌학적으로도 매우 중요한 전거가 된다. 청대에 『예기의소禮記義疏』는 주로 이 『예기집설』에서 주를 취하였다.

(4) 진호陳澔, 『진씨예기집설陳氏禮記集說』(1322년 완성)

진호陳澔(1260~1341)의 『진씨예기집설』은 위식衛湜의 『예기집설禮記集說』과 이름이 같아, 『진씨예기집설陳氏禮記集說』, 『예기진씨집설禮記陳氏集說』, 『운장예기집설雲莊禮記集說』 등으로 구별해서 불리었다. 판본은 16권본(1328년 간행), 30권본(1465~1487년 간행), 10권본(1504년 간행) 등이 있다.[19] 영락대전의 사서오경대전에 포함되어 『예기대전禮記大全』으로 간행될 때 30권으로 간행되었는데, 조선에서는 이 대전본이 유행하였다.

진호는 주희의 설을 기반으로 삼아, 위식이 참고하였던 여러 설들을 선별적으로 채록하였다. 진호가 채록한 설은 대부분 위식의 『예기집설』과 중복되지만, 때로 중복되지 않는 부분도 있어 『예기』에 대한 역대 주석을 집성해서 살필 때 두 책은 서로 보완이 된다. 진호는 「대학」과 「중용」은 별도로 주석을 가하지 않았다. 따라서 진호의 『예기집설』은 「대학」과 「중용」이 빠진 47편이다. 명대『영락대전』을 간행하면서『사서오경대전』에 진호의『예기집설』이 채택되면서,『예기』에 대한 표준적 주석서로 영향을 미쳤다. 진호는 예 개념과 의절의 이학적 의리를 밝히는 것에 중점을 두었고, 명물도수名物度數의 고증에 대해서는 상대적으로 덜 자세하였다. 이학을 비판하였던 청대 고증학자들은『주례』나『의례와 달리『예기』만 정현의 고주에 기반하지 않고, 이학에 기반한 진호의『예기집설』을 채택한 것이 예학의 발전을 후퇴시켰다고 보았다.(『經義考』)

(5) 권근權近,『예기천견록』[20]

권근權近(1352~1409)은『효행록孝行錄』을 간행한 권부權溥(1262~1346)의 현손으로 이색李穡(1328~1396)의 제자이다. 권근은 두 차례 외교 사절로 파견되어 명과의 외교를 안정시켰고, 정도전과 함께 조선 건국기 정국의 안정에 크게 기여하였다. 권근은 예문관 대제학, 대사성, 의정부찬성사議政府贊成事 등을 역임하였고, 하륜河崙 등과 『동국사략東國史略』을 편찬하였다. 또한, 왕명으로 경서의 구결口訣을 정리하였고, 유학제조儒學提調로서 권학사목勸學事目을 올리는 등 조선 초기 문교의 기반을 확립하는 데에도 주도적으로 참여하였다. 또한『효행록』에 주석을 부가하였고,『입학도설』과 오경천견록을 저술하는 등, 조선 초기 학문 활동을 중심에서 이끌었다.『예기천견록』은 오경천견록 가운데 가장 방대한 분량으로, 이색의 유업을 이어받아 완성한 것이다.

『예기천견록』에서 권근은 진호의『예기집설』을 저본으로 삼아, 일부 편의 경문을 재배치하고, 자신의 견해를 부가하였다. 경문을 재배치할 때 권근은 주희가「대학」에서 경經과 전傳으로 분류하고, 내용을 공부와 그 효과로 구분하였던 관점을 활용하였다. 편에 따라 『예기집설』의 주석을 일부 삭제하는 등 조정하여 수록하였는데, 의도적인 것이라기보다 편집의 시간이 부족하여 간략히 한 것으로 추정된다. 1406년 선사한 『예기천견록』을 조정에 올려 이듬해 주자소鑄字所에서 간행하였다. 권근이 1409년 사망한 이후로, 제주판관 하담河澹이 권근의 수교본을 구해 1418년 제주에서 간행하였고, 1705년 제주목사 송정규宋廷奎가 중간하였다. 『예기천견록』은 조선시대 『예기』 연구의 효시가 되었을 뿐 아니라, 조선 후기 김재로金在魯의 『예기보주』에게까지 계속 영향을 미쳤다. 『예기천견록』은 진호의 『예기집설』이 오경대전에 포함되기 이전에 조선에서 중시하여 연구한 성과이다. 이것은 송대 이후 동아시아에서 『예기』 연구가 이학화되어가는 상황에서, 조선에서도 성리학의 확산과 더불어 예학을 이학화해갔음을 보여준다.

(6) 김재로金在魯, 『예기보주禮記補註』[21)]

김재로金在魯(1682~1759)는 자는 중례仲禮, 호는 청사淸沙 또는 허주자虛舟子로, 1710년 문과에 급제하여, 대사간, 전라도관찰사, 대사성, 승지 등 여러 관직을 거쳐, 1740년부터 1758년 벼슬에서 완전히 물러날 때까지 4차례나 영의정을 맡아 국정을 운영하였다. 이인좌李麟佐의 난을 계기로 노론의 영수가 되어 1731년에 신임사화로 희생당한 김창집金昌集, 이사명李師命 등의 복관을 관철시켰다. 그는 영의정으로 재직하면서, 한천이혁절목翰薦釐革節目 10조와 과거科擧의 의정절목議定節目 10조를 제정하였고, 왕실의 상복제도를 개혁하였다. 1757년 영조비 정성왕후貞聖王后와 숙종의 계비繼妃 인원왕후仁元王后의 상이 한 달 사이로 겹쳐 발생하였을 때, 김재로가 『예기』에 의거하여 영조비의 우제虞祭를 치르고 졸곡은 인원왕후의 졸곡 뒤로 미루어야 한다고 주장하여 관철시켰다. 김재로는 『예기보주禮記補註』를 편찬하였고, 『천의소감언해闡義昭鑑諺解』, 『란여爛餘』 등의 저서와 『청풍김씨세보淸風金氏世譜』, 『좌씨집선속左氏輯選續』 등을 편찬하였다.

『예기보주』는 『예기집설대전禮記集說大全』을 당대까지의 예학서를 참고하여 보완한 것이다. 김재로는 『심경석의心經釋疑』, 『근사석의近思釋疑』 등의 체제를 따라 저서를 구성하였다. 주에서 채록할 때 서명과 저자명을 명확히 밝혔고, 자신의 견해는 우愚, 또는 안按으로 제시하였다. 주에 채록한 관련 문헌은 삼례서 이외에 관련된 경사經史, 제자서, 그리고 『공자가어』, 『사문유취事文類聚』, 양오楊梧의 『예기설의찬정禮記說義纂訂』 등 중국 성과와 더불어 『예기천견록』, 『경서변의經書辨疑』, 『가례집람家禮輯覽』, 『의례문해疑禮問解』, 『지봉유설芝峯類說』, 『예기유편禮記類編』과 개인 문집 등 조선 학자의 성과들을 망라하였다. 주희의 예설에 대해서는 『의례경전통해儀禮經傳通解』에서 『의례』를 경으로, 『예기』를 전으로 구분했던 관점을 이어받았고, 문집과 어류에 흩어져 있는 예설도 다수 참조하였다. 또한 권근이 『예기천견록』에서 제시한 설들을 대부분 반영하였고, 김창협의 설도 상당히 반영하였다.

김재로는 『예기보주』에서 진호의 『예기집설』을 보완하는 것에 중점을 두면서, 정현鄭玄에서 당대의 설에 이르기까지 교정을 가하였다. 삼년상 기간에 대해 정현의 25개월설을 지지하였지만, 「상복소기喪服小記」 "생불급生不及"에 대해서는 타국에 태어나서 조부모를 본 적이 없는 경우로 설명한 정현의 설을 채택하지 않고, 조부모 별세 뒤에 태어난 경우로 해석한 왕숙의 설을 따랐다. 김재로는 『의례』를 경으로 여겼지만, 『의례』의 규정이 종법의 원리와 배치될 경우 수정 의견을 제시하였다. 가령 출모出母에 대하여 자최장기齊衰杖期로 규정한 『의례』의 내용은 후세의 규정이라고 보고 『예기』 「단궁상」에서 무복無服으로 규정한 것이 정례라고 풀이하였다. 심성론과 관련해서 예의 이학적 의미를 설명할 때, 권근의 설과 김창협의 설을 많이 수용하였다. 권근의 『예기천견록』에 대하여 높이 평가하고 많이 수용한 점이 특색을 이룬다. 조선 학자들의 연구에 의거하여 정현과 진호의 설을 수정하기도 하였다. 「단궁하」의 "기변이지길其變而之吉"에 대하여 진호는 정현의 설에 의거하여 기일 이전에 상례를 치른 속장速葬으로 변례變禮에 해당한다고 보았다. 그러나 김재로는 권근과 김장생의 설에 따라 상제喪祭에서 흉凶으로부터 길吉로 변한다, 곧 길제吉祭로 변해감을 뜻한다고 풀이하였다. 김재로의 『예기보주』는 중국과 조선의 예학에 대한 연구성과를 종합한 주석서로 권근의 『예기천견록』 이후 조선에서 산출된 가장 방대한 성과이다.

• 참고문헌

- 楊天宇, 『禮記譯註』(上 · 下), 上海: 上海古籍, 1997.
- 陳澔 著, 萬久富 整理, 『禮記集說』, 南京: 鳳凰, 2010.
- 『漢書』; 『隋書』(사고전서본)
- 楊天宇, 『鄭玄三禮注硏究』, 188쪽, 天津, 天津人民, 2007.
- 王素 編著, 『唐寫本論語鄭氏注及其硏究』, 北京: 文物出版社, 1991.
- 王鍔, 『三禮硏究論著提要』, 蘭州: 甘肅人民, 2001.
- 王鍔, 『禮記成書考』, 北京: 中華書局, 2007.
- 葉適, 「櫟齋藏書記」, 『水心集』(사고전서본)
- 『江西通志』(사고전서본)

- 김용천 · 박례경 공역, 『의례역주』 1책, 「『의례』 해제」, 서울: 세창, 2012.
- 김용천 · 박례경, 『주례주소』 1, 서울: 전통문화연구회, 2021.
- 이봉규, 「『예기보주』외 『예기』 관련 경학자료 해제」 『한국경학자료집성』 54, 성균관대학교 대동문화연구원. 1998.
- 장동우, 「『예기천견록』 해제」, 『예기천견록』 1책, 성남: 청계, 2021.

미주

1) 第五元先 : 人名. 姓이 第五이고, 이름은 元先임.

2) 『주례』에 대한 해제는 박례경의 「해제」, 『주례주소』 1, 5~44쪽, (서울: 전통문화연구회, 2021) 참조.

3) 『의례』에 대한 해제는 『의례역주』 1책 (서울: 세창, 2012) 「『의례』 해제」에 자세하다.

4) 楊天宇, 『鄭玄三禮注硏究』, 188쪽, 天津, 天津人民, 2007.

5) 楊天宇, 앞의 책, 200~203쪽.

6) 『의례역주』(2012) 18쪽.

7) 楊天宇, 앞의 책, 524쪽.

8) 王素 編著, 『唐寫本論語鄭氏注及其硏究』, 北京: 文物出版社, 1991.

9) 뒤에 귀경(歸經)서원으로 명칭이 바뀌었다.

10) 陳澔 著, 萬久富 整理, 『禮記集說』 1쪽, 「禮記集說序」 (南京, 鳳凰, 2010): "先君子師事雙峰先生十有四年, 以是經三領鄕書, 爲開慶名進士, 所得於師門講論甚多, 中罹煨燼, 隻字不遺. 不肖孤僭不自量, 會萃衍繹而附以臆見之言, 名曰禮記集說."

11) 『江西通志』 권91: "陳大猷, 字文獻, 都昌人, 師雙峰饒氏, 歷仕至從政郎, 改黃州軍判官, 著『尙書集傳』." 『四庫全書總目提要』 권11, "尙書集傳或問二卷" 항목에는 陳大猷가 『書傳會通』을 지었다고 기록하였다.

12) 孔穎達, 『禮記正義』 권1 疏: "戴德傳『記』八十五篇, 則『大戴禮』是也. 戴聖傳『禮』四十九篇, 則此『禮記』是也."

13) "漢初河間獻王又得仲尼弟子及後學者所記一百三十一篇, 獻之, 時亦無傳之者. 至劉向考校經籍, 檢得一百三十篇, 向因第而敍之, 而又得『明堂陰陽記』三十三篇·『孔子三朝記』七篇·『王氏史氏記』二十一篇·『樂記』二十三篇, 凡五種合二百十四篇. 戴德刪其煩重, 合而記之爲八十五篇, 謂之『大戴記』, 而戴聖又刪大戴之書, 爲四十六篇, 謂之『小戴記』. 漢末馬融遂傳小戴之學, 融又足「月令」一篇·「明堂位」一篇·「樂記」一篇, 合四十九篇, 而鄭玄受業於融, 又爲之注. 今『周官』六篇·『古經』十七篇·『小戴記』四十九篇凡三種, 唯鄭注立於國學, 其餘並多散亡, 又無師說."

14) 『前漢書』 卷88, 「儒林傳」: "孟卿, 東海人也, 事蕭奮, 以授后倉·魯閭丘卿. 倉說禮數萬言, 號曰『后氏曲臺記』, 授沛聞人通漢子方·梁戴德延君·戴聖次君·沛慶普孝公. 孝公爲東平太傅. 德號大戴, 爲信都太傅. 聖號小戴, 以博士論石渠, 至九江太守. 由是禮有大戴·小戴·慶氏之學. 通漢以太子舍人論石渠, 至中山中尉. 普授魯夏侯敬, 又傳族子咸, 爲豫章太守. 大戴授琅邪徐良斿卿, 爲博士·州牧·郡守, 家世傳業. 小戴授梁人橋仁季卿·楊榮子孫, 仁爲大鴻臚, 家世傳業, 榮琅邪太守. 由是大戴有徐氏, 小戴有橋楊氏之學."

15) 王鍔, 『禮記成書考』, 281~299쪽, 北京: 中華書局, 2007.

16) 葉適, 『水心集』(사고전서본) 권11, 「櫟齋藏書記」.

17) 王鍔, 『三禮研究論著提要』, 287쪽 "『禮記集說』 160卷" 항목, 蘭州: 甘肅人民, 2001.

18) 『禮記集說』의 「四庫提要」: "朱彝尊『經義考』採摭』亦最爲繁富, 而不知其書與不知其人者, 凡四十九家, 皆賴此書以傳, 亦可云禮家之淵海矣."

19) 萬久富(2010), 앞의 책, 2쪽.

20) 『예기천견록』에 대한 연구는 장동우, 「『예기천견록』 해제」, 『예기천견록』 1책, 9~27쪽, (성남: 청계, 2021) 참조.

21) 이봉규, 「『禮記補註』외 『禮記』 관련 경학자료 해제」 『韓國經學資料集成』 54권, (성균관대학교 大東文化研究院. 1998) 참조.

○ 본 『예기역주』는 진호陳澔의 『예기집설禮記集說』을 완역하고, 정현鄭玄의 주註를 완역하여 부가한 것이다. 체제는 『예기집설』의 경문, 정현의 주, 진호의 집설의 순으로 배치하였다. 아울러 『예기집설』에 없는 『대학大學』과 『중용中庸』 두 편은 주희의 『장구章句』와 정현의 주를 마찬가지 체제로 구성하여 부가하였다.

○ 본 번역의 주대본으로 『예기집설』은 보경문화사에서 1984년 영인한 『예기집설대전禮記集說大全』을, 정현의 주는 북경대학교 출판부에서 2000년 간행한 십삼경주소(정리본) 『예기정의禮記正義』를, 『대학장구』와 『중용장구』는 보경문화사에서 1990년 영인한 『대학大學 · 중용中庸 부언해附諺解』*를 사용하였다. 보조 대본으로 사고전서四庫全書를 이용하였다.

○ 본 번역의 권차卷次는 『예기집설대전』에 따라 30권 49편의 체제로 되어 있다.

○ 본 번역에서는 『예기집설대전』이 구분한 장차章次에 따라 일련번호를 붙였다. 예컨대, 번역문과 본문의 첫머리에 '【교특생 62】'로 되어 있는 것은 『예기집설대전』 「교특생」의 62번째 장이라는 뜻이다.

○ 『집설』에 성씨姓氏만으로 인용된 제유諸儒에 대한 정보를 제공하기 위해 「예기집설대전범례禮記集說大全凡例」를 책머리에 번역하여 실었고, 인용문이 사고전서四庫全書에서 분명하게 확인된 경우에는 괄호 속에 성명을 기입하였다.

○ 번역에서 경전이나 제자서 등을 인용한 경우에는 인용문을 번역하고 괄호 안에 원문을 수록하였다.

○ 각주에 수록된 도상 자료는 송宋 섭숭의聶崇義의 『삼례도三禮圖』, 청淸 『흠정의례의소欽定儀禮義疏』「예기도禮器圖」, 청淸 황이주黃以周의 『예서통고禮書通考』, 1998년 강소고적출판사江蘇古籍出版社에서 간행한 전현錢玄의 『삼례사전三禮辭典』 등에서 해당 도상을 찾아 수록하였다.

○ 용어의 번역은 가독성을 높이기 위해 가능한 우리말로 번역하고 원문 용어를 병기하는 것을 원칙으로 하였다.

* 영조의 1758년 서문이 있는 내각장본을 경신년(1860, 1920)에 간행한 판본이다.

『예기집설禮記集說』의 「서序」

앞서서 나온 성인이 하늘을 계승하여 표준을 세운 원칙에서 예보다 더 중시한 것이 없었고, 뒤에 나온 성인이 세상에 전하고 가르침을 세운 글에서도 또한 예보다 우선시한 것이 없었다. 삼백 가지 예의禮儀(예제의 근간)와 삼천 가지 위의威儀(예제의 세세한 절목) 가운데 어느 것인들 정신精神과 심술心術이 깃든 것이 아니겠는가? 그러므로 천지와 절도節度를 같이 할 수 있었던 것이다. 사대四代에 걸쳐 이루어졌던 보완작업은 시대가 오래되고 경전이 온전히 전해지지 않아 그 자세한 내용을 알 수 없게 되었다. 『의례儀禮』가 17편이고 대성戴聖이 기록한 『예기禮記』가 49편인데, 선대의 유학자들이 「중용中庸」과 「대학大學」을 드러내고 알려 마침내 영원히 도학의 근원이 되었다. 『예기』 49편 글 중에는 순수한 것과 잡박한 것의 차이가 있지만, 그것들의 내용상 깊이나 차이에 대하여 말하기는 정말 쉽지 않다. 정현鄭玄은 참위설을 이어받았는데, 공영달孔穎達은 그저 정현의 설만을 따라서, 다른 설이 있어도 수록하지 않았으니, 진실로 애석한 부분이다. 그렇지만 개중에 명확하여 근거로 삼을 만하는 것들은 뒤바꿀 수 없다. 근래에 나온 응씨應氏의 『집해集解』[1]는 「잡기雜記」, 「상대기喪大記」, 「상복소기喪服小記」 등 편에 대하여 생략하고 설명하지 않았다. 아, 상례를 신중히 처리하고 조상을 추모하는 것이 인간의 윤리와 세상의 도리에 관련해서 작은 일이 아니거늘 생략해서 되겠는가? 선친은 쌍봉雙峰 요饒선생을 14년 동안 스승으로 모셨고,[2] 이 『예기禮記』로서 향서鄕書에 세 번이나 합격하여, 개경開慶[3] 무렵에 이름난 진사가 되었다. 선친께서는 스승의 문하에서 강론한 것으로부터 얻은 것이 매우 많았는데, 중간에 화재를 당해 한 글자도 전해지지 못하였다. 홀로 된 불초한 내가 외람되게 자신의 능력을 헤아리지 않고 글을 모아 연역하고 내 생각을 부가하여『예기집설禮記集說』이라고 이름을 붙였다. 이 책은 대개 평이하고 분명한 설을 가지고 초학자들이 읽으면 곧장 그 의미를 알 수 있게 하려고 한 것이다. 아마 장구章句에 통할 정도가 되면 깊은 뜻이야 저절로 드러날 것이니, 고상하게 이론적 논의를 하면서 훈고訓詁의 말을 비하할 필요가 진정 없다. 책이 완성되자, 도리를 알고 있는 사방의 선비들에게 나아가 질정하고 싶었지만, 노쇠한데다가 병이 많아 돌아다니기가 너무 어려웠다. 그래서 우선 책 상자 속에 넣어 두고 뒤에 오는 명철한 학자를 기다린다. 정치와 교화가 홍성하게 될 때, 예를 아는 학자가 어쩌다 이 책에서 취하는 것이 있다면, 그것은 또한 우둔한 사람이 천 번 생각해서 한 번 들어맞은 부분일 뿐이다. 前聖繼天立極之道, 莫大於禮. 後聖垂世立敎之書, 亦莫先於禮. 禮儀三百・威儀三千, 孰非精神心術之所寓? 故能與天地同其節. 四代損益, 世遠經殘, 其詳不可得聞矣. 『儀禮』十七篇, 『戴記』四十九篇, 先儒表章庸學, 遂爲千萬世道學之淵源. 其四十九篇之文, 雖純駁不同, 然義之淺深同異, 誠未易言也. 鄭氏祖讖緯, 孔疏惟鄭之從, 雖有他說, 不復收載, 固爲可恨. 然其灼然可據者, 不可易也. 近世應氏『集解』, 於「雜記」・「大・小記」等篇, 皆闕而不釋. 噫, 愼終追遠, 其關於人倫世道, 非細故, 而可略哉? 先君子師事雙峰饒先生十有四年, 以是經三領鄉書, 爲開慶名進士, 所得於師門講論甚多, 中罹煨燼, 隻字不遺. 不肖孤僭不自量, 會萃衍繹, 而附以臆見之言, 名曰『禮記集說』, 蓋欲以坦明之說, 使初學讀之, 卽了其義, 庶幾章句通, 則緼奧自見, 正不必高爲議論, 而卑視訓詁之辭也. 書成, 甚欲就正于四方有道之士, 而衰年多疾, 遊歷良艱, 姑藏巾笥, 以俟來哲, 治敎方興, 知禮者或有取焉, 亦愚者千慮之一爾.

후학 동회택東匯澤 진호陳澔[4)]가 글머리에 쓰다. 後學東匯澤陳澔序.

역주

1) 응씨의 『집해』 : 應氏는 應鏞을 가리킨다. 衛湜의 『禮記集說』 「凡例」에는 金華 출신으로 字가 子和이고 『纂義』 20권을 지었다고 소개되어 있다. 『集解』는 『纂義』와 같은 저술로 생각되며, 원 제목은 『禮記纂義』 또는 『禮記集解』였을 것으로 추정된다.

2) 선친은 ~ 모셨고 : 선친은 陳澔의 아버지 陳大猷를 가리킨다. 진대유의 字는 文獻, 號는 東齋이며 都昌(현재 江西 지역에 속함) 출신이다. 1259년 진사가 되었고, 從政郎, 黃州軍判官 등을 역임하였다. 저서에 『尙書集傳或問』, 『尙書集傳會通』 등이 있다. 쌍봉 요선생은 饒魯를 가리킨다. 요노의 자는 伯輿 또는 仲元이며, 호는 雙峰이다. 남송 饒州 餘干(현재 江西 餘干 서북쪽) 출신이다. 黃幹, 李燔 등에게서 배웠고, 과거에 실패한 뒤 학문에만 전념하였으며, 여러 번 추천을 받았지만 조정에 나아가지 않았다. 石洞서원을 세워 제자들을 가르쳤고, 그가 죽자 제자들이 사적으로 文元이라는 시호를 붙였다. 저서로 『五經講義』, 『語孟紀聞』, 『春秋節傳』, 『學庸纂述』, 『太極三圖』, 『學庸十二圖』, 『西銘圖』, 『近思錄註』 등이 있다. 진대유, 진호, 요노 등에 대한 기록은 『宋元學案』 83권, 「雙峰學案」에 정리되어 있다.

3) 개경 : 南宋 憲宗 1259년의 연호이다.

4) 진호 : 자는 可大, 호는 雲莊, 또는 北山이다. 陳大猷의 아들이다. 經師선생, 雲莊선생 등으로 불렸으며, 저서로 『禮記集說』이 전한다. 『宋元學案』 83권, 「雙峰學案」에 관련 기록이 보인다.

『예기집설대전禮記集說大全』「범례凡例」

하나. 현재의 편집본은 진씨의 『집설』을 근본으로 하고, 제가의 설 가운데 상호 의미를 분명히 해주는 것과 미비점을 보완해 줄 수 있는 것은 아래에 주석으로 구분하여 실었고 합치하지 않는 것은 취하지 않았다. 一. 今編以陳氏『集說』爲宗, 諸家之說有互相發明及足其未備者, 分註于下, 不合者不取.

하나. 진씨 『집설』의 구 범례 一. 陳氏『集說』舊例

경문의 교수【校讎經文】

촉蜀의 대자본蜀大字本

송宋의 구舊 국자감본【宋舊監本】

홍국興國 우씨于氏본【興國于氏本】

우군盱郡에서 중간重刊한 요씨廖氏본【盱郡重刊廖氏本】

건본建本 주소註疏【建本註疏】

남강南康 『경전통해經傳通解』【南康『經傳通解』】

인용서적援引書籍

한漢 정씨鄭氏(정현鄭玄)의 주註【漢鄭氏註】

당唐 공씨孔氏(공영달孔穎達)의 소疏【唐孔氏疏】

『의례儀禮』의 고주소【『儀禮』古註疏】

『의례경전통해儀禮經傳通解』【『儀禮經傳通解』】

양씨楊氏(양복楊復)의 『제례통해祭禮通解』[1]【楊氏『祭禮通解』】

육씨陸氏(육덕명陸德明)의 『경전석문經典釋文』【陸氏『經典釋文』】

구경九經의 주소【九經註疏】

허씨許氏(허신許愼)의 『설문해자說文解字』【許氏『說文』】

두씨杜氏(두우杜佑)의 『통전通典』【杜氏『通典』】

정씨鄭氏(정초鄭樵)[2]의 『통지략通志略』【鄭氏『通志略』】

정씨程氏의 『유서遺書』【程氏『遺書』】

정자程子의 『수언粹言』【程子『粹言』】

장자張子(장재張載)의 『어록語錄』【張子『語錄』】

주자朱子(주희朱熹)의 『사서四書』【朱子『四書』】

주자朱子의 『소학서小學書』【朱子『小學書』】

『주자대전집朱子大全集』【『朱子大全集』】

『주자어류朱子語類』【『朱子語類』】

『춘추찬례春秋纂例』[3]【『春秋纂例』】

삼산三山 진씨陳氏(진상도陳祥道)[4]의 『예서禮書』【三山陳氏『禮書』】

잠실蠶室 진씨陳氏(진식陳埴)[5]의 『목종집木鍾集』【蠶室陳氏『木鍾集』】

손씨孫氏(손혁孫奕)[6]의 『시아편示兒編』【孫氏『示兒編』】

방씨方氏(방포方苞)[7]의 『집해集解』【方氏『集解』】

응씨應氏(응용應鏞)[8]의 『집해』【應氏『集解』】

찬황호재贊皇浩齋의 『집해』【贊皇浩齋『集解』】

채씨蔡氏(채침蔡沈)의 『서전書傳』【蔡氏『書傳』】

여씨呂氏(여조겸呂祖謙)의 『시기詩記』[9]【呂氏『詩記』】

엄씨嚴氏(엄찬嚴粲)[10]의 『시집詩緝』【嚴氏『詩緝』】

『주관제도周官制度』【周官制度】

괄창括蒼 항씨項氏(항안세項安世)[11]의 『예설禮說』【括蒼項氏『禮說』】

용천龍泉 섭씨葉氏(섭적葉適)[12]의 『기언記言』【龍泉葉氏『記言』】

주주한朱周翰의 『절해節解』[13]【朱周翰『節解』】

『원류지론源流至論』[14]【『源流至論』】

마씨馬氏의 『예해禮解』【馬氏『禮解』】

쌍봉雙峰 요씨饒氏(요로饒魯)[15]의 설【雙峯饒氏說】

우강盱江 이씨李氏(이구李覯)[16]의 설【盱江李氏說】

석량石梁 왕씨王氏의 비【石梁王氏批】

남전藍田 여씨呂氏(여대림呂大臨)의 설[17]【藍田呂氏說】

양헌亮軒 풍씨馮氏의 설【亮軒馮氏說】

항헌恒軒 유씨劉氏의 설【恒軒劉氏說】

주설의 선택【註說去取】

명물도수는 고주와 『정의』에 근거하였고, 도학의 정론은 정자와 주자를 근본으로 하였고, 정밀한 뜻을 상세하게 밝히는 데는 제가의 설을 일반적으로 취하였으며, 의미가 분명하지 않은 경우에는 나의 의견을 채워 넣었다. 凡名物度數, 據古註『正義』, 道學正論, 宗程子朱子, 精義詳盡, 則泛取諸家, 發明未備, 則足以己意.

음문의 반절【音文反切】

의미가 고주와 같은 경우에는 육덕명의 『경전석문』에 의거하였고, 새로운 의미를 밝히는 경우에는 제가의 설에 근거하였다. 義同古註, 則依陸氏『釋文』, 發明新義, 則各據諸家.

장구의 분절【章句分段】

속본과 고주의 분장은 모두 권점을 하였다. 이제 주소 및 촉본·요본·고주에 의거한 경우에는 모두 권점을 하지 않았다. 俗本·古註章斷皆圈. 今依註疏及蜀本·寥本·古註皆不圈.

하나. 이제 인용하고 있는 제유의 성씨는 인용서적에 이미 드러난 것을 제외하고 나머지는 아래에 기록하였다. 一. 今所取諸儒姓氏, 除舊引書籍已見外, 餘開于左.

주자周子[이름은 돈이惇頤, 자는 무숙茂淑이다.]【周子[惇頤, 茂淑]】

속수涑水 사마씨司馬氏[이름은 광光, 자는 군실君實이다.]【涑水司馬氏[光, 君實]】

영가永嘉 주씨周氏[18][이름은 행기行己, 자는 공숙恭叔이다.]【永嘉周氏[行己, 恭叔]】

경원慶源 보씨輔氏[19][이름은 광廣, 자는 한경漢卿이다.]【慶源輔氏[廣, 漢卿]】

화양華陽 범씨范氏[20][이름은 조우祖禹, 자는 순보淳甫이다]【華陽范氏[祖禹, 淳甫]】

산음山陰 육씨陸氏[21][이름은 전佃, 자는 농사農師이다.]【山陰陸氏[佃, 農師]】

여릉廬陵 호씨胡氏[22][이름은 전銓, 자는 방형邦衡이다.]【廬陵胡氏[銓, 邦衡]】

오군吳郡 범씨范氏[23][이름은 성대成大, 자는 지능至能이다.]【吳郡范氏[成大, 至能]】

연평延平 주씨周氏[24][이름은 서諝, 자는 희성希聖이다.]【延平周氏[諝, 希聖]】

오흥吳興 심씨沈氏[이름은 청신淸臣, 자는 정경正卿이다.]【吳興沈氏[淸臣, 正卿]】

자호慈湖 양씨楊氏[25][이름은 간簡, 자는 경중敬仲이다.]【慈湖楊氏[簡, 敬仲]】

전당錢塘 우씨于氏[이름은 유성有成, 자는 군석君錫이다.]【錢塘于氏[有成, 君錫]】

광안廣安 유씨游氏[이름은 계桂, 자는 원발元發이다.]【廣安游氏[桂, 元發]】

강릉江陵 항씨項氏[이름은 안세安世, 자는 평보平甫이다.]【江陵項氏[安世, 平甫]】

북계北溪 진씨陳氏[26][이름은 순淳, 자는 안경安卿이다.]【北溪陳氏[淳, 安卿]】

석림石林 섭씨葉氏[27][이름은 몽득夢得, 자는 소온少蘊이다.]【石林葉氏[夢得, 少蘊]】

장락長樂 유씨劉氏[28][이름은 이彝, 자는 집중執中이다.]【長樂劉氏[彝, 執中]】

영가永嘉 서씨徐氏[29][이름은 자명自明, 자는 성보誠甫이다.]【永嘉徐氏[自明, 誠甫]】

연평延平 황씨黃氏[이름은 상裳, 자는 면중冕仲이다.]【延平黃氏[裳, 冕仲]】

장락長樂 황씨黃氏[30][이름은 간幹, 자는 직경直卿이다.]【長樂黃氏[幹, 直卿]】

왕씨王氏[이름은 자묵子墨이다.]【王氏[子墨]】

하씨何氏[자는 평숙平叔이다.]【何氏[平叔]】

서산西山 진씨眞氏[31][이름은 덕수德秀, 자는 경원景元이다.]【西山眞氏[德秀, 景元]】

금화金華 소씨邵氏[이름은 연淵, 자는 만종萬宗이다.]【金華邵氏[淵, 萬宗]】

영가永嘉 대씨戴氏[32][이름은 계溪, 자는 소망少望이다.]【永嘉戴氏[溪, 少望]】

신정新定 고씨顧氏[33][이름은 원상元常이다.]【新定顧氏[元常]】

번양番陽 홍씨洪氏[34][이름은 매邁, 자는 경로景盧이다.]【番陽洪氏[邁, 景盧]】

청강淸江 유씨劉氏[35][이름은 창敞, 자는 원보原父이다.]【淸江劉氏[敞, 原父]】

장씨莊氏[36][이름은 하夏이다.]【莊氏[夏]】

복씨宓氏【宓氏】

신안新安 왕씨王氏[37]【新安王氏】

장씨蔣氏[자는 군실君實이다.]【蔣氏[君實]】

미산眉山 손씨孫氏[이름은 필佖이다.]【眉山孫氏[佖]】

노씨盧氏【盧氏】

허씨許氏【許氏】

왕씨王氏[이름은 빈蘋이다.]【王氏[蘋]】

안씨晏氏[이름은 광光이다.]【晏氏[光]】

이씨李氏【李氏】

곤릉昆陵 모용씨慕容氏[이름은 언달彦達, 자는 숙우叔遇이다.]【昆陵慕容氏[彦達, 叔遇]】

유씨劉氏[자는 맹야孟冶이다.]【劉氏[孟冶]】

금화金華 범씨范氏[38][이름은 종鐘, 자는 중화仲和이다.]【金華范氏[鐘, 仲和]】

임천臨川 오씨吳氏[39][이름은 징澄, 자는 유청幼淸이다.]【臨川吳氏[澄, 幼淸]】

역주

1) 『제례통해』 : 衛湜의 『禮記集說』에 따르면 "『儀禮經傳通解續』의 「祭禮」 12권을 가리키는 것이라고 한다.

2) 정씨(정초) : 1104~1162. 송대의 사학자, 목록학자로 자는 漁仲이다. 남송 興化軍 莆田(지금의 福建 莆田) 사람으로 夾漈先生이라고 불렸다. 저술로는 『通志』, 『爾雅注』, 「詩辨妄』 등이 있다.

3) 『춘추찬례』 : 『文獻通考』에는 '唐 大歷간 趙伯循이 편찬한 것'으로 되어 있고, 『郡齋讀書志』에는 '唐 陸淳이 편찬한 것'으로 되어 있으며, 『經義考』에는 '趙匡이 찬한 것'으로 되어 있다.

4) 진씨(진상도) : 자는 用之, 福州 사람으로 '長樂陳氏'로 불리기도 하다. 『講義』 24권, 『禮書』 150권, 『禮例詳解』 10권 등의 저술이 있다. 동생인 陳暘은 『樂書』 200권이 있다.(衛湜 『禮記集說』 「凡例」)

5) 잠실 진씨(진식) : 자는 器之, 永嘉(지금의 절강 온주) 사람이다. 저서로 『木鍾集』 11권이 있는데, 『論語』 1卷, 『孟子』 1卷, 『六經總論』 1卷, 『周易』 1卷, 『尙書』 1卷, 『毛詩』 1卷, 『周禮』 1卷, 『禮記』 1卷, 『春秋』 1卷, 『近思雜問』 1卷, 『史』 1卷으로 구성되어 있다.

6) 손씨(손혁) : 자는 季昭, 호는 履齋로 盧陵 사람이다. 송대의 학자이나 행적은 알려진 것이 없다. 저서에 『示兒編』 23권이 있는데 總說 1권, 經說 5권, 文說과 詩說이 4권, 正誤 3권, 雜記 4권, 字說 5권 등으로 구성되어 있다.

7) 방씨(방포) : 1668~1749. 청나라 때 경학가로 자는 鳳九·靈皐, 호는 望溪이며 江南 桐城(지금의 安徽省 桐城市 凤仪里) 사람이다. 저서로는 『周官集注』 13卷, 『周官析疑』 36卷, 『考工記析疑』 4卷, 『周官辯』 1卷, 『儀禮析疑』 17卷, 『禮記析疑』 46卷, 『喪禮或問』 1卷, 『春秋比事目錄』 4卷, 『詩義補正』 8卷, 『左傳義法擧要』, 『史記注補正』, 『離騷正義』 各1卷, 『奏議』 2卷, 『文集』 18卷, 『集外文』 10卷, 『補遺』 14卷 등이 있다. 『通志堂宋元經解』를 산정하기도 하였다.

8) 응씨(응용) : 應鏞을 가리킨다. 衛湜의 『禮記集說』 「凡例」에는 金華 출신으로 字가 子和이고 『纂義』 20권을 지었다고 소개되어 있다. 陳澔는 「서문」에서 "근래에 나온 응씨의 『集解』는 「雜記」, 「喪大記」, 「喪服小記」 등 편에 대하여 생략하고 설명하지 않았다"(近世應氏『集解』, 於「雜記」·「大·小記」等篇, 皆闕而不釋)라고 하였다. 『集解』는 『纂義』와 같은 저술로 생각되며, 원 제목은 『禮記纂義』 또는 『禮記集解』였을 것으로 추정된다.

9) 『시기』 : 『呂氏家塾讀詩記』를 가리킨다. 『文獻通考』에 呂氏『讀詩記』(32권)가 기록되어 있다.

10) 엄씨(엄찬) : 자는 坦叔, 明卿, 호는 華谷으로 생졸년 미상이다. 남송 후기에 진사가 되어 全州 淸湘令을 역임하였다. 저서는 적지 않았지만 현재 전해지는 것은 『華谷集』 1권과 『詩緝』 30권뿐이다. 『시집』은 여조겸의 『독시기』를 위주로 백가의 설을 채록하여 의미를 밝히고 정론이 없는 곳에는 자신의 독특한 견해를 제시하고 있는 것으로 평가된다.

11) 항씨(항안세) : 1129~1208. 자는 平甫, 호는 平庵으로, 송대의 경학자이다. 慶元 연간에 黨禁이 일어나 朱熹가 僞學으로 배척받을 때 상소하여 변호하다가 僞黨으로 몰려 江陵에 좌천되어 경학 연구에 몰두하였다. 『易玩辭』, 『項氏家說』, 『平庵悔稿』 등의 저술이 있다. 『宋史』 권397, 「項安世列傳」 참조.

12) 섭씨(섭적) : 1150~1223. 자는 正則, 호는 水心居士이다. 溫州 永嘉(지금의 절강 온주) 사람으로 사상가, 문학가, 정론가이다. 저서로 『水心先生文集』, 『水心別集』, 『習學記言』 등이 있다.

13) 『절해』 : 『文淵閣書目』에 "『禮記』에 대한 朱周翰의 『詳節』 三冊, 「月令」 部三冊이 있다"라고 기록하고 있다.

14) 『원류지론』 : 『欽定續文獻通考』에 "林駉의 『源流至論』(前集十卷, 後集十卷), 黃履翁『源流至論』(別集十卷). 駉의 자는 德頌, 寧德사람이다"라고 기록되어 있다.

15) 쌍봉 요씨(요로) : 1193~1264. 남송의 성리학자로 자는 伯輿 또는 仲元, 시호는 文元이다. 쌍봉은 그의 호이고 江西省 饒州 餘干 사람이다. 주희의 문인 黃榦과 李燔을 사사하였으며, 朋來館과 石洞書院을 세워 후학을 양성하였다. 저서에 『五經講義』, 『語孟紀聞』, 『西铭图』 등이 있다.

16) 우강 이씨(이구) : 1009~1059. 자는 泰伯, 호는 盱江先生으로 북송 建昌軍 南城(지금의 江西 撫州 資溪縣 嵩市鎭) 사람이다. 북송 시기 사상가이다. 저서로 『直講李先生文集』 37卷이 있는데 『外集』 3卷이 뒤에 부록되어 있다.

17) 남전 여씨(여대림)의 설 : 여대림(1040~1092)의 자는 與叔, 호는 藍田, 京兆 남전(지금의 섬서성) 사람이다. 북송 때 경학가로, 呂大鈞의 동생이다. 謝良佐·游酢·楊時와 함께 '程門四先生'으로 일컬어졌다. 저서에 『考古圖』, 『釋文』, 『禮記解』 10권 등이 있다. 『예기해』의 경우 『中興館閣書目』에는 1권만이 기록되어 있는데, 「表記」, 「冠義」, 「昏義」, 「鄉飮酒義」, 「射義」, 「燕義」, 「聘義」, 「喪服四制」 등 8편이 포함되어 있다. 현재 書坊에 간행한 10권에는 「曲禮」 上下, 「孔子閒居」, 「中庸」, 「緇衣」, 「深衣」, 「儒行」, 「大學」 등 8편이 더 있다.(衛湜 『禮記集說』 「凡例」)

18) 영가 주씨 : 1067~1125. 이름은 行己, 자는 恭叔으로 浮沚先生이라 불렸다. 程伊川의 문인이다. 저서로 『浮沚文集』 16卷, 『后集』 3卷, 『易講義』, 『禮記講義』 등이 있다.

19) 경원 보씨 : 호는 潛菴, 송나라 사람이다. 당시 사람들은 傅貽 선생이라 일컬었다. 여조겸과 주자에게 師事하였다. 저서로 『詩童子問』, 『晦庵先生語錄』, 『朱子讀書法』 세 가지가 있다. 『四庫全書提要』에는 이 밖에도 『六經集解』, 『尙書注』, 『四書纂疏』, 『論語答

問』, 『孟子答問』, 『通鑑集義』 등의 저술이 기록되어 있다.

20) 화양 범씨 : 1041~1098. 宋 華陽 사람으로, 자는 淳甫이다. 司馬光과 함께 『資治通鑑』을 편찬하고, 實錄을 편수하였다. 저술로 『華陽集』, 『唐鑑』 12卷, 『帝學』 8卷, 『仁宗政典』 6卷이 있다. 『宋史』 권337에 「范祖禹列傳」이 실려 있다.

21) 산음 육씨 : 陸佃(1042~1102)은 송 山陰 사람으로, 자는 農師, 호는 陶山이다. 王安石에게 師事하였으나, 그의 新法을 옳게 여기지 않았다. 『埤雅』, 『春秋後傳』, 『禮象』 등 200여 권을 저술하였다.

22) 여릉 호씨 : 胡銓(1102~1180)의 자는 邦衡, 호는 澹庵, 시호는 忠簡이다. 저서로 『禮記傳』 18권이 있다.(衛湜 『禮記集說』) 『宋史』 卷374에 「胡銓列傳」이 실려 있다.

23) 오군 범씨 : 范成大(1126~1193) 자는 至能, 幼元, 자호는 此山居士, 만년의 호는 石湖居士이다. 平江府 吳縣(지금의 江蘇省 蘇州) 사람이다. 南宋의 名臣이며 文學家, 詩人이다. 저서로 『石湖集』, 『攬轡錄』, 『吳船錄』, 『吳郡志』, 『桂海虞衡志』 등이 있다.

24) 연평 주씨 : 미상. 「王制」, 「禮運」, 「禮器」, 「郊特牲」, 「玉藻」, 「學記」, 「樂記」, 「祭法」, 「祭義」, 「祭統」, 「經解」, 「哀公問」, 「仲尼燕居」, 「孔子閒居」, 「中庸」, 「表記」, 「大學」 등 17편에 대한 풀이가 있으나 『中興館閣書目』에는 보이지 않는다.(衛湜 『禮記集說』 「凡例」)

25) 자호 양씨 : 楊簡(1141~1226)의 자는 敬仲, 호는 慈湖, 慈溪(지금의 浙江省 宁波市) 사람이다. 陸九淵의 문인이다. 저서로 『慈湖遺書』 18卷, 續集 2卷, 『慈湖詩傳』 20卷, 『楊氏易傳』 20卷, 『五語解』 등이 있다. 『宋史』 권407에 「楊簡列傳」이 실려 있다.

26) 북계 진씨 : 陳淳(1159~1223)의 자는 安卿, 호는 北溪이다. 시호는 文安이며, 복건성 龍溪 사람이다. 주희가 漳州太守로 있을 때 나아가 수학하여 黃榦과 함께 高弟가 되었다. 저서로 『北溪字義』, 『嚴陵講義』 등이 있다.

27) 석림 섭씨 : 葉夢得(1077~1148)의 자는 少蘊, 苏州 吳縣 사람이다. 만년에 湖州 弁山玲珑山石林에 은거하였으므로 石林居士라고 자호하였다. 저서로는 『石林燕語』, 『石林詞』, 『石林詩話』 등이 있다. 이와 함께 「曲禮」, 「檀弓」, 「王制」, 「文王世子」, 「祭義」, 「祭統」, 「哀公問」, 「仲尼燕居」, 「孔子閒居」, 「坊記」, 「表記」, 「緇衣」, 「儒行」, 「大學」, 「昏義」, 「鄉飮酒義」, 「射義」, 「燕義」, 「聘義」 등 19편에 대한 풀이가 있다.(衛湜 『禮記集說』 「凡例」)

28) 장락 유씨 : 劉彝(1017~1086)의 자는 執中, 福州 사람으로 北宋의 著名한 水利 전문가이다. 어려서 胡瑗에게 학문을 배웠다. 저서로는 『七經中議』 170권과 『明善集』 30권, 『居陽集』 30권이 있다. 『七經中議』 170권 안에 「예기」 40권이 포함되어 있다.

29) 영가 서씨 : 徐自明의 자는 誠甫, 호는 慥堂, 永嘉 사람이다. 南宋 淳熙五年(1178)에 進士가 되어 富陽縣 主簿를 역임하였다. 저서로 『禮記說』, 『浮光圖志』, 『零陵志』, 『宋宰輔編年錄』 등이 있다.

30) 장락 황씨 : 黃榦(1152~1221)의 자는 直卿, 호는 勉齋, 시호는 文肅이다. 朱熹의 제자

이며 사위이다. 『周易繫辭傳解』 1卷, 『儀禮經傳通解續』 29卷, 『孝經本旨』 1卷, 『論語注語問答通釋』 10卷, 『勉齋先生講義』 1卷, 『朱侍講行狀』 1卷, 『勉齋詩鈔』 1卷, 『黃勉齋先生文集』 8卷, 『晦庵先生語續錄』 46卷, 『勉齋集』 40卷 등의 저서가 있다.

31) 서산 진씨 : 眞德秀(1178~1235)의 자는 景元·希元·景峰·景希, 호는 西山, 시호는 文忠이며, 福建省 建州 사람이다. 朱熹의 문인 詹體仁에게 수학하였으며, 程朱理學을 계승 발전시키는 데 힘썼다. 『宋史』에서는 『西山甲乙稿』, 『對越甲乙集』, 『經筵講義』, 『端平廟議』, 『翰林詞草四六』, 『獻忠集』, 『江東救荒錄』, 『淸源雜志』, 『星沙集志』 등의 저술이 있다고 기록하고 있으나, 현재는 『西山文集』(『西山先生眞文忠公文集』), 『讀書記』, 『四書集編』과 『大學衍義』 등이 전한다.

32) 영가 대씨 : 戴溪(1141~1215)의 자는 肖望 또는 少望, 호는 岷隱으로 학자들은 岷隱先生이라고 불렀다. 永嘉(지금의 浙江 溫州) 사람이다. 저서로 『石鼓論語答問』, 『續呂氏(祖謙)家塾讀詩記』, 『春秋講義』, 『易總論』, 『書說』, 『禮記口義』, 『孟子答問』, 『通鑑笔議』, 『將鑑論斷』, 『復仇對』, 『淸源志』, 『岷隱詩文集』 등이 있다. 『宋史』 「儒林傳」(卷434)에 실려 있다.

33) 위식의 『예기집설』에는 "字는 平甫이다."라고 하였다.

34) 번양 홍씨 : 洪邁(1123~1202)의 자는 景盧, 호는 容齋이다. 저서로는 『容齋隨筆』 74卷이 있다.

35) 청강 유씨 : 劉敞(1019~1068)의 자가 原父이고 호가 公是이며, 臨江 사람이다. 저서로 『春秋权衡』, 『春秋傳』, 『七經小傳』, 『春秋傳說例』, 『春秋意林』, 『公是集』 등이 있다.

36) 장씨 : 莊夏(1155~1223)의 자는 子禮, 湖陽(지금의 湖洋鎭) 사람이다. 저술로 『禮記解』, 『國史大事記』, 『典故略志』, 『遺文』 20卷 등이 있다.

37) 신안 왕씨 : 미상이다. 衛湜의 『禮記集說』 「凡例」에 "「曲禮」 上下, 「王制」, 「月令」, 「文王世子」, 「禮運」, 「禮器」, 「郊特牲」, 「內則」, 「玉藻」, 「明堂位」, 「大傳」, 「中庸」, 「大學」, 「投壺」 등 15편을 풀이하였다"고 기록되어 있다.

38) 금화 범씨 : 范鐘(1171~1248)의 자는 仲和, 婺州 蘭溪 사람이다. 저서로 『禮記解』가 있다.

39) 임천 오씨 : 吳澄(1249~1333)의 자는 幼淸, 伯淸으로 撫州 崇仁鳳崗咸口(지금의 江西省 樂安縣 鰲溪鎭咸口村) 사람이다. 원대의 걸출한 경학자이다. 『禮記發明』 1권이 있다. 저서로 『吳文正集』 100卷, 『易纂言』 10卷, 『禮記纂言』 36卷, 『易纂言外翼』 8卷, 『書纂言』 4卷, 『儀禮逸經傳』 2卷, 『春秋纂言』 12卷, 『孝經定本』 1卷, 『道德眞經注』 4卷, 『冲虛眞經解』 등이 있다.

『예기집설대전禮記集說大全』「총론總論」

정자程子는 말한다. "『예기』는 한나라 유학자들에게서 일정한 체계 없이 나왔다. 그러나 그 내용 중에 성인聖人 문하의 서여緖餘와 격언이 매우 많다. 가령, 『예기』「학기學記」는 문제삼을 것이 없고, 「단궁檀弓」, 「표기表記」 등도 매우 지극한 이치가 있으니, 문맥을 깊이 아는 사람이라면 가려낼 것이다. 「왕제王制」, 「예운禮運」, 「예기禮器」 등도 그 글에 옛 뜻을 전하는 것이 많다. 「공자한거孔子閒居」와 「중니연거仲尼燕居」 등의 '삼무三無', '오기五起' 등의 설[1]은 글 자체가 의심스럽다." 程子曰: "『禮記』雜出於漢儒, 然其間, 傳聖門緖餘及格言甚多. 如『禮記』「學記」之類, 無可議者. 「檀弓」·「表記」之類, 亦甚有至理, 惟知言者擇之. 如「王制」·「禮運」·「禮器」, 其書亦多傳古意. 若「閒居」·「燕居」'三無'·'五起'之說, 文字可疑."

정이程頤가 또 말했다. "『예기』에서 「중용中庸」과 「대학大學」을 제외하면, 오직 「악기樂記」가 도道에 가까우니, 배우는 사람들은 숙고하여 자득해야 한다. 『예기』의 「표기表記」도 도에 가깝고, 그 말이 바르다."[2] 又曰: "『禮記』除「中庸」·「大學」, 唯「樂記」爲最近道, 學者深思自得之. 『禮記』之「表記」, 其亦近道矣乎! 其言正."

영가永嘉 주周씨[3]는 다음과 같이 말하였다. "근본 줄기가 되는 예 삼백 가지와 위의威儀 삼천 가지가 모두 본성에서 나오는 것이요, 거짓으로 외모를 나타내고 마음을 꾸민 것이 아니다. 하늘은 높고 땅은 낮은 데에서 예가 본래부터 성립하고, 유형에 따라 모으고 분류하는 데에서 예가 자연적으로 행해지는 것이다. 사람이 천지 사이에 자리 잡고 만물 위에 서니 높고 낮음, 분별하고 합하는 것이 설정하지 않아도 드러난다. 성인이 이것을 따라 관례冠禮, 혼례婚禮, 상례喪禮, 제례祭禮, 조빙朝聘의 예, 향사례鄕射禮 등을 제정하여 군주와 신하, 아버지와 자식, 형제, 부부, 붕우 등의 의리를 실현하였다. 형이하의 측면은 음식과 기물과 의복 등의 사용방식에서 나타나고, 형이상의 측면은 소리도 냄새도 없는 은미한 의리에서 남김없이 담겨 있다. 일반 사람들은 힘써 (예에 가까워지고자) 노력하고, 현인은 (학습을 통해) 실천하며, 성인은 (본성으로부터 나와 자연히) 예를 따른다. 그러므로 자신을 처신하고, 가사에 참여하며, 국가에 참여하며, 천하에 참여하는 것은 예가 다스려지면 다스려지고, 예가 어지러우면 어지럽게 되며, 예가 남아 있으면 유지되고 예가 없어지면 망한다. 위로 상고시대부터 아래로 오대五代 말기에 이르기까지 질質과 문文이 같지 않았지만, 이를 따르지 않은 경우가 없었다. 그러나 시대마다 수정과 보완이 있었지만 오직 주周의 예가 완비된 것이다. 그래서 공자가 일찍이 '빛나도다, 문장제도여! 나는 주나라의 예를 따르겠다.'라고 하였다. 예가 폐단을 낳는데 이르면, 충신忠信의 이념은 희박해지고 꾸미는 제도만 번잡해진다. 임방林放이 예의 근본을 질문하자 공자는 선배의 예를 따르겠다고 하였는데, 그것은 폐단에 이른 것을 반성하여 바로잡으려한 것이다. 그러나 어찌 그것이 예의 잘못이겠는가? 예를 실행하는 사람이 잘못한 것이다. 진나라 때 전적들을 불태워 없애자, 삼대三代의 예 제도가 크게 파괴되었다. 한나라가 일어나 전적들을 수집하자, 『예기禮記』 49편이 여러 유학자들의 전傳과 기記에서 뒤죽박죽 나왔지만, 성인의 본뜻을 모두 얻지 못하였다. 『예기』의 문장과 뜻을 살펴보면, 가끔 맞지 않는 것들이 보인다. 그러나 그 글이 복잡하고 그 의미 또한 넓기 때문에 학자들이 널리 탐구하면서 요체를 간추린다면 그다지 어긋나지 않을 것이다. 대개 그 내용을 보면, 표면적으로는 응대하고 나가고 물러나는 말들이지만, 심층적으로는 도덕과 성명의 요체이며, 어린아이의 학습에서 시작하지만 성인聖人으로 귀착하는 것에서 끝나는 것이다. 오직 옛 도에 통달한 뒤라야 그 말을 알 수 있고, 그 말을 알 수 있었어야만 예로부터 얻을 수 있다. 따라서 예가 가치 있는 예가 되는 데는 그 원리가 멀리 있지 않다." 永嘉周氏曰: "經禮三百, 威儀三千, 皆出於性, 非僞貌飾情也. 天尊地卑, 禮固立矣. 類聚群分, 禮固行矣. 人者位乎天地之間, 立乎萬物之上, 尊卑分類, 不設而彰. 聖人循此制爲冠・婚・喪・祭・朝聘・鄕射之禮, 以行君臣・父子・兄弟・夫婦・朋友之義. 其形而下者見於飮食器服之用, 其形而上者極於無聲無臭之微. 衆人勉之, 賢人行之, 聖人由之. 故所以行其身, 與其家, 與其國, 與其天下者, 禮治則治, 禮亂則亂, 禮存則存, 禮亡則亡. 上自古始, 下逮五季, 質文不同, 罔不由是. 然而世有損益, 惟周爲備, 夫子嘗曰: '郁郁乎! 文哉! 吾從周.' 逮其弊也, 忠信之薄而情文之繁. 林放問禮之本, 孔子欲從先進, 蓋所以矯正反弊也. 然豈禮之過哉? 爲禮者之過也. 秦氏焚滅典籍, 三代禮文大壞, 漢興購書, 『禮記』四十九篇, 雜出諸儒傳記, 不能悉得聖人之旨, 考其文義, 時有牴牾, 然而其文繁, 其義博, 學者博而約之, 亦可弗畔. 蓋其說也, 粗在應對進退之間, 而精在道德性命之要, 始於童幼之習, 而卒於聖人之歸, 惟達古道者, 然後能知其言, 能知其言, 然後能得於禮, 然則禮之所以爲禮, 其則不遠矣."

연평延平 주周씨[4]가 다음과 같이 말하였다. "예는 본성과 천명이 형태를 갖는 것이다. 도덕과 인의仁義가 함께 본성과 천명에서 나오는데, 이른바 예는 또한 도덕과 인의에서 나와 그것에 형식과 모양을 부여한 것이다. 예가 도덕과 인의에서 나온다는 점에서 도덕과 인의는 예의 근본이 된다. 그러기에 '인仁이란 사람이니, 가까운 이와 친하게 지내는 것이 중요하다. 의義는 마땅하게 하는 것이니, 현인을 존중하는 것이 중요하다. 가까운 이와 친하게 지내는 것에 차이를 두고, 현인을 존중하는 것에 차이를 두는 과정에서 예가 생겨나는 것이다'[5]라고 한 것이다. 형식과 모양을 부여한다는 점에서 보면, 도덕과 인의는 도리어 예에 의지하는 바가 있다. 그러므로 '도덕과 인의는 예가 아니면 이루어지지 않는다.'고 한다. 아, 이것이 예가 가치 있는 예로 되는 이유이다. 가령 길흉의 다름과 군례軍禮와 빈례賓禮의 구별 등과 같은 것은 그 말이 의미[意]를 전달하는 것에서 끝나지 않는다. 의미는 반드시 상象을 통해 드러난다. 그러므로 복식과 기물 하나하나가 도수度數 사이에 성립하게 해주는 것이 바로 상象이다. 상은 모양이다. 모양을 추상하여, 도수度數에서 모양이 드러날 수 있게 해주는 것이 의미다. 의미는 곧 심정이다. 이른바 의미라는 것은 본성과 천명에 귀착할 뿐이다. 『서書』에 '하늘이 등급을 나누어 예를 둘 때, 우리 오례五禮를 가지고 하여 변치 않는 도리를 만드셨다'라고 하였다.[6] 따라서 고의로 천명을 없애고 인간의 작위 때문에 하늘의 일을 없애는 것을 성인은 하지 않는다. 오직 하늘의 등급질서에 담지된 것이 곧 사람의 변치 않는 도리가 되는 것이다. 그러나 성인이 변치 않는 도리가 되게 하는 것이 어찌 천하 후세 사람들이 존비귀천의 구별을 두어 짐승과 차이를 두게 하려는 것뿐이겠는가? 대개 또한 인간의 도리에 근거를 두려 한 것이다. 성인이 사라지고 예경이 소실되어 편린만 남은 지 오래되었다. 세상에 전하는 것은 『주례周禮』요 『의례儀禮』요 『예기禮記』이다. 그 가운데 『주례』만 태평시대의 완전한 규범이고, 『의례』가 그 다음이다. 『예기』는 선왕의 모범되는 말들을 무질서하게 기록해놓은 것이지만, 한대漢代 유학자들이 견강부회한 대목도 많다. 이점을 배우는 이들은 정밀하게 구별해내야 한다." 延平周氏曰: "夫禮者, 性命之成體者也. 蓋道德仁義, 同出於性命, 而所謂禮者, 又出乎道德仁義, 而爲之節文者也. 方其出於道德仁義, 則道德仁義者, 禮之本也. 故曰: '仁者人也, 親親爲大. 義者宜也, 尊賢爲大. 親親之殺, 尊賢之等, 禮所生也.' 方其爲之節文, 則道德仁義反有資於禮也. 故曰: '道德仁義, 非禮不成.' 嗚呼! 此禮之所以爲禮者也. 若夫吉凶之殊・軍賓之別, 其言不盡於意, 其意必寓於象, 故一服飾一器

械, 有以存於度數之間者, 象也. 象則文也, 及推而上之, 有以見於度數之表者, 意也. 意則情也. 所謂意者歸於性命而已矣. 『書』曰: '天秩有禮, 自我五禮, 有庸哉!' 蓋其以故滅命, 以人廢天者, 聖人不爲, 惟其天秩之所有, 是乃成人之所庸者也. 然聖人所以庸之者, 豈特使天下後世之有尊卑之分, 而苟自異於禽獸耳, 蓋又將爲入道之資也. 聖人既沒, 禮經殘闕, 久矣. 世之所傳曰『周禮』, 曰『儀禮』, 曰『禮記』, 其間獨『周禮』爲太平之成法, 『儀禮』者又次之, 『禮記』者雜記先王之法言, 而多漢儒附會之疵, 此學者所宜精擇."

주자朱子가 다음과 같이 말하였다. "어떤 이는 『예기』가 한대漢代 유학자들의 설이라고 말하지만, 그렇지 않은 듯하다. 한대 유학자 가운데 가장 순수한 이로 동중서董仲舒만한 학자가 없다. 동중서의 글 가운데 가장 순수한 것으로 세 책문만한 것이 없다. 그런데 그 글들 어디에 『예기』 중의 말을 하고 있는가? 가령 「악기樂記」에서 말한바 '하늘은 높고 땅은 낮은데, 만물이 각양각색을 이루고 있으니 그 사이에 예가 제정되어 행해진다. 널리 퍼져 중단됨이 없고 합하고 같아지며 변화하니 그 과정에서 음악이 생겨난다.'는 말을 보라. 동중서가 어떻게 이런 정도까지 말을 하는가? 생각건대 옛날부터 전해오다가 문자화된 것이 그와 같을 뿐인 것이다."[7] 朱子曰: "或謂『禮記』是漢儒說, 恐不然. 漢儒最純者, 莫如董仲舒, 仲舒之文最純者, 莫如三策, 何嘗有『禮記』中說話來? 如「樂記」所謂'天高地下, 萬物散殊, 而禮制行矣. 流而不息, 合同而化, 而樂興焉', 仲舒如何說到這裏, 想必是古來流傳, 得此個文字如此."

복宓씨[8]가 다음과 같이 말하였다. "『예기』는 곧 『의례』에 대한 전傳이다. 『의례』에 「관례」가 있는데, 『예기』에는 곧 「관의冠義」가 있어 「관례」를 해석하고 있다. 『의례』에 「혼례昏禮」가 있는데, 『예기』에는 「혼의昏義」가 있어 「혼례」를 해석하고 있다. 『의례』에는 「향음주례鄕飮酒禮」가 있는데, 『예기』에는 「향음주의鄕飮酒義」가 있어 「향음주례」를 해석하고 있다. 『의례』에는 「연례燕禮」가 있는데, 『예기』에는 「연의燕義」가 있어 「연례」를 해석하고 있다. 『의례』에는 「빙례聘禮」가 있는데, 『예기』에는 「빙의聘義」가 있어 「빙례」를 해석하고 있다. 그 외 편들 가운데 더러 사대의 제도를 두서없이 인용하고 있는 것도 있지만, 그 말들이 『의례』와 서로 표리관계를 이루는 것이 많다. 다만 『주례』와 『의례』가 모두 주공이 지은 것인데 반해, 『예기』는 한대漢代 유학자들의 기록이다. 한대 유학자들의 기록이라고 해도 또한 『의례』의 연장이다. 어떻게 그렇게 판단할 수 있는가? 『주례』가 비록 하간河間 헌왕獻王 때 입수된 것이지만, 그 학문을 전하는 사람이 없었고, 무제武帝는 말세의 오염되고 문란해진 책이라고 하였다. 오직 『의례』만이 한 초에 이미 유행하였다. 그래서 고당생高堂生이 소분蕭奮에게 전하였고, 소분은 맹경孟卿에게, 맹경은 후창后蒼에게, 그리고 후창은 대덕戴德과 대성戴聖에게 전하였다. 두 대씨가 『의례』를 공부한 것을 이어서 『예기』를 기록하였다. 그러므로 『예기』가 『의례』의 전임을 아는 것이다. 慮氏曰: "『禮記』乃『儀禮』之傳. 『儀禮』有「冠禮」, 『禮記』則有「冠義」以釋之. 『儀禮』有「婚禮」, 『禮記』則有「昏義」以釋之. 『儀禮』有「鄕飮酒禮」, 『禮記』則有「鄕飮酒義」以釋之. 『儀禮』有「燕禮」, 『禮記』則有「燕義」以釋之. 『儀禮』有「聘禮」, 『禮記』則有「聘義」以釋之. 其他篇中, 雖或雜引四代之制, 而其言多與『儀禮』相爲表裏. 但『周禮』·『儀禮』, 皆周公所作, 而『禮記』則漢儒所錄, 雖曰漢儒所錄, 然亦『儀禮』之流也. 何以言之? 『周禮』雖得之於河間獻王時, 無傳之者, 武帝以爲末世瀆亂之書, 惟『儀禮』之書, 漢初已行, 故高堂生傳之蕭奮, 蕭奮傳之孟卿, 孟卿傳之后蒼, 后蒼傳之戴德·戴聖. 二戴因習『儀禮』而錄『禮記』, 故知『禮記』『儀禮』之流也."

역주

1) '삼무', '오기' 등의 설 : 「孔子閒居」(1~5)에 나온다. 해당부분을 참조할 것.

2) 정이가 또 ~ 바르다 : 이 말은 『河南程氏遺書』 25권, 『二程集』 1책, 323쪽에 보인다.

3) 영가 주씨 : 이름은 行己, 자는 恭叔, 永嘉 출신이다. 문인들은 浮沚선생이라고 불렀다. 王安石의 학설이 유행할 때, 程頤를 찾아가 배웠으며, 시종 정이의 학문을 고수하였다. 太學博士 등을 역임하였고, 저서에 『周博士集』 30권이 있다. 『宋元學案』 32권 「周許諸儒學案」 참조.

4) 연평 주씨 : 北宋의 유학자인 周諝로, 자는 希聖이다. 神宗 熙寧 6년(1073)에 진사시에 합격하였다. 당시 王安石의 新法을 홀로 반대하면서 그 폐단을 지적하였다. 저서에 『孟子解義』, 『禮記說』 등이 있다.

5) 인이란 ~ 것이다 : 이 말은 『禮記』 「中庸」에 보인다.

6) 『서』에 ~ 하였다 : 이 구절은 『書』 「皐陶謨」에 보인다. 五禮는 公·侯·伯·子·男의 5 품계의 질서를 가리킨다.

7) 주자가 다음과 ~ 것이다 : 『朱子語類』 권87, 「小戴禮」에 나오는 말이다.

8) 복씨 : 盛世佐가 지은 『儀禮集編』에 "이름과 자는 미상이다. 世次는 衛湜의 『禮記集說』에 보인다"(名字未詳. 世次見衛湜『禮記集說』)고 하였다.

예기역주 권1

곡례상 제1

曲禮上

정현의 『예기목록禮記目錄』에서 말한다. "「곡례曲禮」라고 제목을 붙인 것은 이 편이 오례五禮[1)]의 일을 기록하고 있기 때문이다. 제사에 대한 설명은 길례吉禮이다. 상사, 흉년, 본국을 떠나는 것(去國)에 대한 설명은 흉례凶禮이다. 공물의 진상, 조회朝會[2)]에 대한 설명은 빈례賓禮이다. 전차와 깃발에 대한 설명은 군례軍禮이다. 윗사람을 섬기고 노인을 공경하는 것, 예물을 갖추고 딸을 시집보내는 것에 대한 설명은 가례嘉禮이다. 이 편은 유향劉向의 『별록別錄』[3)]에서는 「제도制度」에 속해 있다."

鄭『目錄』云: "名曰『曲禮』者, 以其篇記五禮之事. 祭祀之說, 吉禮也. 喪・荒・去國之說, 凶禮也. 致貢・朝會之說, 賓禮也. 兵車・旌鴻之說, 軍禮也. 事長敬老・執贄納女之說, 嘉禮也. 此於『別錄』屬「制度」."

「예기禮器」(43)에 "곡례曲禮가 삼천 가지다"라고 하였는데, 이는 절목들의 복잡다단함이 이와 같이 많음을 말하는 것이다. 이 곡례는 곧 옛날『예경』의 편명이다. 후대 사람이 편의 양이 많기 때문에 상편과 하편으로 나눈 것이다. ○ 장자張子(장재張載)[4)]는 말한다. "상대와 내가 모두 완전해지는 것은 「곡례」로부터 시작한다."

『經』曰"曲禮三千", 言節目之委曲, 其多如是也. 此卽古『禮經』之篇名. 後人以編簡多, 故分爲上下. ○ 張子曰: "物我兩盡, 自「曲禮」入."

【곡례상 1】

「곡례」[5]에서 말하였다. "공경하지 않음이 없도록 하고, 몸가짐을 생각에 잠긴 듯이 정중하게 하고, 살펴서 차분히 말한다면, 백성들을 편안하게 할 것이다!"

「曲禮」曰: "毋不敬,① 儼若思,② 安定辭,③ 安民哉!"④

鄭注 ① 예는 공경함을 위주로 한다. 禮主於敬.

② '엄儼'은 정중한 모양이다. 사람이 앉아서 생각할 때, 그 모습은 반드시 정중하다. '儼', 矜莊貌. 人之坐思, 貌必儼然.

③ 말을 조심하는 것이다. 『주역』에 "말은 군자의 관건이다"[6]라고 하였다. 審言語也. 『易』曰: "言語者, 君子之樞機."

④ 위의 세 구절이 백성을 편안케 할 수 있다는 것이다. 이 「곡례」를 해설하는 사람이 찬미해서 말한 것이다. 此上三句可以安民. 說「曲禮」者美之云耳.

集說 '무毋'는 금지사이다. ○ 주자朱子는 말한다. "첫 장은 군자의 수신에서 요체가 이 세 가지에 있지만 그 효과는 백성들을 안정시킬 수 있어, 곧 예의 근본이 됨을 말하고 있다. 그래서 이 편의 처음에 두었다."[7] ○ 범씨范氏(범조우范祖禹)[8]는 말한다. "근본줄기가 되는 예 삼백 가지와 세부적인 예 삼천 가지를 한 마디로 통괄하면, 공경하지 않음이 없도록 하라는 것이다." ○ 정자程子는 말한다. "마음이 안정된 사람은 그 말이 편안하고 여유 있다. 안정되지 못한 사람은 그 말이 경박하고 빠르다."[9] ○ 유씨劉氏[10]는 말한다. "편 처음 세 구절은 증자가 말한 '군자가 도에 관해 중시하는 것이 세 가지로, 제사에 관한 일은 담당하는 사람이 따로 있다'[11]고 한 뜻과 마찬가지다. 대체大體를 먼저 확립하려는 것이다. '공경하지 않음이 없도록 한다'(毋不敬)는 것은 곧 용모를 움직일 때는 사납고 거만함을 멀리하는 것이

요, '생각에 잠긴 듯이 정중하다'(儼若思)는 것은 안색을 바로잡을 때는 신실함에 가깝게 하는 것이요, '살펴서 차분히 말한다'(安定辭)는 것은 말할 때 비루함을 멀리하는 것이다.[12] 세 가지는 수신의 요체요, 정치의 근본이다. 이것이 군자가 자신을 경敬으로 수양하여, 그 효과가 남을 편안하게 하고 백성을 편안하게 하는 데 이르는 것이다." '毋', 禁止辭. ○ 朱子曰: "首章言君子脩身, 其要在此三者, 而其效足以安民, 乃禮之本. 故以冠篇." ○ 范氏曰: "經禮三百, 曲禮三千, 可以一言蔽之曰'毋不敬'." ○ 程子曰: "心定者, 其言安以舒, 不定者, 其辭輕以疾." ○ 劉氏曰: "篇首三句, 如曾子所謂'君子所貴乎道者三, 而籩豆之事, 則有司存'之意. 蓋先立乎其大者也. '毋不敬'則動容貌斯遠暴慢矣, '儼若思'則正顔色斯近信矣, '安定辭'則出辭氣斯遠鄙倍矣. 三者, 脩身之要, 爲政之本. 此君子脩己以敬, 而其效至於安人安百姓也."

【곡례상 2】

오만을 키워서는 안 되고, 욕망을 멋대로 추구해서도 안 된다. 뜻을 끝까지 충족시켜서는 안 되고, 즐거움을 끝까지 추구해서도 안 된다.
敖不可長, 欲不可從. 志不可滿, 樂不可極.

鄭注 네 가지는 오만과 방종에 빠지는 길로, 걸桀과 주紂가 화를 자초한 원인이다. 四者慢遊之道, 桀·紂所以自禍.

集說 주자朱子는 말한다. "이 편은 여러 책의 정밀하고 요체가 되는 말들을 두서없이 끌어 모아 편을 구성한 것이다. 따라서 대의는 서로 유사하지만, 문장은 이어지지 않는다. 가령 첫 장의 네 구절은 곧 옛 예경 「곡례」의 말이다. '오만을 키워서는 안 되고' 이하 네 구절은 어느 책의 말인지 모르겠지만, 또한 그 자체로 한 절목을 이루는데, 모두 금지하고 경계하는 말이

다."[13] ○ 응씨應氏(응용應鏞)[14]는 말한다. "공건함의 반대가 오만이다. 정情의 움직임이 욕망(欲)이다. 뜻은 끝까지 충족되면 넘친다. 즐거움은 극에 이르면 반대로 흐른다." 朱子曰: "此篇雜取諸書精要之語, 集以成篇. 雖大意相似, 而文不連屬. 如首章四句, 乃曲禮古經之言. '敖不可長'以下四句, 不知何書語, 又自爲一節, 皆禁戒之辭." ○ 應氏曰: "敬之反爲敖. 情之動爲欲. 志滿則溢. 樂極則反."

【곡례상 3】

현인은 상대를 허물없이 대하면서도 공경하고, 어려워하면서도 좋아한다. 좋아하면서도 상대의 나쁜 점을 알며, 미워하더라도 상대의 좋은 점을 알아준다. 저축하면서도 나눌 줄 알고, 편안함을 편안히 여기다가도 (의義에 따라) 바꿀 줄 안다.

賢者狎而敬之,① 畏而愛之.② 愛而知其惡, 憎而知其善.③ 積而能散,④ 安安而能遷.⑤

鄭注 ① '압狎'은 익숙한 것이요, 친근한 것이다. 마음을 주어 가까이 지내고, 행동거지에 익숙한 것을 가리킨다. 「월령月令」(230)에 "비록 왕의 친인척이나 총애 받는 자가 있어도……"라고 하였다. '狎', 習也, 近也. 謂附而近之, 習其所行也. 「月令」曰: "雖有貴戚・近習……."

② 마음으로 따르는 것을 '외畏'라고 한다. 증자曾子는 "우리 선자先子(어르신)께서 경외하던 분이다"[15]라고 하였다. 心服曰'畏'. 曾子曰: "吾先子之所畏."

③ 다른 사람과 교제할 때 자신의 마음이 좋아하고 싫어하는 것을 가지고 상대의 장점과 잘못된 점을 속여서는 안 된다는 것을 의미한다. 謂凡與人交, 不可以己心之愛憎, 誣人之善惡.

④ 자신이 재산을 축적하고 있을 때 가난한 사람을 보면 송나라 악樂씨가 하였던 것[16]처럼 재산을 풀어서 구휼해주어야 함을 의미한다. 謂己有蓄積, 見貧窮者, 則當能散以賙救之, 若宋樂氏.

⑤ 지금 자신에게 주어진 편안함을 편안히 여기면서도 그것이 나중에 해로움이 있을 것으로 판단되면 마땅히 옮길 수 있음을 의미한다. 진晉나라 구범咎犯이 강姜씨와 함께 중이重耳를 취하게 하여 옮긴 것[17]이 이 의미에 가깝다. 謂己今安此之安, 圖後有害, 則當能遷. 晉咎犯與姜氏醉重耳而行, 近之.

集說 주자朱子는 말한다. "이것은 현자가 허물없이 대하는 상대에 대해서도 공경할 줄 알고, 경외하는 상대에 대해서도 친애할 줄 알고, 소중히 여기는 상대에 대해서도 그의 잘못을 잘 알아보고, 미워하는 상대에 대해서도 그의 장점을 잘 알아보고, 재화를 저축하더라도 나누고 베풀 줄 알고, 편안함을 편하게 여기다가도 의를 실천할 줄 알아 모범이 될 수 있음을 말한다. 그래서 위 문장이나 아래 문장의 경계하는 말과는 문맥이 다르다."
○ 응씨應氏는 말한다. "'편안함을 편안히 여긴다'(安安)는 것은 편안한 바에 따라 편안히 하는 것이다. '편안히 여긴다'(安)는 것은 어진 사람의 순응하는 모습이요, '바꾼다'(遷)는 것은 의로운 사람의 결단하는 모습이다." 朱子曰: "此言賢者於其所狎能敬之, 於其所畏能愛之, 於其所愛能知其惡, 於其所憎能知其善, 雖積財而能散施, 雖安安而能徙義, 可以爲法. 與上下文禁戒之辭不同." ○ 應氏曰: "'安安'者, 隨所安而安也. '安'者仁之順, '遷'者義之決."

【곡례상 4】

재물을 보고 구차하게 얻으려 하지 말아야 하고, 어려움을 만나서 구차하게 벗어나려 하지 말아야 한다. 싸움에서 이기려 하지 말아야 하고, 재화를 나눌 때 더 많이 차지하려 하지 말아야 한다.

臨財毋苟得,① 臨難毋苟免.② 狠[18]毋求勝, 分毋求多.③

鄭注 ① 청렴함을 해치기 때문이다. 爲傷廉也.

② 의로움을 해치기 때문이다. 爲傷義也.

③ 공평함을 해치기 때문이다. 爲傷平也.

集說 '구차하게 얻으려 하지 말아야 한다'(毋苟得)는 것은 이익이 되는 것을 보았을 때 정당한지를 먼저 생각하는 것이요,[19] '구차하게 벗어나려 하지 말아야 한다'(毋苟免)는 것은 목숨을 다해 선의 길을 지키는 것이요,[20] '싸움에서 이기려 하지 말아야 한다'(狠毋求勝)는 것은 화가 나는 일이 있을 때 (화를 참지 않음으로써) 더욱 곤란한 결과를 초래할 수 있음을 생각하는 것이요,[21] '재화를 나눌 때 많이 차지하려 하지 말아야 한다'(分毋求多)는 것은 자신이 적은 것을 걱정하지 않고 고르지 못한 것을 걱정하는 것이다.[22] 더군다나 이기기를 바라는 자가 반드시 이길 수 있는 것이 아니고, 많이 차지하기를 바라는 자가 반드시 많이 차지할 수 있는 것이 아니어서 공연히 자신만 그르치는 결과가 될 뿐임에랴! '毋苟得', '見利思義'也, '毋苟免', 守死善道也, '狠毋求勝', 忿思難也, '分毋求多', 不患寡而患不均也. 況求勝者未必能勝, 求多者未必能多, 徒爲失己也!"

【곡례상 5】

의심스런 사안에 대해서는 단정하지 말고, 자신의 견해를 가감 없이 말하고 고집하지 말라.
疑事, 毋質,① 直而勿有.②

鄭注 ① '질質'은 단정한다는 뜻이다. 상대와 자신이 모두 의심스러운데도 자신이 단정해서 말하니 결국 그렇지 않게 되면 지혜로움에 상처를 입는다. '質', 成也. 彼己俱疑, 而己成言之, 終不然, 則傷知.

② '직直'은 바르다는 뜻이다. 자신이 만일 의심스럽지 않으면, 스승과 친구의 말을 들어서 바로잡아야 하니, 겸손한 것이 된다. '直', 正也. 己若不疑, 則當稱師友而正之, 謙也.

集說 주자朱子는 말한다. "두 구절은 함께 이어서 말하는 것이 옳다. '의심스런 사안은 단정 짓지 말라'(疑事毋質)는 것은 「소의少儀」(32)에서 이른바 '말할 때 자신의 입장에서 단정하지 말아야 한다'는 것이요, '자신의 견해를 가감 없이 말하고 고집하지 말라'(直而勿有)는 것은 자신의 소견을 말하되 상대가 판단하도록 두고, 내 소견에 근거해서 고집하고 억지로 변론하는 데 힘을 기울여서는 안 됨을 의미한다. 그렇지 않으면 자신의 소견으로 단정해서 말하는 것이다."[23] 朱子曰: "兩句連說爲是. '疑事毋質', 卽「少儀」所謂'毋身質言語'也, '直而勿有', 謂陳我所見, 聽彼決擇, 不可據而有之, 專務强辨. 不然則是以身質言語矣."

【곡례상 6】

앉아 있을 때는 시尸처럼 하고, 서 있을 때는 재계하듯 한다.
若夫①坐如尸,② 立如齊.③

鄭注 ① '장부가 되고자 한다면'을 의미한다. 『춘추전』에 "이것은 내가 장부가 아니라는 말이다"[24]라고 하였다. 言若欲爲丈夫也. 『春秋傳』曰: "是謂我非夫."

② 바라보는 모양이 바른 것이다. 視貌正.

③ 경쇠처럼 허리를 굽히고 듣는 것이다. '제齊'는 (제사 전이 아니라) 제사를 드리는 중의 재계를 뜻한다. 磬且聽也. '齊'謂祭祀時.

集說 소疏에서 말한다. "시尸는 귀신의 자리에 위치하는데, 앉을 때는 반드시 정중해야 한다. 앉은 자세의 법도는 반드시 시尸의 앉은 자세처럼 해야 한다. 사람들이 기대어 서는 자세에는 거만하고 불손한 경우가 많다. 실제로 재계를 하는 것이 아니라도 제사 전에 재계할 때처럼 해야 한다." ○ 주자朱子는 말한다. "유원보劉原父가 이르기를, '이 구절은 곧 『대대례기』「증자사부모曾子事父母」의 말로 「효자는 변화를 교묘히 한다. 그러므로 부모가 편안히 여긴다. 앉아 있을 때 시尸처럼 하는 것, 서 있을 때 재계하듯 하는 것, 묻지 않으면 말하지 않는 것, 말할 때는 반드시 정중한 태도를 취하는 것 등은 성인成人의 훌륭함이지 자식의 도리는 될 수 없다」라고 하였다. 이 편은 대개 「증자사부모」의 말을 따온 것인데, '약부若夫' 두 글자는 문장을 줄일 때 잘못해서 남은 것이다. 정현은 그것을 모르고 곧 이 두 구절을 장부의 일이라고 하였으니, 잘못이다'라고 하였다."[25] 疏曰: "尸居神位, 坐必矜莊. 坐法必當如尸之坐. 人之倚立多慢不恭. 雖不齊, 亦當如祭前之齊." ○ 朱子曰: "劉原父云: '此乃『大戴禮』「曾子事父母」篇之辭, 曰: '孝子惟巧變. 故父母安之. 若夫坐如尸・立如齊・弗訊不言・言必齊色, 此成人之善者也, 未得爲人子之道也.' 此篇蓋取彼文, 而'若夫'二字失於刪去. 鄭氏不知其然, 乃謂此二句爲丈夫之事, 誤矣.'"

【곡례상 7】

예는 상황의 합당함을 따라서 하며, 사신으로 가서는 그 나라의 풍속을 따른다.

禮從宜,① 使從俗.②

鄭注 ① 일을 항상 똑같이 할 수 없다. 진晉나라 선비 개匃가 군사를 이끌고 제齊를 침입하였는데, 제나라 후侯(군주)가 사망하였다는 소식을 듣고 곧 돌아왔다. 『춘추』에서 그것을 칭찬하였다. 事不可常也. 晉士匃帥師侵齊, 聞齊侯卒乃還, 『春秋』善之.

② 이 또한 일을 항상 똑같이 할 수 없다는 것이다. 희생과 폐백 종류는 상대국의 풍속에서 하는 방식을 따른다. 「예기禮器」(3)에 "하늘이 생산하지 않고, 땅이 길러주지 않는 것이면, 군자가 예禮를 행하지 않고, 귀신이 받지 않는다"고 하였다. 亦事不可常也. 牲幣之屬則當從俗所出, 「禮器」曰: "天不生, 地不養, 君子不以爲禮, 鬼神不饗."

集說 정현鄭玄은 말한다. "일을 항상 똑같이 할 수 없다." ○ 여씨呂氏는 말한다. "공경하는 것은 예의 변함없는 도리다. 예는 때가 중요하다. 때는 예가 변하는 대목이다. 변하지 않는 도리(常)를 체득하고 변하는 것(變)을 다 대응하면, 천하 어디를 가도 두루 행하고 막힘이 없을 것이다." ○ 응씨應氏(응용應鏞)는 말한다. "거시적으로 모든 시대 모든 왕들이 질質(바탕)과 문文(문식)을 조정하는 때이며, 미시적으로 한 사태와 한 개체가 주고받으며 두루 응대하는 절목이다." 응씨는 또 말한다. "오방五方[26]이 모두 개성을 가지며 천 리가 떨어지면 풍속이 같지 않기 때문에 다른 나라에 들어가서 반드시 풍속을 묻는다." 鄭氏曰: "事不可常也." ○ 呂氏曰: "敬者, 禮之常. 禮,

時爲大. 時者, 禮之變. 體常盡變, 則達之天下, 周旋無窮." ○ 應氏曰: "大而百王百世質文損益之時, 小而一事一物泛應酬酢之節." 又曰: "五方皆有性. 千里不同風. 所以入國而必問俗也."

【곡례상 8】

예는 친소親疏[27]를 정하고, 혐의嫌疑[28]를 해결하고, 동이同異[29]를 구분하고, 시비是非[30]를 밝히는 것이다.

夫禮者, 所以定親疏, 決嫌疑, 別同異, 明是非也.

集說 소疏에서 말한다. "오복五服 가운데, 대공大功 이상의 상복을 거친 베로 한 것은 사이가 가깝기 때문이다. 소공小功 이하의 복을 고운 베로 하는 것은 사이가 멀기 때문이다. 만일 첩妾이 여군女君(정처)을 위해서 기년복을 하는 경우, 여군이 첩을 위해 기년복을 하게 되면 너무 과중한 것이 되고, 복을 낮춘다면 시부모가 며느리에 대하여 복을 한다는 오해를 받게 된다. 따라서 아예 복을 하지 않는다. 이것이 혐嫌(오해를 살 수 있는 상황)을 해결하는 경우에 해당한다. 공자의 상에 문인들이 어떤 복을 할까 의문을 가졌을 때, 자공子貢이 아버지 상과 같게 하는데 상복만 입지 말자고 제의하였다.[31] 이것이 의疑(의심스런 상황)를 해결하는 경우이다. 본래는 같았는데 현재 와서 달라진 경우는 고모와 자매가 거기에 해당한다. 본래는 달랐는데 이제 와서 같아진 경우는 세모世母(큰 어머니), 숙모叔母(작은 어머니) 그리고 며느리가 여기에 해당한다. 예에 합당하면 옳고 예에 어긋나면 그르다. 주인이 아직 소렴小斂을 마치지 않은 상황에서, 자유子游가 외투를 벗어 석의를 드러내고 조문한 것은 예에 합당한 것으로 옳지만, 증자曾子가

(석의 위에) 외투를 덧입고 조문한 것은 예에 어긋난 것으로 그르다.[32)]"

疏曰: "五服之內, 大功以上服麤者爲親. 小功以下服精者爲疏. 若妾爲女君期, 女君爲妾, 若服之則太重, 降之則有舅姑爲婦之嫌. 故全不服. 是決嫌也. 孔子之喪, 門人疑所服, 子貢請若喪父而無服. 是決疑也. 本同今異, 姑姊妹是也. 本異今同, 世母・叔母及子婦是也. 得禮爲是, 失禮爲非. 若主人未小斂, 子游裼裘而弔, 得禮是也, 曾子襲裘而弔, 失禮非也.

【곡례상 9】

예는 아첨해서 상대를 기쁘게 하지 않으며, 언사를 낭비하지 않는다.

禮不妄說人,① 不辭費.②

鄭注 ① 아첨하는 것에 가깝기 때문이다. 군자를 기쁘게 하는데 도리에 맞는 것으로 하지 않으면 군자가 기뻐하지 않는다. 爲近佞媚也. 君子說之, 不以其道, 則不說也.

② 신의를 해치기 때문이다. 군자는 행동을 먼저 하고, 그 말은 행동한 뒤에 한다.[33)] 爲傷信. 君子先行, 其言而後從之.

集說 남을 기쁘게 하려고 하는 것 자체가 이미 마음의 처신에서 바름을 잃은 것인데, 더구나 아첨해서 한다면 어떻겠는가? '아첨해서 기쁘게 하지 않는다면'(不妄悅人) 곧 예를 아는 것이다. 조급한 사람은 말이 많지만, 군자는 말을 함에 뜻이 전달되면 거기에서 멈춘다. 말하는 사람이 번거롭게 말하면 듣는 사람은 영락없이 염증을 낸다. 求以悅人, 已失處心之正, 況妄乎? '不妄悅人', 則知禮矣. 躁人之辭多, 君子之辭達意則止. 言者煩, 聽者必厭.

【곡례상 10】

예는 절도를 넘어서지 않고, 침해하거나 업신여기지 않으며, 지나치게 허물없이 대하지 않는다.

禮不踰節, 不侵侮, 不好狎.

鄭注 공경함을 해치기 때문이다. 사람이 가까이 지내는 것에 익숙해지면 지나치게 허물없이 대하게 된다. 爲傷敬也. 人則習近爲好狎.

集說 절도를 넘어서면 치욕을 초래한다. 남을 침해하고 업신여기면 사양하는 것을 잊어버린다. 지나치게 허물없이 대하면 공경하는 것을 잊어버린다. 세 가지는 모두 예와 상반되는 일이다. 그렇게만 하지 않는다면, 정중하고 공경하며 순수하고 착실한 성실함을 견지할 수 있고, 치욕을 멀리할 수 있다. 踰節則招辱. 侵侮則忘讓. 好狎則忘敬. 三者皆叛禮之事. 不如是則有以持其莊敬純實之誠, 而遠於恥辱矣.

【곡례상 11】

몸을 닦고 말을 실천하는 것을 훌륭한 행실이라고 한다. 행실이 수련되고 말이 도리에 맞는 것이 예의 바탕이다.

脩身踐言, 謂之善行.① 行脩言道, 禮之質也.②

鄭注 ① '천踐'은 실천에 옮긴다는 것이다. 실천에 옮겨 행동함을 말한다. '踐', 履也. 言履而行之.

② '언도言道'는 말이 도리에 부합하는 것이다. '질質'은 근본과 같은 뜻이다.

'예禮'는 질質에 문식을 가하는 것이다. '言道', 言合於道. '質', 猶本也. '禮'爲之文飾耳.

集說 사람이 사람으로 되는 것은 말과 행동에 있을 뿐이다. 충실하고 신의 있는 사람은 예를 배울 수 있다. 그렇기 때문에 "예의 바탕이다"라고 한 것이다. ○ 정씨鄭氏(정현鄭玄)는 말한다. "'언도言道'는 말이 도리에 부합하는 것이다." 人之所以爲人, 言行而已. 忠信之人, 可以學禮. 故曰: "禮之質也." ○ 鄭氏曰: "'言道', 言合於道也."

【곡례상 12】

예禮에, 다른 사람에게 (내가 법도로) 취해지는 것은 들었지만, 다른 사람을 (교육대상으로) 취한다는 것은 듣지 못하였다. 예에, 와서 배우는 것은 들었지만, 가서 가르치는 것은 듣지 못하였다.

禮聞取於人, 不聞取人.① 禮聞來學, 不聞往敎.②

鄭注 ① 군주를 가리킨다. '다른 사람에게 취해진다'(取於人)는 것은 그의 도를 높이고 숭상함을 가리킨다. '다른 사람을 취한다'(取人)는 것은 그 몸을 제압하고 복종시키는 것을 가리킨다. 謂君人者. '取於人', 謂高尙其道. '取人', 謂制服其身.

② 도예道藝를 존중하는 것이다. 尊道藝.

集說 주자朱子는 말한다. "이것은 『맹자』의 '다른 사람을 다스리는 것과 다스림을 받는 것, 다른 사람을 양육하는 것과 다른 사람으로부터 양육을 받는 것'의 경우와 문맥이 서로 같은 종류이다. '다른 사람에게 취해진다'

(取於人)는 것은 다른 사람이 취하여 모범으로 삼는 대상이 되는 것이요, '다른 사람을 취한다'(取人)는 것은 다른 사람이 오지 않는데 내가 끌어와서 (교육할 대상으로) 취하는 것[34)]이다. '와서 배운다'는 것과 '가서 가르친다'는 것은 곧 그 일에 해당한다." 朱子曰: "此與『孟子』'治人治於人 · 食人食於人', 語意相類. '取於人'者, 爲人所取法也, '取人'者, 人不來而我引取之也. '來學' · '往敎', 卽其事也."

【곡례상 13】

도道와 덕德, 인仁과 의義는 예가 아니면 이루어지지 않는다.

道 · 德 · 仁 · 義, 非禮不成.

集說 '도道'는 길과 같다. 사물이 마땅히 그렇게 되어야 하는 이치로서 사람이 공통으로 따르는 것이다. 그러므로 도라고 한다. 도를 실천하면 자신에게 얻어지는 것이 있다. 그래서 '덕德'이라고 한다. '인仁'은 마음의 덕이고 사랑의 이치다. '의義'는 마음을 절제하는 것이요 사태의 합당함이다. 네 가지는 모두 예를 통해서 들어가고, 예로써 완성된다. 대개 예는 공경함을 근본으로 삼으니, "공경은 덕이 쌓이는 것이다."[35)] '道', 猶路也. 事物當然之理, 人所共由. 故謂之道. 行道而有得於身. 故謂之'德'. '仁'者, 心之德, 愛之理. '義'者, 心之制, 事之宜. 四者皆由禮而入, 以禮而成. 蓋禮以敬爲本, "敬者德之聚也."

【곡례상 14】

교육과 훈도로 풍속을 바로잡는 것은 예가 아니면 갖추어지지 않는다.

教訓正俗, 非禮不備.

集說 위에서 교육을 세우고 아래에 훈도를 제시하는 것은 모두 백성의 풍속을 바로잡는 방법이다. 그러나 통일적인 질서를 세우는데 예를 가지고 하지 않으면, 더러 교육과 훈도가 미치지 못하는 바가 있게 된다. 그러므로 예가 아니면 갖추어지지 않는다고 한 것이다. 立敎於上, 示訓於下, 皆所以正民俗. 然非齊之以禮, 則或有敎訓所不及者. 故非禮不備.

【곡례상 15】

다툼과 송사를 가리는 것은 예가 아니면 해결하지 못한다.

分爭辨訟, 非禮不決.

集說 주씨朱氏[36]는 말한다. "다툼이 일로 나타나면 옳고 그름이 생긴다. 다툼을 따져 가리면 옳고 그른 것이 서로 맞서지 못한다. 송사는 말로 구체화되면 시비가 있게 된다. 송사를 가려내면 시비가 서로 맞서지 못한다. 예는 옳고 그른 것을 바로잡고 시비를 밝히는 수단이다. 따라서 이 두 가지는 예가 아니면 해결할 수 없다." 朱氏曰: "爭見於事而有曲直. 分爭則曲直不相交. 訟形於言而有是非. 辨訟則是非不相敵. 禮所以正曲直・明是非. 故此二者, 非禮則不能決."

【곡례상 16】

군주와 신하, 위와 아래, 부모와 자식, 형과 아우의 인륜은 예가 아니면 정립되지 않는다.

君臣·上下·父子·兄弟, 非禮不定.

集說 한쪽은 의義(의리)를 주로 하고, 한쪽은 은恩(은혜)을 주로 한다. 은과 의는 예가 아니면 정립할 수 없다. 一主於義, 一主於恩. 恩義, 非禮則不能定.

【곡례상 17】

벼슬살이[37]와 공부에서 스승을 섬길 때, 예가 아니면 친애하지 못한다.

宦·學事師, 非禮不親.

集說 '환宦'은 벼슬한다는 뜻이다. 벼슬하는 것과 공부하는 것에는 모두 스승이 있다. '스승을 섬긴다'(事師)는 것은 도를 밝히기 위함이다. 그러나 예가 아니면 스승과 제자가 서로 친애하지 못한다. '宦', 仕也. 仕與學, 皆有師. '事師', 所以明道也. 而非禮則不相親愛.

【곡례상 18】

조정에서의 지위를 서열 짓고, 군대를 통솔하며, 직무를 수행하고,

법을 집행하는 것은 예가 아니면 위엄이 갖추어지지 않는다.
班朝·治軍·涖官·行法, 非禮威嚴不行.

集說 조정의 높고 낮은 지위를 서열에 따라 나누고, 군대의 좌우 부서를 지휘하고, 직무를 나누어 관리에 맡기고, 삼가 직책을 지켜 법을 실행하는 것 등은 위엄이 설 때 다른 사람이 대들지 못하며, 엄정할 때 다른 사람이 함부로 위반하지 못한다. 네 가지는 예가 아니면 위엄이 행해지지 않는다.
班朝廷上下之位, 治軍旅左右之局, 分職以涖官, 謹守以行法, 威則人不敢犯, 嚴則人不敢違. 四者, 非禮則威嚴不行.

【곡례상 19】

도禱와 사祠, 제祭와 사祀[38] 등의 제사를 지낼 때, 귀신에게 바치는 제물이 예禮에 맞지 않으면 정성스럽지 못하고 장엄하지 않게 된다.
禱·祠·祭·祀, 供給鬼神, 非禮不誠不莊.

鄭注 '분分'과 '변辨'은 모두 구분한다는 뜻이다. '환宦'은 벼슬한다는 뜻이다. '반班'은 서열에 따라 자리를 나눈다는 뜻이다. '리涖'는 임한다는 뜻이다. '장莊'은 경건하다는 뜻이다. '학學'은 어떤 본에는 '어御'로 되어 있다.
'分'·'辨', 皆別也. '宦', 仕也. '班', 次也. '涖', 臨也. '莊', 敬也. '學'或爲'御'.

集說 '도禱'는 기구하는 것을 염두에 두고, '사祠'는 문식하는 것에 주안점을 두고, '제祭'는 봉양하는 것을 일로 삼으며, '사祀'는 안정시키는 것을 도리로 삼는다. 네 가지는 모두 귀신에게 바치는 것이다. 정성은 마음에서

나오고 장엄함은 모습으로 드러난다. 네 가지는 예가 아니면 정성스럽지도 못하고 경건하지도 못하게 된다. ○ 이제 살펴보건대, '바친다'(供給)는 것은 희생犧牲과 폐백幣帛과 기물器物 종류를 바치는 것을 가리킨다. '禱'以求爲意, '祠'以文爲主, '祭'以養爲事, '祀'以安爲道. 四者, 皆以供給鬼神. 誠出於心, 莊形於貌. 四者非禮, 則不誠不莊. ○ 今按, '供給'者謂奉薦牲·幣·器·皿之類也.

【곡례상 20】

따라서 군자는 공경恭敬하고, 억제하여 절도에 맞추고(撙節), 물러나며 양보하는 것(退讓)으로서[39] 예를 밝힌다.

是以君子恭敬·撙節·退讓以明禮.

鄭注 '준撙'은 나아간다는 것과 같다. '撙', 猶趨也.

集說 '따라서'(是以)는 윗글을 이어서 말한 것이다. '준撙'은 잘라내고 억제하는 것이다. 예는 줄이는 것을 위주로 한다. '是以', 承上文而言. '撙', 裁抑也. 禮主其減.

【곡례상 21】

앵무새는 말을 할 수 있지만 새에서 벗어나지 못하고, 성성이는 말을 할 수 있지만 금수에서 벗어나지 못한다. 이제 사람으로서 예가 없다면, 비록 말을 할 수 있다고 해도 또한 짐승의 마음이 아니겠는가? 대체로 짐승은 예가 없기 때문에, 애비와 새끼가 함께 한 암컷과 교미한다.

鸚鵡能言, 不離飛鳥, 猩猩能言, 不離禽獸. 今人而無禮, 雖能言, 不亦禽獸之心乎? 夫惟禽獸無禮, 故父子聚麀.

鄭注 '취聚'는 함께한다는 의미다. 사슴의 암컷을 '우麀'라고 한다. '聚', 猶共也. 鹿牝曰'麀'.

集說 '앵무새'(鸚鵡)는 새 중에 지혜로운 새로, 농隴, 촉蜀, 영남嶺南 지방에 모두 살고 있다. '성성猩猩'은 얼굴은 사람의 형태인데 몸은 돼지의 형태이며, 교지交趾, 봉계封谿[40] 등 지역에서 나타난다. '금禽'은 조류와 들짐승을 모두 포함한 명칭이다. 조류는 '짐승'(獸)이라고 말할 수 있지만, 짐승은 또한 '금禽'이라고 말할 수 있다. 그러므로 앵무새를 수獸라고 말하지 않았지만, 성성이는 통용해서 '금禽'이라고 말한 것이다. '취聚'는 함께한다는 뜻과 같다. 짐승의 암컷을 '우麀'라고 한다. '鸚鵡', 鳥之慧者, 隴・蜀・嶺南, 皆有之. '猩猩', 人面豕身, 出交趾・封谿等處. '禽'者, 鳥獸之總名. 鳥不可曰獸, 獸亦可曰禽. 故鸚鵡不曰'獸', 而猩猩則通曰'禽'也. '聚', 猶共也. 獸之牝者曰'麀'.

【곡례상 22】

이 때문에 성인이 나와서 예를 제정하여 그것으로 사람들을 교육시켜 사람들이 예를 행하는 것으로 자신을 금수와 구별할 줄 알게 하였다.

是故聖人作, 爲禮以敎人, 使人以有禮, 知自別於禽獸.

集說 주자朱子는 말한다. "'성인작聖人作'에서 한 구절이 된다. 朱子曰: "'聖人作'絶句.

【곡례상 23】

삼황오제의 시대에는 덕을 귀하게 여겼고, 그 다음 삼왕의 시대에는 베풀고 보답하는 것에 힘썼다. 예는 가고 오는 것을 숭상한다. 가기만 하고 오지 않는 것도 예가 아니요, 오기만 하고 가지 않는 것도 또한 예가 아니다.

太上貴德,① 其次務施報.② 禮尙往來. 往而不來, 非禮也, 來而不往, 亦非禮也.

鄭注 ① '태상太上'은 삼황오제의 시대이다. 그때의 인민은 남에게 베풀어도 보답받는 것을 생각하지 않았다. '太上', 帝皇之世. 其民施而不惟報.

② 삼왕의 시대에 이르러 예가 처음으로 일어났다. 三王之世, 禮始興焉.

集說 '태상太上'은 삼황오제의 시대이다. 이때는 덕이 다른 사람에게 미칠 수 있는 것을 귀하게 여겼고, 그 덕에 대하여 보답하는 것은 중시하지 않았다. '그 다음'(其次)은 삼왕의 시대이다. 예는 삼왕에 이르러 갖추어졌다. 그러므로 베풀고 보답하는 것을 귀하게 여긴다. '太上', 帝皇之世. 但貴其德足以及人, 不貴其報. '其次', 三王之世. 禮至三王而備. 故以施報爲尙.

【곡례상 24】

사람이 예를 갖추면 편안하고, 예가 없으면 위태롭다. 그러므로 "예란 배우지 않을 수 없다"고 한다.

人有禮則安, 無禮則危. 故曰: "禮者不可不學也."

集說 예는 편안함과 위태로움이 달려 있는 바이다. 천자로부터 서인에 이르기까지 예를 갖추지 않고 편안하였던 경우는 이제까지 없었다. 禮者安危之所係. 自天子至於庶人, 未有無禮而安者也.

【곡례상 25】

예란 자신을 낮추고 상대를 높이는 것이다. 비록 등짐을 지거나 물건을 파는 사람(負販)[41]도 반드시 남을 존중해주는 바가 있는데, 더군다나 부귀한 이들은 어떠해야 하겠는가?

夫禮者, 自卑而尊人. 雖負販者, 必有尊也, 而況富貴乎?

鄭注 등짐을 지거나 물건을 파는 사람은 특히 경박하고 이익에 마음을 두기 때문에 당연히 예를 갖추지 않기 마련이다. 負販者尤輕恌志利, 宜若無禮然.

集說 등짐을 진 자는 힘을 쓰는 것에 종사하고, 물건을 파는 사람은 이익에 종사한다. 비록 비천하지만 예를 갖추지 않아서는 안 된다. 負者事於力, 販者事於利. 雖卑賤, 不可以無禮也.

【곡례상 26】

부귀하면서 예를 좋아할 줄 알면 교만하거나 넘치지 않고, 빈천하면서도 예를 좋아할 줄 알면 마음이 동요하지 않는다.

富貴而知好禮, 則不驕不淫, 貧賤而知好禮, 則志不慴.

鄭注 '동요한다'(慴)는 것은 두려워하고 의혹을 갖는다는 뜻과 같다. '慴', 猶怯惑.

集說 마씨馬氏(마희맹馬晞孟)는 말한다. "부유하고 신분이 귀한 사람이 교만하고 넘치는 것과 가난하고 신분이 천한 사람이 동요하고 두려워하는 것은 내면에 평소 정해진 명분이 없어 외물에 따라 쉽게 동요하기 때문이다. 예를 좋아하면 내면에 얻는 바가 있고 외부의 어떤 것도 빼앗을 수 없다." 馬氏曰: "富貴之所以驕淫, 貧賤之所以慴怯, 以內無素定之分, 而與物爲輕重也. 好禮則有得於內, 而在外者莫能奪矣."

【곡례상 27】

사람이 태어나서 열 살이 되면 유幼(아동)라 하니 공부를 시작한다. 스무 살이 되면 약弱(신체가 아직 강건하지 못함)이라 하니 관례冠禮를 치른다. 서른 살이 되면 장壯(장성함)이라 하니 가정을 이룬다. 마흔 살이 되면 강强(지력과 체력이 강함)[42]이라 하니 벼슬에 나간다. 쉰 살이 되면 애艾(쑥색처럼 머리가 희끗희끗해짐)라 하니 한 부서의 정사를 통솔하는 일에 복무한다. 예순 살이 되면 기耆(노년에 이름)라 하니 지시하고 사람을 부리기만 한다. 일흔 살이 되면 노老(노인)라 하니 가사를 자손에게 전한다. 여든 살 내지 아흔 살이 되면 모耄(어두워지고 잊어버림)라 하고, 일곱 살을 도悼(가련함)라 한다. 도悼와 모耄는 죄를 지어도 형벌을 가하지 않는다. 백 살이 되면 기期(수명의 기한)라 하니 매사에 시중을 받는다.

人生十年曰幼, 學.① 二十曰弱, 冠. 三十曰壯, 有室.② 四十曰强, 而仕. 五十曰艾, 服官政.③ 六十曰耆, 指使.④ 七十曰老, 而傳.⑤ 八十九十曰耄,⑥ 七年曰悼,⑦ 悼與耄, 雖有罪, 不加刑焉.⑧ 百年曰期, 頤.⑨

鄭注 ① '유幼'라고 한 것은 나이가 비로소 배울 수 있기 때문이다. 「내칙內則」(107)에는 "10세가 되면 집을 나가 외부의 스승(外傅)에게 찾아가서 배우고, 밖에 거주하며, 육서六書(글자 읽는 법)와 숫자 계산법(計)을 배운다"라고 하였다. 名曰'幼', 時始可學也. 「內則」曰: "十年, 出就外傅, 居宿於外, 學書計."

② '가정을 이룬다'(有室)는 것은 처를 맞는 것이다. 처를 '가정'(室)이라고 한다. '有室', 有妻也. 妻稱室.

③ '애艾'(쑥색처럼 머리가 희끗희끗해짐)는 늙은 것이다. '艾', 老也.

④ '지사指事'는 사람을 부리는 것이다. 나이가 육십이 되면 전쟁에 참전하지 않으며, 몸소 배우지 않는다. '指事', 使人也. 六十不與服戎, 不親學.

⑤ '전한다'(傳)는 것은 가사를 자손에게 맡기는 것이다. 이것은 종자宗子의 부친을 가리킨다. '傳', 家事任子孫. 是謂宗子之父.

⑥ '모耄'는 어두워지고 잊어버린다는 뜻이다. 『춘추좌씨전』에서 "늙어서 지혜로워지려는 참에 어두워지고 잊어버리는 증상이 또 닥쳤다"43)고 한 경우이다. '耄', 惛忘也. 『春秋傳』曰: "謂老將知耄又及之."

⑦ ‘도悼’는 가련하게 여기는 것이다. ‘悼’, 憐愛也.

⑧ 어린아이를 아끼고 노인을 존중하기 때문이다. 愛幼而尊老.

⑨ ‘기期’는 요구한다는 뜻과 같다. ‘이頤’는 봉양한다는 뜻이다. 옷을 입고 밥을 먹는 것을 모르기 때문에, 효자가 봉양의 도리를 다해야 한다. ‘期’, 猶要也. ‘頤’, 養也. 不知衣服食味, 孝子要盡養道而已.

集說 주자朱子는 말한다. “‘열 살이 되면 유幼라고 한다’(十年曰幼)가 한 어구가 되어 끊어진다. ‘학學’(배운다)이 그 자체로 한 구절이 된다. 아래 ‘백 살이 되면 기期라고 한다’(百年曰期)는 부분에 이르기까지 모두 그러하다.” ○ 여씨呂氏(여대림呂大臨)는 말한다. “‘쉰 살이 되면 애艾라고 부른다’(五十曰艾)는 것은 머리가 검고 흰 것이 마치 쑥색과 같음을 말한다. 옛날에 ‘사십이 되면 비로소 벼슬에 나아가도록 명하고, 오십이 되면 비로소 정사에 종사하도록 명한다’고 하였는데, ‘벼슬에 나아간다’(仕)는 것은 사士가 되어 남을 섬기고 관부의 작은 일을 담당하는 것이다. ‘정사에 종사한다’(服官政)는 것은 대부大夫가 되어 남의 우두머리가 되고 국가의 주요한 일에 참여하는 것이다. 재주가 임용할 만하면 벼슬에 나아가게 하고, 덕德이 이루어지면 곧 대부가 되게 한다. ‘기耆’는 오래됨에 이르는 것을 말한다. 자신의 힘을 사용하지 않고 오직 생각을 지시하고 남을 시키기 때문에 ‘지시하고 부린다’(指使)고 한 것이다. ‘전한다’(傳)는 것은 가사를 자식에게 전하는 것을 가리킨다. ‘모耄’는 어두워지고 잊어버리는 것이다. ‘도悼’는 가련히 여기는 것이다. 어두워지고 잊어버린다는 것은 늙어서 지식이 쇠퇴한 것이요, 가련히 여긴다는 것은 어린아이가 되어 지식이 미치지 못하는 것이다. 비록 죄를 지어도 실상 고의에서 나온 것이 아니므로 형벌을 주어서는 안 된다. 사람의 수명은 백 살을 기한으로 삼는다. 그러므로 ‘기期’라고 한 것이다. 음식과 거처 그리고 동작이 모두 봉양에 의지하지 않음이 없다. 그러므로

'이頤'라고 한 것이다." 朱子曰: "'十年曰幼'爲句絶, '學'字自爲一句. 下至'百年曰期', 皆然." ○ 呂氏曰: "'五十曰艾', 髮之蒼白者如艾之色也. 古者, 四十始命之仕, 五十始命之服官政, '仕'者, 爲士以事人, 治官府之小事也. '服官政'者, 爲大夫以長人, 與聞邦國之大事者也. 才可用則使之仕, 德成乃令爲大夫也. '耆'者, 稽久之稱. 不自用力, 惟以指意使令人, 故曰: '指使.' '傳', 謂傳家事於子也. '耄', 惛忘也. '悼', 憐愛也. 耄者老而知已衰, 悼者幼而知未及. 雖或有罪, 情不出於故, 故不加刑. 人壽以百年爲期. 故曰'期', 飮食居處動作無不待於養. 故曰'頤'."

【곡례상 28】44)

대부大夫는 칠십이 되면 직무를 바치고 물러나는데,

大夫七十而致事,

鄭注 자신이 담당하던 일을 군주에게 바치고 늙었음을 고하는 것이다. 致其所掌之事於君而告老.

集說 자신이 담당하던 일을 군주에게 바쳐서 되돌려주는 것이다. 致還其職事於君也.

【곡례상 29】

만약 물러나는 것을 허락할 수 없으면, 반드시 안석과 지팡이를 내려주고,

若不得謝,① 則必賜之几杖,

鄭注 ① '사謝'는 허락한다는 것과 같다. 군주는 반드시 명을 내려 노고를 위로하는 말로 허락해준다. 그러나 신하가 덕이 있고 아직 건장하면 허락하지 않는다. '謝', 猶聽也. 君必有命, 勞苦辭謝之. 其有德尙壯, 則不聽耳.

集說 '물러나는 것을 허락해줄 수 없다'(不得謝)는 것은 퇴직을 군주가 허락하지 않는 것이다. 사사辭謝(사양한다), 대사代謝(교체하다) 등의 경우에서도 또한 모두 물러난다는 의미다. '안석'(几)은 몸을 기대는 것이요, '지팡이'(杖)는 몸을 의지하는 것이다. 그것들을 내려주는 것은 스스로 편안하도록 해주는 것이다. '不得謝', 謂君不許其致事也. 如辭謝・代謝, 亦皆却而退去之義. '几', 所以凴, '杖', 所以倚. 賜之, 使自安適也.

【곡례상 30】

국내에 출장을 갈 때는 부인이 따라갈 수 있고, 외국으로 출장 갈 때는 안거安車[45]를 타고 가고,

行役以婦人, 適四方乘安車,

集說 소疏에서 말한다. "부인은 봉양할 수 있으므로 스스로 따라오는 것을 허락한다. 옛날에 네 마리 말이 끄는 수레는 서서 탄다. '안거安車'는 한 마리 말이 끄는 작은 수레로 앉아서 탄다." 疏曰: "婦人能養人, 故許自隨. 古者, 四馬之車立乘. '安車'者, 一馬小車坐乘也."

【곡례상 31】

(타국에서) 자신을 말할 때는 노부老夫라 하고, 자신의 나라에서는 이름을 들어 말한다.

自稱曰老夫,① 於其國則稱名.②

鄭注 ① '안석'(几)과 '지팡이'(杖), '부인婦人', '안거安車' 등은 자신의 몸을 돌보는 수단이다. '안거'는 앉아서 타는데, 지금의 소거小車와 같은 종류이다. '노부老夫'는 노인을 지칭하는 말로서, 또한 군주가 현자를 존대함을 밝힌 것이다. 『춘추전』에 "노부는 혼몽하여"[46]라고 하였다. '几杖'·'婦人'·'安車', 所以養其身體也. '安車', 坐乘, 若今小車也. '老夫', 老人稱也, 亦明君貪[47]賢. 『春秋傳』曰: "老夫耄矣."

② 군주가 비록 특별히 존대하더라도, 자신을 지칭하는 것은 그대로 신하와 같이 한다. 君雖尊異之, 自稱猶若臣.

集說 여씨는 말한다. "'노부老夫'는 장수한 노인을 지칭하는 말이다. 자신의 나라에서 자신의 이름을 들어 말하는 이유는 부모의 나라에서 감히 어른으로 자처하지 못하기 때문이다." 呂氏曰: "'老夫', 長老者之稱. 己國稱名者, 父母之邦不敢以尊者自居也."

【곡례상 32】

다른 나라에서 국경을 넘어와서 자문하면, 반드시 나라의 옛 사례를 들어서 답한다.

越國而問焉, 必告之以其制.

鄭注 이웃나라에서 와서 자문하면, 반드시 경륜이 있는 노인에게 자문하여 답한다. '제制'는 법도이다. 隣國來問, 必問於老者以答之. '制', 法度.

集說 응씨應氏(응용應鏞)는 말한다. "한 나라에 현자가 있으면, 여러 나라에서 존중한다. 그래서 국경을 넘어와서 자문한다. 문헌文獻이 부족하면, 예를 말하는 것이 실증實證을 갖지 못한다. 그러므로 반드시 그 제도를 가지고 답하는데, 나라의 옛 사례를 들어서 답하는 것을 말한다." 應氏曰: "一國有賢, 衆國所仰. 故越國而來問. 文獻不足, 則言禮無證. 故必告之以其制, 言擧國之故事以答之也."

【곡례상 33】

웃어른에게 일을 상의할 때는 반드시 안석과 지팡이를 들고 (어른에게) 나아간다. 웃어른이 질문하는데, 사양하지 않고 대답하는 것은 예가 아니다.

謀於長者, 必操几杖以從之.① 長者問, 不辭讓而對, 非禮也.②

鄭注 ① '종從'은 나아간다는 뜻과 같다. '從', 猶就也.

② 불민하다고 사양하기를 증자가 한 것처럼 해야 한다. 當謝不敏若曾子之爲.

集說 '어른과 상의한다'(謀於長者)는 것은 어른에게 찾아가서 할 바를 상의하는 것을 말한다. 어른 앞에서는 겸허함을 견지해야 한다. 사양하지 않는 것은 어른을 섬기는 예가 아니다. ○ 응씨應氏는 말한다. "'안석과 지팡이를

들고 나아간다'(操几杖以從)는 것은 어른이 갖고 있지 않음을 가리키는 것이 아니다. 제자의 위치에 있고자 할 때 예법이 그러한 것이다." '謀於長者', 謂往就長者而謀議所爲也. 長者之前, 當執謙虛. 不辭讓, 非事長之禮. ○ 應氏曰: "'操几杖以從', 非謂長者所無也. 執弟子之役, 其禮然耳.

【곡례상 34】

무릇 자식의 예는 겨울은 따뜻하게 여름은 시원하게 해드리고, 저녁에 자리를 깔아드리고 아침에 문안을 드리며, 동년배들 사이에 다투지 않는다.

凡爲人子之禮, 冬溫而夏凊, 昏定而晨省,① 在醜夷不爭.②

鄭注 ① 침상과 자리를 돌보는 것이다. '성省'은 편안하신지 여쭈는 것이다. 定安其牀衽也. '省', 問其安否何如.

② '추醜'는 여럿을 뜻한다. '이夷'는 동료의 뜻과 같다. 사호四皓는 "폐하의 동료들입니다"48)라고 하였다. '醜', 衆也. '夷', 猶儕也. 四皓曰: "陛下之等夷."

集說 따뜻하게 하여 추위를 막아주고, 시원함으로 서늘하게 해드리고, 요와 자리를 정돈하고, 편안하신지를 살핀다. '추醜'는 같은 부류를 뜻한다. '이夷'는 지위가 같음을 뜻한다. 일시의 분 때문에 자신을 망각하면, 그 해가 부모에게 미친다. 그러므로 여러 동년배들 사이에 있을 때, 겸손하고 사양하는 자세로 일관한다. 溫以禦其寒, 凊以致其凉, 定其衽席, 省其安否. '醜', 同類也. '夷', 平等也. 一朝之忿, 忘其身, 則害及其親, 故在群衆儕輩之中, 壹於遜讓.

【곡례상 35】

자식 된 사람은 삼명三命으로 임명되어도 수레와 말은 받지 않는다.[49] 그러므로 주州·려閭·향鄕·당黨에서는 효성스러움을 칭찬하고, 형제와 친척 사이에서는 자애로움을 칭찬하고, 료우僚友 사이에서는 우애 있음을 칭찬하고, 집우執友 사이에서는 어진 것을 칭찬하고, 교유交遊하는 사이에서는 신의를 칭찬한다.

夫爲人子者, 三賜不及車馬.① 故州閭鄕黨稱其孝也, 兄弟親戚稱其慈也, 僚友稱其弟也, 執友稱其仁也, 交遊稱其信也.②

鄭注 ① '삼사三賜'는 삼명三命과 같은 의미다. 무릇 관리로 임명되는 경우, 일명一命은 직책을 부여받고, 이명二命은 의복을 하사받고, 삼명三命은 수레와 말을 하사받는다.[50] 수레와 말이 있음으로써 자신의 존귀함이 갖추어진다. 그런데 경卿·대부大夫·사士의 자식이 수레와 말을 받지 않는 것은 자신의 존귀함을 갖추는 것을 감히 아버지의 존귀함과 같아지거나 능가하지 못하는 것이다. 천자와 제후의 자식이 수레와 말을 받지 않는 것은 자신을 군주보다 현저하게 낮추는 것이다. '三賜', 三命也. 凡仕者, 一命而受爵, 再命而受衣服, 三命而受車馬. 車馬而身所以尊者備矣. 卿·大夫·士之子不受, 不敢以成尊比踰於父. 天子·諸侯之子不受, 自卑遠於君.

② 무거운 하사를 감히 받지 않는 것은 마음에서 용납하지 않기 때문이다. 그런 뒤에 다섯 가지가 갖추어진다. 『주례』에 의하면, 25가家가 모여 려閭가 되고, 4려가 모여 족族이 되고, 5족이 모여 당黨을 이루고, 5당이 모여 주州를 이루고, 5주가 모여 향鄕을 이룬다.[51] '료우僚友'는 벼슬을 같이하는 동료를, '집우執友'는 뜻을 같이하는 동료를 가리킨다. 不敢受重[52]賜者, 心也. 如此而五者備有焉. 『周禮』二十五家爲閭, 四閭爲族, 五族爲黨, 五黨爲州, 五州爲鄕.

'僚友', 官同者, '執友', 志同者.

集說 '자식 된 사람'(爲人子)이라고 한 것은 아버지가 생존해 있음을 뜻한다. 옛날에 벼슬하는 자는 일명一命은 직책을 부여받고, 이명二命은 의복을 하사받고, 삼명三命은 수레와 말을 하사받는다.[53] 수레와 말을 소유하면 존귀함의 체모가 갖추어진다. 이제 삼명에 임명되어도 수레와 말을 함께 받지 않기 때문에 '수레와 말은 받지 않는다'(不及車馬)고 한 것이다. 군주가 하사를 하는 것은 신하를 예우하는 방법이고, 자식이 받지 않는 것은 감히 아버지와 대등하지 못하는 것이다. 25가家가 모여 려閭가 되고, 4려가 모여 족族이 되고, 500가가 모여 당黨이 되고, 2500가가 모여 주州가 되고, 12500가가 모여 향鄕이 된다.[54] 효가 미치는 바가 크기 때문에 효를 들어 일컫는 집단의 범위도 가장 넓다. '자慈'(자애로움), '제弟'(우애), '인仁'(어짐), '신信'(신실함) 등은 모두 효에 속한 일이다. '료우僚友'는 벼슬을 같이하는 동료를, '집우執友'는 뜻을 같이하는 동료를 가리키는데, 스승이 같은 친구는 뜻을 지키는 것이 같기 때문에 '집우'라고 한다. '교유交遊'는 사방의 왕래하는 사이에 있는 사람들을 폭넓게 지칭하는 말이다. 言'爲人子'謂父在時也. 古之仕者, 一命而受爵, 再命而受衣服, 三命而受車馬. 有車馬, 則尊貴之體貌備矣. 今但受三賜之命, 而不與車馬同受, 故言'不及車馬'也. 君之有賜, 所以禮其臣, 子之不受, 不敢並於親也. 二十五家爲閭, 四閭爲族, 五百家爲黨, 二千五百家爲州, 一萬二千五百家爲鄕. 孝之所該者大, 故其稱最廣. 曰'慈'·曰'弟'·曰'仁'·曰'信', 皆孝之事也. '僚友', 官同者, '執友', 志同者, 同師之友其執志同, 故曰'執友'. '交遊'則泛言遠近之往來者.

【곡례상 36】

아버지의 집우執友를 만났을 때, 나오라고 하지 않으면 나아가지 않고, 물러가라고 하지 않으면 물러나지 않으며, 묻지 않으면 대답하지 않는다. 이것이 효자의 행동이다.

見父之執, 不謂之進, 不敢進, 不謂之退, 不敢退, 不問, 不敢對.① 此孝子之行也.

鄭注 ① 아버지가 뜻을 같이하는 분에 대해 공경하는 것은 아버지를 섬기는 것과 같이 한다. 敬父同志, 如事父.

集說 '아버지의 집우'(父之執)는 아버지가 뜻을 같이하는 동료이다. '그에게 말한다'(謂之)는 것은 명령한다는 것이다. 공경하기를 아버지와 같이 한다. '父之執', 父同志之友也. '謂之', 命之也. 敬之同於父.

【곡례상 37】

자식 된 사람은 외출할 때 반드시 말씀드리고, 돌아와서도 반드시 얼굴을 뵌다. 다니는 곳은 반드시 일정함이 있고, 하는 것도 반드시 일정한 일이 있다.

夫爲人子者, 出必告, 反必面.① 所遊必有常, 所習必有業.②

鄭注 ① '말씀드린다'(告)는 것과 '얼굴을 뵌다'(面)는 것은 같은 의미다. 돌아와 인사드릴 때 '얼굴을 뵌다'고 말한 것은 밖에서 돌아오면 부모의 안색이 편안한지 여부를 알아보는 것이 옳기 때문이다. '告'·'面'同耳. 反言'面'者, 從外來, 宜知親之顔色安否.

② 부모의 마음은 알고 있기를 원하기 때문이다. 緣親之意欲知之.

集說 외출하게 되면 떠난다고 말씀드리고, 돌아오면 돌아왔다고 말씀드린다. 더욱이 밖에서 돌아오면 안색을 살펴보고 싶기 때문에 '얼굴을 뵌다'(面)고 한 것이다. '다니는 곳은 일정함이 있다'(遊有常)는 것은 다른 곳에 가지 않는 것이요, '하는 일은 일정함이 있다'(習有業)는 것은 마음을 다른 곳에 쓰지 않는 것이다. 出則告違, 反則告歸. 又以自外來, 欲省顔色, 故言'面'. '遊有常', 身不他往也, '習有業', 心不他用也.

【곡례상 38】

평상시 말할 때 자신을 노老(노인)라고 칭하지 않는다.

恒言不稱老.

鄭注 공경하는 범위를 확대하는 것이다. 廣敬.

集說 '항언恒言'은 평상시 말할 때를 뜻한다. 자신을 노인이라고 칭하면, 높은 것이 부모와 같아지고 부모는 노인을 지나서 그 이상 (너무 늙은 사람)이 되게 된다. 옛날 사람이 색동옷을 입고 부모를 즐겁게 하였던 것은[55] 부모의 마음을 편안하게 해주고 싶었기 때문이다. '恒言', 平常言語之間也. 自以老稱, 則尊同於父母, 而父母爲過於老矣. 古人所以斑衣娛戲者, 欲安父母之心也.

【곡례상 39】

나이가 자신보다 배[56]나 많으면, 아버지로 섬긴다. 10년이 더 많으면, 형으로 섬긴다. 5년이 더 많으면 (나란히 걸을 때) 어깨 폭만큼 뒤에서 따른다.

年長以倍, 則父事之.① 十年以長, 則兄事之. 五年以長, 則肩隨之.②

鄭注 ① 40세인 상대에 대하여 자신이 20세인 경우를 가리킨다. 나이 20세가 되면 약관弱冠으로 성인이 되며, 아버지가 될 단초를 갖는다. 이제 40세인 사람은 20세인 사람에 대하여 자식으로 대하는 도리를 갖는다. 「내칙內則」(110)에 "나이 20세가 되면, 효도와 우애를 독실하게 행한다"라고 하였다. 謂年二十於四十者. 人年二十, 弱冠成人, 有爲人父之端. 今四十於二十者有子道. 「內則」曰: "年二十, 惇行孝弟."

② '어깨 폭만큼 뒤에서 따른다'(肩隨)는 것은 함께 걸을 때 조금 뒤쳐져 따른다는 것이다. '肩隨'者, 與之並行差退.

集說 '어깨 폭만큼 뒤에서 따른다'(肩隨)는 것은 함께 걸을 때 조금 뒤쳐져서 따른다는 것이다. 이 경문은 일반적으로 연장자와 연소자의 서열을 말한 것이지 친족의 경우를 말한 것이 아니다. '肩隨', 並行而差退也. 此泛言長少之序, 非謂親者.

【곡례상 40】

다섯 사람이 함께 자리할 때, 연장자는 반드시 자리를 따로 한다.

群居五人, 則長者必異席.

鄭注 자리는 네 사람을 단위로 삼는다. 따라서 (다섯이 되면) 높이는 자리를 두어야 한다. 席以四人爲節, 因宜有所尊.

集說 옛날에 가로로 놓인 자리(橫席)를 바닥에 깔면 네 사람까지 앉는데, 연장자는 자리의 가장 앞쪽에 앉았다. 만일 다섯 사람이 모이면, 연장자 한 사람에 대해서는 자리를 별도로 설치한다. 古者, 地敷橫席而容四人, 長者居席端. 若五人會, 則長者一人異席也.

【곡례상 41】

자식 된 사람은 방에 있을 때 아랫목을 차지하지 않고, 자리에 앉을 때 자리 한복판에 앉지 않고, 길을 갈 때 가운데로 가지 않고, 서 있을 때 문 중앙에 서지 않는다.

爲人子者, 居不主奧, 坐不中席, 行不中道, 立不中門.

鄭注 아버지와 한집에서 사는 경우, 감히 높은 자리에 있지 못하는 것을 가리킨다. 방 안의 서남쪽 아랫목을 '오奧'라고 부른다. 길에는 왼쪽과 오른쪽의 구분이 있다. '중문中門'은 문설주와 문 말뚝의 중앙을 가리킨다. 「내칙內則」(14)에 "명사命士(작명을 받은 사) 이상의 신분은 부자가 모두 처소를 달리한다"라고 하였다. 謂與父同宮者也, 不敢當其尊處. 室中西南隅謂之'奧'. 道有左右. '中門', 謂棖闑之中央. 「內則」曰: "由命士以上, 父子皆異宮."

集說 방의 서남쪽 아랫목이 오奧이다. '아랫목을 차지한다'(主奧)는 것과 '자리 중앙에 앉는다'(中席)는 것 등은 모두 높은 사람이 하는 도리다. 길을 갈 때 왼쪽이나 오른쪽으로 다니는 것, 문에 설 때 문설주와 문 말뚝의 중

앙을 피하는 것 등은 모두 높은 사람이 다니는 곳을 밟지 않는 것이다. 옛날에는 남녀가 길을 달리 사용하였다. 길에는 각기 중앙이 있다. 문의 중앙에 문지방이 있고, 문지방의 양쪽에 문설주가 있다. 室西南隅爲奧. '主奧'·'中席', 皆尊者之道也. 行道則或左或右, 立門則避棖闑之中, 皆不敢迹尊者之所行也. 古者, 男女異路. 路各有中, 門中央有闑, 闑之兩旁有棖也.

【곡례상 42】

(자식 된 사람은) 음식을 차려 대접할 때 미리 한정하지 않는다.57)

食饗不爲概.

鄭注 '개概'는 한정한다는 뜻이다. 빈객을 접대하는 음식에 필요한 것을 (자신이 마음대로) 한정하지 않는다. '概', 量也. 不制待賓客饌具之所有.

集說 '음식을 차려 대접한다'(食饗)는 것은 부모를 봉양하거나, 손님을 초대하거나, 제사를 지내는 것 등이 모두 그것에 해당한다. '미리 한정하지 않는다'(不爲概量)는 것은 부모의 생각에 따르고 감히 자기 마음대로 정하지 않는다는 뜻이다. '食饗', 如奉親·延客及祭祀之類皆是. '不爲概量', 順親之心而不敢自爲限節也.

【곡례상 43】

(자식 된 사람은 부모가) 제사를 지낼 때 시尸가 되지 않는다.

祭祀不爲尸.

鄭注 높은 사람의 자리에 있는 것은 자식의 도리를 잃는 것이다. 따라서 시尸는 아버지가 없는 사람 가운데 점을 쳐서 택한다. 尊者之處, 爲其失子之道. 然則尸卜筮無父者.

集說 여씨呂氏는 말한다. "시尸는 주인의 아들 항렬에서 택한다. 주인의 아들을 택하면 이는 아버지가 아들을 향해서 섬기는 것이어서 자식으로서 편안하지 못한 바이다. 따라서 아들은 시尸가 되지 않는다." 呂氏曰: "尸取主人之子行而已. 若主人之子, 是使父北面而事之, 人子所不安. 故不爲也."

【곡례상 44】

(자식 된 사람은) 소리 없는 데서 듣고, 형체 없는 데서 본다.

聽於無聲, 視於無形.

鄭注 부모가 그렇게 하도록 가르칠 것이라고 항상 여기는 것이다. 恒若親之將有敎使然.

集說 부모의 생각을 미리 파악하여 그 뜻을 받드는 것이다. ○ 소疏에서 말한다. "비록 부모의 말씀을 직접 듣지 않고, 부모의 모습을 직접 보지 않더라도, 항상 마음속으로 모습을 보고 말씀을 듣는 것처럼 생각하여, 부모가 자신에게 그렇게 하도록 가르칠 것이라고 여기는 것이다." 先意承志也. ○ 疏曰: "雖聽而不聞父母之聲, 雖視而不見父母之形, 然常於心想像似見形聞聲, 謂父母將有敎使已然."

【곡례상 45】

(자식 된 사람은) 높은 곳에 올라가지 않고, 깊은 물에 다가가지 않고, 구차하게 헐뜯지 않고, 구차하게 웃지 않는다. 효자는 어두운 곳에서 일하지 않고, 위험한 곳에 오르지 않는데, 부모를 욕되게 할까 염려스럽기 때문이다.

不登高, 不臨深. 不苟訾, 不苟笑.① 孝子不服闇, 不登危, 懼辱親也.②

鄭注 ① 위험하고 욕을 당하기 쉽기 때문이다. 사람의 본성은 헐뜯음과 비난을 받고 싶어 하지 않으며, 비웃음을 사고 싶어 하지 않는다. 군자는 즐거워야 웃는다. 爲其近危辱也. 人之性, 不欲見毁訾, 不欲見笑. 君子樂然後笑.

② '복服'은 종사한다는 의미다. '암闇'은 어둡다는 의미다. 어두운 곳에서 일을 하지 않는 것은 졸지에 뜻하지 않은 상황을 만나게 되고 또한 예에 어긋날 혐의가 있기 때문이다. 남자와 여자가 밤에 함께 다닐 때에는 등불을 켜고 다닌다. '服', 事也. '闇', 冥也. 不於闇冥之中從事, 爲卒有非常, 且嫌失禮也. 男女夜行以燭.

集說 소疏에서 말한다. "'어두운 곳에서 일을 하지 않는다'(不服闇)는 것은 어두운 속에서 일을 벌이지 않는 것으로, 첫째는 뜻하지 않은 상황을 만나게 되기 때문이고, 둘째는 다른 사람들의 의심을 야기하기 때문이다. 그러므로 효자가 경계하는 것이다." ○ 여씨呂氏(여대림呂大臨)는 말한다. "구차하게 헐뜯는 것은 참소하는 것에 가깝고, 구차하게 웃는 것은 아첨하는 것에 가깝다. 어두운 곳에서 일하는 것은 남이 보지 못하는 곳에서 속이고, 위험한 곳에 오르는 것은 위험한 일을 하여 요행을 바라는 것으로서 이것은 부모를 망각하는 것이다. 그저 망각하는 것일 뿐만 아니라, 좋지 않은 이름

을 부모에게 덧붙일 것이니 모두 욕을 당하는 길이다." 疏曰: "'不服闇'者, 不行事於暗中, 一則爲卒有非常, 二則主物嫌. 故孝子戒之." ○ 呂氏曰: "苟訾近於讒, 苟笑近於諂. 服闇者欺人所不見, 登危者行險以徼幸, 是忘親也. 非特忘之, 不令之名且將加之, 皆辱道也."

【곡례상 46】

자식은 부모가 생존해 계시면, 친구에게 죽음으로 맹세하지 않고, 사적인 재산을 소유하지 않는다.

父母存, 不許友以死,① 不有私財.

鄭注 ① 부모를 망각하는 것이기 때문이다. '죽는다'(死)는 것은 친구를 위해 원수를 갚는 것을 뜻한다. 爲忘親也. '死', 爲報仇讎.

集說 '친구에게 죽음으로 맹세하지 않는다'(不許友以死)는 것은 친구를 위해 원수를 갚지 않는다는 것이다. 부모가 생존해 계신데 자신의 생명을 남에게 허락하는 것은 부모를 망각하는 마음이 있는 것이요, 부모가 생존해 계신데 재산을 자신의 마음대로 하는 것은 부모를 이반하는 뜻이 있는 것이다. '不許友以死', 謂不爲其友報仇也. 親在而以身許人, 是有忘親之心, 親在而以財專己, 是有離親之志.

【곡례상 47】

자식 된 사람은 부모가 생존해 있으면 관冠과 옷에 누이지 않은 흰색(素)[58]으로 준純(옷깃과 가선)을 하지 않는다.

爲人子者, 父母存, 冠·衣不純素.

鄭注 상례喪禮의 상징을 담고 있기 때문이다. '준純'은 가선이다. 「옥조玉藻」(33)에 "누이지 않은 흰 비단의 관(縞冠)에 검은색 무武[59]를 한 것은 자성子姓(손자)[60]이 쓰는 관이요, 누이지 않은 흰 비단의 관에 흰색의 누인 비단으로 가선을 두른 것은 소상小祥을 지낸 뒤에 쓰는 관이다"라고 하였다. 「심의深衣」(5)에서는 "(조부모가 돌아가시고) 부모가 모두 살아 계시면, 옷에 청색으로 가선을 두른다"라고 하였다. 爲其有喪象也. '純', 緣也. 「玉藻」曰: "縞冠玄武, 子姓之冠也, 縞冠素紕, 旣祥之冠也." 「深衣」曰: "具父母, 衣純以青."

集說 소疏에서 말한다. "관의 준純은 관의 장식이다. 옷의 준純[61]은 심의深衣의 옷깃 가선이다." 疏曰: "冠純, 冠飾也. 衣純, 深衣領緣也."

【곡례상 48】

고자孤子(어려서 부모를 잃은 자식)로서 가정을 이루어 대를 이으면, 관冠과 옷에 색깔 있는 화려한 것으로 준純을 하지 않는다.

孤子當室, 冠·衣不純采.

鄭注 일찍 부모를 잃으면 비록 상을 마치더라도 슬픔을 잊지 못한다. 나이가 아직 30세가 되지 않은 때를 가리킨다.[62] 30세의 장년으로 가정을 이루면, 부모의 대를 잇는 단서를 갖게 되어 고자孤子에 해당하지 않는다. '가정을 이루어 대를 잇는다'(當室)는 것은 적자適子를 가리킨다. 「심의深衣」

(5)에 "고자孤子는 옷에 누이지 않은 흰색으로 가선을 두른다"라고 하였다. 早喪親, 雖除喪, 不忘哀也. 謂年未三十者. 三十壯, 有室, 有代親之端, 不爲孤也. '當室', 適子也. 「深衣」曰: "孤子衣純以素."

集說 여씨呂氏(여대림呂大臨)는 말한다. "'가정을 이루어 대를 잇는다'(當室)는 것은 부모의 후사가 되는 것을 말한다. 「문상問喪」(8)에 "동자는 시마복을 하지 않는데, 오직 당실當室만은 시마복을 한다"고 한 것 또한 아버지의 후사가 된 자를 가리킨다. 이른바 '가선을 색깔 있는 화려한 것으로 하지 않는다'(不純采)는 것은 비록 상喪을 마친 뒤에도 계속 누이지 않은 흰색으로 가선을 두르는 것이다. 오직 후사가 되어 가정을 이루는 자가 하는 것이요, 후사가 아닌 경우는 그렇게 하지 않는다." 呂氏曰: "'當室', 謂爲父後者. 「問喪」曰"童子不緦, 唯當室緦", 亦指爲父後者. 所謂'不純采'者, 雖除喪, 猶純素也. 惟當室者行之, 非當室者不然也."

【곡례상 49】

어린아이에게는 속이지 말아야 함을 항상 보여준다.

幼子常視毋誑.

鄭注 '시視'는 오늘날의 '보여준다'(示)는 의미다. 어려서 아직 시비를 판단할 능력을 갖추지 못한 아이에게는 항상 바른 것을 보여주어서 올바른 것으로 가르치고 속임이 없어야 한다. '視', 今之示字. 小未有所知, 常示以正物, 以正敎之無誑欺.

集說 '시視'는 보여준다(示)와 같은 의미다. 속여서는 안 된다는 것을 항상

보여줌은 성실함을 몸에 익히게 하려는 것이다. '視', 與示同. 常示之以不可欺誑, 所以習其誠.

【곡례상 50】

동자는 갖옷(裘)[63]과 치마(裳)[64]를 입지 않고, 서 있을 때는 반드시 방향을 똑바로 하고, 고개를 기울여서 듣지 않는다.

童子不衣裘裳,① 立必正方, 不傾聽.②

鄭注 ① 갖옷은 매우 따뜻하여 음기陰氣를 없애서 어려운 일을 감당하지 못하게 한다. 갖옷과 치마를 입지 않는 것은 일하는 데 편하고 쉽게 하기 위해서이다. 裘大溫, 消陰氣, 使不堪苦. 不衣裘裳, 便易.

② 자신을 단정히 하는 것을 익히는 것이다. 習其自端正.

集說 여씨呂氏(여대림呂大臨)는 말한다. "갖옷의 따뜻함은 동자에게 합당한 것이 아니다. 치마의 장식도 동자가 편리하게 여기는 것이 아니다. 서 있을 때 향하는 방향을 반드시 바르게 하여, 동쪽으로 하든 서쪽으로 하든 또는 남쪽으로 하든 북쪽으로 하든 향하는 자세를 치우치지 않게 한다. 『의례』「사상견례士相見禮」에서 '무릇 사적으로 군주를 만날 때, 군주의 남면南面을 반드시 판단해서 자세를 취해야 한다. 불가능할 경우에는 방향을 똑바로 하고, 군주를 옆으로 바라보지(疑) 않는다'고 하였는데, '의疑'는 곁눈으로 바라보는 것을 뜻한다." 呂氏曰: "裘之溫, 非童子所宜. 裳之飾, 非童子所便. 立必正所向之方, 或東或西, 或南或北, 不偏有所向. 「士相見禮」云'凡燕見於君, 必辨君之南面, 若不得. 則正方不疑君', '疑'謂邪向之也."

【곡례상 51】

어른이 동자와 손을 잡으면 동자는 양손으로 어른의 손을 받들고, 어른이 등 뒤나 옆에서 머리를 기울여서 말하면, 동자는 입을 가리고 대답한다.

長者與之提攜, 則兩手奉長者之手,① 負劍辟咡詔之,② 則掩口而對.③

鄭注 ① 어른을 부축하는 법을 익히는 것이다. '제휴提携'는 보행할 때 손을 잡아 이끌고 가는 것이다. 習其扶持尊者. '提攜', 謂牽將行.

② '부負'는 등에 두는 것을 말한다. '검劍'은 옆으로 껴안는 것이다. '뺨을 한쪽으로 기울여서 말한다'(辟咡詔之)는 것은 머리를 기울여서 상대에게 말하는 것을 뜻한다. 뺨을 '이咡'라고 한다. '負', 謂置之於背. '劍', 謂挾之於旁. '辟咡詔之', 謂傾頭與語, 口旁曰'咡.

③ 어른을 향해서 있을 때 입 기운을 가리는 것을 익히는 것이다. 習其鄉尊者屛氣也.

集說 유씨劉氏(유이劉彛)는 말한다. "어른이 더러 동자의 등 뒤에서 머리를 굽혀 동자에게 말하면, 동자는 어른을 등에 진 모양이 된다. 어른이 손으로 겨드랑이 아래에 동자를 껴안으면, 칼을 찬 모양이 된다. 대개 어른이 뒤에서 몸을 굽혀 동자와 말을 하게 되면, 칼을 등에 진 모양이 된다. 정말로 칼을 등에 짊어졌다는 것이 아니다. '벽辟'은 한쪽으로 치우친 것을, '이咡'는 뺨을, '조詔'는 말해주는 것을 뜻한다. '입을 가리고 대답한다'(掩口而對)는 것은 동자가 손으로 입의 기운을 가리고 대답하여 입의 기운이 어른에게 닿지 않게 하는 것이다." 劉氏曰: "長者或從童子背後而俯首與之語, 則童子如負長

者然. 長者以手挾童子於脅下, 則如帶劍然. 蓋長者俯與童子語, 有負劍之狀. 非眞負劍也. '辟', 偏也. '咡', 口旁. '詔', 告語也. '掩口而對', 謂童子當以手障口氣而應對, 不敢使氣觸長者也."

【곡례상 52】

선생先生[65)]을 따를 때는 길을 넘어가서 다른 사람과 말하지 않는다. 길에서 선생을 만나면 빠른 걸음으로 다가가서 바로 서고 두 손을 모은다. 선생이 자신에게 말씀하면 대답하고 말씀하지 않으면 빠른 걸음으로 물러난다.

從於先生, 不越路而與人言.① 遭先生於道, 趨而進, 正立拱手.② 先生與之言則對, 不與之言則趨而退.③

鄭注 ① 존중하는 대상이 둘이 아니다. '선생'은 노인으로 학문을 가르치는 사람이다. 尊不二也. '先生', 老人教學者.

② 가르치고 지시하는 바가 있을까 해서이다. 爲有敎使.

③ 선생이 자신과 나란히 가고자 하지 않기 때문이다.[66)] 爲其不欲與己並行.

集說 여씨呂氏(여대림呂大臨)는 말한다. "'선생先生'은 부형父兄을 가리킨다. 덕과 나이가 남의 스승이 될 만한 사람은 부형과 같다. 그러므로 또한 선생이라고 부른다. 스승을 부형으로 여기면 배우는 자는 자신을 자제子弟에 비견하기 때문에 제자라고 말한다." 呂氏曰: "'先生'者, 父兄之稱. 有德齒可爲人師者, 猶父兄也. 故亦稱先生. 以師爲父兄, 則學者自比於子弟, 故稱弟子."

【곡례상 53】

어른을 따라 언덕을 오를 때는 반드시 어른이 바라보는 쪽에 시선을 둔다. 성城에 오를 때 손으로 가리키지 않고, 성에 올라서는 큰 소리로 부르지 않는다.

從長者而上丘陵, 則必鄕長者所視.① 登城不指, 城上不呼.②

鄭注 ① 멀리 (다른 곳을) 바라보다가 묻는 곳이 있을 때 살피지 못하기 때문이다. 爲遠視不察有所問.

② 남에게 의혹을 주기 때문이다. 爲惑人.

集說 높으면서 앞뒤가 있는 것이 '구丘'이다. 평평하면서 사람이 넘을 수 있는 것이 '릉陵'이다. '어른이 바라보는 쪽에 시선을 둔다'(鄕長者所視)는 것은 묻는 바가 있으면, 본 바로써 대답하기 위해서이다. '성城'은 그것에 의지해서 사람이 편안하고 견고함을 삼는 것이다. 가리키는 바가 있으면 보는 사람에게 의혹을 주게 되고, 부르는 소리를 내면 듣는 사람들을 놀라게 한다. ○ 석량왕씨石梁王氏는 말한다. "선생은 나이와 덕이 모두 높고, 남을 지도할 수 있는 사람이다. 어른(長者)은 다만 나이를 가지고 지칭한다." 高而有向背者爲'丘'. 平而人可陵者爲'陵'. '鄕長者所視', 恐有問則卽所見以對也. '城', 人所恃以爲安固者. 有所指則惑見者, 有所呼則駭聞者. ○ 石梁王氏曰: "先生年德俱高, 又能敎道人者. 長者則直以年爲稱也."

【곡례상 54】

남의 집에 가서 머무르고자 할 때, 바라는 것을 고집하여 집요하게 요구하지 말라.

將適舍, 求毋固.

鄭注 여행 중에 남의 집에 묵는 것을 말한다. '고固'는 평소와 같은 뜻이다. 주인에게 물건을 요구할 때, 이전에 늘 있었던 것이라고 하여 때에 없는 것을 가져오게 해서는 안 된다. 『주례』 「지관地官 · 토훈土訓」에서 "지역의 산물을 판별하고, 그 생산 시기를 알아서, 국가는 해당 지역에 요구하는 품목들에 대하여 알린다"고 한 것이 그러한 부류이다. 謂行而就人館. '固', 猶常也. 求主人物, 不可以舊常致[67]時乏無. 『周禮』「土訓」"辨地物, 原其生, 以詔地求", 其類.

集說 대씨戴氏(대계戴溪)는 말한다. "여관에 드는 사람은 주인에게 사실상 요구하지 않을 수 없다. 그러나 평소에 하고자 하는 대로 하기를 고집하여 주인에게 기필코 요구하는 것은 손님으로 처신하는 도리가 아니다." 戴氏曰: "就館者誠不能無求於主人. 然執平日之所欲, 而必求於人, 則非爲客之義."

【곡례상 55】

당堂으로 올라갈 때는 반드시 (방안에서 들을 수 있도록) 소리를 내고, 문밖에 신이 두 켤레 놓여 있을 경우, 방안의 말소리가 밖으로 들리면 들어가고, 들리지 않으면 들어가지 않는다.

將上堂, 聲必揚,① 戶外有二屨, 言聞則入, 言不聞則不入.

鄭注 ① 방안에 있는 사람에게 알게 하는 것이다. 警內人也.

集說 '당堂으로 올라간다'(上堂)는 것은 주인의 당堂으로 올라가는 것이다. 소리를 내는 것은 안에 있는 사람이 알게 하는 것이다. 옛사람은 문밖에서 신을 벗었다. 손님이 많아도, 문안에서 신을 벗는 사람은 가장 나이 많은 어른 한 사람뿐이었다. 문밖에 신이 두 켤레가 있다고 하면 곧 문안의 한 켤레와 합하여 세 사람이 된다. 세 사람이 있는데 말소리가 밖으로 들리지 않는 것은 필시 은밀히 모의하는 것이다. 그러므로 들어가지 않는다. '上堂', 升主人之堂也. 揚其聲者, 使內人知之也. 古人脫屨在戶外者. 客雖衆, 脫屨於戶內者, 惟長者一人. 言有二屨, 則幷戶內一屨爲三人矣. 三人而所言不聞於外, 必是密謀, 故不入也.

【곡례상 56】

문으로 들어갈 때는 시선을 반드시 아래로 둔다. 문으로 들어갈 때 (두 손은) 빗장을 받들 듯이 하고, 시선을 들 때에도 두리번거리지 않는다. 문이 열려 있으면 열어놓고 닫혀 있으면 닫는다. 뒤에 들어오는 사람이 있으면 닫더라도 완전히 닫지 않는다.

將入戶, 視必下. 入戶奉扃, 視瞻毋回.① 戶開亦開, 戶闔亦闔.② 有後入者, 闔而勿遂.③

鄭注 ① 남의 사적인 것을 간여하거나 엿보지 않는 것이다. '빗장을 받들 듯이 한다'(奉扃)는 것은 공경하는 것이다. 不干掩人之私也. '奉扃', 敬也.

② 뒤에 온 사람이 앞에서 해놓은 것을 변경하지 않는 것이다. 不以後來變先.

③ 다른 사람을 거부하지 않음을 보이는 것이다. 示不拒人.

集說 '문으로 들어간다'(入戶)는 것은 주인의 문으로 들어가는 것이다. '시선을 아래로 둔다'(視下)는 것은 눈을 들지 않는 것이다. '경扃'은 문의 빗장이다. 문으로 들어갈 때 양손을 가슴 높이로 빗장을 받들 듯이 한다. 비록 시선을 들더라도 두리번거리지 않는 것은 남의 일에 간여하는 혐의를 사기 때문이다. 문을 열어두고 닫아두는 것을 앞서 해놓은 대로 하는 것은 주인의 생각을 거스르지 않는 것이다. '수遂'는 완전히 닫는다는 뜻이다. 따라 들어오는 사람을 거부하는 혐의를 사기 때문에 완전히 닫지 않는 것이다. '入戶', 入主人之戶也. '視下', 不擧目也. '扃', 門關木也. 入戶之時, 兩手當心, 如奉扃然. 雖視瞻而不爲迴轉, 嫌於干人之私也. 開闔皆如前, 不違主人之意也. '遂', 闔之盡也. 嫌於拒從來者, 故勿遂.

【곡례상 57】

신을 밟지 않고, 남의 자리를 넘어가서 앉지 않고, 옷자락을 살짝 들고 자리의 모서리 쪽으로부터 올라가 앉는다. (앉은 다음에) 대답은 반드시 신중히 한다.

毋踐屨, 毋踖席, 摳衣趨隅. 必愼唯諾.

鄭注 '모서리 쪽으로부터 올라가 앉는다'(趨隅)는 것은 자리에 오를 때 반드시 낮은 쪽으로부터 오른다는 말이다. '대답을 신중히 한다'(愼唯諾)는 것은 먼저 말하지 않고 질문을 받은 뒤에 대답한다는 것이다. '趨隅', 升席必由下也. '愼唯諾'者, 不先擧, 見問乃應.

集說 신바닥을 두 겹으로 만든 것을 '석舃'이라 하고, 한 겹으로 만든 것을 '구屨'라 한다. '신을 밟지 않는다'(毋踐屨)는 것은 앞서 들어간 사람이 벗

어놓은 신을 뒤에 온 사람이 밟아서는 안 된다는 것이다. '적躐'은 건너뛴다는 뜻이다. 「옥조玉藻」(22)에 "자리에 오를 때 앞쪽으로부터 하지 않는 것은 자리를 넘어가기 때문이다"라고 하였다. 이것은 자리에 오를 때 앞쪽으로부터 올라야 함을 말하는 것이다. '구摳'는 든다는 의미다. '옷을 살짝 든다'(摳衣)는 것은 『논어』의 '옷자락을 든다'(攝齊[68])는 말과 같다. 앉는 데 편하기 위하여 옷자락을 살짝 드는 것이다. '모서리 쪽으로부터 올라가 앉는다'(趨隅)는 것은 자리의 귀퉁이로부터 올라앉는 것을 말한다. '유唯'와 '낙諾'[69]은 모두 대답하는 말이다. 자리에 앉은 다음에는 응대함에 신중히 해야 하는 것이다. 複下曰'舃', 單下曰'屨'. '毋踐屨', 謂後來者不可躡先入者所脫之屨也. '躐'猶躐也. 「玉藻」曰: "登席不由前, 爲躐席." 是登席當由前也. '摳', 提也. '摳衣'與『論語』'攝齊'同. 欲便於坐, 故摳之. '趨隅', 由席角而升坐也. '唯'·'諾'皆應辭. 旣坐定, 又當謹於應對也.

【곡례상 58】

대부大夫와 사士가 군주의 문을 출입할 때 문 말뚝(闑)[70]의 오른쪽을 통해서 출입하고, 문지방(閾)[71]을 밟지 않는다.[72]

大夫·士出入君門, 由闑右,① 不踐閾.②

鄭注 ① 신하는 군주에 의해 통솔된다. '얼闑'은 문 말뚝이다. 臣統於君. '闑', 門橛.

② '역閾'은 문지방이다. '閾', 門限也.

集說 '얼闑'은 문 말뚝으로 문의 중앙에 위치한다. 문 말뚝의 동쪽이 오른쪽이 된다. 주인은 문으로 들어가 오른쪽으로 나아가고, 손님은 문으로 들

어가 왼쪽으로 나아가는데, 대부와 사가 오른쪽으로 출입하는 것은 신하로서 군주를 따르는 것이고, 감히 손님으로서 주인과 대등하게 맞서지 못하기 때문이다. '闑', 門橛也, 當門之中. 闑東爲右. 主人入門而右, 客入門而左, 大夫·士由右者, 以臣從君, 不敢以賓敵主也.

【곡례상 59】

무릇 빈객과 함께 문에 들어갈 때, 문마다 주인은 빈객에게 (먼저 들어가라고) 양보한다. 빈객이 침문寢門[73]에 이르면, 주인은 들어가 자리를 깔겠다고 청하고, (자리를 마련한 뒤에) 나와서 빈객을 맞는다. 빈객이 두 번 사양하면(固辭)하면, 주인은 빈객에게 숙배肅拜를 하고 앞서서 들어간다.

凡與客入者, 每門讓於客.① 客至於寢門, 則主人請入爲席,② 然後出迎客. 客固辭,③ 主人肅客而入.④

鄭注 ① 주인이 손님에게 자신을 낮추는 것이다. 손님의 신분이 주인과 대등한 경우는 대문 밖에서 맞이한다. 『의례』「빙례聘禮」에 "군주는 손님을 대문 안에서 맞이한다"[74]고 하였다. 下賓也. 敵者, 迎於大門外. 「聘禮」曰: "君迎賓於大門內."

② '위爲'는 깔아놓는다는 뜻과 같다. 군주라고 해도 또한 그렇게 한다. '爲', 猶敷也. 雖君亦然.

③ 또 먼저 들어가라고 양보하는 것이다. 又讓先入.

④ '숙肅'은 나아가게 한다는 뜻이다. 손님을 나아가게 한다는 것은 손님을 인도하는 것이다. '肅', 進也. 進客謂道之.

集說 '빈객에게 양보한다'(讓於客)는 것은 손님이 먼저 들어가기를 바라는 것이다. '위爲'는 자리를 깔아놓는다는 뜻과 같다. ○ 소疏에서 말한다. "천자는 문이 다섯 개고, 제후는 문이 세 개며, 대부는 문이 두 개이다. 예법에 따르면, 세 번 사양하는 예가 있다. 첫 번째 사양하는 것을 '예사禮辭'(의례상 사양한다)라 하고, 두 번째 사양하는 것을 '고사固辭'(거듭 사양한다)라 하고 세 번째 사양하는 것을 '종사終辭'(끝내 사양한다)고 한다." ○ 여씨呂氏(여대림呂大臨)는 말한다. "'숙객肅客'은 손을 굽혀 읍을 하는 것으로 이른바 숙배肅拜[75]라 하는 것이다." '讓於客', 欲客先入也. '爲', 猶布也. ○ 疏曰: "天子五門, 諸侯三門, 大夫二門. 禮有三辭. 初曰禮辭, 再曰固辭, 三曰終辭." ○ 呂氏曰: "'肅客'者, 俯手以揖之, 所謂肅拜也."

【곡례상 60】

주인은 문으로 들어갈 때 오른쪽으로 나아가고, 빈객은 문으로 들어갈 때 왼쪽으로 나아간다. 주인은 동쪽 계단으로 나아가고, 빈객은 서쪽 계단으로 나아간다. 빈객이 주인보다 지위가 낮을 경우 빈객은 주인의 계단 쪽으로 나아가고, 주인이 두 번 사양한(固辭) 뒤에 다시 서쪽 계단으로 나아간다.

主人入門而右, 客入門而左.① 主人就東階, 客就西階. 客若降等, 則就主人之階,② 主人固辭, 然後客復就西階.③

鄭注 ① '우右'는 오른쪽으로 나아간다는 것이요, '좌左'는 왼쪽으로 나아간다는 것이다. '右', 就其右, '左', 就其左.

② '강降'은 낮다는 뜻이다. 대부가 군주에 대하여, 사士가 대부에 대하여

곧장 자신의 계단으로 오르지 못하는 것은 낮은 신분은 높은 신분에 의해 통솔되므로 감히 자기 마음대로 하지 못하기 때문임을 말한다. '降', 下也. 謂大夫於君・士於大夫也, 不敢輒由其階. 卑統於尊, 不敢自專.

③ 바른 위치로 돌아가는 것이다. 復其正.

集說 들어가서 오른쪽으로 나아가는 것은 동쪽 계단으로 나아가려는 것이요, 들어가서 왼쪽으로 나아가는 것은 서쪽 계단으로 나아가려는 것이다. '지위가 낮다'(降等)는 것은 신분서열이 주인보다 낮은 것이다. '주인이 거듭 사양한다'(主人固辭)는 것은 손님이 자기를 높이는 것에 대하여 감당하지 못한다는 의미다. 入右所以趨東階, 入左所以趨西階. '降等'者, 其等列卑於主人也. '主人固辭'者, 不敢當客之尊己也.

【곡례상 61】

주인이 빈객에게 계단을 먼저 오르라고 일단 양보하고, 주인이 먼저 오르면 빈객이 뒤따른다. 한 계단을 오를 때마다 발을 모으며, 멈추지 않고 연이어 오른다. 동쪽 계단으로 오를 때는 오른쪽 발을 먼저 하고, 서쪽 계단으로 오를 때는 왼쪽 발을 먼저 한다.

主人與客讓登, 主人先登, 客從之. 拾級聚足,① 連步以上.② 上於東階, 則先右足, 上於西階, 則先左足.③

鄭注 ① '습拾'은 '섭涉'이 되어야 옳다. 발음이 유사하여 빚어진 잘못이다. '급級'은 계단의 칸이다. '섭등취족涉等聚足'은 앞발을 한 계단 올리면 뒷발도 뒤따라 올려 나란히 모으는 것을 말한다. '拾', 當爲'涉'. 聲之誤也. '級', 等也. '涉等聚足', 謂前足躡一等, 後足從之併.

② 발을 헛디디는 것을 중시하기 때문이다. '연보連步'는 발이 서로 따르고 지나치지 않는 것이다. 重蹉跌也. '連步', 謂足相隨不相過也.

③ 서로 상대를 향해서 공경하는 것에 가깝기 때문이다. 近於相鄉敬.

集說 '먼저 오르라고 일단 양보한다'(讓登)는 것은 손님이 먼저 오르기를 바라는 것이다. 손님이 받아들이지 못하기 때문에 주인이 먼저 오르고 손님이 뒤따른다. '습급拾級'은 계단의 칸을 오르는 것이다. '취족聚足'은 뒷발이 앞발과 서로 합하는 것이다. '연보連步'는 걸음이 서로 이어지는 것이다. '오른쪽 발을 먼저 한다'(先右) · '왼쪽 발을 먼저 한다'(先左)는 것은 주인과 손님이 각자 문의 왼쪽과 오른쪽으로 들어가는 것에 맞추어 하는 것이다. '讓登', 欲客先升也. 客不敢當, 故主人先而客繼之. '拾級', 涉階之級也. '聚足', 後足與前足相合也. '連步', 步相繼也. 先右先左, 各順入門之左右也.

【곡례상 62】

휘장과 주렴 밖에서 빠른 걸음으로 걷지(趨[76]) 않고, 당堂 위에서 빠른 걸음으로 걷지 않고, 옥玉을 잡고 있을 때도 빠른 걸음으로 걷지 않는다. 당 위에서는 발자국이 서로 반쯤 겹치게 걷고(接武), 당 아래에서는 발자국이 서로 잇닿게 걷고(布武), 방안에서는 두 손을 맞잡은 팔을 벌리고 걷지 않는다.

帷薄之外不趨,① 堂上不趨,② 執玉不趨.③ 堂上接武,④ 堂下布武,⑤ 室中不翔.⑥

鄭注 ① 높은 신분을 만나지 않는 경우 걷는 방식을 자신의 방식대로 하고 공경하는 자세를 취하지 않는다. 안으로 들어가면 공경하는 자세를 취

한다. 걸을 때 다리를 벌려 걷는 것을 '추趨'라고 한다. 不見尊者, 行自由, 不爲容也. 入則容. 行而張足曰'趨'.

② 당堂 위는 좁기 때문이다. 당 아래서는 빠른 걸음으로 걷는다. 爲其迫也. 堂下則趨.

③ 옥을 중시하는 데 마음을 쓴다. 『의례』「빙례聘禮」에 "상개上介[77]가 손님에게 묘문廟門의 밖에서 옥玉을 드린다"고 하였다. 志重玉也. 「聘禮」曰: "上介授賓玉於廟門外."

④ '무武'는 발자국이다. 발자국이 서로 이어진다는 것은 발을 옮길 때마다 절반씩 겹치게 밟는 것이다. 보통 크기의 사람은 발자국이 1척 2촌이다. '武', 迹也. 迹相接謂每移足半躡之. 中人之迹, 尺二寸.

⑤ '포무布武'는 매번 발을 옮길 때마다 각자 발자국을 이루어 발자국이 서로 겹치지 않는 것이다. '布武', 謂每移足各自成, 迹不相躡.

⑥ 또한 당堂 위는 좁기 때문이다. 걸을 때 팔을 맞잡은 두 손을 벌리고 걷는 것을 '상翔'이라고 한다. 又爲其迫也. 行而張拱曰'翔'.

集說 소疏에서 말한다. "'유帷'는 휘장이다. '박薄'은 주렴이다. '접무接武'는 발이 서로 이어지는 것이다." ○ 진씨陳氏(진상도陳祥道)는 말한다. "문文은 윗사람의 도리이고, 무武는 아랫사람의 도리다. 그러므로 다리가 신체의 아래쪽에 있기 때문에 '무武'라고 하며, '권卷'도 관冠의 아래쪽에 있기 때문에 또한 '무武'라고 부른다. '옥을 잡고 빨리 걷지 않는다'(執玉不趨)는 것은 감히 빨리 걷지 못한다는 것이요, '방 안에서 두 손을 맞잡은 팔을 벌리고 걷지 않는다'(室中不翔)는 것은 벌려서는 안 된다는 것이다. 걸을 때 두 손을 맞잡은 팔을 벌리고 걷는 것을 '상翔'이라고 한다." ○ 주씨朱氏는 말한다. "휘장과 주렴 밖에서 사람이 없으면, 구태여 빠른 걸음으로 걸어서 공경함을 보일 필요가 없다. 당堂 위는 공간이 좁고, 방 안은 더욱 좁다. 그러므로 빨리

걷지 않고 팔을 벌리고 걷지 않는 것이다." 疏曰: "'帷', 幔也. '薄', 簾也. '接武', 足迹相接也." ○ 陳氏曰: "文者上之道, 武者下之道. 故足在體之下曰'武', '卷'在冠之下亦曰'武'. '執玉不趨', 不敢趨也, '室中不翔', 不可翔也. 行而張拱曰翔." ○ 朱氏曰: "帷薄之外, 無人, 不必趨以示敬. 堂上地迫, 室中地尤迫. 故不趨不翔也."

【곡례상 63】

나란히 앉을 때는 팔뚝을 가로로 뻗지 않는다. 서 있는 사람에게 (물건을) 줄 때는 꿇어앉아서 주지 않고, 앉아 있는 사람에게 줄 때는 서서 주지 않는다.

並坐不橫肱.① 授立不跪, 授坐不立.②

鄭注 ① 옆에 있는 사람에게 방해가 되기 때문이다. 爲害旁人.
② 높은 사람이 번거롭게 구부리거나 또는 올려다보면서 받도록 만들기 때문이다. 爲煩尊者俛仰受之.

集說 팔뚝을 가로로 뻗으면 나란히 앉은 사람에게 방해가 된다. '무릎을 꿇지 않는다'(不跪) · '서지 않는다'(不立)는 것은 모두 받는 사람을 불편하게 하는 것을 말한다. 橫肱則妨並坐者. '不跪' · '不立', 皆謂不便於受者.

【곡례상 64】

무릇 어른을 위해 청소를 할 때는 반드시 쓰레받기 위에 비를 올린 상태로 가져간다. 옷소매로 가리고 뒤로 물러나면서 먼지가 어른에게 가지 않게 하고, 쓰레받기를 자기 쪽으로 대고 쓸어 담는다.

凡爲長者糞之禮, 必加帚於箕上.① 以袂拘而退, 其塵不及長者,② 以箕自鄉而扱之.③

鄭注 ① 이와 같이 하면 양손으로 쓰레받기를 들 수 있어 공손한 자세가 된다. 처음에 쓰레받기와 비를 가지고 갈 때를 말한다. 『관자』「제자직弟子職」에 "쓰레받기를 잡을 때 쓰레받기가 자신의 가슴 높이가 되게 하고, 쓰레받기 안에 비를 놓는다"고 하였다. 如是, 得兩手奉箕, 恭也. 謂初執而往時也. 「弟子職」曰: "執箕膺揭, 厥中有帚."

② 청소할 때를 가리킨다. 소매로 비의 앞을 가리고 쓸면서 뒤쪽으로 물러나온다. 謂埽時也. 以袂擁帚之前, 埽而卻行之.

③ '급扱'은 '흡吸'(모으다)의 의미로 읽어야 한다. 쓰레기를 모아 담는 때를 가리킨다. 쓰레받기로 쓰레기를 담을 때 어른을 향하면 공손하지 못한 것이다. '扱'讀曰'吸'. 謂收糞時也. 箕去棄物, 以鄉尊者, 則不恭.

集說 '분糞'은 쓰레기를 쓸어내는 것이다. 「소의少儀」(15)에 "자리 앞을 청소하는 것을 '분拚'이라 한다"라고 하였는데, 그 의미가 '분糞'과 같다. 여씨呂氏는 '급扱'을 '삽揷'의 발음으로 읽었다. 그러나 일반적으로 기가 나가고 들어오는 것은 숨을 내쉴 때 흩어지고 들이쉴 때 모인다. 이제 거두어들인다는 뜻으로 보면 '흡吸'(들이쉬다)의 발음이 맞다. ○ 소疏에서 말한다. "처음에 쓰레받기를 가지고 갈 때는 비를 쓰레받기 위에 놓고 양손으로 쓰레받기를 든다. 청소할 때는 한 손으로 비를 잡고 또 한 손으로 소매를 들어 비 앞을 막으면서, 쓸면서 옮겨간다. 그러므로 '가리면서 뒤로 물러난다'(拘而退)고 한 것이다. '급扱'은 거두어들인다는 뜻이다. 쓰레받기를 자신을 향하게 하여 쓰레기를 거두어 담고 쓰레받기가 어른 쪽을 향하게 하지 않는

다.” ‘糞’, 除穢也. 「少儀」云“埽席前曰拚”, 義與‘糞’同. 呂氏讀‘扱’爲揷音. 然凡氣之出入, 噓則散, 吸則聚. 今以收歛爲義, 則吸音爲是. ○ 疏曰: “初持箕往時, 帚置箕上, 兩手擧箕. 當掃時, 一手捉帚, 擧一手衣袂, 以拘障於帚前, 且掃且遷. 故云‘拘而退’. ‘扱’, 歛取也. 以箕自向歛取糞穢, 不以箕向尊者.”

【곡례상 65】

자리를 들 때는 높이 그리고 평평하게 든다.

奉席如橋衡.

鄭注 가로로 받드는데, 왼쪽이 높고 오른쪽이 낮게 해서, 머리와 꼬리가 있는 것처럼 한다. ‘고橋’는 우물 위의 길고桔槔[78]요, 저울의 수평을 맞추는 것이다. 橫奉之, 令左昂右低, 如有首尾然. ‘橋’, 井上桔槔, 衡上低昂.

集說 높은 다리처럼 평평한 저울처럼 드는 것이 곧 자리를 드는 모양(의절)이다. 如橋之高, 如衡之平, 乃奉席之儀也.

【곡례상 66】

자리를 펼 때는 어느 쪽을 바라볼 것인지 묻고, 요를 펼 때는 다리를 어디로 뻗을 것인지를 묻는다.

請席何鄕, 請衽何趾.

鄭注 어른이 편안히 여기는 바를 따른다. ‘요’(衽)는 눕는 자리다. 앉을 때

향할 방향을 묻는 것과 누울 때 향할 방향을 묻는 것은 음양에 따른다. 順尊者所安也. '衽', 卧席也. 坐問鄕, 卧問趾, 因於陰陽.

集說 앉는 자리를 깔 때는 얼굴을 어느 방향으로 향할지 묻고, 눕는 자리를 깔 때는 다리를 어느 방향으로 할지 묻는다. ○ 소疏에서 말한다. "앉는 것은 양陽에 속하는데 얼굴 역시 양에 속한다. 눕는 것은 음陰에 속하는데 발 역시 음에 속한다. 그러므로 묻는 바가 다르다." 設坐席, 則問面向何方, 設卧席, 則問足向何方. ○ 疏曰: "坐爲陽, 面亦陽也. 卧爲陰, 足亦陰也. 故所請不同.

【곡례상 67】

자리가 남쪽이나 북쪽을 향할 때는 서쪽을 상석으로 삼고, 동쪽이나 서쪽을 향할 때는 남쪽을 상석으로 삼는다.

席, 南鄕北鄕, 以西方爲上, 東鄕西鄕, 以南方爲上.

鄭注 자리를 까는 법에 정해진 방식은 없다. 이것은 상황에 따르는 것이다. '상석'(上)은 자리의 끝을 가리킨다. 앉는 것이 양陽에 있으면 왼쪽을 상석으로 삼고, 앉는 것이 음陰에 있으면 오른쪽을 상석으로 삼는다. 布席無常. 此其順之也. '上'謂席端也. 坐在陽則上左, 坐在陰則上右.

集說 주자는 말한다. "동쪽으로 향하거나 남쪽으로 향하는 자리에서는 모두 오른쪽을 상석으로 삼는다. 서쪽으로 향하거나 북쪽으로 향하는 자리에서는 모두 왼쪽을 상석으로 여긴다." 朱子曰: "東向南向之席, 皆尙右. 西向北向之席, 皆尙左也."

【곡례상 68】

식사를 대접하는 손님이 아닌 경우에 자리를 펼 때, 두 자리와 중간에 비워놓은 간격까지 합해서 한 장丈 정도 되게 한다.

若非飮食之客, 則布席席間函丈.

鄭注 강론하고 문답을 주고받는 손님을 말한다. '함函'은 여유를 둔다는 뜻과 같다. 강론하고 문답을 주고받을 때는 서로 마주보아야 하는데, 1장丈 정도 여유를 두면 손으로 그려 보이며 가리킬 수 있다. 음식을 대접하는 손님은 창문 앞에 자리를 깐다. '장丈'은 어떤 본에는 '장杖'으로 되어 있다. 謂講問之客也. '函', 猶容也. 講問宜相對, 容丈足以指畫也. 飮食之客, 布席於牖前. '丈'或爲'杖'.

集說 음식을 대접하는 손님이 아니면, 이는 강론하고 문답을 주고받는 손님이다. ○ 소疏에서 말한다. "옛날에 음식을 대접하면서 잔치할 때는 손님의 자리가 방의 밖 창문 앞에 위치한다. 자리를 배치하는 것이 남쪽을 향하여 주인과 서로 마주보지 않는다. 마주보는 경우는 오직 강론하는 손님의 경우이다. 자리의 크기가 3척 3촌에다 3분의 1촌을 더한 것이므로 양쪽 자리와 중간의 빈 공간을 합하면 전체가 1장이 된다." 非飮食之客, 則是講說之客也. ○ 疏曰: "古者, 飮食燕享, 則賓位在室外牖前. 列席, 南向不相對. 相對者, 惟講說之客. 席之制, 三尺三寸三分寸之一, 則兩席幷中間空地, 共一丈也."

【곡례상 69】

주인이 꿇어앉아서 손님의 자리를 반듯하게 하면, 손님은 꿇어 앉아 자리를 만지면서 사양한다. 손님이 겹으로 놓은 자리를 치우면 주인은 두 번 사양하고, 손님이 발을 자리에 올려놓고 앉으려 하면 그때서야 앉는다.

主人跪正席,① 客跪撫席而辭.② 客徹重席, 主人固辭,③ 客踐席, 乃坐.④

鄭注 ① 비록 강론하고 문답을 주고받기 위해 온 경우라도, 손님의 예로써 대접하여 제자弟子를 대하는 예와 달리한다. 雖來講問, 猶以客禮待之, 異於弟子.

② 자리를 만지는 것은 주인이 직접 자리를 반듯하게 한 것에 대하여 답례하는 것이다. 撫之者, 答主人之親正.

③ '철徹'은 제거하는 것이다. 겹으로 놓은 자리를 제거하는 것은 겸손한 태도를 갖는 것이다. 두 번 사양하는 것을 '고固'(거듭)라고 한다. '徹', 去也. 去重席, 謙也. 再辭曰'固'.

④ 손님이 자리에 안정하면, 주인도 안정한다. 강론하고 문답을 주고받는 것은 앉아서 해야 한다. 客安, 主人乃敢安也. 講問宜坐.

集說 꿇어앉아서 자리를 반듯하게 하는 것은 손님을 공경하는 것이다. '만진다'(撫)는 것은 손으로 만지면서 말리는 것이다. 손님은 겹으로 놓은 자리에 감히 앉지 못하기 때문에 제거하려고 하는 것이요, 주인이 두 번 사양하면 그만둔다. 손님이 자리에 발을 올려놓고 앉으려 할 때 주인도 앉는다. 跪而正席, 敬客也. '撫', 以手按止之也. 客不敢居重席, 故欲徹之, 主人固辭則止. 客踐席將坐, 主人乃坐也.

【곡례상 70】

주인이 묻지 않으면, 손님은 먼저 말을 꺼내지 않는다.

主人不問, 客不先擧.

鄭注 손님이 밖에서 오면, 주인은 도중에 편안하였는지 불편은 없었는지, 그리고 하는 일과 찾아온 이유를 물어야 한다. 客自外來, 宜問其安否無恙, 及所爲來故.

集說 자리에 앉는 것이 안정되면, 손님이 외부에서 왔으므로 주인이 먼저 묻고 손님이 대답해야 한다. 손님이 먼저 말을 꺼내서는 안 된다. 席坐旣定, 主人以客自外至, 當先有所問, 客乃答之. 客不當先擧言也.

【곡례상 71】

자리에 나아가 앉을 때, 거동에 실수하여 부끄럽게 되는 일이 없도록 한다. 양손으로 아래 옷 자락을 한 척 정도 지면에서 떨어지게 걷어잡고 앉는다. (앉은 다음에) 옷자락을 너풀거리지 않게 정돈하고, 다리를 움직이지 않는다.

將卽席, 容毋怍.① 兩手摳衣, 去齊尺.② 衣毋撥,③ 足毋蹶.④

鄭注 ① '작怍'(부끄럽다)은 얼굴색이 변하는 것이다. '怍', 顔色變也.

② '자齊'는 치마 하단의 꿰맨 부분(옷자락)이다. '齊', 謂裳下緝也.

③ '발撥'은 너풀거리는 모양이다. '撥', 發揚貌.

④ '궐蹶'은 발걸음이 급작스런 모양이다. '蹶', 行遽貌.

【集說】 유씨劉氏(유이劉彝)는 말한다. "자리에 나아갈 때는 살피면서 천천히 하여 거동을 조심하고, 실수하여 부끄럽게 되는 일이 없도록 해야 한다. 이어 양손으로 옷의 양쪽을 들어 아랫자락이 지면에서 1척 정도 떨어지게 해서 앉을 때 거동을 편안케 하면, 발이 걸려 거동에 실수하지 않게 된다. 앉은 뒤에는 상의 앞자락을 가지런히 접어서 너풀거리지 않게 한다. 또한 옛날 사람은 무릎을 대고 오랫동안 앉아 있었기 때문에 무릎이 편치 않아 넘어지고 움직이기 쉬웠다. 앉아서 다리를 발을 움직이면 또한 거동의 실수가 된다. 그러므로 움직이지 않게 하라고 경계한 것이다. 관녕管寧이 앉은 자리는 세월이 오래되어도 오직 양쪽 무릎이 닿는 곳만 뚫어졌다고 하였는데,[79] 이것은 발을 움직이지 않았기 때문이다." 劉氏曰: "將就席, 須詳緩而謹容儀, 毋使有失而可愧怍也. 仍以兩手摳揭衣之兩旁, 使下齊離地一尺, 而坐以便起居, 免有躡躓失容也. 坐後更須整疊前面衣衽, 毋使撥開. 又古人以膝坐久, 則膝不安而易以蹶動. 坐而足動, 亦爲失容. 故戒以毋動也. 管寧坐席, 歲久, 惟兩膝著處穿, 是足不動故然耳."

【곡례상 72】

선생의 서책이나 금슬琴瑟(악기)이 앞에 놓여 있으면, 꿇어앉아서 옮겨놓으며, 넘어가지 않도록 주의한다.

先生書策·琴瑟在前, 坐而遷之, 戒勿越.

【鄭注】 공경하기를 넓게 하는 것이다. '앞에 있다'(在前)는 것은 걸어가는 전면에 있음을 말한다. 廣敬也. '在前', 謂當行之前.

集說 소疏에서 말한다. "'앉는다'(坐)는 것 또한 꿇어앉는다는 것이다. 제자가 가려고 하는데 선생의 여러 물건들이 자신의 앞에 있으면, 꿇어앉아 옮겨놓고, 넘어가지 않도록 조심한다." 疏曰: "'坐', 亦跪也. 弟子將行, 若遇師諸物或當己前, 則跪而遷移之, 戒愼不得踰越.

【곡례상 73】

일 없이 자리에 앉을 때에는 자리의 뒤쪽에 바싹 당게 앉고, 식사하는 자리에 앉을 때에는 자리의 앞쪽에 바싹 당게 앉는다. 앉아서는 편안하고 자연스런 태도를 유지한다. 어른의 말씀이 다른 사안으로 넘어가지 않았는데, 중간에 느닷없이 다른 사안을 들어 말해서는 안 된다.

虛坐盡後,① 食坐盡前.② 坐必安, 執爾顔.③ 長者不及, 毋儳言.④

鄭注 ① 겸손한 것이다. 謙也.

② 자리를 더럽히기 때문이다. 爲汙席.

③ '집執'은 유지한다는 뜻과 같다. '執', 猶守也.

④ '참儳'은 '느닷없이'라는 의미와 같다. 같은 사안이 아닌 것이 섞이는 것이다. '儳', 猶暫也, 非類雜.

集說 옛날에는 지면에 자리를 깔고 조두俎豆는 그 앞에 놓았다. '뒤쪽에 바싹 당게 앉는다'(盡後)는 것은 겸손한 것이다. '앞쪽에 바싹 당게 앉는다'(盡前)는 것은 (음식물을 떨어뜨리면) 자리를 더럽히기 때문이다. '참儳'은 느닷없이라는 뜻이요, 또한 들쭉날쭉 가지런하지 않은 모양을 뜻한다. 어

른이 어떤 사안에 대하여 말씀을 다 마치지 않아 아직 다른 사안으로 옮겨 말하지 않았을 때, 젊은 사람이 다른 사안을 꺼내 말해서 느닷없이 어른의 말에 끼어들어서는 안 된다. 古者, 席地而俎豆在其前. '盡後', 謙也. '盡前', 恐汙席也. '儳', 暫也, 亦參錯不齊之貌. 長者言事未竟, 未及其他, 少者不可擧他事爲言, 暫然錯雜長者之說.

【곡례상 74】

용모를 바로 하고, 들을 때 반드시 공경스런 태도를 취하고, 남의 견해를 자신의 설인 것처럼 훔쳐서 말하지(剿說) 말고, 남의 주장에 부화뇌동하지 말고, 반드시 말을 해야 할 때는 고대古代를 모델로 삼고 선왕을 들어 말한다.

正爾容, 聽必恭,① 毋剿說,② 毋雷同,③ 必則古昔, 稱先王.④

鄭注 ① 선생의 말씀을 들을 때 공경하고, 말씀이 끝난 뒤에도 또한 공경한다. 聽先生之言, 旣說又敬.

② '초剿'는 훔친다는 뜻과 같다. 남의 주장을 가져다가 자기주장으로 삼는 것을 말한다. '剿', 猶擥也. 謂取人之說以爲己說.

③ 우레가 소리를 내면 사물들이 동시에 반응하지 않는 것이 없다. 사람의 말은 각자 자기의 판단에 따라야 하며, 우레에 반응하는 것처럼 해서는 안 된다. 『맹자』에는 "사람이 옳고 그름을 따지는 마음이 없으면, 사람이 아니다"[80]라고 하였다. 雷之發聲, 物無不同時應者. 人之言, 當各由己, 不當然也. 『孟子』曰: "人無是非之心, 非人也."

④ 말할 때에는 반드시 전거에 의거해서 해야 한다. 言必有依據.

集說 위([곡례상 73])에서 "자연스런 태도를 유지한다"고 말한 것은 안색을 변화시켜 달리 갖지 않음을 말하는 것이요, 여기서 "용모를 바로 한다"고 말한 것은 몸의 용모를 바로 하는 것이다. "들을 때 반드시 공경스런 태도를 취한다"는 것 또한 어른의 말씀을 들을 때를 가리킨다. 남의 주장을 차지해서 자기의 주장으로 삼는 것을 '초설勦說'이라고 한다. 남의 말을 듣고 거기에 덩달아 화답하는 것을 '뇌동雷同'이라고 한다. 우레가 소리를 내면 사물들이 동시에 반응하는 것과 같이 하는 것이다. 오직 고대를 법칙으로 삼고 선왕을 들어 조술하면서 말하는 것이 좋다. 上言"執爾顔", 謂顔色無或變異, 此言"正爾容", 則正其一身之容貌也. "聽必恭", 亦謂聽長者之言也. 擥取他人之說以爲已說, 謂之'勦說'. 聞人之言而附和之, 謂之'雷同'. 如雷之發聲而物同應之也. 惟法則古昔, 稱述先王乃爲善耳.

【곡례상 75】

선생을 모시고 앉아 있을 때 선생이 질문하면, 끝까지 들은 다음에 대답한다.

侍坐於先生, 先生問焉, 終則對.

鄭注 어른이 말씀하는 것에 혼란을 주지 않는 것이다. 不敢錯亂尊者之言.

集說 질문이 다 끝난 뒤에 대답하는 것은 질문한 뜻을 다 듣고자 함이요, 또한 어른이 말씀하는 데 함부로 혼란을 주지 않으려는 것이다. 問終而後對, 欲盡聞所問之旨, 且不敢雜亂尊者之言也.

【곡례상 76】

수업을 요청할 때 일어나서 하고, 더 가르쳐주시기를 요청할 때도 일어나서 한다.

請業則起, 請益則起.

鄭注 스승을 높이고 도를 존중하는 것이다. '일어난다'(起)는 것은 오늘날 옷자락을 들고 앞에서 요청하는 것과 같이 하는 것이다. '업業'은 서적을 가리킨다. '익益'은 설명을 듣고 이해가 되지 않아 스승이 다시 분명하게 설명해 주기를 바라는 것이다. "자로가 정사를 묻자, 선생께서 '먼저 행하고, 힘을 들여 하라'라고 하였다. 더 말씀해줄 것을 청하자, '게을리 함이 없도록 하라'라고 하였다."[81] 尊師重道也. '起', 若今摳衣前請也. '業', 謂篇卷也. '益', 謂受說不了, 欲師更明說之. "子路問政. 子曰: '先之, 勞之.' 請益. 曰: '無倦.'"

集說 '수업을 요청한다'(請業)는 것은 익혀야 할 일을 요청하는 것이요, '더 가르쳐주기를 요청한다'(請益)는 것은 미진하게 남은 것을 재차 질문하는 것이다. '일어난다'(起)는 것은 공경함을 보이는 것이다. '請業'者, 求當習之事, '請益'者, 再問未盡之蘊. '起', 所以致敬也.

【곡례상 77】

아버지가 부를 때 '낙諾(알겠습니다)' 하는 일이 없고, 선생이 부를 때도 '낙諾' 하는 일 없이, '유唯'(예) 하고 곧장 일어난다.

父召無'諾', 先生召無'諾', '唯'而起.

鄭注 대답하는 말이다. '유唯'(예)는 '낙諾'(알겠습니다)보다 공손한 것이다. 應辭, '唯'恭於'諾'.

集說 부모는 은혜의 측면에서 스승은 도道의 측면에서 맺어졌기 때문에 존경하는 바가 같다. ○ 여씨呂氏(여대림呂大臨)는 말한다. "'낙諾'은 응낙하고 아직 행동으로 옮기지 않은 것이다." 父以恩, 師以道, 故所敬同 ○ 呂氏曰: "'諾'者, 許而未行也."

【곡례상 78】

지위가 높거나 공경하는 사람을 모시고 앉을 때, 자리와 자리 사이에 남은 공간이 없게 가까이 앉고, 자신과 같은 신분의 사람이 뒤에 합석하더라도 일어나지 않는다.

侍坐於所尊敬, 無餘席,① 見同等不起.②

鄭注 ① 어른과 가까운 자리를 다 채우는 것은 뒤에 오는 사람을 위해서이다. 必盡其所近尊者之端, 爲有後來者.

② 사적인 공경을 표시하지 않는 것이다. 不爲私敬.

集說 '지위가 높거나 존경하는 사람'(所尊敬)은 선생과 어른 및 덕이 있고 지위가 있는 사람을 가리킨다. '남은 공간이 없게 한다'(無餘席)는 것은 자신의 자리가 어른의 자리와 서로 가까우면 그 끝에 앉아서 빈 공간이 없게 한다는 것으로, 가까우면 응대함이 세심해진다. 지위가 같은 사람은 자기와 비교해서 높고 낮음의 차이가 없기 때문에 그를 위해 일어나지 않는다. '所尊敬', 謂先生長者及有德有位之人也. '無餘席', 謂己之席與尊者之席相近, 則坐於其

端, 不使有空餘處, 近則應對審也. 同等之人與己無尊卑, 故不爲之起.

【곡례상 79】

횃불이 들어오면 일어나고, 음식이 들어와도 일어나고, 모시고 있는 분보다 신분이 높은 손님이 들어와도 일어난다.

燭至起,① 食至起,② 上客起.③

鄭注 ① 낮과 밤을 달리하는 것이다. 異晝夜.

② 음식이 바뀌었기 때문이다. 爲饌變.

③ 어른을 높이는 것이다. 敬尊者.

集說 횃불이 들어오면 일어나는 것은 시간이 변하였기 때문이다. 음식이 들어오면 일어나는 것은 예법상 행하는 것이기 때문이다. 신분이 높은 손님이 들어오면 일어나는 것은 신분이 같지 않기 때문이다. 燭至而起, 以時之變也. 食至而起, 以禮之行也. 上客至而起, 以其非同等也.

【곡례상 80】

횃불은 (태우고 남은) 밑동이 보이지 않게 한다.

燭不見跋.

鄭注 '발跋'은 밑동이다. 횃불이 다 타면 없앤다. 태운 밑동들이 많으면, 싫증내는 것으로 생각하게 된다. '跋', 本也. 燭盡則去之. 嫌若燼多, 有厭倦.

集說 '발跋'은 밑동이다. 옛날에는 밀랍 초가 없었기 때문에 횃불로 밤에 밝혔다. 횃불이 다 타 들어가면, 태운 밑동들을 안 보이게 치워 두는데, 손님이 태운 밑동을 보고 밤이 깊었으므로 물러가고자 할까 염려해서이다. '跋', 本也. 古者未有蠟燭, 以火炬照夜, 將盡則藏其所餘之殘本, 恐客見之, 以夜久欲辭退也.

【곡례상 81】

자신보다 신분이 높은 손님 앞에서 개를 꾸짖지 않는다.

尊客之前不叱狗,

鄭注 신분이 높은 손님 앞에서 주인이 감히 염증을 내지 못하는 것은 손님에게 가라고 암시하는 듯한 혐의가 있기 때문이다. 主人於尊客之前不敢倦, 嫌若風去之.

集說 방씨方氏(방각方慤)는 말한다. "지극히 천한 것을 가지고 어른이 듣는 것을 놀라게 하지 않는 것이다." 方氏曰: "不以至賤駭尊者之聽."

【곡례상 82】

음식을 사양할 때, 침을 뱉으면서 하지 않는다.

讓食不唾.

鄭注 더럽게 여기고 싫어하는 혐의가 있기 때문이다. 嫌有穢惡.

集說 주인의 음식을 비루하게 여기고 싫어하는 듯한 혐의가 있기 때문이다. 嫌於似鄙惡主人之饌也.

【곡례상 83】

군자를 모시고 앉아 있을 때, 군자가 하품하고 기지개를 펴거나 지팡이와 신을 만지고 시간을 보면, 모시고 앉은 사람은 물러가겠다고 말씀드린다.

侍坐於君子, 君子欠伸, 撰杖屨, 視日蚤莫, 侍坐者請出矣.

鄭注 군자가 피곤해하는 뜻이 있기 때문이다. '찬撰'은 만진다는 의미다. 以君子有倦意也. '撰', 猶持也.

集說 기운이 모자라면 하품을 한다. 몸이 피곤하면 기지개를 켠다. '찬撰'은 만진다는 뜻과 같다. 이 네 가지는 모두 피곤한 모습이다. 군자가 쉬려는 것을 방해할까 염려스럽기 때문에 물러가기를 청하는 것이다. 氣乏則欠. 體疲則伸. '撰', 猶持也. 此四者皆厭倦之容. 恐妨君子就安, 故請退.

【곡례상 84】

군자를 모시고 앉아 있을 때, 군자가 화제를 바꾸어 질문하면 일어나서 대답한다.

侍坐於君子, 君子問更端, 則起而對.

鄭注 자리를 벗어나서 대답하는 것은 바뀐 사안에 대하여 경의를 표하는 것으로, 군자는 반드시 도로 앉으라고 명한다. 離席對, 敬異事也, 君子必令復坐.

集說 여씨呂氏(여대림呂大臨)는 말한다. "'화제를 바꾸어 질문하면 일어나서 대답한다'(問更端, 則起而對)는 것은 사안이 변한 것에 따라 일어나서 경의를 표하는 것이다." 呂氏曰: "'問更端, 則起而對'者, 因事有所變而起敬也."

【곡례상 85】

군자를 모시고 앉아 있을 때, 만일 보고하는 이가 "잠시 아뢰고 싶습니다"라고 하면, 좌우에 있는 사람들은 물러나서 기다린다.
侍坐於君子, 若有告者曰"少間, 願有復也", 則左右屛而待.

鄭注 '복復'은 아뢴다는 뜻이다. 잠시 자리를 비워 말씀드리고자 함을 말한다. '병屛'은 물러난다, 또는 숨는다는 뜻과 같다. '復', 白也. 言欲須少空間, 有所白也. '屛', 猶退也隱也.

集說 왼쪽에 있었으면 왼쪽으로 물러나고, 오른쪽에 있었으면 오른쪽으로 물러난다. ○ 정씨鄭氏(정현鄭玄)는 말한다. "'복復'은 아뢴다는 뜻이다. 잠시 자리를 비워 말씀드리고자 함을 말한다. '병屛'은 물러난다는 뜻이다." ○ 여씨呂氏는 말한다. "물러나서 기다리는 것은 사적인 것에 함부로 간여하지 않는 것이다." 居左則屛於左, 居右則屛於右. ○ 鄭氏曰: "'復', 白也. 言欲須少空閑, 有所白也. 屛猶退也." ○ 呂氏曰: "屛而待, 不敢干其私也."

【곡례상 86】

옆으로 기울여서 듣지 말고, 급하게 대답하지 말고, 흘겨보지 말며, 태만하지 말아야 한다.

*毋側聽,*① *毋噭應, 毋淫視, 毋怠荒.*

鄭注 ① 다른 사람의 사적인 일을 염탐하는 혐의가 있기 때문이다. '기울여서 듣는다'(側聽)는 것은 귀를 담장에 대는 것이다. 嫌探人之私也. '側聽', 耳屬於垣.

集說 위(【곡례상 74】)에서 "들을 때 반드시 공경스런 태도를 취한다"고 말하였으니 귀를 기울여서 듣는 것은 공경스런 태도가 아니다. 대답하는 말소리는 화평해야 한다. 소리가 높고 급한 것은 어긋난 태도에서 나온 것이다. '흘겨본다'(淫視)는 것은 눈동자를 굴리면서 곁눈으로 보는 것이다. '태만하다'(怠荒)는 것은 거동하는 모양이 방종하고 느슨한 것이다. 上言聽必恭, 側耳以聽, 非恭也. 應答之聲宜和平. 高急者, 悖戾之所發也. '淫視', 流動邪眄也. '怠荒', 謂容止縱慢.

【곡례상 87】

다닐 때 거만하게 걷지 말고, 서 있을 때 삐딱하게 서지 말고, 앉아 있을 때 양다리를 뻗지 말고, 잠잘 때 엎드려서 자지 말아야 한다.

遊毋倨, 立毋跛, 坐毋箕, 寢毋伏.

集說 '유遊'는 다닌다는 뜻이다. '거倨'는 오만한 것이다. 서 있을 때는 양다리를 가지런히 정돈해야 하고 한쪽 다리에 치우치게 해서는 안 된다. '기

箕'는 양쪽 다리를 뻗어서 모양이 쓰레받기 바닥처럼 된 것을 말한다. '복伏'은 엎드린다는 의미다. '遊', 行也. '倨', 傲慢也. 立當兩足整齊, 不可偏任一足. '箕', 謂兩展其足, 狀如箕舌也. '伏', 覆也.

【곡례상 88】

머리를 정돈할 때 아래로 늘어뜨려지지 않게 한다.

*斂髮毋*髢.

集說 소疏에서 말한다. "'체髢'는 다리를 뜻한다. 다리처럼 늘어뜨린 것이다. 옛사람은 머리를 이중으로 하고 머리싸개로 싸매서 늘어뜨려지지 않게 하였다. 疏曰: "'髢', 髲也. 垂如髲也. 古人重髮, 以纚韜之, 不使垂.

【곡례상 89】

관冠은 때가 아니면 벗지 말고, 힘든 일에도 어깨를 드러내지 말며, 더위에도 하의를 걷지 말아야 한다.

*冠毋免, 勞毋袒, 暑毋*褰裳.

鄭注 모두 공경스럽지 않기 때문이다. '교噭'는 큰 소리로 부르는 소리다. '음시淫視'는 흘겨본다는 것이다. '태만하다'(怠荒)는 것은 사지를 멋대로 하는 것이다. '피跛'는 치우치게 의지하는 것이다. '복伏'은 엎드린다는 의미다. '체髢'는 다리다. 다리처럼 남은 머리를 늘어뜨리지 말아야 한다. '문免'은 벗는다는 의미다. '건褰'은 걷어 올린다는 의미다. '체髢'는 어떤 본에는 '이肄'

(나머지)로 되어 있다. 皆爲其不敬. '噭', 號呼之聲也. '淫視', 睇眄也. '怠荒', 放散身體也. '跛', 偏任也. '伏', 覆也. '髢', 髮也. 毋垂餘如髮也. '免', 去也. '褰', 袪也. '髢'或爲'肄'.

集說 상喪에는 상관喪冠이 있고 길한 일에는 길할 때 쓰는 관이 있어서, 벗어야 할 때가 아니면 벗어서는 안 된다. 웃옷을 벗어 석의裼衣(속옷)를 드러내는 경우가 있고, 웃옷을 벗고 희생을 자르는 경우가 있다. 힘든 일로 웃옷을 벗으면 무례한 것이다. '건褰'은 걷어 올린다는 뜻이다. 냇물을 건널 때, 물이 얕으면 걷고 건너도 된다. 그러나 덥다고 치마를 걷는 것은 또한 무례한 일이다. 喪有喪冠, 吉有吉冠, 非當免之時, 不可免. 有袒而露其裼衣者, 有袒而割牲者. 因勞事而袒, 則爲褻. '褰', 揭也. 涉淺而揭則可. 暑而揭其裳, 亦爲褻.

【곡례상 90】

당堂에서 어른을 모시고 앉을 때, 신을 신고 당에 오르지 못하며, 신을 벗을 때도 계단에서 하지 못한다.

侍坐於長者, 屨不上於堂,① 解屨不敢當階.②

鄭注 ① 신은 천한 것이기 때문에, 자리가 비어 있으면 어른의 곁에 두지 않는다. 屨賤, 空則不陳於尊者之側.

② 뒤에 오르는 사람에게 방해가 되기 때문이다. 爲妨後升者.

集說 당堂에 앉아 계신 어른을 모시기 때문에 감히 신을 신고 당에 오르지 못하는 것이다. 만일 어른이 방 안에 계시면 신을 신고 당에 오를 수 있다. 그러나 방으로 들어가지는 못한다. "문밖에 신이 두 켤레 놓여 있다"[82]라고 한 말이 그것이다. '해解'는 벗는다는 의미다. 신에 끈이 묶여 있기 때문에 풀고서 벗는다. '계단에서 하지 못한다'(不敢當階)는 것은 뒤에

오르는 사람에게 방해가 되기 때문이다. 侍長者之坐於堂, 故不敢以屨升. 若長者在室, 則屨得上堂. 而不得入室. "戶外有二屨", 是也. '解', 脫也. 屨有綦繫, 解而脫之. '不敢當階', 爲妨後升者.

【곡례상 91】

신을 신을 때, 무릎을 꿇고 신을 들어 옆으로 물러난다.

就屨, 跪而擧之, 屛於側.

鄭注 혼자 물러날 때를 가리킨다. '취就'는 신는다는 의미와 같다. 물러날 때에도 계단에서 신지 못한다. 謂獨退也. '就', 猶著也. 屛亦不當階.

集說 소疏에서 말한다. "이것은 모시는 사람이 혹시 혼자서 잠시 물러날 때 신을 신는 예법이다. '취就'는 신는다는 의미와 같다. 처음에 오를 때 계단 옆에서 벗어놓아 두었기 때문에, 이제 내려가 신을 때에도 먼저 계단 옆으로 가서 무릎을 꿇고 신발을 든다. 따라서 '신발을 신을 때, 무릎을 꿇고 든다'(就屨跪而擧之)고 한 것이다. '병어측屛於側'에서 '병屛'은 물러난다는 의미로, 계단에서 신을 신지 않는다는 것이다.[83] 疏曰: "此侍者或獨暫退時取屨法也. '就', 猶著也. 初升時, 解置階側, 今下著之, 先往階側, 跪擧取之. 故云'就屨跪而擧之'也. '屛於側'者, '屛', 退, 不當階也."

【곡례상 92】

어른을 향해서 신을 신을 때, 무릎을 꿇고 신을 옮겨놓고, 몸을 구부려서 신을 신는다.

鄕長者而屨, 跪而遷屨, 俯而納屨.

鄭注 어른이 전송하는 경우, 물러나면서 옮길 수 없음을 가리킨다. '부俯'는 구부리는 것이다. '납納'은 신는다는 의미다. '천遷'은 다른 판본에서 더러 '환還'(돌려놓는다)으로 되어 있다. 謂長者送之也, 不得屛遷之而已. '俯', 俛也. '納', 內也. '遷'或爲'還'.

集說 소疏에서 말한다. "이것은 젊은 사람이 예禮를 마치고 물러날 때 어른의 전송을 받는 경우라면 계단의 옆에서 무릎을 꿇고 신을 들어 조금 옮겨놓은 다음 어른을 향하면서 신을 신음을 밝힌 것이다. '천遷'은 옮긴다는 뜻이다. 계단 옆으로 가서 무릎을 꿇고 신을 들어 앞쪽으로 가까이 옮겨놓는 것이다. '몸을 구부려서 신는다'(俯而納)는 것은 곧 신을 옮겨놓은 다음 몸을 굽혀 어른을 향하고 발을 신에 넣어 신는다는 것이다. 이때 무릎을 꿇지 않는 것은 무릎을 꿇게 되면 발이 뒤쪽으로 향하여 불편하기 때문이다. 그러므로 몸을 구부리는 것이다. 비록 양쪽 발을 모두 무릎을 꿇지 않더라도 또한 왼쪽에 앉았을 때는 오른쪽을 먼저 신고, 오른쪽에 앉았을 때는 왼쪽을 먼저 신는다." 疏曰: "此明少者禮畢退去, 爲長者所送, 則於階側跪取屨稍移之, 面向長者而著之. '遷', 徙也. 就階側跪取稍移近前也. '俯而納'者, 旣取, 因俯身向長者, 而納足著之. 不跪者, 跪則足向後不便. 故俯也. 雖不並跪, 亦坐左納右, 坐右納左."

【곡례상 93】

둘이 나란히 앉거나 나란히 서 있을 때, 가서 끼어들지 않는다. 둘이 나란히 서 있을 때 그 사이로 나가지 않는다.
離坐離立, 毋往參焉. 離立者不出中間.

鄭注 남의 사적인 일에 간섭하는 것이 되기 때문이다. '리離'는 둘을 뜻한다. 爲干人私也. '離', 兩也.

集說 방씨方氏(방각方慤)는 말한다. "두 사람이 서로 함께 있는 것을 '리離'라고 하고, 세 사람이 서로 함께 있는 것을 '삼參'이라고 한다." ○ 응씨應氏는 말한다. "그 중간 사이로 지나가면, 서 있는 사람들이 반드시 모양을 흐트러뜨려 열을 이루지 못하게 된다. 그러므로 군자가 조심하는 것이다." 方氏曰: "兩相麗之謂'離', 三相成之謂'參'." ○ 應氏曰: "出其中間, 則立者必散而不成列矣. 故君子謹之."

【곡례상 94】

남녀 간에 섞어 앉지 않고, 옷을 옷걸이(椸枷)에 함께 걸어두지 않고, 수건과 빗을 함께 사용하지 않으며, 물건을 직접 주고받지 않는다.
男女不雜坐, 不同椸枷, 不同巾櫛, 不親授.

集說 「내칙內則」(84) 정현 주[84]에 "세워놓은 옷걸이를 '휘楎'[85]라고 하고, 가로로 걸쳐놓은 옷걸이를 '이椸'라고 한다"고 하였다. '가枷'는 횃대와 같다. 옷을 걸어두는 기구다. 수건은 그것으로 깨끗이 닦고, 빗은 그것으로 머리를 정돈한다. 이 네 가지는 모두 사적인 것에서 설만한 혐의를 멀리하기 위한 것이다. 「內則」 註云: "植者曰'楎', 橫者曰'椸'." '枷', 與架同. 置衣服之具也.

巾以涚潔, 櫛以理髮. 此四者皆所以遠私褻之嫌.

【곡례상 95】

형수와 시동생 사이에는 직접 안부를 묻거나 선물을 주고받지 않는다(不通問). 제모諸母는 치마(裳)를 빨래하는 일은 하지 않는다.

嫂叔不通問. 諸母不漱裳.

集說 '불통문不通問'은 안부를 묻거나 선물을 주고받음이 없는 것이다. '제모諸母'는 아버지의 첩 가운데 자식을 둔 첩이다. '수漱'는 세탁한다는 의미다. 치마는 천한 옷이다. 치마를 빨게 시키지 않는 것은 또한 아버지를 공경하는 도리다. '不通問', 無問遺之往來也. '諸母', 父妾之有子者. '漱', 浣也. 裳賤服. 不使漱裳, 亦敬父之道也.

【곡례상 96】

집 밖의 이야기는 집 안으로 들여놓지 않고, 집 안의 이야기는 집 밖으로 내놓지 않는다.

外言不入於梱, 內言不出於梱.

集說 '곤梱'은 문지방이다. 안과 밖에 구분이 있다. 따라서 남자는 안의 일에 대해 말하지 않고 여자는 밖의 일에 대하여 말하지 않는다. '梱', 門限也. 內外有限. 故男不言內, 女不言外.

【곡례상 97】

여자는 혼인을 하기로 정하면 영纓을 착용하고, 중대사가 아닌 한 그녀가 거처하는 곳에 들어가지 못한다.

女子許嫁, 纓, 非有大故, 不入其門.

集說 혼인을 하기로 정하면 영纓[86]을 착용하여 소속되어 있음을 보인다. 이것은 어린아이가 향낭을 차는 것과 다르다. '대고大故'는 중대사를 뜻한다. 許嫁則繫以纓, 示有所繫屬也. 此與幼所佩香纓不同. '大故', 大事也.

【곡례상 98】

고모, 자매, 딸 등이 시집갔다가 돌아온 경우, 형제는 자리를 같이 하여 앉지 않고, 그릇을 함께 놓고 식사하지 않는다.

姑·姊妹·女子子, 已嫁而反, 兄弟弗與同席而坐, 弗與同器而食.

鄭注 모두 구별을 무겁게 하여 음란함을 방지하려는 것이다. '섞어 앉지 않는다'(不雜坐)는 것은 남자는 당堂에 여자는 방房에 앉음을 말한다. '이椸'는 옷을 걸 수 있는 것이다. '통문通問'은 서로 부르거나 인사하지 않는다는 것이다. '제모諸母'는 서모庶母를 가리킨다. '수漱'는 빨래한다는 의미다. 서모는 천한 신분이므로 빨래를 시킬 수 있지만, 치마를 빨게 해서는 안 된다. 치마는 천하지만 그것을 높이는 것은 또한 멀리하고 구별하는 것이다. '집 밖의 말'(外言)과 '집 안의 말'(內言)은 남녀의 직분이다. '내놓지 않고 들여놓지 않는다'(不出入)는 것은 서로 묻지 않는 것이다. '곤梱'은 문지방이다.

여자가 혼인하기로 정하고 영纓을 매면 다른 사람을 따르는 단서가 있게 된다. '대고大故'는 거처에 질병 등 재난이나 변고가 생긴 것으로, 그런 경우에 들어간다. 여자가 자신의 처소를 가지는 경우는 또한 작명을 받은 사士 이상의 신분을 가리킨다. 『춘추공양전』에 "여러 공자公子(제후의 딸)의 처소에 거처하면, 신분이 너무 낮게 된다"[87]고 하였다. 여자는 열 살이 되면 항상 안에 거처하고 밖에 나가지 않으며, 시집을 가거나 성인이 되면 나갈 수 있다. 그렇더라도 남자와 같은 자리에 함께 앉지 않으니, 또한 혐의를 멀리하고 구별하는 것이다. 皆爲重別防淫亂. '不雜坐'謂男子在堂, 女子在房也. '椸', 可以枷衣者. '通問'謂相稱謝也. '諸母', 庶母也. '漱', 澣也. 庶母賤, 可使漱衣, 不可使漱裳. 裳賤, 尊之者亦所以遠別. '外言'·'內言', 男女之職也. '不出入'者, 不以相問也. '梱', 門限也. 女子許嫁系纓, 有從人之端也. '大故', 宮中有灾變若疾病, 乃後入也. 女子有宮者, 亦謂由命士以上也. 『春秋傳』曰: "群公子之舍則已卑矣." 女子十年而不出, 嫁及成人可以出矣. 猶不與男子共席而坐, 亦遠別也.

集說 '여자자女子子'에서 '자子'를 두 번 말한 것은 남자와 구별하기 위한 것이다. 오직 형제를 말한 것은 동등하다는 혐의를 멀리하기 위함이다. '女子子'重言'子'者, 別於男子也. 專言兄弟者, 遠同等之嫌.

【곡례상 99】

아버지와 자식은 자리를 같이하지 않는다.

父子不同席.

鄭注 신분의 높고 낮음에 차이를 두는 것이다. 異尊卑也.

集說 높고 낮음의 등급이 다른 것이다. 尊卑之等異也.

【곡례상 100】

남녀 사이에는 매파를 통하지 않으면 서로 이름을 알지 못한다. 폐백을 받지 않으면 왕래하지 않고, 가까이하지도 않는다.

男女非有行媒, 不相知名.① 非受幣, 不交不親.②

鄭注 ① 매파를 통해 혼담을 전하게 되면 그때 서로 성명을 안다. 見媒往來, 傳昏姻之言, 乃相知姓名.

② 구별함을 중시하는 것으로, 예를 갖추고 나서 서로 교제하여 가까이 한다. 重別, 有禮乃相纏固.

集說 '매파를 통한다'(行媒)는 것은 매파가 오고 가는 것이다. '이름'(名)은 신랑이 될 남자와 신부가 될 여자의 이름이다. 폐백을 받은 뒤에 가까이하고 교제하는 예의 본분이 확정된다. '行媒', 謂媒氏之往來也. '名', 謂男女之名也. 受幣然後親交之禮分定.

【곡례상 101】

그러므로 매파는 혼례를 행할 달과 날짜를 수령에게 보고하고, 주인은 재계하고 귀신에게 보고하고, 주인은 술과 음식을 장만하여 향당의 동료(僚)와 친구들[88]을 초대한다. 이로써 남녀 사이의 구별을 두텁게 하는 것이다.

故日月以告君①, 齊戒以告鬼神,② 爲酒食以召鄕黨僚友.③ 以厚其別也.④

鄭注 ①『주례』에서 "무릇 아내를 맞이하는 경우 아내 및 들어온 자식을 매파가 기록하여 군주에게 보고한다"[89]라고 한 말은 이것을 가리킨다. 『周禮』"凡取判妻入子者, 媒氏書之以告君"謂此也.

②『의례』「혼례昏禮」에 "무릇 여자를 맞이하는 예는 모두 사당에서 한다. 신석神席을 마련하여 귀신에게 고한다"[90]라고 한 말은 이것을 가리킨다. 「昏禮」"凡受女之禮皆於廟. 爲神席以告鬼神"謂此也.

③ 빈객을 초대하는 것이다. 會賓客也.

④ '두텁게 한다'(厚)는 신중히 한다는 뜻이다. '厚', 重愼也.

集說 '달과 날짜'(日月)은 신부를 맞이하는 때로, 매파가 써서 군주에게 보고한다. '구별을 두텁게 한다'(厚其別)는 것은 남자와 여자 사이의 인륜을 신중히 한다는 것이다. '日月', 娶婦之期也, 媒氏書之以告于君. '厚其別'者, 重愼男女之倫也.

【곡례상 102】

처를 맞아들일 때, 동성同姓에서 택하지 않는다.

取妻不取同姓.

集說 정현鄭玄은 "짐승에 가깝기 때문이다"라고 한다. 鄭氏曰: "爲其近禽獸."

【곡례상 103】

그러므로 첩을 살 때 그의 성을 모르면 점을 친다.

故買妾, 不知其姓, 則卜之.

鄭注 짐승에 가깝기 때문이다. 첩은 비천한 신분임으로, 때로 잉媵을 첩으로 삼는 것이 아닌 경우, 비천한 사람 가운데 취하게 되는데, 그들은 세계世系에 본래의 계통이 없다. 爲其近禽獸也. 妾賤, 或時非媵, 取之於賤者, 世無本繫.

集說 첩으로 취하는 것이 좋을지 나쁠지를 점친다. 卜其吉凶.

【곡례상 104】

과부의 자식은 두드러진 재주가 있지 않으면, 그와 친구가 되지 않는다.

寡婦之子, 非有見焉, 弗與爲友.

鄭注 혐의를 피하는 것이다. '유견有見'은 특이한 재주가 탁월하여 많은 사람들이 알아줌이 있음을 말한다. 辟嫌也. '有見', 謂有奇才卓然, 衆人所知.

集說 '유견有見'은 특이한 재주가 탁월한 것이다. 덕을 좋아하는 실제가 있지 않으면, 호색好色이라는 혐의를 피하기 어렵다. 그러므로 친구를 택하는 것에 신중히 한다. '有見', 才能卓異也. 若非有好德之實, 則難以避好色之嫌. 故取友者謹之.

【곡례상 105】

사람을 대신 보내 결혼을 축하할 경우에 "아무개(심부름 시킨 사람의 이름)가 아무개(심부름 온 사람의 이름)를 시켜, 선생께서 손님(客)들을 초대하였다고 듣고, 아무개(심부름 온 사람의 이름)로 하여금 (이 물품을) 드리게 하였습니다"라고 한다.

賀取妻者曰: "某子使某, 聞子有客, 使某羞."

鄭注 빈객 중에 있지 않고, 사람을 시켜 보낸 경우를 가리킨다. '수羞'는 드린다는 의미로, 손님에게 드리는 것을 말한다. 옛날에 손님을 접대하는 것을 '진進'이라고 하였다. 그 예는 대개 술 한 병과 포 한 꾸러미, 또는 술 한 병과 개 한 마리다. 주인을 직접 가리키지 않는 것은 혼례에서는 축하하지 않기 때문이다. 謂不在賓客之中, 使人往者. '羞', 進也, 言進於客. 古者謂候爲進. 其禮蓋壺酒束脩若犬也. 不斥主人, 昏禮不賀.

集說 여씨呂氏(여대림呂大臨)는 말한다. "'축하한다'(賀)는 것은 예물을 보내서 축하하는 것이다. 대를 이어서 선조의 후사가 되는 것은 자식으로서 부득이하게 하는 것이다. 그러므로 음악을 쓰지도 축하하지도 않는다. 그러나 술과 음식을 장만하여 향당의 동료 관원과 친구들을 초대하게 되면, 예물을 보내 인사하는 예를 하지 않을 수 없다. 그러므로 그 인사드리는 말에 '선생께서 손님을 접대한다고 들었기에 아무개를 시켜 예물을 드리게 하였습니다'라고 한다. '혼례'라고 갈하지 않고 '손님을 접대한다'고 말하였으니, 예물로 드리는 것이 접대에 필요한 경비를 돕는 것일 뿐 축하하는 것이 아닌 것이다. 기록한 이가 다만 통속상의 명칭을 따라 '축하한다'(賀)고 일컬은 것이다." 呂氏曰: "'賀'者, 以物遺人而有所慶也. 著代以爲先祖後, 人子之

所不得已. 故不用樂且不賀也. 然爲酒食以召鄕黨僚友, 則遺問不可廢也. 故其辭曰: '聞子有客, 使某羞.' 舍曰'昏禮', 而謂之'有客', 則所以羞者, 佐其供具之費而已, 非賀也. 作記者因俗之名稱'賀'."

【곡례상 106】

가난한 사람은 재화로 예禮를 표시하지 않고, 노인은 근력으로 예를 표시하지 않는다.

貧者不以貨財爲禮, 老者不以筋力爲禮.

鄭注 예는 검소함을 용인한다. '불不'은 없다는 것이 아니다. 나이 오십이 되면 비로소 지팡이를 사용한다. 80세에 이른 노인의 경우 군주의 명命에 답배할 때, 한 번 다리를 꿇고 머리만 두 번 지면에 댄다.[91] 禮許儉. '不', 非無也. 年五十始杖. 八十拜君命, 一坐再至.

集說 응씨應氏는 말한다. "재물이 없으면 기쁜 일을 할 수 없지만, 재물은 가난한 사람이 마련할 수 있는 바가 아니다. 강장하여 힘이 있지 않으면 예를 충분히 실천할 수 없지만, 그러나 강장하여 힘이 있는 것은 늙은 사람이 능히 노력할 수 있는 바가 아니다." 應氏曰: "無財, 不可以爲悅, 而財非貧者之所能辦. 非强有力者, 不足以行禮, 而强有力, 非老者之所能勉."

【곡례상 107】

자식의 이름을 지을 때, 나라이름으로 짓지 않고, 날과 달을 표시하는 말로 짓지 않고, 숨겨진 병(隱疾)으로 짓지 않고, 산과 강의 이름으로 짓지 않는다.

名子者, 不以國, 不以日月, 不以隱疾, 不以山川.

鄭注 이것은 늘 하는 말들 가운데 있는 것들이어서, (일단 이름으로 지어 놓으면) 뒷사람이 피휘辟諱 하기가 어렵다. 『춘추좌씨전』에 "이름은 죽고 나서는 장차 피휘 하는 것이다"[92]라고 하였다. '숨겨진 병'(隱疾)이란 옷 안의 몸에 있는 병으로 검은 볼기나 검은 팔뚝과 같은 것을 가리킨다. 병이 밖으로 나타나 있으면, 비록 말로 표현하지 못하더라도 손으로 가리킬 수 있다. 그러나 이 옷에 숨겨진 병은 피휘 할 수 있는 때가 없다. 세상에서 하는 말에 "숨겨진 병은 치료하기가 어렵다"고 한다. 此在常語之中, 爲後難諱也. 『春秋傳』曰: "名, 終將諱之." '隱疾', 衣中之疾也, 謂若黑臀·黑肱矣. 疾在外者, 雖不得言, 尙可指摘. 此則無時可辟. 俗語云: "隱疾難爲醫."

集說 늘 사용하는 말들은 언급하기 쉬어 피휘 하기가 어렵다. 그러므로 자식의 이름을 지을 때 사용하지 않는다. 常語易及, 則避諱爲難. 故名子者不之用.

【곡례상 108】

남자와 여자는 따로따로 서열을 정한다.

男女異長.

鄭注 각자 자체로 서열을 둔다. 各自爲伯季也.

集說 각자 서열을 두는 것은 서로 간섭하거나 섞이지 않는 의리를 보이는 것이다. 各爲伯仲, 示不相干雜之義也.

【곡례상 109】

남자는 나이 이십이 되면 관례를 하고 자字를 지어준다.

男子二十, 冠而字.

鄭注 성년이 되었으므로 그의 이름을 공경한다. 成人矣, 敬其名

集說 관례를 하면서 자를 지어주는 것은 그의 이름을 공경하는 것이다. 冠而字之, 敬其名也.

【곡례상 110】

아버지 앞에서 자식은 (어떤 사람을 거론할 때) 그 사람의 이름을 말하고, 군주 앞에서 신하는 (어떤 사람을 거론할 때) 그 사람의 이름을 말한다.

父前子名, 君前臣名.

鄭注 지존한 분을 대면해서는 큰 사람이나 어린 사람이나 모두 서로 이름을 말한다. 對至尊, 無大小皆相名.

集說 여씨呂氏(여대림呂大臨)는 말한다. "아버지를 섬기는 자는 집안에 두 명

의 높은 분을 두지 않는다. 비록 어머니라도 아버지와 대등하게 하지 못한다. 그러므로 어른이나 어린 사람이나 모두 이름을 들어 말하고, (자신이 이름을 들어 말하는) 그 어른에 대하여 사적인 공경을 표현하지 못한다. 군주를 섬기는 사람은 나라에서 두 명의 높은 분을 두지 않는다. 비록 아버지라도 군주와 대등하게 하지 못한다. 그러므로 신분의 귀하고 천함, 높고 낮음에 상관없이 모두 이름을 들어 말하고, (자신이 이름을 들어 말하는) 그 높고 귀한 사람에 대하여 사적인 공경을 표현하지 못한다. 『춘추좌씨전』의 언릉鄢陵 전투 대목에서 난서欒書가 진후晉侯를 태우려고 하자, 그의 아들 침鍼이 '서는 물러서라'라고 하였다.93) 이것이 군주 앞에서 신하가 이름을 들어 말하고 아버지라고 해도 (군주와) 대등하게 하지 못하는 것이다." 呂氏曰: "事父者, 家無二尊. 雖母, 不敢以抗之. 故無長幼皆名, 不敢致私敬於其長也. 事君者, 國無二尊. 雖父, 不可以抗之. 故無貴賤尊卑皆名, 不敢致私敬於其所尊貴也. 『春秋』鄢陵之戰, 欒書欲載晉侯, 其子鍼曰'書退.' 此君前臣名, 雖父, 亦不敢抗也."

【곡례상 111】

여자는 혼인을 허락하면, 계례笄禮를 하고 자字를 지어준다.

女子許嫁, 笄而字.

鄭注 혼인을 허락하는 것으로 성년을 삼는다. 以許嫁爲成人.

集說 혼인을 허락하면 15세에 계례를 행하고, 혼인을 허락하지 않은 경우에는 20세에 계례를 행하는데, 또한 성년이 되는 도리다. 그러므로 자字를 지어준다. 許嫁則十五而笄, 未許嫁則二十而笄, 亦成人之道也. 故字之.

【곡례상 112】

무릇 음식을 차리는 예는 효殽(뼈를 발라내지 않은 고기)를 왼쪽에, 자胾(저민 살코기)를 오른쪽에 놓는다. 밥은 먹는 사람의 왼쪽에, 국은 오른쪽에 놓는다. 회膾(저민 생선살)와 자炙(구워 익힌 고기)는 (효와 자의) 바깥쪽에, 혜醯와 장醬은 안쪽에 놓는다. 총예葱渫(찐 파)는 끝에, 술과 신 음료수(漿)는 (국의) 오른쪽에 놓는다. (회자 대신에) 포수脯脩를 놓을 경우에는 구朐(고기의 가운데를 구부려놓는 것)를 왼쪽에, 말末(추가해서 진설하는 음식)을 오른쪽에 놓는다.

凡進食之禮, 左殽右胾. 食居人之左, 羹居人之右.① 膾·炙處外, 醯·醬處內.② 葱渫處末,③ 酒漿處右.④ 以脯脩置者, 左朐右末.⑤

鄭注 ① 모두 먹기 편하게 함이다. '효殽'는 뼈를 발라내지 않고 익힌 몸체 부위 고기다. '자胾'는 저민 고기다. '사食'는 밥의 종류이다. '사람의 왼쪽과 오른쪽에 둔다'(居人左右)고 함은 가까이 둠을 밝히는 것이다. 효殽는 조俎(적대)에 담아놓고, 자胾는 두豆에 담아놓는다. 皆便食也. '殽', 骨體也. '胾', 切肉也. '食', 飯屬也. '居人左右', 明其近也. 殽在俎, 胾在豆.

② 효殽와 자胾의 바깥쪽과 안쪽이다. 혜醯[94]와 장醬[95]을 가까이 놓는 것은 음식의 중심 반찬이기 때문이다. 회와 자는 모두 두豆에 담아놓는다. 殽·胾之外內也. 近醯·醬者, 食之主. 膾·炙皆在豆.

③ '예渫'는 찐 파이다. 혜醯와 장醬의 왼쪽에 놓는다. '끝에 둔다'(末)고 한 것은 특별히 추가한 음식이기 때문이다. 찐 파는 두豆에 담아놓는다. '渫', 烝葱也. 處醯·醬之左. 言'末'者, 殊加也. 渫在豆.

④ 국의 오른쪽이다. 이것은 술 또는 신 음료수를 말한다. 둘 다 진설할 경우엔 술을 왼쪽에 신 음료수를 오른쪽에 놓는다. 이것은 대부大夫와 사士가 평상시 빈객과 함께 식사하는(燕食) 예이다. 그 정식의 식사 예법(禮食)은[96] 『의례』「공사대부례公食大夫禮」를 따라야 한다. 處羹之右. 此言若酒若漿耳. 兩有之, 則左酒右漿. 此大夫・士與賓客燕食之禮. 其禮食, 則宜放「公食大夫禮」云.

⑤ 또한 먹기 편하게 함이다. 중간을 구부려놓은 것을 '구朐'라고 한다. 亦便食也. 屈中曰'朐'.

集說 속에 뼈가 있는 것을 '효殽'라고 하고, 살코기만 저며 놓은 것을 '자胾'라고 한다. 뼈는 단단하기 때문에 왼쪽에 놓고, 고기는 부드럽기 때문에 오른쪽에 놓는다. 밥을 왼쪽에 국을 오른쪽에 놓는 것은 마른 음식과 젖은 음식을 구분하는 것이다. 회膾와 자炙는 특별한 반찬이기 때문에, 효殽와 자胾의 바깥쪽에 놓는다. 혜醯와 장醬은 음식의 중심 반찬이기 때문에 효와 자의 안쪽에 놓는다. '총예蔥渫'는 찐 파이다. 역시 김치 종류로서 두豆에 담아 추가해서 진설하는 음식이기 때문에 끝에 놓는다. '술과 신 음료수'(酒・漿)는 술이거나 또는 신 음료수인 경우로서 국의 오른쪽에 놓는다. 만일 둘 다 진설할 경우에는 술을 왼쪽에 음료수를 오른쪽에 놓는다. ○ 소疏에서 말한다. "포脯는 시작을 뜻하며, 처음 시작하자 곧 완성되는 것을 말한다. 수脩도 포의 일종인데, 수脩는 가공하는 것을 의미하며, 가공하고 나서 완성되는 것을 말한다. 얇게 쪼갠 것을 '포脯'라고 하고, 두들겨서 생강과 계피 등을 넣은 것을 '단수腶脩'라고 한다. '구朐'는 가운데가 굽은 것을 가리킨다. 구를 왼쪽으로 한다는 것은 굽은 부분이 왼쪽에 가게 한다는 것이다. 포脯와 수脩는 술의 왼쪽에 놓는데, 마른 것을 양陽으로 삼기 때문이다." ○ 여씨呂氏는 말한다. "끝이 오른쪽에 가게 놓는 것은 먹기 편하게 함이다. 포脯와 수脩를 먹을 때는 끝부분부터 먼저 먹는다." 內帶骨曰'殽', 純

肉切曰'胾'. 骨剛故左, 肉柔故右. 飯左羹右, 分燥濕也. 膾·炙異饌, 故在殽·胾之外. 醯·醬食之主, 故在殽·胾之內. '葱渫', 烝葱. 亦菹類加豆也, 故處末. '酒·漿', 或酒或漿也, 處羹之右. 若兼設則左酒右漿. ○ 疏曰: "脯訓始, 始作即成也. 脩亦脯, 脩訓治, 治之乃成. 薄析曰'脯', 捶而施薑桂曰'腶脩'. '朐', 謂中屈也. 左朐, 朐置左也. 脯脩處酒左, 以燥爲陽也." ○ 呂氏曰: "其末在右, 便於食也. 食脯脩者先末."

【곡례상 113】

손님이 주인보다 신분이 낮으면, 밥(食)을 들고 일어나 사양한다. 그러면 주인도 일어나 손님에게 사양한다. 그런 뒤에 손님이 자리에 앉는다.

客若降等, 執食興辭.① 主人興, 辭於客. 然後客坐.②

鄭注 ① '사양한다'(辭)는 것은 주인이 자신의 식사에 직접 자리하는 것을 사양하여, 당堂 아래에서 식사하려는 것처럼 하는 것이다. '辭'者, 辭主人之臨己食, 若欲食於堂下然.

② 도로 앉는다. 復坐.

集說 '신분이 낮다'(降等)는 것은 지위나 나이가 주인보다 낮은 것이다. 주인과 손님으로서의 예를 감당하지 못하기 때문에 음식이 나오면 밥을 들고 일어나 주인에게 사양한다. 주인도 손님이 일어나 사양하는 것을 보고, 또한 일어나 손님에게 사양한다. 손님은 그제야 다시 자신의 자리로 돌아간다. '降等', 謂爵齒卑於主人也. 不敢當主賓之禮, 故食至, 則執之以起而致辭於主人. 主人見客起辭, 故亦起而致辭於客. 客乃復就其坐也.

【곡례상 114】

주인이 먼저 고수레(祭)하여 손님이 고수레할 수 있도록 유도한다(延). 음식을 고수레할 때 먼저 내온 음식을 먼저 하고 뒤에 내온 음식은 뒤에 하는데, 내오는 음식의 순서에 따라 모두 고수레한다.

主人延客祭,① 祭食. 祭所先進,② 殽之序, 徧祭之.③

鄭注 ① '연延'은 유도한다는 의미다. '제祭'는 조상에게 고수레하는 것이다. 군자는 일이 있으면, 근본을 잊지 않는다. 손님이 지위가 주인보다 낮으면 먼저 고수레한다. '延', 道也. '祭', 祭先也. 君子有事, 不忘本也. 客不降等, 則先祭.

② 주인이 먼저 내온 음식에 대하여 먼저 고수레하고, 뒤에 내온 음식은 뒤에 하여 순서대로 한다. 主人所先進先祭之, 所後進後祭之, 如其次.

③ 자胾(저민 고기), 자炙(구워 익힌 고기), 회膾(저민 생선살) 등을 말한다. 그것은 본래 희생의 몸체에서 나온 것이기 때문이다. 「공사대부례公食大夫禮」에서 "생선, 포, 읍湆(고기를 삶은 국물), 장醬(젓갈)은 고수레를 하지 않는다"고 하였다. 謂胾·炙·膾也. 以其本出於牲體也. 「公食大夫禮」"魚·腊·湆·醬不祭也."

集說 옛사람들은 근본을 잊지 않았다. 식사할 때마다 반드시 음식마다 조금씩 떠서 두豆 사이에 놓고 선대에 음식을 처음 만든 조상에게 보답하였다. 이를 '고수레'(祭)라고 한다. '연延'은 유도한다는 뜻이다. 고수레하는 예는 주인이 먼저 내온 음식을 먼저 하고, 나중에 내온 음식은 뒤에 하면서, 각각 효殽(반찬)의 순서에 따라 고수레를 두루 한다. ○ 주자朱子는 말한다. "옛사람은 술을 땅에 고수레하고 음식을 두豆 사이에 고수레하였다가 판에 담아서 식사를 마친 뒤 거두었다." 古人不忘本. 每食, 必每品出少許, 置於豆間之地, 以報先代始爲飮食之人. 謂之'祭'. '延', 導之也. 祭食之禮, 主人所先進者, 則先祭之, 後進者後祭, 各以殽之次序而祭之徧也. ○ 朱子曰: "古人祭酒於地, 祭食於豆間,

有板盛之, 卒食徹去."

【곡례상 115】

손님이 세 번 밥을 떠먹으면(三飯), 주인이 손님에게 자胾(저민 고기)를 먹도록 권유한다. 손님은 자胾를 먹은 뒤에 효殽(뼈를 발라내지 않은 고기)를 두루 먹는다.

三飯, 主人延客食胾. 然後辯[97]殽.

鄭注 먼저 자胾을 먹고 효殽를 뒤에 먹는 것은 효殽가 존귀하기 때문이다. 일반적으로 효를 먹는 것은 견肩[98]에서 끝난다. 견肩을 먹으면 배부르게 된다. 先食胾後食殽, 殽尊也. 凡食殽辨於肩. 食肩則飽也.

集說 소疏에서 말한다. "삼반三飯은 세 번 밥을 떠먹는 것을 가리킨다. 예식禮食에서 세 번 밥을 떠먹으면 배부르다고 말하고, 주인이 권한 다음에 다시 먹는다. 세 번 떠먹고 나면, 주인은 손님에게 자胾(저민 고기)를 먹도록 권유한다. 『의례』 「공사대부례公食大夫禮」에 '손님이 읍湆(고기를 삶은 국물)과 장醬으로 세 번 밥을 떠먹는다'고 하였는데, 정현은 주注에서 '매번 밥을 떠먹을 때마다 읍을 마시고 효를 장에 적셔 먹는 것은 (추가된 것이 아닌) 정식의 음식을 먹는 것이다'라고 하였다. 세 번 밥을 떠먹은 뒤에야 자胾를 먹는 것은 자胾가 특별히 추가로 진설된 음식이기 때문이다. 따라서 세 번 밥을 떠먹기 전에는 자를 먹지 않는다. 자를 먹은 뒤에는 효殽를 두루 먹을 수 있다." 疏曰: "三飯謂三食也. 禮食三飧而告飽, 須勸乃更食. 三飯竟而主人乃導客食胾也. 「公食大夫禮」云: '賓三飯以湆醬', 鄭云: '每飯歠湆以殽擩醬, 食正饌也.' 所以至三飯後乃食胾者, 以胾爲加. 故三飧前未食. 食胾之後, 乃可徧食殽也."

【곡례상 116】

주인이 아직 다 먹지 않았을 때, 손님은 입가심(虛口)을 하지 않는다.

主人未辯, 客不虛口.

鄭注 주인이 다 먹기를 기다리는 것이다. '허구虛口'는 입가심이다. 손님의 신분이 주인과 대등하거나 높은 경우, 입가심하는 것을 주인이 다 먹기를 기다리지 않는다. 주인은 손님보다 먼저 다 먹지 않는다. 俟主人也. '虛口', 謂酳也. 客自敵以上, 其酳不待主人飽. 主人不先飽也.

集說 소疏에서 말한다. "'허구虛口'는 식사를 마치고 술을 마셔 입을 씻어냄으로써 깨끗이 하고 식사를 편안케 하는 것이다. 입가심할 때 음료수를 사용하는 것을 '수漱'라고 하는데 깨끗하게 하는 것에 주된 뜻이 있다. 술을 사용하는 것을 '윤酳'이라 하는데, '윤'은 윤택하다는 뜻으로, 기운을 윤택케 하여 기르는 것이다." 疏曰: "'虛口', 謂食竟而飮酒蕩口, 使淸潔及安食也. 用漿曰'漱', 以潔淸爲義. 用酒曰'酳', 酳訓演, 演養其氣也."

【곡례상 117】

어른을 모시고 식사를 할 때, 주인[99]이 직접 음식을 내오면 배례를 하고 식사한다. 주인이 직접 내오지 않으면 배례를 하지 않고 식사한다.

侍食於長者, 主人親饋, 則拜而食.① 主人不親饋, 則不拜而食.②

鄭注 ① 어른에게 식사를 권하는 것이다. 비록 신분이 낮더라도 밥을 들고 일어나 사양하지 않고, 배례만 한다. 공경함을 보이는 것이다. 勸長者食

耳. 雖賤, 不得執食興辭, 拜而已. 示敬也.

② 주인의 예가 자신에 대하여 높이지 않았기 때문이다. 以其禮於己不隆.

集說 '궤饋'는 음식을 내오는 것이다. ○ 방씨方氏는 말한다. "일반적으로 예의 시행을 (상대와) 걸맞게 하기 때문이다." '饋', 進饌也. ○ 方氏曰: "凡以稱禮之施而已."

【곡례상 118】

국과 밥을 각각 한 그릇에 담아놓고 같이 먹을 때(共食) 배불리 먹지 않으며, 밥을 한 그릇에 담아 함께 먹을 때(共飯) 손을 문지르지 않는다.(不澤手)

共食不飽,① 共飯不澤手.②

鄭注 ① 겸양함이다. 국과 밥을 큰 그릇에 담아놓고 함께 먹는 것을 가리킨다. 謙也. 謂共羹飯之大器也.

② 땀이 나와 불결해지기 때문이다. '택澤'은 손을 문질러 비비는 것이다. (고대의) 예에서는 밥을 손으로 먹는다. '택澤'은 더러 '택擇'(가린다)으로 되어 있다. 爲汗生[100]不絜也. '澤', 謂挼莎也. 禮, 飯以手. '澤'或爲'擇'.

集說 여씨呂氏(여대림呂大臨)는 말한다. "'음식을 함께 먹는다'(共食)는 것은 함께 먹는 음식이 한 종류가 아닌 것이다. '밥을 함께 먹는다'(共飯)는 것은 밥에 국한한 것이다. 함께 먹으면서 배불리 먹으려는 것은 겸양하는 도리가 아니다. '손을 씻지 않는다'(不澤手)는 것은 옛날에는 밥을 먹을 때 손으로 다른 사람과 함께 밥을 먹었는데, 손을 비벼서 오물이 생기면 다른 사람이 싫어하면서도 말하기가 곤란하기 때문이다." 呂氏曰: "'共食'者, 所食非一品.

'共飯'者, 止飯而已. 共食而求飽, 非讓道也. '不澤手'者, 古之飯者, 以手與人共飯, 摩手而有汙澤, 人將惡之而難言."

【곡례상 119】

(많이 먹기 위하여) 밥을 뭉쳐서 먹지 말며, 손에 남은 밥을 먹던 그릇에 다시 놓지 말며, 한꺼번에 길게 마시지 말아야 한다.

毋摶飯,① 毋放飯,② 毋流歠.③

鄭注 ① 배부르고자 하는 것이다. 겸양하지 않는 것이다. 爲欲致飽. 不謙.
② 손에 남은 밥을 그릇 안에 떼어놓으면 다른 사람이 더럽게 여긴다. 去手餘飯於器中, 人所穢.
③ 벌컥 마시는 것은 빨리 마시려는 혐의를 갖게 된다. 大歠嫌欲疾.

集說 '뭉치지 않는다'(毋摶)는 것에 대하여 소疏에서 말한다. "만일 밥을 집는데 뭉쳐서 쥐면 많이 차지하기에 용이하다. 이것은 다투어 배불리 먹고자 하는 것이다." ○ 주씨朱氏[101])는 말한다. "'방放'은 먹으면서 제멋대로 하여 절도가 없는 것을 가리킨다. '류流'는 마시는 것이 물 흐르듯 하여 그칠 줄 모르는 것을 가리킨다." '毋摶'者, 疏云"若取飯作摶, 則易得多. 是欲爭飽也." ○ 朱氏曰: "'放', 謂食之放肆而無所節也. '流', 謂飲之流行而不知止也."

【곡례상 120】

(성난 듯이) 쩝쩝 소리 내어 먹지 말고, 뼈를 우둑우둑 씹어 먹지

말고, 먹다 남은 생선과 고기를 담았던 그릇에 도로 갖다 놓지 말고, 개에게 뼈다귀를 던져 주지 말며, 어떤 음식에 대하여 꼭 차지하려고 하지 말아야 한다.

*毋咤食,*① *毋齧骨,*② *毋反魚肉,*③ *毋投與狗骨,*④ *毋固獲.*⑤

鄭注 ① 주인의 음식을 약소하게 여기는 혐의를 갖는다. 嫌薄之.
② 소리를 내는 것은 공경스럽지 못하기 때문이다. 爲有聲響不敬.
③ 이미 입을 댄 것은 다른 사람이 더럽게 여기기 때문이다. 爲已歷口人所穢.
④ 마시고 먹는 음식을 천시하는 것이기 때문이다. 爲其賤飮食之物.
⑤ 욕심부리는 것이기 때문이다. 독차지하려는 것을 '고固'라고 하고, 다투어 차지하는 것을 '획獲'이라고 한다. 爲其不廉也. 欲專之曰'固', 爭取曰'獲'.

集說 '타식咤食'은 음식을 먹을 때 쩝쩝 소리를 내는 것이다. 소疏에서는 '혀로 입안에서 소리를 내는 것'이라고 하였다. '소리를 내지 않는다'(毋咤)는 것은 기분이 화가 나 있는 것처럼 보일까 염려되기 때문이다. '씹어 먹지 않는다'(毋齧)는 것은 그 소리가 들릴 혐의가 있기 때문이다. '생선과 고기를 도로 갖다놓지 않는다'(無反魚肉)는 것은 먹다 남은 것을 그릇에 도로 놓지 않는 것이다. 정현鄭玄은 "이미 입을 댄 것은 다른 사람이 더럽게 여기기 때문이다"라고 한다. '개에게 뼈다귀를 던져 주지 않는다'(毋投與狗骨)는 것은 함부로 주인의 음식물을 천시하지 않는 것이다. 구함을 굳세게 함을 '고固'라 하고, 획득하기가 어려운 것을 '획獲'이라고 한다. '고획固獲'은 기필코 차지하려고 하는 것이다. '咤食', 謂當食而叱咤. 疏謂以舌口中作聲. '*毋咤*'恐似於氣之怒也. '*毋齧*'嫌其聲之聞也. '*毋反魚肉*', 不以所餘反於器. 鄭云"爲[102]已歷口, 人所穢"也. '*毋投與狗骨*', 不敢賤主人之物也. 求之堅曰'固', 得之難曰'獲'. '固獲', 謂必欲取之也.

【곡례상 121】

손으로 밥의 열기를 식히지 말며, 기장밥을 젓가락으로 먹지 말아야 한다.

毋揚飯, 飯黍毋以箸.

集說 '양揚'은 손으로 열기를 분산시키는 것을 가리킨다. 빨리 먹고자 하는 혐의를 산다. '젓가락으로 먹지 말라'(毋以箸)는 것은 숟가락의 편리함을 귀하게 여기는 것이다. '揚', 謂以手散其熱氣. 嫌於欲食之急也. '毋以箸', 貴其匕之便也.

【곡례상 122】

국을 훅 들이마시지 말고, 국에 간을 맞추지 말고, 이빨을 쑤시지 말며, 젓갈을 마시지 말아야 한다. 손님이 국에 간을 맞추면, 주인은 요리를 잘 못해서 간이 맞지 않다고 말하여 사과하고, 손님이 젓갈을 마시면, 주인은 궁벽해서 맛을 내지 못하였다고 말하여 사과한다.

*毋嚃羹,*① *毋絮羹,*② *毋刺齒,*③ *毋歠醢.*④ 客絮羹, 主人辭不能亨, 客歠醢, 主人辭以窶.⑤

鄭注 ① 또한 빨리 먹고자 하는 혐의를 산다. '들이마신다'(嚃)고 함은 채소를 씹지 않는 것이 된다. 亦嫌欲疾也. '嚃'爲不嚼菜.

② 맛을 살피는 것이기 때문이다. '처絮'는 간을 맞춘다는 뜻과 같다. 爲其詳於味也. '絮', 猶調也.

③ 입을 놀리게 되기 때문이다. "입의 모습은 정숙히 다물고 있다"(口容止)103)는 것이다. 爲其弄口也. "口容止."

④ 또한 맛을 살피는 혐의가 있기 때문이다. 마시는 것은 그 맛이 싱겁기 때문이다. 亦嫌詳於味也. 歠者爲其淡故.

⑤ 손님을 우대하는 것이다. 優賓.

集說 국에 채소가 들어 있으면 젓가락을 사용해야 하고, 입으로 훅 들이마셔 먹어서는 안 된다. '처絮'는 그릇에 간을 맞추는 것이다. "입의 모습은 정숙히 다물고 있어", 물건으로 이빨을 쑤셔서는 안 된다. 젓갈은 의당 짠 것이다. 젓갈을 마신다는 것은 그 맛이 싱겁기 때문이다. 손님 중에 국에 간을 맞추는 이가 있으면, 주인은 요리를 잘 못해서 간이 맞지 않다고 손님에게 말하여 사과한다. 손님 중에 젓갈을 마시는 사람이 있으면, 주인은 가난해서 맛을 내지 못하였다고 말하여 사과한다. 羹之有菜, 宜用梜, 不宜以口嚃取食之也. 絮就器中調和也. "口容止", 不宜以物刺於齒也. 醢宜鹹. 歠之, 以其味淡也. 客或有絮羹者, 則主人以不能亨飪爲辭. 客或有歠醢者, 則主人以貧窶乏味爲辭.

【곡례상 123】

수육 종류는 치아로 뜯고, 포 종류는 치아로 뜯지 않고 (손을 사용한다). 구워놓은 산적(炙)을 한 입에 다 먹지 않는다.

濡肉齒決,① 乾肉不齒決.② 毋嘬炙.③

鄭注 ① '결決'은 끊는다는 뜻과 같다. '決', 猶斷也.

② 딱딱하기 때문에 손을 사용해야 한다. 堅宜用手.

③ 먹는 데 욕심내는 것이 심하기 때문이다. '최嘬'는 고깃점을 한 번에 다

먹는 것을 가리킨다. 『의례』 「특생궤사례特牲饋食禮」와 「소뢰궤사례少牢饋食禮」에서는 "치아로 깨물어 맛보고 조俎에 도로 놓는다"고 하였다. 爲其貪食甚也. '嘬', 謂一擧盡臠. 「特牲」·「少牢」: "嚌之, 加于俎.

集說 '수육濡肉'(젖은 고기)은 효殽(뼈를 발라내지 않은 고기)와 자胾(저민 고기) 종류이고, '마른 고기'(乾肉)는 포 종류이다. '결決'은 끊는다는 뜻이다. 치아로 끊지 않으면, 손으로 다루어야 한다. ○ 소疏에서 말한다. "불에 구운 것을 '자炙'라고 한다. 자를 먹을 때는 한 번에 다 먹지 않는다. 한 번에 다 먹는 것을 '최嘬'라고 하는데, 이것은 욕심내서 먹는 것이다." '濡肉', 殽胾之類, '乾肉', 脯脩之類. '決', 斷也. 不齒決, 則當治之以手也. ○ 疏曰: "火灼曰'炙'. 若食炙, 不一擧而倂食. 倂食之曰'嘬', 是貪食也."

【곡례상 124】

식사를 마치면, 손님은 자리 앞쪽으로부터 무릎을 꿇고 앉아 밥그릇과 장종지(齊)를 거두어 주인 측의 돕는 사람(相者)에게 준다. 주인은 일어나 손님에게 그러지 말라고 사양하고, 그때야 손님이 앉는다.

卒食, 客自前跪, 徹飯·齊, 以授相者.① 主人興, 辭於客, 然後客坐.②

鄭注 ① 겸손한 것이다. '자自'는 부터라는 의미다. '저齊'는 장醬 종류이다. '돕는 사람'(相者)은 주인 측의 식사를 돕는 사람이다. 『의례』 「공사대부례公食大夫禮」에 "손님은 식사를 마치면 북쪽을 향해 (앉아서) 기장밥그릇과 장종지를 들고 내려온다"[104]고 하였다. 謙也. '自', 從也. '齊', 醬屬也. '相者', 主人贊饌者. 「公食大夫禮」: "賓卒食, 北面取粱與醬以降也."

② 본인이 직접 거두는 것을 허락하지 않는 것이다. 不聽親徹.

集說 '자自'는 부터라는 의미다. '저齊'는 장醬 종류이다. 밥과 장은 모두 주인이 직접 차려놓는 것들이다. 그러므로 손님이 직접 거두려고 하는 것이다. 이것은 또한 주인보다 신분이 낮은 손님임을 의미한다. 주인과 대등한 사람은 직접 거두지 않는다. '自', 從也. '齊', 醬屬也. 飯・齊皆主人所親設. 故客欲親徹 此亦謂降等之客耳. 敵者不親徹也.

【곡례상 125】

어른을 모시고 술을 마실 때, 술이 나오면 일어나고, 술동이가 있는 곳에서 배례를 하고 술을 받는다. 어른이 마시라고 말하면 젊은이는 자리로 돌아가서 마신다. 어른이 술잔을 들고 다 마시지 않은 상태에서 젊은이가 감히 마시지 않는다.

侍飮於長者, 酒進則起, 拜受於尊所.① 長者辭, 少者反席而飮. 長者擧未釂, 少者不敢飮.②

鄭注 ① 자리에서 내려와 배례를 하고 받는 것은 공경함이다. 연례燕禮(잔치)에서 술 마시는 예는 술동이를 향한다. 降席拜受, 敬也. 燕飮之禮, 鄉尊.

② 어른보다 먼저 술을 다 마시지 않는 것을 '조釂'라고 한다. 『의례』「연례燕禮」에 "공公이 다 마신 다음에 마신다"고 하였다. 不敢先尊者盡爵曰'釂'. 「燕禮」曰: "公卒爵而後飮也."

集說 '준소尊所'는 술동이를 놓은 곳이다. 마실 때 잔의 술을 다 마시는 것을 '조釂'라고 한다. ○ 여씨呂氏는 말한다. "옛날에 술을 마시는 것은 신

분과 나이에 상관없이 모두 참여한다. 「향음주례鄕飮酒禮」에서는 당堂 아래에 있는 빈賓, 악공樂工 및 생笙 등까지 헌獻[105]에 참여하지 않음이 없다. 「특생궤사례特牲饋食禮」에서 빈賓, 형제兄弟, 제자弟子, 공公, 유사有司, 사신私臣 등 모두 헌에 참여하지 않음이 없다. 헌을 할 때, 모두 주인이 직접 따라준다. 어른을 모시고 술을 마시는 이 경우도 어른이 직접 술을 따라준다. 따라서 술동이가 있는 곳에서 배례拜禮를 하고 술을 받는 절차가 있는 것이다. 다만 「연례燕禮」의 경우는 재부宰夫[106]를 헌주獻主[107]로 삼기 때문에 군주가 직접 따르지 않는다. 「향음주례」, 「향사례鄕射禮」, 「특생궤사례」 등에서는 모두 방과 출입문 사이에 술동이를 두어 손님과 주인이 함께 주관한다. 「연례」, 「대사례大射禮」 등에서는 모두 양쪽 영楹(당위의 두 기둥)의 서쪽에 술동이를 두는데, 군주를 향하게 놓아 군주가 전적으로 주관한다. 「연례」와 「향음주례」에서는 모두 술동이가 있는 곳에서 배례를 하고 술을 받는 의절을 거론하지 않았다. 이것은 그 예법이 모시고 마시는 경우와 다르기 때문이다." '尊所', 置尊之所也. 飮盡爵曰'釂'. ○ 呂氏曰: "古之飮酒, 貴賤長幼無不及. 鄕飮之禮, 堂下之賓·樂工及笙無不與獻. 特牲饋食禮, 賓·兄弟·弟子·公·有司·私臣無不與獻. 其獻也, 皆主人親酌授之. 此侍飮者, 亦長者親酌授之. 所以有拜受于尊所之節也. 惟燕禮以宰夫爲獻主, 故君不親酌. 鄕飮·射·饋食禮, 皆尊于房戶之間, 賓主共之也. 燕禮·大射, 皆尊于兩楹之西, 尊面向君, 君專之也. 「燕禮」·「鄕飮禮」, 皆不云拜受於尊所, 以禮與侍飮異也."

【곡례상 126】

어른이 하사하면, 젊은 사람이나 신분이 낮은 사람은 감히 사양하지 않고 받는다.

長者賜, 少者賤者不敢辭.

鄭注 감히 예를 대등하게 하지 못하는 것이다. '신분이 낮은 사람'(賤者)이란 하인 등을 가리킨다. 不敢亢禮也. '賤者', 僮僕之屬.

集說 사양한 이후에 받는 것은 손님과 주인이 대등하게 교제하는 예법이지, 어리고 천한 사람이 존귀한 사람을 섬기는 도리는 아니다. 辭而後受, 賓主平交之禮, 非少賤事尊貴之道.

【곡례상 127】

군주의 앞에서 과일을 하사받아 먹을 경우, 씨가 있으면 그 씨를 버리지 않고 가지고 있는다.

賜果於君前, 其有核者懷其核.

鄭注 존귀한 분의 물건을 버리는 혐의가 있기 때문이다. 나무의 열매를 '과果'라고 한다. 嫌棄尊者物也. 木實曰'果'.

集說 군주의 하사품을 존중하기 때문에 함부로 씨를 버리지 않는 것이다. 敬君賜, 故不敢棄核.

【곡례상 128】

군주의 식사를 시중들 때, 군주가 남은 음식을 하사하면, 그 남은 음식을 담은 그릇이 세척할 수 있는 것(漑)이면 다른 그릇에 쏟지 않고 그대로 먹고, 그 이외(세척하지 않는 그릇의 경우)에는 모두 다른 그릇에 쏟아서 먹는다.

御食於君, 君賜餘, 器之漑者不寫, 其餘皆寫.

鄭注 군주의 그릇을 거듭해서 더럽히기 때문이다. '세척할 수 있다'(漑)는 것은 도자기나 나무(梓108))로 만든 그릇을 가리키고, 세척하지 않는 것은 갈대나 대나무를 엮어 만든 그릇을 가리킨다. '쏟는다'(寫)는 것은 자신의 그릇에 옮겨 담아서 먹는다는 것이다. 시중드는 것을 '어御'라고 한다. 重汙辱君之器也. '漑'謂陶梓之器, 不漑謂萑竹之器也. '寫'者, 傳己器中乃食之也. 勸侑曰'御'.

集說 '군주의 식사를 시중든다'(御食於君)는 것은 군주가 식사할 때 신하가 시중들어 돕는 것이다. 군주가 먹고 남은 음식을 하사할 때 음식이 도자기나 나무 그릇 등 세척할 수 있는 그릇이면, 그대로 먹는다. 더러 그 그릇이 갈대나 대나무 등으로 엮어 만든 것으로 세척할 수 없는 종류면, 다른 그릇에 옮겨 담아서 먹는다. 입의 오물로 더럽히지 않으려는 것이다. '御食於君'者, 君食而臣爲之勸侑也. 君以食之餘者賜之, 若陶器或木器, 可以洗滌者, 則卽食之. 或其器是萑竹所織, 不可洗滌者, 則傳寫於他器而食之. 不欲口澤之瀆也.

【곡례상 129】

준餕의 남은 음식으로는 제사하지 않는다. 먹고 남은 음식으로는 아버지가 자식에게 제사하지도, 남편이 아내에게 제사하지도

않는다.[109)]

餕餘不祭. 父不祭子, 夫不祭妻.

鄭注 다른 사람이 먹고 남은 음식을 먹는 것을 '준餕'이라고 한다. 남은 음식을 먹을 때 고수레하지 않는 경우는 오직 이 두 경우이다. 어른이 먹다 남긴 것을 먹을 때는 고수레하는데, 성대하게 여기는 것이다. 食人之餘曰'餕'. 餕而不祭, 唯此類也. 食尊者之餘則祭, 盛之.

集說 시尸가 귀신이 먹고 남긴 음식을 먹고, 신하가 군주가 먹고 남긴 음식을 먹고, 신분이 낮은 사람이 신분이 높은 사람이 먹고 남긴 음식을 먹고, 아랫사람이 윗사람이 먹고 남긴 음식을 먹는 것이 모두 '준餕'(먹고 남긴 음식을 먹는 것, 또는 그 음식)이다. 이 경문은 제사를 도와 일을 하거나 또는 시尸를 행하여 얻은 준餕의 나머지 음식을 가지고 돌아왔을 때, 그 음식으로 조상에게 제사를 드릴 수 없음을 말하는 것이다. 비록 아버지의 높은 지위라고 해도 준餕으로 자식에게 제사하지 않으며, 남편의 지위라고 해도 준餕으로 처에게 제사하지 않는다. 먹고 남은 음식은 설만한 것이 되기 때문이다. 일설에 의하면, 이 제사(祭)는 '식사할 때마다 반드시 고수레한다'(每食必祭)고 할 때의 고수레함을 가리킨다. 남이 남긴 음식을 먹거나, 자식이 아버지에게 식사를 올린 경우나, 처가 남편에게 음식을 올린 경우에는 모두 고수레를 하지 않고 먹는다. 대개 주인의 음식을 공경하기 때문에 고수레를 하고 나서 먹는데, 남이 먹고 남긴 음식을 먹으면서 고수레하면 설만한 것이 되고, 낮은 사람에게 행하여 존경을 표하는 것 또한 높은 사람이 처신하는 도리가 아니다. 尸餕鬼神之餘, 臣餕君之餘, 賤餕貴之餘, 下餕上之餘, 皆'餕'也. 此謂助祭執事, 或爲尸而所得餕之餘肉以歸, 則不可以之祭其先. 雖父之尊, 亦不以祭其子, 夫之尊, 亦不以祭其妻. 以食餘之物褻也. 一說, 此祭是每食必祭之祭. 食

人之餘及子進饌於父·妻進饌於夫, 皆不祭而食. 蓋敬主人之饌, 故祭而後食, 食人之餘而祭則褻, 施於卑者則非尊者之道.

【곡례상 130】

어른을 모시고 한 상에서 함께 식사할 때, 반찬을 이중으로 놓았더라도 사례하지 않고, (다른 손님과) 함께 배석한 경우에도 (음식에 대하여) 사례하지 않는다.

御同於長者, 雖貳不辭,① 偶坐不辭.②

鄭注 ① 어른을 모시고 식사할 때 반찬을 어른과 한 상에서 함께 먹는 것을 가리킨다. '이貳'는 고기반찬을 겹쳐놓은 것을 말한다. 사례하는 것은 어른 행세하는 혐의가 된다. 謂侍食於長者, 饌具與之同也. '貳', 謂重殽膳也. 辭之爲長者嫌.

② 성대한 반찬이 자신을 위해 차린 것이 아니기 때문이다. 盛饌不爲己.

集說 '어御'는 모신다는 의미다. '이貳'는 음식을 더 놓는 것이다. 어른을 모시고 식사하는 자가 비록 고기반찬 등이 더 놓여 있더라도 많다고 사례하지 않는 이유는 이 반찬들이 본래 어른을 위해서 놓인 것이기 때문이다. '우偶'는 짝이 된다는 의미로, 손님이 있는데 자신이 또한 그 자리에 함께 배석하는 것이다. 이 자리 또한 자신만을 위해서 마련된 것이 아니기 때문에 사례하지 않는다. '御', 侍也. '貳', 益物也. 侍食者雖獲殽饌之重, 而不辭其多者, 以此饌本爲長者設耳. '偶'者, 配偶之義, 因其有賓, 而已亦'偶'配於坐. 亦以此席不專爲己設, 故不辭也.

【곡례상 131】

채소가 있는 국은 젓가락을 사용하고, 채소가 없는 국은 젓가락을 사용하지 않는다.

羹之有菜者用梜, 其無菜者不用梜.

鄭注 '겹梜'은 젓가락과 같은 뜻이다. 요즈음 사람은 젓가락을 '겹제梜提'라고도 한다. '梜'[110], 猶箸也. 今人或謂箸爲梜提.

集說 '겹梜'은 젓가락이다. 채소가 없는 국은 국물만 있는 것으로 곧바로 마셔도 된다. '梜', 箸也. 無菜者汁而已, 直歠之可也.

【곡례상 132】

천자를 위해서 참외를 깎을 때는 (깎고 나서) 네 조각으로 자른 다음 가로로 자르고, 가는 갈포를 사용하여 덮는다. 국군國君을 위해 참외를 깎을 때는 가운데를 자르고 굵은 갈포를 사용하여 덮는다. 대부大夫를 위해 참외를 깎을 때는 덮지 않는다. 사士의 경우는 꼭지만 따고 가운데를 자른다. 서인庶人은 자르지 않고 베어 물어 먹는다.

爲天子削瓜者副之, 巾以絺.① 爲國君者華之, 巾以綌.② 爲大夫累之.③ 士疐之.④ 庶人齕之.⑤

鄭注 ① '부副'는 자른다는 것이다. 깎고 나서 네 조각으로 자르고 다시 가로로 자른 다음에 수건으로 덮는다. '副', 析也. 旣削又四析之, 乃橫斷之, 而巾覆焉.

② '화華'는 가운데를 자르고 네 조각으로 자르지 않는 것이다. '華', 中裂之, 不四析也.

③ '루累'는 벗긴다는 뜻으로 수건으로 덮지 않음을 가리킨다. '累', 倮也, 謂不巾覆也.

④ 가운데를 자르지 않고, 가로로 자르고 꼭지만 제거한다. 不中裂, 橫斷去疐而已.

⑤ 가로로 자르지 않는 것이다. 不橫斷.

集說 소疏에서 말한다. "'삭削'은 깎는다는 것이요, '부副'는 자른다는 것이다. '치絺'는 가는 갈포이다. 껍데기를 깎고 네 조각으로 자른 다음 다시 가로로 자르고 가는 갈포로 덮어서 올린다. '화華'는 반으로 자르는 것이다. '격綌'은 굵은 갈포이다. 제후는 예를 낮추므로 반으로만 자르고 네 조각으로 자르지 않는다. 그러나 또한 가로로 자르고 굵은 갈포로 덮어서 올린다. 『이아』의 '참외는 반으로 자른다'에 대한 곽박郭璞의 주석에 '(과일을) 먹을 때 (과일을) 다듬는 방식(啖食治擇)을 지칭한 것이다'[111]라고 하였다. '루累'는 벗긴다는 것으로 수건으로 덮지 않는 것을 말한다. '체疐'는 꽃이 떨어져 나간 꼭지 부분으로 '꼭지를 딴다'(疐之)는 것은 꼭지만 제거한다는 것이다. '흘齕'은 베어 물어 먹는 것이다. 베어 물어 먹는다고 함은 가로로 자르지 않는 것이다. 이것은 등급이 같지 않기 때문인데, 사적인 평상시를 가리키는 것이 아니라 공적인 장소에서 예禮에 따라 모였을 때를 가리킨다." ○ 유씨劉氏(유이劉彝)는 말한다. "대부 이상은 모두 '위해서'(爲)라는 말을 쓰고 있는데, 유사有司(담당관)가 그 일을 하기 때문이다. 사士와 서인庶人에 대해서는 '위해서'(爲)라는 말을 쓰지 않았는데, 자신이 그 일을 하기 때문이다." ○ 방씨方氏(방각方慤)는 말한다. "가는 갈포와 굵은 갈포로 수건을 만드는 것은 더울 때 서늘한 것을 귀하게 여기기 때문이다." 疏曰: "'削', 刊也, '副',

析也. '絺', 細葛也. 刊其皮而析爲四解, 又橫解而以細葛巾覆之而進也. '華', 半破也. '綌', 麤葛也. 諸侯禮降, 故破而不四析. 亦橫斷之, 用麤葛巾覆之而進也. 『爾雅』: '瓜曰華之', 郭璞云: '食啖治擇之名112).' '累', 倮也, 不巾覆也. '疐', 謂脫花處, '疐之'者, 去疐而已. '齕', 齧也. 齕之, 不橫斷也. 此等級不同, 非謂平常之日, 當是公庭禮會之時." ○ 劉氏曰: "大夫以上, 皆曰'爲'者, 有司爲之也. 士庶人, 不曰'爲'者, 自爲之也." ○ 方氏曰: "巾以絺綌者, 當暑以凉爲貴也."

【곡례상 133】

부모가 병을 앓고 있으면, 관을 쓰는 이는 머리를 빗지 않고, 다닐 때 팔을 벌리고 다니지 않고, 말할 때 관계없는 일까지 언급하지 않고, 금슬琴瑟을 연주하지 않고, 고기를 먹어도 입맛이 변할 정도로 먹지 않고, 술을 마셔도 취해서 안색이 변할 정도로 마시지 않고, 웃어도 잇몸이 드러날 정도로 웃지 않고, 성내도 심한 말로 질책하는 정도로 하지 않는다. 부모가 병이 나으면, 예전대로 돌아간다.
父母有疾, 冠者不櫛, 行不翔,① 言不惰,② 琴瑟不御,③ 食肉不至變味, 飲酒不至變貌,④ 笑不至矧, 怒不至詈.⑤ 疾止, 復故.⑥

鄭注 ① 근심이 있으면 용모를 갖추지 않는다. 憂不爲容也.

② 근심이 있으면, 사적으로 좋아하는 것에 마음을 두지 않는다. '타惰'는 옳지 않은 말이다. 憂不在私好. '惰', 不正之言.113)

③ 근심이 있으면 음악에 마음을 두지 않는다. 憂不在樂.

④ 근심이 있으면 맛있는 음식에 마음을 두지 않는다. 憂不在味.

⑤ 근심이 마음에 있으면, 변하기가 어렵다. 잇몸을 '신矧'이라고 한다. 크

게 웃으면 잇몸이 드러난다. 憂在心, 難變也. 齒本曰'矧'. 大笑則見.

⑥ 평상대로 한다. 自若常也.

集說 이 구절은 부모의 병환을 돌보는 예를 말하고 있다. '머리를 빗지 않는다'(不櫛)는 것은 장식을 하지 않는 것이다. '팔을 벌리고 다니지 않는다'(不翔)는 것은, 용모를 갖추지 않는 것이다. '불타不惰'는 관계없는 일까지 언급하지 않는 것이다. 공영달의 소에서 "'타惰'는 그릇되고 옳지 않은 말이다"라고 하였다. '금슬琴瑟을 연주하지 않는다'(琴瑟不御)는 것은 즐길 뜻이 없기 때문이다. 고기는 먹을 수 있지만, 고기를 질리도록 먹어서 입맛이 변할 정도에 이르지는 않는다. 술도 마실 수 있지만, 취하도록 마셔 안색이 변할 정도까지 이르지 않는다. 잇몸을 '신矧'이라고 한다. 웃을 때 잇몸을 드러내는 것은 크게 웃는 것이다. 성내며 심한 말을 하는 것을 '리詈'라고 한다. 성을 내고 심한 말을 하는 데까지 이르면, 이것은 매우 화가 난 것이다. 이들 모두는 자신의 근심을 망각한 것이 되기 때문에 경계한 것이다. '예전대로 돌아간다'(復故)는 것은 평상시로 돌아가는 것이다. 此言養父母疾之禮. '不櫛', 不爲飾也. '不翔', 不爲容也. '不惰', 不及他事也. 疏謂"'惰', 訛不正之言." '琴瑟不御', 以無樂意也. 猶可食肉, 但不至厭飫而口味變耳. 猶可飲酒, 但不至醺酣而顔色變耳. 齒本曰'矧'. 笑而見矧, 是大笑也. 怒罵曰'詈'. 怒而至詈, 是甚怒也. 皆爲忘憂, 故戒之. '復故', 復常也.

【곡례상 134】

근심이 있는 사람은 단독으로 자리를 깔고 앉는다. 상喪 중에 있는 사람은 자리를 홑겹으로 깔고 앉는다.

有憂者側席而坐.① 有喪者專席而坐.②

鄭注 ① '측側'은 단독이라는 의미와 같다. 근심이 있는 사람은 다른 사람을 대접하는 일에 마음이 있지 않기 때문에 그가 마주 대하는 자리를 깔지 않는다. '側', 猶特也. 憂不在接人, 不布他面席

② 거처를 낮추는 것이다. '전專'은 홑겹과 같은 의미다. 降居處也. '專', 猶單也.

集說 '근심이 있다'(有憂)는 것은 부모가 아프거나 또는 다른 우환이 있는 것이다. '측側'은 단독을 뜻한다. 단독으로 한 자리에 앉고 손님을 대하는 자리를 깔지 않는 것으로, 근심이 있기 때문이다. 일설에는 '측석側席'이 한쪽으로 치우치게 자리를 깔아서 정식의 바른 자리와 다르게 변화를 주는 것이라고 하는데, 또한 의미가 통한다. '전專'은 홑겹을 뜻한다. 신분이 높은 사람과 낮은 사람의 자리는 각자의 신분에 따라 덧까는 자리의 숫자가 정해져 있다. 그러나 상喪 중에 있는 사람은 덧깔지 않는다. ○ 여씨呂氏(여대림呂大臨)는 말한다. "'전석專席'은 다른 사람과 함께 앉지 않는 것이다." '有憂', 謂親疾或他禍患. '側', 獨也. 獨坐一席, 不設待賓之席, 爲有憂也. 一說, '側席', 謂偏設之, 變於正席也, 亦通. '專', 單也. 貴賤之席, 各有重數. 居喪則否. ○ 呂氏曰: "'專席', 不與人共坐也."

【곡례상 135】

물이 마르면, 물고기와 자라를 바치지 않는다.

水潦降, 不獻魚鼈.

鄭注 풍부하지 않기 때문이다.114) 不饒多也

集說 물이 마르면, 물고기와 자라를 쉽게 잡을 수 있으므로 귀한 것이 못된다. 그러므로 바치지 않는다. 水涸, 魚鼈易得不足貴. 故不獻.

【곡례상 136】

날짐승을 바칠 때는 그 대가리를 꺾어 돌린다. 집에서 기른 날짐승일 경우는 대가리를 꺾어 돌리지 않는다.

獻鳥者佛其首.① 畜鳥者則勿佛也.②

鄭注 ① 부리로 사람을 해치기 때문이다. '불佛'은 꺾어 돌린다는 뜻이다. 대개 작은 대바구니를 만들어 덮어씌운다. 爲其喙害人也. '佛', 戾也. 蓋爲小竹籠以冒之.

② '휵畜'은 기른다는 뜻이다. 기른 것은 유순하다. '畜', 養也. 養則馴.

集說 '불佛'은 머리를 꺾어 돌리는 것으로 부리가 사람을 해칠까 염려해서이다. 기른 것은 그렇게 하지 않는데, 그 성질이 순하기 때문이다. '佛', 謂捩轉其首, 恐其喙之害人也. 畜者不然, 順其性也.

【곡례상 137】

수레와 말을 바칠 때는 채찍(策)과 수레고삐(綏)만 가지고 바친다.

獻車馬者執策綏.

集說 소疏에서 말한다. "'책策'은 채찍이다. '수綏'는 수레에 오를 때 잡는 끈(수레고삐)이다. 수레와 말은 당堂에 오를 수 없기 때문에 채찍과 수레고삐만 가지고 바치면, 수레와 말이 있음을 안다." 疏曰: "'策'是馬杖. '綏'是上車之繩. 車馬不上於堂, 但執策綏呈之, 則知有車馬."

【곡례상 138】

갑옷을 바칠 때는 투구만 가지고 바친다. 지팡이를 바칠 때는 지팡이의 끝을 잡고 바친다.

獻甲者執冑. 獻杖者執末.

集說 소疏에서 말한다. "'갑甲'은 갑옷이다. '주冑'는 투구이다. 갑옷은 크고 투구는 작다. 작은 것은 들기 쉽기 때문에 그것을 잡고 바치는 것이다. 지팡이의 끝은 땅을 디디기 때문에 깨끗하지 않다. 그러므로 그곳을 자기 쪽을 향하게 잡는다. 疏曰: "'甲', 鎧也. '冑', 兜鍪也. 鎧大兜鍪小. 小者易擧, 執以呈之耳. 杖末拄地不淨. 故執以自向.

【곡례상 139】

평민 포로를 바칠 때는 오른손 소매를 잡고 바친다.

獻民虜者操右袂.

集說 '평민 포로'(民虜)는 정벌에서 포로로 사로잡은 사람들이다. 오른손

을 잡는 것은 다른 마음을 갖는 자들을 방비하는 것이다. '民虜', 征伐所俘獲之人口也. 持其右袂, 所以防異心.

【곡례상 140】

벼를 바칠 때는 우계右契[115]를 잡는다. 쌀을 바칠 때는 양量과 고鼓를 잡고 바친다.

獻粟者執右契. 獻米者操量鼓.

集說 소疏에서 말한다. "계약문서는 한 패(札)[116]에 두 번 쓰는데 똑같이 써서 나누어 갖는다. 오른쪽에 쓴 것이 먼저 쓴 것으로 높은 쪽이 된다. '고鼓'[117]는 분량을 측정하는 용기容器 명칭이다. 쌀에 대해 분량으로 말하면 벼도 양으로 말하고, 벼에 대하여 문서로 말하면 쌀에 대해서도 문서로 말한다. 다만 쌀은 곧바로 먹을 수 있어 시급한 것이 되므로 양量으로 말한 것이고, 벼는 오래 저장할 수 있어 여유를 갖고 충당하는 것이므로 문서로 말한 것이다. 문서는 양量에 비하여 시급하지 않은 것이다. 疏曰: "契者, 兩書一札, 同而別之. 右者先書爲尊. '鼓', 量器名也. 米云量, 則粟亦量, 粟云契, 則米亦書. 但米可卽食爲急, 故言量, 粟可久儲爲緩, 故云書. 書比量爲緩也.

【곡례상 141】

익힌 음식을 바칠 때는 장醬(젓갈종류)과 제齊(간장종류)를 담은 그릇을 든다.

獻孰食者操醬·齊.

集說 소疏에서 말한다. "장醬과 저齊는 음식의 주된 반찬이다. 주된 반찬을 들고 오면, 음식을 알 수 있다. 가령 겨자장을 보게 되면 틀림없이 생선회 종류를 바치는 것임을 아는 것과 같다. 疏曰: "醬·齊爲食之主. 執主來則食可知. 如見芥醬, 必知獻魚膾之類.

【곡례상 142】

토지와 주택을 바칠 때는 계약문서를 잡는다.

獻田宅者操書致.

鄭注 무릇 '든다'(操)거나 '잡는다'(執)는 것은 손으로 든 것을 가지고 고하는 것을 가리킨다. 큰 것을 바치는데 작은 것을 드는 것은 편의를 도모한 것이다. '갑甲'은 갑옷을 뜻하고, '주冑'는 투구를 뜻한다. '평민 포로'(民虜)는 전쟁에서 사로잡은 포로로, 포로의 오른쪽 소매를 잡고 통제한다. '계契'는 계약문서로 오른쪽 계약문서가 높은 쪽이 된다. '양量'과 '고鼓'는 분량을 측정하는 용기 명칭이다. 凡'操'·'執'者, 謂手所擧以告者也. 設其大者, 擧其小者, 便也. '甲', 鎧也, '冑', 兜鍪也. '民虜', 軍所獲也, 操其右袂制之. '契', 券要也, 右爲尊. '量'·'鼓', 量器名.

集說 '서치書致'는 수량을 자세히 기록하여 다른 사람에게 주는 것을 가리킨다. ○ 여씨呂氏는 말한다. "옛날에 토지와 주택은 모두 공公의 소유여서 백성이 얻어서 소유할 수 있는 것이 아니었다. 그런데도 여기서 '바친다'

(獻)고 한 것은 아마도 위에서 하사하여 자신의 소유로 삼을 수 있는, 이를테면 채지采地와 같은 경우에 해당하기 때문에 바칠 수 있었을 것이다." '書致', 謂詳書其多寡之數, 而致之於人也. ○ 呂氏曰: "古者, 田宅皆屬於公, 非民所得而有. 而此云'獻'者, 或上所賜予, 可爲己有者如采地之屬, 故可獻歟."

【곡례상 143】

무릇 (대등한 신분 사이에) 활을 줄 때, 시위를 맨 활은 줄을 위로 가게 하고, 시위를 푼 활은 각角을 위로 가게 한다. 오른손으로 활고자(簫)를 잡고 왼손으로 줌통(弣)을 받든다. 주고받는 사람이 서로 신분이 대등할 경우 허리에 찬 수건이 늘어질 정도로 몸을 조금 굽힌다. (활을 받는) 주인이 배례拜禮를 하면, (활을 주는) 손님은 조금 물러나서 배례를 피한다.

凡遺人弓者, 張弓尙筋, 弛弓尙角.① 右手執簫, 左手承弣.② 尊卑垂帨.③ 若主人拜,④ 則客還辟辟拜.⑤

鄭注 ① 활에는 왕체往體와 래체來體[118]가 있는데, 모두 굽은 부분을 아래로 가게 하여 유순한 모양이 되도록 한다. 다른 사람에게 주는 것이 정해진 때가 없으므로, 몸체가 고정된 경우엔 시위를 매고, 아직 고정되지 않은 경우엔 시위를 매지 않는다. 弓有往來體, 皆欲令其下曲, 隤然順也. 遺人無時, 已定體則張之, 未定體則弛之.

② '소簫'는 활고자의 머리 부분이다. 소簫라고 한 것은 통소가 기울어 있기 때문이다. '줌통'(弣)은 손으로 잡는 중앙 부분이다. '簫', 弭頭也. 謂之簫, 簫, 邪也. '弣', 把中.

③ '수건'(帨)은 허리에 차는 수건(佩巾)이다. 경쇠처럼 몸을 굽히면 허리에 찬 수건이 늘어뜨려지게 된다. 주고받는 예법은 신분에 상관없이 동일하다. '帨', 佩巾也. 磬折則佩垂. 授受之儀, 尊卑一.

④ 배례拜禮를 하고 받는 것이다. 拜受也.

⑤ '배례를 피한다'(辟拜)는 것은 겸양하여 감히 감당하지 못하는 것이다. '辟拜', 謙不敢當.

集說 활의 몸체[119]는 뿔을 안쪽에 붙이고 쇠심줄을 바깥쪽에 붙인다. '상尙'은 위로 가게 한다는 것이다. 모두 그 자세의 유순한 모양을 취한 것이다. '소簫'는 활고자의 끝부분이다. 소疏에서 말한다. "뾰쪽한 것이 약간 기울어서 퉁소와 비슷하기 때문에 '소簫'라고 명칭을 붙인 것이다." '줌통'(弣)은 중앙의 손으로 잡는 부분이다. '수건'(帨)은 허리에 차는 수건(佩巾)이다. 손님과 주인의 신분이 서로 대등하면, 주고받을 때 언제나 약간 경쇠 모양처럼 몸을 굽혀 자신의 수건이 늘어뜨려지는 것을 보인다. 이때 활은 여전히 손님의 손에 있기 때문에 주인의 배례에 답할 수 없다. 따라서 조금 주춤하며 물러나 배례를 피한다. '벽辟'은 열다의 뜻이다. 자신이 서 있는 위치로부터 떨어지는 것을 가리킨다." ○ 여씨呂氏(여대림呂大臨)는 말한다. "아랫사람이 윗사람에게 줄 때는 '헌獻'이라고 하고, 윗사람이 아랫사람에게 줄 때는 '사賜'라고 하고, 대등한 경우에는 '유遺'라고 한다." 弓之體, 角內而筋外. '尙', 使之在上也. 皆取其勢之順也. '簫', 梢末也. 疏云: "剡之差斜似簫, 故名. '弣', 中央把處也. '帨', 佩巾也. 客主尊卑相等, 則授受之際, 皆稍磬折而見其帨之垂也. 此時, 弓尙在客手, 故不容答主人之拜. 而少逡巡遷延以避之. '辟', 猶開也. 謂離其所立之處." ○ 呂氏曰: "下於上曰'獻', 上於下曰'賜', 敵者曰'遺'."

【곡례상 144】

주인이 직접 받을 때, 손님의 왼쪽으로부터 손님의 손 아래쪽으로 대어 줌통을 받치고, 방향을 손님과 나란히 같은 방향으로 선 뒤에 받는다.

主人自受, 由客之左, 接下承弣,① 鄕與客並, 然後受.②

鄭注 ① '유由'는 부터라는 뜻이다. 손님의 왼쪽으로부터 받는 것은 손님을 오른쪽에 있게 하는 것으로 높이는 것이다. '아래에 댄다'(接下)는 것은 손님의 손 아래쪽에 댄다는 것이다. 줌통을 받칠 때 왼손을 뒤로 물러나게 하면, 활고자는 손을 뒤집어 잡는 것이다. '由', 從也. 從客之左, 右客, 尊之. '接下', 接客手下也. 承弣卻手, 則簫覆手與.

② 당 위에서 받으면 주인과 손님이 함께 남쪽을 향한다. 예禮에 따르면 대등한 사이는 나란히 받는다. 於堂上, 則俱南面. 禮, 敵者並授.

集說 '자신이 직접 받는다'(自受)는 것은 자신과 대등한 손님일 때 사람을 시켜 받게 해서는 안 되기 때문이다. '유由'는 부터라는 뜻이다. 손님의 왼쪽으로부터 받으면, 손님은 오른쪽에 있게 된다. 이때 주인은 왼손을 뒤로 물러나게 하여 손님의 손 아래쪽으로부터 대면서 줌통을 받친다. 또한 오른손을 뒤집어 활의 아랫부분을 잡고 받는다. 이때 주인과 손님은 나란히 서서 함께 남쪽을 향한다. ○ 방씨方氏(방각方慤)는 말한다. "손님과 주인이 신분이 다르면, 주고받을 때 방향을 달리한다. 여기서는 손님과 주인이 대등한 신분이기 때문에 향하는 것이 손님과 같이 나란한 것이다." '自受'者, 以敵客不當使人受也. '由', 從也. 從客左邊而受, 則客在右矣. 於是主人卻左手, 以接客之下, 而承其弣. 又覆右手以捉弓之下頭而受之. 此時, 則主客並立而俱向南也. ○ 方氏曰: "賓主異等, 則授受異向. 此賓主敵, 故鄕與客並也."

【곡례상 145】

칼을 줄 때는 칼의 손잡이를 왼쪽으로 가게 한다.

進劍者左首.

鄭注 '칼의 손잡이를 왼쪽으로 가게 한다'(左首)는 것은 손잡이가 높은 쪽이기 때문이다. '左首', 尊也

集說 소疏에서 말한다. "'진進'도 또한 대등한 사이에서 준다(遺)는 의미다. '수首'는 칼의 손잡이다. 손님은 오른쪽에 있고 주인은 왼쪽에 있는 상황에서 손잡이가 높은 쪽이 되기 때문에 높은 쪽으로 주인에게 주는 것이다. 설령 마주보고 주더라도 또한 손잡이를 왼쪽으로 가게 한다. 손잡이가 높은 쪽이고 왼쪽이 또한 높은 쪽이어서 (손잡이를 왼쪽으로 가게 주는 것이) 합당한 모양이 된다." 疏曰: "'進', 亦遺也. '首', 劍拊環也. 客在右, 主人在左, 劍首爲尊, 以尊處與主人也. 假令對授, 則亦左首. 首尊, 左亦尊, 爲宜也."

【곡례상 146】

과戈(날이 갈고리진 창의 일종)를 줄 때는 창고달을 앞으로 가게 하고 칼날이 뒤로 가게 한다.

進戈者前其鐏, 後其刃.

集說 소疏에서 말한다. "'과戈'[120]는 갈고리가 하나인 창이다. 날은 앞쪽에 있어 날카롭고 창고달은 끝부분에 있어 뭉툭하다. 날이 있는 쪽으로 주지 않는 것은 공경함이다." 疏曰: "'戈', 鉤孑戟也. 刃當頭而利, 鐏在尾而鈍. 不以刃授, 敬也."

【곡례상 147】

모矛와 극戟을 줄 때는 창고달(鐓)을 앞으로 가게 한다.

進矛·戟者前其鐓.

鄭注 '칼날을 뒤로 가게 한다'(後刃)는 것은 공경함이다. 세 무기에서 창고달이 비록 아래에 있지만 머리가 된다. 예리하게 된 창고달을 '준鐏'이라고 하는데, 준鐏의 바닥 부분을 취한 것이다. 평평하게 된 창고달을 '대鐓'라고 하는데 대의 바닥 부분을 취한 것이다. '後刃', 敬也. 三兵鐏鐓雖在下, 猶爲首. 銳底曰'鐏', 取其鐏地. 平底曰'鐓', 取其鐓地[121].

集說 소疏에서 말한다. "'모矛'는 선鋋(작은 창의 일종)과 같이 생긴 창인데 삼각의 날카로운 모서리가 있다. '극戟'은 오늘날의 극戟(양쪽에 날이 있는 창)이다. '대鐓'는 모矛와 극戟에서 자루 끝의 평평한 부분이다. 평평한 쪽을 상대에게 향하게 하는 것은 상대를 공경하는 것이다. 창의 경우도 마찬가지로 나란히 서서 주어야 한다. 좌우左右라고 말하지 않고 전후前後라고 말한 것은 호문互文이다. 서로 마주 대하면 전후前後가 되고, 나란히 서서 주면 좌우左右가 된다. 疏曰: "'矛', 如鋋而三廉. '戟', 今之戟也. '鐓'爲矛戟柄尾平底. 以平向人, 敬也. 亦應並授. 不云左右, 而云前後者, 互文也. 若相對則前後也, 若並授則左右也.

【곡례상 148】

안석과 지팡이를 줄 때는 먼지를 털고 준다.

進几·杖者拂之.

鄭注 높은 분이 기대고 의지하는 것이다. '불拂'은 먼지를 털어내는 것으로 공경하는 행위다. 尊者所馮依. '拂', 去塵, 敬.

集說 먼지를 닦아내는 것이다. 拭去塵也

【곡례상 149】

말과 양을 바칠 때는 오른손으로 잡아당긴다.

效馬效羊者右牽之.

鄭注 오른손을 사용하는 것은 편리하기 때문이다. '효效'는 바친다는 뜻과 같다. 用右手便. '效', 猶呈見

集說 '효效'는 바친다는 뜻이다. 오른손으로 잡아당기는 것은 편하기 때문이다. '效', 陳獻也. 以右手牽之, 爲便.

【곡례상 150】

개를 바칠 때는 왼손으로 잡아당긴다.

效犬者左牽之.

鄭注 개는 사람을 물기 때문에 오른손으로 방지해야 한다. 犬齧齧人, 右手當禁備之.

集說 오른손으로 무는 것을 방지한다. 以右手防其齧噬.

【곡례상 151】

날짐승을 바칠 때는 머리를 왼쪽으로 가게 한다.

執禽者左首.

鄭注 왼쪽과 머리가 높은 쪽이 된다. 左·首, 尊.

集說 '금禽'은 날짐승이다. 머리가 높은 쪽이고 주인이 왼쪽에 있기 때문에 가로 방향으로 들고서 머리 쪽으로 주인에게 준다. '禽', 鳥也. 首尊, 主人在左, 故橫捧而以首授主人.

【곡례상 152】

고羔(새끼 양)와 기러기를 덮을 때는 채색한 베로 덮는다.

飾羔·鴈者以繢.

鄭注 '적繢'은 채색한 베이다. 제후의 대부는 베를 사용하고, 천자의 대부는 채색한 베를 사용한다. '繢', 畫也. 諸侯大夫以布, 天子大夫以畫.

集說 '식飾'은 덮는다는 뜻이다. 베에 구름과 안개를 그려 고羔(새끼 양)와 기러기를 덮어서 상견례의 예물로 삼는다. '飾', 覆之也. 畫布爲雲氣, 以覆羔與鴈, 爲相見之贄也.

【곡례상 153】

구슬과 옥을 받을 때는 두 손으로 함께 받쳐서 받는다.

受珠·玉者以掬.

鄭注 조심하는 것이다. '국掬'은 손바닥 가운데이다. 愼也. '掬', 手中.

集說 두 손으로 함께 받쳐서 받는 것을 가리킨다. 謂以兩手共承之也.

【곡례상 154】

활과 칼을 받을 때는 옷소매로 받는다.

受弓·劍者以袂.

鄭注 공경하는 것이다. 敬也.

集說 옷소매로 받쳐서 대고 손을 드러내지 않는 것을 가리킨다. 謂以衣袂承接之, 不露手也.

【곡례상 155】

옥잔으로 마실 때는 털지 않는다.

飮玉爵者弗揮,

鄭注 귀중한데다 약하기 때문이다. 爲其寶而脆.

集說 찌꺼기를 털어내지 말아야 함을 뜻한다. 떨어뜨릴 염려가 있기 때문이다. 謂不可振去餘瀝. 恐失墜.

【곡례상 156】

무릇 활과 칼, 생선이나 고기를 싸거나 풀로 물건을 담은 꾸러미(苞苴), 죽기竹器에 담은 물건(簞笥)을 전해줄 때 명령을 받아 물건을 드는 것을 사신의 자세와 같이 한다.

凡以弓劍·苞苴·簞笥問人者,① 操以受命, 如使之容.②

鄭注 ① '문問'은 준다는 뜻과 같다. '포저苞苴'는 생선이나 고기를 싼 것으로 갈대(葦)로 싸기도 하고, 띠풀(茅)로 싸기도 한다. '단사簞笥'는 밥을 담는 것으로 둥근 것을 '단簞'이라고 하고 네모난 것을 '사笥'라고 한다. '問', 猶遺也. '苞苴', 裹魚肉, 或以葦, 或以茅. '簞笥', 盛飯食者, 圜曰簞, 方曰笥.

② 사자使者를 가리킨다. 謂使者.

集說 '포苞'는 생선이나 고기를 싼 것이다. '저苴'는 풀을 그릇으로 대신 삼아 물건을 싼 것이다. '단簞'122)은 둥근 것이고 '사笥'는 네모진 것으로 모두 죽기竹器(대나무로 만든 그릇)이다. '문問'은 준다는 뜻이다. 사자는 명령을 받들 때 여러 물건을 들고 있게 되는데, 그 자세와 나아가고 물러가는 동작을 상대국에 이르렀을 때의 자세와 같이 익힌다. '苞'者, 苞裹魚肉之屬. '苴'者, 以草藉器而貯物也. '簞'圓, '笥'方, 皆竹器. '問', 遺之也. 使者受命之時, 操持諸物, 卽習其威儀進退, 如至彼國之儀容也.

【곡례상 157】

군주의 사자使者는 일단 명령을 받으면, 군주의 말이 자신의 집에서 하루라도 지체하게 하지 않는다.

凡爲君使者, 已受命, 君言不宿於家.

鄭注 군주가 시키는 일을 급하게 여기는 것이다. '언言'은 사안이 발생하여 묻는 것을 가리킨다. 『의례』「빙례聘禮」에서 "만일 (군주가 전하게 한) 말이 있으면, 속백束帛[123]에 받쳐 올리는데, 향례享禮[124]와 같이 한다"라고 하였다. 急君使也. '言', 謂有故所問也. 「聘禮」曰: "若[125]有言, 則以束帛, 如饗禮."

集說 명령을 받으면 즉시 시행한다. 受命卽行.

【곡례상 158】

임금의 말이 이르면, 주인은 대문을 나가서 임금의 말이 (신분이 낮은 자신의 집에까지) 내려온 것에 대하여 배례한다. 임금의 말을 전한 사자가 돌아갈 때, 반드시 대문 밖에서 배례를 하고 전송한다.

君言至, 則主人出拜君言之辱. 使者歸, 則必拜送于門外.

鄭注 임금의 명령에 대하여 공경을 표시하는 것이다. 이것은 임금이 자신의 신하에게 사안에 대하여 자문하는 것을 가리킨다. 敬君命也. 此謂國君問事於其臣.

集說 임금의 말이 이르면 명령에 대하여 배례한다. 사자가 돌아갈 때 배

례하고 전송한다. 모두 임금에 대하여 공경을 표시하는 것이다. 至則拜命. 歸則拜送. 皆敬君也.

【곡례상 159】

임금의 처소에 사람을 보낼 때에는 반드시 조복朝服을 입고 명령한다. 사자가 돌아오면, 반드시 당堂을 내려가서 임금의 명령을 받는다.

若使人於君所, 則必朝服而命之. 使者反, 則必下堂而受命.

鄭注 이것은 신하가 자신의 임금에게 보고하고 요청할 것이 있을 때를 가린다. 此臣有所告請於其君.

集說 여씨呂氏는 말한다. "임금의 처소에 사람을 보낼 때는 당堂을 내려가지 않고, 사자가 돌아오면 당을 내려간다. 명령을 받는 자는 처음에 자신의 명령을 가지고 가서 나중에는 임금의 명령을 가지고 돌아온다. 따라서 사자가 돌아온 뒤에 공경을 표시하고, 갈 때는 하지 않는다." 呂氏曰: "使人於君所不下堂, 反則下堂. 受命者始以己命往, 終以君命歸. 故使者反而後, 致其敬, 往則否也."

【곡례상 160】

널리 듣고 힘써 기억해두면서도 남에게 사양하고, 선행을 독실하게 실천하면서 게으르지 않으면, 그를 군자라고 부른다.

博聞强識而讓, 敦善行而不怠, 謂之君子.

鄭注 '돈敦'은 독실하다는 뜻이다. '敦', 厚.

集說 '널리 듣고 힘써 기억해두면서도 남에게 사양한다'(博聞强識而讓)는 것은 이른바 "있으면서도 없는 듯이 꽉 차 있으면서도 텅 빈 듯이 한다"(有若無實若虛)[126]는 말이다. '선행을 독실하게 실천하면서 게으르지 않는다'(敦善行而不怠)는 것은 이른바 "부지런히 선을 실천한다"(孳孳爲善)[127]는 말이다. 이들은 모두 군자의 도리다. ○ 진씨陳氏(진상도陳祥道)는 말한다. "듣는 것과 기억해두는 것은 밖으로부터 들어오는 것이지만, 선행은 자신으로부터 나온다. 밖으로부터 들어오는 것은 쉽게 채워지기 때문에 마음을 비우는 자세로 처신하고, 자신으로부터 나오는 것은 게을러지기 쉽기 때문에 부지런한 것으로 극복한다." '博聞强識而讓', 所謂有若無實若虛者. '敦善行而不怠', 所謂孳孳爲善者. 皆君子之道也. ○ 陳氏曰: "聞識自外入, 善行由中出. 自外入者易實, 故處之以虛, 由中出者易倦, 故濟之以勤."

【곡례상 161】

군자는 남에게 자신을 좋아하기를 남김없이 요구하지 않고, 남의 충성을 남김없이 요구하지 않아서 교제를 온전하게 유지한다.

君子不盡人之歡, 不竭人之忠, 以全交也.

鄭注 '환歡'은 음식을 가리킨다. '충忠'은 의복 등을 가리킨다. '歡', 謂飮食. '忠', 謂衣服之物.

集說 여씨呂氏(여대림呂大臨)는 말한다. "남에게 자신을 좋아하기를 남김없이 요구하고 남의 충성을 남김없이 요구하는 것은 모두 남에게 요구하는 것이 심한 것이다. 남에게 요구하는 것이 지나쳐서 아무도 응하지 않는 것, 이것이 교제가 온전하게 유지되기 어려운 원인이다. '환歡'은 나를 좋아하는 것을 가리킨다. '충忠'은 나에게 마음을 다하는 것이다. 나를 좋아하는 것을 기대함이 심하지 않고, 나에게 마음을 다하기를 반드시 행하도록 요구하지 않으면 교제를 유지하기 어려운 상황에까지 이르지 않는다." 呂氏曰: "盡人之歡, 竭人之忠, 皆責人厚者也. 責人厚而莫之應, 此交所以難全也. '歡', 謂好於我也. '忠', 謂盡心於我也. 好於我者, 望之不深, 盡心於我者, 不要其必致, 則不至於難繼也."

【곡례상 162】

예에 이르기를 "군자는 손자를 안고 자식을 안지 않는다"고 하였다. 이것은 손자가 할아버지의 시尸가 될 수 있지만, 자식이 아버지의 시尸가 될 수 없음을 말한다. 군주의 시尸가 된 사람은 대부大夫와 사士가 그를 보면 수레에서 내린다. 시尸가 되는 사람임을 알았을 때는 임금도 수레에서 스스로 내린다. 시尸는 (수레에서 내리지 않고) 임금에게 반드시 인사(式)[128]를 한다. 수레를 타고 있을 때 시尸는 반드시 안석에 의지한다.

禮曰: "君子抱孫不抱子." 此言孫可以爲王父尸, 子不可以爲父尸.① 爲君尸者, 大夫士見之, 則下之. 君知所以爲尸者, 則自下之.② 尸必式.③ 乘必以几.④

鄭注 ① 손자와 할아버지는 소목昭穆이 같기 때문이다. 以孫與祖昭穆同.
② 시尸를 존중하는 것이다. '하下'는 수레에서 내린다는 것이다. 임금이 때로 나이가 어린 경우 여러 신하들을 다 알 수 없다. 누군가 알려주는 사람이 있으면, 곧 수레에서 내린다. 尊尸也. '下', 下車也. 國君或時幼少, 不能盡識群臣. 有以告者, 乃下之.
③ 예禮를 표시하는 것이다. 禮之.
④ 높은 지위에 있는 사람은 조심한다. 尊者愼也.

集說 소疏에서 말한다. "천지天地, 사직社稷, 산천山川, 사방四方, 온갖 사물(百物) 및 칠사七祀 등에 지내는 제사에선 모두 시尸가 있다. 외신外神[129]의 경우 동성과 이성을 따지지 않고 점을 쳐서 길하면 시尸가 될 수 있다. 망한 나라의 사직에 제사할 때에는 사사士師가 시尸가 된다. 미성년으로 죽은 사람에게 제사할 때는 시尸가 없다." ○ 여씨呂氏는 말한다. "'손자를 안고 자식을 안지 않는다'는 말은 옛 예경禮經의 말이다. 「증자문曾子問」(54)에 '손자가 어리면 사람을 시켜 안고 있게 한다'라고 하였다. 손자를 안는다는 말은 손자가 어리기 때문에 나온 말이고 시尸는 반드시 손자로 세움을 밝힌 것으로 소목昭穆이 같기 때문이다. 고대에 제사를 지낼 때 반드시 시尸를 두었다. 시尸는 귀신의 상징이다. 주인이 시尸를 섬기는 것은 자식으로서 아버지를 섬기는 것이다. 시尸는 반드시 시초점(筮)을 쳐서 귀신에게 물으며 감히 마음대로 정하지 않는다. 산재散齋[130] 기간에 더러 길에서 만나는 수가 있기 때문에, 시尸를 대하면 수레에서 내리는 예법이 있는 것이다. 대부와 사의 경우 '본다'(見)고 하고, 임금의 경우 '알아본다'(知)고 한 것은 대개 임금이 다 알아보지 못하는 경우가 있어 누군가 알려주면 수레에서 내려 공경을 표시하기 때문이다. 시尸가 군주에게 내려오지 않고 인사(式)를 하는 이유는 사당 밖에서는 시尸의 높은 지위가 온전한 것이 아니어서

감히 대등한 예로 답례하지 못하기 때문이다. 그러므로 식式만 한다. 대등한 예로 답례할 때는 수레에서 내려온다. 만일 사당 안이라면, 주인이 배례할 때 답례하지 않는 법이 없다. 옛날에 수레에서는 식式으로 경의를 표시하였다. '식式'은 수레 앞쪽의 가름대이다. 그 가름대에 의지해 예를 표시하면 머리가 반드시 조금 숙여지는데 이로써 경의를 표시하는 것으로 삼았다. '식式'은 말의 꼬리를 보면서 머리를 숙이는 예절이다. '궤几'는 지위가 높은 사람이 의지해서 편안한 자세를 갖는 수단이다. 그러므로 시尸가 수레를 타고 다닐 때 사용한다." 疏曰: "祭天地·社稷·山川·四方·百物及七祀之屬, 皆有尸. 外神不問同姓異姓, 但卜之吉則可爲尸. 祭勝國之社稷, 則士師爲尸. 惟祭殤無尸." ○ 呂氏曰: "'抱孫不抱子', 古禮經語也. 「曾子問」曰: '孫幼則使人抱之.' 抱孫之爲言, 生於孫幼, 且明尸必以孫, 以昭穆之同也. 古之祭祀必有尸. 尸神象也. 主人之事尸, 以子事父也. 尸必筮求諸神而不敢專也. 在散齋之日, 或道遇之, 故有爲尸下之禮. 大夫士言'見', 君言'知'者, 蓋君或不能盡識, 有以告則下之致其敬也. 尸不下君而式之者, 廟門之外, 尸尊未全, 不敢亢禮而答之. 故式之而已. 亢禮而答則下之矣. 如在廟中, 主人拜, 無不答也. 古者, 車中以式爲敬. '式', 車前橫木也. 馮之以禮人, 首必小俛, 以是爲敬. '式', 視馬尾俯首之節也. '几', 尊者所馮以養安也, 故尸之乘車用之."

【곡례상 163】

재계 중인 사람은 즐거워하지 않고 조문하지 않는다.

齊者不樂不弔.

鄭注 슬프거나 즐거우면 바른 상태를 잃어 생각을 분산시키기 때문이다.

爲哀樂則失正, 散其思也.

集說 여씨呂氏(여대림呂大臨)는 말한다. "옛날에 경건한 마음으로 행할 일이 있으면 반드시 재계를 하였다. 재계는 순결하고 밝은 덕의 상태가 되게 하는 것이다. 즐거우면 분산되고, 슬프면 동요되어 모두 재계에 지장을 준다. '즐거워하지 않고 조문하지 않는다'(不樂不弔)는 것은 재계하는 의지를 온전히 지키는 것이다." 呂氏曰: "古之有敬事者, 必齊. 齊者, 致精明之德也. 樂則散, 哀則動, 皆有害於齊也. '不樂不弔'者, 全其齊之志也."

【곡례상 164】

상喪 중에 거처하는 예禮는 수척함이 뼈가 드러날 정도가 되지 않고, 시력과 청력이 약화되지 않을 정도여야 한다. 오르고 내려올 때는 동쪽 계단을 이용하지 않고, 문을 들어가고 나올 때도 문의 가운데 통로(門隧)를 이용하지 않는다.

居喪之禮, 毁瘠不形, 視聽不衰.① 升降不由阼階, 出入不當門隧.②

鄭注 ① 상사喪事를 그르치기 때문이다. '형形'은 뼈가 드러나는 것이다. 爲其廢喪事. '形', 謂骨見.

② 항상 부모가 살아 계신 것처럼 여기는 것이다. '수隧'는 통로이다. 常若親存. '隧', 道也.

集說 '문수門隧'는 문의 가운데 통로이다. ○ 소疏에서 말한다. "상喪 중에 거처하는 것은 수척한 정도는 허용하지만 뼈가 드러나는 정도가 됨은 허용하지 않는다. 뼈는 몸(形)의 중심이다. 따라서 뼈를 '형形'이라고 한 것이다." ○ 여씨呂氏(여대림呂大臨)는 말한다. "선왕께서 예를 제정할 때, 수척하더라도 생명을 해치지 않았다. 수척해서 뼈가 드러나고 시력과 청력이 약화되

는 것은 생명을 해치는 것에 가깝다. 사자를 전송하는 중대한 일을 그르쳐 행하지 못한다면, 더 큰 죄가 없게 된다. '동쪽 계단을 이용하지 않는다'(不由阼階)·'문의 가운데 통로를 이용하지 않는다'(不當門隧)는 것은 자식의 예를 계속 지켜 차마 없애지 못하는 것이다." '門隧', 門之中道也. ○ 疏曰: "居喪許羸瘦, 不許骨露見. 骨爲形之主, 故謂骨爲'形'." ○ 呂氏曰: "先王制禮, 毁不滅性, 毁瘠形, 視聽衰, 幾於滅性. 送死之大事, 且將廢而莫之行, 則罪莫大焉. '不由阼階', '不當門隧', 執人子之禮而未忍廢也."

【곡례상 165】

상喪 중에 거처하는 예禮는 머리에 부스럼이 나면 머리를 감고, 몸에 종기가 있으면 목욕을 하고, 질병이 있으면 술을 마시고 고기를 먹는다. 질병이 나으면 처음에 거처하던 방식으로 되돌아간다. 상喪을 감내하지 못하는 것은 곧 아비 노릇을 못하고 불효하는 것에 비견된다.

居喪之禮, 頭有創則沐, 身有瘍則浴, 有疾則飮酒食肉. 疾止復初. 不勝喪, 乃比於不慈不孝.

鄭注 '승勝'은 감내한다는 뜻이다. '勝', 任也.

集說 목욕하고 술을 마시고 고기를 먹는 것은 권도權道로 제정한 것이다. 그러므로 질병이 나으면 처음에 거처하던 방식으로 되돌아간다. ○ 주자朱子는 말한다. "아래로 전할 수 없기 때문에 아비 노릇을 못하는 것에 비견되고, 위로 조상을 받들지 못하기 때문에 불효에 비견된다." 沐浴與飮酒食

肉, 以權制者也. 故疾止則復初. ○ 朱子曰: "下不足以傳後, 故比於不慈, 上不足以奉先, 故比於不孝."

【곡례상 166】

상주의 나이가 오십이면 몸을 수척하게 하기를 극진히 하지 않고, 육십이면 몸을 수척하게 하지 않는다. 칠십이면 몸에 상복만 걸치고, 술을 마시고 고기를 먹으며 내실에서 거처한다.

五十不致毁, 六十不毁. 七十唯衰麻在身, 飮酒食肉, 處於內.

鄭注 쇠약해지고 늙은 몸을 보호하는 것이다. 사람은 오십이 되면 쇠약해지기 시작한다. 所以養衰老. 人五十始衰也.

集說 오십에 쇠약해지기 시작하므로 몸을 수척하게 하는 것을 극진히 하지 않는다. 육십이면 더욱 쇠약해지기 때문에 몸을 수척하게 해서는 안 된다. 칠십 세는 죽음이 멀지 않다. 상喪에 거처하는 예를 줄이는 것은 얼마 남지 않은 삶을 온전히 마치도록 하기 위한 것이다. 五十始衰, 故不極毁. 六十則又衰矣, 故不可毁. 七十之年, 去死不遠. 略其居喪之禮者, 所以全其易盡之期也.

【곡례상 167】

살아 있는 사람의 일에 대해서는 사망한 다음 날부터 수를 세고, 죽은 사람의 일에 대해서는 사망한 날부터 수를 센다.

生與來日, 死與往日.

鄭注 '여與'는 수를 센다는 뜻과 같다. '살아 있는 사람의 일에 대해서는 사망한 다음 날부터 수를 센다'(生數來日)는 것은 성복成服과 상장喪杖[131]의 시기는 사망한 다음 날부터 수를 셈을 말한다. '죽은 사람의 일에 대해서는 사망한 날부터 수를 센다'(死數往日)는 것은 빈궁을 차리고 염습을 하는 날은 사망한 날부터 수를 셈을 말한다. 이것은 사士의 예로서 대부의 예에 비하여 줄인 것이다. 대부 이상은 모두 사망한 다음 날부터 센다. 『의례』「사상례士喪禮」에 "사망한 날에 습襲[132]을 하고, 그 다음 날에 소렴小斂[133]을 하고, 그 다음 날에 대렴大斂[134]을 하고 빈殯을 한다[135]"고 하였으니, 사망한 지 삼 일 만이다. 그러나 다시 '삼 일째 되는 날 성복成服과 상장喪杖을 한다'고 바꾸어 말하였으니, 날을 달리하는 듯하다. 「상대기喪大記」(24)에 "사士의 상喪에서는 죽은 지 이틀 만에 빈殯을 한다. 3일째 날 아침부터 주인은 지팡이를 짚는다"라고 하였다. 두 기록을 상호 유추해보면 그 이유가 명확하다. '여與'는 어떤 본에는 '여予'로 되어 있다. '與', 猶數也. '生數來日', 謂成服杖以死明日數也. '死數往日', 謂殯斂以死日數也. 此士禮貶於大夫者. 大夫以上皆以來日數. 「士喪禮」曰: "死日而襲, 厥明而小斂, 又厥明大斂而殯", 則死三日. 而更言三日成服杖, 似異日矣. 「喪大記」曰: "士之喪二日而殯. 三日之朝, 主人杖." 二者相推, 其然明矣. '與'或爲'予'.

集說 '여與'는 수를 헤아린다는 뜻과 같다. 성복成服과 상장喪杖은 살아 있는 사람과 관련된 일이다. 사망한 다음 날부터 날짜를 세어 3일이 된다. 소렴小斂, 대렴大斂, 빈殯 등은 죽은 사람과 관련된 일이다. 사망한 날부터 날짜를 세어 3일이 된다. 여기서 "3일째 되는 날 성복成服을 한다"[136]고 한 말은 곧 사망한 날부터 4일째 되는 날이다. '與', 猶數也. 成服・杖, 生者之事也.

數死之明日爲三日. 斂・殯, 死者之事也. 從死日數之爲三日. 是"三日成服"者, 乃死之第四日也.

【곡례상 168】

상주를 알면 조문(弔)을 하고, 죽은 사람을 알면 상傷[137]을 한다. 상주를 알고 죽은 사람을 모르면 조문을 하고 상傷은 하지 않는다. 죽은 사람을 알고 상주를 모르면 상傷을 하고 조문은 하지 않는다.
知生者弔, 知死者傷. 知生而不知死, 弔而不傷. 知死而不知生, 傷而不弔.

鄭注 다른 사람에 대한 은의恩意는 각각 알고 있는 대상에게 베푼다. '조문'(弔)과 '상傷'은 모두 시킨 말을 바치는 것을 말한다. 「잡기하雜記下」(66)에 "제후가 사신을 파견해와 조문을 행한다"고 하였고, 그 조문하는 말에 "과군寡君께서 군주의 상사를 들으시고 과군寡君께서 아무개를 시켜 조문하게 하였습니다. 어쩌다가 좋지 않은 일을 당하셨습니까!"[138]라고 하였다. 이것은 상주에게 주는 말로 상傷에 대한 말은 들어보지 못하였다. 논자 중에는 "하늘에서 재앙을 내리사 당신께서 당하시다니, 어쩌다가 이런 화를 당하셨습니까!"라고 조문하는 말이 있다 하는데, 이것은 죽은 사람에게 하는 말로 아마 본래 상傷에 애도하는 말일 것이다. 조문하는 말과 애도하는 말(추도사)이 끝나면, 물러나서 모두 곡哭을 한다. 人恩各施於所知也. '弔'・'傷', 皆謂致命辭也. 「雜記」曰: "諸侯使人弔", 辭曰: "寡君聞君之喪, 寡君使某. 如何不淑!" 此施於生者, 傷辭未聞也. 說者有弔辭云: "皇天降災, 子遭罹之, 如何不淑!" 此施於死者, 蓋本傷辭. 辭畢, 退皆哭.

集說 방씨方氏(방각方慤)는 말한다. "상주를 모르는데 조문하면 그 조문은 아첨에 가깝다. 죽은 사람을 모르는데 상傷을 하면 위선에 가깝다." ○ 응씨應氏(응용應鏞)는 말한다. "조문은 예의상 겉으로 걱정하는 것이고, 상傷은 인정상 마음으로 가슴 아파하는 것이다." 方氏曰: "不知生而弔之, 則其弔也近於諂. 不知死而傷之, 則其傷也近於僞." ○ 應氏曰: "弔者, 禮之恤乎外, 傷者, 情之痛於中."

【곡례상 169】

상喪에 조문할 때 부의를 낼 수 없으면 비용을 묻지 않는다. 아픈 사람을 병문안할 때 재정적 도움을 줄 수 없으면 바라는 것을 묻지 않는다. 다른 사람을 만날 때 여관을 잡아줄 수 없으면 머무를 곳을 묻지 않는다.

弔喪弗能賻, 不問其所費. 問疾弗能遺, 不問其所欲. 見人弗能館, 不問其所舍.

集說 재화로 상사喪事에 도와주는 것을 '부賻'라고 한다. 이 세 가지 일의 경우 형편이 안 될 때 모두 묻지 않는 것은 공연히 묻는 것을 부끄럽게 여기기 때문이다. 以貨財助喪事曰'賻'. 此三事不能則皆不問者, 以徒問爲可愧也.

【곡례상 170】

남에게 하사할 때 와서 가져가라고 말하지 않고, 남에게 선물할 때 상대가 바라는 것을 묻지 않는다.

賜人者不曰來取, 與人者不問其所欲.

鄭注 모두 은의恩意를 해치기 때문이다. '다른 사람을 만난다'(見人)는 것은 길가는 사람을 만나는 것이다. '관館'은 숙소다. '남에게 선물을 할 때 상대가 바라는 것을 묻지 않는다'(與人不問其所欲)는 것은 자신이 주는 선물이 더러 상대가 바라는 것이 아니면 주지 않게 될 것이기 때문이다. 皆爲傷恩也. '見人', 見行人. '館', 舍也. '與人不問其所欲', 己物或時非其所欲, 將不與也.

集說 '하사하다'(賜者)는 것은 군자에게 하사하는 것이고, '선물하다'(與者)는 것은 소인에게 선물하는 것이다. ○ 주씨朱氏[139]는 말한다. "군자는 지키는 의리가 있기 때문에 반드시 예로 받든다. 따라서 와서 가져가라고 말하지 않는다. 소인은 염치가 없기 때문에 반드시 예로 절제를 시킨다. 그러므로 그가 원하는 것을 묻지 않는다." '賜者'君子, '與者'小人. ○ 朱氏曰: "君子有守, 必將之以禮. 故不曰來取. 小人無厭, 必節之以禮. 故不問其所欲."

【곡례상 171】

묘소에 가서는 봉분에 오르지 않고, 장례를 도울 때는 반드시 상여끈(紼)을 잡는다.

適墓不登壟.① 助葬必執紼.②

鄭注 ① 불경한 것이 되기 때문이다. '롱壟'은 봉분이다. '묘墓'는 묘역을 가리킨다. 爲其不敬. '壟', 冢也. '墓', 塋域.

② '장례'는 상사의 큰일이다. '불紼'은 상여를 당기는 끈이다. '葬', 喪之大事.

'紼', 引車索.

集說 '롱壟'은 봉분이다. 봉분에 오르는 것은 불경스런 짓이다. '불紼'은 관을 당기는 끈이다. 그 끈을 잡는 것은 힘을 보태는 것이다. '壟', 墳堆也. 登之爲不敬. '紼', 引棺索. 執之, 致力也.

【곡례상 172】

상喪을 대면해서는 웃지 않는다.

臨喪不笑.

鄭注 상喪을 대면해서는 슬퍼하는 기색을 띠어야 옳다. 臨喪宜有哀色.

集說 슬퍼함을 위주로 한다. 以哀爲主.

【곡례상 173】

남에게 읍揖을 할 때는 반드시 자기 자리를 벗어나서 한다.

揖人必違其位.

鄭注 예禮에서는 변화를 주는 것을 공경하는 것으로 여긴다. 禮以變爲敬.

集說 자리를 벗어나서 읍揖하는 것은 예禮에서 변화를 주는 것을 공경하는 것으로 여기기 때문이다. 出位而揖, 禮以變爲敬也.

【곡례상 174】

관(柩[140])을 보고 노래하지 않고, 곡하는 자리에 들어가서는 용모를 갖추지 않는다. 음식을 앞에 두고 탄식하지 않는다.

望柩不歌, 入臨不翔.① 當食不歎.②

鄭注 ① 애도하고 슬퍼하는 데 음악을 쓸 여지가 없다. 哀傷之, 無容樂. ② 식사는 더러 악樂을 곁들이므로 탄식하는 자리가 아니다. 食或以樂, 非歎所.

集說 '노래하지 않는다'(不歌)는 것은 웃지 않는 것과 뜻이 같다. '임臨'은 곡하는 자리다. '불상不翔'은 용모를 갖추지 않는 것이다. 오직 식사할 때는 근심을 잊으니, 탄식하는 자리가 아니다. '不歌', 與不笑義同. '臨', 哭也. '不翔', 不爲容也. 唯食忘憂, 非歎所也.

【곡례상 175】

다섯 가구가 사는 마을에 상喪이 있으면, 방아를 찧을 때 (노랫소리를 내어) 돕지 않는다.

隣有喪, 舂不相.

集說 다섯 가구가 '린隣'이 된다. '상相'은 노랫소리로 서로 권하며 돕는다는 뜻이다. 대개 방아 찧는 사람이 노래하여 방아 찧는 것을 돕는다. 五家爲'隣'. '相'者, 以音聲相勸相. 蓋舂人歌以助舂也.

【곡례상 176】

25가구가 사는 마을에 빈殯을 한 집 있으면 거리 골목에서 노래하지 않는다. 묘소로 갈 때 노래하지 않는다. 곡을 한 날에 노래하지 않는다.

里有殯, 不巷歌.① 適墓不歌.② 哭日不歌.③

鄭注 ① 슬픔을 돕는 것이다 '상相'은 방아 찧을 때 하는 노랫소리를 내는 것이다. 助哀也. '相', 謂送杵聲.

② 음악의 자리가 아니다. 非樂所.

③ 슬픔을 아직 잊지 못하였기 때문이다. 哀未忘也.

集說 25가구가 '리里'가 된다. '항가巷歌'는 거리 골목에서 노래하는 것이다. 二十五家爲'里'. '巷歌', 歌於巷也.

【곡례상 177】

상을 당한 사람을 전송할 때 지름길을 이용하지 않는다. 장의행렬을 전송할 때 진흙길이나 물이 괸 곳을 피하지 않는다. 상喪을 대면해서는 반드시 슬픈 기색을 가져야 하고, 상여끈을 잡을 때는 웃지 않는다.

送喪不由徑. 送葬不辟塗潦.① 臨喪則必有哀色, 執紼不笑.

鄭注 ① 자신이 애도하는 대상이 바로 여기에 있기 때문이다. 所哀在此.

集說 '지름길을 이용하지 않는다'(不由徑)는 것은 구차하게 빨리 마치려고 하지 않는 것이다. '진흙길과 물이 괸 곳을 피하지 않는다'(不避泥潦)는 것은 힘이 드는 일을 꺼린다는 혐의를 사기 때문이다. '不由徑', 不苟取其速也. '不避泥潦', 嫌於憚勞也.

【곡례상 178】

음악을 대면해서는 탄식하지 않는다.

臨樂不歎.

集說 마찬가지로 탄식하는 자리가 아니기 때문이다. 亦爲非歎所也.

【곡례상 179】

갑옷과 투구를 착용하고 있으면 상대가 범접할 수 없는 기색을 갖는다. 그러므로 군자는 경계하고 삼가서 다른 사람에게 기색을 어긋나게 갖지 않는다.

介冑則有不可犯之色.① 故君子戒愼, 不失色於人.②

鄭注 ① 용모와 일은 서로 어울려야 한다. '개介'는 갑옷이다. 貌與事宜相配. '介', 甲也.

② "기색은 매서우면서도 속은 나약하고",[141] 외모로는 공경하면서도 속으로는 흉포한 것은 마음이 기색과 부합하는 것이 아니다. "色厲而內荏",

貌恭心很, 非情者也.

集說 이 장은 '남에게 읍을 할 때는 반드시 자기 자리를 벗어나서 한다'([곡례상 173])에서부터 '음식을 앞에 두고 탄식하지 않는다'([곡례상 174]), '음악을 대면해서는 탄식하지 않는다'([곡례상 178]), '갑옷과 투구를 착용하고 있으면 상대가 범접할 수 없는 기색을 갖는다'([곡례상 179]) 등 네 구절 외에는 모두 흉사凶事에 관련된 예절로, 기록한 사람이 이처럼 상세히 기록한 것이다. 매사에 경계하고 신중하면 예에 어긋나는 부끄러운 경우가 없을 것이니, 갑옷과 투구를 착용하고 있을 때의 기색을 그르쳐서는 안 될 뿐만이 아니니다. 此章自揖人必違其位・當食不歎・臨樂不歎・介冑則有不可犯之色四句之外, 皆是凶事之禮節, 記者詳之如比. 每事戒愼, 則無失禮之愧, 不但不可失介冑之色而已.

【곡례상 180】

임금이 가름대를 잡고 식式을 하면, 대부는 자신의 수레에서 내린다. 대부가 가름대를 잡고 식을 하면, 사士는 자신의 수레에서 내린다. 예禮는 아래로 서인에게까지 미치지 않는다.

國君撫式, 大夫下之. 大夫撫式, 士下之.① 禮不下庶人.②

鄭注 ① '무撫'는 손으로 잡는다는 뜻이다. 가름대를 잡고 조금 구부리는 것은 공경함을 나타내는 것이다. 수레에 타서는 반드시 정자세로 서 있는다. '撫', 猶據也. 據式小俛, 崇敬也. 乘車必正立.

② 일을 하기에 바쁘고, 또 예에 필요한 수단들을 갖추고 있지 못하기 때문이다. 爲其遽於事, 且不能備物.

集說 임금과 대부가 더러 같은 길로 나오다가, 임금이 종묘宗廟를 지나다가 식式을 하면, 대부는 자신의 수레에서 내린다. 사士가 대부에 대해서 하는 방식도 대부가 임금에 대해서 하는 방식과 같다. 서인은 비천한 신분인데다 경제적 형편도 같지 않기 때문에 경전에서 서인의 예禮는 말하지 않았다. 옛날에 예를 제정한 것은 모두 사士로부터 시작하였다. 선대 한 유학자는 "일이 있으면, 사의 예를 빌어서 시행할 수 있다"[142]라고 하였다. 일설에 따르면, 이 구절은 길에서 서로 만나 임금이 대부에게 가름대를 잡고 식式을 하여 예의를 표하면 대부가 자신의 수레에서 내리고, 대부가 사士에게 가름대를 잡고 식式을 하면 사가 수레에서 내려오는 것을 말하며, 서인은 해당되지 않기 때문에 '예는 아래로 서인에게까지 내려오지 않는다'(禮不下庶人)고 말한 것이다. 君與大夫, 或同途而出, 君過宗廟而式, 則大夫下車. 士於大夫, 猶大夫於君也. 庶人卑賤, 且貧富不同, 故『經』不言庶人之禮. 古之制禮者, 皆自士而始也. 先儒云: "其有事, 則假士禮而行之." 一說, 此爲相遇於途, 君撫式以禮大夫, 則大夫下車, 大夫撫式而禮士, 則士下車, 庶人則否, 故云'禮不下庶人'也.

【곡례상 181】

형벌은 위로 대부에게까지 미치지 않는다.

刑不上大夫.

鄭注 현자는 법을 위반한 조항에 포함시키지 않는다. 현자가 법을 위반하면 팔의八議[143]에 속하게 되며, 형량은 형서刑書[144]에 있지 않다. 不與賢者犯法. 其犯法則在八議, 輕重不在刑書.

集說 대부가 어쩌다 죄를 지으면, 팔의八議로 정한다. 팔의에서 사면하는 대상이 못 되면 형벌을 받는다. 『주례』 「추관秋官 · 소사구小司寇」 '장수掌囚' 조목에 "작위를 가진 자와 왕의 동족이 법을 위반하면 받들고 전사甸師[145]에게 가서 형을 가할 것인지 사형을 시킬 것인지에 대한 결정을 기다린다"라고 하였다. 그런데 여기서 '위로 대부에게까지 미치지 않는다'(不上大夫者)고 한 것은 대부에 대한 형률을 제정하지 않은 것이 서인을 위한 예를 제정하지 않은 것과 같음을 말한 것이다. 大夫或有罪, 以八議定之. 議所不赦, 則受刑. 『周官』「掌囚」"凡有爵者與王之同族, 奉而適甸師氏, 以待刑殺." 而此云'不上大夫者', 言不制大夫之刑, 猶不制庶人之禮也.

【곡례상 182】

형벌을 받은 사람은 임금의 곁에 있지 못한다.

刑人不在君側.

鄭注 원한을 품고 해를 끼치기 때문이다. 『춘추공양전』에 "형벌을 받은 사람을 가까이하는 것은 죽음을 경시하는 길이다"[146]라고 하였다. 爲怨恨爲害也. 『春秋傳』曰: "近刑人, 則輕死之道."

集說 임금은 유덕한 인물을 가까이해야 옳기 때문이며, 또한 원한으로 변란을 일으킬 염려가 있기 때문이다. 문지기가 여제餘祭를 시해한 사건은 형벌을 받은 사람이 곁에 있어 일어난 화였다.[147] 人君當近有德者, 又以慮其怨恨而爲變也. 閽弑餘祭, 刑人在側之禍也.

【곡례상 183】

병거兵車(전투용 수레)에서는 식式을 하지 않는다. 무거武車는 깃발(旌)을 늘어뜨려 펼쳐놓는다. 덕거德車는 깃발을 깃대에 묶어놓는다.

兵車不式.① 武車綏旌,② 德車結旌.③

鄭注 ① 위엄과 무용을 높이므로 공경함을 표시하지 않는다. 尙威武, 不崇敬.

② 장식을 다하는 것이다. '유綏'는 늘어뜨려서 펼쳐놓는 것을 말한다. '무거武車'도 또한 병거兵車다. 盡飾也. '綏', 謂垂舒之也. '武車', 亦兵車.

③ 장식을 다하지 않는 것이다. '결結'은 거두어 모아놓는 것을 말한다. '덕거德車'는 타고 다니는 수레이다. 不盡飾也. '結', 謂收斂之也. '德車', 乘車.

集說 소疏에서 말한다. "'병거兵車'는 혁로革路[148]이다. 무용을 숭상할 때 미루고 양보하는 것이 없기 때문에 식式을 하지 않는다. '무거武車'도 또한 혁로革路다. 창과 칼 등 무기를 세우는 것을 가리키면 '병거兵車'라고 하고, 위엄과 무용을 가리키면 '무거武車'라고 한다. '정旌'은 수레 위의 깃발이다. 위엄과 무용을 높이므로 갓끈을 늘어뜨린 것처럼 펼쳐놓는다. 그러나 옥로玉路, 금로金路, 상로象路, 목로木路[149] 등 네 수레는 군사용으로 사용하지 않는다. 그러므로 '덕거德車'라고 부른다. 덕의 훌륭함은 내면에 있기 때문에 밖으로 빛나는 것을 숭상하지 않는다. 그러므로 그 깃발을 깃대에 묶어놓는다." 疏曰: "'兵車', 革路也. 尙武猛, 無推讓, 故不式. '武車', 亦革路也. 取其建戈刃, 卽云'兵車', 取其威猛, 卽云'武車'也. '旌', 車上旌旛[150]也. 尙威武, 故舒散若垂緌. 然玉·金·象·木四路不用兵. 故曰'德車'. 德美在內, 不尙赫奕. 故纏結其旌於竿也."

【곡례상 184】

사관은 붓을 싣고, 사士[151]는 언사言辭를 싣는다.

史載筆, 士載言.

鄭注 회동에 따라갈 때 각각 자신의 직분을 지켜 일에 대비함을 말한다. '필筆'은 기록하는 도구를 말하고, '언言'은 회동이나 회맹할 때의 언사를 가리킨다. 謂從於會同, 各持其職, 以待事也. '筆', 謂書具之屬. '言', 謂會同盟要之辭.

集說 소疏에서 말한다. "간독簡牘이라고 말하지 않고 '필筆'(붓)이라고 말한 것은 붓이 기록의 주요 도구이기 때문이다. 따라서 나머지 도구들도 실음을 알 수 있다. '언言'은 회맹과 회동 때 하였던 맹약 등의 언사言辭로, 과거의 일을 말하는 것이다." ○ 방씨方氏는 말한다. "'사史'는 국가의 사관史官이다. '붓을 싣는다'(載筆)는 것은 앞으로 일어날 일들을 기록하기 위함이다. '언사를 싣는다'(載言)는 것은 과거에 있었던 일들을 열람하기 위해서이다." 疏曰: "不言簡牘, 而曰'筆'者, 筆是書之主. 則餘載可知. '言'謂盟會之辭, 舊事也." ○ 方氏曰: "'史', 國史也. '載筆', 將以書未然之事, '載言', 欲以閱已然之事."

【곡례상 185】

전방에 강이 있으면 파란 새를 그린 깃발(青旌)[152]을 기의 꼭대기에 달아서 보인다.

前有水, 則載青旌.

集說 소疏에서 말한다. "왕의 행차가 있을 때 경계하고 대비하는 것이 마

땅하다. 그러므로 전방에 이변의 상황이 생겼을 때 그 상황과 같은 부류의 것을 달아서 보인다. '청정靑旌'은 파란 참새가 그려진 기인데 이 새는 물새이다." 疏曰: "王行宜警備. 故前有變異, 則擧類示之. '靑旌'者, 靑雀也, 是水鳥."

【곡례상 186】

전방에 먼지가 있으면, 우는 솔개를 그린 깃발(鳴鳶)을 기의 꼭대기에 달아서 보인다.

前有塵埃, 則載鳴鳶.

集說 '연鳶'은 솔개이다. 솔개가 울면 바람이 분다. 바람이 불면, 먼지가 일어난다. '鳶', 鴟也. 鴟鳴則風生. 風生則塵埃起.

【곡례상 187】

전방에 수레와 기병들이 있으면 날아가는 기러기를 그린 깃발(飛鴻)을 기의 꼭대기에 달아서 보인다.

前有車騎, 則載飛鴻.

集說 '홍鴻'은 기러기다. 기러기의 비행은 편대를 이루는데 수레나 기병 행렬과 비슷하다. '鴻', 鴈也. 鴈飛有行列, 與車騎相似.

【곡례상 188】

전방에 군사(보병 부대)가 있으면, 호랑이 가죽(虎皮)을 기의 꼭대기에 달아서 보인다.

前有士師, 則載虎皮.

集說 호랑이는 위세가 있고 또한 사나워 군대의 기상을 나타낸다. 군사(보병 군대)는 경계하고 대비해야 할 대상은 아니지만, 유사한 것을 달아서 대중들에게 보이는 것으로, 아마도 갑작스럽게 횡포한 행위를 하는 것을 금지시키는 뜻일 것이다. 虎威猛, 亦士師之象. 士師非所當警備者, 而亦擧類以示衆, 或者禁止暴橫之意歟.

【곡례상 189】

전방에 사나운 맹수(摯獸)가 있으면, 비휴貔貅가 그려진 깃발(貔貅)을 기의 꼭대기에 달아서 보인다.

前有摯獸, 則載貔貅.

鄭注 '재載'는 기의 꼭대기에 달아 보여서 무리들을 경계시키는 것이다. 예禮에 따르면, 임금이 행차에 나설 때 사師[153]가 뒤따르고, 경卿이 행차에 나설 때 여旅[154]가 뒤따른다. 앞에서 가는 수레에서 이것을 (기의 꼭대기에 달아서) 보이면 사졸들이 무엇이 있는지를 안다. 달아 보이는 것은 (전방에 있는 대상과) 같은 부류의 것을 가지고 나타낸다. '청靑'은 파란 참새로 물새이다. 솔개가 울면 바람이 일어난다. '기러기'(鴻)는 비행할 때 편대

를 이루는 것을 취한 것이다. '사사士師'는 병졸을 가리킨다. '호랑이'(虎)는 위세와 무용을 가진 점을 취한 것이다. '비휴貔貅' 또한 맹수이다. 『서書』에 "호랑이와 같고 표범과 같다"155)고 하였다. '사士'는 어떤 본에는 '사仕'로 되어 있다. '載', 謂擧於旌首以警衆也. 禮, 君行師從, 卿行旅從. 前驅擧此, 則士衆知所有. 所擧各以其類象. '靑', 靑雀, 水鳥. 鳶鳴則將風. '鴻', 取飛有行列也. '士師', 謂兵衆. '虎', 取其有威勇也. '貔貅', 亦摯獸也. 『書』曰: "如虎如貔." '士'或爲'仕'.

集說 '지수摯獸'는 호랑이나 이리 종류이다. '비휴貔貅' 또한 위세와 사나움을 갖고 있다. 이들을 기의 꼭대기에 달아서 무리들이 미리 알고 대비하게 시키는 것이다. 그러나 그 짐승의 가죽을 거는지 그 형상을 그린 것을 거는지는 알 수 없다. '摯獸', 虎狼之屬. '貔貅', 亦有威猛. 擧此使衆知爲備. 但不知爲載其皮爲畫其形耳.

【곡례상 190】

군대의 출정이 있을 때, 주조朱鳥를 앞쪽에 현무玄武를 뒤쪽에 세우고, 청룡靑龍을 왼쪽에 백호白虎를 오른쪽에 세운다. 소요성招搖星을 기 위에 그려놓아 사졸들이 용맹함을 떨치도록 독려한다.

行, 前朱鳥而後玄武, 左靑龍而右白虎. 招搖在上, 急繕其怒.

鄭注 이 네 짐승으로 군대의 진용을 이루는데, 하늘을 본뜬 것이다. '급急'은 굳세다는 뜻과 같다. '선繕'은 날쌔다는 뜻으로 읽는다. 또한 소요성招搖星을 기 위에 그려놓아 동작에서 군사의 위세와 용맹함이 굳세고 날쌔게 한다. 이것은 천제天帝를 본뜬 것이다. '소요성招搖星'은 북두성 자루의 끝에 있으며 지휘를 주관하는 별이다. 以此四獸爲軍陳, 象天也. '急', 猶堅也.

'繕', 讀曰勁. 又畫招搖星於旌旗上, 以起居堅勁軍之威怒. 象天帝也. '招搖星'在北斗杓端, 主指者.

集說 '행行'은 군대의 출정이다. 주조朱鳥, 현무玄武, 청룡靑龍, 백호白虎[156]는 사방의 별자리 명칭이다. 그것으로 기의 표장을 삼는데, 그 류旒(깃발의 가장자리 장식)의 숫자도 모두 표장에 맞추어 정한다. 청룡의 기는 9개, 주작은 7개, 백호는 6개, 현무는 4개이다. '소요招搖'는 북두칠성이다. 사방 별들의 중앙에 위치해 있는데, 군대의 행렬 진용에서 법상法象으로 삼는다. 이것을 만들어 기의 위에 걸어 사방을 지휘하고 바로잡음으로써 군대의 진용이 정돈되고 위엄 있게 한다. 구설에 '선繕'은 날쌔다의 뜻으로 해석하였는데, 여기서는 여씨呂氏의 설에 따라 '선繕'의 의미 그대로 해석한다. '그 용맹함'(其怒)은 곧 사졸의 용맹함이다. ○ 여씨呂氏는 말한다. "'급急'은 다그친다는 뜻이다. '선繕'은 일어나서 그 용맹을 떨친다는 것이다. 선대 한 유학자[157]는 '선繕'을 '날쌔다'(勁)의 뜻으로 해석하였는데, 글자를 바꾸어 해석할 필요가 없다." '行', 軍旅之出也. 朱鳥·玄武·靑龍·白虎, 四方宿名也. 以爲旗章, 其旒數皆放之. 龍旗則九旒, 雀則七旒, 虎則六旒, 龜蛇則四旒也. '招搖,' 北斗七星也. 居四方宿之中, 軍行法之. 作此擧之於上, 以指正四方, 使戎陣整肅也. 舊讀'繕'爲勁, 今從呂氏說讀如字. '其怒', 士卒之怒也. ○ 呂氏曰: "'急', 迫之也. '繕'言作而致其怒. 先儒以'繕'爲'勁', 不必改也."

【곡례상 191】

나아가고 물러남에 법도가 있고, 좌우로 맡는 부분이 있어, 각자 자기 부분을 담당한다.

進退有度,① 左右有局, 各司其局.②

鄭注 ① '도度'는 창으로 치고 찌르는 횟수와 발걸음을 옮기는 횟수를 가리킨다. '度', 謂伐與步數.

② '국局'은 담당하는 영역이다. '局', 部分也.

集說 소疏에서 말한다. "'나아가고 물러남에 법도가 있다'(進退有度)는 것과 관련하여 『서書』 「목서牧誓」에 '여섯 걸음과 일곱 걸음을 넘지 않고서 멈추어 정돈한다. 네 번 다섯 번 치고 찌르고(四伐五伐) 멈추어 정돈한다'[158]라고 하였다. 한 번 치고 한 번 찌르는 것이 1벌伐이다. 적게는 네 번 많게는 다섯 번 치고 찌른 다음 멈추어서 대열을 정돈해야 한다. '좌우로 맡는 부분이 있다'(左右有局)는 것에서 '국局'은 부분이다. 군대의 좌우는 각각 담당하는 부분이 있어서 서로 침범하지 않는다. '각자 자기 부분을 담당한다'(各司其局)는 것은 군대가 이동할 때 통솔이 필요함을 말한다." 疏曰: "進退有度者, 「牧誓」云: '不愆于六步七步乃止齊焉. 四伐五伐乃止齊焉.' 一擊一刺爲一伐. 少者四伐, 多者五伐, 又當止而齊正行列也. 左右有局者, '局', 部分也. 軍之左右, 各有部分, 不相濫也. 各司其局者, 軍行須監領也."

【곡례상 192】

아버지의 원수는 하늘 아래 같이 살지 않는다. 형제의 원수에 대해서는 (길에서 만났을 때) 집에 가서 싸울 무기를 가져오지 않는다. (항상 싸울 태세를 견지하고 있어 즉각 복수해야 한다.) 친구의 원수에 대해서는 같은 나라에서 벼슬하지 않는다.

父之讎, 弗與共戴天.① 兄弟之讎, 不反兵.② 交遊之讎, 不同國.③

鄭注 ① 아버지는 자식의 하늘이다. 자신의 하늘을 죽인 자와 하늘 아래 같이 사는 것은 효자가 아니다. 추적하여 죽인 뒤에 그만둔다. 父者, 子之天. 殺己之天, 與共戴天, 非孝子也. 行求殺之, 乃止.

② 항상 죽일 수 있는 태세를 견지한다. 恒執殺之備.

③ 원수가 나를 피하지 않으면 죽인다. '교유交遊'는 어떤 본에는 '붕우朋友'로 되어 있다. 讎不吾辟, 則殺之. '交遊'或爲'朋友'.

集說 '집에 가서 싸울 무기를 가져오지 않는다'(不反兵)는 것은 항상 죽일 수 있는 병기를 가지고 다닌다는 뜻이다. ○ 여씨呂氏(여대균呂大鈞)[159]는 말한다. "살인자를 사형에 처하는 것은 옛날부터 지금에 이르기까지 통용되는 형벌이다. 살인을 해도 그것이 의로우면 죄를 받지 않는다. 그러므로 (복수를 당해 죽은 이에 대해서는 다시) 복수를 하지 못하게 시키니, 조인調人[160]의 직무가 이것을 담당한다. 살인이 의롭지 않으면 살인한 자는 사형에 처한다. 따라서 담당관에게 알려 죽이게 해야 옳은 것이니 사사士師[161]의 직무가 이것을 담당한다. 이 두 가지는 모두 복수에 중점을 둠이 없다. 그러나 복수와 관련한 글이 경전經傳에 여기저기 보이는데, 그 문맥을 살펴보면, 당사자의 위세가 늦추어지면 붙잡을 수 없기 때문에 만나는 즉시 죽이게 되고 담당관에게 알릴 겨를이 없다. 아버지는 자식의 하늘이다. 아버지의 원수를 갚지 못하면 위로 하늘을 볼 면목이 없게 된다. 보복하려는 의도에서 원수와 함께 살지 않기를 맹세하는 것이니, 이것이 하늘 아래 같이 살지 않는 이유이다. '不反兵', 謂常以殺之之兵器自隨也. ○呂氏曰: "殺人者死, 古今之達刑也. 殺之而義, 則無罪. 故令勿讎, 調人之職是也. 殺而不義, 則殺者當死. 宜告于有司而殺之, 士師之職是也. 二者皆無事乎復讎也. 然復

讎之文, 雜見于經傳, 考其所以, 必其人勢盛緩則不能執, 故遇則殺之, 不暇告有司也. 父者子之天. 不能復父讎, 仰無以視乎皇天矣. 報之之意, 誓不與讎俱生, 此所以弗共戴天也."

【곡례상 193】

사방 교외에 루壘(방어진지)가 많은 것, 이것은 경대부의 치욕이다. 토지가 광대한데 잡초가 우거지고 관리되지 않는 것, 이것은 또한 사士의 치욕이다.

四郊多壘, 此卿大夫之辱也.① 地廣大, 荒而不治, 此亦士之辱也.②

鄭注 ① 국가를 위해 도모하면서 국가를 안정시키지 못한 것을 치욕으로 여기는 것이다. '루壘'는 방어진지다. 자주 침공을 당하면 루壘가 많게 된다. 辱其謀人之國不能安也. '壘', 軍壁也. 數見侵伐, 則多壘.

② 백성을 친애하면서도 백성을 안정시키지 못함을 치욕으로 여기는 것이다. '황荒'은 잡초가 우거진 것을 뜻한다. 辱其親民不能安. '荒', 穢也.

集說 '사방 교외'(四郊)는 왕성王城 밖의 사방이다. 왕성에서 가까운 교(近郊)는 50리 이내 지역이고 멀리 떨어진 교(遠郊)는 100리 이내 지역이다. 제후국도 제각기 사방 교외가 있는데, 왕성으로부터의 거리는 각각 그 나라 국토의 크기에 따라 정해진다. '루壘'는 군대를 주둔시키는 진지다. 경대부가 국사를 잘 도모하지 못하여 자주 침공을 당하기 때문에 방어진지가 많게 된다. 땅이 넓은데 사람이 적은 것과, 잡초가 우거지고 관리되지 않는 것, 이 두 가지는 본래 모두 경대부의 책임이다. 사士는 지위가 낮아 국사를 도모하는 일에 참여하지 못하지만, 향촌 경작지의 일은 그의 직무기 때

문에 '또한 사의 치욕이다'(亦士之辱)라고 말한 것이다. '四郊'者, 王城之外四面. 近郊五十里, 遠郊百里. 侯國亦各有四郊, 里數, 則各隨其地之廣狹而爲遠近也. '壘'者, 屯軍之壁. 卿大夫不能謀國, 數見侵伐, 故多壘. 土廣人稀, 荒穢不理, 此二者固皆卿大夫之責. 士卑不與謀國, 而田里之事, 則其職也, 故言'亦士之辱.'

【곡례상 194】

상사喪事에 참석해서는 나태한 태도를 지니지 않는다. 제사에 입는 옷이 낡아지면 태운다. 제사에 사용한 그릇이 낡아지면 땅에 묻는다. 점치는 거북과 점대가 낡아지면 땅에 묻는다. 희생이 죽으면 땅에 묻는다.

臨喪不惰.① 祭服敝則焚之. 祭器敝則埋之. 龜筴敝則埋之. 牲死則埋之.②

鄭注 ① 귀신이 거기에 있지 않다고 여기는 것이기 때문이다. 爲無神也. ② 이것은 모두 사람들이 설만하게 대하는 것을 바라지 않기 때문이다. 태우는 것은 반드시 다시 사용하지 않기 때문이요, 땅에 묻는 것은 귀신이 하는 일을 알지 못하기 때문이다. 此皆不欲人褻之也. 焚之, 必已不用. 埋之, 不知鬼神之所爲.

集說 여씨呂氏(여대림呂大臨)는 말한다. "사람이 사용한 것은 태우는데, 태움은 양陽에 속한다. 귀신이 사용한 것은 땅에 묻는데, 묻음은 음陰에 속한다." 呂氏曰: "人所用則焚之, 焚之, 陽也. 鬼神所用則埋之, 埋之, 陰也."

【곡례상 195】

임금의 제사를 돕는 사람은 반드시 자신의 조俎(제육)[162]를 직접 거둔다.

凡祭於公者, 必自徹其俎.

鄭注 신하는 군주가 사람을 시키도록 감히 번거롭게 만들지 않는 것이다. 대부 이하의 경우는 더러 다른 사람을 시켜 보내준다. '제어공祭於公'은 군주의 제사를 돕는 것이다. 臣不敢煩君使也. 大夫以下, 或使人歸之. '祭於公', 助祭於君也.

集說 소疏에서 말한다. "이 경문은 사士가 군주의 제사를 돕는 것을 말한다. 대부 이상의 경우는 군주가 사람을 시켜 그의 조俎를 보내준다. 대부 이하가 자신의 사당에서 제사를 드리는 경우엔 사람을 시켜 빈조賓俎(빈이 받은 제육)를 보내준다." ○ 여씨呂氏(여대림呂大臨)는 말한다. "신하의 공경하는 태도를 가질 때는 감히 자신을 빈객에 견주지 못한다. 그러므로 자신의 조俎(제육)를 직접 거두어 나간다." 疏曰: "此謂士助君祭也. 若大夫以上, 則君使人歸其俎. 若大夫以下自祭其廟, 則使人歸賓俎." ○ 呂氏曰: "執臣子之敬, 毋敢視賓客. 故自徹其俎以出也."

【곡례상 196】

졸곡卒哭을 하고 나서는 이름을 부르지 않는다(諱). 예禮에 의하면, 같은 이름의 혐의가 있을 때에는(嫌名) 이름 부르는 것을 피하지 않는다. 두 글자로 된 이름에서, 한 글자를 말하는 것을 피하지 않는다.

卒哭乃諱.① 禮不諱嫌名. 二名不偏諱.②

鄭注 ① 귀신의 이름을 공경하는 것이다. '휘諱'는 피한다는 뜻이다. 살아 있는 사람은 서로 이름 부르는 것을 피하지 않는다. 위衛의 제후 이름이 악惡이었는데, 대부大夫 중에도 악惡이란 이름을 가진 사람이 있어 임금과 신하가 같은 이름이었지만, 『춘추』에서 (이름을 부르는 것을) 잘못으로 여기지 않았다. 敬鬼神之名也. '諱', 辟也. 生者不相辟名. 衛侯名惡, 大夫有名'惡', 君臣同名, 『春秋』不非.

② 피하기 어렵기 때문이다. '같은 이름의 혐의가 있다'(嫌名)는 것은 발음이 서로 비슷한 경우로 가령 우禹와 우雨, 구丘와 구區 등의 경우이다. '편偏'은 두 글자로 된 이름에서 글자마다 부르는 것을 피하지는 않음을 가리킨다. 공자의 어머니는 이름이 징재徵在인데, 재在를 말할 때는 징徵을 말하지 않고, 징徵을 말할 때는 재在를 말하지 않는다. 爲其難辟也. '嫌名', 謂音聲相近, 若禹與雨・丘與區也. '偏', 謂二名不一一諱也. 孔子之母名徵在, 言在不稱徵, 言徵不稱在.

集說 장례를 치르고 우제虞祭[163]를 지내며, 우제를 지내고 졸곡卒哭[164]을 한다. 졸곡 이전에는 살아 있는 분을 섬기는 예禮를 계속 적용한다. 그러므로 졸곡을 하고서 사망한 사람의 이름을 부르는 것을 피한다. '같은 이름의 혐의가 있다'(嫌名)는 것은 발음이 같은 경우를 가리킨다. '두 글자로 된 이름에서 한 글자를 말하는 것을 피하지 않는다'(不偏諱)는 것은 한 글자만 말하는 것은 가능하다는 것이다. 葬而虞, 虞而卒哭. 凡卒哭之前, 猶用事生之禮. 故卒哭乃諱其名. '嫌名', 音同者. '不偏諱', 謂可單言.

【곡례상 197】

부모를 섬긴 경우에는 조부모의 이름을 부르는 것을 피한다. 부모를 섬기지 않은 경우에는 조부모의 이름을 부르는 것을 피하지 않는다. 逮事父母, 則諱王父母. 不逮事父母, 則不諱王父母.

鄭注 '태逮'는 미친다는 뜻이다. 아주 어려서 고아가 된 경우 부모를 기억하는 데까지 이르지 않았기 때문에 은의恩意가 조부모의 이름에까지 미치지 않음을 뜻한다. 효자는 (부모의) 이름을 들으면 마음이 놀란다. 이름 부르는 것을 피하는 것은 마음에서 우러나온 것이다. 그러나 이것은 서인庶人의 경우이며, 적사適士[165] 이상으로서 사당에 조부모를 모실 경우는 비록 부모를 섬기는 데까지 이르지 않았더라도 조부모의 이름을 부르는 것을 피한다. '逮', 及也. 謂幼孤不及識父母, 恩不至於祖名. 孝子聞名心瞿. 諱之由心. 此謂庶人, 適士以上, 廟事祖, 雖不逮事父母, 猶諱祖.

集說 '태逮'는 미친다는 뜻이다. 서인庶人은 부모가 일찍 별세하였을 경우 아버지가 선친의 이름을 피하는 것을 접한 기억이 없기 때문에, 조부모의 이름을 부르는 것을 피하지 않는다. 그러나 사당에 조부모를 모시고 있는 자는 그렇게 하지 않는다. '逮', 及也. 庶人父母早死, 不聞父之諱其祖, 故亦不諱其祖. 有廟以事祖者, 則不然也.

【곡례상 198】

임금이 있는 곳에서 자기 집안사람의 이름을 말하는 것을 피하지 않는다. 대부의 처소에서 임금의 이름을 부르는 것을 피한다.

君所無私諱.① 大夫之所有公諱.②

鄭注 ① 신하가 임금 앞에서 말할 때 자기 집안사람의 이름을 말하는 것을 피하지 않음을 가리킨다. 존귀한 분이 둘이 될 수 없기 때문이다. 謂臣言於君前, 不辟家諱. 尊無二.

② 임금의 이름을 부르는 것을 피한다. 辟君諱也.

集說 자기 집안사람의 이름을 말하는 것을 공적인 조정에서는 피하지 않는다. 대부는 선군에 대한 이름을 부르는 것을 피한다. 私諱不避於公朝. 大夫則諱其先君也.

【곡례상 199】

『시詩』와 『서書』에서는 이름을 말하는 것을 피하지 않는다. (의례 등 행사를 집행하는) 글을 읽을 때에는 이름을 부르는 것을 피하지 않는다.

『詩』·『書』不諱. 臨文不諱.

鄭注 일의 올바른 것을 그르치기 때문이다. 爲其失事正.

集說 이름을 부르는 것을 피하느라 『시詩』와 『서書』 등의 글자를 바꾸거나 일을 시행하는 것에 대한 말을 고치지 않는 것은 대개 배우는 것에 미혹됨이 있을까 염려하기 때문이요, (의례를 집행할 때) 이어받아 사용함에 잘못됨이 생길까 염려하기 때문이다. 不因避諱, 而易『詩』·『書』之文, 改行事之

語, 蓋恐有惑於學者, 有誤於承用也.

【곡례상 200】

사당 안에서는 이름을 부르는 것을 피하지 않는다.

廟中不諱.

鄭注 고조高祖에 대하여 일이 있을 때, 증조부모 이하에 대하여 이름을 부르는 것을 피하지 않는 것이다. 존귀한 분이 둘이 될 수 없기 때문이다. 아래 분에 대한 일일 때 그 분보다 윗대의 어른에 대해서는 이름 부르는 것을 피한다. 爲有事於高祖, 則不諱曾祖以下. 尊無二也. 於下則諱上.

集說 사당 안에서 이름 부르는 것을 피하는 것은 지위가 낮은 쪽이 높은 쪽에 대하여 피하는 것이다. 가령, 고조에 대하여 일이 있을 때, 증조부모 이하에 대하여 이름을 부르는 것을 피하지 않는다. 廟中之諱, 以卑避尊. 如有事於高祖, 則不諱曾祖以下也.

【곡례상 201】

부인夫人166) 집안의 이름을 부르는 것을 피하는 것에 관해, 비록 군주의 면전에서 대답할 때라도 신하는 이름 부르는 것을 피하지 않는다. 며느리 집안의 이름을 부르는 것을 피하는 것은 자신의 집 대문을 넘지 않는다. 대공大功과 소공小功의 친족에 대해서는 이름 부르는 것을 피하지 않는다.

夫人之諱, 雖質君之前, 臣不諱也.① 婦諱不出門.② 大功小功不諱.

鄭注 ① 신하는 (군주의 정처인) 부인夫人의 집안에 대하여 은의恩意 관계가 멀다. '질質'은 대답한다는 뜻과 같다. 臣於夫人之家, 恩遠也. '質', 猶對也. ② 며느리 측은 혈연적으로 멀기 때문에 집 안에서 말할 때만 이름 부르는 것을 피한다. 婦親遠, 於宮中言, 辟之.

集說 '질質'은 대답한다는 뜻과 같다. 부인夫人 측의 이름을 피하는 것과 며느리 측의 이름을 피하는 것은 모두 그 집안의 선대 분들을 가리킨다. '문門'은 거주하는 집의 대문이다. 대공大功 이하의 친족은 은의恩意가 가벼워 상복喪服이 줄어든다. 따라서 이름을 부르는 것을 피하지 않는다. '質', 猶對也. 夫人之諱與婦之諱, 皆謂其家先世. '門'者, 其所居之宮門也. 大功以下, 恩輕服殺. 故亦不諱.

【곡례상 202】

국경에 들어가면 그 나라의 금령(禁)을 묻는다. 도성 안에 들어가면 풍속을 묻는다. 대문 안에 들어가면 누구의 이름을 피하는지(諱)를 묻는다.

入竟而問禁. 入國而問俗. 入門而問諱.

鄭注 모두 주인을 공경하기 위함이다. '금禁'은 정교政教를 가리키며, '속俗'은 평소 행해지는 것과 피하는 것을 가리킨다. '국國'은 도성 안이다. 皆

爲敬主人也. '禁', 謂政敎. '俗'謂常所行與所惡也. '國', 城中也.

集說 마씨馬氏는 말한다. "금령을 묻는 것은 임금에게 죄를 얻을까 염려해서이다. 풍속을 묻는 것은 그 나라 사람들에게 죄를 얻을까 염려해서이다. 피하는 이름을 묻는 것은 주인에게 죄를 얻을까 염려해서이다." 馬氏曰: "問禁, 慮得罪於君也. 問俗, 慮得罪於衆也. 問諱, 慮得罪於主人也."

【곡례상 203】

바깥의 일은 양陽의 날짜(剛日)에 하고, 집안의 일은 음陰의 날짜(柔日)에 한다.

外事以剛日,① 內事以柔日.②

鄭注 ① 밖으로 나가는 것이 양陽이 됨을 따른 것이다. 교외로 나가는 것이 바깥의 일이다. 『춘추공양전』에 "갑오甲午일에 교외에서 제사를 드리고 군사훈련을 하였다(祠兵)"167)고 하였다. 順其出爲陽也. 出郊爲外事. 『春秋傳』曰: "甲午祠兵."

② 집 안에 거처하는 것이 음陰이 됨을 따른 것이다. 順其居內爲陰.

集說 간지 중에 갑甲, 병丙, 무戊, 경庚, 임壬이 들어가는 날이 '강일剛日'이 되고, 을乙, 정丁, 기己, 신辛, 계癸가 들어가는 날이 '유일柔日'이 된다. 선유先儒168)는 '바깥의 일'(外事)이 군사를 훈련시키는 것이라고 해석하였다. 그러나 순수巡狩, 조빙朝聘, 회맹會盟 등도 모두 바깥의 일이다. '집 안의 일'(內事)은 종묘宗廟의 제사와 관혼상제冠婚喪祭의 의례 등이 모두 이에 속한다. 甲・丙・戊・庚・壬爲'剛', 乙・丁・己・辛・癸爲'柔'. 先儒以'外事'爲治兵. 然巡狩・朝聘・盟會之類, 皆外事也. '內事', 如宗廟之祭・冠昏之禮皆是.

【곡례상 204】

점치는 날짜가 열흘 밖의 날이면 '멀리 있는 아무 날'이라고 하고, 열흘 이내의 날이면 '가까이 있는 아무 날'이라고 한다. 상사喪事에는 멀리 있는 날을 먼저 점치고, 길사吉事는 가까이 있는 날을 먼저 점친다.

凡卜筮日, 旬之外, 曰'遠某日', 旬之內, 曰'近某日'.① 喪事先遠日, 吉事先近日.②

鄭注 ① '순旬'은 10일이다. '旬', 十日也.

② 상주의 마음이 그런 것이다. '상사喪事'는 장례葬禮, 소상小祥, 대상大祥 등이다. '길사吉事'는 제사, 관례, 결혼 등이다. 孝子之心. '喪事', 葬與練祥也. '吉事', 祭祀冠取之屬也.

集說 소疏에서 말한다. "이번 달 하순에 다음 달 상순의 날짜에 대하여 점을 치는 것 이것이 '열흘 밖의 날'로서, 주인은 점치는 사람에게 '멀리 있는 아무 날을 쓰고자 한다'고 말한다. 이렇게 하는 것은 대부의 예禮이다. 사士는 신분이 낮고 직책이 가벼워 때로 맡은 일에 틈이 나면 제사를 드릴 수 있다. 따라서 상순 초하루에 열흘 안에 있는 날로 점을 치는데, 주인은 점치는 사람에게 '가까운 아무 날을 쓴다'고 말한다. 천자와 제후는 잡제雜祭가 있어 더러 열흘 이내의 날을 사용하기도 하고 또는 열흘 이외의 날을 사용하기도 하는데, 그 말은 모두 경문과 같이 한다. '상사喪事'는 장례葬禮, 소상小祥, 대상大祥을 가리킨다. 이것은 슬픈 마음을 강제로 빼앗는 뜻이 있는데 상주가 바라는 바가 아니다. 상주는 다만 어쩔 수 없기 때문에 우선 멀리 있는 날짜를 택하여 급하게 하지 않으려는 것을 보임으로써 효심

을 간접적으로 펼친다. '길사吉事'(길한 일)는 제사와 관례, 혼례 등을 가리킨다. 『의례』「소뢰궤사례少牢饋食禮」에 '만일 점친 날짜가 길하지 않으면, 멀리 있는 날짜[169]에 이르러 다시 점을 친다'고 하였는데, 이것은 가까이 있는 날을 먼저 택함을 말한다." 疏曰: "今月下旬筮來月上旬, 是旬之外日也, 主人告筮者云'欲用遠某日.' 此大夫禮. 士賤職褻, 時至事暇可以祭. 則於旬初卽筮旬內之日, 主人告筮者云'用近某日.' 天子諸侯有雜祭, 或用旬內或用旬外, 其辭皆與此同. '喪事'謂葬與二祥, 是奪哀之義, 非孝子所欲. 但不獲已, 故先從遠日, 而起示不宜急, 微伸孝心也. '吉事'謂祭祀·冠·昏之屬. 「少牢」云'若不吉, 則及遠日', 是先近日也."

【곡례상 205】

이르기를 "날짜를 위하여 너 위대한 거북의 항상됨을 빌리고, 너 위대한 시초의 항상됨을 빌린다"라고 한다. 점을 치는 것은 세 번을 초과하지 않는다. 거북점과 시초점은 (한 가지 사안에) 서로 이어서 치지 않는다.

曰: "爲日, 假爾泰龜有常, 假爾泰筮有常."① 卜筮不過三.② 卜筮不相襲.③

鄭注 ① 거북과 시초에게 명하는 말이다. 거북과 시초는 길흉에 대하여 (바뀌지 않는) 일정함을 갖고 있다. 중대한 일에는 거북점을 치고 작은 일에는 시초점을 친다. 命龜·筮辭. 龜·筮於吉凶有常. 大事卜, 小事筮.

② 길한 것을 찾기 위해 점을 치는 것은 세 번 이상 하지 않는다. 노魯나라가 교郊에서 네 번 거북점을 치자, 『춘추』에서 비난하였다. 求吉不過三. 魯四卜郊, 『春秋』譏之.

③ 거북점을 쳐서 길하지 않으면, 시초점을 치고, 시초점을 쳐서 길하지 않으면 다시 거북점을 치는 것 이것은 거북과 시초를 모독하는 것이다. 진헌공晉獻公이 여희驪姬를 취하는 것에 대하여 거북점을 쳤는데 길하게 나오지 않자, "시초점을 쳐라!"라고 한 것이 그 경우이다. 卜不吉則又筮, 筮不吉則又卜, 是瀆龜・筴也. 晉獻公卜取驪姬, 不吉, 公曰"筮之", 是也.

集說 '이르기를'(曰)이라고 한 것은 명령하는 말이다. '위爲'는 거성去聲이니, '길한 날을 점치기 위하여'라는 의미로 읽어야 한다. 그러므로 '날짜를 위하여'(爲日)라고 말한 것이다. 거북점을 치면 거북에게 명령하여 "날짜를 위하여 너 위대한 거북의 항상됨을 빌린다"(爲日假爾泰龜有常)라고 하고, 시초점을 치면 시초에 명령하여 "날짜를 위하여 너 위대한 시초의 항상됨을 빌린다"(爲日假爾泰筮有常)라고 한다. '가假'는 따르다 또는 의탁하다는 뜻이다. '태泰'는 위로 높이는 말이다. '유상有常'은 길흉의 판단이 신빙할 만함을 말한다. 이것은 시초와 거북에게 명령하는 말이다. '세 번을 초과하지 않는다'(不過三)는 것은 한 번 점을 쳐서 길하지 않으면, 다시 점을 치고, 세 번째까지 점을 쳐도 끝까지 길하지 않으면 중지하고 행사를 시행하지 않는다. '습襲'은 잇는다는 뜻이다. 거북점을 쳐서 길하지 않으면 중단하며, 이어서 시초점으로 바꾸어 점쳐서는 안 된다. 시초점이 길하지 않게 나오면 중단하며, 이어서 거북점으로 바꾸어 점쳐서는 안 된다. '曰', 命辭也. '爲'字, 去聲, 讀'爲卜吉日'. 故曰'爲日'. 卜則命龜曰: "爲日假爾泰龜有常", 筮則命蓍曰: "爲日假爾泰筮有常." '假', 因也託也. '泰'者, 尊上之辭. '有常', 言其吉凶常可憑信也. 此命蓍・龜之辭. '不過三'者. 一不吉, 至再至三, 終不吉, 則止而不行. '襲', 因也. 卜不吉則止, 不可因而更筮. 筮不吉則止, 不可因而更卜也.

【곡례상 206】

거북으로 거북점을 치고 점대로 시초점을 친다. 점을 치는 것은 선대의 성왕들께서 백성들이 시기와 날짜를 믿게 하고 귀신을 공경하고 법령을 두려워하게 한 방법이다. 백성들이 혐의嫌疑를 결정하고 의심스런 것을 결정하게 한 방법이다. 그러므로 "의심이 나서 점을 치면 비난하는 사람이 없다. 그날에 일을 시행하면 반드시 길하다"라고 말한다.

龜爲卜, 筴爲筮. 卜筮者, 先聖王之所以使民信時日, 敬鬼神, 畏法令也. 所以使民決嫌疑, 定猶與也. 故曰: "疑而筮之, 則弗非也. 日而行事, 則必踐之."

鄭注 '불비弗非'는 비난하는 사람이 없다는 뜻이다. '일日'은 점을 쳐 얻은 길한 날이다. '천踐'은 선善(길하다)으로 읽어야 한다. 발음의 잘못이다. '협筴'은 더러 '시蓍'로 되어 있다. '弗非', 無非之者. '日', 所卜筮之吉日也. '踐'讀曰善, 聲之誤也. '筴'或爲'蓍'.

集說 '협筴'은 시초蓍草(점치는 재료로 사용되는 풀)이다. 구설舊說170)에 '천踐'을 선善으로 읽었는데, 문맥상 매우 동떨어진 것이다. 소疏에서 왕숙王肅의 설을 인용하여, "'천'은 '리履'(밟는다, 지킨다)의 뜻이다. 반드시 그날을 지켜서 실행한다"라고 하였으니, '천踐' 글자 본래 의미대로 읽어야 한다. ○ 소疏에서 말한다. "『설문해자說文解字』에 의하면, '유猶'는 짐승 이름이고, '여與' 역시 짐승 이름이다. 두 짐승 모두 나아가고 물러나는 데 의심이 많아, 사람들 가운데 의혹을 많이 품는 사람들이 그와 비슷하므로 유여猶與라고 부른다." ○ 여씨呂氏(여대림呂大臨)는 말한다. "일상적 일에 대해서는 거북점

을 쳐서 길하지 않으면 다시 시초점을 치지 않고, 시초점을 쳐서 길하지 않으면 다시 거북점을 치지 않는다. 진헌공晉獻公이 여희驪姬를 취하는 것에 대하여 거북점을 쳤는데 길하지 않자 '시초점을 쳐라!'라고 하였다.[171] 이것이 서로 이어서 한 것이다. 중대한 사안이라면, 먼저 시초점을 치고 뒤에 거북점을 친다. 『서書』「홍범洪範」에 '거북점이 길하고 시초점이 길하다'라거나 또는 '거북점은 길한데 시초점이 길하지 않다'라는 말이 있는 것을 보면, 거북점과 시초점을 병행한 것이다. 진晉에서 주양왕周襄王을 들여보내면서 황제黃帝가 판천阪泉에서 전쟁하는 징조를 얻었고, 또 시초점을 쳐서 「대유大有」괘가 「규睽」괘로 가는 상을 얻었다.[172] 이 또한 거북점과 시초점을 함께 사용한 것이다. 따라서 거북점과 시초점을 이어서 치지 않는다는 것은 중대한 사안이 아닌 경우임을 알 수 있다. '시기와 날짜를 신뢰한다'(信時日)는 것은 점을 쳐서 날짜를 사용하고 감히 바꾸지 않는 것이다. '귀신을 공경한다'(敬鬼神)는 것은 사람의 도모가 부족한 것은 아니지만 그래도 귀신에게 물어서, 존중하는 바가 있고 자신의 생각이 반드시 옳다고 고집하지 않을 줄 아는 것이다. '법령을 두려워한다'(畏法令)는 것은 이렇다. 법령에 의심스런 사안이 있으면 임금이 결정하지만, 점치는 것은 임금도 마음대로 하지 못한다. 더군다나 백성들이 마음대로 할 수 있겠는가? '혐의嫌疑'는 두 가지 것이 서로 비슷한 경우이다. '유여猶與'는 두 가지 방식이 가능하여 어느 것으로 결정하지 못하는 것이다. 가령 도읍을 건설하는데 아무개 지역도 도읍이 가능하고 또 아무개 지역도 도읍이 가능한 것, 이것이 '혐의嫌疑'이다. 가령 전쟁에서 전쟁을 벌일 수도 있고, 안 할 수도 있는 것, 이것이 '유여猶與'이다. 점을 쳐서 결단하고 정하는 것 이것이 선대 성왕들이 귀신의 도道로서 교화를 시행한 것이다. 의심나는 사안이 있으면 시초점을 치고, 시초점을 쳤는데도 미덥지 못하면, 날을 택해서 거북점을 친다. 거북점을 치고도 실행하지 않으면, 이것은 진실하지 못한 것이다. 진실하지 못한 사람은 사람들에게도 받아들여지지 않는데 하물며 귀신에게 받아들여지겠는가?" '筴', 蓍也. 舊說讀'踐'爲善, 文義甚迂. 疏引王氏說'踐, 履也. 必履而行之', 當讀如字. ○ 疏曰: "□□說文』'猶'獸名, '與'亦獸名. 二物皆進退多疑, 人之多疑惑者似之, 故謂之猶與." ○ 呂氏曰: "凡常事, 卜不吉則不筮, 筮不吉則不卜. 獻公卜納驪姬, 不吉, 公曰'筮之'. 此相襲也. 若大事, 則先筮而後卜. 「洪範」有'龜從筮從, 或龜從筮逆', 龜·筮並用也. 晉卜納襄王, 得黃帝戰阪泉之兆, 又筮之, 遇「大有」之「睽」. 亦龜·筮並用也. 故知不相襲者, 非大事也. '信時日'者, 卜筮而用之, 不敢改也. '敬鬼神'者, 人謀非不足, 而猶求於鬼神, 知有所尊而不敢必也. '畏法令'者, 人君法令有疑者決之, 卜筮則君且不敢專. 況下民乎? '嫌疑'者, 物有二而相似也. '猶與'者, 事有二而不決也. 如建都邑, 某地可都, 某地亦可都, 此'嫌疑'也. 如戰, 或曰可戰, 或曰不可戰, 此'猶與'也. 卜筮以決之定之, 此先聖王以神道設教也. 有疑而筮, 旣筮而不信, 諏日而卜. 旣卜而弗踐, 是爲不誠. 不誠之人, 不能得之於人, 況可得於鬼神乎?"

【곡례상 207】

임금의 수레에 멍에를 메려고 하면, 마부는 채찍을 잡고 말 앞에 선다.

君車將駕, 則僕執策立於馬前.

鄭注 멍에를 메는 것을 감독하는 것이고, 또한 말이 움직이기 때문이다. 監駕, 且爲馬行.

集說 이 장([곡례상 207]) 이하는 수레를 타는 예禮를 말한 것이다. '책策'은 말채찍이다. 마부가 잡고 말 앞에 서는 것은 말이 달아나는 것을 막기 위한 것이다. 此下言乘車之禮. '策', 馬杖也. 僕者執之, 立於馬前, 所以防奔逸也.

【곡례상 208】

멍에가 다 메지면, 마부는 비녀장(軨)[173]을 살피고 멍에가 메졌음을 보고한다.

已駕, 僕展軨①, 效駕.②

鄭注 ① 령軨을 살피고[174] 두루 살펴보는 것이다. 展軨具視.

② 다 메졌음을 보고하는 것이다. 白已駕.

集說 '이가已駕'는 말에 멍에를 메는 것이 완료되었다는 것이다. '령軨'은 수레의 비녀장으로, 수레가 움직이는 것은 비녀장으로부터 시작한다. 마부는 령軨과 주변을 두루 살펴보고 즉시 들어가 군주에게 보고하는데, 멍에가 다 메졌음을 말하는 것이다. '已駕', 駕馬畢也. '軨', 車之轄頭, 車行由轄. 僕者展視軨徧, 卽入而效白於君, 言車駕竟.

【곡례상 209】

옷으로 먼지를 털어내고, 오른쪽으로 수레에 오르는데, 수레에 오를 때, 보조용 끈을 사용한다. 수레 위에서는 무릎을 꿇고 수레를 점검한다.

奮衣, 由右上, 取貳綏.① 跪乘.②

鄭注 ① '분奮'은 먼지를 털어내는 것이다. '이貳'는 보조용이라는 뜻이다. '奮', 振去塵也. '貳', 副也.

② 감히 서서 하지 않는 것은 공경하기 때문이다. 未敢立, 敬也.

集說 소疏에서 말한다. "마부가 먼저 나와 수레에 가서, 수레 뒤쪽으로부터 자신의 옷으로 먼지를 털어내고, 오른쪽으로 수레에 오른다. 반드시 오른쪽으로 오르는 것은 군주의 자리가 왼쪽에 있기 때문에 군주의 자리를 피하여 자리를 비워놓는 것이다. '이貳'는 보조용이라는 뜻이다. '손잡이 줄'(綏)은 수레에 오를 때 잡는 끈이다. 주 손잡이 줄(正綏)은 군주가 탈 때 이용하도록 갖추어놓은 것이고, 보조용 끈은 마부와 우사右士가 사용하도록 준비한 것이다. 마부가 먼저 수레를 시험해볼 때, 군주는 아직 나오지 않았지만, 감히 평상시처럼 서서 할 수 없다. 무릎을 꿇고 하는 것으로 공경함을 삼는 것이다." 疏曰: "僕先出就車, 於車後自振其衣以去塵, 從右邊升上. 必從右者, 君位在左, 避君空位也. '貳', 副也. '綏', 登車索也. 正綏擬君之升, 副綏擬僕右之升. 僕先試車時, 君猶未出, 未敢依常而立. 所以跪而乘之以爲敬."

【곡례상 210】

채찍을 잡고 고삐를 나누어 쥔 다음 말을 몰아 5보 정도 가서 멈춘다.
執策分轡驅之, 五步而立.

鄭注 시험 삼아 조종해보는 것이다. 調試之.

集說 소疏에서 말한다. "'비轡'는 말을 모는 끈(고삐)이다. 수레는 끌채 하나에 네 마리 말을 메는데, 끌채에 멘 중앙의 두 말을 '복마服馬'라고 부르고, 양쪽 곁에 있는 두 말을 '비마騑馬' 또는 '참마驂馬'라고 부른다. 『시詩』에, '두 복마는 최상의 말로 끌채에 메어져 있고, 두 참마는 안행鴈行일세!'라고 하였는데, '안행鴈行'이라는 것은 중앙의 복마와 서로 차이를 두어 대

열을 이룬 것을 말한다. 한 마리 말마다 두 개의 고삐가 있으니, 네 마리 말이면 여덟 개의 고삐가 된다. 참마의 안쪽 고삐를 가름대(軾) 앞에 메고, 참마의 바깥쪽 고삐와 두 복마의 각각 두 고삐를 함께하여 여섯 고삐를 손에 쥐는데, 오른손으로 채찍을 쥐고서 세 고삐는 빈손에 쥐고 세 고삐는 채찍을 든 손에 쥔다. 그러므로 '채찍을 잡고 고삐를 나누어 쥔다'(執策分轡)고 한 것이다. '몰아본다'(驅之)는 것은 시험 삼아 몰아보는 것이다. '5보 정도 가서 멈춘다'(五步而立)는 것은 무릎을 꿇고 말을 몰다가 5보를 가서 멈추고 서서 군주가 나오기를 기다리는 것이다." 疏曰: "'轡', 馭馬索也. 車一轅而四馬駕之, 中央兩馬夾轅者名'服馬', 兩邊名'騑馬', 亦曰'驂馬'. 『詩』云'兩服上襄, 兩驂鴈行!', '鴈行'者言與中服相次序也. 每一馬有兩轡, 四馬八轡. 以驂馬內轡, 繫於軾前, 其驂馬外轡幷兩服馬各二轡, 六轡在手, 右手執杖, 以三轡置空手中, 以三轡置杖手中. 故云'執策分轡'也. '驅之'者, 試驅行之也. '五步而立'者, 跪而驅馬, 以行五步, 卽止而倚立, 以待君出."

【곡례상 211】

군주가 나와 수레에 다가가면 마부는 고삐를 모두 한 손에 쥐고 끈(綏)[175]을 군주에게 준다. 수레 곁에 자리한 신하들은 길을 피한다.

君出就車, 則僕幷轡授綏.① 左右攘辟.②

鄭注 ① 수레에 오르는 것은 마부가 주관하는 바이다. 車上僕所主.

② 수레 곁에서 군주를 모시고 자리한 여러 신하들을 가리킨다. '양攘'은 물리친다는 뜻이다. 또는 '양攘'은 '양讓(물러나다, 양보하다)의 고자古字이다. 謂群臣陪位侍駕者. '攘', 卻也. 或者'攘'古'讓'字.

集說 소疏에서 말한다. "군주가 나와 수레에 다가가면, 마부는 여섯 고삐와 채찍을 한 손에 쥐고 한 손으로 정식 끈(正綏)을 쥐고서 군주에게 주어 수레에 오르게 한다. 이때 좌우에 수레 곁에 자리한 여러 신하들이 수레가 나아가려는 것을 보고 모두 물러나 수레를 피하여 수레가 움직이는 것을 방해되지 않게 한다." 疏曰: "君出就車, 則僕并六轡及策置一手中, 以一手取正綏, 授於君, 令登車. 於是左右侍駕陪位諸臣見車欲進行, 皆遷卻以避車, 使不妨車之行也."

【곡례상 212】

수레가 움직이면서 뒤따르는 사람들이 달려서 따라오는데, 수레가 대문에 이르면 군주는 마부의 손을 만져 잠시 제지하면서, 돌아보고 거우車右에게 수레를 타라고 명령한다. 마을의 문(門閭)176)과 도랑을 지날 때 거우는 반드시 내려서 걷는다.

車驅而騶, 至于大門, 君撫僕之手, 而顧命車右就車. 門閭·溝渠必步.

鄭注 '거우車右'는 힘을 쓰는 용사勇士로 비상사태에 대처하기 위한 사람이다. 군주가 수레를 타고 갈 때는 함께 타고, 군주가 식式(수레 위에서 하는 인사)을 할 때는 내려서 걸어간다. '車右', 勇力之士, 備制非常者. 君行則陪乘, 君式則下步行.

集說 소疏에서 말한다. "수레 위에서 군주는 왼쪽에 위치하고, 마부는 중앙에 위치하고, 용사勇士는 오른쪽에 위치한다. 대문에 이르면, 비상사태가 있을까 염려되므로 돌아보면서 거우車右에게 수레에 타라고 명령한다. 마

을의 문과 도랑이 있는 곳에 이르러 반드시 수레에서 내리는 것은 첫째, 군자는 열 가구의 작은 마을이라도 기만하지 않기 때문에 마을의 문을 지날 때 반드시 식式(수레 위에서 하는 인사)을 한다. 군주가 식을 하면 신하는 수레에서 내려야 한다. 둘째, 도랑은 위험해서 전복될 염려가 있기 때문에 또한 반드시 내려서 수레를 부축해주어야 한다. 마부가 말에서 내리지 않는 것은 수레는 마부에 의해 움직이기 때문에 마부가 내리면 수레를 운전할 수 없게 된다. 그러므로 내리지 않는다." 疏曰: "車上君在左, 僕人中央, 勇士在右. 既至大門, 恐有非常, 故回命車右上車. 至門閭溝渠而必下車者, 一則君子不誣十室, 過門閭必式. 君式則臣當下也. 二則溝渠險阻, 恐有傾覆, 亦須下扶持之也. 僕不下者, 車行由僕, 僕下則車無御. 故不下也."

【곡례상 213】

마부의 예禮에서는 반드시 마부가 수레를 타는 사람에게 끈을 건네준다. 만일 마부의 신분이 타는 사람보다 낮으면 타는 사람은 끈을 받고, 낮지 않으면 타는 사람이 받지 않는다.

凡僕人之禮, 必授人綏. 若僕者降等, 則受. 不然, 則否.

集說 수레를 모는 마부는 반드시 정식의 끈을 타는 사람에게 주는 것이니, 신하가 군주에 대해서만 그런 것이 아니다. 만일 마부의 신분이 낮아 대부大夫에 대하여 사士인 경우와 같다면 끈을 주고받을 때 타는 사람은 곧바로 받고 사양하지 않는다. 신분이 낮은 경우가 아니면 받지 않는다. 凡爲車之僕者, 必以正綏授人, 不但臣於君爲然也. 若僕之等級卑下, 如士於大夫之類, 則授綏之時, 直受之而已, 無辭讓也. 非降等者, 則不受.

【곡례상 214】

만일 마부가 신분이 낮으면 마부의 손을 만지며 사양하는 시늉을 하고, 그렇지 않으면 자신이 직접 마부의 손 아래쪽으로부터 끈을 잡는다.

若僕者降等, 則撫僕之手, 不然則自下拘之.

鄭注 '무撫'는 잠시 제지하는 것으로 겸양하는 것이다. '아래쪽으로부터 끈을 잡는다'(自下拘之)는 것은 마부의 손 아래쪽으로부터 끈을 잡는다는 것이다. 마부가 자신과 신분이 같으면 받지 않는다. '撫', 小止之, 謙也. '自下拘之', 由僕手下取之也. 僕與己同爵, 則不受.

集說 마부가 신분이 낮은 경우, 비록 그 끈을 받아야 하더라도, 오히려 마부의 손을 만지며 제지하면서 직접 받지 않으려는 듯이 하고 나서 받는다. 이것은 또한 겸양하는 도리다. 마부의 신분이 낮지 않은 경우, 자신은 받고 싶지 않지만 마부가 기어이 건네줄 때 손을 뒤로 빼고 마부의 손 아래쪽으로부터 자신이 끈을 잡는다. 降等者, 雖當受其綏, 然猶撫止其手, 如不欲其親授然, 然後受之. 亦謙讓之道也. 不降等者, 己雖不欲受, 而彼必授, 則卻手從僕之手下而自拘取之也.

【곡례상 215】

손님의 수레는 대문 안으로 들어오지 않는다. 부인은 수레에 타고 있을 때 서지 않는다. (개와 말을 선물할 때) 개와 말은 당堂에 오르지 않는다.

客車不入大門.① 婦人不立乘.② 犬馬不上於堂.③

鄭注 ① 겸양하는 것이다. 謙也.

② 남자와 차이를 두는 것이다. 異於男子.

③ 예물이 아닌 경우이다. 非摯幣也.

集說 마씨馬氏(마희맹馬晞孟)는 말한다. "손님의 수레가 대문 안으로 들어오지 않는 것은 주인을 공경하는 것이요, 주인이 대문 밖까지 나아가서 맞이하는 것은 손님을 공경하는 것이다. 그러므로 『의례』 「근례覲禮」에 '하사받은 수레를 타고 천자의 문으로 들어오지 못한다'고 하였고, 「공사대부례公食大夫禮」에는 '손님이 타고 온 수레는 대문 밖 서쪽에 위치한다'177)고 하였다. 만일 제후가 손님으로서 천자를 만나는 것이 아니면, 묵거墨車178)에 용의 기를 단 경우는 대문 안으로 들어올 수 있다. 그러므로 「근례」에 '묵거墨車에 용의 기를 달고 조현朝見한다'라고 하였다. 부인은 안거安車를 타기 때문에 서서 타지 않는다. 개와 말은 정실庭實(뜰에서 바치는 선물)에 충당되므로 당堂에 오르지 않는다. 개와 말을 다른 사람에게 바칠 때는 고삐를 가지고 바치고, 말을 폐백과 합해서 바칠 때는 규圭만 바치고, 말을 바치며 근례覲禮를 행할 때는 다른 사람에게 건네주니, 모두 당에 오르지 않음을 말하는 것이다." 馬氏曰: "客車不入大門, 所以敬主, 主人出大門迎之, 所以敬客. 故「覲禮」'偏駕不入王門', 「公食大夫禮」'賓乘車在大門外西方.' 若諸侯不以客禮見王, 則墨車龍旂可以入大門. 故「覲禮」'墨車龍旂以朝.' 婦人乘安車, 故不立乘. 犬馬充庭實, 故不上堂. 以犬馬獻人, 則執緤靮而已, 以馬合幣, 則達圭而已, 奉馬而覲, 則授人而已, 皆不上堂之謂也."

【곡례상 216】

그러므로 군자는 머리가 누렇게 된 노인에게 식式을 한다. 경卿의 자리에서 내리고, 도성에 들어와서는 달리지 않고, 마을에 들어가서는 반드시 식式을 한다.

故君子式黃髮.① 下卿位,② 入國不馳,③ 入里必式.④

鄭注 ① 노인을 공경하는 것이다. 구절을 시작하면서 '그러므로'(故)라고 말한 것은 이것이 여러 편이 뒤섞인 말임을 밝힌 것이다. 敬老也. 發句言'故', 明此衆篇雜辭也.

② 현자를 존중하는 것이다. '경의 자리'(卿位)는 경卿이 조회 때 서는 자리다. 군주는 나갈 때 경의 자리를 지나서 수레에 오르고, 들어올 때에도 경의 자리에 이르기 전에 수레에서 내린다. 尊賢也. '卿位', 卿之朝位也. 君出, 過之而上車, 入, 未至而下車.

③ 사람을 소중히 여기는 것이다. (사람이 많은 곳에서) 말을 달리면 사람을 치기 쉽다. 愛人也. 馳, 善蹦[179]人也.

④ 열 가구의 작은 마을에 대해서도 기만하지 않는 것이다. 不誣十室.

集說 '머리가 누렇게 된 노인에게 식式을 한다'(式黃髮)는 것은 노인을 공경하는 것이다. '경卿의 자리에서 내린다'(下卿位)는 것은 대신大臣을 공경하는 것이다. 예禮에 따르면, 군주가 외출할 때는 경의 자리를 지나서 수레에 오르고, 들어올 때에도 경의 자리에 이르기 전에 내린다. 도성에 들어와서는 말을 달리지 않는데 수레가 사람을 칠까 염려해서이다. 열 가구의 작은 마을에도 진실하고 신실한 사람이 있는데, 스물다섯 가구가 사는 속에 어찌 공경할 만한 사람이 없겠는가? 그러므로 마을 입구에 들어와서는 반드

시 식式을 한다. 이것이 이른바 "열 가구의 작은 마을에 대해서도 기만하지 않는다"는 것이다. ○ 정씨鄭氏(정현鄭玄)는 말한다. "구절을 시작하면서 '그러므로'(故)라고 말한 것은 이것이 여러 편이 뒤섞인 말임을 밝힌 것이다." '式黃髮', 敬老也. '下卿位', 敬大臣也. 禮, 君出則過卿位而登車, 入則未到卿位而下車. 入國不馳, 恐車馬躪轢人也. 十室猶有忠信, 二十五家之中, 豈無可敬之人? 故入里門必式. 所謂"不誣十室"也. ○ 鄭氏曰: "發句言'故', 明此衆篇雜辭也."

【곡례상 217】

군주가 명령하여 부르면, 비록 사자가 천한 신분의 사람이라도 대부大夫와 사士는 반드시 직접 그를 맞이한다.

君命召, 雖賤人, 大夫士必自御之.

鄭注 '어御'는 '아訝'로 되어야 한다. '아訝'는 맞이한다는 뜻이다. 군주가 비록 천한 신분의 사람을 보내 왔어도, 반드시 자신이 직접 나아가서 맞이하는 것은 군주의 명령을 존중하기 때문이다. 『춘추곡량전』의 "절름발이는 절름발이를 맞이하고, 소경은 소경을 맞이한다"(跛者御跛者, 眇者御眇)[180]라고 한 것에서도 '어御'는 모두 '아訝'인데 사람들이 어지럽혀 놓은 것이다. '御'當爲'訝', '訝', 迎也. 君雖使賤人來, 必自出迎之, 尊君命也. 『春秋傳』曰"跛者御跛者, 眇者御眇"者, 皆訝也, 世人亂之.

集說 '어御'는 '아迓'로 읽어야 하며, 맞이한다는 뜻이다. '자신이 직접 맞이한다'(自迎之)는 것은 군주의 명령을 공경하는 것이다. '御', 讀爲'迓', 迎也. '自迎之', 所以敬君命.

【곡례상 218】

갑옷을 입은 군사는 배례를 하지 않는다. 배례를 하다가 반절하는 것이[181] 되기 때문이다.

介者不拜. 爲其拜而蓌拜.

鄭注 반절하면(蓌) 자세와 절도를 그르친다. '좌蓌'는 속인다는 뜻과 같다. 蓌則失容節. '蓌', 猶詐也.

集說 '개介'는 갑옷이다. ◯ 주자는 말한다. "'반절한다'(蓌)는 것은 받쳐서 지탱하는 것(갑옷)이 있어 몸을 굽히고 펴기에 용이치 않음을 말하는 것이다." '介', 甲也. ◯ 朱子曰: "'蓌'猶言有所枝拄, 不利屈伸也."

【곡례상 219】

상거祥車는 왼쪽 자리를 비워둔다. 군주가 평상시 타고 다니는 수레(乘車)를 탈 때, 왼쪽 자리를 비우지 않는다. 왼쪽에 탄 사람은 반드시 식式(가름대)을 잡고 있다.

祥車曠左.① 乘君之乘車不敢曠左. 左必式.②

鄭注 ① 귀신의 자리를 비워두는 것이다. '상거祥車'는 장례 때 시신을 모시는 수레이다. 空神位也. '祥車', 葬之乘車.

② 군주가 살아 있으면, 그 자리를 비워두는 것을 싫어한다. 君存, 惡空其位.

集說 소疏에서 말한다. "'상祥'은 길하다(吉)와 같은 뜻이다. 길거吉車는 생전에 타던 수레인데 장례 때 혼거魂車(시신을 모시는 수레)로 사용된다. 수레

위에서는 왼쪽을 존귀하게 여긴다. 마부는 오른쪽에 앉고 왼쪽을 비워 귀신이 자리하는 것으로 여긴다. 천자는 다섯 수레를 타는데 옥로玉路, 금로金路, 상로象路, 목로木路, 혁로革路[182] 등이 그것이다. 천자가 그 중 한 수레를 타면 나머지 네 수레가 뒤따르고, 신하가 이들 수레에 타는데 왼쪽 자리를 비워두지 않는다. 왼쪽 자리를 비워두면 상거祥車와 유사하게 되므로 불길한 것이 된다. '왼쪽에 탄 사람은 반드시 식式을 잡고 있다'(左必式)는 것은 스스로 편안치 않기 때문으로 항상 식式(가름대)을 잡고 있다. 평상시 타고 다니는 수레에서 군주는 어떤 수레든 왼쪽에 앉는다. 그러나 군사용 수레(革路)에서는 가운데 앉는다." 疏曰: "'祥', 猶吉也. 吉車謂生時所乘, 葬時用爲魂車. 車上貴左. 僕在右, 空左以擬神也. 王者五路, 玉・金・象・木・革. 王自乘一, 餘四從行, 臣乘此車, 不敢空左. 空左則似祥車, 凶也. '左必式'者, 不敢自安, 故恒憑式. 乘車, 君皆在左. 若兵戎革路, 則君在中."

【곡례상 220】

마부가 여인을 태울 때는 왼손을 내밀고 오른손을 뒤로 한다.

僕御婦人, 則進左手, 後右手.

鄭注 혐의를 멀리하는 것이다. 遠嫌.

集說 소疏에서 말한다. "마부는 가운데 앉고 여인은 왼쪽에 앉는다. 왼손을 내밀어 고삐를 쥐고 몸이 약간 서로 등지도록 하는 것은 혐의를 멀리하는 것이다." 疏曰: "僕在中, 婦人在左. 進左手持轡, 使身微相背, 遠嫌也."

【곡례상 221】

군주를 태울 때는 오른손을 내밀어 고삐를 쥐고 왼손을 뒤로 해서 몸을 구부린다.

御國君, 則進右手, 後左手而俯.

鄭注 공경하는 것이다. 敬也.

集說 소소에서 말한다. "군주를 태우는 경우, 예법상 서로 향하는 것을 공경하는 것으로 삼는다. 그러므로 오른손을 내밀어 고삐를 쥔다. 말을 몰면 항상 식을 할 수 없기 때문에 몸을 구부려서 공경을 표시한다." 疏曰: "御君者, 禮以相向爲敬. 故進右手. 旣御, 不得常式, 故但俯俛而爲敬."

【곡례상 222】

군주는 법식에 맞지 않는 수레(奇車)를 타지 않는다. 수레 위에서는 크게 소리 내어 기침을 하지 않고, 함부로 손으로 가리키지 않는다.

國君不乘奇車.① 車上不廣欬,② 不妄指.③

鄭注 ① 나가고 들어오는 것은 반드시 바른 것으로 한다. '법식에 맞지 않는 수레'(奇車)는 엽거獵車[183]와 의거衣車[184] 따위를 가리킨다. 出入必正也. '奇車', 獵衣之屬.

② 자신을 과시하는 것 같기 때문이다. '광廣'은 크다는 뜻과 같다. 爲若自矜. '廣', 猶弘也.

③ 대중을 미혹시키기 때문이다. 爲惑衆.

集說 ‘기거奇車’는 사특하고 바르지 않은 수레이다. ○ 방씨方氏는 말한다. “‘크게 소리 내어 기침을 하지 않는다’(不廣欬)는 것은 소리로 다른 사람의 귀를 놀라게 할까 염려해서이다. ‘함부로 손으로 가리키지 않는다’(不妄指)는 것은 손짓으로 다른 사람의 눈을 놀라게 할까 염려해서이다.” ‘奇車’, 奇邪不正之車也. ○ 方氏曰: “‘不廣欬’者, 慮聲容之駭人聽. ‘不妄指’者, 慮手容之駭人視也.”

【곡례상 223】

서 있을 때는 수레바퀴 원주(巂)의 다섯 배 정도 떨어진 거리를 본다. 식式에 의지해 있을 때는 말의 꼬리를 본다. 뒤돌아볼 때 바퀴통을 볼 수 있을 정도 이상으로 고개를 젖히지 않는다.

立視五巂.① 式視馬尾.② 顧不過轂.③

鄭注 ① ‘서 있다’(立)는 것은 수평으로 보는 것이다. ‘휴巂’는 원주(規)와 같은 뜻이다. 바퀴가 한 바퀴 도는 길이다. ‘휴巂’은 더러 ‘예綮’로 된 경우도 있다. ‘立’, 平視也. ‘巂’, 猶規也. 謂輪轉之度. ‘巂’或爲‘綮’.

② 조금 구부리기 때문이다. 小俛.

③ 뒤에 있는 사람을 가리기 때문이다. 爲掩在後.

集說 ‘서 있다’(立)는 것은 수레 위에서 서 있는 것이다. ○ 소疏에서 말한다. “‘휴巂’는 규規(원주)이다. 수레의 바퀴가 한 바퀴 도는 길이가 1규規이다. 타고 다니는 수레(乘車)의 바퀴는 높이가 6척 6촌으로, 지름이 1이면 둘레는 3이므로 1장 9척 8촌이 된다. 5규는 99척인데 6척이 1보가 되므로 모두 16보 반이 된다. 수레 위에서 보는 곳은 전방 16보 반쯤 되는 곳이다. 말이 수레를 이끌고 가면, 말의 꼬리는 수레 난간에 가깝다. 수레 위에서 식式에

의지해서 머리를 아래로 하면 멀리 볼 수가 없고, 다만 말의 꼬리를 쳐다보게 된다. '곡轂'은 수레의 바퀴통이다. 머리를 돌릴 경우, 바퀴통을 볼 정도 이상을 넘지 않는다. 『논어』에서 '수레 안에서는 뒤돌아보지 않는다'[185]고 한 것이 이것이다." '立'謂立於車上也. ○ 疏曰: "'巂', 規也. 車輪一周爲一規. 乘車之輪, 高六尺六寸, 徑一圍三, 得一丈九尺八寸. 五規爲九十九尺, 六尺爲步, 總爲十六步半. 在車上所視, 則前十六步半也. 馬引車, 其尾近車闌. 車上憑式下頭時, 不得遠矚, 但瞻視馬尾. '轂', 車轂也. 若轉頭, 不得過轂. 『論語』云'車中不内顧', 是也."

【곡례상 224】

도성 안에서는 책혜策彗로 말을 긁으면서 몰고, 먼지가 수레바퀴 자국을 벗어나지 않게 한다.

國中以策彗卹勿驅, 塵不出軌.

鄭注 도성 안에 들어오면 말을 달리지 않는다. '혜彗'는 대나무로 만든 비다. '솔몰卹勿'은 문지른다는 뜻이다. 入國不馳. '彗', 竹帚. '卹勿', 搔摩也.

集說 소疏에서 말한다. "도성 안에 들어와서는 말을 달리지 않는다. 그러므로 가죽 채찍을 사용하지 않고, 다만 잎새가 달린 대나무를 가지고 채찍을 삼는데, 그 모양이 빗자루와 비슷하기 때문에 '책혜策彗'라고 부른다. 살짝 말에 가까이 대고 먼지를 털어내듯이 문지른다. '솔몰卹勿'은 긁고 문지른다는 뜻이다. '궤軌'는 수레 바퀴자국이다. 수레의 움직임이 느리기 때문에 먼지가 바퀴자국 밖까지 날리지 않는다." ○ 주자는 말한다. "'책혜策彗'는 아마도 채찍의 꼬리를 가리키는 것으로 오늘날 채찍 끝에 붙어 있는 가죽 띠와 같은 것일 것이다." 疏曰: "入國不馳. 故不用鞭策, 但取竹帶葉者爲杖,

形如埽帚, 故云'策彗'. 微近馬體, 搔摩之. '䘏勿', 搔摩也. '軌', 車轍也. 行緩, 故塵埃不飛揚出軌外也." ◯ 朱子曰: "'策彗'疑謂策之彗, 若今鞭末韋帶耳."

【곡례상 225】

군주는 희생에 쓰는 소를 보면 수레에서 내리고, 종묘에 대해서는 식式을 한다. 대부와 사士는 공문公門에 이르면 수레에서 내리고, 군주의 말에 대하여 식式을 한다.

國君下齊牛, 式宗廟. 大夫士下公門, 式路馬.

集說 '내린다'(下)는 것은 수레에서 내린다는 말이다. 소疏에서 "이 경문은 잘못된 것이며, 마땅히 '군주는 종묘에서 내리고 희생으로 쓰는 소에 대하여 식式을 한다'로 기술해야 한다"는 웅씨熊氏의 설을 인용하였다. '下', 謂下車也. 疏引熊氏說"此文誤, 當云'國君下宗廟, 式齊牛.'"

【곡례상 226】

군주가 타는 수레의 말을 몰 때, 신하는 반드시 조복朝服을 입어야 하고 채찍은 싣기만 하고 사용하지 않으며, 거우車右가 자신에게 끈을 건네게 하지 않고, 왼쪽 자리에 타고 있는 사람은 반드시 식式(가름대)을 잡고 있다.

乘路馬, 必朝服, 載鞭策, 不敢授綏, 左必式.

集說 이 경문은 신하가 의례를 익히기 위해 (군주의 말을 사용할 때의) 예절에 대하여 말한 것이다. '로마路馬'는 군주가 타는 수레의 말이다. 조복朝服(조정에 나아갈 때 입는 관복)을 입고, 또 채찍을 싣기만 할 뿐 사용하지 않는 것은 모두 공경하는 것이다. 군주가 수레에 오르면, 마부는 끈을 건네준다. 이제 신하가 의례를 익히기 위해 왼쪽에 자리하면, 곧 자신이 수레를 몰고 가며 거우車右가 자신에게 끈을 건네주게 하지 않는다. '신하가 수레의 왼쪽 자리에 있을 때 반드시 식式을 한다'(左必式)는 것은 존귀한 자리에 앉게 된 이상 식式으로써 공경을 표시해야 함을 말한다. 此言人臣習儀之節. '路馬', 君駕路車之馬也. 既衣朝服, 又鞭策, 則但載之而不用, 皆敬也. 君升車, 則僕者授綏. 今臣以習儀而居左, 則自馭以行, 不敢使車右以綏授己也. '左必式'者, 既在尊位, 當式以示敬.

【곡례상 227】

군주의 수레를 끄는 말을 걸어서 끌고 갈 때는 반드시 길의 중앙으로 간다. 군주의 말에 꼴을 발로 차서 주면 처벌한다. 군주의 말에 대하여 나이를 헤아리면 처벌한다.

步路馬, 必中道. 以足蹙路馬芻有誅. 齒路馬有誅.

鄭注 모두 널리 공경하는 것이다. '로마路馬'는 군주의 말을 가리킨다. '채찍을 싣는다'(載鞭策)는 것은 감히 잡지 않는다는 것이다. '치齒'는 나이를 세는 것이다. '주誅'는 벌을 준다는 뜻이다. 皆廣敬也. '路馬', 君之馬. '載鞭策', 不敢執也. '齒', 欲年也. '誅', 罰也.

集說 '보步'는 걸어서 훈련시키는 것이다. 반드시 길의 중앙으로 가는 것은 가장자리는 비루하고 법도가 없어 불경스럽고 또는 넘어지기 때문이다. '축蹙'은 '축蹴'(발로 차다)과 같은 뜻이다. '추芻'는 꼴(말먹이)이다. '치齒'는 나이를 센다는 뜻이다. '주誅'는 벌을 준다는 뜻이다. ○ 마씨馬氏는 말한다. "말의 힘을 살피는 것은 반드시 나이를 가지고 한다. 말의 나이는 반드시 치아를 가지고 센다. 이들 경문은 군주의 소유물에 대하여 소홀히 다루는 것을 경계하는 것이다. 선왕께서 예禮를 제정할 때는 쉬운 데서부터 어려운 것을 도모하고, 미세한 단계에서 미리 큰일을 제어해내는 것이었다. 사태가 발생하기 전에 미리 잘못되는 것을 방지하는 것이다." '步', 謂行步而調習之也. 必當路之中者, 以邊側卑褻, 不敬或傾跌也. '蹙', 與'蹴'同. '芻', 草也. '齒', 評量年數也. '誅', 罰也. ○ 馬氏曰: "察馬之力, 必以年數. 馬之年, 必以齒. 凡此戒其慢君物也. 先王制禮, 圖難於其易, 爲大於其細. 凡以止邪於未形而已耳."

역주

1) 오례 : 기본적인 5가지 儀禮의 범주로 吉禮 · 嘉禮 · 賓禮 · 軍禮 · 凶禮를 가리킨다. 『주례』 「春官 · 小宗伯」에는 "오례의 금령과 그 사용되는 희생과 기물의 차등을 관장한다"(掌五禮之禁令與其用等)라고 한 것에 대해 鄭司農은 "오례는 길례 · 흉례 · 군례 · 빈례 · 가례를 말한다"(五禮, 吉 · 凶 · 軍 · 賓 · 嘉)라고 하였다. 『주례』 「春官 · 大宗白」에서는 "길례를 통해 邦國의 人鬼와 天神과 地祇를 제사지내고…… 흉례를 통해 방국의 슬픔을 애도하게 하고…… 빈례를 통해 방국이 화친하게 하고…… 군례를 통해 방국들이 협동하게 하고, 가례를 통해 만민들을 친애하게 한다"(以吉禮事邦國之鬼神示,……以凶禮哀邦國之憂,……以賓禮親邦國,……以軍禮同邦國,……以嘉禮親萬民)라고 하였다. 天地 · 宗廟 · 地祇에 대한 제사인 길례는 국가의 흥성 및 宗族의 연속과 밀접하게 연관되므로 오례의 첫 번째를 차지한다. 가례는 冠婚 · 朝賀 · 登極 · 筵宴 등을 가리키고, 빈례는 외교적인 接對 · 士庶의 相見禮를 가리키고, 군례는 군사와 관련된 의례 제도 · 규정 · 습속을 가리키고, 흉례는 주로 喪禮를 가리키지만 각종 災變에 대한 대응과 애도 의식을 포함하는 것이다.

2) 조회 : 제후가 천자를 알현하는 예이다. 제후가 천자를 알현하는 것에 대하여 『주례』 「春官 · 大宗伯」에 "봄에 알현하는 것을 朝, 여름에 알현하는 것을 宗, 가을에 알현하는 것을 覲, 겨울에 알현하는 것을 遇, 부정기적으로 알현하는 것을 會, 성대하게 알현하는 것을 同이라고 한다"(春見曰朝, 夏見曰宗, 秋見曰覲, 冬見曰遇, 時見曰會, 殷見曰同)라고 하였다. 鄭玄은 주에서 "朝는 아침과 같은 뜻으로, 제후가 오는 것이 이르기를 바라는 것이다. 宗은 높인다는 뜻으로 제후가 천자를 높이기를 바라는 것이다. 覲은 부지런하다는 뜻이다. 천자의 일에 제후가 부지런히 종사하기를 바라는 것이다. 遇는 우연하다는 뜻이다. 제후가 약속하지 않았는데 함께 이르는 것과 같기를 바라는 것이다. 때로 본다는 것은 정해진 시기가 없음을 말한다. 諸侯 중에 순종하지 않은 자가 있어 천자가 정벌하는 일을 행하고자 할 때는 朝覲의 예를 마치고, 천자가 도성 밖에서 단을 설치하여 제후를 모아놓고 정벌의 일을 명령한다. 『춘추좌씨전』, 昭公 3년 조에 '일이 있을 때 모이고(會), 화합하지 않을 때 맹약을 한다'(盟)라고 한 것이 그것이다. 殷은 많다는 뜻과 같다. 12년 동안 천자가 巡守하지 못하면, 六服 안의 제후가 모두 朝見한다. 朝禮를 마치고 천자는 또한 壇을 설치하여 諸侯를 모아놓고 정사를 명령한다. 천자가 명령한 정사는 천자가 순수할 때와 행한 것과 같다. 여럿이 알현한다는 것은 四方에서 四時로 나누어 오는데, 한 해가 끝나면 모든 지역에서 오는 것이 다 완료된다"(朝猶朝也, 欲其來之早. 宗, 尊也, 欲其尊王. 覲之言勤也. 欲其勤王之事. 遇, 偶也. 欲其若不期而俱至. 時見者, 言無常期. 諸侯有不順服者, 王將有征討之事, 則既朝覲, 王爲壇於國外, 合諸侯而命事焉. 『春秋傳』曰'有事而會, 不協而盟', 是也. 殷猶衆也. 十二歲王如不巡守, 則六服盡朝. 朝禮既畢, 王亦爲壇, 合諸侯以命政焉. 所命之政, 如王巡守. 殷見, 四方四時分來, 終

歲則徧)라고 하였다. 제후가 천자를 알현하는 구체적 방식은 「曲禮下」(53)에 자세하다.

3) 유향의 『별록』 : 유향은 字가 子政, 本名은 更生으로 沛縣 출신이며, 한 고조의 동생 楚元王 劉交의 4대손이자 劉歆의 아버지다. 前漢 元帝와 成帝 시기에 활동하였으며, 經傳 · 諸子 · 詩賦 등 秘府에 수장된 서적들을 교열하여 『別錄』을 간행하였다. 또 다른 저서로 『新序』 · 『說苑』 · 『烈女傳』 · 『洪範五行』 등이 있다. 유향의 『별록』은 중국 최초의 도서 분류목록으로 평가되지만 일찍이 망실되었다. 비부의 서적을 교열하는 일은 그의 아들인 유흠에게로 이어졌는데, 유흠 역시 수집된 서적들을 교열하여 『七略』을 지었으나 망실되었다. 현존하는 班固의 『漢書』 「藝文志」는 『七略』을 저본으로 한 것이다.

4) 장자 : 1020~1077. 북송 五子 중의 한 사람인 張載를 가리킨다. 二程의 외삼촌(表叔)으로 이정이 배웠으며, 關學의 창시자이다. 字는 子厚이고, 橫渠선생으로 불렸다. 1057년(嘉祐 2년) 進士가 되었고, 崇文院校書 등 여러 관직을 역임하였다. 「西銘」을 지었으며, 저서에 『崇文集』, 『正蒙』, 『橫渠易說』, 『張子語錄』 등이 있고, 문집으로 『張載集』이 전한다. 인용 성씨에 대하여 이름을 병기한 것은 『欽定禮記義疏』에 근거한 것이다. 그렇지 않은 경우에는 따로 인용전거를 각주로 표시하였다.

5) 「곡례」 : 鄭玄은 『鄭目錄』(위 인용 부분 참조)에서 五禮에 관련된 일(事)을 기록하였기 때문에 편 제목을 '曲禮'로 붙였다고 하였다. 공영달은 정현의 이 설명에 주의하여 '자세하게 일을 행하는 것'(屈曲行事), 곧 각종 예제를 실행하는 자세한 내용으로 곡례를 다음과 같이 설명한다. "「曲禮」와 『의례』는 그 일이 같다. 자세하게 일을 행하는 것에서 '曲禮'라 하고, 威儀에 나타난 것에서 '儀禮'라고 한다. 다만 '자세한 것'(曲)과 '의용'(儀)이 서로 대비된다. 『주례』는 핵심을 통섭하여 명칭을 삼았지만, 총괄해서 말하면, 『주례』에도 '자세한 것'(曲)으로 부르는 명칭이 있다. 그러므로 「藝文志」에서 '오제와 삼왕이 정치를 할 때 왕조마다 수정함이 있었는데, 주나라에 이르러 '자세하게' 예방하는 틀 세웠고, 일마다 제도로 제정해놓았다. 그러므로 「經禮가 三百 가지요, 威儀가 三千 조목이다」라고 한다'라고 말한 것이다. 이 두 예는 서로 상통하며, 모두 '자세한 것'(曲)이라는 이름을 지닌다."(「曲禮」之與『儀禮』, 其事是一. 以其屈曲行事則曰曲禮, 見於威儀則曰儀禮. 但曲之與儀相對. 『周禮』統心爲號, 若總而言之, 則『周禮』亦有曲名, 故『藝文志』云 : '帝王爲政, 世有損益, 至周曲爲之防, 事爲之制. 故曰「經禮三百, 威儀三千.」' 是二禮互而相通, 皆有曲稱也)

6) 말은 ~ 관건이다 : 『역』「繫辭上」에 "말은 자신에게서 나와 백성에게 가해진다. 행동은 가까이에서 일으켜 멀리서 보게 된다. 말과 행동은 군자의 관건이다. 관건의 표출은 영예를 받는가 욕을 당하는가 결정되는 주요인이다. 말과 행동은 군자가 천지를 움직이는 수단이다. 신중하지 않을 수 있겠는가?"(言出乎身, 加乎民. 行發乎邇, 見乎遠. 言行, 君子之樞機. 樞機之發, 榮辱之主也. 言行, 君子之所以動天地也. 可不愼乎?)라고 하였다.

7) 첫 장은 ~ 두었다 : 이 말은 『晦菴集』 권50, 「答潘恭叔」에 나온다.

8) 범씨 : 북송 관료이자 학자였던 范祖禹를 가리킨다. 范祖禹(1041~1098)의 字는 淳甫(또

는 淳夫), 梦得, 呂公著의 사위다. 成都 華陽 출신이다. 1063년(嘉祐 8年) 進士가 되고, 講官으로 활약하여 蘇軾의 높은 평가를 받았다. 『唐鑒』 12卷, 『帝學』 8권, 『仁宗政典』 6권을 지었고, 문집으로 『范太史集』 53권이 있다.

9) 마음이 ~ 빠르다 : 이 말은 『二程外書』 권11, 『近思錄』 권4 「存養」 등에 程頤의 말로 나온다. 이들 책에는 '安'이 '重'으로, '辭'가 '言'으로 되어 있다.

10) 유씨 : 진호의 『禮記集說』에 인용된 劉氏에 대하여 「禮記集說大全凡例」에서는 세 사람을 소개하고 있다. 그러나 인용할 때마다 劉氏라고만 밝혀 누구의 것인지 알 수 없다. 세 사람은 다음과 같다. ① 劉敞 : 字는 原父, 淸江 출신으로, 『七經小傳』 5권을 지었다. ② 劉彝 : 범례에 長樂劉氏로 소개되었고, 북송 철종 재위시 활동한 관료이자 학자이다. 자는 執中이고, 福州 출신으로, 祠部員外郎을 지냈다. 熙寧 년간에 발생한 越南(현 베트남) 李朝와 전쟁을 주동한 인물 중 한 사람이다. 『宋史』 本傳에 『周禮中義』 10권, 『洪範解』 6권, 『七經中義』 170권, 『贛州正俗方』 2권, 『明善集』 30권, 『居陽集』 30권 등을 지었다고 한다. 衛湜의 『禮記集說』 범례에는 『七經中義』 안에 「禮記」 40권이 포함되어 있다고 한다. ③ 劉孟治 : 미상.

11) 군자가 ~ 따로 있다 : 이 말은 『논어』 「泰伯」에 나온다.

12) 용모를 ~ 것이다 : 이 부분은 『논어』 「泰伯」에 나오는 위 증자의 말을 인용하여 설명한 것이다.

13) 이 편은 ~ 말이다 : 이 말은 『晦菴集』 권50, 「答潘恭叔」에 나온다.

14) 응씨 : 應鏞을 가리킨다. 衛湜의 『禮記集說』 「凡例」에는 金華 출신으로 字가 子和이고 『纂義』 20권을 지었다고 소개되어 있다. 陳澔는 서문(위 역주부분 참조)에서 "근래에 나온 응씨의 『集解』는 「雜記」, 「喪大記」, 「喪服小記」 등 편에 대하여 생략하고 설명하지 않았다."(近世應氏『集解』, 於「雜記」·「大·小記」等篇, 皆闕而不釋)라고 하였다. 『集解』는 『纂義』와 같은 저술로 생각되며, 원 제목은 『禮記纂義』 또는 『禮記集解』였을 것으로 추정된다.

15) 우리 선자께서 ~ 분이다 : 이 말은 『맹자』 「公孫丑上」에 보인다. 정현은 증자의 말로 인용하고 있지만, 『맹자』에서는 曾西의 말로 인용하고 있으며, 趙岐의 주석에서 曾西는 증자의 손자이며, 先子는 曾子를 가리킨다고 해석하였다.

16) 송나라 악씨가 ~ 하였던 것 : 관련 내용은 『춘추좌씨전』, 襄公 29年 조에 보인다. 송에 기근이 들었을 때 樂氏가 백성들에게 곡식을 대여해주어 구제하였다. 대여할 때 樂氏는 대여한 것을 다시 거두어들이지 않았다고 한다.

17) 진나라 구범이 ~ 옮긴 것 : 『사기』 권39, 「晉世家」에 나오는 말이다.

18) 狠 : 『禮記集說大全』에는 '狠', 『禮記注疏』에는 '很'으로 되어 있는데 음은 '한'이고 뜻은 같다.

19) 이익이 되는 ~ 것이요 : 이 말은 『논어』 「憲問」에 보인다.

20) 목숨을 다해 ~ 것이요 : 이 말은 『논어』 「泰伯」에 보인다.

21) 화가 나는 ~ 것이요 : 이 말은 『논어』 「季氏」에 보인다.

22) 자신이 적은 ~ 것이다 : 이 말은 『논어』 「季氏」에 보인다.

23) 두 구절은 ~ 것이다 : 『晦菴集』 권50, 「答潘恭叔」에 나오는 말이다.

24) 이것은 ~ 말이다 : 관련 내용은 『춘추좌씨전』, 哀公 11년 조에 보인다. 『춘추좌씨전』의 원문에는 "是謂我不成丈夫也"로 되어 있다.

25) 유원보가 ~ 하였다 : 『晦菴集』 권50, 「答潘恭叔」에 나오는 말이다.

26) 오방 : 동서남북과 중앙을 가리킨다. 곧 모든 지역이라는 의미다.

27) 친소 : 혈연의 가깝고 먼 정도를 가리킨다.

28) 혐의 : 혐은 그렇게 하였을 경우 오해를 살 수 있는 것을 가리킨다. 가령, 첩이 정처를 위해서 기년복을 입지만 정처는 첩을 위해서 복을 입지 않는다. 그 이유는 기년복을 입으면 너무 무겁고, 그렇다고 낮추어 입으면 시어머니가 며느리에게 입는 복과 같아져 오해를 살 수 있기 때문이다. 이 경우가 '嫌'에 해당한다. '疑'는 어떻게 해야 합당한지 의심스러운 경우를 가리킨다. 예를 들면, 공자가 죽었을 때, 제자들이 어떤 상복을 입어야 할지 명확한 기준을 설정할 수 없었던 것과 같은 경우이다.

29) 동이 : 예를 행할 때 같게 하거나 차이를 두는 것을 가리킨다. 가령 형제에 대한 복이라도 시집가기 전과 후가 달라지는 것, 배우자의 존비에 따라 달리하는 것, 신분의 차이에도 불구하고 부모에 대한 삼년상은 천자에서 서인에 이르기까지 동일한 것 등이 여기에 속한다.

30) 시비 : 어떤 일를 행할 때, 예에 합당하게 하는 것이 是(옳은 것)고 합당하지 않게 하는 것이 非(잘못된 것)다.

31) 공자의 상에 ~ 제의하였다 : 관련 내용은 「檀弓上」(59)에 자세하다.

32) 주인이 ~ 그르다 : 관련 내용은 「檀弓上」(69)에 자세하다.

33) 군자는 ~ 한다 : 『논어』 「爲政」에 나오는 말이다.

34) 끌어와서 취하는 것 : 『悔菴集』 권50, 「答潘恭叔」에 "'다른 사람을 취한다'는 것은 다른 사람이 오지 않는데 내가 끌어와서 취하는 것이다. 아래 문장의 '와서 배운다'와 '가서 가르친다'는 그 일의 실제 내용이다"('取人'者, 人不來而我引取之也. 下文'來學'·'往教', 卽其事之實也)라고 하였다. 『의례경전통해』 권11에 "'다른 사람을 취한다'는 것은 다른 사람의 스승이 되기를 좋아하는 것으로 '내가 (가르침을 받을) 동몽을 구한다'는 것이다"('取人'者好爲人師, 我求童蒙也)라고 하였다.

35) 공경은 ~ 것이다 : 이 말은 『춘추좌씨전』, 僖公 13년 조에 나온다. 臼季가 晉文公에게 郤缺을 천거하면서 "敬은 德이 쌓이는 것입니다. 공경을 잘한다면 반드시 덕이 있는 것입니다. 덕으로 백성을 다스리니 임금께서 그를 등용하기를 청합니다"(敬, 德之聚也. 能敬必有德. 德以治民, 君請用之)라고 하였다. 郤缺은 晉文公에게 반역죄로 주살당한 郤芮의 아들이었지만 臼季의 천거로 晉文公에게 등용되어 여러 차례 전쟁에서 공을 세웠다.

36) 주씨 : 「禮記集說大全凡例」에 朱周翰의 『節解』가 제시되어 있어 朱周翰을 가리키는 것으

로 생각된다. 『文淵閣書目』 권1에 "『예기』에 대한 주주한의 『절해』 3책 한 부"(『禮記』朱周翰『詳節』一部三冊)라고 언급되어 있다. 朱周翰의 행적에 대해서는 알려져 있지 않다.

37) 벼슬살이 : 陳澔는 벼슬하는 것으로, 熊禾는 관직의 일을 배우는 것으로 주석하였다.(『禮記集解』(上), 9쪽, 참조)

38) 도와 사, 제와 사 : 陳澔는 "禱는 기구하는 것을 염두에 두고, 祠는 문식하는 것을 위주로 삼고, 祭는 봉양하는 것을 일로 삼고, 祀는 안정시키는 것을 도리로 삼는다"(禱以求爲意, 祠以文爲主, 祭以養爲事, 祀以安爲道)고 주석하였다. 吳澄은 "도사는 특정한 일로 지내는 제사이고, 제사는 정기적 일로서 지내는 제사이다"(禱祠者因事之祭, 祭祀者常事之祭)라고 주석하였다. 정현은 『주례』 「春官 · 小宗伯」의 주에서 "복을 비는 것이 禱요, 구하는 것을 얻은 것이 祠이다"(求福曰禱, 得求曰祠)라고 주석하였다. 『주례』 「春官 · 大宗白」에는 祠가 봄에 선왕에게 드리는 제사를 나타낸다. 『三禮辭典』 '禱祠' 항목에는 재앙이나 질병이 있을 때 제사를 올려 화를 제거하고 복을 기구하는 것을 禱라고 하고, 기구한 바를 얻어서 보답하는 제사를 올리는 것을 祠라고 한다고 풀이하였다.

39) 공경하고, ~ 것으로서 : 何胤은 "외모로 나타난 것이 恭이요, 마음에 표현하는 것이 敬이다"(在貌爲恭, 在心爲敬)라고 주석하였다. 陳澔는 "撙은 잘라내고 억제하는 것이다. 예는 줄이는 것을 위주로 한다"(撙裁抑也, 禮主其減)라고 주석하였다. 孫希旦은 恭, 敬, 撙, 節, 退, 讓의 여섯 글자가 각기 독립된 덕목을 표현하고 있는데, 恭과 敬은 예를 다하는 실질을, 撙과 節은 예를 단속하는 수단을, 退와 讓은 예를 전달하는 문식을 뜻한다고 본다. 『禮記集解』(上), 10쪽, 참조.

40) 교지, 봉계 : 베트남 등 남방 지역을 가리킨다.

41) 등짐을 ~ 파는 사람 : 정현은 "등짐을 지거나 물건을 파는 사람은 특히 경박하고 이익을 좇기 때문에 당연히 무례함직하다"(負販者尤輕佻志利, 宜若無禮然)라고 하였고, 陳澔는 "등짐을 진 자는 힘을 쓰는 것에 종사하고, 물건을 파는 사람은 이익에 종사한다. 비록 비천하지만 예를 갖추지 않아서는 안 된다"(負者事於力, 販者事於利. 雖卑賤, 不可以無禮也)고 주석하였다. 朱彬은 "負販은 『논어』 「鄕黨」의 '版(지도와 호적)을 짊어진 자에게 공경하였다'의 판과 같이 여겨야 한다. 비록 지극히 천한 사람이라도 홀대할 수 없다는 것이다"(負販, 當如「鄕黨」'式負版者'之版. 雖至賤, 亦不可忽)라고 주석하였다. 주빈의 주석에 따르면, 경문의 뜻은 '負販(지도와 호적을 짊어진 사람)이라고 하더라도, 반드시 그를 존중해줌이 있다. 더구나 부귀한 사람에게는 어떻게 하겠는가?'라는 의미가 된다. (『禮記訓纂』(上冊), 7~8쪽, 참조)

42) 강 : 疏에 의하면, 智慮(지력)와 氣力(체력)이 모두 강한 것을 뜻한다.

43) 늙어서 ~ 또 닥쳤다 : 관련 내용은 『춘추좌씨전』, 昭公 원년 조 傳에 보인다. 『춘추좌씨전』에는 "老將知而耄及之者"로 되어 있다.

44) [곡례상 28]부터 아래 [곡례상 32]까지 하나의 내용을 이룬다.

45) 안거 : 왕후가 타는 다섯 가지 수레 가운데 하나로, 사방 주위로 휘장이 있고 위에는

덮개가 설치되어 있다. 한 마리 말이 끄는 작은 수레로 앉아서 탄다. 『주례』「春官·巾車」에 "왕후의 다섯 가지 수레:…… 安車는 사방에 갈매기 문양을 한 술이 있고, 모두 휘장과 덮개가 있다"(王后之五路:…… 安車, 彫面鷖總, 皆有容蓋)라고 하였다. 정현은 注에서 "安車는 앉아서 타는 수레이다. 무릇 부인용 수레는 모두 앉아서 탄다. 鄭司農은 '容은 수레휘장으로 山東지역에서는 裳幃라고 부른다. 더러 潼容이라고도 한다'라고 말한다. 생각건대, 덮개는 오늘날 작은 수레의 덮개와 같다. 안거는 모두 휘장과 덮개가 설치되어 있다. 안거는 가리개가 없고 왕후가 천자의 처소에서 조현할 때 타니 장식을 제거함을 말한다"(安車, 坐乘車. 凡婦人車, 皆坐乘. 鄭司農云: '容謂幨車, 山東謂之裳幃. 或曰潼容.' 玄謂蓋如今小車蓋也. 皆有容有蓋. 安車無蔽, 后朝見於王所乘, 謂去飾也)라고 하였다. 賈公彦은 疏에서 "살펴보건대, 「曲禮上」(215)에 '부인은 서서 타지 않는다'라고 하였으니, 婦人은 앉아서 타고 남자는 서서 타는 것이다. 「曲禮上」(28~30)에 '대부(大夫)는 칠십이 되면 직무를 바치고 물러나는데, 만약 물러나는 것을 허락할 수 없으면, 반드시 안석과 지팡이를 내려주고…… 安車를 타고 간다'라고 하였으니, 남자도 앉아서 타면 또한 安車라고 부른다. 그렇다면 王后의 다섯 가지 수레가 모두 앉아서 타는 것인데 유독 이것만 安車라는 명칭을 얻은 것은 나머지 수레들은 重翟, 厭翟, 翟車, 輦車 등의 명칭이 있어서 부를 수 있는데, 이 수레만 특별히 지칭할 장식물이 없어서 홀로 안거라는 명칭을 가진 것이다"(按, 「曲禮上」云'婦人不立乘', 是婦人坐乘, 男子立乘. 「曲禮上」'大夫七十而致事, 若不得謝, 則必賜之几杖……乘安車', 則男子坐乘, 亦謂之安車也. 若然則王后五路皆是坐乘, 獨此得安車之名者, 以餘者有重翟厭翟翟車輦車之名, 可稱, 此無異物之稱, 故獨得安車之名也云)라고 하였다.

46) 노부는 혼몽하여 : 이 말은 『춘추좌씨전』, 隱公 4년 조에 보인다. 이 말은 衛나라 대부였던 石碏이 陳나라에 사람을 보내 衛桓公을 시해한 州吁와 자신의 아들 石厚를 처단해 줄 것을 요청할 때 자신을 가리켜 한 말이다. 곧 다른 나라에 가서 대부가 자신을 지칭하는 용어로 '老夫'라는 말을 사용한 사례이다. 石碏은 "衛나라가 한쪽에 치우친 작은 나라이고 이 老夫가 혼몽하여 어떻게 할 도리가 없습니다. 이 두 사람은 우리 임금을 시해한 자이니 감히 즉시 도모해주기 바랍니다"(衛國褊小, 老夫耄矣, 無能爲也. 此二人者實弑寡君, 敢卽圖之)라고 하였다.

47) 貪 : 阮元의 교감에 의하면 일부 판본에는 '貧'으로 되어 있다고 한다. 여기서는 '貧'의 의미로 해석하였다.

48) 사호는 ~ 하였다 : 四皓는 秦 말기에 은둔하였던 東園公, 綺里季, 夏皇公, 甪里 등을 가리킨다. 이들은 수염과 눈썹이 모두 흰색이었기 때문에 '四皓'라고 불리었다. '폐하의 동료'는 漢 高祖 劉邦의 동료를 가리킨다. 동료 중 한 사람이었던 黥布가 반란을 일으키자, 유방은 태자를 시켜 유방의 동료들을 이끌고 가서 토벌하도록 하였다. 사호는 그것이 태자를 위태롭게 한다는 것을 알고, 태자가 거느려야 할 여러 장수들이 곧 태자의 아버지인 유방의 동료들로서 다루기가 어려움을 지적하였다. 관련 내용은 『사기』「留侯世家」에 보인다.

49) 삼명으로 임명되어도 ~ 않는다 : 賜와 命은 임명한다는 의미로 관직의 등급을 나타내며, 등급은 一命부터 九命까지 존재한다. 『주례』의 「春官 · 大宗白」과 「春官 · 典命」에 관련 내용이 보인다. 아래 주석에서 보듯이 정현은 '不及車馬'를 '수레와 말을 하사받지 않는다'고 주석하였지만, 주희는 『儀禮經傳通解』에서 하사받기는 해도 감히 사용하지는 못한다는 의미로 주석하였다. 陳澔의 주석은 정현 주에 따른 것이다.

50) 무릇 ~ 하사받는다 : 『주례』 「春官 · 大宗白」에 관련 내용이 보인다.

51) 25가가 모여 ~ 이룬다 : 『주례』 「地官 · 司徒」에 관련 내용이 보인다.

52) 受重 : 重受로 된 판본도 있으나, 阮元와 李學勤의 교감에 의거하여 受重으로 정한다. (李學勤, 25쪽 주 2) 참조).

53) 옛날에 ~ 하사받는다 : 『주례』 「春官 · 大宗白」에 관련 내용이 보인다.

54) 25가가 모여 ~ 된다 : 『주례』 「地官 · 司徒」에 관련 내용이 보인다.

55) 옛날 사람이 ~ 것은 : 『太平御覽』 권689, 「服章部六」에 『孝子傳』의 말을 인용하여 "老萊子는 70세가 되었는데, 부모가 아직 살아 계셨다. 노래자는 늘 색동옷을 입고 어린애의 놀이를 하였다"(老萊子年七十, 父母猶在. 萊常服斑斕衣爲嬰兒戱)라고 하였다.

56) 배 : 공영달은 이 예가 20세 미만에는 적용되지 않는다고 한다. 이로 볼 때, 여기서 배는 일반적으로 20년을 뜻한다.

57) 음식을 ~ 않는다 : 정현은 빈객을 접대하는 음식에 필요한 것을 (자신이 마음대로) 한정하지 않는다고 주석하였다. 熊氏는 가사를 넘겼으면 자손에게 맡기고, 넘기지 않았으면 자손이 빈객을 접대할 일이 없기 때문에, 어른이 재량하는 바에 따르고 자식이 미리 양을 한정하지 않음을 뜻한다고 주석하였다.(『禮記注疏』 권1, 22b쪽) 陳澔는 음식을 차려 대접하는 것에 부모에 대한 봉양, 손님 접대, 제사 등이 모두 포함되며, 한정하지 않는다는 것은 양을 부모의 마음을 따르고 자신이 정하지 않는 것을 뜻한다고 주석하였다.(『禮記集說大全』 권1, 18a쪽). 朴世采는 여기서 음식을 접대하는 것은 살아 있는 사람에게만 해당되는 것으로 보고, 『儀禮經傳通解』에 제사를 거론하지 않았다고 지적하면서 진호의 설을 비판하였다. 『禮記補註』 권1, 「曲禮上」, 4a쪽 참조.

58) 흰색 : 素는 직물을 짠 뒤 누이지 않은 원래 상태 또는 그 상태의 색을 말한다. 누이면 白色이 된다. 喪事에서는 文飾보다 質情을 중시하므로 무거운 상일수록 가공하지 않는 것으로 상복의 표식을 삼는다. 居喪할 때, 大喪 이전에는 가선장식(純)을 하지 않고, 大喪이 지나서 누이지 않은 흰색(素) 비단으로 가선장식을 하며, 탈상한 뒤 평상복으로 돌아온다. 곧 흰색(素)으로 가선장식을 하는 것은 거상하는 것이 되기 때문에 부모가 살아 계시는 동안에는 하지 않는 것이다.

59) 무 : 冠卷이라고도 하며 관 끝의 묶는 띠를 말한다.

60) 자성 : 성은 '낳는다'(生)는 뜻이다. 아들이 낳았다는 의미에서 손자의 뜻이 된다.

61) 純 : '純'의 음은 '준'이고, 관과 옷의 가선(테두리)에 다른 옷감으로 장식한 것으로 紕, 緣 등의 의미와 상통한다.

62) 나이가 ~ 가리킨다 : 孫希旦은 삼십 이전을 가리킨다는 정현 주가 잘못이라고 여기고 부모 중 한 분만 여의어도 孤라고 주장한다. 『禮記集解』(상), 23쪽 참조.

63) 갖옷 : 모피를 사용해서 만든 고대의 외투를 의미한다. 고대의 군주와 귀족들은 주로 여우 가죽으로 만든 외투를 입었으며, 무사는 호랑이 가죽으로 만든 외투를 입었다. 여우 가죽으로 만든 외투 중에는 흰색의 여우 가죽으로 만든 것, 즉 狐白裘를 고급으로 친다. 『中國古代禮俗辭典』(北京, 中國友誼出版公司, 1991), 9쪽, 참조.

64) 치마 : 상의를 뜻하는 衣와 대비되는 개념으로 치마 형식으로 된 하의를 의미한다. 『의례』 「喪服」의 注에서 정현은 "무릇 裳의 형식은 앞쪽이 3폭 뒤쪽이 4폭이다"(凡裳, 前三幅, 後四幅也)라고 하였다. 위진시대까지 남자도 裳을 입었으며, 수당대 이후로 여성의 전용 복장이 되었다고 한다. 『中國古代禮俗辭典』(北京, 中國友誼出版公司, 1991), 1쪽, 참조.

65) 선생 : 정현은 "노인으로 학문을 가르치는 사람"(老人敎學者)라고 주석하였다. 한편, 『의례』 「鄕射禮」의 '선생'에 대한 註에서 정현은 "경과 대부를 지내다 퇴직한 사람"(卿大夫致仕者)이라고 주석하였다. 손희단은 여기서 선생이 반드시 퇴직한 사람을 지칭하는 것은 아닐 것이라고 본다.(『禮記集解』(상), 25쪽). 呂氏는 父兄을 가리킨다고 주석하였다. 『禮記集說』 권1, 21b쪽 참조.

66) 선생이 ~ 때문이다 : 손희단의 『禮記集解』에서는 정주의 설명이 합당하지 않다고 여긴다. 손희단은 제자가 예를 알아서 선생의 뒤로 물러나 수행하는 것이지, 선생 쪽에서는 제자가 자신과 나란히 가는 것을 문제 삼는 것은 아니라고 한다. 『예기집해』(上), 25쪽 참조.

67) 致 : 閩本, 監本은 '致'로 毛本은 '或'으로, 岳本, 嘉靖本은 '致'로 되어 있다. 李學勤 主編, 『禮記正義』 上책, 36쪽 참조.

68) 攝齊 : 『논어』 「鄕黨」에 보인다. '齊'는 음이 '자'이고 옷자락을 뜻한다.

69) '유'와 '낙' : '諾'은 알았다고 대답만 하고 곧장 실행에 옮기지는 않는 것이고, '唯'는 대답하자마자 실행하는 것이다. '諾'은 아랫사람이나 동료에 대하여 쓰는 말이고, '唯'는 윗사람에게 또는 동료에게 쓰는 말이다.

70) 문말뚝 : 문에 세운 작은 말뚝으로 橛이라고도 한다. 『의례』 「士冠禮」의 '闑西'에 대한 疏에서 賈公彦은 문에 동서로 두개의 闑이 있다고 하였다. 즉 문은 서쪽 얼의 서쪽(闑西), 동쪽 얼의 동쪽(闑東), 양쪽 얼 사이의 중간(中門)의 세 영역으로 구분된다. 『三禮辭典』, 1220쪽, '闑' 참조.

71) 문지방 : 문짝이 넘어오지 않도록 고정시키기 위하여 문 바닥에 가로로 가로질러 놓은 나무로, 閾이라고도 한다. 『三禮辭典』, 1143쪽, '閾' 참조.

72) 대부와 ~ 않는다 : 공영달의 『禮記注疏』에 "문은 堂을 바라보는 것이 정방향이므로 오른쪽은 동쪽에 위치한다. 주인의 자리는 문의 동쪽에 위치하고, 빈객의 자리는 문의 서쪽에 있다. 대부와 사는 신이다. 신은 군주에게 통치되기 때문에 빈객이 다니는 곳으로 다니지 못한다. 그러므로 군주의 문을 출입할 때 항상 문지방의 오른쪽을 통해서 출입한다"(門以向堂爲正, 右在東. 主人位在門東, 客位在門西. 大夫士是臣. 臣統於君, 不

敢自由賓. 故出入君門, 恒從闑東也)고 주석하였다.(권2, 3a쪽) 孫希旦은 『禮記集解』에서 당을 바라보는 것이 문의 정방향이라는 설에 대하여 문의 왼쪽과 오른쪽은 정해진 것이 아니라고 비판한다.(상책 28쪽) 즉 문의 왼쪽과 오른쪽은 바라보는 방향에 따라 동쪽 서쪽 어느 쪽도 될 수 있다. 다만 堂이 남향임을 전제로 해서 주인의 자리가 동쪽에 위치하고 빈객의 자리가 서쪽에 위치하는 것은 모든 예법에서 동일하다.

73) 침문 : 천자는 5개의 문, 제후는 3개의 문, 사는 1개의 문이 있는데, 가장 안쪽의 문을 寢門 또는 路門이라고 한다. 『의례』「士喪禮」의 "국군이 사람을 시켜 조문하면 휘장을 거두고 주인은 寢門 밖에서 맞이하는데 빈을 보고 곡을 하지 않는다"(君使人弔, 徹帷, 主人迎于寢門外, 見賓不哭)라고 하였는데, 鄭玄은 注에서 "寢門은 內門이다"(寢門, 內門也)라고 하였다.

74) 군주는 ~ 맞이한다 : 「빙례」 원문은 "사방에서 온 빈객과 연회를 하면, 공은 그들을 대문 안에서 맞이하고, 揖을 하여 양보한 뒤에 먼저 당에 오른다"(若與四方之賓燕, 則公迎之於大門內, 揖讓升)라고 하였다.

75) 숙배 : 『주례』「春官·大祝」에 규정된 아홉 종류의 절 가운데 하나이다. 鄭玄은 鄭司農의 말을 인용하여 "肅拜는 허리를 숙이고 손을 아래로 내리는 것으로 지금의 撎가 그것이다. 갑옷을 입은 사람은 배례하지 않으므로 '(맡은 바의) 일 때문에 감히 사자에게 숙배를 하였다'고 말한 것이다"(肅拜, 但俯下手, 今時撎是也. 介者不拜, 故曰, 爲事故, 敢肅使者)라고 하였다. 이에 따르면 숙배는 선 자세를 취하고 꿇는 자세를 취하지 않고 머리를 숙이되 머리를 낮추는 정도는 가슴까지는 낮추지 않으며 양손을 내리되 땅에 대지 않는 것이다.

76) 趨 : 정현은 『禮記注疏』에서 "걸을 때 다리를 크게 벌려 걷는 것이 趨이다"(行而張足曰趨)라고 정의하였다.

77) 상개 : 介는 의례의 진행에서 賓 또는 使臣이 예를 행할 때 보조하는 직책 또는 그 사람이다. 개에는 상개와 衆介가 있다. 聘禮에서 사신은 上卿이 맡고, 상개는 대부가 맡으며, 중개는 士가 맡는다. 「聘義」에 자세한 내용이 보인다.

78) 길고 : 桔槔라고도 한다. 물을 퍼 올리는 데 이용하는 장치로, 한쪽에 두레박을 달고 한쪽에 돌을 매달아 우물 위에 설치한다.

79) 관녕이 ~ 하였는데 : 관련 내용은 『高士傳』(晉 皇甫謐 지음) 하권, '管寧' 조목에 보인다. 管寧은 三國 시기 魏나라 朱虛 사람이다. 字는 幼安이고, 황건적의 난을 피하여 遼東으로 옮겨 살았는데 그를 따르는 사람들이 많았다. 뒤에 太中大夫로 임용되는 등 여러 번에 걸쳐 徵召되었지만 끝내 출사하지 않았다. 『三國志』 권11에 그의 傳이 있다. 『고사전』에 의하면, 그는 나무로 된 한 걸상을 마련하여 평생 바른 자세로 앉아 공부하였는데, 그 탓에 무릎이 닿은 자리가 뚫어졌다고 한다.

80) 사람이 ~ 아니다 : 『맹자』「公孫丑上」에 보인다. 『맹자』에는 "無是非之心, 非人也"로 되어 있다.

81) 자로가 ~ 하였다 : 이 말은 『논어』 「子路」에 나온다.

82) 문밖에 ~ 있다 : 이 말은 「곡례상」(56)에 나온다.

83) '옆으로 물러난다'는 ~ 것이다 : 疏의 원문은 "屛於側者, 屛, 退也, 退不當階也"로 되어 있다. 소의 원문을 살려 번역하였다.

84) 정현 주 : 「內則」(84) "男女不同椸枷"에 대한 주에 보인다.

85) 휘·이 :

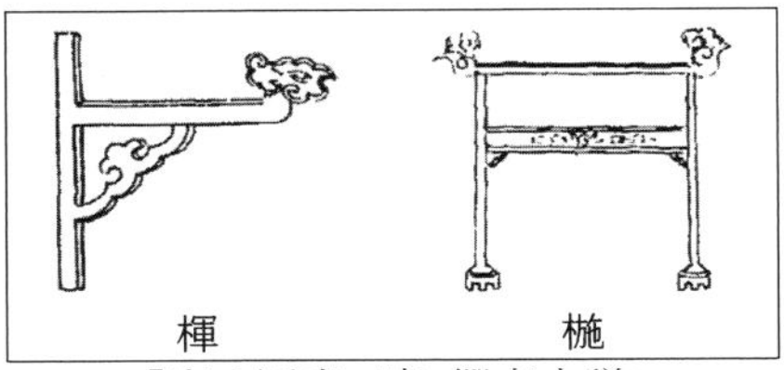

『家山圖書』(宋 撰者未詳)

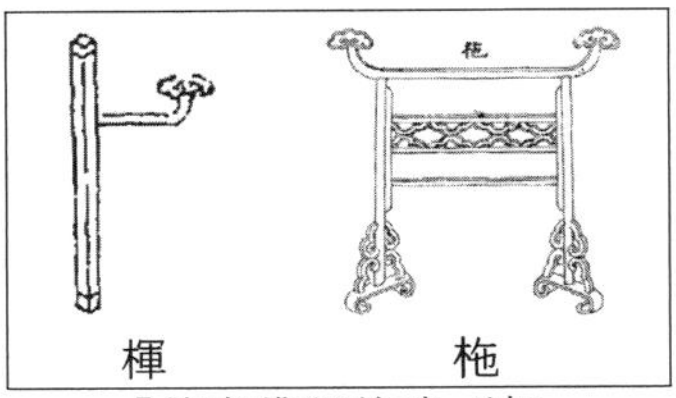

『欽定禮記義疏』(淸)

86) 영 :

『禮書』(宋 陳祥道)

87) 여러 공자의 ~ 된다 : 관련 내용은 『춘추공양전』, 莊公 원년 조에 보인다. '여러 公子'는 魯侯의 딸들을 가리킨다. 당시 周 王室에서 齊로 시집을 보내는데 魯에서 혼사의 일을 주관하게 하였다. 魯에서는 齊로 시집갈 신부를 맞이하여 거처할 처소를 지었는데, 『춘추공양전』에서는 그 처소가 제후가 정사를 처리하는 露寢이어서도 안 되고, 夫人이 거처하는 小寢일 경우 혐의가 생기고, 제후의 딸들이 거처하는 곳은 신분에 비하여 낮다고 말하고 있다. 정현은 '제후의 딸들이 거처하는 처소'(群公子之舍)라는 부분을 인용하여 여자가 시집가기 전에 일정한 나이가 되면 별도의 처소에서 지낸다는 전거를 삼은 것이다.

88) 동료와 친구들 : 원문은 '僚友'인데 孫希旦은 "같은 관직에 있는 사람이 僚이고 뜻을 같이하는 사람이 友이다"(同官爲僚, 同志爲友)라고 설명한다. 『禮記集解』 上, 46쪽 참조.

89) 무릇 ~ 보고한다 : 『주례』 「地官·媒氏」에 "무릇 신부를 맞이하는 경우, 신부 및 들어온 자식을 모두 기록한다"(凡娶, 判妻入子者皆書之)고 하였다. '들어온 자식'(入子)에 대하여 鄭司農은 "'들어온 자식'이라는 것은, 시집간 여자를 말한다"('入子'者, 謂嫁女者也)라고 하였고, 정현은 "'들어온 자식'이라고 말한 것은 媵妾과, (신부를 따라 오는) 신부의 조카나 여동생의 경우 혼례를 치르지 않음을 허용하는 것이다"(言'入子'者, 容媵·姪娣不聘之者)라고 하였다. 孫詒讓 등 청대 학자들은 '判妻'를 재가하는 여자, '入子'를 재가하는 여자가 데리고 들어온 자식을 가리킨다고 해석한다. 『周禮今註今譯』, 144~145쪽,

해당 부분 참조.

90) 무릇 ~ 고한다 : 관련 내용은 『의례』「士昏禮」에 나온다. 納采를 설명하는 경문에 “(여자 측의) 주인이 방문의 서쪽(堂의 중앙)에 조상의 신령을 위하여 자리를 설치하는데, 자리는 서쪽이 위가 되게 놓는다. 자리의 오른쪽에 几를 놓는다”(主人筵于戶西, 西上. 右几)라고 하였는데, 정현은 이 부분의 注에서 “筵은 선조의 신령을 위해 자리를 설치하는 것이다.…… 장차 선조가 전해준 몸으로 남에게 허락하려고 하기 때문에 禰廟(돌아가신 아버지를 모신 사당)에서 그 예를 맞는다”(筵爲神布席也.……將以先祖之遺體許人, 故受其禮於禰廟)고 하였다. 또 「士昏禮」「記」에 “결혼에 관한 모든 행사는 반드시 해질 무렵과 해뜰 무렵에 하는데 禰廟에서 받는다”(凡行事必用昏昕, 受諸禰廟)라고 하였다.

91) 80세에 ~ 댄다 : 이 말은 「王制」(80)에 나온다.

92) 이름은 ~ 것이다 : 이 말은 『춘추좌씨전』, 桓公 6년 조에 보인다.

93) 『춘추좌씨전』의 ~ 하였다 : 관련 내용은 『춘추좌씨전』, 成公 16년 조에 보인다.

94) 혜 : 식초 종류를 가리킨다. 醢와 醬 등 육젓 종류에 조미하는 데 사용하기 때문에 함께 이어서 醯醢, 醯醬이라고 부르기도 한다. 『의례』「聘禮」의 “식초와 육젓이 백항아리이다”(醯·醢百罋)에 대한 賈公彦의 疏에 “醯는 곡물을 발효시켜 제조한다…… 醢는 고기를 발효시켜 제조한다”(醯是釀穀爲之, 酒之類……醢是釀肉爲之)라고 하였다. 『三禮辭典』, ‘醯’ 항목 참조.

95) 장 : 식초(醯)와 젓갈(醢) 종류 등 고기와 생선 또는 곡물을 발효시켜 만든 음식을 통칭하는 말로 사용된다. 『주례』「天官·膳夫」의 “무릇 왕의 饋食에 醬은 120항아리를 사용한다”(凡王之饋, 醬用百有二十罋)에 대한 정현 주에 “醬은 식초(醯)와 젓갈(醢)을 가리킨다. 왕의 정식에 醢人은 醢 60항아리를 제공하는데 5齏, 7醢, 7菹, 3臡로 채고, 醯人은 齏醯와 菹醯의 음식물 60항아리를 제공한다”(醬謂醯醢也. 王擧則醢人共醢六十罋, 以五齏·七醢·七菹·三臡實之, 醯人共齏·菹醯物六十罋)라고 하였다. 『三禮辭典』, ‘醬’ 항목 참조.

96) 燕食과 禮食 : 燕食은 평상시에 사와 대부가 손님과 함께 식사하는 것을 가리킨다. 禮食은 연식에 대비되는 말로 사와 대부가 정식으로 식사하는 예법을 가리킨다. 「王制」(115) ‘凡養老’의 疏에 “그 예에는 두 가지 종류가 있다. 하나는 禮食이다. 그 때문에 『주례』「추관·대행인」에 ‘제공이 세 번 食禮를 할 때 9번 희생을 올린다’고 한 것과 공이 대부에게 음식을 접대하는 것 등이 그것이다. 두 번째는 燕食인데 연사는 신하가 스스로 빈객과 함께 아침저녁으로 함께 식사하는 것이 그것이다”(其禮有二種. 一是禮食, 故「大行人」云‘諸公三食之禮有九擧’, 及公食大夫禮之屬, 是也. 二是燕食者, 謂臣下自與賓客旦夕共食, 是也)라고 하였다.

97) 辯 : 음이 遍(변)이며 ‘두루’라는 의미다.

98) 견 : 肱骨이라고도 부르며, 犧牲의 앞쪽 몸체의 일부이다. 이 부분은 세 부분으로 나뉘는데 가장 위의 어깨 부분을 肩, 팔꿈치 부분을 臂, 그 아랫부분을 臑라고 부른다. 『三

禮辭典』, 510쪽 참조.

99) 주인 : 孫希旦은 모시고 식사하는 어른이 주인인 경우를 가리킨다고 본다.(『禮記集解』) 孔穎達의 疏에서는 어른과 다른 별도의 주인을 의미하는 것으로 본다.

100) 生 : 원문에 '手'로 되어 있는데, 阮元의 校勘과 李學勤의 주석에 근거하여 '生'으로 고쳤다.

101) 주씨 : 『欽定禮記義疏』에는 '朱子'의 말로 되어 있다.

102) 爲 : 『禮記集說』에는 '謂'로 되어 있으나, 『禮記注疏』에 따라 '爲'로 고친다.

103) 입의 모습은 ~ 있어 : 이 구절은 「玉藻」(124)에 나온다.

104) 손님은 ~ 내려온다 : 『의례』의 해당 부분은 "손님은 식사를 마치면 기장밥에 물을 말아 세 번 먹고 입가심하기를 세 차례 하고 醬과 국물로는 입가심을 하지 않는다. 손을 비벼 닦고 일어나 북쪽을 향해 앉아서 기장밥그릇과 장종지를 들고 당 아래로 내려와, 서쪽을 향해 앉아서 계단의 서쪽에 놓아둔다"(賓卒食, 會飯三飮, 不以醬湇. 捝手興, 北面坐取粱與醬以降, 西面坐奠于階西)라고 하였다.

105) 헌 : 주인이 손님에게 다가가 술을 따라주는 것을 가리킨다. 주인이 손님에게 술을 먼저 따라주는 것을 '獻', 손님이 술잔을 받아놓고 다시 주인에게 술을 따라주는 것을 '酢', 주인이 먼저 마시고 손님에게 마시기를 권하는 것을 '酬'라고 한다. 獻, 酢, 酬의 절차를 한 번 행하는 것을 一獻이라고 한다. 『의례』「鄕飮酒禮」 참조.

106) 재부 : 大宰의 속관으로 빈객에게 음식 올리는 일을 관장하는 사람이다.

107) 헌주 : 천자·제후가 빈객과 신하들에게 연회를 베풀 때, 천자와 제후는 존귀하기 때문에 빈객이나 신하들에게 직접 술을 따라 주지 않고, 빈객과 신하들도 감히 군주와 술잔을 주고받지 못한다. 이 때문에 천자나 제후는 사람을 시켜 대신 술을 따르게 한다. 군주 대신 술을 따르는 사람을 '獻主'라고 칭한다. 『三禮辭典』, 1252쪽 참조.

108) 梓 : 공영달의 정의에 따르면, 나무에 옻칠을 하여 물로 씻을 수 있도록 만든 그릇류를 가리킨다.

109) 먹고 남은 ~ 않는다 : 진호의 또 다른 해석에 따르면 이 부분은 "자식이 올린 음식에 대하여 아버지는 고수레하지 않고, 아내가 올린 음식에 대하여 남편은 고수레하지 않는다"라는 뜻이 된다. 정현 주에 따르면, 이 부분은 "자식이 먹다 남긴 음식을 아버지가 먹을 때와 아내가 먹다 남긴 음식을 남편이 먹을 때는 고수레를 하지 않는다"는 뜻이 된다.

110) 梜 : 『禮記注疏』의 교감에 따르면, 음이 古와 協의 反切로 '겹'이다.

111) 『이아』의 ~ 것이다 : 『爾雅註疏』「釋木」에 보인다.

112) 食啖治擇之名 : 『爾雅注疏』에는 啖食治擇之名으로 되어 있다. 『禮記注疏』와 『禮記集說』에는 食啖治澤之名으로 되어 있다.

113) 惰, 不正之言 : 阮元의 교감에 따르면, '惰, 不正之言'은 본래 없었는데, 孔穎達의 『禮記正義』에서, '惰, 訛不正之言'라고 한 부분으로부터 잘못 들어간 것이라고 한다. 李學勤

主編, 『禮記正義』 上, 67쪽 주 1) 참조.

114) 풍부하지 않기 때문이다 : 원문은 '不饒多也'인데 이 부분에 대한 해석은 경문 '水潦降'에 대한 이해방식에 따라 두 가지로 나뉜다. 공영달은 먼저 큰 비가 내리면, 고기를 잡기 어렵기 때문에 정현이 주에서 '풍부하지 않기 때문이다'라고 주석하였다고 본다. 이 해석과 함께 공영달은 큰 비가 내리면 고기를 잡기 쉽기 때문에 물고기와 자라가 풍부하고, 따라서 정현이 '많은 것은 더 증가시키지 않기 때문이다'라고 주석한 것이라는 해석도 함께 소개하고 있다. 그러나 진호의 집설은 경문 '水潦降'을 저수지 등의 '물이 줄어들면'(水沽)으로 해석하고, 물이 줄어들면 고기를 잡기 쉽기 때문에 귀한 것이 못 되고 따라서 바치지 않는다고 주석하였다. 『禮記正義』와 『禮記集說大全』 해당 주석 부분 참조.

115) 우계 : 고대에 계약문서는 나무 조각 양쪽에 계약내용을 동일하게 쓰고 쪼개어 나누어 갖는데, 오른쪽에 쓴 것이 채권자의 것이 되고 왼쪽에 쓴 것이 채무자의 것이 된다. 右契는 곧 오른쪽에 쓴 계약문서로 채권자의 것을 의미한다. 이 경문은 고대에 곡물을 바칠 때, 계약문서로 대신하였음을 보여준다.

116) 패 : 본래 札의 俗字로 글씨를 쓰는 데 사용하는 나무 조각을 뜻한다. 후대에는 글씨를 종이에 썼기 때문에 나무 조각 대신 종이를 의미하였다.

117) 고 · 량 :

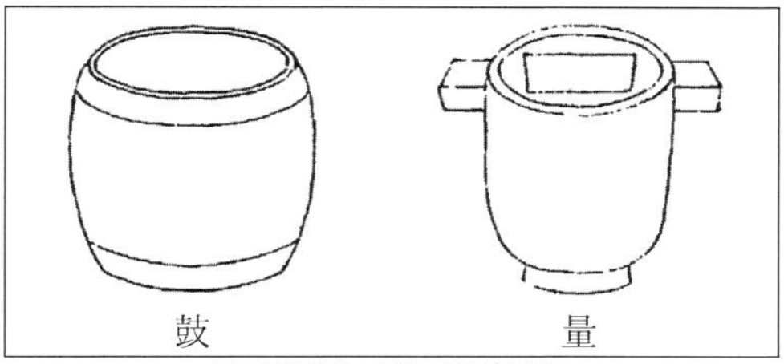

『三禮圖』(宋 聶崇義)

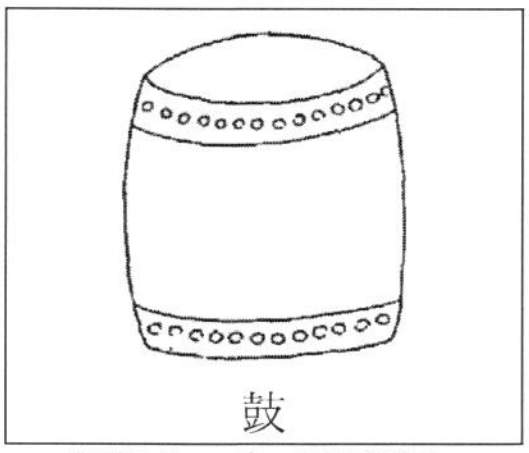

『禮書』(宋 陳祥道)

118) 왕체와 래체 : '[그림] 활의 형태'에 따르면 활의 몸체는 양쪽의 隈 부분은 밖으로, 줌통 부분은 안으로 완만하게 굽어져 있다. 전자를 往體라 하고 후자를 來體라 한다. 왕체의 굽기가 크고 래체의 굽기가 작은 활은 반발력이 약해 근거리 사격에 사용하고, 반대의 경우는 반발력이 커 원거리 사격에 사용한다. 『주례』 「冬官 · 弓人」 참조.

119) 활의 몸체 : 『주례』 「冬官 · 弓人」의 "궁인이 활을 제작하는데 여섯 가지 재료를 취할 때는 반드시 계절에 맞게 한다"(弓人爲弓, 取六材, 必以其時)라고 한 것에 대하여 정현 주에는 "활대(幹)는 겨울에 취하고, 뿔(角)은 가을에 취하고, 실과 칠은 여름에 취한다. 쇠심줄(筋)과 아교(膠)는 듣지 못하였다"(取幹以冬, 取角以秋, 絲漆以夏, 筋膠未聞)라고 하였다. 활의 형태는 幹(활대), 활대의 바깥쪽에 붙이는 것이 筋, 활대의 안쪽에 붙이는 角, 활을 쏘는 사람이 잡는 부분이 敝, 중앙 부분이 弣(줌통), 활의 양쪽 끝 시위를 매는 곳이 弰(활고자), 활고자와 줌통 사이의 완만하게 굽은 곳이 隈이다.

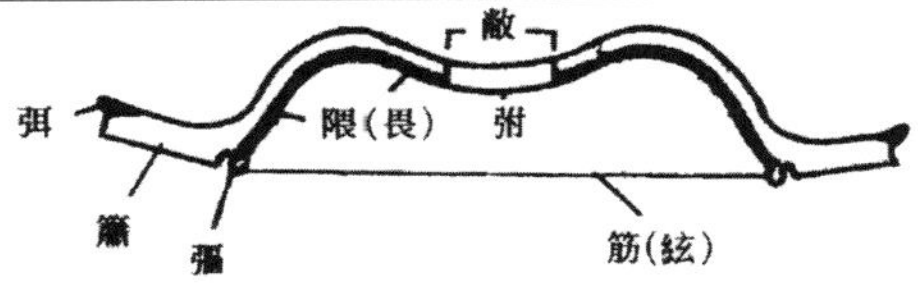

활의 형태

『古文物稱謂圖典』

120) 과·모·극 :

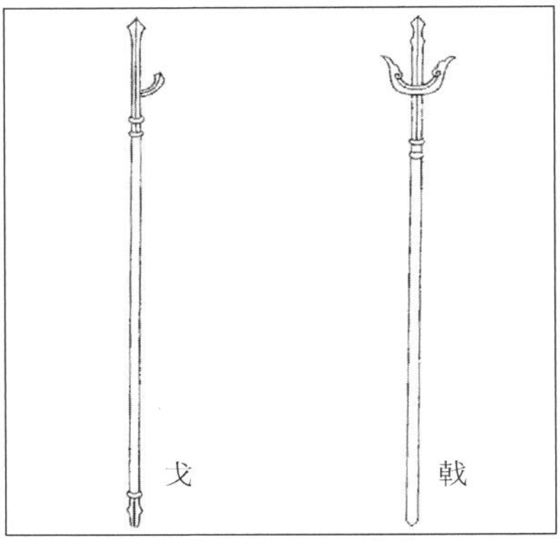

『三禮圖』(宋 聶崇義)

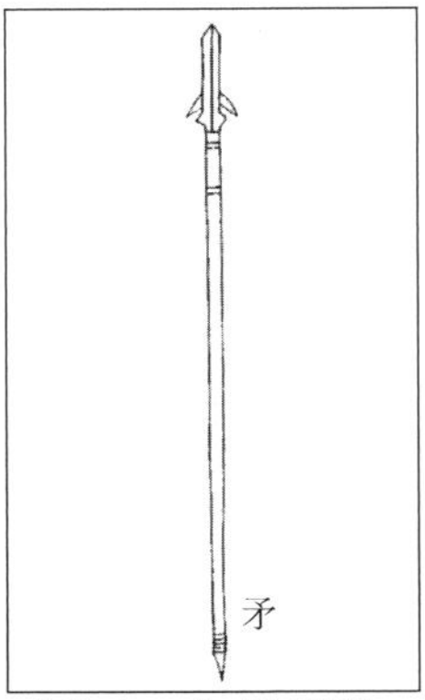

『禮書』(宋 陳祥道)

121) 地 : 판본에 따라 '地'가 '也'로 된 것도 있다. 『禮記正義』(十三經注疏整理本 제12책), 68쪽, 주2) 참조.

122) 단·사 :

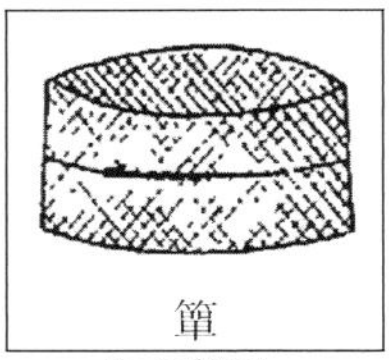

『三禮圖』
(宋 聶崇義)

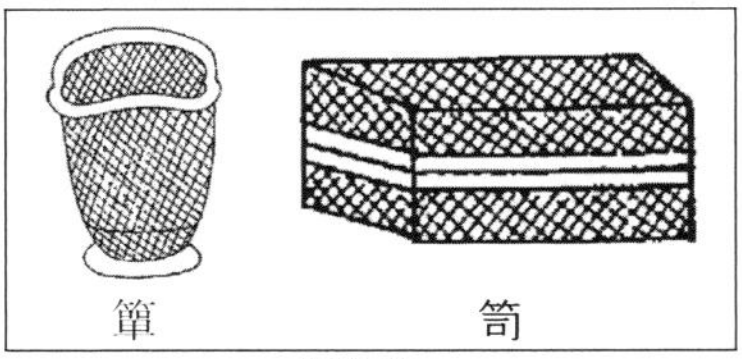

『禮書』
(宋 陳祥道)

『欽定禮記義疏』
(淸)

123) 속백 : 비단(帛) 10端을 가리킨다. 1단은 2丈이고, 2단이 1兩이 된다. 즉 5량이 10단인데 이를 1束이라고 한다. 『三禮辭典』, 407쪽, '束帛' 항목 참조.

124) 향례 : 예물을 바치는 예이다. 자세한 내용은 『의례』「聘禮」에 보인다.

125) 若 : 십삼경주소본 정현 주에 '若'이 '君'으로 되어 있다. 阮元과 이학근의 교감에 의거하여 '若'으로 고친다. 『禮記正義』 上, 73쪽 주 1) 참조.

126) 있으면서도 ~ 한다 : 이 말은 『논어』「泰伯」에 보인다.

127) 부지런히 선을 실천한다 : 이 말은 『맹자』「盡心上」에 보인다.

128) 인사 : 수레에 탄 사람이 가름대(軾)를 잡고 몸을 약간 굽혀 경의를 표하는 인사방식이다. 가름대는 수레 앞쪽에 잡거나 의지할 수 있도록 가로로 댄 나무를 가리킨다. 대부는 수레 위에서 式을 하여 경의를 표하고, 士는 수레에서 내려와 경의를 표한다. 「曲禮上」(180)에 관련 내용이 나온다. 『三禮辭典』, 354쪽, '式' 항목 참조.

129) 외신 : 外祀의 귀신. 즉 자신의 조상 이외의 대상에게 지내는 제사를 가리킨다.

130) 산재 : 제사하기 전 9일 또는 7일 동안 외출은 하지만 말 타기, 樂, 弔問 등을 하지 않음으로써 몸가짐을 정결하게 유지하는 것이다. 관련된 의미는 「祭義」, 「祭統」, 「坊記」 등에 보인다. 『예기』에 '齋'는 齊로 되어 있는데, '깨끗이 한다'는 의미로 서로 통하는 글자이다. 『三禮辭典』, 813쪽, '散齊' 항목 참조.

131) 성복과 상장 : 成服은 상주들이 상복으로 갈아입는 것을, 喪杖은 상주가 지팡이를 짚는 것을 뜻하는 상례의 한 절차이다. 殯의 의절을 행한 다음날, 즉 사망한 지 4일째 되는 날에 상복을 해야 하는 상주들은 각기 행해야 할 상복에 맞추어 衰服으로 바꾸어 입는다. 이를 成服이라 한다. 성복한 뒤에 歠粥하고 조석으로 곡을 한다.

132) 습 : 시신에 옷을 입혀 수습하는 喪禮의 절차로 사망한 날에 시행한다. 明衣(시신을 씻긴 후 가장 안쪽에 입히는 옷), 髻笄(뽕나무로 만든 비녀), 掩(머리싸개), 瑱(귀마개), 幎目(얼굴덮개), 握手(손싸개), 決(깍지), 冒(시신을 감싸는 주머니), 純衣(비단으로 만든 검은색의 웃옷), 皮弁服, 褖衣(속옷에 덧입히는 붉은 가선을 두른 옷), 緇帶(검은색 가선을 두른 허리띠), 韎韐(적황색의 폐슬), 竹笏, 신(屨) 등을 입힌다.

133) 소렴 : 사망한 둘째 날 방에서 死者에게 옷과 이불을 덮어주는 절차로, 수의 19벌을 입히고 絞(수의를 묶는 끈)로 묶는다.

134) 대렴 : 사망한 지 삼 일째에 동쪽 계단 위쪽에서 死者에게 다시 壽衣를 입히고 이불을 덮어 殯을 준비하는 절차로, 30벌의 수의를 입힌 뒤 絞(수의를 묶는 끈)로 묶는다.

135) 빈을 한다 : 관에 넣은 시신을 葬禮를 치르기 전까지 구덩이(肂)에 임시로 안치하는 것을 말한다. 대렴에 이어서 같이 시행한다. 구덩이는 堂의 서쪽 계단 위에 마련한다. 『三禮辭典』, 113쪽, '大斂' 항목; 1199쪽, '殯' 항목 참조.

136) 3일째 ~ 한다 : 이 말은 「奔喪」(3, 8, 11) 등에 나온다.

137) 상 : 죽은 사람과 알고 있는 경우 죽은 사람을 애도하는 글을 써서 영전에서 읽는 것을 가리킨다.

138) 과군께서 군주의 ~ 당하셨습니까! : 이 말은 「雜記上」(67)에 보인다.

139) 주씨 : 『禮記述註』에는 주자의 말로 인용되어 있다.

140) 柩 : 관을 의미하지만, 여기서는 상여가 나가는 것 등 喪事를 치르는 중에 있는 상황 일반을 가리킨다고 볼 수 있다.

141) 기색이 ~ 나약하고 : 이 말은 『논어』 「陽貨」에 나온다.

142) 일이 ~ 수 있다 : 이 말은 張逸이 한 말로 『예기주소』 이 항목의 賈公彦의 疏에 인용되어 있다. 張逸은 字가 大隱이고, 鄭州 滎陽 출신이다. 劉宋 仁宗 때 尙書兵部郎中에

오르고 知開封府를 역임하였다. 정현과 문답한 것이 『鄭志』에 일부 전한다. 『宋史』卷426, 「列傳」 185 「循吏」에 傳이 나온다.

143) 팔의 : 고대의 형벌제도로서, 왕의 친족, 왕의 친구, 덕행으로 이름난 賢臣, 국가 경영이나 군사적으로 공이 큰 인재, 공로가 탁월한 자, 귀족과 대관료, 공직에 힘써 복무한 관리, 전 왕조의 王公大臣 등 8가지 부류의 특정인들이 법을 위반하였을 경우 형을 감면해주는 제도이다. 최초의 성문화된 기록은 『주례』 「秋官·小司寇」에 보인다. 八議제도는 삼국시대 魏에서 법률로 조문화한 이후, 역대 왕조에서 답습하였다. 『中國歷史大辭典(上)』(上海, 上海辭書, 2000), 38쪽, '八議' 항목 참조.

144) 형서 : 형률을 밝혀놓은 법전, 현대의 형법 규정에 해당한다.

145) 전사 : 관직 명칭이다. 『주례』에서 「天官」에 소속시킨 관직 명칭으로 甸人이라고도 부른다. 왕의 藉田을 관리하여 祭需를 공급하는 일을 담당하고, 땔감과 도살을 담당한다. 왕 또는 제후의 종족이 죽을죄를 지었을 경우 형벌을 주거나 사형을 시키는 결정을 이 甸師에게 맡긴다. 『中國歷史大辭典(上)』(上海, 上海辭書, 2000), 1510쪽, '甸人'과 '甸師' 항목 참조.

146) 형벌을 ~ 길이다 : 이 말은 『춘추공양전』, 襄公 29년 조 傳에 보인다.

147) 문지기가 ~ 화였다 : 관련 내용은 『춘추공양전』, 襄公 29년 조에 다음과 같이 나온다. "문지기(閽)가 오나라 임금 餘祭를 시해하였다. 閽은 무엇인가? 문지기로 형을 받은 사람이다. 형벌을 받은 사람이라면 어째서 문지기라고 부르는가? 형벌을 받은 사람은 적합한 인물이 아니다. 군자는 형벌을 받은 사람을 가까이하지 않는다. 형벌을 받은 사람을 가까이하는 것은 죽음을 경시하는 길이다."(閽弑吳子餘祭. 閽者何? 門人也, 刑人也. 刑人則曷爲謂之閽? 刑人非其人也. 君子不近刑人. 近刑人則輕死之道也)

148) 혁로 : 임금이 타는 수레 중의 한 가지로 전쟁 등 군사적인 일이 있을 때 사용한다. 兵車, 武車, 戎路 등의 명칭으로 불리기도 한다. 왕이 타는 수레에 대한 자세한 내용은 『주례』 「春官·巾車」에 보인다. 『三禮辭典』, 604쪽, '革路' 항목 참조.

149) 옥로, 금로, 상로, 목로 : 玉路는 옥으로 장식한 수레로 왕이 이용하는 다섯 가지 수레 가운데 가장 존귀한 것이다. 玉路는 제사가 있을 때 사용한다. 金路는 금으로 장식한 수레로 왕이 빈객과 만나거나 제후와 연회가 있을 때 사용한다. 천자가 제후에게 하사할 수도 있다. 象路는 상아로 장식한 수레로 왕이 아침에 조정에 나가고 저녁에 돌아올 때 사용하고, 평상시 사적인 외출이 있을 때 사용한다. 木路는 나무에 검은 칠을 한 수레로 사냥할 때 사용한다. 이들 왕이 이용하는 수레에 관한 규정은 『주례』 「春官·巾車」에 상세하다.

150) 旛 : 十三經注疏本 『禮記注疏』의 疏에는 '幡'으로 되어 있는데 두 글자는 통용자로 깃발을 뜻한다.

151) 사士 : 임금이 다른 나라의 임금과 회맹할 때 회맹의 일을 담당하는 관리를 가리킨다.

152) 청정·명연·비홍·호피·비휴 : 『欽定禮記義疏』에도 유사한 圖가 실려 있다.

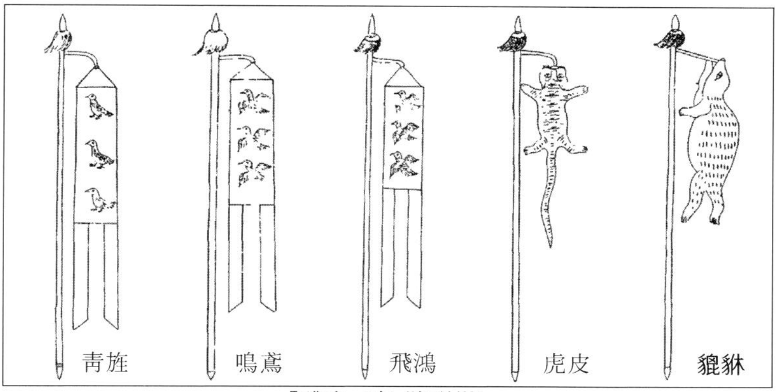

『禮書』(宋 陳祥道)

153) 사 : 군사 2500인을 가리킨다. 『주례』 「地官 · 小司徒」에 보인다.

154) 여 : 군사 500인을 가리킨다. 『주례』 「地官 · 小司徒」에 보인다.

155) 호랑이와 ~ 같다 : 인용문은 『상서』 「牧誓」에 보인다.

156) 주조 · 현무 · 청룡 · 백호 · 소요 :

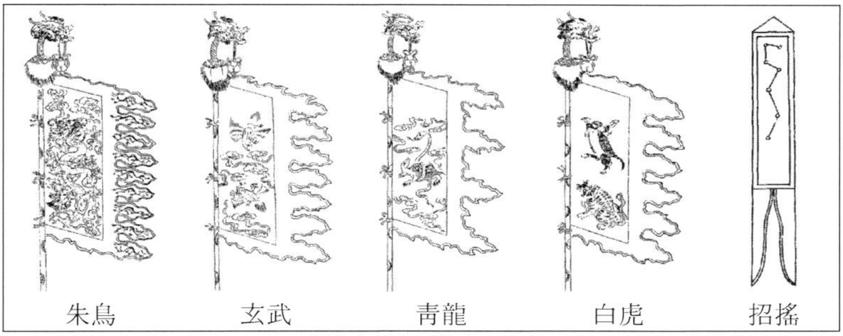

『欽定禮記義疏』(淸)

157) 선대 한 유학자 : 鄭玄을 가리킨다. 정현의 설은 바로 위 鄭注의 내용을 가리킨다.

158) 여섯 걸음과 ~ 정돈한다 : 「牧誓」 원문에는 "여섯 걸음과 일곱 걸음을 넘지 말고 멈추어서 정돈할 것이니 군사들은 힘쓰라! 네 번 찌르고 다섯 번 찌르고 여섯 번 찌르고 일곱 번 찌르기를 넘지 말고 멈추어서 정돈할 것이니 힘쓰라 군사들이여!"(不愆于六步七步, 乃止齊焉, 夫子勖哉! 不愆于四伐五伐六伐七伐, 乃止齊焉, 勖哉夫子!)로 되어 있다.

159) 여씨 : 『大學衍義補』에 呂大鈞의 말로 인용되어 있다.

160) 조인 : 『주례』에 나오는 관직 명칭이다. 원수 관계에 있는 백성들을 화해시키는 등 분쟁을 조정하는 일을 담당한다. 下士가 담당하며 地官 司徒에 속한다. 자세한 내용은 『주례』 「地官 · 調人」에 나온다.

161) 사사 : 『주례』에 나오는 관직 명칭이다. 禁令이나 訟事를 관장하고 刑罰을 담당한다. 中大夫가 담당하며 秋官 司寇에 속한다. 자세한 내용은 『주례』 「秋官·士師」에 나온다.

162) 조 : 희생을 담아놓는 祭器이다. 여기서는 제사를 지내고 남은 희생을 제사에 참여한 사람들에게 나누어 주는데, 이때 신하가 받는 고기를 뜻한다. 「曾子問」(52)에는 攝主가 제사를 대신 지낼 때에는 "祭肉을 나누어 보내지 않는다"(不歸肉)라고 하였다. 곧 正祭의 경우에 주인은 제사 참여자들에게 제육을 나누어 보내준다.

163) 우제 : 매장을 한 뒤 혼령이 방황하지 않도록 안정시키기 위하여 지내는 제사로, 신분에 따라 3번, 5번, 7번 지내기도 한다.

164) 졸곡 : 虞祭를 지낸 다음날 지내는 제사로, 슬픔이 줄어들어 이후로는 無時로 하던 곡을 그치고 아침과 저녁의 곡(朝夕哭)만 한다.

165) 적사 : 「祭法」(9)에 "適士는 廟는 둘을 두고 壇은 하나를 둔다"(適士二廟一壇)고 하였다. 정현은 注에서 適士는 곧 上士를 지칭한다고 해석하였다.

166) 부인 : 諸侯의 正妻를 가리킨다. 자세한 내용은 「曲禮下」(62)에 보인다.

167) 갑오일에 ~ 하였다 : 관련 내용은 『춘추공양전』, 莊公 8년 조에 보인다. 정현은 注에서 "예에 따르면, 군사는 그냥 출정시키지 않는다. 출병할 때에 근교에서 제사를 지내고 군대를 도열하여 군사훈련을 하는 한편 희생을 잡아 사졸들에게 먹인다"(禮兵不徒使, 故將出兵, 必祠於近郊, 陳兵習戰, 殺牲饗士卒)라고 하였다.

168) 선유 : 여기서는 정현을 가리킨다.

169) 멀리 있는 날짜 : 열흘 뒤의 날짜를 뜻한다. 가령 上旬에 있는 丁일을 날짜로 잡아 점을 쳤는데 길하지 않으면, 열흘 뒤 상순에 가서 중순에 있는 丁일을 점친다. 이때에도 丁일이 길하지 않게 나오면, 다시 중순에 가서 하순의 丁일을 점치고, 역시 길하지 않으면 제사를 그만둔다. 날을 잡아 길흉을 점치는 것은 세 번 이상 초과할 수 없기 때문이다. 인용문에 대한 정현 주에 자세한 내용이 보인다.

170) 구설 : 정현의 설을 가리킨다.

171) 진헌공이 ~ 하였다 : 관련 내용은 『춘추좌씨전』, 僖公 4년 조 傳에 보인다.

172) 진에서 ~ 얻었다 : 관련 내용은 『춘추좌씨전』, 僖公 25년 조 傳에 보인다.

173) 비녀장 : 수레의 바퀴 따위가 굴대에서 벗어나지 않도록 굴대의 머리 구멍에 끼우는 큰 못을 말한다.

174) 령을 살피고 : 孔穎達의 疏에는 "옛날 해석에서는 '軨은 수레의 칸막이다. 멍에를 다 메면, 마부가 수레 난간의 좌우에서 사방으로 둘러 살펴보고 위로 칸막이에까지 이른다'고 하였다. 盧植은 '軨은 비녀장 끝에 붙인 가죽이다'라고 하였다. 皇侃은 '軨은 비녀장의 끄트머리이다'라고 하였다. 노식의 해석이 옳다. 첫째 이유는 수레가 갈 때에는 비녀장으로부터 시작되기 때문이고, 둘째는 칸막이 역할을 하기 때문이다"(舊解云, '軨, 車欄也. 駕竟, 僕則從車軨左右四面看視之, 上至於欄也.' 盧氏云, '軨, 轄頭靼也.' 皇氏'謂軨是轄頭.' 盧言是也. 一則車行由轄, 二則欄之)라고 하였다.

175) 끈 : 수레에 오를 때 잡고 오르는 끈을 뜻한다. 『三禮辭典』, 937쪽, '綏' 참조.

176) 마을의 문 : 마을(里巷)의 문으로 국가의 禁令 등 포고문을 게시하는 곳이다. 閭는 25가구로 편제한 마을의 단위다. 『주례』 「秋官 · 士師」에 관련 내용이 보인다. 이상 『三禮辭典』, 524쪽, '門閭' 참조. 한편 孫希旦은 門은 國門(도성 문)을 閭는 閭門(마을 문)을 뜻하며, 閭는 25가구로 하나의 거리(巷)를 이루는데 그 거리가 시작하는 곳에 문이 있다고 한다. 『禮記集解』(上), 98쪽 참조.

177) 손님이 ~ 위치한다 : 『의례』 「公食大夫禮」 원문에는 "손님이 타고 온 수레는 대문 밖 서쪽에 위치해서 북쪽을 향해 선다"(賓之乘車在大門外西方, 北面立)라고 되어 있다.

178) 묵거 : '墨車'는 수레의 몸체에 검은색의 칠을 하고 문식을 하지 않은 대부의 수레이다. 士昏禮에서 신랑의 수레로 쓰이기도 한다.

179) 藺: 판본에 따라 '躙'으로 되어 있기도 하다. 이학근에 의하면 '蹸'이 옳다고 한다. 『禮記正義』(十三經注疏本 12책), 114쪽, 주 1) 참조.

180) 절름발이는 ~ 맞이한다 : 이 말은 『춘추곡량전』, 成公 원년 조, '冬 10月' 조목에 순서가 바뀌어 나온다.

181) 반절하는 것이 : 원문의 '蓌'를 해석한 것인데, 반절이란 상대에게 배례를 할 때 갑옷을 입고 하면 몸을 제대로 굽히지 못하여 禮容에 맞는 정상적인 절이 되지 못하고 절반쯤만 굽히는 어중간한 모양이 됨을 의미한다. 따라서 정현은 절반쯤만 몸을 굽히는 것은 禮容을 그르치는 것이고, 결국 기만하는 것이 된다고 해석하였다.

182) 옥로, 금로, 상로, 목로, 혁로 : 군주가 타는 다섯 가지 수레이다. 혁로는 전쟁 등 군사적인 일이 있을 때 사용한다. 병거, 무거, 융로 등의 명칭으로 불리기도 한다. 옥로는 옥으로 장식한 수레로 왕이 이용하는 다섯 가지 수레 가운데 가장 존귀한 것이다. 옥로는 제사가 있을 때 사용한다. 금로는 금으로 장식한 수레로, 왕이 빈과 만나거나 제후와 연회가 있을 때 사용한다. 천자가 제후에게 하사하기도 한다. 상로는 상아로 장식한 수레로, 왕이 아침에 조정에 나가고 저녁에 돌아올 때 사용하고, 평상시 사적인 외출이 있을 때 사용한다. 목로는 나무에 검은 칠을 한 수레로, 사냥할 때 사용한다. 이들 왕이 이용하는 수레에 관한 규정은 『주례』 「春官 · 巾車」에 상세하다.

183) 엽거 : 사냥할 때 군주가 사용하는 수레이다. 평상시 외출용이나 의례용에 사용하지 않는다.

184) 의거 : 귀족의 부녀자들이 사용하는 수레로 옷을 뒤에 두고 누울 수도 있는 긴 형태의 수레이다.

185) 수레 안에서는 ~ 않는다 : 이 말은 『논어』 「鄕黨」에 나온다.

예기역주 권2

곡례하 제2
曲禮下

정현의 『예기목록禮記目錄』에서 말한다. "뜻은 전편과 같다. 분량이 너무 많아 상편과 하편으로 나누었다."

鄭『目錄』云: "義與前篇同, 簡策重多, 分爲上下."

【곡례하 1】

무릇 기물을 받들 때는 가슴 높이로 받들고, 들 때는 심의深衣의 띠 높이로 든다.

凡奉者當心, 提者當帶.

鄭注 높낮이의 절도이다. 高下之節.

集說 소疏에서 말한다. "물건은 받들어야 할 때가 있고, 들어야 할 때가 있다. 받들 때에는 손을 올려 가슴에 닿게 하고, 들 때에는 팔을 구부려 띠의 높이로 드는데, 심의深衣의 띠다. 옛사람은 항상 심의를 입었다." 疏曰: "物有宜奉持者, 有宜提挈者. 奉者仰手當心, 提者屈臂當帶, 深衣之帶也. 古人常服深衣."

【곡례하 2】

천자의 기물(器)을 잡을 때는 가슴보다 높게 하여 잡고, 제후의 기물을 잡을 때는 가슴과 나란하게 하여 잡고, 대부의 기물을 잡을 때는 가슴보다 아래로 내려서 잡고, 사의 기물을 잡을 때는 심의深衣의 띠 높이로 하여 잡는다.

執天子之器則上衡,① 國君則平衡, 大夫則綏之, 士則提之.②

鄭注 ① 가슴보다 높음을 말하는 것으로 더욱 공경한다는 뜻이다. 이곳의 '형衡'은 가슴과 나란하다는 뜻이다. 謂高於心, 彌敬也. 此'衡', 謂與心平.

② '綏'는 '타妥'(내리다)로 읽는다. '내린다'(綏)는 것은 가슴보다 아래로 내린다는 뜻이다. '綏', 讀曰'妥'. '妥之', 謂下於心.

集說 小疏에서 말한다. "'상上'은 높게 한다는 뜻이다. '형衡'은 나란히 한다는 뜻이다. '평平'은 바로 가슴 높이다. 천자의 기물은 아래로 내려서 잡아서는 안 된다. 그러므로 신하가 받들 때는 모두 가슴보다 높게 한다. 제후는 천자보다 신분이 낮다. 그러므로 신하가 받들 때에는 기물이 가슴과 나란하도록 한다. 대부는 제후보다 신분이 낮다. 그러므로 그의 신하가 기물을 받들 때는 가슴보다 아래로 하여 받든다. '타妥'는 아래라는 뜻이다. 사士의 기물을 잡을 때에는 심의의 띠 높이로 든다고 하였으니, 또한 가슴 아래로 드는 것보다 더 아래이다. 疏曰: "'上', 高也. '衡', 平也. '平', 正當心. 天子器不宜下. 故臣爲擎奉, 皆高於心. 諸侯降於天子. 故臣爲奉持器與心平. 大夫降於諸侯. 故其臣奉器下於心. '綏', 下也. 士提之, 則又在綏下."

【곡례하 3】

무릇 군주의 기물을 잡을 때에는 가벼운 것을 잡더라도 마치 감당하지 못하듯이 잡는다. 군주의 기물을 잡는 것에서 폐幣나 규벽圭璧을 잡을 때는 왼손을 위쪽으로 하고, 걸을 때는 다리를 들지 않고 수레바퀴가 땅에서 떨어지지 않고 굴러가듯이 발뒤꿈치를 끈다.

凡執主器, 執輕如不克.① 執主器, 操幣・圭璧, 則尙左手, 行不擧足, 車輪曳踵.②

鄭注 ① 무겁게 여기고 조심하는 것이다. '주主'는 군주를 뜻한다. '극克'은 감당한다는 뜻이다. 重愼之也. '主', 君也. '克', 勝也.

② 무겁게 여기고 조심하는 것이다. '왼손을 위로 가게 한다'(尙左手)는 것은 왼쪽을 높이는 뜻이다. '거륜車輪'은 걸음이 땅에서 떨어지지 않음을 말한다. 重愼也. '尙左手', 尊左也. '車輪', 謂行不絶地也.

集說 대부를 군주(主)라고 칭하는데, 이곳에서는 상하 귀천을 통틀어서 말한 것이다. '여불극如不克'은 마치 이겨낼 수 없는 듯이 한다는 뜻이다. 『의례』「빙례聘禮」에서 "상개上介는 옥을 잡는데 마치 무거운 듯이 한다"고 하였다. '상좌수尙左手'는 왼손을 위쪽에 올려놓는 것을 말한다. '좌左'는 양陽이 되며 존귀함을 뜻한다. '종踵'은 발뒤꿈치다. 그릇을 잡고 걸을 때는 단지 발꿈치 앞쪽을 일으키고 발뒤꿈치를 끌어당겨 마치 수레바퀴가 땅에서 떨어지지 않고 굴러가는 것처럼 한다. 그러므로 '수레바퀴가 땅에서 떨어지지 않고 굴러가듯이 발뒤꿈치를 끈다'(車輪曳踵)라고 한 것이다. ○ 방씨方氏(방각方慤)는 말한다. "왼손은 오른손만큼 강하지 못하다. 왼손을 위에 두는 것은 용모를 갖추기 위한 것이고, 오른손을 아래에 두는 것은 힘을 쓰기

위한 것이다." 大夫稱主, 此則通上下貴賤言之. '如不克', 似不能勝也. 「聘禮」曰: "上介執玉如重". '尙左手', 謂左手在上. '左', 陽, 尊也. '踵', 脚後也. 執器而行, 但起其前而曳引其踵, 如車輪之運於地. 故曰: '車輪曳踵.' ○ 方氏曰: "左手, 不如右强. 尙左手, 所以爲容, 下右手, 所以致力."

【곡례하 4】

서 있을 때는 경쇠의 등처럼 구부려 패옥(佩)[1]을 아래로 늘어뜨린다. 군주의 패옥이 몸에 붙어 있으면 신하의 패옥은 아래로 늘어뜨린다. 군주의 패옥이 아래로 늘어뜨려져 있으면, 신하의 패옥은 땅에 닿게 늘어뜨린다.

立則磬折垂佩. 主佩倚則臣佩垂. 主佩垂則臣佩委.

鄭注 군주와 신하가 구부리고 우러러보는 절도이다. '의倚'는 몸에 붙어 있음을 말한다. 조금 구부리면 아래로 늘어지고, 많이 구부리면 땅에 닿는다. 君臣俛仰之節. '倚', 謂附於身. 小俛則垂, 大俛則委於地.

集說 구부리기를 경쇠의 등처럼 하면, 옥패는 몸 양쪽으로부터 매달려 늘어뜨려진다. 이는 서 있을 때 모습의 일반적인 형태이다. 그러나 신하는 군주와 비교할 때 존귀함과 비천함에 차등이 있다. 따라서 그 고하의 절도에 준해서 그 공경의 모습을 배로 하는 것이 옳다. 살짝 구부리면 몸에 붙어 있고, 조금 구부리면 아래로 늘어지고, 아주 구부리면 땅에 닿으니, 모두 패옥佩玉을 통해서 그 절도를 분간한다. 僂折如磬之背, 而玉佩從兩邊懸垂. 此立容之常. 然臣之於君, 尊卑殊等. 則當視其高下之節, 而倍致其恭敬之容, 可也. 微俛則倚於身, 小俛則垂, 大俛則委於地, 皆於佩, 見其節.

【곡례하 5】

옥을 잡을 때, 옥받침이 있는 것은 석裼을 하고, 옥받침이 없는 것은 습襲을 한다.

執玉, 其有藉者則裼, 無藉者則襲.

鄭注 '자藉'는 조藻(옥받침)[2]이다. '석裼'과 '습襲'은 문文과 질質이 서로 변하는 것이다. 조가 있으면 문文이 된다. 석裼을 하여 아름다움을 드러내는 것 또한 문이다. 조가 없으면 질質이 된다. 습襲을 하여 아름다움을 감추는 것 또한 질이다. 규圭와 장璋은 그것만 바치는데 습襲을 하고 바치고, 벽璧과 종琮은 속백束帛에 올려 바치는데 석裼을 하고 바치는 것 또한 그러한 것이다. '藉', 藻也. '裼'·'襲', 文質相變耳. 有藻爲文. 裼見美亦文. 無藻爲質. 襲充美亦質. 圭·璋特而襲, 璧·琮加束帛而裼, 亦是也.

集說 옛사람의 옷은 살갗 가까운 곳에는 포의袍衣[3]나 탁의襗衣[4] 따위를 입었다. 그 겉에는 갖옷(裘)을 입는데, 여름철에는 갈옷(葛)을 입는다. 갖옷을 입거나 갈옷을 입거나 그 위에는 모두 석의裼衣[5]를 입는다. 석의 위에는 습의襲衣를 입고, 습의 위에는 평소 착용하는 의복을 입는다. 피변복皮弁服[6]이나 심의深衣 따위가 그런 옷이다. 덮고서 벗지 않는 것을 '습襲'이라 한다. 만약 벗어서 그 석의를 드러내 보이면 그것을 '석裼'이라 한다. ○ 또 『의례』「빙례聘禮」의 주에서 "「곡례」에서 '옥을 잡을 때, 자藉(옥받침대)가 있으면 석裼을 하고, 자藉가 없으면 습襲을 한다'고 하였다"라고 하였다. 이른바 '받침이 없다'(無藉)는 것은 규圭와 장璋은 그것만 가지고 바치고 속백束帛[7]으로 싸지 않음을 말하는데, 규와 장을 잡을 때 그 사람은 습을 한다. '받침이 있다'(有藉)는 것은 속백 위에다 벽璧과 종琮을 올려놓음을 말하는데, 벽과 종을 잡을 때 그 사람은 석을 한다. 「곡례」에서 말한 것은 전적으로

"규와 장은 그것만 바치며 습을 하고, 벽璧과 종琮은 속백에 올려놓고 바치며 석을 한다"는 한 조목을 위주로 말한 것이다. 그런데 선유先儒(정현)는 규圭를 잡을 때 조繅[8]를 늘어뜨리는 것을 '받침대가 있다'(有藉)고 하고, 규를 잡을 때 조를 구부리는 것을 '받침대가 없다'(無藉)고 하였다. 이는 잘못된 것이다. 내 스스로 경문을 자세히 살펴보건대, 습을 하거나 석을 하는 것이 하나의 일이고, 조를 늘어뜨리거나 조를 구부리는 것은 또 다른 하나의 일로서, 함께 합해서 한 가지 설로 삼을 수는 없다. 古人之衣, 近體有袍襗[9]之屬. 其外有裘, 夏月則衣葛. 或裘或葛, 其上皆有裼衣. 裼衣上有襲衣, 襲衣之上有常著之服. 則皮弁服及深衣之屬, 是也. 掩而不開, 謂之'襲'. 若開而見出其裼衣, 則謂之'裼'也. ○ 又「聘禮」註云: "「曲禮」云'執玉, 其有藉者則裼, 無藉者則襲.'" 所謂'無藉', 謂圭・璋特達, 不加束帛, 當執圭・璋之時, 其人則襲也. '有藉'者, 謂璧・琮加於束帛之上, 當執璧・琮時, 其人則裼也. 「曲禮」所云, 專主"圭・璋特而襲, 璧・琮加束帛而裼"一條言之. 先儒乃以執圭而垂繅爲'有藉', 執圭而屈繅爲'無藉'. 此則不然. 竊詳經文, 裼・襲是一事, 垂繅・屈繅, 又別是一事, 不容混合爲一說.

【곡례하 6】

제후는 경로卿老와 세부世婦의 이름을 부르지 않는다. 대부는 세신世臣과 질제姪娣의 이름을 부르지 않는다. 사는 가상家相과 장첩長妾의 이름을 부르지 않는다.

國君不名卿老・世婦. 大夫不名世臣・姪娣. 士不名家相・長妾.

鄭注 자신의 나라에서 아무리 존귀하더라도 여전히 존중하는 대상이 있다. '경로卿老'는 상경上卿이다. '세신世臣'은 아버지가 살아 계실 때 봉직하

던 늙은 신하이다. 雖貴於其國家, 猶有所尊也. '卿老', 上卿也. '世臣', 父時老臣.

集說 '불명不名'은 이름을 부르지 않는다는 뜻이다. ○ 소疏에서 말한다. "상경上卿은 존귀하기 때문에 '경노卿老'라고 한다. '세부世婦'는 두 잉첩으로서, 부인 다음가는 지위이고 여러 첩보다 존귀하다. '세신世臣'은 아버지가 살아 계실 때 봉직하던 늙은 신하이다. '질姪'은 처의 형의 딸이고, '제娣'는 처의 여동생으로서 처를 따라 와서 첩이 된 것이다. '(제후로서 천자의) 대부가 된 자는 작위를 세습하지 못한다.'[10] 그런데 여기서 '세신世臣'이라 한 것은 자식이 뛰어나서 아버지의 작위를 이어받은 경우를 말한다. '가상家相'은 집안일을 도와서 담당하는 자를 말한다. '장첩長妾'[11]은 아들을 둔 첩을 말한다." '不名', 不以名呼之也. ○ 疏曰: "上卿貴故曰'卿老'. '世婦', 兩媵也, 次於夫人, 而貴於諸妾也. '世臣', 父在時老臣也. '姪'是妻之兄女, '娣'是妻之妹, 從妻來爲妾也. '大夫不世爵.' 此有'世臣'者, 子賢, 襲父爵也. '家相', 助知家事者. '長妾', 妾之有子者."

【곡례하 7】

열국의 제후와 천자의 대부의 아들은 감히 자신을 '여소자余小子'라고 부르지 못한다. 대부大夫와 사士의 아들은 감히 자신을 '사자모嗣子某'라고 부르지 못하고, 감히 세자世子와 이름을 동일하게 짓지 못한다.

君·大夫之子不敢自稱曰'余小子'.① 大夫·士之子不敢自稱曰'嗣子某',② 不敢與世子同名.③

鄭注 ① 천자의 아들이 아직 상이 끝나지 않았을 때의 이름을 피하는 것이다. '군대부君大夫'[12]는 천자의 대부로서 토지를 소유한 자이다. 辟天子之子未除喪之名. '君大夫', 天子大夫有土地者.

② 또한 제후의 아들이 아직 상이 끝나지 않았을 때의 이름을 피하는 것이다. 亦辟其君之子未除喪之名.

③ 참람하게 비견됨을 피하는 것이다. 먼저 태어났다면 또한 바꾸지 않는다. '세世'는 어떤 본에는 '태太'로 되어 있다. 辟僭儗也. 其先之生, 則亦不改. '世'或爲'大'.

集說 열국의 제후와 천자의 대브의 경우, 그 아들이 모두 감히 자신을 '여소자余小子'라고 부르지 못하는 것은 천자를 잇는 칭호를 피하는 것이다. 제후의 대부와 사士의 아들이 감히 자신을 '사자모嗣子某'라고 칭하지 못하는 것은 제후를 계승하는 칭호를 피하는 것이다. ○ 여씨는 말한다. "세자는 군주의 적자이다. 여러 신하의 아들이 감히 그와 이름을 같이 하지 못하는 것은 또한 군을 피하는 것이다. 만약 세자가 태어나기 전에 이름을 지었다면 세자가 군주가 되었을 때에도 피하지 않는다. 『춘추곡량전』에 '지난번에는 위衛나라 사람 제악齊惡이라 하였는데, 지금 위후 악惡이라 하였다. 어째서 군주와 신하가 이름을 같이 하는가? 군자는 남의 이름을 빼앗지 않으니, 남의 부모가 지어준 이름을 빼앗지 않기 때문이다'13)라고 하였다." 列國之君與天子之大夫, 其子皆不敢自稱'余小子', 避嗣天子之稱也. 列國之大夫與士之子, 不敢自稱'嗣子某', 避嗣諸侯之稱也. ○ 呂氏曰: "世子, 君之適子也. 諸臣之子, 不敢與之同名, 亦避君也. 若名之在世子之前, 則世子爲君, 亦不避. 『穀梁傳』曰: '衛齊惡, 衛侯惡. 何爲君臣同名也? 君子不奪人名, 不奪人親之所名.'"

【곡례하 8】

군주가 사士에게 활을 쏘게 하였는데 할 수 없다면, 병을 이유로 들어 사양하면서 "저에게는 땔감나무를 등에 지지 못하는 병이 있습니다"라고 말한다.
君使士射, 不能則辭以疾, 言曰: "某有負薪之憂."

鄭注 활쏘기는 덕을 보기 위한 것이다. 다만 질병이 있으면 사양할 수 있다. '사에게 활을 쏘게 한다'(使士射)는 것은 사를 참여시켜 짝을 이루는 것을 말한다.14) '우憂'는 어떤 본에는 '질疾'로 되어 있다. 射者所以觀德. 唯有疾, 可以辭也. '使士射', 謂以備耦也. '憂'或爲'疾'.

集說 여씨呂氏(여대림呂大臨)는 말한다. "활쏘기는 남자가 당연히 해야 할 일이다. 할 수 없으면 질병을 이유로 사양할 수는 있지만, 능력이 부족하다는 것으로 사양해서는 안 된다. '땔감나무를 등에 진다'(負薪)는 것은 천한 일로서 사가 직접 하는 일이지만 병에 걸리면 할 수 없다. 그러므로 '땔감나무를 등에 지지 못하는 병이 있다'(負薪之憂)고 말하는 것이다." 呂氏曰: "射者, 男子之所有事. 不能可以疾辭, 不可以不能辭也. '負薪', 賤役, 士之所親事者, 疾則不能矣. 故曰'負薪之憂'也."

【곡례하 9】

군자를 모시고 있을 때 주위를 살피지 않고 대답하는 것은 예가 아니다.
侍於君子, 不顧望而對, 非禮也.

鄭注 예는 겸손함을 숭상한다. '주위를 살피지 않는다'(不顧望)는 것은 자

로子路가 경솔하게 대답한 것과 같은 것이다.[15] 禮尙謙也. '不顧望', 若子路帥爾而對.

集說 여씨呂氏는 말한다. "주위를 둘러본 후에 대답하는 것은 감히 다른 사람보다 먼저 말하지 않는 것이다." ○ 응씨應氏(응용應鏞)는 말한다. "말을 살피고 기색을 관찰하는 뜻이 담겨 있다." 呂氏曰: "顧望而後對者, 不敢先他人而言也." ○ 應氏曰: "有察言觀色之意."

【곡례하 10】

군자가 예를 행할 때는 풍속을 변화시키려고 하지 않는다. 제사지낼 때의 예, 거상하는 상복, 곡읍할 때의 자리는 모두 자기 나라의 이전 풍습대로 하여 삼가 그 법을 닦고 살펴서 행한다.

君子行禮, 不求變俗.① 祭祀之禮, 居喪之服, 哭泣之位, 皆如其國之故, 謹修其法而審行之.②

鄭注 ① '구求'는 힘쓴다는 뜻이다. 자기 나라의 옛 풍속을 바꾸려고 힘쓰지 않는 것은 근본을 중시하는 뜻이다. 선조의 나라를 떠나 다른 나라에 살고 있을 때의 경우를 말한다. '求', 猶務也. 不務變其故俗, 重本也. 謂去先祖之國, 居他國.

② '그 법'(其法)은 자기 선조의 제도를 말하는 것으로 하나라나 은나라 같은 경우이다. '其法', 謂其先祖之制度, 若夏·殷.

集說 경·대부·사가 다른 나라에 이주하여 예를 행할 때는 고국의 풍속을 바꾸어서는 안 되며, 모두 이전 자기 나라의 전례典例와 법도를 삼가 정비하여 신중하게 살펴서 행해야 한다. 言卿大夫士有徙居他國者行禮之事,

不可變其故國之俗, 皆當謹修其典法而審愼以行之

【곡례하 11】

나라를 떠난 지 3세대가 지났는데 작위와 봉록이 조정의 반열에 있다면, 출입할 때 고국의 군주에게 알린다. 만약 형제나 종족이 여전히 고국에 생존해 있다면, (길흉의 일이 있을 때) 고국에 돌아가 종자宗子에게 고한다. 나라를 떠난 지 3세대가 되어 작위와 봉록이 조정의 반열에 없다면, 출입할 때 고국의 군주에게 고하지 않는다. 다만 새로운 나라에서 흥기하여 경대부가 된 때부터 새로운 나라의 법을 따른다.

去國三世, 爵祿有列於朝, 出入有詔於國.① 若兄弟·宗族猶存, 則反告於宗後.② 去國三世, 爵祿無列於朝, 出入無詔於國. 唯興之日, 從新國之法.③

鄭注 ① '삼세三世'는 조부에서 손자까지다. 세월이 오래 지나 고국의 풍속을 잊을 만한데도 오히려 바꾸지 않는 것은 작위와 봉록이 고국 조정의 반열에 있기 때문이다. 군주가 그 제사를 단절시키지 않고 다시 그 종족을 세워준 경우를 말한다. 예를 들면 장흘臧紇이 주邾나라로 망명하였는데 (그의 이복형) 장위臧爲를 세워준 경우이다.[16] '조詔'는 알린다는 뜻으로, 경대부와 더불어 길흉의 일이 있을 때 서로 왕래하면서 알리는 것이다. '三世', 自祖至孫. 踰久可以忘故俗, 而猶不變者, 爵祿有列於朝. 謂君不絶其祖祀, 復立其族. 若臧紇奔邾, 立臧爲矣. '詔', 告也, 謂與卿大夫吉凶往來相赴告.

② 반열에도 없고 군주에게 알리는 것도 없는 경우를 말한다. '돌아와 고한

다'(反告)는 것 또한 길흉의 일을 고한다는 말한다. '종후宗後'는 종자宗子이다. 謂無列無詔者. '反告', 亦謂吉凶也. '宗後', 宗子也.

③ 고국이 자기와 은혜의 관계가 없기 때문이다. '흥興'은 벼슬에 나아가 경대부가 되는 것을 말한다. 以故國與己無恩. '興', 謂起爲卿大夫.

集說 본국을 떠난 지 이미 3세대가 되었지만 옛 군주가 오히려 조정에서 그의 족인에게 벼슬을 주어 조상의 제사를 받들게 한다면, 이 사람은 왕래하여 타국을 출입할 때 여전히 본국의 군주에게 알린다. 그의 종족과 형제가 (고국에) 생존해 있으면 반드시 종자가 있을 것이다. 이에 무릇 관례와 혼례가 있으면 반드시 그 종자에게 고하고, 상을 당하면 반드시 알린다. 친親(혈연)을 잊지 못하기 때문이다. 만약 본국을 떠난 지 3세대가 지났는데 조정에서 벼슬하는 사람이 없고, 출입할 때 옛 군주와 서로 알리지 않는다면, 그 세월이 이미 오래되었고 그 의리가 이미 끊어진 것으로 고국의 옛 풍속을 따르던 것을 바꿀 수 있다. 그럼에도 오히려 흥기하여 경대부가 된 뒤에 비로소 새로 살게 된 나라의 법을 따르는 것은 돈후함이 지극한 것이다. 去本國雖已三世, 而舊君猶仕其族人於朝, 以承祖祀, 此人往來出入他國, 仍詔告於本國之君. 其宗族兄弟猶存, 則必有宗子. 凡冠娶妻必告, 死必赴. 不忘親也. 若去國三世, 朝無仕宦之列, 出入與舊君不相聞, 其時已久, 其義已絶, 可以改其國之故矣. 然猶必待興起而爲卿大夫乃從新國之法, 厚之至也.

【곡례하 12】

군자는 고아가 되었어도 이름을 바꾸지 않는다.

君子已孤, 不更名.

鄭注 또한 근본을 중시하는 것이다. 亦重本.

集說 '이름'(名)은 태어난 지 3개월 되었을 때 아버지가 지어준 것이다. 아버지가 돌아가셨다고 고치는 것은 효자가 차마 하지 못하는 바이다. '名'者, 始生三月之時父所命也. 父沒而改之, 孝子所不忍也.

【곡례하 13】

고아가 된 후 갑자기 존귀해졌다고 해도 아버지를 위해서 시호를 짓지 않는다.

已孤暴貴, 不爲父作諡.

鄭注 자식이 아버지를 섬기는 도리는 귀천의 차이가 없다. 子事父, 無貴賤.

集說 문왕은 비록 서백西伯이 되었지만 고공古公과 공계公季를 위해서 시호를 짓지 않았다. 주공은 문왕과 무왕의 덕업德業을 완성시켰지만, 또한 감히 태왕大王과 왕계王季의 칭호를 시호로 더하지 않았다.[17] ○ 여씨呂氏(여대림呂大臨)는 말한다. "아버지가 사고 자식이 천자나 제후인 경우, 천자나 제후의 예로 제사지내고, 그 시尸는 사복士服을 입는다. 이는 자기의 봉록으로 그 부모를 봉양할 수는 있지만, 감히 자기의 작위로 그 부모에게 가하지 못하기 때문이다. 아버지의 작위가 낮아 시호를 붙일 수 없는데 자기의 작위로 시호를 지으면, 이는 자기의 작위를 아버지에게 가하는 것으로서, 높이려고 하는 것이지만 도리어 낮추게 된다. 부모를 공경하는 방법이 아니다." 文王雖爲西伯, 不爲古公・公季作諡. 周公成文武之德, 亦不敢加大王・王季以諡也. ○ 呂氏曰: "父爲士, 子爲天子・諸侯, 則祭以天子・諸侯, 其尸服以士服.

是可以己之祿養其親, 不敢以己之爵加其親也. 父之爵卑不當諡, 而以已爵當諡而作之, 是以已爵加其父, 欲尊而反卑之. 非所以敬其親也."

【곡례하 14】

상중에 아직 장례를 치르지 않았을 때에는 상례[18]에 관한 책을 읽는다. 장례를 치르고 나서는 제례[19]에 관한 책을 읽는다. 상복을 벗고 일상으로 돌아오면 악장樂章을 읽는다. 상중에는 음악을 말하지 않고, 제사를 지낼 때 흉한 일을 말하지 않고, 공적인 장소에서는 여자에 관한 것을 말하지 않는다.

居喪未葬, 讀喪禮. 既葬, 讀祭禮. 喪復常, 讀樂章.① 居喪不言樂, 祭事不言凶, 公庭不言婦女.②

鄭注 ① 예를 행할 때는 각기 그때에 맞게 한다. 爲禮各於其時.
② 제때가 아니기 때문이다. 非其時也.

集說 '복상復常'은 상복을 벗은 이후이다. '악장樂章'은 악기에 맞추어 노래하는 시다. ○ 여씨呂氏(여대림呂大臨)는 말한다. "이런 책을 읽는 것은 배우고 익히기 위한 것이 아니다. 그때를 당해서 그러한 일을 알지 못하면 예로써 부모를 섬기지 못하는 자이다. 길한 일과 흉한 일은 서로 관계시키지 않고, 슬픔과 즐거운 마음은 이중으로 해서는 안 된다. 그러므로 상례는 흉한 일이니 음악을 말하지 않고, 제례는 길한 일이니 흉한 것을 말하지 않는다. 공公과 사私의 일은 서로 관계시키지 않는다. 사적인 일을 공적인 장소(疏)에서 말할 수 없다. 그러므로 공적인 장소에서는 부녀자에 관한 것을 말하지 않는다." '復常', 除服之後也. '樂章', 弦歌之詩也. ○ 呂氏曰: "讀是書, 非

肄業也. 當是時不知是事, 不以禮事其親者也. 吉凶之事, 不相干, 哀樂之情, 不可以貳. 故喪凶事也, 不言樂, 祭吉事也, 不言凶. 公私之事, 不可相干. 私事不可言於公庭. 故公庭不言婦女."

【곡례하 15】

임금 앞에서 문서의 먼지를 털거나 문서를 정돈하면 처벌을 받는다. 임금 앞에서 점대를 쓰러뜨리거나 귀갑龜甲(거북껍데기)을 뒤집거나 하면 처벌을 받는다.

振書·端書於君前有誅. 倒筴側龜於君前有誅.

鄭注 신하가 일을 미리 준비하지 않은 것은 공경스럽지 못한 것이다. '진振'은 먼지를 제거하는 것이다. '단端'은 바로잡는다는 뜻이다. '도倒'는 쓰러뜨린다는 뜻이다. '측側'은 뒤집는다는 뜻이다. 모두 일이 닥친 뒤에 비로소 살펴보는 것을 말한다. 臣不豫事, 不敬也. '振', 去塵也. '端', 正也. '倒', 顚倒也. '側', 反側也. 皆謂甫省視之.

集說 신하는 직분에 따른 일을 가지고 군주를 섬기는데, 매사를 마땅히 평소에 삼가 준비해야 한다. 문서와 장부가 이미 군주 앞에 이르렀는데 그 때서야 비로소 먼지를 털면서 정돈을 한다던가, 점을 치는 관리는 귀갑龜甲과 점대를 받들어 일을 하는 자인데 군주 앞에서 넘어뜨리고 뒤집는 모습을 보인다면, 이들은 모두 자기 직무를 공경히 행하지 않고 윗사람을 무시하는 것이다. 그러므로 모두 처벌을 받는다. 人臣以職分內事事君, 每事當謹之於素. 文書簿領, 已至君前, 乃始振拂其塵埃, 而端整之, 卜筮之官, 龜筴其所奉以周旋者, 於君前而有顚倒反側之狀, 此皆不敬其職業, 而慢上者. 故皆有罰.

【곡례하 16】

귀협龜筴, 궤장几杖, 석개席蓋를 들고 있거나, 중소重素와 홑겹의 갈포옷(袗絺綌)을 입고 있으면, 대궐 문에 들어가지 못한다.

龜筴, 几杖, 席蓋, 重素, 袗絺綌, 不入公門.

鄭注 '귀협龜筮'(귀갑과 점대)[20]은 국가의 길흉에 대해 묻는 혐의가 있기 때문이다. '궤장几杖'(안석과 지팡이)은 스스로 연장자임을 내세우는 혐의가 있기 때문이다. '석개席蓋'[21]는 상거喪車(장례용 수레)에 싣는 것이다. 「잡기상雜記上」(5)에 "사士의 상여 덮개휘장(輤)은 갈대자리로 지붕을 만들고, 부들자리로 관을 에워싸는 휘장(裳帷)을 만든다"라고 하였다. '중소重素'는 웃옷과 치마가 모두 누이지 않은 흰색인 것으로 상복을 뜻한다. '진袗'은 홑겹이라는 뜻이다. 공자는 "여름에 홑겹으로 만든 갈포 옷을 입는데, 반드시 (속옷을 입고) 그 겉에다 입어서 밖으로 드러나게 한다"[22]라고 하였는데, 외모가 설만해지기 때문이다. '龜筮', 嫌問國家吉凶. '几杖', 嫌自長老. '席蓋', 載喪車也. 「雜記」曰: "士輤, 葦席以爲屋, 蒲席以爲裳帷." '重素', 衣裳皆素, 喪服也. '袗', 單也. 孔子曰"當暑袗絺綌, 必表而出之", 爲其形褻.

集說 '귀협龜筴'(귀갑과 점대)은 길흉을 묻는 도구이기 때문에 미리 일을 모의한다는 혐의가 있다. '궤장几杖'(안석과 지팡이)은 나이 많은 연장자를 우대하는 도구이기 때문에 자신을 높이는 혐의가 있다. '석席'(자리)은 앉거나 눕기 위한 도구이며, '개蓋'(덮개)는 해와 비를 가리는 도구이다. '치격絺綌'(고운 갈포 옷과 거친 갈포 옷)은 몸을 시원하게 해주는 것이다. '진袗'은 홑겹으로 된 옷이다. 홑옷은 몸을 드러내어 외설스럽게 만든다. 이 세 가지는 편안하기 위한 도구이다. '중소重素'는 웃옷과 치마가 모두 누이지 않은 흰색인 것이다. 길복吉服이 아니기 때문에 또한 공문公門에 들어갈 수 없다. '龜筴',

所以問吉凶, 嫌豫謀也. '几杖', 所以優高年, 嫌自尊也. '席', 所以坐卧, '蓋', 所以蔽日與雨. '絺綌', 所以涼體. '袗', 單也. 單則見體而褻. 此三者, 宴安之具也. '重素', 衣裳皆素也. 以非吉服, 故亦不可以入公門.

【곡례하 17】

자최상齊衰喪의 짚신을 신거나(苞屨), 심의深衣의 옷자락을 허리띠에 꽂거나(扱衽) 엽관厭冠을 쓰고 있으면 대궐 문에 들어가지 못한다.

苞屨 · 扱衽 · 厭冠, 不入公門.

鄭注 이는 모두 흉복이기 때문이다. '포苞'는 표藨(풀의 일종)이다. 표괴藨蒯[23]의 풀로 자최상齊衰喪의 짚신을 만드는 것이다. 「문상問喪」(1)에 "부모(親)가 막 돌아가시면, 심의의 앞 옷깃을 띠에 꽂는다"라고 하였다. '엽厭'은 복伏(엎드린다, 납작하다)의 뜻과 같다. 상관喪冠은 납작하게 엎드려 있는 모양이다. '포苞'는 어떤 본에는 '비菲'로 되어 있다. 此皆凶服也. '苞', 藨也, 齊衰藨蒯之菲也. 「問喪」曰: "親始死, 扱上衽." '厭', 猶伏也. 喪冠厭伏. '苞'或爲'菲'.

集說 '포苞'는 표藨(풀의 일종)로 읽는다. 표괴藨蒯의 풀로 자최상의 짚신을 만드는 것이다. '흡임扱衽'은 심의深衣의 앞 옷깃을 띠에다 꽂는 것이다. 대체로 부모가 처음 돌아가셨을 때 상주가 울부짖고 뛰는데 밟혀서 방해가 되므로 띠에 꽂는 것이다. '엽관厭冠'은 상관喪冠이다. 길관吉冠에는 머리싸개(纚)[24]가 있고 양梁[25]이 있는데, 상관에는 그것이 없다. 그러므로 납작하게 붙은 모양이다.(厭帖然) 이는 모두 흉복이기 때문에 대궐 문에 들어갈 수 없다. '苞'讀爲藨. 以藨蒯之草爲齊衰喪屨也. '扱衽', 以深衣前衽, 扱之於帶也. 蓋親初死時, 孝子以號踊, 履踐爲妨, 故扱之也. '厭冠', 喪冠也. 吉冠有纚有梁, 喪冠無之, 故厭

帖然也. 此皆凶服, 故不可以入公門.

【곡례하 18】

죽은 이를 보내는 이름이나 물건을 기록한 판(書方)이나 상복(衰), 명기(凶器) 등은 먼저 보고하지 않으면 대궐 문에 들어가지 못한다.

書方·衰·凶器, 不以告, 不入公門.

鄭注 이는 상사喪事가 대궐 안에 있어서 들어가지 않을 수 없을 때 먼저 군주에게 알려야 함을 말한 것이다. '방方'은 판이다. 『의례』「사상례士喪禮」 하편에 "방方에다 봉賵을 기록한다. 아홉 줄이 되기도 하고, 일곱 줄이 되기도 하고 다섯 줄이 되기도 한다"[26]고 하였다. '흉기凶器'는 명기明器이다. 此謂喪在內, 不得不入, 當先告君耳. '方', 板也. 「士喪禮」下篇曰: "書賵於方. 若九若七若五." '凶器', 明器也.

集說 '방方'은 판板이다. '서방書方'은 죽은 이를 전별하는 물건을 방판方板 위에다 조목조목 기록하는 것이다.[27] '최衰'는 오복五服[28]의 상복이다. '흉기凶器'는 관곽棺槨, 장삽牆翣,[29] 명기明器 따위 같은 것이다. '보고하지 않으면 대궐 문에 들어가지 못한다'(不以告, 不入公門)는 것은 보고하면 들어갈 수 있다는 뜻이다. 신하와 첩이 궁중 안에서 죽은 경우가 있는데, 군주는 또한 빈殯을 행하여 상례를 이루는 것을 허락한다. 그러나 반드시 먼저 보고해야 들어갈 수 있다. '方', 板也. '書方'者, 條錄送死物件於方板之上也. '衰', 五服之衰也. '凶器', 若棺槨·牆翣·明器之屬. '不以告, 不入公門', 謂告則可入者. 蓋臣妾有死於宮中者, 君亦許其殯而成喪. 然必先告, 乃得將入也.

【곡례하 19】

공적인 일은 사적으로 의논하지 않는다.

公事不私議.

鄭注 부정한 일을 하는 듯한 혐의가 있기 때문이다. 嫌若姦也.

集說 마씨馬氏(마희맹馬晞孟)는 말한다. "계손씨季孫氏가 염유冉有를 시켜서 공자에게 전부田賦 제도를 묻게 하였을 때, 공자가 대답하지 않고, 염유에게만 사적으로 말한 것은 무엇 때문인가? 계손씨가 전부제도를 실행하는 것을 공자가 중지시킬 수 있는 바가 아니었기 때문이다. 그럼에도 염유에게 사적으로 말한 것은, (부득이하였던 것이니) 어찌 그만둘 수 있었겠는가?"30) 馬氏曰: "季孫使冉有訪田賦於仲尼, 仲尼不對, 而私於冉有, 何也? 季氏用田賦, 非孔子所能止. 其私於冉有, 豈得已哉!"

【곡례하 20】

군자가 집을 지을 때는 종묘宗廟(사당)를 먼저 짓고 마구간과 창고를 그 다음에 짓고 거처하는 방(居室)을 마지막에 짓는다.

君子將營宮室, 宗廟爲先, 廐庫爲次, 居室爲後.

鄭注 선조와 국가의 재정을 중히 여기는 것이다. 重先祖及國之用.

集說 '군자君子'는 지위를 가지고 있는 자이다. '종묘宗廟'는 선조를 받드는 곳이므로 먼저 짓는다. '구廐'는 말을 기르는 곳이고, '고庫'는 물건을 저장

하는 곳이다. 그것이 필요할 때 결핍되지 않기를 바란다. 그러므로 그 다음에 짓는다. '거실居室'은 몸을 편안히 할 뿐이다. 그러므로 또 그 다음에 짓는다. '君子', 有位者也. '宗廟', 所以奉先, 故先營之. '廐'以養馬庫, '庫'以藏物. 欲其不乏用也. 故次之. '居室'則安身而已. 故又次之.

【곡례하 21】

무릇 대부가 가사家事를 마련할 때는 제기祭器를 먼저 마련하고, 다음으로 세를 부과하여 희생犧牲을 마련하고, 음식 그릇을 가장 뒤에 마련한다.

凡家造, 祭器爲先, 犧賦爲次, 養器爲後.

鄭注 대부는 '가家'라고 칭한다. 대부가 처음 가사를 마련하는 것을 말한다. '희부犧賦'는 조세로서 희생을 내는 것이다. 大夫稱'家'. 謂家始造事. '犧賦', 以稅出牲.

集說 '희부犧賦'에 대해서도 마련한다(造)라고 말한 것은 『주례』「우인牛人」에서 "소나 희생을 걸어두는 시렁(互)[31]과 분盆(동이 등 그릇), 료簝(고기를 담는 제기)를 제공한다"고 말한 부류와 같다. 정현 주에는 "'호互'는 오늘날에 도살장에서 고기를 걸어두는 것과 같다. '분盆'은 피를 담아두는 것이고, '료簝'는 고기를 받는 대그릇이다"라고 하였다. ○ 소疏에서 말한다. "'가조家造'는 대부가 처음 가사家事를 마련하는 것을 말한다. 제후의 대부는 소뢰少牢[32]를 사용하는데, 여기서 '희犧'라고 한 것은 소를 말한다. 천자의 대부가 제사지낼 때는 읍민에게 조세를 부과하여 희생물을 내게 한다. 그러

므로 '희부犧賦'라고 한 것이다." '犧賦'亦以造言者, 如『周官』「牛人」"供牛牲之互與盆簝"之類. 鄭注"'互', 若今屠家懸肉格. '盆'以盛血, '簝'受肉籠也." ○ 疏曰: "'家造', 謂大夫始造家事也. 諸侯大夫少牢. 此言'犧', 牛也. 天子之大夫祭祀, 賦斂邑民, 供出牲牢. 故曰'犧賦'."

【곡례하 22】

전록田祿(관원이 되어 받는 봉록)[33]이 없는 자는 제기祭器를 갖추어 두지 않는다. 전록이 있는 자는 먼저 제복祭服을 마련한다. 군자는 아무리 가난해도 제기를 팔지 않고, 아무리 추워도 제복을 입지 않는다. 집을 지을 때는 묘墓에 자라는 나무를 베지 않는다.

無田祿者, 不設祭器. 有田祿者, 先爲祭服.① 君子雖貧, 不粥祭器, 雖寒, 不衣祭服. 爲宮室, 不斬於丘木.②

鄭注 ① 제기는 빌릴 수 있지만 제복은 스스로 갖고 있어야 한다. 祭器可假, 祭服宜自有.

② 널리 귀신을 공경하는 것이다. '륙粥'은 판다는 뜻이다. '구丘'는 무덤이다. 廣敬鬼神也. '粥', 賣也. '丘', 壟也.

集說 여씨呂氏(여대림呂大臨)는 말한다. "제기는 빌릴 수 있지만 제복은 빌릴 수 없다. '구목丘木'은 무덤을 보호하기 위한 것이다. 집을 지을 때 그것을 베어 사용하면 그 선조를 소홀히 하고 자기의 사사로움을 이루는 것이다." 呂氏曰: "祭器可假, 服不可假也. '丘木', 所以庇宅兆. 爲宮室而斬之, 是慢其先而濟吾私也."

【곡례하 23】

대부와 사는 고국을 떠나더라도 제기는 국경을 넘어 가져가지 않는다. 대부는 다른 대부에게 제기를 맡기고, 사는 다른 사에게 제기를 맡긴다.

大夫·士去國, 祭器不踰竟.① 大夫寓祭器於大夫, 士寓祭器於士.②

鄭注 ① 이는 군주의 봉록으로 마련한 것이므로, 그것을 가지고 국경을 넘으면 부모를 욕되게 할 우려가 있다. 此用君祿所作, 取以出竟, 恐辱親也. ② '우寓'는 맡긴다는 뜻이다. 도로 얻어서 쓸 수 있는 자에게 주는 것을 '기寄'라고 말하니, 자기가 후에 돌아올 것을 꾀하는 것이다. '寓', 寄也. 與得用者言'寄', 覬己後還.

集說 여씨呂氏는 말한다. "신하가 종묘와 제기를 가지고 선조를 섬길 수 있는 것은 군주의 봉록 덕분이다. 이제 지위를 떠나면서 제기를 들고 가면, 이는 군주의 봉록을 훔쳐서 그 선조를 욕되게 하는 것이다. 이것이 제기를 가지고 국경을 넘을 수 없는 까닭이다. 작위가 동등한 동료에게 맡겨서 그가 사용할 수 있게 하는 것이다." ○ 마씨馬氏(마희맹馬晞孟)는 말한다. "미자微子가 제기를 껴안고 주周로 갔던 것은 무엇 때문인가? 군자는 자신을 위하는 것을 중히 여기지 않고, 남을 위하는 것을 가볍게 여기지 않는다. 군주의 제기를 껴안고 가는 것은 괜찮지만, 자기의 제기를 껴안고 가는 것은 안 된다." 呂氏曰: "臣之所以有宗廟·祭器以事其先者, 君之祿也. 今去位矣, 乃挈器以行, 是竊君之祿, 以辱其先. 此祭器所以不踰竟也. 寓寄於爵等之同者, 使之可用也." ○ 馬氏曰: "微子抱祭器而之周, 何也? 君子爲己不重, 爲人不輕. 抱君之祭器, 可也, 抱己之祭器, 不可也."

【곡례하 24】

대부와 사가 고국을 떠나 국경을 넘게 되면 지면을 쓸어 자리를 만들고 고국을 향해 곡을 한다. 소의素衣(누이지 않은 베로 만든 상의)와 소상素裳(누이지 않은 베로 만든 치마)을 입고 소관素冠(누이지 않은 베로 만든 관)을 쓴다. 중의中衣에 아로새겨진 채색 가선(緣)을 없애고 흰색 가선을 두르며, 코 장식이 없는 가죽신을 신고, 흰 개가죽으로 수레를 덮는다. 갈기를 다듬지 않은 말을 타고, 손톱과 머리카락을 자르지 않고, 정찬正餐을 먹을 때 고수레를 하지 않는다. 남에게 자신이 죄가 없다고 말하지 않으며, 부인이 잠자리를 모시게 하지 않는다. 3개월이 지난 뒤에 길복吉服을 회복한다.

大夫 · 士去國, 踰竟, 爲壇位, 鄉國而哭. 素衣 · 素裳 · 素冠. 徹緣 · **鞮屨** · 素簚. 乘髦馬, 不蚤鬋, 不祭食. 不說人以無罪, 婦人不當御. 三月而復服.

鄭注 상례로 자처하는 것을 말한다. 신하에게 군주가 없는 것은 하늘이 없는 것과 같다. '선위壇位'는 땅을 쓸어 제단의 자리를 만드는 것이다. '철徹'은 제거한다는 뜻이다. '제구鞮屨'는 신의 코에 장식이 없는 신발이다. '멱簚'은 수레덮개이다. '모마髦馬'는 갈기를 깎지 않는다는 뜻이다. '조蚤'는 '조爪'(손톱)로 읽는다. '전鬋'은 머리카락을 자른다는 뜻이다. 스스로 남에게 죄가 없다고 말하지 않는 것은 자기 군주를 미워하는 혐의가 있기 때문이다. '어御'는 접견한다는 뜻이다. 3개월은 한 계절로서 하늘의 기운이 변하기 때문에 드디어 떠날 수 있는 것이다. '멱簚'은 어떤 본에는 '막幕'(휘장)으로 되어 있다. 言以喪禮自處也. 臣無君, 猶無天也. '壇位', 除地爲位也. '徹', 猶去

也. '鞮屨', 無絇之菲也. '篾', 覆笭也. '髦馬', 不鬄落也. '蚤', 讀爲爪. '鬋', 鬋鬢也. 不自說於人以無罪, 嫌惡其君也. '御', 接見也. 三月一時, 天氣變, 可以遂去也. '篾'或爲'幕'.

集說 '선위壇位'는 땅을 쓸어 제단의 자리를 만드는 것이다. '향국鄕國'은 본국을 향한다는 뜻이다. '철연徹緣'은 중의中衣[34]에 채색으로 아로새겨진 가선을 없애고 누이지 않은 흰색의 가선을 두른다는 뜻이다. '제구鞮屨'는 (코 장식이 없는) 가죽신이다. 『주례』의 정현 주에 "(제구는) 사방 오랑캐가 춤출 때에 신는 신이다"라고 하였다.[35] '소멱素篾'이라고 할 때 '소'는 흰 개가죽이고, '멱'은 수레덮개이다. 『의례』「기석례既夕禮」에서 "주인은 악거惡車[36]를 타고 흰 개가죽으로 덮는다"고 한 것이 이것이다. '모마髦馬'는 말의 갈기를 깎아서 장식을 만들지 않는다는 뜻이다. '조蚤'는 손톱과 발톱을 깎는다는 뜻이다. '전鬋'은 머리카락을 깎고 다듬는다는 뜻이다. '제식祭食'은 정찬正餐을 먹을 때 선대에 음식을 만든 사람에게 제사지낸다는 뜻이다. '남에게 죄가 없다고 말하지 않는다'(不說人以無罪)는 것은 자기가 비록 추방되어 떠나지만 자신이 죄가 없음을 남에게 해명하지 않고 잘못을 자기 탓으로 돌린다는 뜻이다. '어御'는 잠자리를 모신다는 뜻이다. 이렇게 하는 것은 모두 부모의 나라를 떠나, 친척을 버리고 분묘를 떠나고 봉록과 지위를 잃는 것은 또한 일가의 변고이기 때문이다. 그러므로 흉례인 상례로 자처하는 것이다. 3개월은 한 계절로서 하늘의 기운이 조금 변하는 기간이다. 그러므로 반드시 3개월이 지난 뒤에 길복吉服을 회복한다. '壇位', 除地而爲位也. '鄕國', 向其本國也. '徹緣', 去中衣之采緣而純素也. '鞮屨', 革屨也. 『周禮』註云: "四夷舞者所扉." '素篾', '素', 白狗皮也, '篾', 車覆闌也. 「既夕禮」云"主人乘惡車白狗幦", 是也. '髦馬', 不翦剔馬之髦鬣以爲飾也. '蚤', 治手足爪也. '鬋'剔治鬢髮也. '祭食', 食盛饌則祭先代爲食之人也. '不說人以無罪'者, 己雖遭放逐而出, 不自以無罪解說於人, 過則稱己也. '御', 侍御寢宿也. 凡此皆爲去父母之邦, 捐親戚, 去墳墓, 失祿位, 亦一家之

變故也. 故以凶喪之禮自處. 三月爲一時, 天氣小變. 故必待三月, 而後復其吉服也.

【곡례하 25】

대부와 사가 제후를 알현할 때 제후가 그를 위로하면, 돌아서 뒤로 물러나 머리가 바닥에 닿도록 하여 두 번 배례를 한다.

大夫・士見於國君, 君若勞之, 則還辟再拜稽首.

鄭注 군주를 알현할 때 배례를 하고 난 뒤에 위로를 받음을 말한 것이다. 『의례』「빙례聘禮」에 "군주가 사자와 개介[37]를 위로할 때는, 군주가 모두 답배答拜한다"[38]고 하였다. 謂見君, 旣拜矣, 而後見勞也. 「聘禮」曰: "君勞使者及介, 君皆答拜."

集說 이는 대부와 사가 타국으로 빙문을 가서 군주를 알현하였을 때, 군주가 오는 동안의 수고로움을 묻고 위로하면, 곧 돌아서 뒤로 물러났다가 머리가 바닥에 닿도록 하여 두 번 배례를 하는 것을 말한다. 此言大夫・士出聘他國, 見於主君, 君若問勞其道路之勤苦, 則旋轉退避, 乃再拜稽首也.

【곡례하 26】

군주가 만약 직접 마중 나와서 배례를 하면, 돌아서 물러나고 감히 답배하지 않는다.

君若迎拜, 則還辟不敢答拜.

鄭注 군주와 빈주賓主의 예로 맞선다는 혐의가 있기 때문이다. '영배迎拜'는 군주가 마중 나와서 먼저 배례를 하는 것을 말한다. 『의례』「빙례聘禮」에 "대부가 문에 들어오면, 군주가 두 번 배례하여 맞는다"[39]라고 하였는데, 군주가 직접 와준 수고스러움에 배례하는 것이다. 嫌與君亢賓主之禮. '迎拜', 謂君迎而先拜之. 「聘禮」曰"大夫入門, 再拜", 君拜其辱.

集說 빙문하는 손님이 처음 초빙국의 대문 밖에 이르렀을 때, 초빙국의 군주가 마중 나와서 배례를 하면, 손님은 물러서고 감히 답배하여 빈주의 예로 맞서지 않는다. 聘賓初至主國大門外, 主君迎而拜之, 賓則退卻, 不敢答拜而抗賓主之禮也.

【곡례하 27】

대부와 사가 서로 상견례를 행할 때, 비록 귀천에 차등이 있더라도 주인이 손님에게 공경하면 먼저 손님에게 배례를 하고, 손님이 주인에게 공경하면 먼저 주인에게 배례를 한다.

大夫・士相見, 雖貴賤不敵, 主人敬客則先拜客, 客敬主人則先拜主人.

鄭注 현자를 높이는 것이다. 尊賢.

集說 공경하면 먼저 배례를 한다는 것은 대부와 사가 타국에 빙문을 가서 그 나라의 경・대부・사를 만나는 경우를 말한 것이다. 같은 나라에서는 그렇게 하지 않는다. 敬而先拜, 謂大夫・士聘於他國, 而見其卿・大夫・士也. 同國則否.

【곡례하 28】

조문하는 경우나 제후를 알현하는 경우가 아니라면, 답배하지 않음이 없다.

凡非弔喪, 非見國君, 無不答拜者.

鄭注 예는 오고 가는 것을 숭상한다. 조문할 때 손님이 답배하지 않는 것은 빈객으로 자처하지 않는 것이다. 제후가 사를 만날 때 답배하지 않는 것은 사가 천하기 때문이다. 禮尙往來. 喪, 賓不答拜, 不自賓客也. 國君見士, 不答其拜, 士賤.

集說 조문할 때 주인의 배례에 답하지 않는 것은 상사喪事의 여러 일을 돕기 위해서 온 것이지 빈주의 예를 행하려고 온 것이 아니기 때문이다. 그러므로 『의례』 「사상례士喪禮」에 "손님이 찾아오면 상주가 배례를 하는데, 손님은 답배하지 않는다"고 한 것이 이 경우이다. 사士가 자기 나라의 군주를 만날 때는 존귀함과 비천함의 차이가 현격하기 때문에 군주는 답배하지 않는다. 이 두 가지 이외에는 답배하지 않음이 없다. 弔喪而不答主人之拜者, 以爲助執喪事之凡役而來, 非行賓主之禮也. 故「士喪禮」"有賓則拜之, 賓不答拜", 是也. 士見本國之君, 尊卑遼絶, 故君不答拜. 此二者之外, 無不答拜也.

【곡례하 29】

대부가 제후를 알현하면 제후는 그의 수고로움에 배례한다. 사가 대부를 알현하면 대부는 그의 수고로움에 배례한다. 같은 나라 사람이 처음 상견할 때는 주인이 손님의 수고로움에 배례한다.

大夫見於國君, 國君拜其辱. 士見於大夫, 大夫拜其辱. 同國始相見, 主人拜其辱.

鄭注 외국에서 찾아와서 배례하면 그 방문해준 것에 대하여 배례하고(拜見), 국내에서 찾아와서 배례하면 그 수고로움에 배례하는 것이다(拜辱). 自外來而拜, 拜見也, 自內來而拜, 拜辱也.

集說 '제후가 대부의 수고로움에 배례한다'(君拜大夫之辱), '대부가 사의 수고로움에 배례한다'(大夫拜士之辱)는 것은 모두 처음 대부가 되거나 처음 사가 되어 찾아와서 알현하는 경우를 말한 것이다. 이 이후 조정에서 만나게 되면 일반적인 예를 행한다. 『의례』「사상견례士相見禮」에 "사가 제후를 알현하면, 제후는 답배한다"고 한 것 또한 그가 처음 사가 되어 공경하는 것이기 때문이다. '주인이 손님의 수고로움에 배례한다'(主人拜辱)는 것은 손님이 먼저 베푼 것에 배례하는 것이다. 이는 존귀함과 비천함이 동등한 경우를 말한 것이다. '같은 나라'(同國)라고 말하였으므로 다른 나라의 경우도 마땅히 그렇게 한다. '君拜大夫之辱', '大夫拜士之辱', 皆謂初爲大夫·初爲士而來見也. 此後朝見, 則有常禮矣. 「士相見禮」: "士見國君, 君答拜"者, 亦以其初爲士而敬之也. '主人拜辱', 拜其先施也. 此謂尊卑相等者. 言'同國'則異國亦當然矣.

【곡례하 30】

군주는 사에 대해서 답배하지 않지만 자기 신하가 아니면 답배한다. 대부는 자기 신하에 대해서 그가 아무리 천하더라도 반드시 답배한다.

君於士, 不答拜也, 非其臣, 則答拜之.① 大夫於其臣, 雖賤, 必答拜之.②

鄭注 ① 남의 신하를 신하로 대하지 않는 것이다. 不臣人之臣.

② 정식 군주임을 피하는 것이다. 辟正君.

集說 제후가 사에게 비록 답배하지 않지만 타국의 사에게는 그렇게 하지 않는 것은 그가 자기의 신하가 아니기 때문이다. 대부가 천한 신하의 절에 답배하는 것은 제후의 지체를 피하는 것이다.40) 君於士雖不答拜, 然不以施之他國之士者, 以其非己之臣也. 大夫答賤臣之拜, 避國君之體也.

【곡례하 31】

남자와 여자는 서로 답배한다.

男女相答拜也.

鄭注 멀리하고 구별해야 하는 사이는 서로 답배하지 않는 것으로 오해할까 해서 밝힌 것이다. 嫌遠別不相答拜以明之.

集說 남녀가 혐의를 피해야 하는 것이 또한 여러 가지지만 서로 답배하는 것은 예를 행하는 까닭이다. 어찌 예를 행하는 데 혐의를 삼겠는가? 그러므로 기록자가 밝혀서 말한 것이다. 男女嫌疑之避, 亦多端矣, 然拜而相答, 所以爲禮. 豈以行禮爲嫌哉? 故記者明言之.

【곡례하 32】

제후는 봄철 사냥에 연못을 사면으로 포위하지 않고, 대부는 뭇 짐승을 엄습해서 사냥하지 않고, 사는 새끼나 알을 잡지 않는다. 國君春田不圍澤, 大夫不掩群, 士不取麛卵.

鄭注 번식할 때는 그 무리를 심하게 해치기 때문이다. 生乳之時, 重傷其類.

集說 '춘전春田'은 봄철의 사냥이다. 연못은 넓기 때문에 '포위한다'(圍)고 하였고, 무리는 모이기 때문에 '엄습한다'(掩)고 한 것이다. '미麛'는 사슴의 새끼지만, 일반적으로 짐승의 새끼도 '미'라고 통칭한다. 새끼와 알은 작기 때문에 '잡는다'(取)고 한 것이다. 군주 · 대부 · 사는 지위에 차등이 있기 때문에 잡는 데도 각각 한계가 있다. 이 경문은 「왕제」의 문장과 다르다. ○ 방씨方氏(방각方慤)는 말한다. "재정의 규모가 클수록 잡는 범위가 더욱 넓고, 지위가 낮을수록 금법禁法이 더욱 엄하다." '春田', 蒐獵也. 澤廣, 故曰'圍', 群聚, 故曰'掩'. '麛', 鹿子, 凡獸子, 亦通名之. 麛卵微故曰'取'. 君 · 大夫 · 士, 位有等降, 故所取各有限制. 此與「王制」文異. ○ 方氏曰: "用大者取愈廣, 位卑者禁愈嚴."

【곡례하 33】

흉년이 들어 그해 곡식이 익지 않으면, 군주는 음식을 먹을 때 고기의 폐를 고수레하지 않고, 말에게 곡식을 먹이지 않으며, 말을 달리는 도로(馳道)를 닦지 않으며, 제사지낼 때 경쇠나 종 같은 악기를 걸어두지 않는다. 대부는 정찬에 기장을 추가하여 먹지 않고,

사는 술을 마시되 악樂은 쓰지 않는다.

歲凶年穀不登,① 君膳不祭肺, 馬不食穀, 馳道不除, 祭事不縣. 大夫不食粱, 士飮酒不樂.②

鄭注 ① '등登'은 익는다는 뜻이다. '登', 成也.

② 모두 (흉년 때문에) 스스로 줄이고 백성을 걱정하는 것이다. 예禮에 의하면, 희생을 잡아 차린 식사를 할 때는 선조에게 고수레를 한다. 유우씨有虞氏는 머리로 하였고, 하후씨는 심장으로 하였고, 은殷나라는 간으로 하였고, 주周나라는 폐로 하였다.41) '폐를 고수레하지 않는다'(不祭肺)는 것은 희생을 잡지 않는다는 뜻이다. 천자의 식사는 매일 소뢰少牢로 하고, 매달 초하루에는 태뢰太牢로 한다. 제후의 식사는 매일 특생特牲으로 하고, 매달 초하루에는 소뢰로 한다. '제除'는 닦는다는 뜻이다. 도로를 닦지 않는 것은 백성이 풀로 연명하는 식사를 취하는데 지장을 주기 때문이다. '현縣'은 악기로 종경鍾磬 등의 종류를 말한다. '량粱'은 정식 외에 더하여 놓는 음식이다. '악은 쓰지 않는다'(不樂)는 것은 악기를 치우고 연주하지 않는다는 뜻이다. 皆自爲42)貶損憂民也. 禮, 食殺牲則祭先. 有虞氏以首, 夏后氏以心, 殷人以肝, 周人以肺. '不祭肺', 則不殺也. 天子食, 日少牢, 朔月太牢. 諸侯食, 日特牲, 朔月少牢. '除', 治也. 不治道, 爲妨民取蔬食也. '縣', 樂器, 鍾磬之屬也. '粱', 加食也. '不樂', 去琴瑟.

集說 '선膳'은 좋은 음식을 말한다. '폐肺'는 기氣의 주인인데, 주나라에서 중시되었다. 그래서 식사를 할 때 반드시 먼저 고기의 폐를 고수레하였다. '폐를 고수레하지 않는다'(不祭肺)고 말한 것은 희생을 죽여서 성찬을 만들지 않음을 보여주는 것이다. '치도馳道'는 군주가 수레와 말을 달리는 도로이다. '부제不除'는 쓸고 닦지 않는다는 뜻이다. 제사지낼 때에는 반드시 종과 경쇠를 악기 틀에 걸어놓고 연주하는 것이 있다. 이제 '걸어두지 않는다'(不

懸)는 것은 악樂을 사용하지 않는다는 말이다. 대부는 서직黍稷을 먹을 때 량粱을 (진미로) 추가하는 음식으로 삼는다. 『의례』 「공사대부례公食大夫禮」에 "정찬을 차린 후에 도稻와 량粱을 차린다"고 하였다. 이것이 이른바 '추가한다'(加)는 의미다. 군주로부터 사에 이르기까지 각각 한 가지 일을 들었는데, 지위가 높은 자는 큰 것을 예로 들었고 지위가 낮은 자는 작을 것을 예로 들었다. 그러나 사실은 서로 통용된다. '膳'者, 美食之名. '肺'爲氣主, 周人所重. 故食必先祭肺. 言'不祭肺', 示不殺牲爲盛饌也. '馳道', 人君驅馳車馬之路. '不除', 不掃除也. 祭必有鍾磬之懸. 今'不懸', 言不作樂也. 大夫食黍稷, 以粱爲加. 「公食大夫禮」"設正饌之後, 乃設稻粱." 所謂"加"也. 自君至士, 各擧一事, 尊者擧其大者, 卑者擧其小者. 其實互相通耳.

【곡례하 34】

군주는 특별한 일이 없는 한 옥玉을 몸에서 떼지 않는다. 대부는 특별한 일이 업는 한 경쇠와 종을 치우지 않는다. 사는 특별한 일이 없는 한 거문고와 비파를 치우지 않는다.

君無故玉不去身. 大夫無故不徹縣. 士無故不徹琴瑟.

鄭注 근심과 즐거움은 서로 관여시키지 않는다. '고故'(일)는 재앙・환란・상・질병을 말한다. 憂樂不相干也. '故', 謂災・患・喪・病.

集說 '고故'(일)는 재앙・변란・상・질병 따위를 말한다. '故'謂災・變・喪・疾之類.

【곡례하 35】

사가 제후에게 물건을 바쳤는데, 훗날 제후가 "어디에서 그것을 얻었는가?"라고 물으면 머리가 바닥에 닿도록 하여 두 번 배례를 한 뒤에 대답한다.

士有獻於國君, 他日, 君問之曰"安取彼?", 再拜稽首而后對.

鄭注 공경하는 마음을 일으키는 것이다. 起敬也.

集說 '안취피安取彼'는 '어디에서 그것을 얻었는가?'라고 말하는 것과 같다. '安取彼', 猶言何所得彼物也.

【곡례하 36】

대부가 개인적으로 길을 떠나 국경을 넘을 때에는 반드시 요청을 하고, 돌아오면 반드시 물건을 바친다. 사가 개인적으로 길을 떠나 국경을 넘을 때에는 반드시 요청을 하고, 돌아오면 반드시 보고한다. 군주가 위로하면 배례를 하고, 여정에 대해 물으면 배례를 한 뒤에 대답한다.

大夫私行, 出疆必請, 反必有獻. 士私行, 出疆必請, 反必告.① 君勞之則拜, 問其行, 拜而后對.②

鄭注 ① 신하는 감히 자기 마음대로 하지 않는다. '사행私行'은 자기 일로 가는 것을 말한다. 사의 경우 '보고한다'(告)고 한 것은 반드시 물건을 바치지는 않는 것이요, 돌아왔음을 보고할 뿐이다. 臣不敢自專也. '私行', 謂以己事

也. 士言'告'者, 不必有其獻也, 告反而已.

② 또한 공경하는 마음을 일으키는 것이다. '여정에 대해 묻는다'(問行)는 것은 도중에 병은 없었는지 다닌 곳은 어디인지를 묻는 것이다. 亦起敬也. '問行', 謂道中無恙及所經過.

集說 대부와 사가 개인적인 일로 국경을 넘을 때에는 모두 군주에게 요청한다. 돌아왔을 때에 대부는 물건을 바치고 사士는 물건을 바치지 않는 것은 지위가 낮은 자의 물건으로 군주를 욕되게 하지 않으려는 것이다. 그러므로 단지 여행을 마쳤음을 보고할 뿐이다. '위로한다'(勞之)는 것은 도중의 노고를 위로하는 것이다. '여정에 대해 묻는다'(問其行)는 것은 여행 중 이른 곳을 묻는 것이다. 먼저 배례를 한 뒤에 대답하는 것은 질문을 받은 은총에 급히 사례하는 것이다. 大夫・士以私事出疆, 皆請於君. 其反也, 大夫有獻而士不獻, 不以卑者之物瀆尊上也. 故但告還而已. '勞之'者, 慰勞其道路之勞苦. '問其行'者, 詢其游歷之所至也. 先拜後答, 急謝見問之寵也.

【곡례하 37】

제후가 그 나라를 떠나면, 그를 만류하면서 "어찌 사직을 버리십니까?"라고 말한다. 대부인 경우에는 "어찌 종묘를 버리십니까?"라고 말한다. 사인 경우에는 "어찌 분묘墳墓(선영)를 버리십니까?"라고 말한다. 제후는 사직을 위해 죽고, 대부는 제후의 군대를 위해 죽고, 사는 제후의 명령을 위해 죽는 것이다.

國君去其國, 止之曰: "奈何去社稷也?" 大夫, 曰: "奈何去宗廟也?" 士, 曰"奈何去墳墓也?①" 國君死社稷,② 大夫死衆, 士死制.③

鄭注 ① 모두 백성과 신하들의 정성스런 말이다. 皆民臣殷勤之言.

② 천자에게서 받은 바를 위해 죽는 것으로, 침략당하였을 때를 말하는 것이다. 『춘추공양전』에 "나라가 멸망하였을 때 군주가 그곳에서 죽는 것은 올바른 것이다"[43]고 하였다. 死其所受於天子也, 謂見侵伐也. 『春秋傳』曰: "國滅, 君死之, 正也."

③ 국군國君(제후)에게서 받은 바를 위해 죽는 것이다. '중衆'은 제후의 군대를 말한다. '제制'는 군주의 명령이 행하도록 시킨 것이다. 死其所受於君. '衆', 謂君師. '制', 謂君教令所使爲之.

集說 '사직을 위해 죽는다'(死社稷)는 것은 나라가 망하면 함께 망한다는 뜻이다. '제후의 군대를 위해 죽는다'(死衆)는 것은 죄인을 토벌하고 적을 방어하다가 패하면 죽는다는 뜻이다. '명령을 위해 죽는다'(死制)는 것은 제후에게 명을 받으면 어려움이 닥쳐도 구차하게 빠져나오지 않는다는 뜻이다. ○ 방씨方氏(방각方慤)는 말한다. "제후의 경우에는 사직을 위해 죽는다고 말하면서도 대부와 사의 경우에 종묘나 분묘를 위해 죽는다고 말하지 않은 것은 무엇 때문인가? 떠나는 것을 만류하는 것은 사사로운 정(私情)에 머무는 것이고, 그 일을 위해서 죽는 것은 공적인 의리에 머무는 것이기 때문이다." ○ 조씨趙氏는 말한다. "사社(토지신)는 오토五土[44]의 신에게 제사하기 위한 것이고, 직稷(곡물의 신)은 오곡五穀의 신에게 제사하기 위한 것이다. 직은 흙이 없으면 낳을 수 없고, 흙은 직이 없으면 낳고 낳는 효험을 보일 수 없다. 그러므로 사社를 제사할 때에는 반드시 직까지 제사지낸다. 일을 같이하고 이익을 고르게 하여 사람을 기르기 때문이다. 『주례』「대사도大司徒」에 '사직의 유壝를 설치한다'고 하였는데, '유壝'는 흙을 쌓아서 높게 만든 것이다. 지붕을 얹지 않고 단을 만드는 것이다. 사社의 제단은 동쪽에 있고, 직稷의 제단은 서쪽에 있다." '死社稷', 謂國亡與亡也. '死衆', 謂討罪禦敵,

敗則死之也. '死制', 受命於君, 難毋苟免也. ○ 方氏曰: "國君曰死社稷, 而大夫・士不曰死宗廟・墳墓, 何也? 蓋止其去者, 存乎私情, 死其事者, 止乎公義也." ○ 趙氏曰: "社所以祭五土之神, 稷所以祭五穀之神. 稷非土無以生, 土非稷無以見生生之效. 故祭社必及稷. 以其同功均利以養人故也. 『周禮』「大司徒」, '設社稷之壝', '壝'者, 累土以爲高也. 不屋而壇. 社壇在東, 稷壇在西.

【곡례하 38】

천하의 임금 노릇 하는 자를 천자라고 한다. 제후의 조회를 받거나, 직무를 나누어주거나, 법령을 반포하거나(授政)[45], 일을 맡길 때에는 '여일인予一人'(나 한 사람)이라고 말한다.

君天下曰天子. 朝諸侯・分職・授政・任功曰'予一人'.

鄭注 모두 빈擯[46]의 말이다. '천하天下'는 7천 리 밖과 사해四海를 가리킨다. 오늘날 한漢나라는 오랑캐에 대해서는 천자라고 칭하고, 왕과 후에 대해서 황제라고 칭한다. 『의례』「근례覲禮」에 "백부가 이렇게 찾아오시니, 여일인予一人(나 한 사람)은 그것을 치하드립니다"라고 하였다. '여余'와 '여予'는 옛글자와 오늘날의 글자이다. 皆擯者辭也. '天下', 謂外及四海也. 今漢於蠻夷稱天子, 於王侯稱皇帝. 「覲禮」曰: "伯父實[47]來, 余一人嘉[48]之." '余'・'予'古今字.

集說 '천자天子'는 천하에 임금으로 임한다는 포괄적 지칭으로 모든 신하와 인민이 통용해서 부를 수 있다. '여일인予一人'[49]은 자신을 일컫는 말이다. '天子'者, 君臨天下之總稱. 臣民通得稱之. '予一人', 則所自稱也.

【곡례하 39】

천자 자리에 올라 제사에 임할 때, 내사內事에는 축사에 '효왕모孝王某'(효왕 아무개)라고 하고, 외사에는 '사왕모(嗣王某)'(사왕 아무개)라고 한다.

踐阼, 臨祭祀, 內事曰'孝王某', 外事曰'嗣王某'.

鄭注 모두 축사이다. 오직 종묘에서만 '효孝'를 칭한다. 천지와 사직은 교내郊內에서 제사를 지내는데 '사왕嗣王'이라고 칭하는 것은 감히 외사와 내사를 똑같이 하지 못하기 때문이다. 皆祝辭也. 唯宗廟稱'孝'. 天地・社稷, 祭之郊內, 而曰'嗣王', 不敢同外內.

集說 '천踐'은 밟는다는 뜻이고, '조阼'는 주인이 오르내리는 계단이다. 주인의 계단을 밟고 올라가 일을 행하기 때문에 '천조踐阼'라고 한다. 종묘의 일은 '내內'이고, 교郊에서 사직에 제사지내는 일은 '외外'이다. 축사에 '효왕 아무개'(孝王某)라고 칭하는 것은 부모를 섬기는 말이고, '사왕 아무개'(嗣王某)라고 칭하는 것은 귀신을 섬기는 말이다. '踐', 履也, '阼', 主階也. 履主階而行事, 故曰'踐阼'也. 宗廟之事爲'內', 郊社之事爲'外'. 祝辭稱'孝王某'者, 事親之辭, '嗣王某'者, 事神之辭也.

【곡례하 40】

제후의 나라에 이르러 귀신에게 진畛(논두길)제사를 지낼 때에는 축사에 '유천왕모보有天王某甫'라고 한다.

臨諸侯, 畛於鬼神, 曰'有天王某甫'.

鄭注 '진畛'은 바친다(致)는 뜻이다. 축祝이 귀신에게 고하여 바치는 말이다. '유천왕모보有天王某甫'에서 '모보'는 차자且字(이름 대신에 사용하는 간략한 형태의 자)[50]이다. 이름을 칭하지 않는 것은 직접 가지 않았기 때문이다. 『주례』에 "크게 회동하여 산천을 지나게 되면, 대축大祝[51]이 일을 주관한다"[52]라고 하였다. '귀신'은 제후의 경卿과 사士를 말한다. '진畛'은 어떤 본에는 '지祗'(공경하다)로 되어 있다. '畛', 致也. 祝告致於鬼神辭也. 曰'有天王某甫', 某甫, 且字也. 不名者, 不親往也. 『周禮』大會同, 過山川, 則大祝用事焉. '鬼神', 謂百辟卿士也. '畛'或爲'祗'.

集說 천자가 순수巡狩를 하여 제후의 나라에 이르면, 반드시 축사祝史를 시켜 제사를 드려야 할 귀신에게 제사를 드리게 한다. 천자가 직접 가지 않기 때문에 축사祝辭가 자字를 칭하여 '모보某甫'라고 한다. '보甫'는 남자의 미칭이다. ○ 여씨呂氏(여대림呂大臨)는 말한다. "'진畛'은 논밭 사이의 길이 서로 만나는 것과 같으니, '서로 만난다'(交際)라고 할 때의 '제際'(만나다, 접하다)와 같은 뜻이다." ○ 방씨方氏(방각方慤)는 말한다. "망질望秩의 예禮[53]는 반드시 야외에서 행한다. 그러므로 '진畛'으로 말한 것이다. '진畛'은 논밭 사이의 길이다. 진에서 제사지내는 것을 '진'이라 하는 것은 교郊에서 제사지내는 것을 '교'라고 하는 것과 같다. 천자가 제후에게 가는 것은 항상 있는 일이 아니라, 대체로 시기가 있는 것이다. 그러므로 여기에서 특별히 '유有'(~하는 경우가 있다)라고 말한 것이다." 天子巡狩而至諸侯之國, 必使祝史致鬼神當祭者之祭. 以不親往, 故祝辭稱字曰'某甫'. '甫'者, 丈夫之美稱也. ○ 呂氏曰: "'畛', 猶畦畛之相接然, 與'交際'之際同義." ○ 方氏曰: "望秩之禮, 必於野外. 故以'畛'言之. '畛', 田間道也. 祭於畛而謂之'畛', 猶祭於郊而謂之'郊'也. 天子適諸侯, 非其常, 蓋

有時矣. 故於是特言'有'焉."

【곡례하 41】

천자가 사망하면 '천왕붕天王崩'(천왕이 붕어하셨다)이라고 하고, 복復을 할 때는 '천자복天子復'(천자여, 돌아오소서)이라고 한다. 부고할 때는 '천왕등하天王登假'(천왕이 승하하셨다)라고 한다. 종묘에 모셔두고 신주를 세우면 '제帝'라고 한다.

崩, 曰'天王崩',① 復, 曰'天子復'矣.② 告喪, 曰'天王登假.'③ 措之廟, 立之主, 曰'帝.'④

鄭注 ① 사관이 사책史策에 기록하는 말이다. 史書策辭.

② 처음 죽었을 때 혼을 부르는 말이다. 이름을 부르지 않는 것은 신하가 임금의 이름을 부를 수 없기 때문이다. 제후의 경우는 자字를 부른다. 始死時呼魄辭也. 不呼名, 臣不名君也. 諸侯呼字.

③ '고告'는 가서 알린다는 뜻이다. '등登'은 올라간다는 뜻이다. '하假'는 '이已'(떠나다, 그만두다)의 뜻이다. '위로 올라가 떠난다'(上已)는 것은 '신선이 되어 떠났다'(僊去)고 말하는 것과 같다. '告', 赴也. '登', 上也. '假', 已也. '上已'者, 若僊去云耳.

④ 그를 하늘의 신과 동격으로 대우하는 것이다. 『춘추전』에 "무릇 군주는 졸곡을 마치고 부祔하고, 부祔를 마치고 신주神主를 만든다"[54]라고 하였다. 同之天神. 『春秋傳』曰: "凡君, 卒哭而祔, 祔而作主."

集說 위에서 아래로 떨어지는 것을 '붕崩'이라 하는데, 또한 무너진다는 뜻이다. 왕이 죽으면 사관은 사책史策에 '천왕붕天王崩'(천왕 붕어하시다)이라

고 쓴다. '복復'이란 사람이 죽으면 형形과 신神이 분리되므로 옛사람은 죽은 자의 옷을 들고 지붕에 올라가 북쪽을 바라보면서 죽은 자의 혼을 불러 체백體魄(육신)으로 돌아와서 그가 재생하기를 기원하기 때문에 '복'이라고 하는 것이다. '천자복天子復'(천자여 돌아오소서)은 지붕에 올라가 부르는 말이다. 신하는 임금의 이름을 부를 수 없기 때문에 '천자복'이라고 부르는 것이다. 소疏에서 "사례를 들어 말하면, 왕후가 죽었을 때도 또한 '왕후복王后復'(왕후여, 돌아오소서)이라고 한다"고 하였다. '고상告喪'은 제후국에 부고하는 것이다. 여씨呂氏는 '격假'을 '격格'(이르다)의 발음으로 읽고, '왕격유묘王假有廟'(왕이 종묘에 이르네)[55]와 '래격래향來假來享'(이르러서 흠향하네)[56]을 인용하면서 그 정신이 올라가 하늘에 이르는 뜻이라고 하였다. 생각건대 '하遐'는 곧 멀고 아득하다는 뜻으로, '등하登遐'는 올라간 바가 높고 멀다는 말이며, 『한서』에서 '대행大行'(멀리 가다)이라고 칭한 것과 같다. '행行'은 곧 '순행循行'(돌아다니다)이라고 할 때의 '행'으로, 거성去聲으로 발음한다. 한 번 가서는 돌아오지 않기 때문에 '대행大行'(멀리 가다)이라고 한다. '조措'는 모셔둔다(置)는 뜻이다. '신주를 세운다'(立之主)는 것은 처음 죽으면 나무를 깎아 중重(임시 신주)[57]을 만들어 신을 의지하게 하고, 우제虞祭를 마친 뒤에 그것을 매장하고 비로소 신주를 만들어 신을 의지하게 한다는 말이다. ○ 여씨呂氏는 말한다. "예경을 고찰해보면 '제帝'로 칭한 경우가 없다. 『사기』에는 하나라와 은나라 왕에 대해서 모두 '제'로 칭하였다. 아마도 은나라는 부祔하고 나서 '제'로 칭한 듯하다. 사마천은 『세본世本』[58]에 의거하였으니 틀림없이 참고한 바가 있을 것이다. 주나라에 이르러 시호제도를 두면서 비로소 '제'라고 칭하지 않았을 것이다." 自上墜下曰'崩', 亦壞敗之稱. 王者卒, 則史書於策曰'天王崩'. '復'者, 人死則形神離, 古人持死者之衣, 升屋北面, 招呼死者之魂, 令還復體魄, 冀其再生也, 故謂之'復'. '天子復'者, 升屋招呼之辭. 臣子不可名君, 故呼曰'天子復'也. 疏云: "以例言之, 則王后死, 亦呼'王后復'也." '告喪', 赴告侯國也.

呂氏讀'假'爲'格'音, 引'王假有廟'與'來假來享', 言其精神升至于天. 愚謂'遐'乃遠邈之義, '登遐'言其所升高遠, 猶『漢書』稱'大行'. '行'乃循行之行, 去聲. 以其往而不返, 故曰'大行'也. '措', 置也. '立之主'者, 始死則鑿木爲重, 以依神, 旣虞而埋之, 乃作主以依神也. ○ 呂氏曰: "考之禮經, 未有以'帝'名者. 『史記』夏・殷之王, 皆以'帝'名. 疑殷人祔廟稱'帝'. 遷据『世本』, 當有所考. 至周有諡, 始不名'帝'歟."

【곡례하 42】

천자가 아직 상복을 벗기 전에는 '여소자予小子'라고 한다. 살아 있을 때에도 그렇게 칭하고, 죽었을 때에도 그렇게 칭한다.

天子未除喪, 曰'予小子.'① 生名之, 死亦名之.②

鄭注 ① 겸손히 하는 말로서, 아직 감히 '일인一人'이라고 칭하지 않는다. 『춘추전』에 "제후가 해를 넘겨 즉위하는 것으로 보아 천자도 해를 넘겨 즉위한다는 것을 알 수 있다. 천자가 3년 뒤에 '왕王'을 칭하는 것으로 보아 제후가 자기의 봉지 내에서 3년 뒤에 '자子'를 칭한다는 것을 알 수 있다"59) 고 하였다. 謙, 未敢稱'一人'. 『春秋傳』曰: "以諸侯之踰年卽位, 亦知天子之踰年卽位. 以天子三年然後稱'王', 亦知諸侯於其封內三年稱'子'."

② 살아 있을 때에도 '소자왕小子王'이라고 칭하고, 죽었을 때에도 '소자왕'이라고 칭한다는 말이다.60) 진晉나라에 '소자후小子侯'가 있었는데, 이는 천자의 칭호를 참람하게 취한 것이다. 生名之曰'小子王', 死亦曰'小子王'也. 晉有'小子侯', 是僭取於天子號也.

集說 정씨鄭氏(정현鄭玄)는 말한다. "살아 있을 때에도 '소자왕小子王'이라고 칭하고, 죽었을 때에도 '소자왕'이라고 칭한다는 말이다. 진晉나라에 '소자

후小子侯'가 있었는데, 이는 천자의 칭호를 참람하게 취한 것이다."[61] ○ 여씨呂氏(여대림呂大臨)는 말한다. "『춘추』에서 '왕자 맹이 졸하다'(王子猛卒)[62]라고 쓰고, '소자'라고 하지 않은 것은 신하가 칭할 때는 사책史策의 글과 다르기 때문이다." 鄭氏曰: "生名之曰'小子王', 死亦曰'小子王'也. 晉有'小子侯', 是僭號也." ○ 呂氏曰: "『春秋』書'王子猛卒', 不言'小子'者, 臣下之稱, 與史策之辭異也."

【곡례하 43】

천자는 후后, 부인夫人, 세부世婦, 빈嬪, 처妻, 첩妾을 둔다.

天子有后, 有夫人, 有世婦, 有嬪, 有妻, 有妾.

鄭注 '처妻'는 81명의 어처御妻로서, 『주례』에서는 '여어女御'[63]라고 불렀다. 왕의 연침燕寢[64]에서 순서에 따라 모시기 때문이다. '첩'은 신분이 천한 자이다. '妻', 八十一御妻, 『周禮』謂之'女御'. 以其御序於王之燕寢. '妾', 賤者.

集說 부인이 3명이고, 빈이 9명이고, 세부가 27명이고, 어처御妻가 81명이다. 후后 이하 모두 3배로 그 수를 늘린다. 첩의 수는 알려져 있지 않다. 三夫人, 九嬪, 二十七世婦, 八十一御妻. 自后而下, 皆三因而增其數. 妾之數未聞.

【곡례하 44】

천자는 천관天官을 세울 때, 먼저 육태六大를 세우는데, 태재大宰, 태종大宗, 태사大史, 태축大祝, 태사大士, 태복大卜으로, 육전六典을 맡아서 관장한다.

天子建天官, 先六大, 曰大宰・大宗・大史・大祝・大士・大卜, 典司六典.

鄭注 '전典'은 법을 뜻한다. 이는 대개 은나라 때의 제도이다. 주나라에서는 태재가 천관天官이고, 태종을 종백宗伯이라 하였는데 종백은 춘관이며, 태사 이하는 종백에 소속되었다. 태사大士는 귀신을 담당하는 것으로 벼슬하는 자이다. '典', 法也. 此蓋殷時制也, 周則大宰爲天官, 大宗曰宗伯, 宗伯爲春官, 大史以下屬焉. 大士以神仕者.

集說 이 '육태六大'는 천관의 속관이다. 관장하는 바가 다른 직무에 비해 중요하기 때문에 '먼저 세운다'(先)라고 말한 것이다. 此'六大'者, 天官之屬也. 以其所掌重於他職故曰'先'.

【곡례하 45】

천자의 오관五官은 사도司徒, 사마司馬, 사공司空, 사사司士, 사구司寇로서 오관 소속의 관리(五衆)를 맡아서 관장한다.

天子之五官, 曰司徒・司馬・司空・司士・司寇, 典司五衆.

鄭注 '중衆'은 여러 신하를 말한다. 이 경문도 은나라 때의 제도이다. 주나라에서 사사司士는 사마에 소속되었으며, 태재大宰, 사도司徒, 종백宗伯, 사마司馬, 사구司寇, 사공司空이 육관六官이 된다. '衆', 謂群臣也. 此亦殷時制也. 周則司士屬司馬, 大宰・司徒・宗伯・司馬・司寇・司空爲六官.

集說 이 '오관五官'은 천관天官과 함께 배치되어 육관이 된다. '오중五衆'은

오관에 소속된 여러 관리를 뜻한다. 此'五官'與天官列而爲六. '五衆'者, 五官屬吏之群衆也.

【곡례하 46】

천자의 육부六府는 사토司土, 사목司木, 사수司水, 사초司草, 사기司器, 사화司貨로서 육직六職을 맡아서 관장한다.

天子之六府, 曰司土 · 司木 · 司水 · 司草 · 司器 · 司貨, 典司六職.

鄭注 '부府'는 여섯 가지 물품의 세를 저장하는 일을 주관한다. 이 경문 또한 은나라 때의 제도이다. 주나라에서는 모두 사도司徒에 소속되었다. '사토司土'는 토균土均[65]이다. '사목司木'은 산우山虞[66]이다. '사수司水'는 천형川衡[67]이다. '사초司草'는 도인稻人[68]이다. '사기司器'는 각인角人[69]이다. '사화司貨'는 관인卝人[70]이다. '府', 主藏六物之稅者. 此亦殷時制也. 周則皆屬司徒. '司土', 土均也. '司木', 山虞也. '司水', 川衡也. '司草', 稻人也. '司器', 角人也. '司貨', 卝人也.

集說 '부府'는 물건을 저장하는 곳이다. 이 부府는 여섯 가지 물건의 세를 저장하는 일을 주관한다. '府'者, 藏物之所. 此府主藏六物之稅.

【곡례하 47】

천자의 육공六工은 토공土工, 금공金工, 석공石工, 목공木工, 수공獸工, 초공草工으로서 육재六材를 맡아서 다스린다.

天子之六工, 曰土工 · 金工 · 石工 · 木工 · 獸工 · 草工, 典制六材.

鄭注 이 경문 또한 은나라 때의 제도이다. 주나라에서는 모두 사공司工에 속하였다. '토공土工'은 도인陶人,[71] 방인旊人[72]이다. '금공金工'은 축씨築氏, 야씨冶氏, 부씨鳧氏, 율씨栗氏, 단씨鍛氏, 도씨桃氏이다.[73] '석공石工'은 옥인玉人, 경인磬人이다. '목공木工'은 윤인輪人, 여인輿人, 궁인弓人, 여인廬人, 장인匠人, 거인車人, 재인梓人이다. '수공獸工'은 함인函人, 포인鮑人, 운인韗人, 위씨韋氏, 구인裘人이다. 다만 '초공草工'의 직무는 없어졌다.[74] 대개 갈대 그릇을 제작하는 일을 가리킨다. 此亦殷時制也. 周則皆屬司空. '土工', 陶・旊也. '金工', 築・冶・鳧・栗・鍛・桃也. '石工', 玉人・磬人也. '木工', 輪・輿・弓・廬・匠・車・梓也. '獸工', 函・鮑・韗・韋・裘也. 唯'草工'職亡. 蓋謂作萑葦之器.

集說 이 '육재六材'는 육공에서 사용하는 것이다. 그러므로 '관할하는 것을 담당한다'(典司)고 하지 않고 '맡아서 다스린다'(典制)라고 한 것이다. 이상의 네 조목에 대해서 구설舊說(정현)은 모두 은나라의 제도라고 하였지만 사실 고증할 수 없다. 모두 추측일 뿐이다. 此'六材'者, 六工之所用也. 故不曰'典司', 而曰'典制'. 已上四條, 舊說皆爲殷制, 其實無所考證. 皆臆說耳.

【곡례하 48】

오관五官이 성과를 보고하는 것을 '향享'이라 한다.

五官致貢曰'享'.

鄭注 '공貢'은 성과(功)를 뜻한다. '향享'은 바친다는 뜻이다. 한 해가 종료하여 일 년 동안의 결산을 왕에게 바치는 것을 '헌獻'이라 한다. 『주례』「태재大宰에 "한 해가 끝나면 모든 관부에게 각기 그 담당한 일을 정비하게 하고, 각 관부의 총 회계를 받아서, 한 일을 검토하고 왕에게 보고하여 내

좇거나 승진시킨다"라고 하였다. '貢', 功也. '享', 獻也. 致其歲終之功於王謂之'獻'也. 『周禮』「大宰」: "歲終, 則令百官府, 各正其治, 受其會, 聽其致事, 而詔王廢置."

集說 여씨呂氏는 말한다. "한 해가 끝나면 사도 이하 오관은 각기 자신의 성과를 왕에게 바친다. 그러므로 '향享'이라 한다. '공貢'은 성과를 뜻한다. '향享'은 바친다는 뜻이다. 呂氏曰: "歲終, 則司徒以下五官, 各致其功, 獻于王. 故謂之'享'. '貢', 功也. '享', 獻也."

【곡례하 49】

오관五官의 우두머리를 '백伯'이라고 부르는데, 다스리는 지역을 관할한다. 빈擯은 백伯을 천자에게 '천자의 리吏'라고 부른다. 천자와 동성同姓의 백伯이면 '백부伯父'라고 부르고, 이성異姓이면 '백구伯舅'라고 부른다. 백伯은 자신을 제후에게 '천자의 노老'라고 말하고, 자신의 채지采地 밖에서는 '공公'이라고 말하고, 자국에서는 '군君'이라고 말한다.

五官之長曰'伯',① 是職方.② 其擯於天子也, 曰'天子之吏'.③ 天子同姓謂之'伯父', 異姓謂之'伯舅.' 自稱於諸侯曰'天子之老', 於外曰'公', 於其國曰'君'.④

鄭注 ① 삼공三公이 된 사람을 가리킨다. 『주례』에 "9명命의 관작으로는 백伯(방백)이 된다"75)라고 하였다. 謂爲三公者. 『周禮』: "九命作伯."

② '직職'은 주관한다는 뜻이다. 이것은 백이 동과 서로 나누어 주관함을 의미한다. 『춘추공양전』에 "섬陝으로부터 동쪽 지역은 주공이 주관하고, 서쪽 지역은 소공이 주관하였으며, (삼공 가운데 다른) 한 재상은 안에서 머

물렀다"[76]라고 하였다. '시是'는 어떤 본에는 '씨氏'로 되어 있다. '職', 主也. 是伯分主東西者. 『春秋傳』曰: "自陝以東, 周公主之, 自陝以西, 召公主之, 一相處乎內." '是'或爲'氏'.

③ 빈擯(접빈사)[77]의 말이다. 『춘추좌씨전』에 "천자가 명령하여 삼리三吏에게 맡겼다"[78]라고 하였는데, 삼공三公을 가리킨다. 擯者辭也. 『春秋傳』曰"王命委之三吏", 謂三公也.

④ '부父'와 '구舅'로 부르는 것은 친족을 친애하는 말이다. '외外'는 자신의 토지 밖의 천자 직할지를 뜻한다. 稱之以'父'與'舅', 親親之辭也. '外', 自其私土之外, 天子畿內.

集說 사도司徒 이하 오관五官의 우두머리는 천자의 삼공三公이다. '백伯'은 우뚝하고 크다는 뜻이다. 삼공은 특별한 직무가 없으며 곧 육경六卿 가운데 세 사람이 겸직한다. 보좌하는 직책을 맡으므로 상相이라고 부른다. 9명命을 받아 백伯이 되면 천자 직할지 이외의 제후를 나누어 주관한다. 가령 『춘추공양전』에 "섬陝으로부터 동쪽 지역은 주공周公이 주관하였고, 서쪽 지역은 소공召公이 주관하였다"[79]는 것이 이것이다. '시직방是職方'이란 말은 두 백伯이 이에 관할하는 지역을 주관한다는 뜻이다. '천자의 리吏'는 빈擯(접빈사)의 말이다. 이 백伯이 천자와 동성同姓이면 천자는 '백부伯父'라고 부르고, 이성異姓이면 '백구伯舅'라고 부르는데, 이는 모두 친애하는 말이다. 이 백伯들은 모두 채지采地를 소유하고 있는데 천자의 직할지 안에 있다. 채지 밖에서는 자신을 '공公'이라고 부르고, 채지 안에서는 자신을 '군君'이라고 부른다. 司徒以下五官之長者, 天子之三公也. '伯'者, 長大之名. 三公無異職, 即六卿中三人兼之. 任左右之職, 謂之相. 九命而作伯, 則分主畿外諸侯. 如『公羊』云"自陝而東者, 周公主之, 自陝而西者, 召公主之", 是也. '是職方'者, 言二伯於是職主其所治之方也. '天子之吏', 擯者之辭也. 此伯若是天子同姓, 則天子稱之爲'伯父', 若異姓則稱爲

'伯舅', 皆親之之辭也. 此伯皆有采地, 在天子畿內. 自稱於私土采地之外則曰'公', 自稱於采地之內則曰'君'也.

【곡례하 50】

구주九州의 우두머리가 천자의 나라에 들어오면 '목牧'이라 부른다. 천자와 동성同姓이면 '숙부叔父'라고 부르고 이성異姓이면 '숙구叔舅'라고 부른다. 자신의 나라 밖에서는 '후侯'라고 부르고 자국에서는 '군君'이라고 부른다.

九州之長, 入天子之國曰'牧'.① 天子同姓, 謂之'叔父', 異姓謂之'叔舅'. 於外曰'侯', 於其國曰'君'.②

鄭注 ① 매 주州마다 천자는 제후 가운데 현명한 사람을 뽑아 목牧으로 삼는다. 『주례』에 "나라들에 육전六典을 반포하여 시행하고 그 목牧을 세운다"80)라고 하였다. 每一州之中, 天子選諸侯之賢者, 以爲之牧也. 『周禮』曰: "乃施典於邦國而建其牧."

② 목牧이 대국의 군주보다 지위가 높지만 '숙부叔父'라고 부르는 것은 백伯이 둘이 되는 것을 피하기 위함이고, 또한 이것을 높여주는 것으로 삼는다. 예禮에서 더러 줄임으로써 증대시킨다고 한 것이 이런 경우를 가리킨다. '밖'(外)은 자신의 나라 밖, 구주九州 안을 뜻한다. '후侯'라고 말한 것은 본래의 작위가 후侯이기 때문이다. 하夏와 은殷 왕조의 (제사를 모시는) 후예들은 목牧이 되지 않는다. 牧尊於大國之君, 而謂之'叔父', 辟二伯也, 亦以此爲尊. 禮或損之而益, 謂此類也. '外', 自其國之外, 九州之中. 曰'侯'者, 本爵也. 二王之後不爲牧.

集 천하는 구주九州로 나뉘는데 천자는 각 주에서 제후 가운데 현명한

說 사람 한 사람을 뽑아 1명命을 더해주고 그 주의 여러 나라들을 관리하게 시킨다. 아래 백성들을 기른다(牧養)는 의미를 취하였기 때문에 '목牧'이라고 부른다. 숙부叔父와 숙구叔舅는 백부伯父와 백구伯舅에 비하여 낮은 등급이다. 봉해 받은 나라 이외의 나라에서는 자신을 '후侯'라고 부르고, 자국의 신하와 백성들에게 말할 때에는 자신을 '군君'이라고 부른다. 天下九州, 天子於每州之中, 擇諸侯之賢者一人, 加之一命, 使主一州內之列國. 取牧養下民之義, 故曰'牧'. 叔父·叔舅降於伯父·伯舅也. 自稱於所封國之外, 則曰'侯', 若與國內臣民言, 則自稱曰'君'也.

【곡례하 51】

동쪽의 이夷, 북쪽의 적狄, 서쪽의 융戎, 남쪽의 만蠻 지역의 우두머리는 비록 세력이 커도 '자子'라고 부른다. 자국 안에서는 자신을 '불곡不穀'(착하지 못한 사람)이라고 부르고, 자국 밖(의 자기 관할지역)에서는 자신을 '왕노王老'라고 부른다.

其在東夷·北狄·西戎·南蠻, 雖大, 曰'子'.① 於內自稱曰'不穀',② 於外自稱曰'王老'.③

鄭注 ① 구주九州 바깥 지역의 우두머리를 가리킨다. 천자는 또한 그 지역의 제후들 가운데 현명한 자를 뽑아 자子로 삼는다. '자子'는 목牧과 같다. 천자의 나라에 들어와 자신을 '자子'라고 부르고, 천자도 그를 '자子'라고 부른다. 비록 후侯, 백伯 규모의 영토를 가지고 있다고 해도 본래의 작위가 자子를 넘지 않기 때문에 똑같이 '자子'라고 부른다. 謂九州之外長也. 天子亦選其諸侯之賢者, 以爲之子. '子', 猶牧也. 入天子之國曰'子', 天子亦謂之'子'. 雖有侯伯

之地, 本爵亦無過子, 是以同名曰'子'.

② 백성들에게 말하는 것으로 겸칭이다. '곡穀'은 착하다는 뜻이다. 與民言之, 謙稱. '穀', 善也.

③ 멀리 떨어진 나라에 위엄을 보이는 것이다. '밖'(外)은 역시 오랑캐 땅을 가리킨다. 威遠國也. '外', 亦其戎狄之中.

集說 구주九州 밖의 지역은 자子, 남男의 국가에 지나지 않는다. 천자도 현명한 이를 뽑아 목牧으로 삼는다. 다만 비루하고 멀리 떨어져 있기 때문에 목牧이라고 부르지 않으며, 부父, 구舅라고 부르지도 않는다. 조회를 와서 만날 때에도 빈擯이 그를 부르는 칭호는 오직 '자子'라고 한다. 비록 공을 세워 영토를 늘린 것이 후侯, 백伯의 규모에 이르는 경우에도 그 작위는 자子를 넘지 않는다. 그러므로 "비록 세력이 커도 자子라고 부른다"고 말한 것이다. 가령 초楚나라는 춘추시대 대국이었지만 그 작위는 자子라고 불렀다.[81] '곡穀'은 착하다는 뜻이다. '나라 안에서'(於內)라는 말은 자신의 신하와 백성들에게 말하는 경우를 가리킨다. '밖'(外)은 오랑캐의 지역을 말한다. 자신을 '왕노王老'라고 말하는 것은 천자의 늙은 신하라는 뜻이다. 九州之外, 不過子・男之國. 天子亦選賢以爲牧. 但以卑且遠, 故不以牧稱, 亦不稱父舅. 朝見之時, 擯辭惟曰'子'. 雖或有功益地, 至侯伯之數, 其爵亦不過子. 故云"雖大, 曰子"也. 如楚在春秋, 雖大國, 而其爵則稱子也. '穀', 善也. '於內', 與其臣民言也. '外', 謂夷狄之境也. 自稱'王老', 言天子之老臣也.

【곡례하 52】

서방庶方(중국 밖의 여러 지역)의 소후小侯가 천자의 나라에 들어가서는 자신을 '모인某人'(모국 사람)이라고 부르고, 자기의 나라 밖에서는 '자子'라고 자칭하고, 스스로 자국의 신민과 말할 때는 '고孤'라고 칭한다.

庶方小侯, 入天子之國曰'某人', 於外曰'子', 自稱曰'孤'.

鄭注 융적戎狄(오랑캐 지역)의 자子, 남男 작위를 갖고 있는 군주를 가리킨다. 남男의 작위를 가진 군주도 자기 나라 밖에서 또한 자신을 '남男'이라고 부르는데, 작위가 높은 신분을 들어서 말하는 것이다. 謂戎狄子·男君也. 男者於外亦曰'男', 擧尊言之.

集說 사방 오랑캐의 군주는 그들이 오는 지역이 야만의 먼 곳이기 때문에 '서방庶方'(여러 지역)이라 칭한 것이다. '서庶'는 많다는 뜻이다. '모인某人'(모국 사람)은 모인牟人(모牟국 사람), 개인介人(개介국 사람)과 같은 종류이다.[82) ○ 소疏에서 말한다. "'밖에서는 자子라고 자칭한다'(於外曰子)는 것은 군주가 본국 밖 사방 오랑캐 땅에서 스스로 칭할 때는 자신의 본래 작위에 의거한다는 말이다. 만일 남男이라면 또한 '남'이라 칭한다. 자국의 신민臣民과 더불어 말할 때는 '고孤'라고 칭한다. '고孤'는 홀로 서서 덕이 없다[83)는 말이다." 四夷之君, 其來荒遠, 故以庶方名之. '庶', 衆也. '某人', 若牟人·介人之類. ○ 疏曰: "'於外曰子'者, 此君在其本國外四夷之中自稱, 依其本爵. 若男亦稱'男'也. 若自與臣民言, 則稱'孤'. '孤'者, 特立無德之稱也."

【곡례하 53】

천자가 의依(병풍 모양의 설치물)에 등지고 서고, 제후가 북쪽을 향하여 천자를 알현하는 것을 '근覲'이라고 한다. 천자가 저宁(문과 병풍 사이)를 등지고 서 있고, 제공諸公이 동쪽을 향하고 제후諸侯가 서쪽을 향하여 있는 것을 '조朝'라고 한다.

天子當依而立, 諸侯北面而見天子, 曰'覲'. 天子當宁而立, 諸公東面, 諸侯西面, 曰'朝'.

鄭注 제후가 봄에 알현하는 것을 '조朝'라고 하는데, 조정에서 폐백(摯)을 받고, 종묘에서 진헌하는 물품(享)을 받는다. 생기生氣의 시기로 문文을 위주로 한다. 가을에 알현하는 것을 '근覲'이라 하는데, 폐백과 진헌하는 물품을 모두 종묘에서 받는다. 살기殺氣의 시기로 질質을 위주로 한다. 봄에 알현하는 자는 내조內朝[84]에 자리하였다가 순서대로 나아간다. 가을에 알현하는 자는 종묘 문 밖에 자리하였다가 순서대로 들어간다. 왕은 남쪽을 향하여 의依와 저宁를 등지고 서서 받는다. 여름의 종宗은 봄의 의식에 의거하고, 겨울의 우遇는 가을의 의식에 의거한다. 춘추시대에 제齊나라 군주가 노魯나라 소공昭公을 위로할 때 우遇의 예로 상견한 것은 간략한 예를 취한 것이다. 근覲의 예는 오늘날 남아 있지만, 조朝, 종宗, 우遇의 예는 오늘날 사라져서 없다. 諸侯春見曰'朝', 受摯於朝, 受享於廟. 生氣, 文也. 秋見曰'覲', 一受之於廟. 殺氣, 質也. 朝者位於內朝而序進. 覲者位於廟門外而序入. 王南面, 立於依・宁而受焉. 夏宗依春, 冬遇依秋. 春秋時齊侯唁魯昭公, 以遇禮相見, 取易略也. 覲禮今存, 朝・宗・遇禮今亡.

集說 정씨鄭氏(정현鄭玄)는 말한다. "제후가 봄에 알현하는 것이 '조朝'로 조정에서 폐백(摯)을 받고 종묘에서 진헌하는 물품(享)을 받는다. 가을에 알현하는 것이 '근覲'으로 한결같이 묘당에서 (폐백과 예물을) 받는다. 봄에 알현하는 자는 내조內朝에 자리하였다가 순서대로 나아간다. 가을에 알현하

는 자는 종묘 문 밖에 자리하였다가 순서대로 들어간다." ○ 소疏에서 말한다. "'의依'는 모양이 병풍과 같다. 진홍빛 비단으로 바탕을 삼고, 높이가 8척이다. 동서로 문(戶)과 창(牖) 사이에 설치한다. 도끼 문양(斧)의 수를 놓는데, 또한 '부의斧依'라고 한다.85) 천자가 제후를 접견할 때 그것에 의지하여 등지고 서서, 남쪽을 향하여 제후를 대한다. '저宁'는 『이아』에 '문과 병풍 사이를 저宁라고 한다'고 하였으니, 임금이 조회를 볼 때 서는 곳이다. 멈추어 서서 제후가 이르기를 기다리기 때문에 '저를 등지고 서 있다'(當宁而立)고 한 것이다. 제후가 봄에 알현하는 것을 '조朝'라 하고, 가을에 알현하는 것을 '근覲'이라 한다." 또 말한다. "무릇 천자는 3개의 조정이 있다. 하나는 노문路門에 있는데 이를 연조燕朝라고 하며, 태복太僕이 관장한다. 두 번째는 노문 밖의 조정으로 이를 치조治朝라고 하며, 사사士司가 관장한다. 세 번째는 고문皐門의 안과 고문庫門의 밖 사이에 있는데 이를 외조外朝라고 하며 조사朝士가 관장한다. 제후도 이러한 세 개의 조정이 있다." 鄭氏曰: "春, '朝', 受摯於朝, 受享於廟. 秋, '覲', 一受之於廟. 朝者位於內朝86)而序進. 覲者位於廟門外而序入." ○ 疏曰: "'依'狀如屛風. 以絳爲質, 高八尺. 東西當戶牖之間. 繡爲斧文, 亦曰'斧依'. 天子見諸侯, 則依而立負之, 而南面以對諸侯也. '宁'者, 『爾雅』云'門屛之間, 謂之宁', 人君視朝所宁立處. 蓋竚立以待諸侯之至, 故云'當宁而立'也. 諸侯春見曰'朝', 秋見曰'覲'." 又曰: "凡天子三朝. 一在路門內, 謂之燕朝, 太僕掌之. 二是路門外之朝, 謂之治朝, 司士掌之. 其三是皐門之內·庫門之外, 謂之外朝, 朝士掌之. 諸侯亦有此三朝."

【곡례하 54】

제후가 만나기로 약속한 날 이전에 상견하는 것을 '우遇'라고 한다.

극지에서 상견하는 것을 '회會'라고 한다.

諸侯未及期相見曰'遇'. 相見於郤地曰'會'.

集說 '미급기未及期'는 만나기로 약속한 날 이전이다. '극지郤地'는 점유하고 있지 않은 공한지다. 아래 경문에서 '상견相見'이라 한 것은 만나기로 약속한 날에 만나는 것이다. 우遇에는 우의 예가 있고, 회會에는 회의 예가 있다. '未及期', 在期日之前也. '郤地', 閑隙之地也. 下言'相見', 及期日也. 遇有遇禮, 會有會禮.

【곡례하 55】

제후가 대부를 보내어 다른 제후를 문안하게 하는 것을 '빙聘'이라고 한다.

諸侯使大夫問於諸侯曰'聘'.

集說 매년 소빙小聘을 하고, 3년마다 대빙大聘을 한다. 소빙에는 대부가 가고, 대빙에는 경卿이 간다. 比年小聘, 三年大聘. 小聘大夫往, 大聘則卿往.

【곡례하 56】

말로 서로 약속하는 것을 '서誓'라고 하고, 희생을 앞에 두고 맹세하는 것을 '맹盟'이라 한다.

約信曰'誓', 涖牲曰'盟'.

鄭注 '급及'은 이른다는 뜻이다. '극郤'은 사이라는 뜻이다. '리涖'는 임한다는 뜻이다. 구덩이를 만들고 희생을 쓰며, 임하여 맹약하는 글을 읽는다. 빙聘의 예는 오늘날 남아 있다. 우遇, 회會, 서誓, 맹盟의 예는 오늘날 모두 사라져 없다. 서誓의 글은 『상서』에 6편이 보인다. '及', 至也. '郤', 間也. '涖', 臨也. 坎用牲, 臨而讀其盟書. 聘禮今存. 遇·會·誓·盟禮亡. 誓之辭, 『尙書』見有六篇.

集說 '약신約信'은 언어로 서로 약속을 하여 믿음을 삼는 것이다. 서誓의 예를 사용한다. '리涖'는 임한다는 뜻이다. 『춘추』의 기록에는 우·회·맹·빙이 모두 있지만 다만 서는 없다. 소疏에서 말한다. "맹盟을 하는 법은 먼저 땅을 파서 네모진 구덩이를 만들고, 구덩이 위에서 희생을 죽인 다음 희생의 왼쪽 귀를 잘라 주반珠盤에 담아놓고, 또 그 피를 취하여 옥대玉敦에 담는다.87) 피를 가지고 맹약하는 글을 작성하여 글이 완성되면 피를 마시고(歃血88)) 글을 읽는다. 구덩이 속에 희생을 놓은 다음, 그 위에 글을 놓고 매장한다. 이것을 '재서載書'(글을 싣는다)라고 한다. 約信者, 以言語相要約爲信也. 用誓禮. '涖', 臨也. 『春秋』所書, 遇·會·盟·聘, 皆有之, 惟無誓耳. 疏云: "盟之爲法, 先鑿地爲方坎, 殺牲於坎上, 割牲左耳, 盛以珠盤, 又取血盛以玉敦. 用血爲盟, 書成乃歃血而讀書. 置牲坎中, 加書於上而埋之. 謂之載書也."

【곡례하 57】

제후가 천자를 알현할 때는 '신臣 모후某侯 모某'라고 한다. 백성과 더불어 말할 때는 자신을 '과인寡人'이라 부른다. 상喪 중에 있을 때는 자신을 '적자適子 고孤'라고 말한다.

諸侯見天子, 曰'臣某侯某'.① 其與民言自稱曰'寡人'.② 其在凶服曰'適子孤'.③

鄭注 ① 색부嗇夫[89]가 명을 받들어 천자에게 고하는 말이다. 만일 주목州牧이라면 색부는 '천자의 늙은 신하 모후 모는 홀을 받들고 뵙기를 청합니다'라고 말한다. 謂嗇夫承命告天子辭也. 其爲州牧, 則曰'天子之老臣某侯某奉珪請覲'.

② 겸손히 하는 말이다. 신하에 대해서도 마찬가지로 한다. 謙也. 於臣亦然.

③ '흉복凶服'은 또한 아직 상복을 벗지 않았을 때를 말한다. '凶服', 亦謂未除喪.

集說 '신臣 모후某侯 모某'는 예를 들면 '신臣 제후齊侯 소백小白', 또는 '신臣 진후晉侯 중이重耳'와 같이 부르는 경우이다. 빈擯(주인 측의 접빈사)이 천자에게 고하는 말이다. 무릇 자신을 일컬을 때는 모두 '과인寡人'이라고 칭하니 백성과 더불어 말할 때만이 아니다. 이는 대략적으로 말한 것일 뿐이다. '적자適子 고孤' 또한 빈擯이 빈객에게 고하는 말이다. '臣某侯某', 如云'臣齊侯小白'·'臣晉侯重耳'之類. 擯者告天子之辭也. 凡自稱皆曰'寡人', 不獨與民言也. 此略言之耳. '適子孤', 亦擯者告賓之辭也.

【곡례하 58】

제사에 임할 때 봉지 내에 대해서는 '효자孝子 모후某侯 모某'라 하고, 봉지 밖에 대해서는 '증손曾孫 모후某侯 모某'라고 한다. 죽으면 '홍薨'이라 하고, 복할 때는 '모보某甫는 돌아오시오!'(某甫復矣)라고 한다.

臨祭祀, 內事曰'孝子某侯某', 外事曰'曾孫某侯某'.① 死曰'薨',② 復曰'某甫復矣!'③

鄭注 ① 국國을 일컫는 것은 멀리 천자를 피하는 것이다. 稱國者, 遠辟天子.

② 또한 사관이 방책方策에 기록하는 말이다. 亦史書策辭.

③ '모보某甫'는 차자且字(이름 대신에 사용하는 간략한 형태의 자)이다. '某甫', 且字.

集說 '내사內事'와 '외사外事'는[90] 이전의 장에 보인다. '증손曾孫'은 진晉나라 평공平公이 황하에 기도하면서 '증손 신 표'(曾臣彪)[91]라고 칭한 것과 같은 종류이다. 천자는 덕이 두텁고 은택이 빛난다. 그러므로 외사에 '사왕모嗣王某'라고 칭한다. 제후는 감히 '후사를 잇는다'(繼嗣)라고 말하지 못하고, 처음 봉지를 받은 임금을 추숭하여 조상으로 섬긴다. 그러므로 '증손'이라고 칭한다. '훙薨'이라는 글자는 몽瞢으로서 어둡다는 뜻이다. 본국 사관이 기록하는 말이다. 복復을 할 때 자字를 부르는 것은 신하는 임금의 이름을 부를 수 없기 때문이다. '內·外事', 見前章. '曾孫', 猶晉平公禱河, 而稱'曾臣彪'之類. 天子德厚流光. 故外事稱'嗣王某'. 諸侯不敢言'繼嗣', 推始封之君而祖之. 故稱'曾孫'也. '薨'之爲言瞢也, 幽晦之義. 本國史書之辭. 復稱字, 臣不名君也.

【곡례하 59】

장례葬禮를 마치고 천자를 알현하는 것을 '유현類見'(선군을 닮은 사람이 천자를 알현한다)이라 한다. 시호를 청하는 것을 '유類'(행적과 닮은 명칭)라고 한다.

旣葬, 見天子曰'類見'.① 言謚曰'類'.②

鄭注 ① 선친을 대신하여 나라를 받는 것이다. '유類'는 상象(본받다, 비슷하다, 닮다)의 뜻과 같다. 피륙과 비단을 가지고 알현하는 것은 제후가 예로서 천자를 알현하는 것을 본뜬 것이나,[92] 오늘날 그 예는 소실되었다. 代父受國. '類', 猶象也. 執皮·帛, 象諸侯之禮見也, 其禮亡.

② 대부를 시켜 가게 하는 것으로 빙문의 예를 본뜬 것이다. '언시言諡(시호를 청한다)'는 생전의 행적과 그에 걸맞은 시호를 말하는 것인데, 그 예는 소실되었다. 使大夫行, 象聘問之禮也. '言諡'者, 序其行及諡所宜, 其禮亡.

集說 여씨呂氏는 말한다. "선군의 덕을 계승해야 비로소 나라를 이어받고 천자를 알현할 수 있다. 그러므로 '유현類見(선군을 닮은 사람이 천자를 알현한다)'이라 한다. 선군의 잘한 행적을 뇌문誄文으로 기리면서 천자에게 그 행적에 맞는 시호를 청한다. 그러므로 또한 '유類(행적과 닮은 명칭)'라고 한 것이다."[93] 呂氏曰: "繼先君之德, 乃得受國而見天子. 故曰'類見'. 誄先君之善, 而請諡於天子. 故亦曰'類'."

【곡례하 60】

제후가 사람을 시켜 다른 제후에게 사자로 보내면, 사자는 자신을 '과군의 노신'(寡君之老)라고 말한다.

諸侯使人使於諸侯, 使者自稱曰'寡君之老'.

鄭注 임금에 연계하는 것으로 존귀함을 삼는 것이다. 이것은 제후의 경卿과 상대부上大夫를 가리켜 말한 것이다. 繫於君以爲尊也. 此謂諸侯之卿·上大夫.

集說 '과군의 노신'(寡君之老)은 상대부上大夫만 말할 수 있다. 「옥조玉藻」

(144)에 보인다. '寡君之老', 惟上大夫可稱. 見「玉藻」.

【곡례하 61】

천자는 그윽하고 공경스러우며, 제후는 건장하고 성대하며, 대부는 가지런하고, 사는 날갯짓하듯 펼쳐지고, 서인은 잔걸음으로 총총 달려간다.

天子穆穆, 諸侯皇皇, 大夫濟濟, 士蹌蹌, 庶人僬僬.

鄭注 모두 걸음걸이의 모습이다. 『의례』「빙례聘禮」에 "빈객이 문으로 들어오는데, 장엄한 모습이다"라고 하였다. 또 "장엄하다, 걸음걸이여!"라고 하였다. 또 "중개衆介가 북쪽을 향하여 있는데 그 모습이 여유 있고 화창하다"고 하였다. 신분이 높은 자는 몸이 펴지고, 신분이 낮은 자는 몸이 위축된다. 皆行容止之貌也. 「聘禮」曰: "賓入門, 皇." 又曰: "皇且行!" 又曰: "衆介北面, 鏘鏘焉.[94] 凡行容." 尊者體盤, 卑者體蹙.

集說 여씨呂氏(여대림呂大臨)는 말한다. "'목목穆穆'은 그윽하고 심원하며 조화롭고 공경스런 모습이다. '황황皇皇'은 건장하고 성대하고 드러나고 밝은 모습이다. '제제濟濟'는 닦고 문식하여 가지런한 모습이다. '창창蹌蹌'은 날갯짓하듯 움직여 여유 있고 화창한 모습이다. 서인은 임금을 알현할 때 용모를 갖추지 않으며 나아가고 물러날 때 종종걸음으로 달린다. '초초僬僬'는 그 의미를 상고할 전거가 없지만, 대체로 급박하게 잔걸음으로 달려서 용모를 꾸미지 않는 모습이다." 呂氏曰: "'穆穆', 幽深和敬之貌. '皇皇', 壯盛顯明之貌. '濟濟', 修飾齊一之貌. '蹌蹌', 翔擧舒揚之貌. 庶人見乎君不爲容, 進退趨走. '僬僬'雖無所考, 大抵趨走促數, 不爲容之貌也."

【곡례하 62】

천자의 비를 '후后'라고 하고, 제후는 '부인夫人'이라 하고, 대부는 '유인孺人'이라 하고, 사는 '부인婦人'이라 하고, 서인은 '처妻'라 한다.

天子之妃曰'后',① 諸侯曰'夫人',② 大夫曰'孺人',③ 士曰'婦人',④ 庶人曰'妻'.⑤

鄭注 ① '후后'는 뒤라는 뜻이다. '后'之言後也.

② '부夫'는 돕는다는 뜻이다. '夫'之言扶.

③ '유孺'는 소속된다는 뜻이다. '孺'之言屬.

④ '부婦'는 복종한다는 뜻이다. '婦'之言服.

⑤ '처妻'는 나란하다는 뜻이다. '妻'之言齊.

集說 정씨鄭氏(정현鄭玄)는 말한다. "'비妃'는 짝이라는 뜻이다.[95] '후后'는 뒤라는 뜻이다. '부夫'는 돕는다는 뜻이다. '유孺'는 소속된다는 뜻이다. '부婦'는 복종한다는 뜻이다. '처妻'는 나란하다는 뜻이다."[96] 鄭氏曰: "'妃', 配也. '后'之言後也. '夫'之言扶. '孺'之言屬. '婦'之言服. '妻'之言齊."

【곡례하 63】

공公과 후侯에게는 부인夫人이 있고, 세부世婦가 있고, 처妻가 있고, 첩妾이 있다. (제후의) 부인은 천자에게 자신을 '노부老婦'라고 말한다.

公·侯有夫人, 有世婦, 有妻, 有妾.① 夫人自稱於天子曰'老婦'.②

鄭注 ① 천자에 비해 낮추는 것이다. 후后와 빈嬪이 없으니, 상上과 중中을 없앤다. 貶於天子也. 無后與嬪, 去上中.

② '천자에게 자신을 일컫는다'(自稱於天子)는 것은 기내畿內 제후의 부인이 제사를 돕거나 또는 일이 있어 알현하는 경우를 가리킨다. '自稱於天子', 謂畿內諸侯之夫人助祭若時事見.

集說 기내畿內 제후의 처는 왕후에게 제사를 돕거나 혹은 고치를 바치는 일 따위로 인해서 천자를 알현할 수 있다. ○ 진씨陳氏(진상도陳祥道)[97]는 말한다. "'노老'라고 말하지 않으면 그 일을 맡기에 부족하고, '부婦'라고 말하지 않으면 사람을 잘 섬기는 도리가 아니다. 그러므로 '노부老婦'라고 말한다." ○ 응씨應氏는 말한다. "나이 많은 사람이야 본래 노부老婦라고 말할 수 있다. 그러나 처음 시집간 자는 어떻게 말해야 합당할까? 또한 '부婦'라고 하면서도 '비卑'(낮다), '소小'(천하다) 등의 명칭을 붙인다."[98] 畿內諸侯之妻, 因助祭於王后, 或因獻繭之屬. 故得以見天子. ○ 陳氏曰: "不以'老'稱, 不足以任其事, 不以'婦'稱, 非所以能事人, 故稱'老婦'." ○ 應氏曰: "年高者, 固可稱老婦. 其始嫁者, 宜如何稱? 則亦曰'婦', 而配之以'卑'·'小'之名耳."

【곡례하 64】

(제후의 부인이 타국의) 제후에게 자신을 말할 때는 '과소군寡小君'이라 한다.

自稱於諸侯曰'寡小君'.

鄭注 향례饗禮에 제후에게 와서 조회할 때를 말한다. 謂饗來朝諸侯之時.

集說 소疏에서 말한다. "여기서 제후는 타국의 임금을 말한다. 옛날에 제후가 서로 향례饗禮[99]를 행할 때 부인도 참여하였다. 그러므로 자신을 일컬을 수 있는 것이다. 「방기坊記」(33)에 '양후陽侯가 무후繆侯를 죽이고 그의 부인을 빼앗았다. 그러므로 대향大饗의 예에서 부인의 예를 폐지하였다'고 하였다. 임금의 처妻를 '소군小君'이라 하는데, '과寡'라고 한 것은 또한 임금을 따라서 겸손함을 보이는 말이다." 疏曰: "此諸侯, 謂他國君也. 古者, 諸侯相饗, 夫人亦出. 故得自稱也. 「坊記」云: '陽侯殺繆侯, 而竊其夫人. 故大饗廢夫人之禮.' 君之妻曰'小君', 而云'寡'者, 亦從君爲謙也."

【곡례하 65】

(제후의 부인이) 자신의 군주에게 자신을 말할 때는 '소동小童'이라 한다. 세부世婦 이하는 자신을 말할 때 '비자婢子'라고 한다.

自稱於其君曰'小童'. 自世婦以下, 自稱曰'婢子'.

鄭注 '소동小童'은 미성년자라고 말하는 것과 같다. '비婢'라는 글자는 비천하다는 뜻이다. 자신의 군주에게 이런 칭호를 쓰는 것은 군주와 만날 때 지체가 (부인과) 대등하면 부인 노릇하는 혐의를 사기 때문이다. '小童', 若云未成人也. '婢'之言卑也. 於其君稱此, 以接見體敵, 嫌其當.

集說 '소동小童'은 아직 성인이 되지 않은 사람의 칭호이다. '비婢'라는 글자는 비천하다는 뜻이다. '小童', 未成人之稱. '婢'之言卑也.

【곡례하 66】

자식이 부모에게 자신을 말할 때는 이름을 말한다.

子於父母, 則自名也.

鄭注 '이름'(名)은 부모가 지어주신 것이다. '자子'라고 말한 것은 아들과 딸을 함께 가리킨 것이다. '名', 父母所爲也. 言'子'者, 通男女.

集說 스스로 자기 이름을 말하는 것이다. 自稱其名.

【곡례하 67】

열국의 대부가 천자의 나라에 들어가면 (빈擯은 그를) '모국某國의 사士'라고 부르고, 대부는 자신을 '배신陪臣 모某'라고 칭한다. 타국에서 있을 때 (빈擯은 그를) '자子'라고 부르고, 자기 나라 안에 있을 때는 자신을 '과군寡君의 노신老臣'(寡君之老)이라고 말한다. 사자는 자신을 '모某'라고 말한다.

列國之大夫, 入天子之國曰'某士',① 自稱曰'陪臣某'.② 於外曰'子',③ 於其國曰'寡君之老'. 使者自稱曰'某'.④

鄭注 ① 또한 제후의 경卿을 가리켜 말한 것이다. 삼명三命 이하는 천자에게 사士가 된다. '모사某士'라고 하는 것은 진晉나라 한기韓起가 주나라에 빙문聘問을 갔을 때, 접빈사가 '진晉나라 사士 기起'라고 한 것과 같은 것이다. 亦謂諸侯之卿也. 三命以下, 於天子爲士. 曰'某士'者, 如晉韓起聘於周, 擯者曰'晉士起'.

② '배陪'는 거듭(重)이라는 뜻이다. '陪', 重也.

③ '자子'는 덕이 있음을 지칭하는 것으로, 『노춘추』에서 "제齊나라 고자高子가 와서 맹약을 하였다"라고 하였다. '子', 有德之稱, 『魯春秋』曰"齊高子來盟."

④ '시使'는 사람을 제후에게 사신으로 보내는 것을 말한다. '모某'는 이름이다. '使', 謂使人於諸侯也. '某', 名也.

集說 '모사某士'는 접빈사(擯)가 그 사람을 칭하여 '모국某國의 사士'라고 한다는 뜻이다. 진晉나라의 한기韓起가 주나라에 빙문 갔을 때 접빈사는 그를 '진晉나라 사士 기起'라고 하였다.[100] 열국의 경과 대부는 그 명수命數(직급)가 천자의 사와 동등하다. '배陪'는 거듭(重)이라는 뜻이다. 제후는 천자의 신하이고, 자기는 또 제후의 신하라는 의미다. '타국에서 있을 때 자子라고 한다'(於外曰子)는 것은 또한 접빈사(擯)의 말이다. 타국에 있을 때 접빈사는 그의 성을 칭하고 그 뒤에 '자子'를 붙인다. 『춘추』「민공閔公·2년」에 "제齊나라 고자高子가 와서 회맹을 하였다"[101]라고 하였는데, 고해高傒가 그 사람이다. '자기 나라 안에 있을 때는 과군寡君의 노신老臣이라고 칭한다'(於其國曰寡君之老)는 것은 자기 나라에서 사람들과 말할 때는 이 명칭으로 자신을 일컫는다는 뜻이다. '사자는 스스로 모某라고 칭한다'(使者自稱曰某)고 하였을 때의 '모某'는 이름이다. 만약 사자가 되어 타국에서 그 나라 군주와 말할 때는 이름을 칭한다. '某士', 擯者稱其人曰'某國之士'也. 晉韓起聘于周, 擯者曰'晉士起'. 蓋列國卿·大夫, 其命數與天子之士等也. '陪', 重也. 諸侯爲天子之臣, 己又爲諸侯之臣也. '於外曰子'者, 亦擯者辭. 在他國, 則擯者稱其姓而曰'子'. 『春秋』閔二年"齊高子來盟", 高傒是也. '於其國曰寡君之老', 謂在己國與人語, 則以此自稱也. '使者自稱曰某', 某, 名也. 若爲使在他國與彼君語, 則稱名也.

【곡례하 68】

천자에게 '나간다'(出)라는 말을 하지 않고, 제후에게 살아 있을 때 이름(名)을 부르지 않는 것은 군자는 악한 사람을 친애하지 않기 때문이다. 제후가 땅을 잃으면 이름을 쓰고, 동성을 멸망시키면 이름을 쓴다.

天子不言'出', 諸侯不生名, 君子不親惡.① 諸侯失地, 名, 滅同姓, 名.②

鄭注 ① 천자에게 '나간다'(出)라고 말하고, 제후가 살아 있을 때 이름(名)을 부부르는 것은 모두 큰 잘못이 있기 때문으로, 군자는 멀리할 대상에 대하여 '나간다'(出)라고 쓰거나, 이름을 써서 내친다. 『춘추전』에 "천왕天王이 나가서(出) 정鄭에 머물렀다"102)라고 하거나 "위衛나라 제후 삭朔이 위나라로 들어갔다"103)라고 한 것이 그것이다. 天子之言'出', '諸侯之生名', 皆有大惡, 君子所遠, '出'・名以絶之. 『春秋傳』曰"天王出居於鄭": "衛侯朔入於衛", 是也.

② 끊는 것이다. 絶之.

集說 소疏에서 말한다. "'군자는 악한 사람을 친애하지 않는다'(君子不親惡)는 것은 공자가 경문을 쓸 때 천자의 중대한 잘못을 보면 '나간다'(出)라는 말을 써서 내쳤고, 제후의 중대한 잘못을 보면 이름을 써서 내쳤던 것을 두고 하는 말이다. 군자는 이러한 악한 사람을 가까이하지 않기 때문에 '나간다'(出)와 '이름'(名)을 써서 내치는 것이다." ○ 여씨呂氏(여대림呂大臨)는 말한다. "현명한 자와 신분이 높은 자를 모두 군자라고 한다. 천자에게는 밖이 없다. 어떻게 '나간다'라고 말할 수 있겠는가? 그런데도 '나간다'(出)라고 말하는 것은 덕이 천하의 임금 노릇 하기에 부족하면서 지위와 칭호만 가

지고 있기 때문이다. 제후에게는 살아 있을 때 그의 이름을 부르지 않고, 다만 죽어서 수명을 다한 뒤에 이름을 부른다. 그런데도 살아 있을 때 이름을 부르는 것은 덕이 군자라고 부르기에 부족하면서 지위와 이름만 갖고 있기 때문이다. 그러므로 천자에게는 '나간다'(出)라고 말하지 않는 것과 제후에게는 살아 있을 때 그 이름을 부르지 않는 것은 모두 군자가 악한 사람을 가까이하지 않기 때문임을 말하는 것이다." ○ 진씨陳氏(진상도陳祥道)는 말한다. "'나간다'(出)라고 말하는 것은 내치기 위한 것이고, 살아 있을 때 이름을 부르는 것은 천하게 여기려는 것이다. 『춘추』에서 '천왕天王이 나가서(出) 정鄭에 머물렀다'[104]라고 쓴 것은 비난한 것이다. '채蔡나라의 제후 헌무獻舞를 데리고 돌아갔다'[105]라고 (헌무라는 이름을) 쓴 것은 그가 땅을 잃었기 때문이다. '위衛나라 제후 훼燬가 형邢을 멸망시켰다'[106]라고 하여 (훼라는 이름을) 쓴 것은 그가 동성同姓을 멸망시켰기 때문이다. 무릇 천자에게 '나간다'(出)라고 말하고 제후에게 살아 있을 때 '이름'(名)을 부른 것은 모두 커다란 악행이 있어서 버림을 받을 처지에 있기 때문에 군자가 가까이하지 않는 것이다. 그러나 『춘추』에서 '천왕이 아무개 땅에 거하였다'고 쓴 곳이 둘인데 '나간다'(出)라고 말하지 않았고, 제후가 땅을 잃고 도망친 경우가 15번, 동성을 멸망시킨 경우가 3번 보이는데도 살아 있을 때 그 '이름'을 쓰지 않았다. 나아가 거하더라도 일에 차이가 있었고 땅을 잃거나 동성을 멸망시켰더라도 죄에 경중이 있기 때문이다. 제후의 의義는 나라를 보호하는 것보다 중대한 것이 없고, 인仁은 친족을 친애하는 것보다 중대한 것이 없다. 나라를 보호하지 못하여 땅을 읽게 되고, 친족을 친애하지 못하여 동성을 멸망하게 하였다면 그 이름을 쓰는 것이 마땅하다."

疏曰: "'君子不親惡'者, 謂孔子書經, 見天子大惡, 書'出'以絶之, 諸侯大惡, 書名以絶之. 君子不親此惡, 故書'出'·'名'以絶之也." ○ 呂氏曰: "賢者貴者, 皆謂之君子. 天子無外. 安得而言'出'? 然而言'出'者, 德不足以君天下, 而位號存焉耳. 諸侯不生名, 惟死而告終然後名之. 然有生名者, 德不足以名君子, 而位號存焉耳. 故天子不言'出', 諸侯不生名, 皆謂君子不親惡故也." ○ 陳氏曰: "言'出', 所以外之, 生名, 所以賤之. 『春秋』書'天王出居于鄭', 譏之也. 書以'蔡侯獻舞歸', 以其失地也. 書'衛侯燬滅邢', 以其滅同姓也. 夫天子之言'出'·諸侯之生'名', 皆有大惡, 在所棄焉, 君子所以不親也. 然『春秋』書'天王居於某地'者二, 而不言'出', 諸侯失地而奔者十五, 滅同姓者三, 而有不生'名'者. 莫非出居而事有異同, 莫非失地·滅同姓而罪有輕重故也. 蓋諸侯義莫大於保國, 仁莫大於親親. 不能保國而至於失地, 不能親親而至於滅同姓, 其名之也, 宜矣."

【곡례하 69】

신하가 된 사람의 예禮는 드러내놓고 간쟁하지 않는다. 세 번 간쟁을 해서 듣지 않으면 떠난다.

爲人臣之禮, 不顯諫.① 三諫而不聽, 則逃之.②

鄭注 ① 군주의 아름다움을 탈취하는 것이기 때문이다. '현顯'은 드러낸다는 뜻이다. 그 군주의 악을 드러내놓고 말하고 기미를 살펴 은미하게 하지 않는 것이다. 爲奪美也. '顯', 明也. 謂明言其君惡, 不幾微.

② '도逃'는 떠난다는 뜻이다. 군주와 신하 사이에 의義가 있으면 합하고, 의가 없으면 떠난다. '逃', 去也. 君臣有義則合, 無義則離.

集說 진씨陳氏(진상도陳祥道)는 말한다. "공자가 노魯나라에서, 백리해가 진秦나라에서 간쟁 한 번 하지 않고 떠난 것과 용봉龍逢이 하나라에서, 비간比干이 은나라에서 간하다 죽으면서도 떠나지 않았던 것은 무엇 때문인가? 일에는 경중이 있고, 형세에는 가부가 있으니, 군자는 예에 따라 지키고 의義에 따라 행하기 때문이다. 행적은 비록 다르지만 그 취지는 같은 것이다."

陳氏曰: "孔子之於魯, 百里奚之於秦, 未嘗諫而去, 龍逢之於夏, 比干之於殷, 則死於諫而不去, 何也? 蓋事有輕重, 勢有可否, 君子以禮爲守, 以義爲行. 迹雖不同, 其趨一也."

【곡례하 70】

자식이 부모를 섬길 때, 세 번 간쟁하여 듣지 않으면 울부짖으면서 따른다.

子之事親也, 三諫而不聽, 則號泣而隨之.

鄭注 지친至親에 대해서는 떠나는 도리가 없다. 부모를 감동시키는 것에 자식의 마음이 있다. 至親無去. 志在感動之.

集說 여씨呂氏(여대림呂大臨)[107]는 말한다. "군주와 신하는 의리義理로 합한 관계이고, 부모와 자식은 천은天恩으로 합한 관계이다. 군주와 신하의 경우 부합할 때는 부모와 자식 사이와 마찬가지지만, 부합하지 않을 때는 떠나서 부모와 자식 사이의 관계와 다르다." 呂氏曰: "君臣義合也, 父子天合也. 君臣其合也, 與父子同, 其不合也去之, 與父子異也."

【곡례하 71】

군주가 병이 들어 약을 먹을 때에는 신하가 먼저 맛을 본다. 부모가 병이 들어 약을 먹을 때에는 자식이 먼저 맛을 본다. 삼대를 이어서 진료하는 의원이 아니면 그가 조제한 약을 복용하지 않는다.

君有疾飮藥, 臣先嘗之. 親有疾飮藥, 子先嘗之.① 醫不三世, 不服其藥.②

鄭注 ① '맛을 본다'(嘗)는 것은 그 약이 잘 맞는지 여부를 헤아리는 것이다. '嘗', 度其所堪.

② 약물 조제를 신중히 택하는 것이다.108) 愼物齊也.

集說 여씨呂氏(여대림呂大臨)109)는 말한다. "의원이 삼대를 이어서 하였으면 사람을 치료한 것이 많고 약물을 쓰는 데 익숙하다. 효과가 이미 시험되어 의심이 없는 뒤에 복용하는 것이니, 또한 질병을 신중히 대처하는 도리다." 呂氏曰: "醫三世, 治人多, 用物熟矣. 功已試而無疑, 然後服之, 亦謹疾之道也."

【곡례하 72】

사람을 비견할 때에는 반드시 같은 부류끼리 해야 한다.

儗人必於其倫.

鄭注 '의儗'는 비견한다는 뜻과 같다. '륜倫'은 동류의 뜻과 같다. 대부를 비견할 때는 대부와 하고 사를 비견할 때는 사와 한다. 같은 부류를 가지고 비견하지 않으면 공경스럽지 못한 바가 있다. '儗', 猶比也. '倫', 猶類也. 比大夫當於大夫, 比士當於士. 不以其類, 則有所褻.

集說 소疏에서 말한다. "신분이 높은 사람을 신분이 천한 사람과 비견하지 못하니 불경스럽기 때문이다." ○ 방씨方氏(방각方慤)는 말한다. "우禹와 후직后稷과 안회顔回는 시대가 다르다. 그런데 공자가 모두 현자라고 하

였던 것은[110] 도를 가지고 그들을 비견하였기 때문이다. 백이伯夷와 유하혜柳下惠와 이윤伊尹은 행적이 다르다. 맹자가 모두 성聖이라고 하였던 것은[111] 마음(心)을 가지고 비견하였기 때문이다. 자하子夏가 유약有若이 공자를 닮았다고 하였던 것은[112] 한갓 외모를 가지고 비견하였던 것일 뿐, 성인과 현인의 덕이 다르다는 것을 몰랐던 것이다. 공손추公孫丑가 관중管仲을 맹자와 비견하였던 것은 한갓 지위를 가지고 비견하였던 것으로, 왕도와 패도가 다르다는 것을 몰랐던 것이다.[113]" 疏曰: "不得以貴比賤, 爲不敬也." ○ 方氏曰: "禹·稷·顔回, 時不同矣. 孔子俱以爲賢, 儗之以道也. 夷·惠·伊尹, 迹不同矣. 孟子俱以爲聖, 儗之以心也. 子夏以有若似孔子, 徒儗之以貌而已, 不知聖·賢之德不倫也. 公孫丑以管仲比孟子, 徒儗之以位而已, 不知王·霸之道不倫也."

【곡례하 73】

천자의 나이를 물으면, "들으니 이제 몇 척의 옷을 입기 시작하였다고 합니다"라고 대답한다.[114]

問天子之年, 對曰: "聞之, 始服衣若干尺矣."

鄭注 감히 나이를 말할 수도 없고, 또 감히 지극히 존귀한 분이 할 수 있는 것을 지적해서 말할 수도 없기 때문이다. 旣不敢言年, 又不敢斥至尊所能.

集說 '약若'은 같다(如)는 뜻으로 아직 정해지지 않았다는 말이다. 수는 1에서 시작하여 10에서 끝나는데, '간干'이라는 글자는 일一을 따르고 십十을 따라 구성된 글자이다. 그러므로 '약간若干'이라고 말한 것으로, 1 같기도 하고 10 같기도 하다는 뜻이다. 무릇 수가 아직 정해지지 않은 것에 대해서 모두 약간若干이라고 말할 수 있다. 안사고는 『한서』「식화지食貨志」에

주를 달면서 "'간干'은 개箇의 뜻이다. 응당 이와 같은 정도의 수가 된다는 뜻이다"고 하였는데, 그 의미도 또한 취지에 가깝다. '若', 如也, 未定之辭. 數始於一而成於十, '干'字從一從十. 故言'若干', 謂或如一或如十. 凡數之未定者, 皆可言. 顔註「食貨志」云"'干', 箇也, 謂當如此箇數", 意亦近之.

【곡례하 74】

제후의 나이를 물으면, 장성한 나이면 "종묘와 사직의 일을 할 수 있습니다"라고 대답한다. 어린 나이면 "아직 종묘와 사직의 일을 할 수 없습니다"라고 대답한다.115)

問國君之年, 長, 曰"能從宗廟社稷之事矣." 幼, 曰"未能從宗廟社稷之事也."

集說 나라를 다스리는 것은 예禮로 하는데, 예 가운데 종묘와 사직에 제사하는 것보다 더 중대한 것이 없고, 일 가운데 이보다 앞서는 것이 없다. 이것을 할 수 있다면 그가 나이가 많음을 알 수 있고, 이것을 하지 못한다면 그가 어린 나이임을 알 수 있다. 爲國以禮, 而禮莫重於祭宗廟・社稷, 事無有先於此者. 能則知其長, 未能則知其幼.

【곡례하 75】

대부 아들의 나이를 물으면, 장성한 나이면 "수레를 몰 수 있습니다"라고 대답한다. 어린 나이면 "아직 수레를 몰 수 없습니다"라고

대답한다.[116]

問大夫之子, 長, 曰"能御矣." 幼, 曰"未能御也."

集說 옛날에 "나이 50세에 명을 받아 대부가 된다."[117] 그러므로 그의 나이를 묻지 않고, 그의 아들의 나이를 묻는 것이다. '어御'는 수레를 모는 것을 말한다. 수레를 모는 것은 육예六藝[118]의 하나로 나이가 어리면 할 수 없다. ○ 소疏에서 말한다. "'어御'는 일을 주관한다는 뜻이다. 관직에 대를 이어 하는 일이 있고, 자식이 아버지의 일을 배우기 때문에, 일을 주관하는 것을 이어서 함이 있는 것이다." 古者, 五十命爲大夫. 故不問其年, 而問其子之長幼. '御', 謂御車也. 御者, 六藝之一, 幼則未能. ○ 疏曰: "'御', 謂主事也. 官有世功, 子學父業, 故有御事之因."

【곡례하 76】

사의 아들의 나이를 물으면, 장성한 나이면 "고하는 일을 맡아서 할 수 있습니다"라고 대답한다. 어린 나이면 "아직 고하는 일을 맡아서 할 수 없습니다"라고 대답한다.[119]

問士之子, 長, 曰"能典謁矣." 幼, 曰"未能典謁也."

集說 '알謁'은 요청한다는 뜻이다. '전알典謁'은 빈객의 고하고 요청하는 일을 주관하는 것이다. 사士는 신분이 천해서 신하가 없기 때문에 스스로 고하는 일을 맡아서 한다. '謁', 請也. '典謁'者, 主賓客告請之事. 士賤無臣下, 自典告也.

【곡례하 77】

서인의 아들의 나이를 물으면, 나이가 들었으면 "땔감나무를 등에 질 수 있습니다"라고 대답한다. 나이가 어리면 "아직 땔감나무를 등에 질 수 없습니다"라고 대답한다.

問庶人之子, 長, 曰"能負薪矣." 幼, 曰"未能負薪也."

鄭注 모두 그가 할 수 있는지 여부를 말하는 것은 나이를 알 수 있기 때문이다. '어御'는 주관한다는 뜻이다. 『서書』「태서상泰誓上」에 "월내어사越乃御事"(이에 일을 주관한다)라고 하였는데, 일을 주관하는 것을 말한다. '알謁'은 요청한다는 뜻이다. 빈擯과 찬贊120)이 되어 출입하면서 요청하고 고하는 일을 할 수 있음을 가리킨다. 「곡례상曲禮上」(27)에 "마흔 살이 되면 강强(지력과 체력이 강함)이라 하니 벼슬에 나간다"라고 하였고, 「내칙內則」(112)에 "50세에 작명爵命을 받아 대부가 된다"라고 하였다. 皆言其能, 則長幼可知. '御', 猶主也. 『書』曰"越乃御事", 謂主事者. '謁', 請也. 謂能擯贊出入, 以事請告也. 『禮』, "四十强, 而仕", "五十命爲大夫."

集說 '땔감나무를 등에 진다'(負薪)는 것은 서인들이 종사하는 일로 장성한 나이면 할 수 있다. '負薪'者, 庶人力役之事, 長則能.

【곡례하 78】

군주의 경제적 형편을 물으면, 토지의 넓이를 헤아려 대답하는데 산림과 천택에서 생산되는 것을 가지고 말한다.

問國君之富, 數地以對, 山澤之所出.

集說 '수지數地'는 토지의 넓이를 든 것으로, 이를 테면 백 리, 칠십 리, 오십 리 등으로 각자의 규모에 따라 말하는 것이다. '산림과 천택에서 생산된다"(山澤所出)는 것은 물고기(魚), 소금(塩), 조개(蜃), 대합(蛤), 금金, 옥玉, 주석(錫), 돌(石) 따위를 말한다. '數地', 擧其土地之廣狹, 如百里・七十里・五十里, 各言之也. '山澤所出', 如魚塩蜃蛤金玉錫石之類也.

【곡례하 79】

대부의 경제적 형편을 물으면, "읍재邑宰를 두고 있고 백성에게 세를 받아먹고 있어서 제기祭器와 제복祭服을 빌리지 않아도 됩니다" 라고 대답한다.121)

問大夫之富, 曰"有宰食力, 祭器衣服不假."

集說 '재宰'는 읍재邑宰(생산지 관리인)이다. 읍재가 있으면 채지采地가 있다. '식력食力'은 백성이 부역과 조세를 바치는 것을 받아먹는 것이다. '의복衣服'은 제복祭服을 말한다. '宰', 邑宰也. 有宰則有采地矣. '食力', 謂食下民賦稅之力. '衣服', 祭服也.

【곡례하 80】

사士의 경제적 형편을 물으면, 수레의 수로 대답한다.

問士之富, 以車數對.

集說 상사上士는 삼명三命에 수레와 말을 하사받는다. 그러므로 사의 경제적 형편을 물으면 수레의 수로 대답한다. 上士, 三命得賜車馬. 故問士富, 則以車數對也.

【곡례하 81】

서인의 부를 물으면, 가축을 헤아려 대답한다.

問庶人之富, 數畜以對.

鄭注 모두 그 관할하는 것에서 규모가 얼마인가로 대답하는 것이다. '재宰'는 읍사邑士(생산지 관리인)이다. '식력食力'은 백성의 부역과 조세를 말한다. 皆在其所制以多少對. '宰', 邑士也. '食力', 謂民之賦稅.

集說 서인이 전지를 받는 데는 정해진 제도가 있다. 다만 가축을 기르는 수는 개인의 형편에 달려 있다. 그러므로 가축을 헤아려 대답하는 것이다. 庶人受田, 有定制. 惟畜牧之多寡, 在乎人. 故數畜以對也.

【곡례하 82】

천자는 천지에게 제사하고, 사방에게 제사하고, 산천에게 제사하고, 오사五祀에게 제사하는데 해마다 두루 제사한다. 제후는 방사方

祀를 지내고, 산천에게 제사하고, 오사에게 제사하는데 해마다 두루 제사한다. 대부는 오사五祀에게 제사하는데 해마다 두루 제사한다. 사는 자신의 선조에게 제사한다.

天子祭天地, 祭四方, 祭山川, 祭五祀, 歲徧. 諸侯方祀, 祭山川, 祭五祀, 歲徧. 大夫祭五祀, 歲徧. 士祭其先.

鄭注 '사방에게 제사한다'(祭四方)는 것은 오관五官[122]의 신에게 사방의 교郊에서 제사함을 말한다. 구망句芒은 동쪽 교에서 제사하고, 축융祝融과 후토后土는 남쪽 교에서 제사하고, 욕수蓐收는 서쪽 교에서 제사하고, 현명玄冥은 북쪽 교에서 제사한다. 『시詩』에 "(성왕이) 와서 사방의 신에게 공경히 제사를 드린다"[123]고 하였다. '방사方祀'는 각기 그 관할지역의 관에 제사하는 것이다. '오사五祀'는 호戶(출입문의 신), 조竈(부엌신), 중류中霤(중류의 신), 문門(문의 신), 항行(길의 신)이다. 이는 은나라 때의 제도인 듯하다. 「제법祭法」(13)에 "왕은 일곱 사祀를 세우고, 제후는 다섯 사祀를 세우고, 대부는 세 사祀를 세우고, 사는 두 사祀를 세운다"라고 한 것은 주나라의 제도를 가리킨다. '祭四方', 謂祭五官之神於四郊也. 句芒在東, 祝融・后土在南, 蓐收在西, 玄冥在北. 『詩』云: "來方禋祀." '方祀'者, 各祭其方之官而已. '五祀', 戶・竈・中霤・門・行也. 此蓋殷時制也. 「祭法」曰"天子立七祀, 諸侯立五祀, 大夫立三祀, 士立二祀", 謂周制也.

集說 여씨呂氏(여대림呂大臨)[124]는 말한다. "이 장은 제사의 법을 두루 논한 것이다. 동지에는 하늘에게 제사지내고, 하지에는 대지에게 제사지낸다. 사계절에는 각기 그 방향의 신에 제사지내어 기를 맞이하고, 또 각기 그 방향의 산천에게 망사望祀[125]를 지낸다. '오사五祀'는 봄에 호戶(문의 신)에게 제사하고, 여름에 조竈(부엌의 신)에게 제사하고, 늦여름에 중류中霤(방 중앙의

후토后土신)에게 제사하고, 가을에 문門(대문의 신)에게 제사하고, 겨울에 항行(길신)에게 제사한다. 이것이 이른바 '해마다 두루 지낸다'(歲徧)는 것이다. 제후는 나라가 있고, 나라에는 반드시 방향이 있다. 그 나라가 거처하는 방향에만 제사하고, 거처하는 방향이 아니거나 국경 안에 있지 않은 산천에는 모두 제사지낼 수 없다. 그러므로 '방사方祀'(관할지역이 해당하는 방위의 신에게 제사하는 것)라고 한 것이다. 「제법祭法」(13)을 보면, 천자는 칠사七祀를 세우는데 오사五祀에다 사명司命과 태려泰厲를 더하고, 제후는 오사五祀인데 사명司命과 공려公厲는 있지만 호戶와 조竈는 없다. 대부는 삼사三祀인데 족려族厲는 있지만 중류中霤, 호戶 그리고 조竈가 없고, 사는 이사二祀인데 문門과 항行이다. 이 규정은 경전을 살펴보면 모두 합치하지 않는다. 「증자문曾子問」(37)에는 '천자가 죽고 빈殯을 하기 전이라면 오사五祀에 대한 제사를 거행하지 않는다'고 하였고, 『의례』 「사상례士喪禮」에는 '오사에게 기도를 행한다'고 하였다. 그렇다면 천자에서 사에 이르기까지 모두 오사에 제사하는 것이다. 「제법」(13)의 말은 괴이하고 거짓되며 불경스러운 것에 해당한다. 「제법」(5~12)에서 거론한 종묘제도 역시 여러 경전과 부합하지 않는다." 呂氏曰: "此章泛論祭祀之法. 冬日至祭天, 夏日至祭地. 四時各祭其方, 以迎氣, 又各望祭其方之山川. '五祀', 則春祭戶, 夏祭竈, 季夏祭中霤, 秋祭門, 冬祭行. 此所謂'歲徧'. 諸侯有國, 國必有方. 祭其所居之方而已, 非所居之方及山川不在境內者, 皆不得祭. 故曰'方祀'. 「祭法」, 天子立七祀, 加以司命・泰厲, 諸侯五祀, 有司命・公厲而無戶・竈. 大夫三祀有族厲, 而無中霤戶竈, 士二祀則門・行而已. 是法考於經, 皆不合. 「曾子問」'天子未殯, 五祀之祭不行', 「士喪禮」'禱於五祀'. 則自天子至士, 皆祭五祀. 「祭法」言涉恠妄不經. 至于所稱廟制, 亦不與諸經合."

【곡례하 83】

무릇 제사는 폐지하였으면 감히 다시 세우지 않는다. 세워진 것이면 감히 폐지하지 않는다. 자신이 제사할 대상이 아닌데 제사지내는 것을 '음사淫祀'라고 한다. 음사는 복이 없다.

凡祭, 有其廢之, 莫敢擧也. 有其擧之, 莫敢廢也.① 非其所祭而祭之, 名曰'淫祀'. 淫祀無福.②

鄭注 ① 신을 모독하기 때문이다. '폐지'(廢)와 '거행'(擧)은 이를 테면 은나라에서 농農[126])을 폐지하고 기棄[127])를 제사지냈는데 뒤에 다시 기를 폐지하고 농을 제사지낼 수 없는 것 같은 경우이다. 뒤에 덕 있는 자가 계승한다면 혐의하지 않는다.[128]) 爲其瀆神也. '廢'·'擧', 謂若殷廢農祀棄, 後不可復廢棄祀農也. 後有德者繼之, 不嫌也.

② 망령되이 제사지내면 신은 받지 않는다. 妄祭, 神不饗.

集說 여씨呂氏(여대림呂大臨)는 말한다. "'폐지하였다면 감히 다시 세우지 않는다'(廢之, 莫敢擧)는 것은 예를 들면 이미 철거된 종묘와 변경시킨 사직을 다시 제사할 수 없는 것이다. '세워진 것이면 감히 폐지하지 않는다'(擧之, 莫敢廢)는 것은 예를 들어 이미 세워놓은 제단을 곧 허물거나, 이미 정해놓은 소목의 순서를 곧 바꾸어버리는 것과 같은 것이다. '제사 대상이 아닌데 제사지낸다'(非所祭而祭之)는 것은 규정상 제사지낼 수 없거나, 제사지내서는 안 되는데 제사지내는 것 같은 것이다. 노魯나라에서 무궁武宮을 세우고[129]) 양궁煬宮을 세운 것[130])은 폐지한 것을 세운 것이다. 희공僖公을 민공閔公보다 윗자리에 올려 제사지낸 것[131])은 세워진 것을 폐지한 것이다. 노나라에서 교제郊祭와 체제禘祭를 지내고 문왕을 제사하고 원거爰居[132])에게 제사지

낸 것은 제사지내서는 안 되는데 제사지낸 것이다. '음淫'은 지나치다는 뜻이다. 법도에 지나치게 신을 섬기면 신은 받지 않는다. 그래서 복이 없다." ○ 방씨方氏(방각方愨)는 말한다. "폐할 수 있어서 폐하고 거행할 수 있어서 거행하는 것은 의義를 보존하는 것이다. 폐한 바를 따라서 감히 세우지 않고, 세워진 바를 따라서 감히 폐하지 않는 것은 예禮를 보존하는 것이다. 예에는 상도常道가 있고, 의에는 권도權道가 있다." 呂氏曰: "'廢之, 莫敢擧', 如已毁之宗廟, 變置之社稷, 不可復祀也. '擧之, 莫敢廢', 如已修之壇墠而輒毁, 已正之昭穆而輒變也. '非所祭而祭之', 如法不得祭, 與不當祭, 而祭之者也. 魯立武宮, 立煬宮, 擧其廢也. 躋僖公, 廢其擧也. 魯之郊禘與祀文王・祀爰居, 祭所不當祭也. '淫', 過也. 以過事神, 神弗享也. 故無福." ○ 方氏曰: "可廢而廢, 可擧而擧者, 存乎義. 因所廢而莫敢擧, 因所擧而莫敢廢者, 存乎禮. 蓋禮有經, 義有權也."

【곡례하 84】

천자는 희우犧牛를 쓰고, 제후는 비우肥牛를 쓰고, 대부는 색우索牛를 쓰고, 사는 양과 돼지를 쓴다.

天子以犧牛, 諸侯以肥牛, 大夫以索牛, 士以羊豕.

鄭注 '희犧'는 색깔이 순일한 털을 뜻한다. '비肥'는 희생의 우리(滌)에서 길렀다는 뜻이다. '색索'은 구해서 사용한다는 뜻이다. '犧', 純毛也. '肥', 養於滌也. '索', 求得而用之.

集說 털빛이 순수하고 섞이지 않은 것을 '희犧'라고 한다. 우리에서 기른 것을 '비肥'라고 한다. 구해서 사용하는 것을 '색索'이라 한다. ○ 소疏에서 말한다. "('대부는 색우를 쓰고, 사는 양과 돼지를 쓴다'고 한 것은) 천자의

대부와 사의 경우를 말한 것이다. 제후의 대부라면 소뢰少牢(양과 돼지)를 쓰고, 제후의 사라면 특생特牲(양이나 돼지 한 마리)을 쓴다. 상제喪祭에는 대부도 우牛를 쓸 수 있고, 사도 양과 돼지를 쓴다. 그러므로 「잡기하雜記下」(26) '상대부의 우제虞祭에는 소뢰를 쓰고, 졸곡제卒哭祭와 부제祔祭에는 모두 태뢰太牢(소, 양, 돼지)를 쓴다. 하대부의 우제에는 특생을 쓰고, 졸곡제와 부제에는 모두 소뢰를 쓴다'고 한 것이 이것이다." 毛色純而不雜, 曰'犧'. 養於滌者, 曰'肥'. 求得而用之, 曰'索'. ○ 疏曰: "此謂天子大夫·士也. 若諸侯大夫, 卽用少牢, 士則用特牲. 其喪祭, 則大夫亦得用牛, 士亦用羊豕. 故「雜記」云'上大夫之虞也少牢, 卒哭成事·祔, 皆太牢. 下大夫之虞也特牲, 卒哭成事·祔, 皆少牢', 是也."

【곡례하 85】

지자支子는 제사지내지 못한다. 제사지낼 때에는 반드시 종자宗子에게 고한다.

支子不祭. 祭必告于宗子.

鄭注 감히 자기 마음대로 하지 못하는 것이다. 종자에게 일이 있을 때 지자가 마땅히 대신하여 제사지내는 것을 말한다. 오종五宗[133]이 모두 그러하다. 不敢自專. 謂宗子有故, 支子當攝而祭者也. 五宗皆然.

集說 소疏에서 말한다. "'지자支子'는 서자庶子이다. 조녜祖禰(조상과 부모)의 사당은 적자의 집에 있는데, 서자는 천하기 때문에 감히 마음대로 제사지내지 못한다. 만약 종자에게 질병이 생겨 제사를 감당할 수 없게 되면 서자가 대신 거행하는 것은 가능하다. 하지만 그래도 반드시 종자에게 알린 뒤에 제사지내야 한다." ○ 여씨呂氏(여대림呂大臨)는 말한다. "별자別

子[134]가 시조가 되고, 별자를 이은 이가 종宗이 된다. 백세토록 옮기지 않는 것이 대종大宗이다. 아버지를 잇고, 할아버지를 잇고, 증조할아버지를 잇고, 고조할아버지를 이어서 5세대가 되면 옮기는 것이 소종小宗이다. 종자는 위로 선조와 아버지를 계승하며, 족인의 형제들이 모두 종으로 여긴다. 관례와 혼례에 반드시 종자에게 고하고, 상례에 반드시 부고한다. 더구나 제사지낼 때는 말할 나위 없다. 종자에 의해 동종同宗이 되는 사람은 모두 지자이다. 지자가 감히 제사지내지 못하는 것은 제후가 감히 천자를 선조로 삼지 못하고, 대부가 감히 제후를 선조로 삼지 못하는 것과 같다. 신분이 높은 자의 제사에 신분이 천한 자가 감히 시尸가 되지 못한다. 그러므로 종자가 사이고 서자가 대부라면 상생上牲 대부의 소뢰로 종자의 집에서 제사한다. 축문에는 '효자孝子(종자) 모는 개자介子(서자)인 모를 대신하여 그 정기 제사를 올립니다'[135]라고 한다. 그렇다면 지자는 비록 신분이 귀해서 봉록을 사용할 수 있지만, 감히 그 일을 주관하지 못하는 것이다. 종자가 떠나서 타국에 있다면 지자가 일을 대신 주관하여 제사지내지만, 그 예는 줄인다." 疏曰: "'支子', 庶子也. 祖禰廟在適子之家, 庶子賤, 不敢輒祭. 若宗子有疾, 不堪當祭, 則庶子代攝, 可也. 猶必告于宗子, 然後祭." ○ 呂氏曰: "別子爲祖, 繼別爲宗. 百世不遷者, 大宗也. 繼禰, 繼祖, 繼曾祖, 繼高祖, 五世則遷者, 小宗也. 宗子, 上繼祖禰, 族人兄弟皆宗之. 冠・娶妻必告, 死必赴. 況於祭乎. 所宗乎宗子者, 皆支子也. 支子不敢祭也, 如諸侯不敢祖天子, 大夫不敢祖諸侯. 尊者之祭, 非卑者所敢尸也. 故宗子爲士, 庶子爲大夫, 以上牲祭於宗子之家. 祝曰'孝子某, 爲介子某, 薦其常事.' 則支子雖貴可以用其祿, 而不敢專其事也. 宗子去在他國, 則支子攝主以祭, 其禮有殺."

【곡례하 86】

무릇 종묘에 제사지내는 예에서 소는 '일원대무一元大武'(한 마리 발이 큰 소)라고 부른다.

凡祭宗廟之禮, 牛曰'一元大武'.

集說 이 이하는 모두 21가지 제물祭物이다. '원元'은 마리(頭)의 뜻이다. '무武'는 발자국이다. 소는 살이 찌면 발자국이 커진다. 此以下凡二十一物. '元', 頭也. '武', 足迹也. 牛肥, 則迹大.

【곡례하 87】

큰 돼지(豕)는 '강렵剛鬣'(갈기가 굳센 돼지)이라 부른다.

豕曰'剛鬣'.

集說 돼지(豕)는 살이 찌면 갈기가 굳세진다. '豕'肥則鬣剛.

【곡례하 88】

새끼돼지(豚)는 '돌비腯肥'(충만하게 살찐 돼지)라고 부른다.

豚曰'腯肥'.

集說 '돌腯'은 충만한 모습이다. '腯'者, 充滿之貌.

【곡례하 89】

양羊은 '유모柔毛'(털이 부드러운 양)라고 부른다.

羊曰'柔毛.'

集說 양은 살이 찌면 털이 가늘고 부드러워진다. 羊肥, 則毛細而柔弱.

【곡례하 90】

닭(雞)은 '한음翰音'(길게 우는 닭)이라 부른다.

雞曰'翰音'.

集說 '한翰'은 길다는 뜻이다. 닭은 살이 찌면 울음소리가 길어진다. '翰', 長也. 雞肥則鳴聲長.

【곡례하 91】

개(犬)는 '갱헌羹獻'(고깃국으로 끓여 바친 개)이라고 부른다.

犬曰'羹獻'.

集說 개가 살이 찌면 고깃국을 만들어서 제물로 올릴 수 있다.[136] 고기를 삶은 것을 모두 '갱羹'이라고 한다. 『의례』「특생궤사례特牲饋食禮」에 "갱임羹飪"(고기를 넣어 삶은 국)[137]이라 하였고, 영고숙潁考叔이 "군주의 고깃국

을 먹어본 적이 없다"[138]라고 말한 것이 그것이다. 犬肥則可爲羹以獻. 凡煮肉皆謂之'羹'. 「特牲禮」云"羹飪", 潁考叔曰"未嘗君之羹", 是也.

【곡례하 92】

꿩(雉)은 '소지疏趾'(발이 벌어진 꿩)라고 부른다.

雉曰'疏趾'.

集說 꿩은 살이 찌면 두 발 사이가 벌어진다. 그러므로 '소지疏趾'라고 한다. 雉肥則兩足開張, 故曰'疏趾'.

【곡례하 93】

토끼(兎)는 '명시明視'(시력이 밝은 토끼)라고 부른다.

兎曰'明視'.

集說 토끼는 살이 찌면 눈동자가 열려서 시력이 밝다. 그러므로 '명시明視'라고 한다. 兎肥則目開而視明. 故曰'明視'.

【곡례하 94】

포脯는 '윤제尹祭'(반듯하여 제사에 올릴 만한 포)라고 부른다.

脯曰'尹祭'.

集說 '윤尹'은 바르다는 뜻이다. 포脯는 펴서 자를 때 네모반듯하게 하기를 바란다. '尹', 正也. 脯欲剪割方正.

【곡례하 95】

말린 생선(槀魚)은 '상제商祭'(적절히 건조시켜 제사에 올릴 만한 생선)라고 부른다.

槀魚曰'商祭'.

集說 '고槀'는 말린다는 뜻이다. '상商'은 헤아린다는 뜻이다. 그 건조하고 습한 정도의 적당함을 헤아리는 것이다. '槀', 乾也. '商', 度也. 商度其燥濕之宜.

【곡례하 96】

신선한 생선(鮮魚)은 '정제脡祭'(곧아서 제사에 올릴 만한 생선)라고 부른다.

鮮魚曰'脡祭'.

集說 '정脡'은 곧다는 뜻이다. 물고기가 신선한 것은 썩고 문드러지지 않아 정연히 곧다. '脡', 直也. 魚之鮮者不餒敗, 則挺然而直.

【곡례하 97】

물(水)은 '청척淸滌'(맑아 씻을 수 있는 물)이라고 부른다.

水曰'淸滌'.

集說 '물'(水)은 현주玄酒[139)]이다. 물은 그것으로 세탁할 수 있다. 그러므로 '청척淸滌'이라고 한다. '水', 玄酒也. 水可漑濯. 故曰'淸滌'.

【곡례하 98】

술(酒)은 '청작淸酌'(맑은 술)이라고 부른다.

酒曰'淸酌'.

集說 옛날의 술과 단술에는 모두 청주(淸)가 있고 전국(糟)이 있다. 아직 거르지 않은 것을 전국이라 하고, 이미 거른 것을 청주라고 한다. 古之酒醴, 皆有淸有糟. 未泲者爲糟, 旣泲者爲淸也.

【곡례하 99】

찰기장(黍)은 '향합薌合'(향기롭고 차진 찰기장)이라 부른다.

黍曰'薌合'.

集說 기장이 익으면 차져서 흩어지지 않고, 그 냄새가 또 향기롭다. 그러므로 '향합薌合'이라 한다. 黍熟則黏聚不散, 其氣又香. 故曰'薌合.'

【곡례하 100】

기장(粱)은 '향기薌萁'(향기롭고 단단한 기장)라고 부른다.

粱曰'薌萁'.

集說 '기장'(粱)은 곡식 가운데 단단한 것이다. 그 줄기와 잎이 또한 향기롭기 때문에 '향기薌萁'라고 한다. '粱', 穀之强者. 其莖葉亦香, 故曰'薌萁'.

【곡례하 101】

메기장(稷)은 '명자明粢'(밝은 자성)라고 부른다.

稷曰'明粢'.

集說 '직稷'은 조(粟)이다. 밝으면 신과 교접할 수 있다. 제사에 올리는 밥을 '자성粢盛'이라 한다. '稷', 粟也. 明則足以交神. 祭祀之飯謂之粢盛.

【곡례하 102】

벼(稻)는 '가소嘉蔬'(아름답고 성근 벼)라고 부른다.

稻曰'嘉蔬'.

集說 '소蔬'는 소疏(성글다)와 같은 뜻이다. 벼 싹을 심은 것이 (잡초를 제거하여) 성글면 무성하고 아름답다.[140] '蔬', 與疏同. 立苗疏, 則茂盛嘉美也.

【곡례하 103】

부추(韭)는 '풍본豐本'(풍성한 뿌리의 부추)이라고 부른다.

韭曰'豐本'.

集說 그 뿌리가 풍부하고 무성하기 때문이다. 其根本豐盛也.

【곡례하 104】

소금(鹽)은 '함차鹹鹺'(짠맛이 진한 소금)라고 부른다.

鹽曰'鹹鹺'.

集說 '함차鹹鹺'는 짠 맛이 진한 것이다. '鹹鹺', 鹽味之厚也.

【곡례하 105】

옥玉은 '가옥嘉玉'(아름다운 옥)이라고 부른다.

玉曰'嘉玉'.

集說 흠이 없는 옥이다. 無瑕之玉也.

【곡례하 106】

폐백(幣)은 '양폐量幣'(도수에 맞는 폐백)라고 부른다.

幣曰'量幣'.

鄭注 희생을 부르는 명칭은 사람이 사용하는 것과 달리한다. '원元'은 마리(頭)다. '무武'는 발자국이다. '돌腯'은 또한 비肥(살찌다)와 같은 뜻으로, 『춘추좌씨전』에는 '돌腯'로 되어 있다.[141] '돌腯'은 충만한 모습이다. '한翰'은 소리를 길게 내는 것이다. '갱헌羹獻'은 사람이 먹고 남은 음식을 먹여 키운 것이다.[142] '윤尹'은 바르다는 뜻이다. '상商'은 헤아린다(量)는 뜻과 같다. '정脡'은 곧다는 뜻이다. '기萁'는 어조사이다. '가嘉'는 좋다는 뜻이다. '도稻'는 고소菰蔬 종류이다. '풍豐'은 무성하다는 뜻이다. 매우 짠 소금을 '차醝'라고 하는데, 오늘날 하동河東 지역에서 그렇게 부른다. '폐幣'는 비단이다. 號牲物者, 異於人用也. '元', 頭也. '武', 迹也. '腯', 亦肥也, 『春秋傳』作'腯'. '腯', 充貌也. '翰', 長聲也. '羹獻', 食人之餘也. '尹', 正也. '商', 猶量也. '脡', 直也. '萁', 辭也. '嘉', 善也. '稻', 菰蔬之屬也. '豐', 茂也. 大鹹曰'醝', 今河東云. '幣', 帛也.

集說 넓이와 길이의 도수에 알맞게 하는 것이다. ○ 소疏에서 말한다. "이러한 여러 명칭들이 만약 한 제사에서 함께 있다면 그 가운데 큰 것만을 든다. 혹 개와 닭만 있거나 혹 물고기와 토끼만 있다면 각각 그 이름을 든다. 그러므로 경문에 그 이름을 갖추어 기록한 것이다." 中廣狹長短之度也. ○ 疏曰: "此等諸號, 若一祭並有, 則擧其大者. 或惟有犬・雞, 惟有魚兎, 則各擧其號. 故經備載其名."

【곡례하 107】

천자가 죽으면 '붕崩(무너짐)'이라고 한다. 제후는 '훙薨(무너짐)'이라 하고, 대부는 '졸卒(다 마침)'이라 하고, 사는 '불록不祿(봉록을 다 받지 못함)'이라 하고, 서인은 '사死(소진함)'라고 한다. 사망한 뒤 침상에 놓였을 때는 '시尸(진열됨)'라고 하고, 관에 들어가면 '구柩(오래감)'라 고 한다. 날아다니는 새가 죽는 것을 '강降(떨어짐)'이라 하고, 네 다리로 달리는 짐승이 죽는 것을 '자漬(부패함)'라고 한다. 전쟁에서 죽는 것을 '병兵(전사함)'이라 한다.

天子死曰'崩'. 諸侯曰'薨', 大夫曰'卒', 士曰'不祿', 庶人曰'死'.① 在牀曰'尸',② 在棺曰'柩'.③ 羽鳥曰'降', 四足曰'漬'.④ 死寇曰'兵'.⑤

鄭注 ① 죽음의 명칭을 달리하는 것은 사람들이 지각이 없는 것이 생전과 다르다고 여기고 경시할까 염려해서이다. 위에서 떨어져 무너지는 것을 '붕崩'이라 한다. '훙薨'은 떨어져서 무너지는 소리다. '졸卒'은 마친다는 뜻이다. '불록不祿'은 그 봉록을 끝까지 받지 못하였다는 뜻이다. '사死'라는 글자는 다한다(澌)는 뜻으로, 정신이 소진한다는 말이다. 異死名者, 爲人褻其無知若猶不同然也. 自上顚壞曰'崩'. '薨', 顚壞之聲. '卒', 終也. '不祿', 不終其祿. '死'之言澌也, 精神澌盡也.

② '시尸'는 진열한다는 뜻으로, 형체가 아직 남아 있음을 말한다. '尸', 陳也, 言形體在也.

③ '구柩'라는 말은 다하다(究)라는 뜻이다. '柩'之言究也.

④ (죽음의 명칭을) 사람과 달리하는 것이다. '강降'은 떨어진다는 뜻이다. '지漬'는 서로 전염되어 죽는 것을 말한다.[143] 『춘추전』에 "큰 재앙(大災)이

란 무엇인가? 크게 전염되는 것이다(大漬)"[144]라고 하였다. 異於人也. '降', 落也. '漬', 謂相瀐汙而死也. 『春秋傳』曰: "大災者何? 大漬也."

⑤ 보통 사람과 다르기 때문에 마땅히 그 후손에게 봉록을 주어야 한다. 異於凡人, 當饗祿其後.

集說 소疏에서 말한다. "'졸卒'은 다 마친다는 뜻이다. 사士는 봉록을 받는 것으로 경작을 대신한다. '불록不祿'은 그 봉록을 끝까지 다 받지 못하였다는 뜻이다. '사死'는 다하다(澌)는 뜻으로, 소진하여 남음이 없음을 말한다. '시尸'는 눕혀놓는다는 뜻이다. 옛사람은 병이 깊어지고 숨이 아직 끊어지지 않았을 때 땅에 눕혀놓았다가, 숨이 끊어진 후에 다시 침상 위에 도로 올려 눕혀놓는다. 이렇게 하는 것은 무릇 사람이 처음 태어날 때 지상에 있었으니, 이제 병들어 죽으려고 하므로 아래로 처음 태어났던 곳으로 돌아가 죽음에서 벗어나 다시 살기를 바라는 것이다. 만약 살아나지 않으면 다시 본래의 침상에 도로 눕힌다. 염을 해서 관에 안치하고 빈殯을 하기 전에는 침상에 눕혀놓기 때문에 '시尸'라고 한다." ○ 여씨呂氏(여대림呂大臨)는 말한다. "'구柩'는 오래간다(久)는 뜻이다. '시신에 흙이 직접 닿지 못하게 하기 위함이다.'[145] 그러므로 관에 안치하고 오래가기를 바란다. '우조羽鳥'는 날짐승으로 떨어져 내려오면 죽게 된다. '수獸'는 움직일 수 있는 동물로서, 부패하면 죽게 된다. '지漬'는 그 몸이 썩어서 점차 물러지는 것을 뜻한다. '병兵'은 외적의 침입이나 내란의 전쟁에서 전사하는 것의 호칭이다." 疏曰: "'卒', 終竟也. 士祿以代耕. '不祿', 不終其祿也. '死'者, 澌也, 消盡無餘之謂. '尸', 陳也. 古人病困氣未絶之時, 下置在地, 氣絶之後, 更還床上. 所以如此者, 凡人初生在地, 病將死, 故下復其初生, 冀得脫[146]死重生也. 若其不生, 復反本床. 旣未殯斂, 陳列在床, 故曰'尸'也." ○ 呂氏曰: "柩, 久也. 比化者無使土親膚. 故在棺, 欲其久也. '羽鳥', 飛翔之物, 降而下則死矣. '獸', 能動之物, 腐敗則死矣. '漬', 謂

其體腐敗漸漬也. '兵'者, 死於寇難之稱也."

【곡례하 108】

할아버지를 제사할 때는 '황조고皇祖考'라고 하고, 할머니는 '황조비皇祖妣'라고 하고, 아버지는 '황고皇考'라고 하고, 어머니는 '황비皇妣'라고 하고, 남편은 '황벽皇辟'이라 한다.

祭王父曰'皇祖考', 王母曰'皇祖妣', 父曰'皇考', 母曰'皇妣', 夫曰'皇辟'.

鄭注 칭호를 바꾸어 설정하는 것은 신을 높이고 살아 있는 사람과 차이를 두는 것이다. '황皇'은 임금을 뜻한다. '고考'는 이룬다는 뜻이다. 그 덕행이 이루어졌음을 말한다. '비妣'라는 말은 짝(媲)의 뜻으로, 아버지와 짝이 된다는 말이다. '벽辟'은 본받는다(法)는 뜻으로, 처가 취하여 본받는 대상이기 때문이다. 更設稱號, 尊神異於人也. '皇', 君也. '考', 成也. 言其德行之成也. '妣'之言媲也, 媲於考也. '辟', 法也, 妻所取法也.

集說 '황皇'과 '왕王'은 모두 임금이란 칭호를 사용하여 높여주는 것이다. '고考'는 이룬다는 뜻이다. '비媲'는 짝이라는 뜻이다. '벽辟'은 본받는다는 뜻으로, 처가 본받는 대상이라는 말이다. 그들을 위해 종묘를 세우고, 귀신으로 향사享祀할 때는 그 칭호를 달리하지 않을 수 없는 것이다. '曰皇'·'曰王', 皆以君之稱, 尊之也. '考', 成. '妣', 媲. '辟', 法也, 妻所法式也. 爲之宗廟, 以鬼享之, 不得不異其稱謂也.

【곡례하 109】

살아 있을 때는 '부父'(아버지), '모母'(어머니), '처妻'(아내)라고 부르고, 죽으면 '고考'(돌아가신 아버지), '비妣'(돌아가신 어머니), '빈嬪'(손님처럼 공경하던 사람)이라 부른다. 수명을 다하였으면 '졸卒'(마침)이라 하고, 요절하였으면 '불록不祿'(봉록을 다 받지 못함)이라 한다.

生曰'父'·曰'母'·曰'妻', 死曰'考'·曰'妣'·曰'嬪'.① 壽考曰'卒', 短折曰'不祿'.②

鄭注 ① '빈嬪'은 부인으로서 법도를 지닌 자의 칭호이다. 『주례』에 "구빈九嬪[147]은 부인婦人이 배우는 법을 관장한다. 구어九御[148]에게 부덕婦德, 부언婦言, 부용婦容, 부공婦功을 가르친다"[149]라고 하였다. '嬪', 婦人有法度者之稱也. 『周禮』: "九嬪掌婦學之法. 教九御婦德·婦言·婦容·婦功."

② '록祿'은 덕행이 있어 대부나 사로 임명하였지만 출사하지 않은 자가 늙어서 죽으면 대부의 칭호를 따르고, 젊어서 죽으면 사의 칭호를 따르는 것을 말한다. '祿', 謂有德行任爲大夫·士而不爲者, 老而死, 從大夫之稱, 少而死, 從士之稱.

集說 '빈嬪'은 부인婦人의 미칭이다. '빈嬪'은 손님(賓)의 뜻과 같다. 남편이 손님으로 존경하는 대상이다. '단절短折'은 요절하여 죽는다는 뜻이다. 이 경문에서 말한 '졸卒'과 '불록不祿'이 위 경문(【곡례하 107】)에서 말한 대부와 사에 대한 칭호와 같은 것은, 위 경문에서는 지위의 높고 낮음으로 말하였고, 이 경문에서는 수명의 길고 짧음으로 말하였기 때문이다. 또 살펴보건대, 여씨呂氏는 "'사구왈병死寇曰兵' 아래에 마땅히 이 두 구절로 이어져야 한다. 아마도 착간인 듯하다"라고 하였다. ○ 사씨謝氏는 말한다. "『역』「고蠱괘」에서 '아들이 있으면 아버지(考)에게 허물이 없다'(有子考無咎)라고 하고,

또 '뜻이 아버지(考)를 계승한다'(意承考)라고 한 것, 또 『서書』「주서周書 · 주고酒誥」에서 '그대의 아버지(考)와 그대의 윗사람을 섬겨라'(事厥考厥長)라고 한 말 등의 부류는 모두 죽은 뒤의 칭호가 아니다. 아마도 옛날에는 살아 있을 때와 죽은 뒤에 모두 통용해서 호칭하였는데, 후세에 달리한 것이다." '嬪'者, 婦人之美稱, '嬪', 猶賓也. 夫所賓敬也. '短折', 夭橫而死也. 此言'卒'與'不祿', 與上文大夫 · 士之稱同者, 彼以位之尊卑言, 此以數之脩短言也. 又按, 呂氏說"'死寇曰兵'之下, 當以此二句承之. 蓋錯簡也." ○ 謝氏曰: "□□易』曰'有子考無咎', 又曰'意承考'也, 又『書』言'事厥考厥長'之類, 皆非死而後稱. 蓋古者通稱, 後世乃異之耳."

【곡례하 110】

천자를 볼 때는 동정(袷) 위로 올라가지 않고, 허리띠 아래로 내려가지 않는다. 제후를 볼 때는 얼굴 아래 옷깃 위 사이를 본다. 대부를 볼 때는 나란하게 얼굴을 본다. 사를 볼 때는 좌우 5보 사이에서 곁에서 볼 수 있다.

天子視, 不上於袷, 不下於帶.① 國君綏視.② 大夫衡視.③ 士視五步.④

鄭注 ① '겁袷'은 동정이다. 천자는 지존이기 때문에 신하가 그를 볼 때 시선이 이곳을 넘지 않는다. '袷', 交領也. 天子至尊, 臣視之, 目不過此.

② 제후를 볼 때에는 좀 더 높게 올라간다. '綏'는 '타'로 읽는다. '타시妥視'는 동정보다 위를 보는 것이다. 視國君彌高. '綏', 讀爲'妥'. '妥視', 謂視上於袷.

③ 대부를 볼 때는 또다시 더욱 높게 올라간다. '형衡'은 나란하다(平)는 뜻이다. '나란히 본다'(平視)는 것은 얼굴을 봄을 말한다. 視大夫, 又彌高也. '衡',

平也. '平視', 謂視面也.

④ 사를 볼 때는 5보 안에서 곁으로 눈동자를 움직여 볼 수 있다. 대부 이상을 볼 때는 상하로만 눈동자를 움직이고 곁으로는 움직일 수 없다. 士視得旁遊目五步之中也. 視大夫以上, 上下遊目不得旁.

集說 '천자시天子視'는 천자를 본다는 뜻이다. '겁袷'은 조복朝服이나 제복祭服의 둥근 동정(曲領)이다. '타妥'는 떨구는 모습이다. 제후를 보는 자는 눈이 상대의 얼굴과 나란하게 볼 수 없고 얼굴 아래 동정 위를 보아야 한다. '형衡'은 나란하다(平)는 뜻이다. 대부의 신하가 대부를 볼 때는 그 얼굴을 나란하게 본다. '사시오보士視五步'는 사의 속리屬吏가 사를 볼 때에도 또한 얼굴 위나 허리띠 아래를 볼 수 없지만, 곁으로 좌우 5보 사이 안을 볼 수 있다는 것이다. '天子視', 謂視天子也. '袷', 朝服・祭服之曲領也. '妥', 頹下之貌. 視國君者, 目不得平看於面, 當視其面之下袷之上也. '衡', 平也. 大夫之臣視大夫, 平看其面也. '士視五步'者, 士之屬吏視士, 亦不得高面下帶, 而得旁視左右五步之間也.

【곡례하 111】

무릇 상대를 볼 때, 얼굴보다 위를 보면 오만한 것이고, 허리띠 아래를 보면 근심하는 것이고, 흘겨보면 간사한 것이다.

凡視, 上於面則敖,① 下於帶則憂,② 傾則姦.③

鄭注 ① 오만하면 눈동자를 위로 치켜든다. 敖則仰.

② 근심스러우면 눈동자를 떨군다. 憂則低.

③ 고개를 돌리고 곁으로 보는 것은 마음이 바르지 못한 것이다. '경傾'은 어떤 본에는 '측側'(곁)으로 되어 있다. 辟頭旁視, 心不正也. '傾'或爲'側'.

集說 여씨呂氏(여대림呂大臨)는 말한다. "'얼굴보다 위로 올려본다'(上於面)는 것은 그 기운이 교만한 것이니, 남에게 자신을 낮추지 못함을 알 수 있다. '허리띠 아래로 내려다본다'(下於帶)는 것은 그가 정신을 빼앗긴 것이니, 근심이 마음에 있음을 알 수 있다. 시선이 흐르면 용모가 기울게 되니, 반드시 부정한 마음이 가슴속에 있는 것이다. 이것이 군자가 신중히 하는 이유이다." 呂氏曰: "'上於面'者, 其氣驕, 知其不能以下人矣. '下於帶'者, 其神奪, 知其憂在乎心矣. 視流則容側, 必有不正之心存乎胸中矣. 此君子之所以愼也."

【곡례하 112】

군주의 명이 있으면 대부와 사는 그 일을 익힌다. 군주의 명령이 관官에 관계된 일이면 관에 대해 논의하고, 부府에 관계된 일이면 부에 대해 논의하고, 고庫에 관계된 일이면 고에 대해 의론하고, 조정(朝)에 관계된 일이면 조정에 대해 논의한다.

君命, 大夫與士肄.① 在官言官, 在府言府, 在庫言庫, 在朝言朝.②

鄭注 ① '이肄'는 익힌다는 뜻이다. 제후의 명이 있으면, 대부는 사와 함께 그 일을 살피고 익힌다. 발휘하는 바가 있고자 하는 것이다. '肄', 習也. 君有命, 大夫則與士展習其事. 謂欲有所發爲也.

② 군주의 명령이 지시하는 것에 나아가 그것을 살피고 익힌다. '관官'은 호적(板)과 지도(圖), 문서가 있는 곳을 말한다. '부府'는 보물과 재화를 저장하는 곳을 말한다. '고庫'는 거마와 무기, 갑옷을 저장하는 곳을 말한다. '조朝'는 군주와 신하가 정사를 도모하는 곳을 말한다. 唯君命所在, 就展習之也. '官', 謂板圖文書之處. '府', 謂寶藏貨賄之處也. '庫', 謂車馬兵甲之處也. '朝', 謂

君臣謀政事之處也.

集說 임금이 명령을 내리면 대부와 사는 서로 더불어 그것을 익힌다. 그 일이 관官에 있기도 하고 혹은 부府에 있기도 하며, 혹은 고庫에 있기도 하고, 혹은 조정(朝)에 있기도 한 것이니, 그 있는 곳에 따라 도모하여 논의하는 것이다. '관官'은 직책을 가지고 있는 관리의 총명이다. '부府'와 '고庫'는 재화와 기물을 보관하는 곳의 다른 명칭이다. '조朝'는 군주와 신하가 회견하는 조정(公庭)이다. 人君有命令, 則大夫·士相與肄習之. 其事或在官或在府或在庫或在朝, 隨其所在而謀議之. '官'者, 職守司存之總名. '府'·'庫'者, 貨器藏貯之異號. '朝'則君臣會見之公庭也.

【곡례하 113】

조정의 논의에서는 개나 말은 언급하지 않는다.

朝言不及犬馬.

鄭注 공적인 논의가 아니기 때문이다. 非公議也.

集說 개나 말은 미천하기 때문에 조정에서 그것을 말해서는 안 된다. 犬馬微賤, 不當言之於朝.

【곡례하 114】

조회를 멈추었는데도 좌우를 돌아보는 것은 다른 일이 있는 것이 아니면 반드시 다른 생각을 갖고 있는 것이다. 그러므로 조회를 중지하였는데도 좌우를 돌아보면 군자는 그것을 '비루하다'(固)고 말한다.

輟朝而顧, 不有異事, 必有異慮.① 故輟朝而顧, 君子謂之'固'.②

鄭注 ① 마음이 바르지 않아서 뜻이 군주에 있지 않은 것이다. '철輟'은 중지한다는 뜻이다. 心不正, 志不在君. '輟', 猶止也.

② '고固'는 예에 통달하지 못하였음을 말한다. '固', 謂不達於禮也.

集說 조정에서의 거동은 정숙해야 한다. 좌우를 돌아보는 행위를 해서는 안 된다. '이異'는 타他(다른)의 뜻과 같다. 공경하는 마음이 견지되어 있지 않으면 모습이 바깥으로 드러난다. 이것이 그가 다른 일이나 다른 생각이 있음을 아는 까닭이다. '고固'는 비루하고 거칠어서 예에 통달하지 못한 것을 말한다. 朝儀當肅. 不宜爲左右之顧. '異', 猶他也. 敬心不存, 則形諸外. 此所以知其有他事他慮也. '固', 謂鄙野不達於禮也.

【곡례하 115】

조정에서는 발언할 때 예禮로써 하고, 물을 때도 예로써 하고, 대답할 때도 예로써 한다.

在朝言禮, 問禮, 對以禮.

鄭注 조정에서 말할 때는 예禮를 쓰지 않음이 없다. 於朝廷言, 無所不用禮.

集說 조정에서 무릇 말해야 하는 것은 모두 예이다. 하나를 묻고 하나를 대답할 때 반드시 예에 근거해야 한다. 공자가 종묘와 조정에서 분명히 밝혀 말하면서도 오직 공경하는 태도로 한 것은 이 도리를 다한 것이다.[150] 朝廷之上, 凡所當言者, 皆禮也. 一問一對, 必稽於禮. 孔子在宗廟朝廷, 便便言唯謹爾, 盡此道也.

【곡례하 116】

대향大享의 제사에는 점을 치지 않으며, 제사음식을 많이 진설하지 않는다.

大享不問卜,① 不饒富.②

鄭注 ① 명당明堂에서 오제五帝에게 제사를 지낼 때는 점치는 것에 해당하는 제帝가 없다. 「교특생郊特牲」(2)에 "교제郊祭에서는 피(血)를, 대향제大饗祭[151]에서는 날고기(腥)를 먼저 바친다"[152]라고 하였다. 祭五帝於明堂, 莫適卜也. 「郊特牲」曰: "郊血, 大饗腥."

② '부富'는 갖춘다는 뜻이다. (기준에 맞게) 갖출 뿐이고 예禮보다 더 많이 진설하지 말아야 한다. '富'之言備也. 備而已, 勿多於禮也.

集說 여씨呂氏(여대림呂大臨)는 말한다. "동지에 하늘에게 제사하고, 하지에 대지에게 제사한다. 제사하는 날짜가 본래 정해져 있어 점을 쳐 묻지 않는다. 공경을 지극히 하는 경우는 제단을 만들지 않고 땅을 쓸고 제사한다. 희생은 송아지를 쓰고, 술잔은 질그릇과 바가지를 쓰며, 자리는 짚으로 만든 자리를 쓴다. 세상의 어떤 물건을 가지고 해도, 그 덕에 걸맞게 할 수가 없다. 적은 것을 귀하게 여기므로 제사음식을 많이 차리지 않는다." 呂氏曰:

"冬至祀天, 夏至祭地. 日月素定, 故不問卜. 至敬不壇, 掃地而祭. 牲用犢, 酌用陶·匏, 席用藁秸. 視天下之物, 無以稱其德. 以少爲貴焉, 故不饒富."

【곡례하 117】

일반적으로 상대를 만날 때 주는 예물로 천자는 울창주(鬯)를 사용하고, 제후는 명규(圭)를 사용하고, 경은 새끼 양(羔)을 사용하고, 대부는 기러기를 사용하고, 사士는 꿩을 사용하고, 서인은 집오리(匹)를 사용한다. 동자는 (어른을 만날 때 자신이 가지고 간) 예물을 (지면에) 놓고 물러난다. 야외의 군대에서 예물이 없으면 말의 배에 메는 끈(纓), 활팔찌(拾), 화살(矢) 등도 예물로 사용할 수 있다.
凡摯, 天子鬯, 諸侯圭, 卿羔, 大夫鴈, 士雉, 庶人之摯匹. 童子委摯而退.① 野外軍中無摯, 以纓·拾·矢可也.②

鄭注 ① '지摯'는 이른다는 뜻이다. 천자는 자신이 손님이 되는 예禮가 없다. 천자가 울창주(鬯)로 예물을 삼는 것은 오직 귀신에게 자신이 이르렀음을 알리기 위함이다. '동자童子(미성년자)가 예물을 놓고 물러난다'(子委摯而退)는 것은 성인과 대등한 예를 할 수 없기 때문이다. 어떤 논자는 '목匹'이 집오리라고 해석한다. '摯'之言至也. 天子無客禮. 以鬯爲摯者, 所以唯用告神爲至也. '童子委摯而退', 不與成人爲禮也. 說者以匹爲鶩.

② 예禮를 행하는 장소가 아니다. 그때에 맞는 물건으로 서로 예禮를 표시할 뿐이다. '영纓'은 말의 배에 메는 끈이다. '습拾'은 활을 쏠 때 소매에 끼는 활팔찌다. 非爲禮之處. 用時物相禮而已. '纓', 馬繁纓也. '拾', 謂射鞲.

集說 '지摯'는 지贄(예물)와 같은 의미다. 예물을 가지고 상견례를 한다. '창鬯'은 검은 기장을 빚어서 만든 술을 거창秬鬯이라고 부르는데, 울금鬱金 풀을 가지고 가미한 것을 울창鬱鬯이라고 부르고, 울금을 가미하지 않은 것을 그냥 창鬯이라고 부른다. 향기가 위아래로 퍼져나감을 말하는 것이다. 천자는 손님이 되는 예禮가 없다. 그러나 '예물'(摯)이라고 말한 것은 그것을 사용하여 예禮로써 (제후의 사당에서) 귀신에게 (자신이 이르렀음을) 보이는 것일 뿐이다. '규圭'는 명규命圭[153]이다. 공公은 환규桓圭를, 후侯는 신규信圭를, 백伯은 궁규躬圭를, 자子는 곡벽穀璧을, 남男은 포벽蒲璧[154]을 사용하는데, 여기서 벽璧을 말하지 않은 것은 생략한 것이다. '새끼 양'(羔)는 무리를 이루어 살며 무리를 잃지 않는 것과 깨끗한 점을 취한 것이다. '기러기'(鴈)는 때를 아는 점과 날아갈 때 대열을 이루는 것을 취한 것이다. '꿩'(雉)은 성질이 개결하고 꾸밈이 있는 점을 취한 것이다. '필匹'은 목鶩(집오리)으로 읽는다. 들오리를 부鳧라고 부르고, 집오리를 목鶩이라고 부른다. 날아오르지 못하는 것이 서인들이 평생 농사를 고수하는 것과 같다. 동자童子(미성년자)는 성인과 감히 대등한 예를 행하지 못한다. 더러 스승이나 벗을 만나면서 예물을 가져가는 경우 지면에다 예물을 놓고 물러나 비켜 선다. '영纓'은 말의 배를 메는 끈으로 곧 앙鞅(뱃대끈)이다. '습拾'은 활을 쏠 때 소매에 끼는 활팔찌(射韝)다. '시矢'는 화살이다. 더러는 들에서 더러는 군대 안에서 가지고 있는 형편에 따라 사용한다. '摯', 與贄同. 執物以爲相見之禮也. '鬯', 釀秬黍爲酒曰秬鬯, 和以鬱金之草則曰鬱鬯, 不以鬱和則直謂之鬯. 言其芬香條暢於上下也. 天子無客禮. 而言'摯'者用以禮見於神而已. '圭', 命圭也. 公桓圭, 侯信圭, 伯躬圭, 子穀璧, 男蒲璧, 此不言璧, 略也. '羔'取其群而不失類且潔素也. '鴈'取其知時且飛有行列也. '雉'取其性之耿介且文飾也. '匹', 讀爲鶩. 野鴨曰鳧, 家鴨曰鶩. 不能飛騰, 如庶人之終守耕稼也. 童子不敢與成人爲禮. 或見師友而執贄, 則奠委于地, 而

自退避之也. '纓', 馬之繁纓, 卽馬鞅也. '拾', 射鞲也. '矢', 箭也. 或野外或軍中, 隨所有用之也.

【곡례하 118】

부인이 사용하는 예물은 호깨(椇), 개암(榛), 포(脯), 수(脩), 대추(棗), 밤(栗) 등이다.

婦人之摯, 椇·榛·脯·脩·棗·栗.

鄭注 부인은 바깥 일이 없으므로 음식물을 가지고 만난다. '구椇'(호깨나무)와 '진榛'(개암나무)는 나무 이름이다. '구椇'는 호깨나무(枳)로 열매가 열리며 오늘날 비邳[155]와 담郯[156] 등 동쪽 지역에서 그것을 먹는다. '개암나무'(榛)는 열매가 밤과 비슷한데 작다. 婦人無外事, 見以羞物也. '椇'·'榛', 木名. '椇', 枳也, 有實, 今邳·郯之東食之. '榛', 實似栗而小.

集說 '호깨나무'(椇)는 모양이 산호珊瑚와 비슷한데, 맛이 달아, 일명 석이石李라고도 한다. '개암나무'(榛)는 밤과 비슷한데 작다. '포脯'는 곧 오늘날의 포이다. '수脩'는 살코기를 두드려 생강과 계피를 가미하고 말린 것이다. 포는 모양이 정사각형이고 수는 약간 길다. 대추, 밤 등과 함께 여섯 가지 물건은 신부가 시부모를 처음 뵐 때 이것으로 예물을 삼는다. 『춘추좌씨전』에 "여인의 예물은 개암나무, 밤, 대추, 육포(脩)를 넘지 않으니, 그것으로 공경함을 표시한다"[157]라고 하였다. '椇', 形似珊瑚, 味甛美, 一名石李. '榛', 似栗而小. '脯', 卽今之脯也. '脩', 用肉煆治加薑桂乾之. 脯形方正, 脩形稍長. 幷棗栗六物, 婦初見舅姑, 以此爲摯也. 『左傳』: "女贄不過榛·栗·棗·脩, 以告虔也."

【곡례하 119】

여인을 들여보낼 때(納女), 천자에게는 '백성을 갖추는 데 쓰십시오' 라고 하고 제후에게는 '주장酒漿[158]을 갖추는 데 쓰십시오'라고 하고, 대부에게는 '소쇄埽灑[159]를 갖추는 데 쓰십시오'라고 한다.

納女, 於天子曰'備百姓', 於國君曰'備酒漿', 於大夫曰'備埽灑'.

鄭注 '납녀納女'는 여인을 바친다는 뜻과 같다. 사위가 친영親迎을 하지 않으면, 여자의 집에서 사람을 보내 바친다. 이것은 그때의 말이다. '성姓'의 글자 뜻은 낳는다는 것이다. 천자는 황후 이하 120인을 두는데 자손을 널리 퍼뜨리기 위함이다. '주장酒漿'과 '소쇄埽灑'는 신분이 낮은 부인이 담당하는 일이다. '納女', 猶致女也. 壻不親迎, 則女之家遣人致之. 此其辭也. '姓'之言生也. 天子, 皇后以下百二十人, 廣子姓也. '酒漿'·'埽灑', 賤婦人之職.

集說 여씨呂氏는 말한다. "감히 상대의 배필로 자신을 기약하지 못하고, 첩잉妾媵[160]의 숫자로나 채우기를 바랄 뿐이다. 모두 자신을 낮추는 말이다." 呂氏曰: "不敢以伉儷自期, 願備妾媵之數而已. 皆自卑之辭也."

역주

1) 패옥 : 허리띠에 차는 옥으로 보통 佩玉이라고 부른다. 자세한 내용은 『三禮辭典』, 442쪽, '佩玉' 참조.

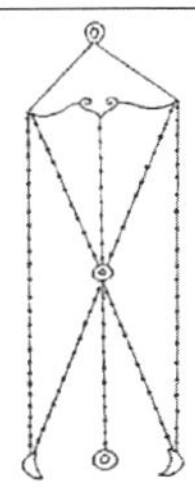

佩玉

『三禮圖』(宋 聶崇義)

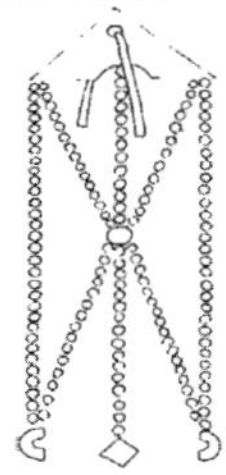

佩

『禮書』(宋 陳祥道)

佩

『欽定禮記義疏』(淸)

2) 조 : 옥받침을 뜻한다. 「雜記下」(85)에 "옥받침은 3가지 색끈으로 6줄을 장식한다"(藻, 三采六等)라고 하였고, 陳澔의 集說에 "옥을 받치는 것은 가죽으로 판을 입히고 받침에 붉은색, 흰색, 청색 등 3가지 색으로 장식하여 6줄로 만든다"(藉玉者, 以韋衣板而藻畫朱・白・蒼三色爲六行)라고 하였다. 孔穎達의 疏에 "옥을 잡을 때에는 반드시 옥받침(藻)를 두어서 옥을 받든다. 만약 장식을 극진히 하여 아름다움을 드러낼 때에는 반드시 양끝으로 받침을 늘어뜨려서 아래로 늘어지게 하는데, 이것을 '옥받침이 있는 것'(有藉)이라고 한다. 이때 옥을 잡는 사람은 몸에서 겉옷을 벗어서 안에 있는 裼衣를 드러내 보인다. 그래서 '자가 있으면 裼을 한다'(有藉者則裼)고 한 것이다. 質을 위주로 하여 아름다움을 감출 때에는 옥을 받치고 있는 받침이 아래로 늘어지지 않게 하여 구부려서 왼손으로 잡는다. 이것을 '받침이 없는 것'(無藉)이라고 한다. 이때 옥을 잡는 사람은 윗옷을 가려서 습의로 석의를 덮는다. 그래서 '자가 없으면 襲을 한다'(無藉者則襲)고 한 것이다. 이것은 옥을 잡은 사람이 朝見과 聘問 등으로 예를 행할 때 더러 裼을 할 때도 있고 더러 襲을 할 때도 있음을 말하는 것이다"(凡執玉之時, 必有其藻以承於玉. 若盡飾見美之時, 必垂藻於兩端, 令垂向於下, 謂之'有藉'. 當時所執之人, 則去體上外服, 以見在內裼衣. 故云'有藉者則裼也'. 其事質充美之時, 承玉之藻不使下垂, 屈而在手. 謂之'無藉'. 當時所執之人, 則掩其上服, 襲蓋裼衣. 謂之無藉者則襲. 此謂執玉之人朝聘行禮, 或有裼時, 或有襲時也)라고 하였다.

3) 포의 : 솜을 둔 겨울옷이다.

4) 탁의 : 땀받이로 아랫도리에 입는 속옷이다.

5) 석의 : 홑으로 된 갖옷이다.

6) 피변복 : 흰 사슴 가죽으로 만든다. 상의는 흰 베옷을 입고, 하의는 흰 비단치마를 입으며, 검은색의 띠에 흰색의 슬개를 입는다. 천자가 조회를 보거나 제후가 告朔의 예를

행할 때, 제후끼리 서로 조빙을 할 때에 입는다.

7) 속백 : 비단 열 단을 속백이라 한다. 매 단은 2장丈이다. 2단이 1량兩이고, 10단이 5량인데, 이를 1속束이라 한다.

8) 조 : 우리말 음은 '조'이다. 繅藉라고도 부르며, 옥받침을 뜻한다. 중앙이 나무로 되어 있고 그 주변을 옥으로 싸고 오색실로 수를 놓은 형태이다. 『주례』「春官 · 典瑞」에 자세한 내용이 보인다. 『三禮辭典』, 1174쪽, '繅' 항목; 1175쪽, '繅藉' 항목 참조.

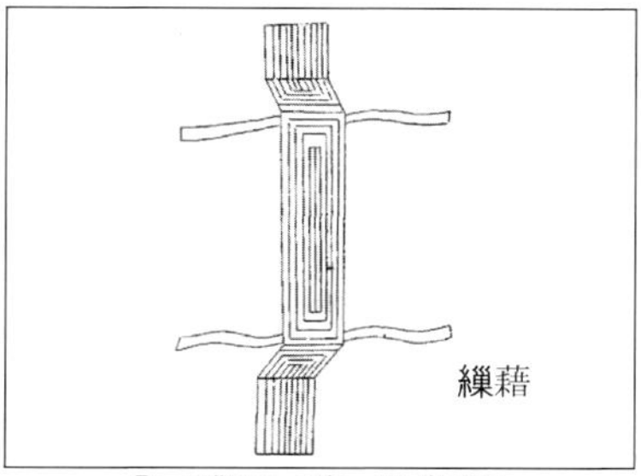

『三禮圖』(宋 聶崇義)

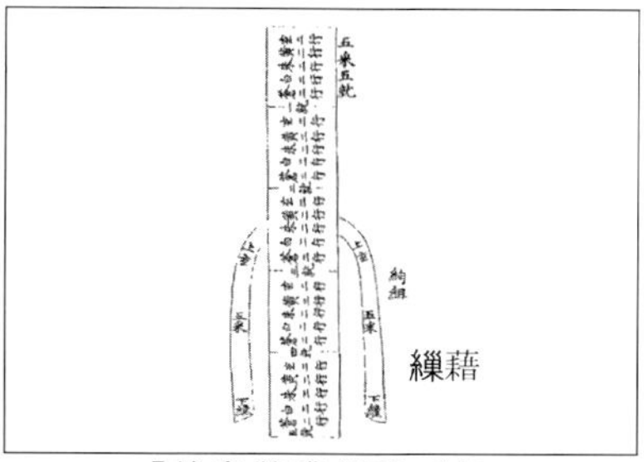

『欽定儀禮義疏』(淸)

9) 禫 : 『예기집설대전』에는 '示'변의 탁으로 되어 있으나 『설문해자』에 따라 바로 잡는다.

10) 대부가 ~ 못한다 : 이 말은 「王制」(162)에 나온다.

11) 장첩 : 공영달 소에 인용된 熊氏의 설에 "士에게는 한 명의 처와 두 명의 첩이 있는데, 여기서 장첩이라 한 것은 응당 잉첩(娣)을 말한다. 그래서 정현은 「昏禮」의 주에서 '娣는 존귀하고 姪은 비천하다'고 한 것이다"(士有一妻二妾, 言長妾者, 當謂娣也. 故鄭注「昏禮」云'娣尊姪卑')라고 하였다.

12) 군대부 : 대부로서 토지를 소유하고 있는 자를 또한 '君'이라고 칭한다. 그래서 '군대부'라고 한 것이다.

13) 지난번에는 ~ 때문이다 : 『춘추곡량전』, 昭公 7년 조, "가을 8월 무신일에 衛侯 惡이 졸하다"(秋八月戊辰, 衛侯惡卒)의 전에 "이전에는 '衛나라 齊惡'이라고 하였는데, 이제 '衛侯 惡'이라고 말하니, 이것은 무엇 때문에 군주와 신하가 이름을 같이 하는가? 君子는 남의 이름을 빼앗지 않는다. 남의 부모가 지어준 이름을 빼앗지 않는 것은 그 유래한 바를 중시하는 것이다"(鄕曰'衛齊惡', 今曰'衛侯惡', 此何爲君臣同名也? 君子不奪人名. 不奪人親之所名, 重其所以來也)라고 하였다.

14) '사에게 ~ 말한다 : 孔穎達의 疏에 다음과 같은 설명이 보인다. 射法에 두 사람씩 상대를 이루어 승부를 겨루는 것을 '耦'라고 한다. 우는 귀한 사람과 천한 사람이 반드시 상대가 된다. 그러므로 경은 경과 짝이 되고, 대부는 대부와 짝이 된다. 혹 홀수가 남아서 부족하게 되면 사로 하여금 짝을 갖추게 한다고 하였다. 『의례』「大射」에는 군주는 賓과 짝을 이루고, 경과 대부는 경과 대부끼리 짝을 이루고 또 사가 있으면 대부를 모신다고 하였다. 또 司射는 짝을 맞추도록 명하면서 "비천한 자는 존귀한 자와 짝을

이루어 표적지를 달리하지 말라"고 한다. 이는 士가 미리 참여하여 짝을 이룰 수 있음을 말하는 것이다. 그러므로 경문에 "사에게 활을 쏘게 한다"(使士射)는 예가 있는 것이다. 『禮記正義』, 108쪽 해당 부분 참조.

15) 자로가 경솔하게 ~ 것이다 : 관련 내용은 『논어』「先進」에 보인다.

16) 장흘이 주나로 ~ 경우이다 : 장흘은 노나라 계씨를 위해서 장자를 폐하고 소자를 세웠다. 그 결과 맹씨와 서로 원한이 져서 드디어 邾로 망명하였는데, 노나라 사람은 장흘에게 공이 있다고 여겨 다시 그의 이복형 장위를 세워서 선조의 제사를 받들게 하였다. 관련 내용은 『춘추좌씨전』, 襄公 12년 조 傳에 보인다.

17) 문왕은 비록 ~ 않았다 : 「大傳」에 무왕이 牧野의 전투에서 殷을 이긴 뒤에 증조부 古公亶父에게 太王을, 조부 季歷에게 王季를 선친 昌에게 文王을 시호로 부여하고 추존하였다고 한다. 그러나 『사기』「周本紀」에는 문왕이 太王과 王季를 시호를 부여하여 추존하였다고 기록하고 있어, 논란의 여지가 있다.

18) 상례 : 孔穎達의 疏에 따르면, 여기서 상례는 조석으로 下室에 奠을 올리는 것, 초하루와 보름마다 빈궁에 전을 올리는 것, 그리고 장례 등의 예를 말한다. 『禮記正義』(上), 111쪽, 해당 부분 참조.

19) 제례 : 孔穎達의 疏에 따르면, 여기서 祭禮는 장례 이후에 지내는 虞, 卒哭, 祔, 小祥, 大祥의 禮를 말한다. 『禮記正義』(上), 111쪽, 해당 부분 참조.

20) 귀협 : 龜筴이라고도 한다. 龜는 거북 껍데기를, 筴은 蓍草로 만든 점대를 가리키며, 모두 점치는 도구이다. 거북을 사용하는 것을 卜이라 하고, 筴을 사용하는 것을 筮라고 한다.

21) 석개 : 상여의 덮개이다. 또는 席과 蓋로 나누어, 석은 앉거나 눕는 자리고, 개는 해와 비를 가리는 우산으로 해석하기도 한다.

22) 여름에 ~ 한다 : 인용문은 『논어』「향당」에 보인다. 주희의 해석에 따르면, 먼저 속옷을 입고 홑겹으로 된 갈포의 옷을 겉에 입어서 밖으로 드러내는 것이다. 갈포 옷만 입을 경우 맨살이 밖으로 드러나는 것을 막기 위해서이다. 정현의 인용 역시 주희와 같은 입장으로 해석된다. 그러나 주희의 해석과 달리 孔安國이나 皇侃 등은 집에서는 갈포 옷만 입지만, 외출할 때에는 그 위에 裼衣 등 겉옷을 입는다는 의미로 해석하고, 경문의 '表而出之'를 '表而出'로 기록하였다.

23) 표괴 : 자전에 따르면 藨은 목초 또는 물고랭이, 蒯은 누런 띠풀을 가리키는 풀이름이다. 여기서는 상중에 신는 신을 만드는 재료로 사용되는 풀을 가리키는데, 구체적으로 어떤 풀인지는 명확치 않다.

24) 머리싸개 : 머리를 동여매는 수건이다. 남자와 여자 모두 사로 머리를 동여매어 묶는다. 검은색 비단으로 만들며, 넓이 1幅 길이 6尺 정도의 크기다. 자세한 내용은 『의례』「士冠禮」'緇纚' 부분에 보인다. 『三禮辭典』, 1291쪽, '纚' 참조.

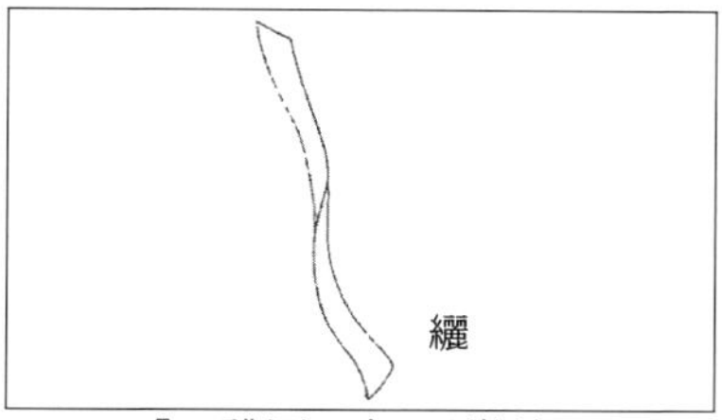

『三禮圖』(宋 聶崇義)

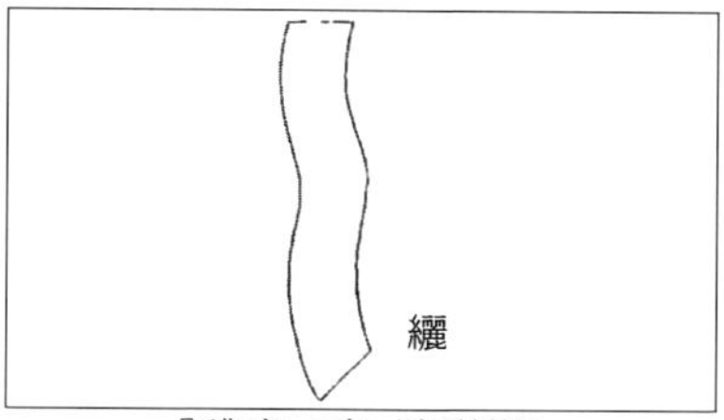

『禮書』(宋 陳祥道)

25) 양 : 옛날에 대들보(梁)를 만들 때 목재 3개를 연결하고 가운데를 높게 하였기 때문에, 기물의 위가 구부러져 있는 것을 보통 梁이라고 불렀다. 굴건이나 금량관 등의 앞이마에서부터 둥긋하게 마루가 져서 뒤에 닿는 부분을 량이라고 한다. 한대 이후의 冠에는 一梁부터 七梁에 이르는 관이 있다.

26) 방에다 ~ 한다 : 이 인용문은 『의례』「旣夕禮」에 나온다. '方에다 賵을 기록한다'(書賵)는 것은 부의품을 보내온 사람의 이름과 품목을 판에다 기록하는 것이다. 賵은 장례를 돕기 위해 보내온 수레와 말, 비단 등의 부의품을 말한다. 부의품 가운데 車馬를 '賵'이라 하고, 재화를 '賻'라 하고, 의복과 가죽 등을 襚라고 부르는데, 또한 통틀어서 '봉'이라고 한다. '아홉 줄이 되기도 하고, 일곱 줄이 되기도 하고 다섯 줄이 되기도 한다'는 것은 보낸 사람과 물건의 다소에 따라 줄의 수가 달라지는 것이다. 자세한 내용은 『의례』「旣夕禮」에 보인다. 『三禮辭典』, 1137쪽, '賵' 참조.

27) 죽은 이를 ~ 것이다 : 100글자 이상은 方板에다 쓴다. 그래서 '書方'이라고 한다.

28) 오복 : 상기에 따라 입는 다른 다섯 종류의 상복으로 斬衰服, 齊衰服, 大功服, 小功服, 緦麻服을 말한다.

29) 장삽 : 棺 장식의 일종이다. 관의 전면과 양쪽 옆면에 베로 휘장을 치는 것을 牆이라고 한다. 나무 판에 흰 베를 씌워 그 위에다 구름 등을 그리고 자루를 달아 장례를 치를 때 관의 앞뒤로 사람을 시켜 들고 있게 하는 것을 翣이라고 한다. 「喪大記」와 「檀弓」에 관련 내용이 보인다. 『三禮辭典』, 1009쪽, '翣' 참조.

30) 계손씨가 염유를 ~ 있었겠는가 : 관련 내용은 『춘추좌씨전』, 哀公 11년 조 傳과 『국어』「魯語下」에 보인다. 田賦는 田稅와 軍役에 대한 제도를 말한다. 당시 季孫은 백성에게 부담을 가중시켜 재정을 확충하는 제도 개혁을 추진하였는데, 田賦는 그가 새로 추진하는 제도를 가리킨다. 哀公 12년 조 경문에 이 제도를 실행하였다고 기록하였다. 계손은 이 제도를 시행하기 전에 염유를 시켜 공자의 의견을 듣고자 하였지만, 공자는 대답하지 않고, 염유에게만 사적으로 비판적 의견을 말하였던 것이다.

31) 시렁 : 희생의 고기를 걸어두는 시렁이다.

32) 소뢰 : 『주례』「天官·宰夫」의 鄭玄 注에서 "소, 양, 돼지 세 희생이 갖추어진 것이 一牢이다"(三牲牛羊豚具爲一牢)라고 하였고, 『춘추공양전』, 桓公 8년 조의 何休 注에서는 "소, 양, 돼지 세 희생이 갖추어진 것을 太牢라고 하고, 양과 돼지가 갖추어진 것을

少牢라고 한다"(牛羊豕凡三牲曰太牢, 羊豕曰少牢)라고 하였다.

33) 전록 : 孫希旦은 『禮記集解』에서 '田祿'에 대하여 "'채지와 봉록'(田祿)이라 함은 大夫와 士가 각각 采地를 가지고 있고, 采地가 없는 경우 그 俸祿은 또한 모두 公田의 수입에서 나오기 때문이다"('田祿'者, 大夫士各有采地, 无采地者, 其祿亦皆出於公田之所入)라고 하였다. 이 설에 따르면 田祿은 채지 또는 공전에서 나오는 수입을 통해 관료가 받는 봉록을 의미한다.

34) 중의 : 祭服이나 朝服 등의 안에 받쳐 입는 옷이다.

35) 『주례』의 ~ 하였다 : 정현의 말은 『주례』「春官 · 大宗白」에 나온다.

36) 악거 : 喪車라고도 하며 喪 중에 있는 사람이 타는 수레이다. 『주례』「春官 · 巾車」, 『의례』「旣夕禮」, 『예기』「雜記上」 등에 자세한 설명이 보인다. 『三禮辭典』, 802쪽, '惡車' 참조.

37) 개 : 聘問 온 쪽의 수행자를 가리킨다.

38) 군주가 ~ 답배한다 : 『의례』「聘禮」에는 이 말이 그대로 나오지 않는다. 빙문 온 사자와 수행원들이 모든 의절을 마치고 처소로 돌아갈 때 빙문을 받은 군주가 대문 안에서 전송하며 행하는 의절에 "公이 賓을 위로하면, 賓이 두 번 배례하여 이마를 땅에 대고, 公은 答拜한다. 公이 介를 위로하면, 介가 두 번 배례하여 이마를 땅에 대고, 公은 答拜한다"(公勞賓, 賓再拜稽首, 公答拜. 公勞介, 介再拜稽首, 公答拜)라고 하였다.

39) 대부가 ~ 맞는다 : 『의례』「聘禮」에 "賓이 대문을 들어와 왼쪽에 서면, 公은 두 번 배례하여 맞이하고, 賓은 피하고 답배하지 않는다"(賓入門左, 公再拜, 賓辟不答拜)라고 하였다.

40) 제후의 지체를 피하는 것이다 : 즉 대부인 자신이 답배를 하지 않으면 사에게 답배하지 않는 제후의 지체가 되기 때문이다.

41) 유우씨는 ~ 하였다 : 관련 내용은 「明堂位」(21)에 나온다.

42) 自爲 : '爲自', 또는 '爲凶歲自'로 된 판본도 있다. 후자의 뜻에 맞추어 해석하였다. 『禮記正義』(十三經注疏整理本 12책), 139쪽 주 2) 이학근 교감기 참조.

43) 나라가 ~ 것이다 : 이 말은 『춘추공양전』, 襄公 6년 조 傳에 나온다.

44) 오토 : 五地라고도 부르며, 山林, 川澤, 丘陵, 墳衍(물가와 低地), 原隰 등의 다섯 지형을 가리킨다. 『주례』「地官 · 大司徒」에 그 내용이 보인다. 『三禮辭典』, 154쪽, '五地' 참조.

45) 법령을 반포하거나 : 공영달은 "'授政은 象魏에 걸어놓은 법을 제후에게 수여하는 것이다"고 하였다.(『예기정의』[十三經注疏整理本 12책], 143쪽) 象은 法象 즉 법률을 뜻하고, 魏는 높다는 뜻이다. 옛날에는 법률을 높은 성문에 걸어두었다.

46) 빈 : 예의 집행을 돕는 주인 측의 보조자이다. 자세한 내용은 「곡례하」(49) 참조.

47) 賓 : 鄭玄은 今文에 '賓'으로 되어 있다고 한다. 『의례』, 해당 부분 참조.

48) 嘉 : 鄭玄은 今文에 '賀'로 되어 있다고 한다. 『의례』, 해당 부분 참조.

49) 여일인 : 孔穎達의 疏에 다음과 같은 설명이 보인다. '予'는 '我'(나)의 뜻이다. '제후의 조회를 받고~' 이하는 內事(오랑캐 지역과 대별한 中國 안의 일)이다. 그러므로 위엄을 내세우는 칭호를 사용하지 않고 단지 '여일인'이라고 한 것이다. '여일인'은 나는 인간 가운데 한 사람으로 다른 사람과 다르지 않음을 의미하기 때문에 겸사가 된다. 『백호통』에서는 "왕이 스스로 '一人'이라고 하는 것은 겸사이다. 자신의 재능이 한 사람을 감당할 뿐임을 말하고자 하는 것이다. 그러므로 『논어』에서 '백성에게 잘못이 있으면 나 한 사람에게 책임이 있다'고 말하였다. 신하가 '一人'이라고 칭하는 것은 왕을 높이는 것이다. 광대한 천하와 사해 안에서 함께 높이는 자는 한 사람일 뿐이기 때문이다"라고 하였다. 『禮記正義』(上), 123쪽, 해당 부분 참조.

50) 차자 : 且는 빌린다는 뜻이다. 且字는 온전한 형태의 正字에 대비하여 약칭으로 부르는 字를 가리킨다. 곧 伯, 仲 등을 붙이지 않고 '某甫'의 형태로 간략히 사용하는 것을 말한다. 공영달의 疏에 다음과 같은 설명이 보인다. "'曰有天王某甫'라고 한 것은 (천자가) 직접 가지 않았기 때문에 祝辭에서 이름을 칭하지 않고 '某甫'라고 한 것인데, 정현은 '且字이다'라고 하였다. '且字'를 해석하는 이는 '某는 천자의 자이고, 보甫는 남자의 미칭이다'라고 하였다. 축이 천자의 자를 칭하고, 그 아래에 '보'라고 한 것은 '尼父'의 예와 같은 것이다. 그러므로 『춘추곡량전』에 '父는 傅와 같다. 남자의 미칭이다'고 하였다. 『의례』「士冠禮」의 정현 주에 '甫는 장부의 미칭이다'고 하였다. 「雜記」에 '어린나이에 죽은 자에 대해서는 殤童某甫라고 칭한다'고 하였는데, 정현은 '귀신을 높이므로 이름을 부르지 않으며, 그 때문에 字를 지어 붙이는 것이다'고 하였다. 이렇게 보면 '某'는 字이고, '甫'는 장부의 미칭이다. 그런데 정현이 '且字이다'라고 한 것에 대해서 구설에서는 그 사람을 지적하지 않고 또 미칭으로 짝을 지어 그 字를 이룬 것이라고 하였다. 『音義隱』에서는 '또한(且)은 이 字를 빌린다는 뜻이다'라고 하였다."(曰'有天王某甫'者, 旣不自往, 故祝辭不稱名而云'某甫'者, 鄭云'且字也.' 解'且字'者云: '某是天子之字, 甫是男子美稱也.' 祝稱天子字而下云'甫', 是'尼父'之類也. 故『穀梁傳』云: '父, 猶傅也, 男子美稱也.' 「士冠禮」注曰: '甫, 丈夫美稱.' 而「雜記」: '附於殤, 稱殤童某甫', 鄭注云: '尊神不名, 爲之造字.' 以此而言, '某'者是字, '甫'者丈夫美稱. 而鄭所以謂爲'且字'者, 舊說云: '未斥其人, 且以美稱, 配成其字.' 『音義隱』云: '且, 假借此字也.')

51) 대축 : 관직명으로 제사할 때 귀신에게 고하는 말을 관장하는 祝官의 우두머리로 下大夫가 한다. 春官, 宗伯에 속한다. 泰祝, 史祝이라고도 칭하며, 줄여서 祝이라고도 한다. 『주례』「春官・大祝」에 자세한 내용이 보인다. 『三禮辭典』, 101쪽, '大祝' 참조.

52) 크게 ~ 주관한다 : 이 말은 『주례』「春官・大祝」에 다음과 같이 나온다. "크게 회동하여 종묘에서 造 제사를 지내고, 사직에서 宜 제사를 지내고, 장대한 산천을 지나게 되면 일을 주관한다."(大會同, 造于廟, 宜于社, 過大山川則用事焉)

53) 망질의 예 : 산천의 신을 순서에 따라 멀리 바라보면서 제사하는 것이다. 望祀 또는 望祭라고 한다.

54) 무릇 ~ 만든다 : 이 말은 『춘추좌씨전』, 僖公 33년 조 傳에 보이며, 그 원문은 "凡君薨, 卒哭而祔, 祔而作主"로 되어 있다.

55) 왕격유묘 : 이 말은 『역』萃卦와 渙卦의 彖辭 등에 나온다.

56) 래격래향 : 이 말은 『詩』「商頌·那」에 나온다.

57) 중 : 물건을 매달기 위해 설치한 나무막대로, 길이는 3尺이다. 모양은 나무를 깎아 윗부분에 구멍을 뚫어놓은 형태로 구멍에 軨 또는 簪, 즉 대나무로 된 막대기를 꽂아 물건을 매단다. 상례에서 아직 신주를 만들기 이전에는 중으로 그 신령을 주관하게 하고, 우제를 지낸 뒤에는 나무 신주로 중을 대신하게 한다.

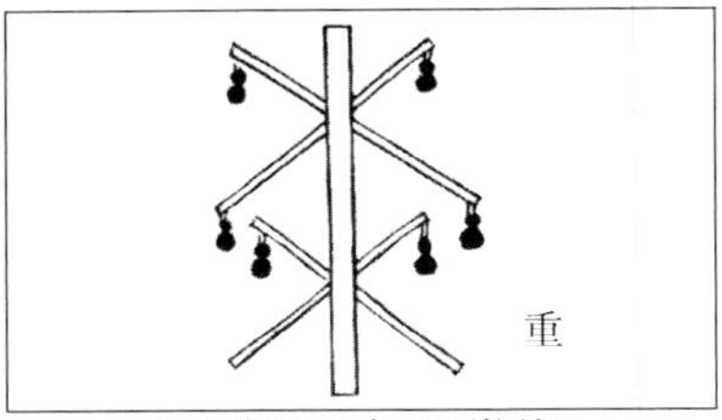

『三禮圖』(宋 聶崇義)

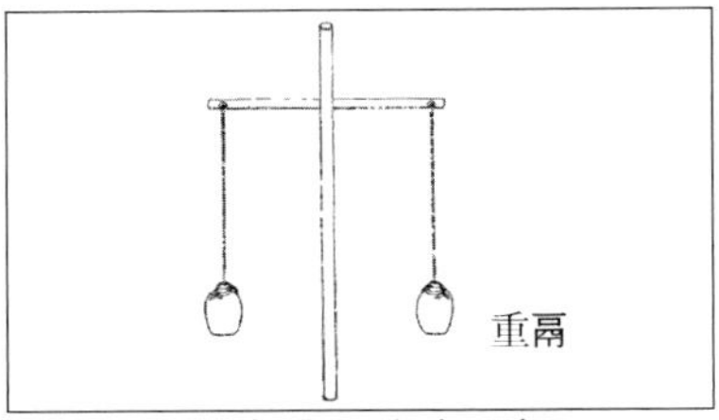

『欽定禮記義疏』(淸)

58) 『세본』 : 기물의 창작자나 성씨의 기원 등을 기록하고 있는 책이다. 사마천이 『사기』를 쓸 때 참고하였다고 한다. 따라서 秦漢 사이의 작품으로 보인다. 북송시대 이전에 산일되었고, 청대 孫馮翼, 秦嘉謨 등의 집일본이 남아 있다.

59) 제후가 ~ 있다 : 이 말은 『춘추공양전』, 文公 9년 조 傳에 나온다.

60) 살아 있을 ~ 말이다 : 이것은 전왕이 죽은 뒤 새로 등극할 후왕이 喪中에 있을 때 그렇게 부르며, 이 후왕이 喪中에 죽었을 때에도 그렇게 부른다는 뜻이다.

61) 진나라에 ~ 것이다 : 공영달 소에 "晉의 小子侯는 哀侯의 아들이다. 魯 桓公 7년 『춘추좌씨전』 기사에 '曲玉伯이 진의 소자후를 유인하여 죽였다'라고 하였다. 이것은 상중에 죽은 것인데 여전히 소자후로 부른 것이다. 응당 '嗣子某'라고 칭해야 옳고, 천자가 '소자'라고 칭하는 것과 똑같이 할 수 없다. 이것이 참람하게 칭한 것이다"(晉有小子侯, 哀侯之子也. 魯桓公七年, 『左傳』'曲沃伯誘晉小子侯, 殺之.' 是在喪而死, 猶呼爲小子侯也. 其應稱'嗣子某', 不得同天子稱'小子'. 是僭取之耳)라고 하였다.

62) 왕자 맹이 졸하다 : 이 말은 『춘추공양전』, 昭公 22년 조에 나온다.

63) 여어 : 이 말은 『주례』「天官·冢宰」에 보인다.

64) 연침 : 군주가 휴식을 취하는 처소이다. 공영달 소에 "『주례』에 따르면 왕에게는 여섯 개의 침전이 있다. 하나는 正寢이고 나머지 다섯의 침전은 그 뒤에 위치하는 데 통틀어서 燕寢이라고 한다. 그 가운데 하나는 동북쪽에 있는데 왕이 봄에 거처하고, 하나는 서북쪽에 있는데 왕이 겨울에 거처하고, 하나는 서남쪽에 있는데 왕이 가을에 거처한다. 하나는 동남쪽에 있는데 왕이 여름에 거처한다. 하나는 중앙에 있는데 6월에 거처한다. 后妃 이하는 번갈아 순서대로 올라가 다섯 침전에서 왕을 모신다"(『周禮』王有六

寢, 一是正寢, 餘五寢在後, 通名燕寢. 其一在東北, 王春居之, 一在西北, 王冬居之, 一在西南, 王秋居之. 一在東南, 王夏居之. 一在中央, 六月居之. 凡后妃以下, 更以次序而上御王於五寢之中也)라고 하였다.

65) 토균 : 주나라의 관직명으로, 邦國의 都鄙 토지법과 稅收의 일을 관장한다. 地官 司徒에 속한다. 『주례』「地官 · 土均」에 자세한 내용이 보인다. 『三禮辭典』, 70쪽, '土均' 참조.

66) 산우 : 주나라의 관직명으로 山地의 政令을 관장한다. 中士이다. 地官 司徒에 속한다. 『주례』「地官 · 山虞」에 자세한 내용이 보인다. 『三禮辭典』, 133쪽, '山虞' 참조.

67) 천형 : 주나라의 관직명으로 川澤의 禁令을 관장한다. 下士이다. 地官 司徒에 속한다. 水虞라고도 하며, 殷代에는 司水라고 불렀다. 『주례』「地官 · 川衡」에 자세한 내용이 보인다. 『三禮辭典』, 135쪽, '川衡' 참조.

68) 도인 : 주나라의 관직명으로 水澤의 地種이나 벼농사를 관장한다. 上士이다. 地官 司徒에 속한다. 『주례』「地官 · 稻人」에 자세한 내용이 보인다. 『三禮辭典』, 1070쪽, '稻人' 참조.

69) 각인 : 주나라의 관직명으로 때에 따라 산택의 농민에게 齒角 등 모든 뼈로 된 물건(骨物)의 징수를 관장한다. 下士이다. 地官 司徒에 속한다. 『주례』「地官 · 角人」에 자세한 내용이 보인다. 『三禮辭典』, 425쪽, '角人' 참조.

70) 관인 : 주나라의 관직명으로 금 · 옥 · 주석 · 돌 등 광물 생산지의 금령을 관장한다. 中士이며, 司貨라고도 부른다. 地官 司徒에 속한다. 『주례』「地官 · 卝人」에 자세한 내용이 보인다. 『三禮辭典』, 211쪽, '卝人' 참조.

71) 도인 : 『주례』「考工記」에 "陶人은 시루를 만든다"(陶人爲甗)라고 하였다.

72) 방인 : 『주례』「考工記」에 "旊人은 簋(서직을 담는 제기)를 만든다"(旊人爲簋)라고 하였다.

73) 금공은 ~ 도씨이다 : 『주례』「考工記」에 따르면 築氏는 書刀(竹簡을 다루는 데 사용하는 칼)를 제작하는 일을, 冶氏는 화살촉과 창날 등 병기를 제작하는 일을, 鳧氏는 종과 鼎 등을 제작하는 일을, 栗氏는 양을 재는 기물(量器)의 제작을 담당한다. 鍛氏는 「考工記」에 段氏로 되어 있으며 농기구의 제작을 담당하고, 桃氏는 칼을 제작하는 일을 담당한다.

74) 석공은 옥인 ~ 없어졌다 : 『주례』「考工記」에 따르면, 玉人은 玉을 가공하는 일을 담당한다. 磬人은 「考工記」에 磬氏로 되어 있으며 경쇠(磬)를 제작하는 일을 담당한다. 輪人은 바퀴를 제작하는 일을, 輿人은 수레 제작을, 弓人은 활을, 廬人은 兵器의 자루 제작을, 匠人은 토목을 車人은 수레를, 梓人은 木器 제작을 담당한다. 函人은 갑옷 제작을 담당한다. 鮑人의 鮑는 鞄와 통용자이다. 鮑人은 가죽을 다루는 일을, 韗人은 북을 제작하는 일을, 韋氏는 무두질한 가죽을 다루는 일을 담당한다.

75) 9명의 ~ 된다 : 이 말은 『주례』「春官 · 大宗白」에 나온다.

76) 섬으로부터 ~ 머물렀다 : 이 말은 『춘추공양전』 隱公 5년 조 傳에 나온다. 『춘추공양전』 원문에는 '以'가 '而'로 되어 있다.

77) 빈 : 의례의 진행을 돕는 주인 측의 보조자로, 儐이라고도 한다. 擯이 주인 측의 보조자인 것에 대하여 손님 측의 보조자를 介라고 한다. 주인 측의 보조자에는 擯 이외에

相이 있는데 『주례』 「秋官 · 司儀」의 '擯相'에 대한 注에서 정현은 "대문을 나아가서 손님을 접대하는 이를 빈, 들어와서 돕는 이를 상이라고 부른다"(出接賓曰擯, 入贊曰相)고 역할을 구분하였다. 여기서는 제후 등 천자의 손님을 나아가서 맞이하고 인도하는 천자 측의 관리를 가리킨다. 『三禮辭典』, 1153쪽, '擯' 참조.

78) 천자가 ~ 맡겼다 : 이 말은 『춘추좌씨전』, 成公 2년 조에 나온다. 원문은 "王使委於三吏"로 되어 있다.

79) 섬으로부터 ~ 주관하였다 : 이 말은 『춘추공양전』, 隱公 5년 조 傳에 나온다.

80) 나라들에 ~ 세운다 : 이 말은 『주례』 「天官 · 大宰」에 나온다.

81) 초나라는 춘추시대 ~ 불렀다 : 『춘추』에서 楚나라 군주를 가리킬 때, 楚侯나 楚公이라고 부르지 않고 楚子라고 부른 것을 가리킨다.

82) '모인'은 ~ 종류이다 : '某人'의 '某'는 나라 명칭을 가리킨다. 즉 '아무개 나라 사람'이라는 뜻이다. 『춘추좌씨전』, 桓公 8년 조에 '牟나라 사람(牟人)이 와서 조회에 참여하였다'고 하였고, 僖公 30년 조에 '介나라 사람이 蕭 지역을 침입하였다'고 하였다.

83) 홀로 서서 덕이 없다 : 『논어』 「里仁」에 "덕이 있는 사람은 외롭지 않고 반드시 이웃이 있다"(德不孤, 必有隣)라고 하였다.

84) 내조 : 孔穎達의 疏에 따르면, 천자는 3가지 朝를 갖는다. 첫째 公族을 만나는 곳으로 王寢의 門 안에 있는데 이를 燕朝 또는 內朝라고 한다. 둘째 조정의 관료들을 만나는 곳으로 正寢 門 밖에 있는데 이를 治朝라고 한다. 셋째 일반 대중을 만나는 곳으로 皐門의 안쪽, 庫門의 바깥쪽에 있는데 이를 外朝라고 한다.

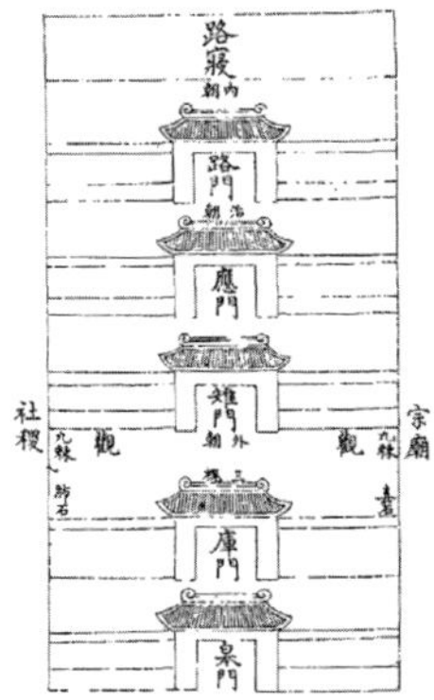

天子五門三朝

『欽定禮記義疏』(淸)

85) '의'는 모양이 ~ 한다 : 병풍과 유사한 형태의 가리개로 扆라고도 한다. 도끼 문양을 수놓은 것을 斧依 또는 黼扆라고 한다. 천자가 제후를 접견할 때 그것에 의지하여 등지고 서서, 남쪽을 향하여 제후를 대한다. 그러나 천자 이하 사에 이르기까지 모두 '依'를 사용할 수 있지만 도끼 문양의 수를 놓은 것은 천자만 사용한다.

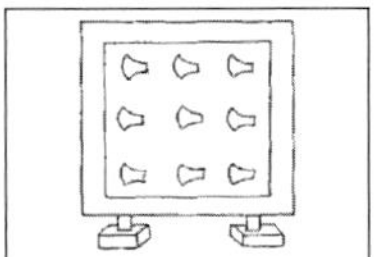
扆

『三禮圖』
(宋 聶崇義)

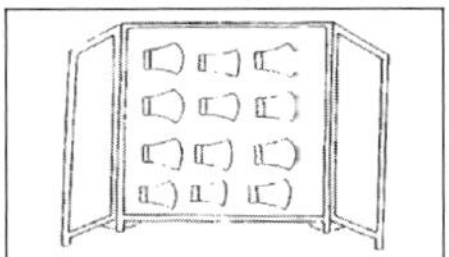
扆

『禮書』
(宋 陳祥道)

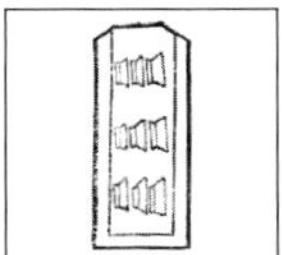
扆

周禮圖』
(元)

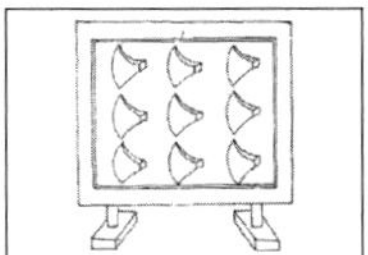
黼扆

『欽定禮記義疏』
(淸)

86) 朝 : 조선에서 간행된 『禮記集說大全』과 陳澔의 『陳氏禮記集說』에는 '廟'로 되어 있으나 진호가 인용한 정현 주와 송대 衛湜이 지은 『禮記集說』의 인용에는 모두 '朝'로 되어 있다. 원래의 전거와 문맥에 따라 '朝'로 고친다.

87) 주반에 담아놓고 ~ 담는다 : 珠盤은 珠槃으로 쓰기도 한다. 『주례』 「天官・玉府」에 "제후를 모아 회합하는 경우에 珠槃과 玉敦를 함께 사용한다"(若合諸侯, 則共珠槃玉敦)고 하였다. 정현 주에 따르면, "敦와 槃의 종류는 진주와 옥으로 장식한다. 고대에 槃으로는 희생의 피를 담고, 敦로는 음식을 담았다"(敦・槃類, 珠玉以爲飾. 古者以槃盛血, 以敦盛食)고 한다. 위 「曲禮」 경문에 대한 孔穎達의 疏에서는 珠槃에 왼쪽 귀를 담고 玉敦에 피를 담는다고 하였다. 이와 함께 「明堂位」의 鄭玄 注에 "(敦는) 모두 찰기장 밥과 메기장 밥을 담는 그릇이다"(皆黍稷器)라고 하였고, 陸德明의 『經典釋文』에는 "敦는 음이 대(對)이다. 또한 都와 雷의 반절이다"(敦音對, 又都雷反)라고 하였다.

敦

『三禮圖』(宋 聶崇義)

玉敦

『禮書』(宋 陳祥道)

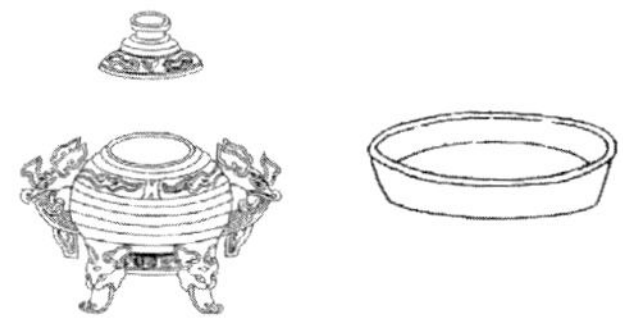

敦 槃

『欽定禮記義疏』(淸)

88) 歃血 : 歃은 마신다는 의미와 바른다는 의미를 함께 갖고 있다. 따라서 피를 마신다는 해석과 피를 바른다는 해석이 모두 가능하다.

89) 색부 : 幣帛을 관장하는 관직 명칭으로 嗇人이라고 부르기도 한다. 『의례』 「覲禮」에 "색부가 명을 받들어 천자에게 고한다"(嗇夫承命, 告於天子)라고 하였는데, 鄭玄은 注에서 司空에 속한다고 설명한다.

90) 내사와 외사 : 위 경문 39장의 集說에 설명이 나온다.

91) 중손 신 표 : 이 말은 『좌전』 襄公 18년 조에 나온다.

92) 피륙과 ~ 것이나 : 疏에 "이것은 제후의 세자가 제후인 부친이 죽고, 장례가 끝난 뒤에 천자를 알현하는 예이다. '類'는 본뜬다는 뜻이다. 장례 뒤에 아직 玉을 예물로 삼지 못하고 가죽과 비단을 예물로 삼아 제후가 천자를 알현하는 예를 본뜨기 때문에 '제후가 천자를 알현하는 예를 본떠서 한다'라고 한 것이다. 그러나 『春秋』의 의리에 따르면, 삼년상을 마친 뒤에 알현하는 것이다. 이제 '장례를 마쳤다'고 한 것은 천자가 더러 巡守를 행하다가 자신의 나라에 이르렀기 때문에 천자를 알현할 수 있는 것이다. 아직 장례를 행하지 않은 때라면 정식으로 군신관계가 되지 않으므로 비록 천자가 巡守를 행하더라도 또한 알현하지 않는다"(此諸侯世子, 父死, 葬畢而見於天子禮也. '類', 象也. 言葬後, 未執玉而執皮帛, 以象諸侯見, 故曰'類見'. 然『春秋』之義, 三年除喪之後乃見. 而

今云'旣葬'者, 謂天子或巡守至竟, 故得見天子. 未葬未正君臣, 故雖天子巡守, 亦不見也)라고 하였다. '未執玉' 부분은 판본에 따라 '見於王'으로 되어 있으나, 이학근의 교감기에 따랐다. 『禮記正義』(十三經注疏整理本 12책), 169쪽 주 1) 참조.

93) 선군의 ~ 것이다 : 陳澔는 경문의 類를 생전의 행적에 걸맞은 명칭의 의미로 해석하였다. 그러나 정현은 시호를 청하는 儀禮가 聘問의 예를 본떠서 한다는 의미로 類를 해석하였다.

94) 衆介北面, 鏘鏘焉 : 『의례』 「聘禮」 경문에는 '鏘鏘焉'이 '蹌焉'으로 되어 있다. 역대의 교감자들도 '蹌焉'의 잘못으로 보았다. 정현은 「聘禮」의 注에서 '蹌'을 '舒揚' 즉 여유있고 화창한 모습이라고 해석하였다. 『禮記注疏』(上), 146쪽, 주 4) 참조.

95) '비'는 짝이라는 뜻이다 : 정현 주가 아니라 공영달의 소에 나오는 말이다.

96) '처'는 나란하다는 뜻이다 : '齊'는 나란하다, 같다는 뜻이다. 곧 부부는 서로 일체로 여긴다는 뜻을 함축한다. 妻라는 명칭은 서인이 사용하지만 동시에 신분의 상하에 상관없이 천자에 이르기까지 통용하는 명칭이기도 한다. 疏에 "庶人은 신분이 낮아 별도의 칭호가 없이, 짝을 이루어 합하고 몸을 하나로 여길 뿐이다. 신분의 차이에 따라 다른 것이 이와 같지만, 통용해서 말하면 귀하거나 천하거나 모두 '妻'라고 말한다. 그러므로 『詩』에 '처에게 모범이 된다'라고 하였으니, 이는 천자도 '妻'라고 말하는 것이다. 周나라 가법에 대부의 처를 '內子'라고 한다. '趙姬가 叔隗를 內子로 삼았다'는 것이 그것이다"(庶人賤, 無別稱, 判合齊體而已. 尊卑如此, 若通而言之, 則貴賤悉曰妻. 故『詩』曰"刑于寡妻", 是天子曰'妻'也. 周家大夫妻曰'內子'. 趙姬以叔隗爲內子是也)라고 하였다.

97) 진씨 : 衛湜의 『禮記集說』에 長樂陳氏 즉 陳祥道의 말로 인용되어 있다.

98) 또한 ~ 붙인다 : 卑婦, 賤婦 등으로 자신을 부른다는 뜻이다.

99) 향례 : 太牢를 갖추어 빈객에게 올리는 예를 말한다. 聘禮에서 빈객을 접대할 때에는 饗, 食, 燕의 삼례가 있다. 이 가운데 향례가 격식이 가장 높은 것인데, 太牢와 술을 갖추어 공경을 다하고 九獻, 七獻, 또는 五獻의 예를 행한다. 『주례』 「秋官 · 大行人」에 자세한 내용이 보인다. 『三禮辭典』, 1272쪽, '饗' 참조.

100) 진나라의 ~ 것이다 : 이 말은 『춘추좌씨전』, 襄公 26년 조 傳에 나온다.

101) 제나라 ~ 하였다 : 이 말은 『春秋』, 閔公 2년 조 經文에 나온다.

102) 천왕이 ~ 머물렀다 : 이 말은 『春秋』, 僖公 24년 조에 나온다. 천왕은 주나라 襄王을 말한다.

103) 위나라 ~ 들어갔다 : 이 말은 『春秋』, 莊公 6년 조에 나온다.

104) 천왕이 ~ 머물렀다 : 이 말은 『春秋』, 僖公 24년 조에 나온다. 천왕은 주나라 襄王을 말한다.

105) 채나라의 ~ 돌아갔다 : 『春秋』, 莊公 10년 조에 "초나라가 채나라 군대를 莘에서 패배시키고, 채나라 제후 헌무와 함께 돌아갔다"(楚敗蔡師于莘, 以蔡侯獻舞歸)라고 하였다.

106) 위나라 ~ 멸망시켰다 : 이 말은 『春秋』, 僖公 25년 조 경문에 나온다.

107) 여씨 : 衛湜의 『禮記集說』에 呂大臨의 말로 인용되어 있다.

108) 약물 ~ 것이다 : 疏에 "무릇 사람의 질병은 대개 精力과 血汗이 조화롭지 못하기 때문이다. 따라서 약을 복용하여 치료한다. 그 약은 사용하는 약물에 신중하지 않으면 반드시 그 효과가 없다. 그러므로 경계해야 옳으니 그 부자가 서로 이어 삼대에 이른 이를 택한다. 이것이 '약물 조제를 신중히 하는 것'이다"(凡人病疾, 蓋以筋血不調. 故服藥以治之. 其藥不愼於物, 必無其徵. 故宜戒之, 擇其父子相承至三世也. 是'愼物調齊'也)라고 하였다.

109) 여씨 : 衛湜의 『禮記集說』에 呂大臨의 말로 인용되어 있다.

110) 우와 후직과 것은 : 관련 내용은 『맹자』 「離婁下」에 보인다.

111) 맹자가 ~ 것은 : 관련 내용은 『맹자』 「萬章下」에 보인다.

112) 자하가 ~ 것은 : 관련 내용은 『맹자』 「滕文公上」에 보인다.

113) 공손추가 ~ 것이다 : 관련 내용은 『맹자』 「公孫丑上」에 보인다.

114) 천자의 ~ 대답한다 : 疏에 의하면, 어린 나이에 왕으로 즉위하였을 때 먼 지역의 사람이 찾아와 왕의 나이를 몰라서 조정의 신하에게 물은 것이다.

115) 제후의 ~ 대답한다 : 疏에 의하면, 어린 나이로 군주에 즉위하였을 때 타국 사람이 그 군주의 신하에게 물은 것이다.

116) 대부 아들의 ~ 대답한다 : 疏에 의하면, 타국 사람이 대부의 아들의 나이를 대부의 신하에게 물은 것이다.

117) 나이 ~ 된다 : 이 구절은 「內則」(112)에 보인다.

118) 육예 : 예절(禮), 음악(樂), 활쏘기(射), 수레 몰기(御), 쓰기(書), 산수(數)를 육예라 한다.

119) 사의 ~ 대답한다 : 타국의 사람이 와서 이 士의 屬吏에게 물은 것이다.

120) 빈과 찬 : 주인과 손님 사이에 말을 전달하고, 의례의 진행을 돕는 일을 하는 사람들을 말한다. 주인 측의 전달자를 擯이라 하고, 손님 측의 전달자를 介라고 하며, 贊은 의례의 진행을 도와 보조하는 사람을 가리킨다.

121) 대부의 ~ 대답한다 : 타국의 사람이 대부의 신하에게 물은 것이다.

122) 오관 : 五行의 장관을 뜻하는 것으로 생각된다. 『춘추좌씨전』, 昭公 29년 조 傳에 "木의 장관을 句芒, 火의 장관을 祝融, 金의 장관을 蓐收, 水의 장관을 玄冥, 土의 장관을 后土라고 한다"(木正曰句芒, 火正曰祝融, 金正曰蓐收, 水正曰玄冥, 土正曰后土)라고 하였다.

123) (성왕이) 와서 ~ 드린다 : 이 말은 『詩』 「小雅 · 大田」에 보인다.

124) 여씨 : 衛湜의 『禮記集說』에 呂大臨의 말로 인용되어 있다.

125) 망사 : 주요한 산과 강에 제사를 드리는 것으로 멀리서 바라보면서 지내기 때문에 望祀라고 한다. 『주례』 「地官 · 牧人」의 '望祀' 부분과 정현 주에 자세한 설명이 나온다.

『三禮辭典』, 740쪽, '望祀' 참조.

126) 농 : 농업의 신을 뜻한다. 납향제(蜡祭) 때 제사지내는 대상으로 田畯이라고도 부른다. 농업을 최초로 가르쳐준 조상이다. 『예기』 「郊特牲」과 『주례』 「春官 · 籥章」에 자세한 내용이 보인다. 『三禮辭典』, 967쪽, '農' 참조.

127) 기 : 周나라의 시조 后稷의 이름이다. 稷官이 되었기 때문에 직이라고 한다. 『상서』 「堯典」에 나온다.

128) 뒤에 ~ 않는다 : 孔穎達의 疏에 따르면, 이 구절은 기존의 제사 대상을 폐하고 새로 제사 대상을 세우는 것은 덕이 있는 사람만이 할 수 있다는 뜻이다.

129) 노나라에서 무궁을 세우고 : 『左傳』, 成公 6년 조에 "二月, 季文子以鞍之功立武宮, 非禮也. 聽於人以救其難, 不可以立武. 立武由己, 非由人也"라고 하였다.

130) 양궁을 세운 것 : 『左傳』, 定公 원년 조에 "昭公出故, 季平子禱於煬公. 九月, 立煬宮"라고 하였다.

131) 희공을 ~ 제사지낸 것 : 『左傳』, 文公 2년 조에 "秋八月丁卯, 大事於大廟, 躋僖公, 逆祀也. 於是夏父弗忌爲宗伯, 尊僖公, 且明見曰: "吾見新鬼大, 故鬼小. 先大後小, 順也. 躋聖賢, 明也. 明 · 順, 禮也"라고 하였다.

132) 원거 : 爰居는 海鳥인데 노나라 도읍 동쪽에 날아와서 머무르자 대부 臧文仲이 신의 命이라고 여기고 사람을 시켜 그 새에게 제사를 지내게 하였다. 『국어』와 『장자』 등에 보인다.

133) 오종 : 시조로부터 장자로 이어지는 大宗과 고조, 증조, 조, 부로부터 장자로 이어지는 4가지 경우의 小宗을 합하여 오종이라고 한다.

134) 별자 : 제후의 衆子를 적장자와 구별하여 별자라고 한다. 제후의 중자는 새로운 大宗의 시조가 된다.

135) 효자 모는 ~ 올립니다 : 이 인용문은 「曾子問」(50)에 나온다.

136) 개가 ~ 있다 : 孔穎達의 疏에 다음과 같은 설명이 보인다. "사람이 국을 먹고 난 나머지를 개에게 주면, 개는 그것을 먹고 살이 찐다. 살이 찌면 바쳐서 귀신에게 제사지낼 수 있기 때문에 '갱헌'이라 한다."(人將所食羹餘以與犬, 犬得食之肥, 肥可以獻祭于鬼神, 故曰羹獻)

137) 갱임 : 「特牲饋食禮」 '羹飪'에 대한 정현 주에 "고기를 넣고 끓인 국을 羹이라고 한다. '飪'은 삶는다는 뜻이다"(肉謂之'羹'. '飪', 熟也)라고 하였다.

138) 영고숙이 ~ 없다 : 관련 내용은 『춘추좌씨전』, 隱公 元年 조 傳에 보인다.

139) 현주 : 孔穎達의 疏에 따르면, 옛날 제사에는 물로 술을 대신하고 그것을 玄酒라고 하였다. 그런데 '淸滌'이라 한 것은 그것이 매우 깨끗하고 맑기 때문이다. 『禮記注疏』(上), 158쪽, 해당 부분 참조.

140) 벼 싹을 ~ 아름답다 : 陳澔의 이 해석은 衛湜의 『禮記集說』에 수록된 呂氏의 설에 근거한 것으로 보인다. 呂氏는 "잡초가 제거되면 벼의 싹은 성글고, 땅이 비옥하면

뿌리가 풍부해진다. 싹이 성글면 열매가 풍성해진다. 그러므로 (제사에 올리는) 벼를 '嘉疏'(아름답고 성근 것)라고 한다"라고 주석하였다. 『禮記集說』 권14, 「곡례하」, 해당 부분 참조.

141) 『춘추좌씨전』에는 '돌'로 되어 있다 : 『춘추좌씨전』, 桓公 6년 조 傳에 보인다.

142) '갱헌'은 것이다 : 孔穎達의 疏에 따르면, 먹고 남은 음식을 개에게 먹여 키워서 개가 살찌면 귀신에게 제물로 바칠 수 있기 때문이라고 한다.

143) '지'는 ~ 말한다 : 孔穎達의 疏에 "소나 말 따위를 말한다. 한 마리가 죽으면 나머지가 서로 전염되어 죽는다"("牛馬之屬也. 若一箇死, 則餘者更相染漬而死)라고 하였다. 『禮記注疏』(上), 160쪽, 해당 부분 참조.

144) 큰 재앙이란 ~ 것이다: 이 말은 『춘추공양전』, 莊公 20년 조 傳에 보인다. 孔穎達은 疏에서 다음과 같이 설명한다. "'여름에 제나라에 큰 재앙이 일어났다. 큰 재앙이란 무엇인가? 크게 파리해진다는 뜻이다. 크게 파리해진다(大瘠)는 것은 무엇인가? 돌림병이다'라고 하였는데, 注에서 '돌림병(癘)은 백성의 질병이다'라고 하였다. 본 경문에서 '漬'라고 하였는데 『춘추공양전』에서 '瘠'이라고 한 것은 글자는 다르지만 뜻은 같다."('夏, 齊大災. 大災者何? 大瘠也. 大瘠者何? 癘也', 注云: '癘者, 民疾疫也.' 然此云'漬', 彼云'瘠', 字異而意同者也)

145) 시신에 ~ 위함이다 : 이 말은 『맹자』 「公孫丑上」에 나온다.

146) 得脫 : 『禮記正義』 十三經注疏本에는 '脫得'으로 되어 있다.

147) 구빈 : 천자의 后, 夫人 다음 지위에 있는 女官으로 婦學을 담당한다. 『주례』 「天官 · 九嬪」에 "婦學의 법도를 담당하여, 九御에게 婦德, 婦言, 婦容, 婦功을 가르친다. 구빈은 각각 자신의 소속된 이들을 통솔하고, 시기에 따라 왕의 처소에서 왕을 모시고 시중을 든다"(掌婦學之法, 以敎九御婦德 · 婦言 · 婦容 · 婦功. 各帥其屬, 而以時御敍于王所)라고 하였다.

148) 구어 : 천자를 모시는 첩의 한 직책으로 女御라고도 한다. 여성이 담당하는 일과 천자를 모시는 일을 담당한다. 모두 81명으로 9조로 나누어 순서대로 돌아가면서 천자를 모시고 시중을 들기 때문에 '九御'라고 부른다. 『주례』 「天官 · 內宰」의 "婦職의 법도로 九御에게 가르친다"(以婦職之法敎九御)에 대한 정현 주에 "九御는 女御이다. 9명씩 아홉 차례에 순서로 왕에게 시중을 든다. 따라서 九御로 부른다"(九御, 女御也. 九九而御於王. 因以號焉)라고 하였다. 賈公彦은 疏에서 "女御는 81명인데, 9명이 한 소속(屬)이 된다. 屬은 무리와 같은 뜻이다. 9명이 동시에 천자를 시중들고 또한 동시에 길쌈의 일을 한다"(女御八十一人, 九人爲一屬. 屬猶聚也. 九人同時御, 又同爲絲枲之事)라고 하였다.

149) 구빈은 ~ 가르친다 : 인용문은 『주례』 「天官 · 冢宰」에 나온다. 孔穎達의 疏에 "嬪이 가르치는 바는 后, 夫人 및 世婦에게 가르치지 않고, 오직 九御를 가르칠 뿐이다. '婦德, 婦言, 婦容, 婦功'은 이 九嬪이 가르치는 일이다. '부덕'은 곧고 순함을 말한다. '부

언'은 명령하는 말을 가리킨다. '부용'은 착실하고 정숙한 모습을 말한다. '부공'은 명주나 삼을 잣는 일을 말한다"(嬪所教不教后夫人及世婦, 唯教九御而已. 云'婦德・婦言・婦容・婦功'者, 此九嬪所教之事也. '婦德'謂貞順也. '婦言'謂辭令也. '婦容'謂婉娩也. '婦功'謂絲麻也)라고 하였다.

150) 공자가 ~ 것이다 : 『논어』「鄕黨」에 보인다.

151) 대향 : 종묘에서 선조의 위패를 한 곳에 모아놓고 드리는 祫祭를 가리킨다. 『禮記注疏』「禮器」(50), '郊血, 大饗腥'에 대한 注 참조.

152) 교제에서는 ~ 바친다 : 이 말은 「郊特牲」(2)과 「禮器」(50)에 중복해서 나온다.

153) 명규 : 명은 천자가 명령한다는 뜻이다. 천자가 侯와 公 등 대신에게 하사하는 옥으로 된 기물로, 조회 등 주요 의식에서 대신들은 신분을 나타내는 표시로 이 命圭를 잡고 참여한다. 『주례』「考工記・玉人」에 "命圭의 길이가 9寸이면 桓圭라고 부르고 公이 간직하여 지킨다. 命圭의 길이가 7寸이면 信圭라고 부르고 侯가 간직하여 지킨다. 命圭의 길이가 7寸이면 躬圭라고 부르고 伯이 간직하여 지킨다"(命圭九寸, 謂之桓圭, 公守之. 命圭七寸, 謂之信圭, 侯守之. 命圭七寸, 謂之躬圭, 伯守之)라고 하였다. 정현 주에는 躬圭의 길이가 5촌이라고 한 곳도 있다고 하였다.

154) 환규, 신규, 궁규, 곡벽, 포벽 그림 :

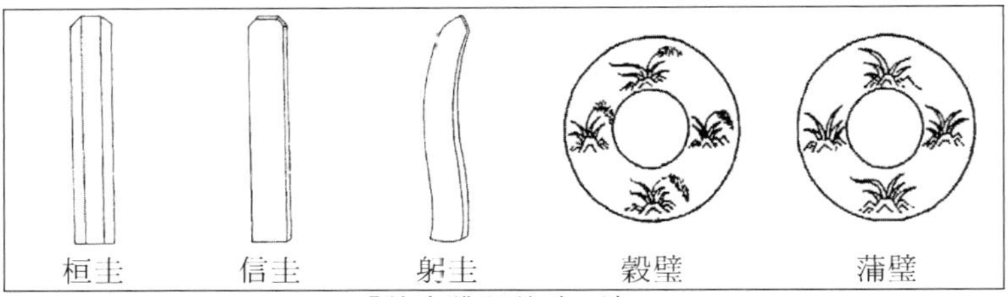

『欽定禮記義疏』(淸)

155) 비 : 湯이 仲虺에게 분봉해준 지역의 명칭으로, 오늘날 山東 지역에 속한다.

156) 담 : 少皞의 후손에 분봉된 나라의 명칭이자 漢나라 때 縣이었던 곳의 명칭이다. 오늘날 산동 지역에 속한다.

157) 여인의 ~ 표시한다 : 인용문은 『춘추좌씨전』, 莊公 24년 조 傳에 보인다.

158) 주장 : 酒는 술을, '漿'은 신맛이 있는 발효된 음료수, 이를 테면 식혜 등과 같은 것을 뜻한다. 漿의 의미에 대해서는 「內則」(49)의 주와 집설에 자세하다. 嚴陵 方氏는 제사에 바치는 음식을 의미한다고 보았다. 그러나 문맥상 음식 일반을 가리키는 것으로 보이며, 음식을 만드는 일을 담당하는 사람을 지칭한 것으로 생각된다. 『禮記集說大全』, 위 항목에 대한 小註 참조.

159) 소쇄 : 청소한다는 의미로, 여기서는 청소하는 일을 담당하는 사람을 지칭한 것이다.

160) 첩잉 : 正妻가 후손을 낳지 못할 경우를 대비해서 갖추는 여인들을 말한다. 正妻의 보조자로 혼인할 때 따라가는 여자를 媵이라고 한다.

단궁상 제3
檀弓上

정현의 『예기목록禮記目錄』에서 말한다. "「단궁檀弓」이라고 제목을 붙인 것은 그 기록한 사람이 예에 뛰어나기 때문에 성명을 써서 드러낸 것이다. 성은 단檀이고 이름은 궁弓이다. 현재 산양山陽에 단檀씨가 있다. 이 편은 유향劉向의 『별록別錄』에서는 「통론通論」에 속해 있다."

鄭『目錄』云: "名曰「檀弓」者, 以其記人善於禮, 故著姓名以顯之. 姓檀名弓. 今山陽有檀氏. 此於『別錄』屬「通論」"

유씨劉氏(유이劉彝)[1]는 말한다. "「단궁」 첫머리에서부터 자유子游를 언급하였고, 편 안에서도 그에 관해 언급한 것이 많으니, 아마도 그의 문인이 기록한 것인 듯하다."

劉氏曰: "「檀弓」篇首言子游, 及篇內多言之, 疑是其門人所記."

【단궁상 1】

공의중자公儀仲子의 상에 단궁이 문免[2]을 하였다. 중자가 적손適孫을 놔두고 지자支子를 후사後嗣로 세웠기 때문이다. 단궁이 "무슨 이유인가? 나는 이런 일을 이전에 들어본 적이 없다"라고 말하고는 빠른 걸음으로 문 오른쪽에 있는 자복백자子服伯子에게 나아갔다.

公儀仲子之喪, 檀弓免焉.① 仲子舍其孫而立其子.② 檀弓曰: "何居? 我未之前聞也",③ 趨而就子服伯子於門右.

鄭注 ① 일부러 비례非禮를 행하여 중자를 비난한 것이다. 『의례』「상복喪服」에 "붕우가 모두 다른 나라에 있다가 객사하여 상주가 될 친족이 없을 경우 그의 붕우가 상주가 되는데 단문袒免을 할 뿐이다"라고 하였다. 故爲非禮, 以非仲子也. 『禮』: "朋友皆在他邦, 乃袒免."

② 이 경우 지자支子를 후사後嗣로 세운 것은 잘못이다. 공의는 노나라와 동성이다. 주나라의 예禮에 따르면 '적자適子가 죽으면 적손適孫을 세워 후사로 삼는다.'[3] 此其所立非也. 公儀, 蓋魯同姓. 周禮, '適子死, 立適孫爲後.'

③ '거居'는 희성姬姓이라고 할 때의 '희'로 읽는데, 제나라와 노나라 지역에서 사용되던 어조사이다. '전前'은 이전이라는 뜻이다. '居', 讀爲姬姓之姬, 齊魯之間語助也. '前'猶故也.

集說 '공의公儀'는 씨이고 '중자仲子'는 자인데 노나라와 동성이다. '단궁檀弓'은 노나라 사람 가운데 예를 잘 아는 사람이다. 단문袒免은 본래 오세인 친족이 죽었을 때 하는 복이지만, 타국에서 죽어 상주喪主가 없는 친구를 위해서도 단문을 한다.[4] 그 제도는 한 촌 넓이의 베를 목 중앙에서 앞으로 돌려 이마에서 교차시키고 다시 뒤로 넘겨 상투에 감는다. 적자適子가 죽으면 적손適孫을 세워 후사로 삼는 것이 예이다. 중자仲子가 적손을 두고 서자庶子를 세웠기 때문에 단궁이 지나친 예禮인 문免을 하고 조문하여 기롱한 것이다. '하희何居'는 괴이하게 여기는 말로 "무엇 때문인가"(何故)라고 말하는 것과 같다. 이때는 아직 소렴을 하지 않아 상주가 동쪽 계단 밑에 자

리하지 않고 여전히 서쪽 계단 아래 있으면서 조문을 받고 있었으므로[5] 단궁이 조문을 마치고 문 오른쪽에 있는 자복백자에게 나아가 질문한 것이다. '公儀', 氏, '仲子', 字, 魯之同姓也. '檀弓', 魯人之知禮者. 袒免, 本五世之服, 而朋友之死於他邦而無主者, 亦爲之免. 其制以布廣一寸, 從項中而前, 交於額, 又卻向後而繞於髻也. 適子死, 立適孫爲後. 禮也. 弓以仲子舍孫而立庶子, 故爲過禮之免以弔而譏之. '何居', 怪之之辭, 猶言"何故"也. 此時未小斂, 主人未居阼階下, 猶在西階下, 受其弔, 故弓弔畢而就子服伯子於門右而問之也.

【단궁상 2】

"중자仲子가 적손適孫을 두고 지자支子를 후사로 세운 것은 왜인가?" 하고 단궁이 물었다. 백자가 말했다. "중자 또한 옛 도를 실행하려는 모양이다. 예전에 문왕文王은 장자長子인 백읍고伯邑考를 놔두고 지자인 무왕武王을 후사로 세웠으며, 미자微子는 적손인 돈腯을 놔두고 지자인 연衍을 후사로 세웠다. 중자 또한 옛 도를 실행하려는 모양이다." 자유가 공자에게 묻자, 공자는 "아니다! 손자를 세워야 한다"고 대답하였다.

曰: "仲子舍其孫而立其子, 何也?"① 伯子曰: "仲子亦猶行古之道也. 昔者文王舍伯邑考而立武王, 微子舍其孫腯而立衍也. 夫仲子亦猶行古之道也."② 子游問諸孔子, 孔子曰: "否! 立孫."③

鄭注 ① 빈객의 자리를 떠나 주인의 친속(兄弟) 가운데 현명한 자에게 나아가 질문한 것이다. '자복백자子服伯子'는 중손멸仲孫蔑의 현손玄孫인 자복경백子服景伯일 것이다. '멸蔑'은 노나라의 대부이다. 去賓位, 就主人兄弟之賢

者而問之. '子服伯子', 蓋仲孫蔑之玄孫子服景伯. '蔑', 魯大夫.

② 백자伯子가 친척을 위해 잘못을 숨겨준 것일 뿐, 적손이 아닌 지자를 세운 것은 잘못이다. 문왕이 무왕을 세운 것은 권도權道이다. 미자微子는 적자가 죽자 차자인 연衍을 후사로 세웠는데, 이는 은나라 예이다. 伯子爲親者隱耳, 立子非也. 文之立武王, 權也. 微子適子死, 立其弟衍, 殷禮也.

③ 주나라의 예에 근거한 것이다. 據周禮.

集說 '왈曰'은 단궁의 질문이다. '유猶'는 여전히라는 뜻이다. '역亦'은 의논이 아직 정해지지 못했다는 말이다. '백읍고伯邑考'는 문왕의 맏아들이다. 미자微子가 적손을 놔두고 지자支子인 연衍을 후사로 세운 것은 은나라 예禮에 따른 것인 듯하다. 문왕이 무왕을 세운 것에 대해 선유는 권도權道라고 보기도 하고 은나라 제도를 따른 것으로 보기도 하는데 모두 잘 알지 못하겠다. 그렇지 않다면 덕을 기준으로 하고 나이를 기준으로 하지 않은 것이니, 역시 태왕太王이 계력季歷에게 왕위를 물려준 뜻[6]과 같은 것이겠다. ○ 응씨應氏는 말한다. "단궁은 침묵하고 다시 말하지 않았지만, 자유가 의심을 하여 바로잡아줄 것을 구하였다. 공자가 분명하게 가려서 보여주지 않았다면, 적손을 두고 지자를 후사로 세우는 것이 잘못임을 누가 알았겠는가?" '曰', 弓之問也. '猶', 尙也. '亦', 猶擬議未定之辭. '伯邑考', 文王長子. 微子舍孫立衍, 或是殷禮. 文王之立武王, 先儒以爲權, 或亦以爲遵殷制, 皆未可知. 否則以德不以長, 亦如大王傳位季歷之意歟. ○ 應氏曰: "檀弓默而不復言, 子游疑而復求正. 非夫子明辨以示之, 孰知舍孫立子之爲非乎?"

【단궁상 3】

부모를 섬길 때는 잘못을 숨겨줌은 있으나, 안색을 거스르면서 간함은 없고, 이리저리 나아가 봉양하고 일정한 한계를 두지 않는다. 돌아가실 때까지 힘든 일을 맡아서 하고, 돌아가시면 삼 년 동안 상을 극진히 치른다. 군주를 섬길 때는 안색을 거스르면서 간함은 있으나 잘못을 숨겨줌은 없고, 이리저리 나아가 봉양하지만 정해진 직분이 있다. 돌아가실 때까지 힘든 일을 맡아 하고, 돌아가시면 삼 년 동안 부모의 상에 준하는 상(方喪)을 치른다. 스승을 섬길 때는 안색을 거스르면서 간하거나 잘못을 숨겨줌이 없고, 이리저리 나아가 봉양하는 데 일정한 한계를 두지 않는다. 돌아가실 때까지 힘든 일을 맡아 하고, 돌아가시면 삼 년 동안 심상心喪을 한다.

事親有隱而無犯,① 左右就養無方.② 服勤至死, 致喪三年.③ 事君有犯而無隱,④ 左右就養有方.⑤ 服勤至死, 方喪三年.⑥ 事師無犯無隱, 左右就養無方. 服勤至死, 心喪三年.⑦

鄭注 ① '은隱'은 허물과 실수를 지적하여 드러내지 않는다는 말이다. '무범無犯'은 안색을 거스르면서 간하지 않는다는 것이다. 『논어』에 "부모를 섬길 때는 기미를 살펴 간한다"[7]고 하였다. '隱', 謂不稱揚其過失也. '無犯', 不犯顔而諫. 『論語』曰: "事父母, 幾諫."

② '좌우左右'는 돕고 붙들어준다는 말이다. '방方'은 일정함이라는 뜻과 같다. 자식이면 그와 같이 하고 일정하게 정해진 사람이 없다. '左右', 謂扶持之. '方', 猶常也. 子則然, 無常人.

③ '근勤'은 힘들고 괴로운 일이다. '치致'는 슬퍼하는 모습이 그 상복과 걸맞은 것을 말한다. 무릇 이런 일은 은혜를 기준으로 제정한 것이다. '勤', 勞辱之事也. '致', 謂戚容稱其服也. 凡此以恩爲制.

④ 이미 간하고 난 뒤에, 국정에 대해 묻는 사람이 있다면 그 정치의 득실에 관해서 말해줄 수 있다. 제나라 안자晏子가 진晉나라 숙향叔向에게 말했던 것[8]과 같은 것이다. 旣諫, 人有問其國政者, 可以語其得失. 若齊晏子爲晉叔向言之.

⑤ 남의 직분을 침범해서는 안 된다. 不可侵官.

⑥ '방상方喪'은 부모를 섬기는 도리에서 근거하여 취한다는 것이다. 무릇 이런 일은 모두 의리義理를 기준으로 제정한 것이다. '方喪', 資於事父. 凡此以義爲制.

⑦ '심상心喪'은 슬퍼하는 용모는 아버지의 상을 치를 때와 같게 하지만 상복은 하지 않는 것이다. 무릇 이런 일은 은혜와 의리 사이에서 조율하여 제정한 것이다. '心喪', 戚容如父, 而無服也. 凡此以恩義之間爲制.

集說 요씨饒氏(요로饒魯)는 말한다. "'좌우左右'를 좌우佐佑(돕는다)로 발음하는 것은 잘못이다. '좌우'는 바로 방향이요, '봉양한다'(養)는 것은 음식을 봉양하는 것에 그치지 않는다는 것으로, 왼쪽에서 봉양하기도 하고 오른쪽에서 봉양하기도 하면서 고정된 방향이 없다는 말이다. 자식은 부모에 대해 자신이 맡은 직분을 구분하지 않고 일마다 모두 알아서 해야 하니, 다른 사람에게 미루고 맡길 수 있는 것이 없다. 스승을 섬기는 것도 부모를 섬기는 것과 같이 하므로 모두 정해진 방향이 없다. '방향이 있다'(有方)는 것은 왼쪽이 오른쪽을 침범할 수 없고 오른쪽이 왼쪽을 침범할 수 없어 정해진 방향이 있다는 말이다. 신하가 군주를 섬길 때는 각자 자신이 맡은 직분을 다해야 하므로 일정한 방향이 있다고 한 것이다." ○ 주씨朱氏는 말한다. "부모는 인仁이 있는 곳이므로 잘못을 숨겨줌은 있으나 거스르면서 간함은 없다. 군주는 의義가 있는 곳이므로 거스르면서 간함은 있으나 잘못을 숨겨줌은 없다. 스승은 도道가 있는 곳이므로 거스르면서 간함도 잘못을 숨겨줌도 없다." ○ 유씨劉氏는 말한다. "'은隱'은 모두 간하는 것을 말한다. 부모

와 자식은 은혜를 위주로 하는데 거스르면서 간하면 선善하기를 요구하는 것이 되어서 은혜를 상하게 되므로 기미를 살펴 간하고 거스르면서 간하지는 않는다. 군주와 신하는 의리를 위주로 하는데, 간하지 않고 숨겨주면 위세를 두려워하여 아부를 하는 것이어서 의리를 해치게 되므로 군주의 잘못을 바로잡을 때는 '속이지 말고 거스르면서 간한다.(勿欺也而犯之)'[9] 스승과 제자는 은혜와 의리의 사이에 처하고 스승은 도가 있는 곳이어서 간하면 반드시 거절당하지 않을 것이므로, 거스를 필요가 없다. 잘못이 있으면 의심하고 질문해야 하며 감추어둘 필요가 없다. '숨겨준다'(隱)는 것은 잘못을 덮어줌을 말하는 것이 아니다. 잘못을 덮어주고 다른 사람에게 드러내면 안 되는 경우는 세 가지 관계에서 모두 그렇게 해야 한다. 오직 사관史官의 경우는 이러한 제한을 받지 않는다. '취양就養'은 가까이 나아가 봉양하는 것이다. '치상致喪'은 슬프고 수척해지는 상례喪禮의 절도를 극진히 하는 것이다. '방상方喪'은 부모의 상에 견주어 나란하게 하는데 의義(의리)로써 은恩(은혜)을 함께하는 것이다. '심상心喪'은 몸에 상복喪服을 입지는 않으나 마음으로 슬퍼하는 감정을 가지는 것이다. 이른바 '아버지의 상을 치르듯 하되 상복은 하지 않는다'(若喪父而無服也)[10]는 것이다." 饒氏曰: "'左右'音佐佑, 非也. '左右'卽是方, '養'不止飮食之養, 言或左或右無一定之方. 子之於親, 不分職守, 事事皆當理會, 無可推托. 事師如事父, 故皆無方. '有方', 言左不得越右, 右不得越左, 有一定之方. 臣之事君, 當各盡職守, 故曰有方." ○ 朱氏曰: "親者, 仁之所在, 故有隱而無犯. 君者, 義之所在, 故有犯而無隱. 師者, 道之所在, 故無犯無隱也." ○ 劉氏曰: "隱皆以諫言. 父子主恩, 犯則爲責善而傷恩, 故幾諫而不可犯顔. 君臣主義, 隱則是畏威阿容而害義, 故匡救其惡, '勿欺也而犯之.' 師生處恩義之間, 而師者道之所在, 諫必不見拒, 不必犯也. 過則當疑問, 不必隱也. '隱', 非掩惡之謂. 若掩惡而不可揚於人, 則三者皆當然也. 惟秉史筆者不在此限. '就養', 近就而奉養之也. '致喪', 極其哀毁之節也. '方喪', 比方於親喪而以義並恩也. '心喪', 身無衰麻之服, 而心有哀戚之情. 所謂'若喪父而無服也'."

【단궁상 4】

계무자季武子가 침전寢殿을 조성하였는데, 두씨杜氏의 무덤이 그의 집 서쪽 계단 밑에 있었기 때문에, 두씨가 합장合葬하기를 요청하자 계무자가 허락하였다. 두씨가 집 안에 들어가서 감히 곡을 하지 못하자, 계무자가 "합장은 옛 법도는 아니지만, 주공周公 이후로 줄곧 고치지 않았다. 내가 그 큰 것을 허락하였는데 작은 것을 허락하지 않는다면 말이 되겠는가?" 하고는 곡을 하도록 명하였다.

季武子成寢,① 杜氏之葬在西階之下, 請合葬焉, 許之. 入宮而不敢哭, 武子曰: "合葬, 非古也, 自周公以來, 未之有改也.② 吾許其大而不許其細, 何居?" 命之哭.③

鄭注 ① '무자武子'는 노나라 공자公子 계우季友의 증손인 계손숙季孫夙이다. '武子', 魯公子季友之曾孫季孫夙.

② 다른 사람의 무덤을 허물고 집을 지었음을 스스로 알고 있어 잘못을 문식하고자 한 것이다. 自見夷人冢墓以爲寢, 欲文過.

③ 이것을 기록한 이유는 다른 사람의 은恩을 빼앗지 않음을 좋게 생각하였기 때문이다.[11] 記此者, 善其不奪人之恩.

集說 유씨劉氏(유이劉彝)는 말한다. "침전寢殿을 조성하면서 다른 사람의 묘를 허문 것[12]은 어질지 않은 것이다. 이장하지 않고 합장하기를 청한 것 또한 효가 아니다. 합장하기를 허락하고 게다가 다시 곡을 하게 한 것은 거짓으로 잘못을 문식文飾하고자 한 것이다. 게다가 침전이란 가족을 안주하게 하는 것인데, 자기 가족을 남의 무덤 위에 거주하게 한다면 자신은 편안하겠는가? 묘란 선조를 봉안하는 것인데, 선조를 다른 사람의

집 계단 밑에 머물게 한다면 편안할 수 있겠는가? 모두 인정에 가깝지 않으니 비례임이 분명하다." 劉氏曰: "成寢而夷人之墓, 不仁也. 不改葬而又請合焉, 亦非孝也. 許其合而又命之哭焉, 矯僞以文過也. 且寢者所以安其家, 乃處其家於人之冢上, 於汝安乎? 墓者所以安其先, 乃處其先於人之階下, 其能安乎? 皆不近人情, 非禮明矣."

【단궁상 5】

자상子上이 어머니가 돌아가셨는데도 복을 하지 않은 것에 대해 문인이 자사子思에게 물었다. "예전에 선생의 선군자(孔子)께서는 쫓겨난 어머니를 위해 복을 하게 하였습니까?" "그렇다." "그런데 선생께서 백白에게 복을 하게 하지 않는 것은 어째서입니까?" 자사가 말했다. "옛날 나의 선군자께서는 도리에 어긋난 바가 없으셨다. 도리에 높이는 것이면 높이고, 도리에 낮추는 것이면 낮추셨다. 나야 어찌 그렇게 할 수 있겠는가? 나에게 아내가 되는 사람은 백에게는 어머니가 되고, 나에게 아내가 되지 않는 사람은 백에게 어머니가 되지 않는다." 따라서 공씨 집안에서 쫓겨난 어머니를 위해 복을 하지 않는 것은 자사子思로부터 시작되었다.

子上之母死而不喪,① 門人問諸子思曰: "昔者子之先君子喪出母乎?" 曰: "然."② "子之不使白也喪之, 何也?" 子思曰: "昔者吾先君子無所失道. 道隆則從而隆, 道汚則從而汚.③ 伋則安能?④ 爲伋也妻者, 是爲白也母, 不爲伋也妻者, 是不爲白也母." 故孔氏之不喪出母, 自子思始也.⑤

鄭注 ① '자상子上'은 공자의 증손으로 자사子思 급伋의 아들이다. 이름은 백白인데 그의 어머니는 쫓겨났다. '子上', 孔子曾孫, 子思伋之子. 名白, 其母出.
② 『의례』에 따르면 "쫓겨난 어머니를 위해서는 기년복을 하는데, 아버지가 돌아가시고 아버지의 후사가 된 아들은 쫓겨난 어머니를 위해 복하지 않는다"[13]고 되어 있다. 『禮』, '爲出母期, 父卒, 爲父後者不服'耳.
③ '오汚'는 강쇄降殺한다는 뜻이다. 높이기도 하고 낮추기도 하면서 조처하기를 예에 따라 한다는 것이다. '汚', 猶殺也. 有隆有殺, 進退如禮.
④ 미칠 수 없다고 인정한 것이다. 自予不能及.
⑤ 예가 폐해지게 된 연유를 기록한 것은 비난한 것이다. 記禮所由廢, 非之.

集說 '자상子上의 어머니'(子上之母)는 자사子思의 쫓겨난 아내이다. 『의례』에 따르면, 쫓겨난 어머니를 위해서 자최장기를 하는데, 아버지의 후사가 된 아들은 복이 없고 심상心喪을 할 뿐이다.[14] 백어伯魚와 자상은 모두 아버지의 후사로서, 예에 따르면 (쫓겨난 어머니를 위해) 복을 하지 않는 경우에 해당한다. 그런데도 백어는 기년을 넘겨서까지 계속 곡을 하였다. 공자가 그것을 듣고 "지나치다"고 한 뒤에야 상복을 벗었다.[15] 이것은 '현자는 과도하게 행하기 때문에 잘못을 범한다는 사례'[16]에 해당한다. 자사가 백에게 쫓겨난 어머니의 상을 치르지 못하게 한 것은 바로 예에 따르고자 한 것일 뿐인데, 문인이 선군자 즉 공자의 일을 들어 질문을 하자 자사는 백어의 지나친 예를 언급하기 어려웠으므로 "성인은 도리에 어긋난 바가 없다"는 말로 대답한 것이니, 그 취지는 다음과 같다. 성인인 공자가 아들인 백어에게 쫓겨난 어머니를 위해 상복을 하도록 허락해준 것은 도리로서 예를 헤아려 높이거나 낮춘 것이다. 오직 성인만이 도리에 높여야 하는 것에 대해서는 높이고, 도리에 낮추어야 하는 것에 대해서는 낮출 수 있다. '오汚'는 강쇄降殺한다는 뜻과 같다. 이는 선왕의 예에 대해서 참작하여 상

황에 따라 높이거나 낮춤으로써 중도中道를 따르게 하는 경우가 있는 것이다. 내가 어찌 이처럼 할 수 있겠는가! 다만 나에게 아내가 된다면 백은 어머니에 대한 상복을 해야 하지만, 이제 이미 나의 아내가 아니라면 백은 아버지의 후사여서 상복을 해서는 안 된다. 자사는 상례常禮를 지키고자 하고, 백어가 더 높여서 한 것처럼 하게 하지 않으려 한 것이다. '子上之母', 子思出妻也. 『禮』, 爲出母齊衰杖期, 而爲父後者無服, 心喪而已. 伯魚・子上皆爲父後, 禮當不服者. 而伯魚乃期而猶哭. 夫子聞之曰"甚", 而後除之. 此'賢者過之之事'也. 子思不使白喪出母, 正欲用禮耳, 而門人以先君子之事爲問, 則子思難乎言伯魚之過禮也, 故以"聖人無所失道"爲對. 謂聖人之聽伯魚喪出母者, 以道揆禮而爲之隆殺也. 惟聖人能於道之所當加隆者, 則從而隆之, 於道之所當降殺者, 則從而殺之. '汚', 猶殺也. 是於先王之禮, 有所斟酌而隨時隆殺, 以從於中道也. 我則安能如是哉! 但爲我妻, 則白當爲母服, 今旣不爲我妻, 則白爲父後, 而不當服矣. 子思是欲守常禮, 而不欲使如伯魚之加隆也.

【단궁상 6】

공자가 말하였다. "조문객에게 배례한 뒤에 이마를 지면에 대는 것은 일의 차례에 따르는 것이다. 이마를 지면에 대고 나서 조문객에게 배례하는 것은 애통함이 지극한 것을 다하는 것이다. 삼년상의 경우 나는 애통함이 지극한 것을 다하는 쪽을 따르겠다."

孔子曰: "拜而后稽顙, 頽乎其順也.① 稽顙而后拜, 頎乎其至也.② 三年之喪, 吾從其至者.③"

鄭注 ① 이는 은나라에서 상례 때 하던 배례이다. '퇴頽'는 순서에 따른다는 뜻이다. 조문객에게 배례하는 것을 먼저 함은 일의 순서에 따르는 것이

다. 此殷之喪拜也. '頯', 順也. 先拜賓, 順於事也.

② 이는 주나라에서 상례 때 하던 배례이다. '기頎'는 지극하다는 뜻이다. 지면에 이마를 대면서 격식을 차리지 않는 것을 먼저 함은 슬픔이 지극해서이다. 此周之喪拜也. '頎', 至也. 先觸地無容, 哀之至.

③ 무거운 상의 경우에는 슬프고 애통해하는 것을 우선시한다. 기년 이하의 상에는 은나라에서 하던 것처럼 하면 된다. 重者尙哀戚. 自期如殷可.

集說 이는 상례喪禮 때에 배례하는 순서를 말한다. '배拜'는 조문객에게 배례하는 것이다. '계상稽顙'은 이마를 지면에 대는 것으로 애통함이 지극한 것이다. 배례하여 조문객에게 예를 표시하고 나서 이마를 지면에 대고 자신의 슬픔을 다하는 것을 '순조롭다'(順)라고 한 것은, 다른 사람에 대한 공경을 먼저 표시하고 나서 뒤에 자신의 슬픔을 다하는 것을 그 순서에 맞는 것으로 삼은 것이다. '기頎'는 측은히 여기는 마음이 일어난 것이다. 그것을 '지극하다'(至)고 한 것은 슬퍼하는 마음이 항상 부모에게 가 있으면서 공경하는 마음을 잠시 다른 사람에게 표시한 것으로 자신의 마음을 다하는 도리로 삼은 것이다. 공자가 그 '지극한 것을 따르겠다'(從其至)고 한 것은 또한 "상례의 형식만을 잘 갖추기보다는 슬퍼하는 것이 낫다"17)는 뜻이다. ○ 주자朱子는 말한다. "'배이후계상拜而后稽顙'은 보통의 경우에서처럼 먼저 두 손을 지면에 대고 엎드린 뒤에 이마를 앞으로 끌어서 지면에 대는 것이다. '계상이후배稽顙而后拜'는 양손을 벌려 먼저 이마를 지면에 대고 난 뒤 다시 평상대로 손을 모으는 것이다."18) 此言喪拜之次序也. '拜', 拜賓也. '稽顙'者, 以頭觸地, 哀痛之至也. 拜以禮賓, 稽顙以自致謂之'順'者, 以其先加敬於人, 而后盡哀於己, 爲得其序也. '頎'者, 惻隱之發也. 謂之'至'者, 以其哀常在於親, 而敬暫施於人, 爲極自盡之道也. 夫子從其至者, 亦"與其易也寧戚"之意. ○ 朱子曰: "'拜而后稽顙', 先以兩手伏地如常, 然後引首向前扣地也. '稽顙而后拜'者, 開兩手而先以首扣地, 却交手如常也."

【단궁상 7】

공자가 방防 땅에 합장을 할 수 있게 된 뒤, "내가 들었는데, 옛날에는 묘만 쓰고 봉분을 만들지 않았다. 이제 나는 이리저리 떠도는 사람이라 표시를 해두지 않을 수 없다"라고 하였다. 이에 봉분封墳을 만들었는데 높이가 4척이었다.

孔子旣得合葬於防曰,① "吾聞之, 古也墓而不墳.② 今丘也, 東西南北之人也, 不可以弗識也." 於是封之, 崇四尺.③

鄭注 ① '할 수 있게 된 뒤'(旣得)라고 한 것은 '어릴 때 아버지를 여의어서 그 묘가 어디 있는지 몰랐던 것이다.'[19] 言'旣得'者, 少孤, 不知其墓.

② '묘墓'는 묘소로 지금의 봉영封塋이다. '옛날'(古)은 은나라 때를 말한다. 흙이 높게 쌓인 것을 '분墳'이라 한다. '墓', 謂兆域, 今之封塋也. '古', 謂殷時也. 土之高者曰'墳'.

③ '동서남북東西南北'은 거처함에 일정하게 머무는 곳이 없음을 말한다. 흙을 쌓는 것을 '봉封'(봉분)이라 하는데, 봉분을 만드는 것은 주나라의 예이다. 『주례』에 "작爵의 등급에 따라 봉분의 높이를 결정한다"[20]고 하였다. '숭崇'은 높이다. 4척으로 높이를 삼은 것은 주나라 사士 계급의 제도인 듯하다. '東西南北', 言居無常處也. 聚土曰'封', 封之, 周禮也. 『周禮』曰: "以爵等爲丘封之度." '崇', 高也. 高四尺, 蓋周之士制.

集說 공자는 아버지의 묘가 방防 지역에 있었기 때문에 어머니의 상을 치르면서 합장한 것이다. '묘墓'는 무덤이다. 흙을 쌓아올려 봉분을 만드는 것을 '분墳'이라 한다. '이리저리 떠도는 사람'(東西南北之人)이란 벼슬살이로 옮겨 다녀 일정한 거처가 없다는 말이다. '지識'는 표시한다는 뜻이다. 봉분을

만드는 것은 표시를 하기 위한 것으로, 한편으로는 다른 사람이 모르고 잘못 침범할까 염려해서이고, 다른 한편으로는 자신이 묘의 위치를 잊어버려 찾기 어렵게 될까 염려해서이다. 그 때문에 봉분을 4척 높이로 쌓은 것이다. 孔子父墓在防, 故奉母喪以合葬. '墓', 塋域也. 封土爲壟曰'墳'. '東西南北之人', 言其宦遊無定居也. '識', 記也. 爲壟, 所以爲記識, 一則恐人不知誤犯, 一則恐己或忘而難尋. 故封之高四尺也.

【단궁상 8】

공자가 먼저 돌아오고 문인門人들은 뒤에 돌아왔는데, 비가 심하게 내리는 중에 도착했다. 공자가 "너희들은 어찌 이렇게 늦게 왔는가?" 하고 묻자, 문인들이 "방 땅의 묘가 무너졌기 때문입니다"라고 대답하였다. 공자는 대꾸하지 않았다. 세 번이나 말하자, 공자는 눈물을 뚝뚝 흘리면서 "내 들으니 옛날에는 묘를 수리하지 않았다고 한다"라고 하였다.

孔子先反,① 門人後, 雨甚, 至.② 孔子問焉, 曰: "爾來何遲也?" 曰: "防墓崩."③ 孔子不應.④ 三,⑤ 孔子泫然流涕曰: "吾聞之, 古不脩墓."⑥

鄭注 ① 우제虞祭의 일을 준비해야 했기 때문이다. 當脩虞事.

② '뒤에 돌아왔다'(後)는 것은 봉분이 완성되기를 기다린 것이다. '後', 待封也.

③ 늦은 이유가 묘를 수리하고 왔기 때문임을 말한다. 言所以遲者, 脩之而來.

④ 예가 아니기 때문이다. '응應'은 응대한다고 할 때의 응이다. 以其非禮. '應', 應對之應.

⑤ 세 번 말한 것은 공자가 듣지 못하였기 때문이다. 三言之, 以孔子不聞.
⑥ '수脩'는 수리한다는 뜻이다. '脩', 猶治也.

集說 비가 심하게 내려 묘가 무너지자 문인들이 고쳐 쌓은 뒤에 돌아온 것이다. 공자가 눈물을 흘린 것은 봉분을 쌓을 때 근실히 하지 못해 무너지게 되었음을 스스로 마음 아파한 것이다. 아울러 옛사람이 묘를 수리하지 않았던 이유는 봉분을 쌓는 데 지극히 공경하고 근실하게 하여 다시 수리할 필요가 없었기 때문이라고 말한 것이다. 雨甚而墓崩, 門人脩築而後反. 孔子流涕者, 自傷其不能謹之於封築之時, 以致崩圮. 且言古人所以不修墓者, 敬謹之至, 無事於修也.

【단궁상 9】

공자가 침문 안의 뜰에서 자로子路의 죽음에 곡하였다. 조문하는 사람이 있자 공자가 그에게 (상주로서) 배례하였다. 곡을 마치고는 사자使者를 나오게 하여 자로가 죽을 때의 정황을 물었다. 사자가 "(자로의 시신으로) 젓을 담갔습니다"라고 하자, 드디어 집 안의 젓을 모두 쏟아버리도록 명하였다.

孔子哭子路於中庭.① 有人弔者, 而夫子拜之.② 旣哭, 進使者而問故.③ 使者曰: "醢之矣!"④ 遂命覆醢.⑤

鄭注 ① 침문 안의 뜰이다. 스승을 위해 곡하는 경우와 동일하게 한 것으로, 친애한 것이다. 寢中庭也. 與哭師同, 親之.
② 그를 위해 상주가 된 것이다. 爲之主也.
③ '사자使者'는 위衛나라에서 부고를 하기 위해 온 사람이다. '고故'는 죽을

때의 정황을 가리킨다. '使者', 自衛來赴者. '故', 謂死之意狀.

④ 당시 위나라 세자인 괴외蒯聵가 첩輒의 지위를 찬탈하여 왕위에 오르자 자로가 첩을 위해 목숨을 버렸다. '젓갈로 담았다'(醢之)는 것은 씹어 먹어 대중을 두렵게 하고자 함을 보인 것이다. 時衛世子蒯聵簒輒而立, 子路死之. '醢之'者, 示欲啗食以怖衆.

⑤ '쏟았다'(覆)는 것은 버리게 한 것으로, 차마 먹을 수 없었기 때문이다. '覆', 棄之, 不忍食.

集說 자로는 공회孔悝의 난[21]에 죽어 위나라 사람들에 의해 젓갈로 만들어졌다. 공자가 침문 안의 뜰에서 곡한 것은 사우師友의 예에 따른 것이다. 사자使者의 말을 듣고 집 안의 젓갈을 모두 쏟아 버린 것은 자로가 화를 당한 것을 애통하게 여겨 그 비슷한 것을 차마 먹을 수 없었기 때문이다. ○ 주자朱子는 말한다. "자로가 위나라에서 벼슬한 잘못에 대해서는 선대의 학자들이 논한 것이 많다. 그러나 자로는 오히려 상황을 잘 알지 못한 것이요, 의에 맞지 않는 것임을 알면서도 구차하게 벼슬한 것이 아니다."[22] 子路死於孔悝之難, 遂爲衛人所醢. 孔子哭之中庭, 師友之禮也. 聞使者之言, 而覆棄家醢, 蓋痛子路之禍, 而不忍食其似也. ○ 朱子曰: "子路仕衛之失, 前輩論之多矣. 然子路却是見不到, 非知其非義而苟爲也."

【단궁상 10】

증자曾子는 "붕우의 묘에 묵은 뿌리가 있게 되면 곡하지 않는다"라고 하였다.

曾子曰: "朋友之墓, 有宿草, 而不哭焉."

鄭注 '숙초宿草'는 묵은 뿌리를 말한다. 스승을 위해서는 3년 동안 심상心喪을 하고, 붕우에 대해서는 1년을 하면 된다. '宿草', 謂陳根也. 爲師心喪三年, 於朋友期可.

集說 풀의 뿌리가 묵었다는 것은 일 년이 지났다는 뜻으로 곡을 하지 않아도 된다. 草根陳宿, 是期年之外, 可無哭矣.

【단궁상 11】

자사子思가 말하였다. "상을 당하면 3일째 되는 날 빈殯[23]을 행하는데, 시신에 부속되는 모든 것들은 반드시 정성스럽고 신실하게 준비해서 후회가 남지 않도록 할 뿐이다. 3개월이 되면 장례葬禮를 하는데 관에 부속되는 모든 것들을 반드시 정성스럽고 신실하게 준비하여 후회가 남지 않도록 할 뿐이다."

子思曰: "喪三日而殯, 凡附於身者, 必誠必信, 勿之有悔焉耳矣. 三月而葬, 凡附於棺者, 必誠必信, 勿之有悔焉耳矣."

鄭注 날수와 달수를 말한 것은 마음을 다해 갖추고 준비하도록 하기 위해서이다. '시신에 부속된다'(附于身)는 것은 옷과 이불을 말하고, '관에 부속된다'(附于棺)는 것은 명기明器 등을 가리킨다. 言其日月, 欲以盡心脩備之. '附於身', 謂衣衾. '附於棺', 謂明器之屬.

集說 '시신에 부속된다'(附於身)는 것은 습襲과 소렴小斂과 대렴大斂 때 쓰이는 옷과 이불 등의 준비물이다. '관에 부속된다'(附於棺)는 것은 명기明器와 평소 사용하던 물건 등이다.[24] ○ 방씨方氏는 말한다. "'반드시 정성스

럽게 한다'(必誠)는 것은 죽은 사람에 대하여 속이는 바가 없음을 말하고, '반드시 신실하게 한다'(必信)는 것은 산 사람에 대하여 의심하는 바가 없음을 가리킨다." '附於身'者, 襲斂衣衾之具. '附於棺'者, 明器·用器之屬也. ○ 方氏曰: "'必誠', 謂於死者無所欺, '必信', 謂於生者無所疑."

【단궁상 12】

(자사가 말하였다.) "상喪은 삼 년 동안 지내는 것을 가장 극진한 것으로 여긴다. 매장을 마친 뒤에도 부모를 잊지 못하므로 군자는 죽을 때까지 하는 근심은 있지만 하루아침에 갑자기 생기는 근심은 없다. 따라서 기일忌日에는 즐겁게 지내지 않는다."

"喪三年以爲極. 亡①則弗之忘矣,② 故君子有終身之憂,③ 而無一朝之患.④ 故忌日不樂."⑤

鄭注 ① 떠난 지 이미 오래되어 상복을 벗는 것이다. 去已久遠, 而除其喪.

② '칙則'이란 일찍이(曾)라는 뜻이다. '則'之言曾.

③ 부모를 생각하는 것이다. 念其親.

④ 몸이 수척하게는 되어도, 생명을 상하게 하지는 않는다. 毁不滅性.

⑤ 돌아가신 날을 가리키는데, 기일忌日(돌아가신 날)에는 길사吉事를 행하지 않는다는 말이다. 謂死日, 言忌日不用擧吉事.

集說 상喪은 삼년상보다 무거운 것이 없다. 매장을 마친 뒤에는 '망亡'(돌아갔다)이라 한다. 「중용中庸」에 "돌아간 이 섬기기를 살아 있는 이 섬기듯 한다"라고 하였다. 비록 이미 매장을 했음에도 부모를 잊지 못하기 때문에

평생의 근심으로 삼아 기일에는 즐겁게 지내지 않는 것이다. 「제의祭義」(5)에 "군자는 평생 지내는 상례喪禮가 있는데, 기일忌日을 두고 하는 말이다"라고 하였다. 무덤이 무너지고 훼손되는 것은 뜻밖에 생기는 일로 이른바 잠시 하는 근심이다. 오직 반드시 정성스럽게 하고 반드시 신실하게 하므로 잠시 하는 근심이 없다. 혹자는 말한다. "빈殯과 장葬은 모두 한때의 일이지만 이 한때에 근실하지 못하면 후회가 있게 된다. 오직 정성스럽게 하고 신실하게 하므로 이와 같은 한때 근실하지 못하여 생기는 근심이 없게 된다." 喪莫重於三年. 旣葬曰'亡'. 「中庸」曰: "事亡如事存." 雖已葬, 而不忘其親, 所以爲終身之憂, 而忌日不樂也. 「祭義」曰: "君子有終身之喪, 忌日之謂也." 冢宅崩毁, 出於不意, 所謂一朝之患. 惟其必誠必信, 故無一朝之患也. 或曰: "殯葬皆一時事, 於此一時而不謹, 則有悔. 惟其誠信, 故無此一時不謹之患."

【단궁상 13】

공자는 어릴 때 아버지를 여의어서 그 묘가 어디 있는지 몰랐다. 오보五父의 길거리에서 어머니 상의 빈殯을 행하였다. 그것을 본 사람들 모두가 장례葬禮를 행하는 것이라고 여겼다. 그러나 상여를 끈 것은 빈殯을 행하기 위해서였다. 추 땅 사람 만보曼父의 어머니에게 (묘소의 위치를) 물은 뒤에 방防 땅에 합장할 수 있었다.
孔子少孤, 不知其墓.① 殯於五父之衢.② 人之見之者, 皆以爲葬也.③ 其愼也, 蓋殯也.④ 問於耶曼父之母, 然後得合葬於防.⑤

鄭注 ① 공자의 아버지인 추郰 땅 사람 숙량흘叔梁紇은 안顔씨의 딸인 징재徵在와 야합野合을 해서 공자를 낳았는데, 징재가 이를 부끄러워하여 공

자에게 알려주지 않았던 것이다. 孔子之父郰叔梁紇, 與顏氏之女徵在野合而生孔子, 徵在恥焉, 不告.

② 와서 묻는 사람이 있기를 바란 것이다. 공자 역시 숨기고 집에서 빈殯을 했다면 부친의 묘를 알고 있는 사람이 자신을 괴이하게 여길 수가 없게 될 것이므로, 질문할 단서를 만들고자 한 것이다. '오보五父'는 거리의 이름으로 추 땅 사람 만보가 사는 인근일 것이다. 欲有所就而問之. 孔子亦爲隱焉, 殯於家, 則知之者無由怪己, 欲發問端. '五父', 衢名, 蓋郰曼父之隣.

③ 널(柩)을 실은 상여가 길을 가는 것을 본 것이다. 見柩行於路.

④ '신愼'은 '인引'이 되어야 한다. 예학자들이 그렇게 읽은 것은 발음 때문에 잘못된 것이다. 빈殯에서 널을 실은 상여를 끌 때(殯引)는 덮개휘장(輤)으로 관을 장식하고, 장葬에서 널을 실은 상여를 끌 때(葬引)는 유柳와 삽翣(부채)으로 관을 장식한다. 공자는 이때 빈殯을 하기 위해 상여를 끈 것이지 장葬을 하기 위해 상여를 끈 것이 아니다. 당시 이를 본 사람들이 예를 모른다고 여겼던 것이다. '愼', 當爲'引'. 禮家讀然, 聲之誤也. 殯引, 飾棺以輤, 葬引, 飾棺以柳翣. 孔子是時以殯引, 不以葬引. 時人見者, 謂不知禮.

⑤ 만보의 어머니는 징재와 이웃해 있는 사람으로 서로 잘 지냈다. 曼父之母, 與徵在爲隣, 相善.

集說 '그 묘를 알지 못하였다'(不知其墓)는 것은 아버지의 묘가 어디 있는지 몰랐다는 것이다. '오보의 거리에서 빈殯을 행하였다'(殯於五父之衢)는 것은 어머니의 상에 빈殯을 행한 것이다. 예에 집 밖에서 빈을 행하는 경우는 없다. 그런데 지금 길거리에서 한 것에 대해, 선유先儒(정현)는 '사람들에게 의문을 가지게 하여 혹 묘의 위치를 아는 사람이 알려줌이 있기를 바란 것이다. 사람들이 길거리에서 널을 실은 상여가 가는 것을 보고 모두 장례를 치르는 것이라고 여겼다. 그러나 끄는 상여로 보면, 빈殯에서 상여를

끌 때는 관을 덮개휘장(輤)으로 장식하고 장葬에서 상여를 끌 때는 유柳[25]와 삽翣[26]으로 장식을 하는데,[27] 이 경우는 빈례에서 끄는 상여였던 것이다'라고 해석하였다. 생각건대 『공자가어孔子家語』에 "공자가 태어나고 삼 년 만에 숙량흘이 죽었다"[28]고 되어 있는데, 이것이 '어릴 때 아버지를 여의었다'(少孤)는 것이다. 그러나 안씨가 죽은 것은 공자가 장성한 한참 뒤의 일이다. 성인은 인륜의 표준인데 어찌 어머니가 돌아가시도록 아버지를 매장한 곳을 찾지 않고, 어머니의 상에 빈을 할 때 이르러서도 여전히 아버지의 묘소를 모를 수 있단 말인가? 또한 어머니가 돌아가셨는데 길거리에서 빈례를 하는 것은 집이 없이 길거리에서 죽은 사람의 경우 어쩔 수 없어서 하는 것이다. 성인은 예법의 종주宗主인데 차마 이렇게 하였겠는가? 사마천司馬遷은 야합野合을 하였다는 무고를 만들어 '안씨가 꺼려 알려주지 않았다'[29]고 하였고, 정현 주에서 이를 인용함으로써 후세의 의혹을 키웠다. 게다가 요순堯舜과 고수瞽瞍의 일의 경우 세속에는 이루 헤아릴 수 없이 많은 이론異論들이 있어 왔는데, 맹자가 변론해서 바로잡지 않았다면 후세에 무엇이라 하였겠는가? 이 경전은 여러 학자들의 기록에서 잡다하게 나온 것으로 그 속에는 실증의 근거로 삼기에 부족한 것이 많다. 맹자는 "옹저癰疽와 환관인 척환瘠環의 집에 머물렀다면 어찌 공자이겠는가!"[30]라고 하였는데, 나는 또한 '종신토록 아버지의 묘가 어디에 있는지 몰랐다면 어찌 공자이겠는가!' 라고 하겠다. 그렇지 않음이 분명하다. 이것은 작은 일이 아니므로 변론하지 않을 수 없다. '不知其墓'者, 不知父墓所在也. '殯於五父之衢'者, 殯母喪也. 禮無殯於外者. 今乃在衢, 先儒謂欲致人疑問, 或有知者告之也. 人見柩行於路, 皆以爲葬. 然以引觀之, 殯引飾棺以輤, 葬引飾棺以柳翣, 此則殯引耳. 按, 『家語』"孔子生三歲而叔梁紇死", 是'少孤'也. 然顔氏之死, 夫子成立久矣. 聖人人倫之至, 豈有終母之世不尋求父葬之地, 至母殯而猶不知父墓乎? 且母死而殯於衢路, 必無室廬而死於道路者, 不得已之爲耳. 聖人禮法之宗主, 而忍爲之乎? 馬遷爲野合之誣, 謂'顔氏諱而

不告', 鄭註因之以滋後世之惑. 且如堯舜瞽瞍之事, 世俗不勝異論, 非孟子辭而闢之, 後世謂何? 此經雜出諸子所記, 其間不可據以爲實者多矣. 孟子曰: "主癰疽與侍人瘠環, 何以爲孔子!" 愚亦謂終身不知父墓, 何以爲孔子乎! 其不然審矣. 此非細故不得不辨.

【단궁상 14】

이웃에 초상이 있으면, 방아를 찧을 때 소리를 내어 서로 북돋아주지 않는다. 마을에 빈殯을 한 집이 있으면 거리에서 노래 부르지 않는다.

隣有喪, 舂不相. 里有殯, 不巷歌.

鄭注 모두 슬퍼하는 것을 돕기 위한 것이다. '상相'은 소리를 내어 서로 북돋아주는 것을 말한다. 皆所以助哀也. '相', 謂以音聲相勸.

集說 「곡례」에 설명이 보인다.[31] 說見「曲禮」.

【단궁상 15】

상례 때 쓰는 관에는 관끈장식(緌)을 하지 않는다.

喪冠不緌.

鄭注 장식을 제거하는 것이다. 去飾.

集說 관冠은 반드시 비녀로 꿰어 착용한다. 끈을 비녀에 매어 턱을 따라

내려가 아래에서 묶은 것을 관끈(纓)이라 하고, 묶고 난 나머지를 앞으로 드리운 것을 관끈장식(緌)[32]이라 한다. '상례 때 쓰는 관에 관끈장식을 하지 않는다'(喪冠不緌)는 것은 장식을 제거하는 것이다. 冠必有笄以貫之. 以紘繫笄, 順頤而下結之曰纓, 垂其餘於前者謂之緌. '喪冠不緌', 蓋去飾也.

【단궁상 16】

유우씨有虞氏 때는 와관瓦棺(질그릇 관)을 사용하였고, 하후씨夏后氏 때는 관을 안치한 구덩이의 사방을 불에 구운 벽돌로 쌓았고(堲周), 은나라 때는 나무로 만든 관棺과 곽椁을 사용하였고, 주나라 사람들은 유의柳衣(윗덮개 틀에 씌우는 덮개)로 덮고 삽翣(관을 가리는 부채 모양의 장식)을 설치하였다.[33]

有虞氏瓦棺,① 夏后氏堲周,② 殷人棺椁,③ 周人牆置翣.④

鄭注 ① 비로소 섶을 사용하지 않게 되었다. 유우씨有虞氏는 와관을 귀하게 여겼다. 始不用薪也. 有虞氏上陶.

② 불에 굽는 것을 '즐堲'이라 하는데 흙벽돌을 구워서 관을 둘러싼다. 토주土周라고 부르기도 하는 것은 이것으로 말미암은 것이다. 『관자』의 「제자직弟子職」에 "오른손으로 불똥을 정돈한다"라고 하였다. 火熟曰'堲', 燒土冶以周於棺也. 或謂之土周, 由是也. 「弟子職」曰: "右手折堲."

③ '곽椁'은 크다는 뜻이다. 나무로 만드는데, 곽이 관보다 큼을 말한다. 은나라 사람은 가래나무로 만든 관을 귀하게 여겼다. '椁', 大也. 以木爲之, 言椁大於棺也. 殷人上梓.

④ '장牆'은 유의柳衣이다. 무릇 이들은 후왕들의 제도가 문식을 더해 간 것

임을 말한다. '墻', 柳衣也. 凡此言後王之制文.

集說 '와관을 사용하였다'(瓦棺)는 것은 섶으로 덮지 않게 되었다는 것이다. '즐주堲周'는 토주土周라고도 하는데, '즐堲'은 타고남은 불똥이다. 흙을 빚어 벽돌을 만들어서 관이 들어가는 구덩이의 사방을 두른다. 은대殷代에 처음으로 관과 곽을 만들었고, 주나라 사람들은 또 관을 장식하는 기물을 만들었다. 대개 문식을 더해간 것이다. '장牆'은 유의柳衣[34]다. '유柳'는 모인다는 뜻으로 여러 장식들이 모여 있는 곳이다. 이것으로 관을 가리는 것이 마치 담장으로 집을 가리는 것과 같으므로 '장牆'이라고 한다. '삽翣'은 부채와 같은 모양으로, 도끼 문양(黼)을 그린 것이 있고 기己 자가 등지고 있는 문양(黻)을 그린 것이 있으며 구름 문양을 그린 것이 있는데, 문양의 많고 적음은 귀천의 등급에 따른다. '瓦棺', 始不衣薪也. '堲周', 或謂之土周, '堲'者, 火之餘燼. 蓋治土爲甎, 而四周於棺之坎也. 殷世始爲棺槨, 周人又爲飾棺之具. 蓋彌文矣. '牆', 柳衣也. '柳'者, 聚也, 諸飾之所聚也. 以此障柩, 猶垣牆之障家, 故謂之'牆'. '翣'如扇之狀, 有畫爲黼者, 有畫爲黻者, 有畫雲氣者, 多寡之數隨貴賤之等.

【단궁상 17】

주나라 사람들은 은나라 사람의 관棺과 곽椁으로 장상長殤의 장례葬禮를 치렀고, 하후씨夏后氏의 즐주堲周로 중상中傷과 하상下殤의 장례를 치렀으며, 유우씨有虞氏의 와관으로 복이 없는 상殤의 장례를 치렀다.

周人以殷人之棺椁葬長殤, 以夏后氏之堲周葬中殤·下殤, 以有虞氏之瓦棺葬無服之殤.

鄭注 성년이 되기 전에 죽은 사람에 대해서 상喪의 형식을 줄인 것이다. 略未成人.

集說 16세에서 19세까지 성년이 되기 전에 죽은 경우가 장상長殤이고, 12세에서 15세까지가 중상中殤이고, 8세에서 11세까지가 하상下殤이고, 7세 이하에 죽은 경우는 복服이 없는 상殤이다. 태어난 지 3개월이 되지 않으면 상殤으로 보지 않는다. 十六至十九爲長殤, 十二至十五爲中殤, 八歲至十一爲下殤, 七歲以下爲無服之殤. 生未三月不爲殤.

【단궁상 18】

하후씨夏后氏는 검은색을 숭상하여, 상사喪事에는 해질 무렵 염斂을 하였고, 전쟁에는 가라말(驪 검은 말)을 탔으며, 희생은 검은 것을 사용하였다. 은나라 사람은 흰색을 숭상하여, 상사에는 한낮에 염을 하였고, 전쟁에는 백마(翰)를 탔으며, 희생은 흰 것을 사용하였다. 주나라 사람은 붉은색을 숭상하여, 상사에는 해가 돋을 때 염을 하였고, 전쟁에는 월다말(騵 붉은 말)을 탔으며, 희생은 붉은 것을 사용하였다.

夏后氏尙黑,① 大事斂用昏,② 戎事乘驪,③ 牲用玄.④ 殷人尙白,⑤ 大事斂用日中,⑥ 戎事乘翰,⑦ 牲用白. 周人尙赤,⑧ 大事斂用日出,⑨ 戎事乘騵,⑩ 牲用騂.⑪

鄭注 ① 북두칠성의 자루가 인寅의 방향(동북동쪽)을 가리킬 때를 정월로 삼았는데, 사물이 생겨날 때 색은 검은색이다. 以建寅之月爲正, 物生色黑.

② 해질 무렵 역시 검다. 여기서 '대사大事'는 상사喪事를 가리킨다. 昏時亦黑. 此'大事'謂喪事也.

③ '융戎'은 전쟁이다. 검은색 말을 '려驪'라 한다. 『이아』에 "래騋(큰 말)는 암컷은 검고, 수컷은 검붉다"고 되어 있다. '戎', 兵也. 馬黑色曰'驪'. 『爾雅』曰: "騋, 牝驪, 牡玄."

④ '현玄'은 검은색 종류이다. '玄', 黑類也.

⑤ 북두칠성의 자루가 축丑의 방향(북북동쪽)을 가리킬 때를 정월로 삼았는데, 동물의 이빨은 색이 하얗다. 以建丑之月爲正, 物牙色白.

⑥ 정오 무렵은 또한 하얗다. 日中時亦白.

⑦ '한翰'은 흰 말이다. 『주역』에 "흰 말이 깨끗하다"35)고 하였다. 翰, 白色馬也. 『易』曰: "白馬翰如."

⑧ 북두칠성의 자루가 자子의 방향(북쪽)을 가리킬 때를 정월로 삼았는데, 사물이 싹틀 때의 색은 붉다. 以建子之月爲正, 物萌色赤.

⑨ 해가 떠오를 때도 붉다. 日出時亦赤.

⑩ '원騵'은 월따말(騮 털빛이 붉고 갈기가 검은 말)로 배가 희다. 騵, 騮馬, 白腹.

⑪ '성騂'은 붉은 종류이다. 騂, 赤類.

集說 우禹는 치수를 한 공로로 천하를 얻었으므로 수水(물)의 색을 숭상하였다. 탕湯은 정벌을 통해 천하를 얻었으므로 금金(쇠)의 색을 숭상하였다. 주周나라가 붉은색을 숭상한 것은 화火(불)가 금金을 이기는 것에서 취한 것이다. '대사大事'는 상사喪事이다. '려驪'(가라말)는 검은색이고, '한翰'(백마)은 흰색이다. 『역』「비賁」괘에 "흰 말이 깨끗하다"라고 하였다. '원騵'(월다말)은 붉은 말이면서 갈기와 꼬리는 검다. 禹以治水之功得天下, 故尙水之色. 湯以征伐得天下, 故尙金之色. 周之尙赤, 取火之勝金也. '大事', 喪事也. '驪', 黑色, '翰', 白色. 『易』曰: "白馬翰如." '騵', 赤馬而黑鬣尾也.

【단궁상 19】

목공穆公의 어머니가 죽자 사람을 보내 증자曾子에게 "어떻게 해야 합니까?"라고 물었다. 증자가 다음과 같이 대답했다. "신申은 아버지로부터 '곡읍哭泣으로 슬픔을 드러내고, 자최齊衰와 참최斬衰의 상복으로 정을 나타내고, 죽을 먹는 것 등은 천자로부터 서인에 이르기까지 보편적인 것이다. (빈궁殯宮에 관을 안치한 뒤 그 위에 덮는) 장막(幕)을 베로 만드는 것은 위衛나라의 방식이고, 장막을 생명주로 만드는 것은 노魯나라의 방식이다'라고 말씀하시는 것을 들었습니다."

穆公之母卒,① 使人問於曾子曰: "如之何?"② 對曰: "申也聞諸申之父曰, '哭泣之哀, 齊斬之情, 饘粥之食, 自天子達.③ 布幕, 衛也, 縿幕, 魯也.'"④

鄭注 ① '목공穆公'은 노나라 애공哀公의 증손이다. '穆公', 魯哀公之曾孫.

② 거상居喪의 예를 물은 것이다. '증자曾子'는 증삼曾參의 아들로 이름이 신申이다. 問居喪之禮. '曾子', 曾參之子, 名申.

③ 자식이 부모의 상을 치르는 방식은 신분이 높거나 낮거나 동일하다. 子喪父母, 尊卑同.

④ '막幕'은 관 위에 덮는 것이다. '縿'은 생명주이다. '縿'은 '초綃'로 읽는다. 위衛나라에서 하는 방식은 제후의 예이고, 노魯나라에서 하는 방식은 천자의 예이다. 둘을 모두 언급한 것은 신분적 제한을 벗어나 참람한 것이 이미 오래되었기 때문이다. '막幕'은 어떤 본에는 '멱幦'으로 되어 있다. '幕', 所以覆棺上也. '縿', 縑也. '縿', 讀如'綃'. 衛, 諸侯禮, 魯, 天子禮. 兩言之者, 僭已久矣.

'幕', 或爲'帟'.

集說 '목공穆公'은 노나라 군주이다. '신申'은 증삼曾參의 아들이다. 진한 것을 '전饘'이라 하고 묽은 것을 '죽粥'이라 한다. '막幕'은 빈궁殯宮에 안치한 관 위에 덮는 장막이다. 위나라에서는 베로 장막을 만드는데 제후의 예이다. 노나라에서는 생명주로 장막을 만드는데, 천자의 예를 참람하게 사용한 것이다. '穆公', 魯君. '申', 參之子也. 厚曰'饘', 稀曰'粥'. '幕', 所以覆於殯棺之上. 衛以布爲幕, 諸侯之禮也. 魯以綃爲幕, 蓋僭天子之禮矣.

【단궁상 20】

진헌공晉獻公이 세자인 신생申生을 죽이려 하자, 공자公子인 중이重耳가 신생에게 "그대는 어찌하여 그대의 생각을 공에게 말하지 않습니까?" 하고 말했다. 세자는 "그럴 수 없다. 군께서 여희驪姬를 편안히 여기시는데, 그렇게 하는 것은 공의 마음을 상하게 하는 것이다"라고 하였다.

晉獻公將殺其世子申生,① 公子重耳謂之曰: "子蓋言子之志於公乎?"② 世子曰: "不可. 君安驪姬, 是我傷公之心也."③

鄭注 ① 여희驪姬의 참소를 믿은 것이다. 信驪姬之譖.

② '개蓋'는 모두 합盍이어야 한다. '합'은 어찌 ~하지 않는가의 뜻이다. '지志'는 의향이다. 중이重耳는 참소를 받고 있다는 사실을 말하게 하고 싶었다. 중이는 신생의 배다른 동생으로 뒤에 문공文公이 된다. '蓋', 皆當爲盍. '盍', 何不也. '志', 意也. 重耳欲使言見譖之意. 重耳, 申生異母弟, 後立爲文公.

③ 자신의 뜻을 말하면, 여희驪姬는 반드시 주살을 당할 것이라는 뜻이다. 여희는 헌공이 여융驪戎을 정벌하고 데려온 여자이다. 신생의 어머니가 일찍 죽어 여희가 헌공의 총애를 받았다. 言其意則驪姬必誅也. '驪姬', 獻公伐驪戎所獲女也. 申生之母蚤卒, 驪姬嬖焉.

集說 이 일에 관해서는 『좌전』에 자세하게 보인다. '중이重耳'는 신생의 배다른 동생, 즉 문공文公이다. '합蓋'은 어찌 ~하지 않는가의 뜻이다. 참소를 밝히면 여희麗姬는 반드시 주살을 당할 것인데, 이것은 군주가 편하게 여기는 사람을 잃고 마음을 상하도록 만드는 것이다. 此事詳見『左傳』. '重耳', 申生異母弟, 卽文公也. '蓋', 何不也. 明其讒, 則姬必誅, 是使君失所安而傷其心也.

【단궁상 21】

"그렇다면 어찌하여 도망치지 않습니까?" 세자는 "그럴 수 없다. (그렇게 하면) 임금께서는 내가 군주를 시해하려 한다고 할 것이다. 천하에 어찌 아버지를 무시하는 나라가 있겠는가! 내가 간들 어디로 간단 말인가?" 하고 대답했다.

曰: "然則蓋行乎?"① 世子曰: "不可. 君謂我欲弑君也. 天下豈有無父之國哉! 吾何行如之?"②

鄭注 ① '행行'은 떠나간다는 뜻과 같다. '行', 猶去也.

② 사람은 누구나 아버지가 있으므로 모두 아버지를 시해하려는 자를 싫어할 것임을 말한다. 言人有父, 則皆惡欲弑父者.

集說 중이가 다시 다른 나라로 도망할 것을 권하였으나 신생은 따르지

않았다. '하행여지何行如之'는 떠난들 어디로 가겠는가라는 말이다. 重耳又勸其奔他國, 而申生不從也. '何行如之', 言行將何往也.

【단궁상 22】

사람을 보내 호돌狐突에게 작별 인사를 하면서 "나는 죄를 짓고 백씨의 말씀을 듣지 않아 죽게 되었습니다. 저는 결코 죽는 것을 애석해하지 않습니다. 그렇지만 우리 임금께서는 늙었고 아들은 어리며 국가에는 어려운 일이 많은데도, 백씨께서는 나와서 임금을 위해 도모하지 않습니다. 백씨께서 정말로 밖으로 나가 우리 임금을 위해 도모하신다면, 저는 은혜를 입고 기꺼이 죽을 것입니다" 하고는 머리가 바닥에 닿도록 하여 두 번 배례를 하고 나서 죽었다. 이 때문에 공세자恭世子라고 불리게 되었다.

使人辭於狐突曰: "申生有罪, 不念伯氏之言也, 以至于死. 申生不敢愛其死.① 雖然, 吾君老矣, 子少, 國家多難,② 伯氏不出而圖吾君.③ 伯氏苟出而圖吾君, 申生受賜而死",④ 再拜稽首, 乃卒.⑤ 是以爲恭世子也.⑥

鄭注 ① '사辭'는 고하다는 뜻과 같다. '호돌狐突'은 신생의 스승으로 구범舅犯의 아버지다. 이 일보다 앞서 헌공은 신생에게 동산고락씨東山皐落氏를 정벌하도록 하였는데, 호돌이 신생에게 말해 신생을 달아나게 하고자 하였다. 지금 이것을 언급한 것은 그 일에 대해 사례하는 것이다. '백씨伯氏'는 호돌의 다른 성씨이다. '辭', 猶告也. '狐突', 申生之傅, 舅犯之父也. 前此者, 獻公使

申生伐東山皐落氏, 狐突謂申生, 欲使之行. 今言此者, 謝之. '伯氏', 狐突別氏.

② '자子'는 여희의 아들인 해제奚齊이다. '子', 驪姬之子奚齊.

③ '도圖'는 도모한다는 뜻과 같다. 나아가 군주를 위해 국정을 도모하지 않는다는 것이다. 따라서 고락씨皐落氏 정벌에서 돌아온 이후, 호돌이 두려워하여 병을 핑계로 물러나 있었던 것이다. '圖', 猶謀也. 不出爲君謀國家之政. 然則自皐落氏反後, 狐突懼, 乃稱疾.

④ '사賜'는 은혜라는 뜻과 같다. '賜', 猶惠也.

⑤ 호돌에게 고하고 나서 목을 매 죽었다. 旣告狐突, 乃雉經.

⑥ 말과 행동이 이와 같음은 공손하였다(恭)고는 할 수 있으나, 효도함(孝)에는 부족하였다.[36] 言行如此, 可以爲恭, 於孝則未之有.

集說 '호돌狐突'은 신생의 사부師傅이다. '사辭'는 떠날 때 이별을 고하는 것인데, 그와 영원히 이별한다는 것이다. 신생은 스스로 목을 매 죽어 아버지를 불의에 빠뜨렸으므로 효가 될 수는 없었고, 다만 공恭이라는 시호를 얻었을 뿐이다. ○ 소에서는 말한다. "주에서 '백씨는 호돌의 다른 성씨'라고 하였는데 호돌은 씨氏를 총괄해서 말한 것이고, 백伯, 중仲은 형제들 간의 자이다. 백을 자字로 한 사람을 백씨라 하고 중을 자字로 한 사람을 중씨라고 한다. 따라서 『춘추좌씨전』에 '숙씨叔氏는 그것을 잊었는가?'[37]라고 하였고, 또 이 편 아래 문장에서 '숙씨여! 제 마음대로 예를 남에게 허락하는구나'[38]고 하였다. 이는 한 사람에게서는 자字가 따로 씨가 되는 것이다." '狐突', 申生之傅. '辭', 猶將去而告違, 蓋與之永訣也. 申生自經而死, 陷父於不義, 不得爲孝, 但得諡恭而已. ○ 疏曰: "註云'伯氏狐突別氏'者, 狐是總氏, 伯仲是兄弟之字. 字伯者謂之伯氏, 字仲者謂之仲氏. 故『傳』云'叔氏其忘諸乎', 又此下文云'叔氏! 專以禮許人.' 是一人之身, 字則別爲氏也."

【단궁상 23】

노나라 사람 가운데 아침에 대상제大祥祭를 지내고 그날 저녁에 노래를 부른 이가 있었는데 자로子路가 그를 비웃었다. 공자가 "자로야! 네가 사람을 책망함에 결코 끝이 없구나! 삼년상에 비추어도 역시 이미 오래도록 거상居喪을 한 것이다." 자로가 나가자 공자가 "얼마나 더 남았다고! 한 달만 넘겼으면 좋았을 것을!"이라고 말하였다.

魯人有朝祥而莫歌者, 子路笑之.① 夫子曰: "由! 爾責於人, 終無已夫! 三年之喪, 亦已久矣夫."② 子路出, 夫子曰: "又多乎哉! 踰月則其善也."③

鄭注 ① 음악을 즐김이 너무 빠른 것을 비웃은 것이다. 笑其爲樂速.

② 당시에 이 사람처럼이라도 삼년상을 행하는 사람이 드물었기 때문에 자로子路를 누르고 그를 선하게 여긴 것이다. 爲時如此人行三年喪者希, 抑子路以善彼.

③ '우又'는 다시라는 뜻이다. '又', 復也.

集說 '조상朝祥'이란 아침에 대상제大祥祭를 지냈다는 것이다. 아침에 대상제사를 지내고 그날 저녁에 노래하는 것은 진실로 예가 아니지만, 예교禮敎가 쇠퇴한 시대에 이 사람만이 삼년상을 행할 수 있었으므로 공자가 자로의 비웃음을 막았던 것이다. 그러나 결코 바른 예는 아니어서 학자들이 의심하게 될까 염려하여 자로가 나가기를 기다려 바로잡아 말한 것이다. 그 뜻은 다음과 같다. '이름은 삼년상이지만 실제로 25개월이다. 이제 이미 24개월이 되었으니 이때부터 노래할 수 있는 때까지 또 얼마나 많은 기간이 남았겠는가! 다만 다시 한 달을 더 넘기고 노래를 하였다면 좋았을

것이다.' 성인이 이와 같은 경우에 대해서 비록 예를 완전하게 갖추어야 한다고 요구하지도 않았지만 그렇다고 하여 변례變禮로 인정한 적도 없었다. '朝祥', 旦行祥祭之禮也. 朝祥莫歌, 固爲非禮, 特以禮教衰廢之時, 而此人獨能行三年之喪, 故夫子抑子路之笑. 然終非正禮, 恐學者致疑, 故俟子路出, 乃正言之. 其意若曰, '名爲三年之喪, 實則二十五月. 今已至二十四月矣, 此去可歌之月, 又豈多有日月乎哉! 但更踰月而歌, 則爲善矣.' 蓋聖人於此, 雖不責之以備禮, 亦未嘗許之以變禮也.

【단궁상 24】

노나라 장공莊公과 송나라가 승구乘丘에서 전투를 벌였다. 현분보縣賁父가 말을 몰았고 복국卜國이 거우車右가 되었다. 말이 놀라 전열이 크게 무너졌고 공이 수레에서 떨어지자 보조 수레에서 수레 손잡이 줄을 던져 주어 공을 태웠다. 공이 "변변치 못하구나, 복이여!"라고 했다. 현분보는 "다른 때는 전열이 크게 무너지지 않았는데 이번에 무너진 것은 용기가 없었기 때문이다"라고 하고는 마침내 적진으로 뛰어들어 죽었다. 어인圉人이 말을 씻기는데 날아온 화살이 말의 넓적다리에 박혀 있었다. 공이 "그들의 죄가 아니다!"라고 하고 드디어 뇌문誄文을 지어 애도하였다.[39] 사士에게 뇌문을 지어 애도하게 된 것은 이때부터 시작되었다.

魯莊公及宋人戰于乘丘.① 縣賁父御, 卜國爲右.② 馬驚, 敗績,③ 公隊, 佐車授綏.④ 公曰: "末之, 卜也!"⑤ 縣賁父曰: "他日不敗績而今敗績, 是無勇也",⑥ 遂死之.⑦ 圉人浴馬, 有流矢在白肉.⑧ 公曰: "非其罪也",⑨ 遂誄之.⑩ 士之有誄, 自此始也.⑪

鄭注 ① 노魯나라 장공莊公 10년 여름이다. 十年夏.

② '현縣'과 '복卜'은 모두 성씨이다. 무릇 거우車右는 용기와 힘을 갖춘 사람이 맡는다. '縣'·'卜', 皆氏也. 凡車右勇力者爲之.

③ 놀라 달아나면서 대열을 벗어난 것이다. 驚奔失列.

④ 융거의 보조 수레를 '좌佐'라 한다. 줄을 던져 공을 태운 것이다. 戎車之貳曰'佐'. 授綏乘公.

⑤ '말지末之'는 변변치 못하다는 뜻과 같다. 복국卜國이 용기 없음을 말한 것이다. '末之', 猶微哉. 言卜國無勇.

⑥ 공이 이전에 전투할 때 복국이 모는 말이 놀라 달아난 적이 없었다. 公他日戰, 其御馬未嘗驚奔.

⑦ 두 사람은 적진에 뛰어들어 전사하였다. 二人赴敵而死.

⑧ '어인圉人'은 말 사육을 담당하는 사람이다. '백육白肉'은 넓적다리 안쪽의 살이다. '圉人', 掌養馬者. '白肉', 股裏肉.

⑨ 빗나간 화살에 말이 맞았기 때문이지 말 모는 사람과 거우車右의 죄가 아니다. 流矢中馬, 非御與右之罪.

⑩ 적진에 뛰어든 공을 뇌문을 지어 애도하고 시호로 삼았다. 誄其赴敵之功, 以爲諡.

⑪ 예의 잘못이 생겨난 유래를 기록한 것이다. 주나라가 비록 사士를 작위로 여겼지만 그래도 시호를 내린 경우는 없었다. 은나라에서는 대부 이상을 작위로 보았다. 記禮失所由來也. 周雖以士爲爵, 猶無諡也. 殷大夫以上爲爵.

集說 '승구乘丘'는 노나라 땅이다. 전투는 노나라 장공莊公 10년에 있었다. '현縣'과 '복卜'은 모두 성씨이다. 무릇 거우車右는 용기와 힘을 갖춘 사람에게 맡긴다. 크게 무너지는 것을 '패적敗績'이라 한다. 공이 수레에서 떨어지자 좌거佐車에서 줄을 던져 주어 공을 끌어 올렸다. 이는 공이 좌거에 탔다는

것이다. '좌거佐車'는 보조 수레이다. '수綏'는 잡고 수레에 오르는 줄이다. '말지복末之卜'은 복국은 변변치 못하고 용기가 없다는 말이다. 두 사람은 마침내 적진에 뛰어들어 전사하였다. '어인圉人'은 말을 관장하는 사람이다. 말을 씻기다가 화살이 말의 넓적다리에 박혀 있는 것을 발견하였다. 따라서 두 사람의 잘못이 아님을 알게 되었다. 살아서 작위가 없으면 죽어서 시호가 없다. 은나라는 대부 이상을 작위로 여겼다. 사士가 비록 주나라에서는 작위에 해당하지만 신분이 낮아 시호를 받을 수는 없었다. 장공이 의리義理에 따라 예제를 만들어 적진에 달려 나간 공을 뇌문誄文을 지어 애도하고 이를 시호로 삼았다. ○ 방씨方氏는 말한다. "뇌誄의 뜻은 선善의 실상을 표현하되 꾸미려고 하지는 않는 것이다. 시호는 뇌문의 말에 따라 구별하는 것이다. 뇌문이 있으면 시호가 있다." '乘丘', 魯地. 戰在莊公十年. '縣'·'卜', 皆氏也. 凡車右以勇力者爲之. 大崩曰'敗績'. 公墜車而佐車授之綏以登. 是登佐車也. '佐車', 副車也. '綏', 挽以升車之索也. '末之卜'者, 言卜國微末無勇也. 二人遂赴鬪而死. '圉人', 掌馬者. 及浴馬, 方見流矢中馬股間之肉. 則知非二子之罪矣. 生無爵則死無謚. 殷大夫以上爲爵. 士雖周爵, 卑不應謚. 莊公以義起, 遂誄其赴敵之功, 以爲謚焉. ○ 方氏曰: "誄之爲義, 達善之實而不欲飾者也. 謚則因誄之言而別之. 有誄則有謚矣."

【단궁상 25】

증자曾子가 앓아누웠는데, 위독해져 임종이 가까웠다. 악정樂正[40]인 자춘子春은 침상 아래 앉고, 증원曾元과 증신曾申은 발쪽에 앉고, 동자는 자리의 모퉁이에 앉아 횃불을 들고 있었다.

曾子寢疾, 病.① 樂正子春坐於牀下,② 曾元·曾申坐於足,③ 童

子隅坐而執燭.④

鄭注 ① '병'은 질환이 위독해진 것을 가리킨다. '病', 謂疾困.
② '자춘子春'은 증삼曾參의 제자이다. '子春', 曾參弟子.
③ '원元'과 '신申'은 증삼의 아들이다. '元'·'申', 曾參之子.
④ '자리의 모퉁이에 앉는다'(隅坐)는 것은 성인成人과 나란히 하지 않는다는 것이다. '隅坐', 不與成人並.

集說 '병病'은 질환이 위독해진 것이다. '자춘子春'은 증자의 제자이고, '원元'과 '신申'은 증자의 아들이다. '病'者, 疾之甚也. '子春', 曾子弟子, '元'與'申', 曾子子也.

【단궁상 26】

동자童子가 말하였다. "화려하고 매끈한데, 대부大夫의 자리인가요?" 자춘子春이 "그만해라!"라고 하였다. 증자曾子가 듣고는 놀라는 모양으로 "허!"라고 하였다. 동자가 다시 "화려하고 매끈한데 대부의 자리인가요?"라고 하자, 증자는 "그렇다. 이는 계손季孫이 하사한 것인데, 내가 미처 바꾸지 못하였다. 원元은 일어나 자리를 바꿔라"라고 하였다. 증원이 "선생님의 병이 위급하니 움직여서는 안 됩니다. 아침이 되면 삼가 바꾸도록 하겠습니다." 증자가 "네가 나를 사랑함이 저 동자만도 못하구나. 군자는 덕으로써 사람을 사랑하고 세인은 고식姑息으로 사람을 사랑한다. 내가 무엇을 바라겠는가? 나는 바름을 얻어 죽으면 그만이다"라고 하였다. 들고 부축하여 자리를 바꾸었다. 자리에 다시 눕고 미처 안정되기도 전에 죽었다.

童子曰: "華而睆, 大夫之簀與?"① 子春曰: "止!"② 曾子聞之, 瞿然曰: "呼!"③ 曰: "華而睆, 大夫之簀與?" 曾子曰: "然. 斯季孫之賜也, 我未之能易也. 元起易簀!"④ 曾元曰: "夫子之病革矣, 不可以變. 幸而至於旦, 請敬易之."⑤ 曾子曰: "爾之愛我也不如彼.⑥ 君子之愛人也以德,⑦ 細人之愛人也以姑息.⑧ 吾何求哉? 吾得正而斃焉, 斯已矣."⑨ 擧扶而易之. 反席未安而沒.⑩

鄭注 ① '화華'는 채색한 것이다. '책簀'은 침상에 까는 자리다. 어떤 이는 자리의 마디를 깎아낸 것을 '환睆'이라고 본다. 글자가 어떤 본에는 '괄刮'로 되어 있다. '華', 畫也. '簀', 謂牀笫也. 說者以睆爲刮節目, 字或爲'刮'.

② 병이 위독하여 움직일 수 없기 때문이다. 以病困不可動.

③ '호呼'는 힘없이 탄식하는 소리다. '呼', 虛憊之聲.

④ 미처 바꾸지 못한 것은 자신의 병이 심하였기 때문이다. 未之能易, 己病故也.

⑤ '부자夫子'라고 한 것은 증자는 자신의 아버지가 돌아간 뒤에 제나라에서 경卿으로 초빙받은 적이 있었는데 나아가지 않았기 때문이다. '혁革'은 급하다는 뜻이다. '변變'은 움직인다는 뜻이다. '행幸'은 요행이라는 뜻이다. 言'夫子'者, 曾子親沒之後, 齊嘗聘以爲卿而不爲也. '革', 急也. '變', 動也. '幸', 覬也.

⑥ '피彼'는 동자童子이다. '彼', 童子也.

⑦ 자기의 덕을 이루는 것이다. 成己之德.

⑧ '식息'은 편안하다는 뜻과 같다. 구차하게 꾸며서 편안함을 취한다는 말이다. '息', 猶安也. 言苟容取安也.

⑨ '폐斃'는 죽는다는 뜻이다. '斃', 仆也.

⑩ 병이 비록 위독하지만, 여전히 예를 근실하게 행했음을 말한다. 言病雖困, 猶勤於禮.

集說 '화華'는 채색과 장식이 아름답고 좋은 것이다. '환睆'은 자리의 마디 부분이 고르고 매끈하다는 것이다. '책簀'은 자리다. '지止'는 동자에게 말하지 말게 한 것이다. '구연瞿然'은 놀란 듯이 하는 것이다. '호呼'는 탄식하면서 숨을 내쉬는 소리다. '왈曰'은 동자가 다시 말한 것이다. '혁革'은 급하다는 뜻이다. '변變'은 움직인다는 뜻이다. '피彼'는 동자를 가리킨다. 동자는 예를 알고 있어 증자가 대부를 지낸 적이 없는데 어떻게 대부가 사용하는 자리에 누울 수가 있겠는가라고 여긴 것이다. 증자는 그의 뜻을 알았으므로 그렇다고 인정하고, 또 이것은 노나라 대부인 계손이 내려준 것이라고 말한 것이다. 이에 반드시 바꾸고자 하여, 그것을 바꾸고 죽었으니, 바르게 죽었다고 할 수 있다. ○ 주자朱子는 말한다. "자리를 바꾸어 깔고 관끈을 맨 것에 대해서 둘 사이에 우열을 논할 것까지는 없다. 다만 고인들이 예법을 삼가 지켜 죽고 사는 변화 때문에 그 지키는 바를 바꾸지 않은 것이 이와 같았기에, 그것이 곧 사람들에게 '하나의 불의한 일을 하거나 한 사람이라도 죄 없는 사람을 죽여 천하를 얻는다 해도 하지 않는'[41] 마음을 갖게 하였음을 아는 것, 이것이 중요한 지점이다."[42] 또 주자는 말한다. "계손이 하사한 것과 증자가 받은 것은 모두 예에 맞는 것이 아니다. 혹 당시의 풍습에 이런 일이 있었기 때문에 미처 바로잡지 못했던 것뿐이다. 다만 병이 심해져 움직일 수 없는 때에도 다른 사람의 말을 듣자마자 기필코 부축을 받아 바꾼 것은 위대한 현인이 아니면 할 수 없는 일이다. 이 일의 긴요한 곳은 바로 이 미세하고 짧은 순간에 있다."[43] '華'者, 畫飾之美好. '睆'者, 節目之平瑩. '簀', 簟也. '止', 使童子勿言也. '瞿然', 如有所驚也. '呼'者, 嘆而噓氣之

聲. '曰', 童子再言也. '革', 急也. '變', 動也. '彼', 謂童子也. 童子知禮, 以爲曾子未嘗爲大夫, 豈可卧大夫之簀. 曾子識其意, 故然之, 且言此魯大夫季孫之賜耳. 於是必欲易之, 易之而沒, 可謂斃於正矣. ○ 朱子曰: "易簀結纓, 未須論優劣. 但看古人謹於禮法, 不以死生之變, 易其所守如此, 便使人有'行一不義・殺一不辜而得天下不爲'之心, 此是緊要處." 又曰: "季孫之賜, 曾子之受, 皆爲非禮. 或者因仍習俗嘗有是事, 而未能正耳. 但及其疾病, 不可以變之時, 一聞人言, 而必擧扶以易之, 則非大賢, 不能矣. 此事切要處, 正在此毫釐頃刻之間."

【단궁상 27】

부모가 막 돌아가셨을 때에는 급하게 길을 가다 길이 끊겨 더 이상 갈 수가 없는 것처럼 마음에 애통함이 가득하고 몸이 위축된다. 빈殯을 마치고는 마치 (잃어버린 것을) 찾으려고 하나 찾지 못하는 것처럼 이리저리 두리번거린다. 매장을 마치고는 마치 오기를 기다리나 오지 않는 것처럼 허둥거린다. 연제練祭 때에 이르면 세월이 빠름을 한탄하게 되고, 대상大祥 때에 이르면 쓸쓸하고 허전하다.
始死, 充充如有窮. 旣殯, 瞿瞿如有求而弗得. 旣葬, 皇皇如有望而弗至. 練而慨然, 祥而廓然.①

鄭注 ① 모두 근심과 슬픔이 마음에 있는 모습이다. '구求'는 (잃어버린) 어떤 것을 찾는다는 뜻과 같다. 皆憂悼在心之貌也. '求', 猶索物.

集說 소疏에서 말한다. "사태는 다 끝장나고 방법도 좌절된 것이 '막힌다'(窮)는 뜻이다. 부모가 막 돌아가시면 효자는 (몸을 가누지 못하고) 바닥

에 엎드려 곡을 하는데, 마음에 슬픔이 가득하고 몸이 꺾인 것이 마치 급하게 가다 길이 끊겨 다시 갈 곳이 없는 것과 같으니 막막하고 다급한 모습이다. '구구瞿瞿'는 눈으로 급하게 둘러보는 모양으로 마치 잃은 것이 있어 찾는데 찾지 못하는 듯하는 것이다. '황황皇皇'은 허둥댄다(栖栖)는 뜻과 같다. 부모가 흙으로 돌아가자 효자의 마음이 의탁할 곳 없는 것이 마치 상대가 오기를 기다리지만 이르지 않는 것과 같다. 소상小祥[44]에 이르면 세월이 달리는 것처럼 빠르게 지나감을 한탄한다. 대상大祥[45]에 이르면 마음이 쓸쓸하고 허전하여 즐겁지가 않다." ○ 방씨方氏(방각方慤)는 말한다. "하편에 안정顔丁의 거상居喪을 서술하면서 '막 돌아가셨을 때에는 허둥거린다'고 하고, '장례를 마치고는 슬퍼 탄식한다'고 하며, 「문상問喪」(4)에서는 반곡反哭할 때 허둥거린다고 하여 말한 것에 차이가 있는 것은, 군자에게는 종신토록 지키는 상喪이 있으니 부모를 그리워하는 마음에 어찌 더하고 덜함이 있겠는가? 선왕이 예를 제정하면서 대략 절목을 정하였을 뿐이므로 말한 것이 반드시 같지는 않다." 疏曰: "事盡理屈爲'窮'. 親始死, 孝子匍匐而哭之, 心形充屈, 如急行道極, 無所復去, 窮急之容也. '瞿瞿', 眼目速瞻之貌, 如有所失而求覓之不得然也. '皇皇', 猶栖栖也. 親歸草土, 孝子心無所依託, 如有望彼來而彼不至也. 至小祥, 但慨歎日月若馳之速也. 至大祥, 則情意寥廓不樂而已." ○ 方氏曰: "下篇述顔丁之居喪, 則言'皇皇'於始死, 言'慨焉'於旣葬, 「問喪」則言皇皇於反哭, 所言不同者, 蓋君子有終身之喪, 思親之心, 豈有隆殺哉? 先王制禮, 略爲之節而已, 故其所言不必同."

【단궁상 28】

주루邾婁 사람들이 화살을 가지고 복復을 한 것은 대개 승경升陘에서 전투를 한 뒤로부터 시작된 것이다.

邾婁復之以矢, 蓋自戰於升陘始也.

鄭注 '승경升陘에서 전투를 벌인 것'은 노나라 희공僖公 22년 가을이다. 당시 주邾의 군대가 승리를 하기는 했지만 사상자도 매우 많아 초혼을 할 만한 옷이 없었다. '戰於升陘', 魯僖二十二年秋也. 時師雖勝, 死傷亦甚, 無衣可以招魂.

集說 노魯 희공僖公 21년에 주邾 사람들과 승경升陘에서 전투를 하였는데, 승경은 노나라 지역이다. 주邾의 군대가 승리하기는 했지만 사상자가 많았고 군대 안에 옷이 없어 복復을 하는 자가 화살을 이용하였다. 『경전석문經典釋文』에 "주邾나라 사람들이 주邾를 부를 때 루婁라고 발음한다. 그러므로 '주루邾婁'라고 한다"고 하였다. 대개 사랑을 다하는 도리와 기도하고 비는 마음은 효자로서 스스로 그만둘 수 없는 것이어서 다시 살아나기를 바라는 것이다. 병환으로 죽었다면 복復을 해도 되지만 칼날에 베여 간과 머리가 길 위에 흩어졌다면 어찌 다시 살아날 리가 있겠는가? 복復에 화살을 사용한 것은 또한 속이는 것이 아닌가? 魯僖公二十一年, 與邾人戰于升陘, 魯地也. 邾師雖勝, 而死傷者多, 軍中無衣, 復者用矢. 『釋』云: "邾人呼邾, 聲曰婁. 故曰'邾婁'." 夫以盡愛之道, 禱祠之心, 孝子不能自已, 冀其復生也. 疾而死, 行之可也, 兵刃之下, 肝腦塗地, 豈有再生之理? 復之用矢, 不亦誣乎?

【단궁상 29】

노나라 부인들이 북상투[46]를 하고 조문을 한 것은 호태狐駘의 전투에서 패배한 뒤로부터다.

魯婦人之髽而弔也, 自敗於狐[47]鮐始也.

鄭注 '대태臺鮐에서 패배를 한 것'은 노 양공襄公 4년 가을의 일이다. '대臺'는 '호壺'로 되어야 하니 글자를 잘못 쓴 것이다. 『춘추좌씨전』에는 '호태狐鮐'로 되어 있다. 당시 집집마다 초상을 치르느라 북상투(髽)를 한 상태로 서로 조문하였다. 머리싸개를 제거하고 묶는 것을 '좌髽'라 한다. 『의례』에 부인의 조복弔服의 경우, 대부의 아내는 석쇠錫衰[48]를 한다[49]고 하였다. 그렇다면 사士의 아내는 의최疑衰를 할 것이다. 모두 머리 부분이 없는 길계吉笄에 흰 띠로 묶는다. '敗於臺鮐', 魯襄四年秋也. '臺', 當爲'壺', 字之誤也. 『春秋傳』作'狐鮐'. 時家家有喪, 髽而相弔. 去纚而紒曰'髽'. 『禮』, 婦人弔服, 大夫之妻錫衰. 士之妻則疑衰與. 皆吉笄無首, 素總.

集說 길례吉禮의 경우에는 머리싸개로 머리를 싸고, 흉례凶禮의 경우에는 머리싸개를 제거하여 머리를 노출하므로 '북상투'(髽)라고 한다. 호태狐鮐의 전투는 노 양공襄公 4년에 있었는데 주邾나라 사람에게 패했던 듯하다. 북상투를 하고는 조문하지 않는 법이지만 당시 집집마다 상을 치르고 있었으므로 북상투를 하고 서로 조문한 것이다. ○ 방씨方氏(방각方慤)는 말한다. "화살은 활쏘기에 사용하는 것이지 복復에 사용하는 것이 아니다. 북상투는 상喪에 하는 것이지 조문할 때 하는 것이 아니다. 그것을 답습하고 고치지 않는 것은 잘못이다." 吉時以纚韜髮, 凶則去纚而露其髻, 故謂之'髽'. 狐鮐之戰, 在魯襄公四年. 蓋爲邾人所敗也. 髽不以弔, 時家家有喪, 故髽而相弔也. ○ 方氏曰: "矢所以施於射, 非所以施於復. 髽所以施於喪, 非所以施於弔. 因之而弗改, 則非矣."

【단궁상 30】

남궁도南宮縚의 처가 시어머니 상을 당했는데, 공자가 그녀에게 북상투를 하도록 가르치면서, "너는 너무 높게도 하지 말라! 너는 너무 넓게도 하지 말라! 대개 개암나무로 비녀를 만드는데 길이는 1척이고, 머리를 묶은 뒤 드리운 머리끈(總)[50]의 길이는 8촌寸이다"라고 하였다.

南宮縚之妻之姑之喪,① 夫子誨之髽曰: "爾毋從從爾! 爾毋扈扈爾!② 蓋榛以爲笄, 長尺, 而總八寸."③

鄭注 ① '남궁도南宮縚'는 맹희자孟僖子의 아들 남궁열南宮閱이다. 자는 자용子容이고, 그의 아내는 공자의 형의 딸이다. '南宮縚', 孟僖子之子南宮閱也. 字子容, 其妻孔子兄女.

② '회誨'는 가르친다는 뜻이고, '이爾'는 너라는 뜻이다. '종종從從'은 지나치게 높음을 가리키고, '호호扈扈'는 지나치게 넓음을 가리킨다. '이爾'는 어조사이다. '誨', 教, '爾', 女也. '從從', 謂大高, '扈扈', 謂大廣. '爾', 語助.

③ '총總'은 머리를 묶는 끈으로, 늘어뜨려 장식을 하는 것이다. 자최齊衰 때의 머리끈은 8촌 길이로 한다. '總', 束髮, 垂爲飾. 齊衰之總八寸.

集說 남궁도南宮縚의 아내는 공자의 형의 딸이다. 시어머니가 죽자 공자가 북상투하는 법을 가르친 것이다. '종종從從'은 높다는 뜻이고, '호호扈扈'는 넓다는 뜻이다. 너의 북상투가 너무 높아서도 넓어서도 안 된다는 말이다. 또 계笄로 머리 묶는 법을 가르쳤다. '계笄'는 바로 비녀이다. 길례 때의 계(吉笄)는 1척 2촌이고, 상례 때의 계(喪笄)는 1척이다. 참최斬衰 때의 계는 전죽箭竹을 사용하는데, 작은 대나무이다. 며느리가 시부모를 위해서는 모

두 자최부장기齊衰不杖期를 하는데[51] 개암나무로 비녀를 만들어야 한다. 머리 묶는 끈을 '총總'이라 하는데 베로 만든다. 머리의 밑동과 끝을 묶은 뒤 남는 머리 끈은 상투의 뒤로 내리는데 그 길이가 8촌이다. 縚妻, 夫子兄女也. 姑死, 夫子敎之爲髽. '從從', 高也, '扈扈', 廣也. 言爾髽不可太高, 不可太廣. 又敎以笄總之法. '笄', 卽簪也. 吉笄尺二寸, 喪笄一尺. 斬衰之笄用箭竹, 竹之小者也. 婦爲舅姑皆齊衰不杖期, 當用榛木爲笄也. 束髮謂之'總', 以布爲之. 旣束其本末, 而總之餘者, 垂於髻後, 其長八寸也.

【단궁상 31】

맹헌자孟獻子는 담제禫祭를 지내고도 악기를 틀에 걸어만 둔 채 연주하지 않았고, 시중들 부인을 배석시키기는 하였지만 침소에 들지는 않았다. 공자가 "맹헌자는 다른 사람보다 한 등급 나은 사람이다"라고 말했다.

孟獻子禫, 縣而不樂, 比御而不入.① 夫子曰: "獻子加於人一等矣."②

鄭注 ① 부인을 접할 수 있는데도 여전히 침소로 돌아가지 않았다. '맹헌자孟獻子'는 노나라 대부인 중손멸仲孫蔑이다. 可以御婦人矣, 尙不復寢. '孟獻子', 魯大夫仲孫蔑.

② '가加'는 낫다는 뜻이다. '加', 猶踰也.

集說 '맹헌자孟獻子'는 노나라 대부인 중손멸仲孫蔑이다. '담禫'은 제사의 명칭이다. '담禫'이란 담담한 듯 평안하다는 의미다. 대상大祥이 지나고 한 달을 건너 담제를 지내므로 '중월이담中月而禫'[52]이라고 한다. 혹자는 '대상

을 지낸 그 달'이라고 하는데 잘못이다. 「상복소기喪服小記」(54)에 "한 세대를 건너뛰어(中一) 위로 올려서 부祔한다"고 하였는데, 이 또한 한 세대를 건너뛴다는 말이다. 『주례』 「춘관春官 · 소서小胥」에 "대부는 좌우에 악기를 매단다"고 하였다. '현이불악縣而不樂'이라는 것은 악기틀에 매달아놓기만 하고 연주하지는 않는 것이다. '비어불입比御不入'은 부인 가운데 시중들 사람을 배석시키기는 하였지만 침소에 들지는 않았다는 것이다. 일설에는 '비比'는 이르다는 뜻이라고 한다. "부모의 상에 기간이 지나서 상복을 벗었으므로"[53] 공자가 아름답게 여겼던 것이다. '孟獻子', 魯大夫仲孫蔑也. '禫', 祭名. '禫'者, 澹澹然平安之意. 大祥後間一月而禫, 故云'中月而禫'. 或云'祥月之中'者非. 「小記」云: "中一以上而祔", 亦謂間一世也. 『禮』: "大夫判縣." '縣而不樂'者, 但縣之而不作也. '比御不入'者, 雖比次婦人之當御者, 而猶不復寢也. 一說, '比', 及也. "親喪外除", 故夫子美之.

【단궁상 32】

공자는 대상大祥을 마치고 5일 뒤 금琴을 탔으나 소리를 이루지 못하였고, 달을 넘긴 열흘 뒤[54]에는 생笙을 연주하면서 노래로 읊는 것이 제소리를 이루었다. 유자有子는 대개 대상大祥을 마치고는 오색실로 신발을 장식하고 오색 끈목으로 관끈을 하였다.

孔子旣祥, 五日彈琴而不成聲,① 十日而成笙歌.② 有子蓋旣祥而絲屨 · 組纓.③

鄭注 ① 슬픔이 아직 잊히지 않았기 때문이다. 哀未忘.

② 달을 넘기고 또 열흘이 지난 것이다. 대상大祥도 흉사이므로 원일遠日[55]

을 쓴다. 닷새 만에 금琴을 타고 열흘 만에 생笙을 연주하고 노래한 것은 상복을 벗는 것을 밖에 드러난 것으로부터 함을 따른 것이다. 금은 손으로 연주하고 생을 불고 노래하는 것은 기氣로써 한다. 踰月且異旬也. 祥亦凶事, 用遠日. 五日彈琴, 十日笙歌, 除由外也. 琴以手, 笙歌以氣.

③ 빠름을 비난한 것이다. 『예』에 "대상大祥을 마치면 흰 신을 신는데 구두코 장식이 없고", "호관縞冠에 흰 가선을 두른다"고 하였다. 유자有子는 공자의 제자 유약有若이다. 譏其早也. 『禮』: "旣祥, 白屨無絇", "縞冠素紕." '有子', 孔子弟子有若.

集說 '유자有子'는 공자의 제자인 유약有若이다. 『예』에 "대상大祥을 마치면 흰 신을 신는데 신코 장식이 없고"[56] "누이지 않은 흰 비단의 관에 흰색의 누인 비단으로 가선을 두른다"[57]고 하였다. 끈목(組)의 문식은 다섯 가지 색이다. 이제 막 대상을 마쳤는데 곧바로 오색실로 신발 장식을 만들고 오색의 끈으로 갓끈을 만든 것은 복이 길한 것으로 나아간 것이다. 이 두 가지는 모두 길한 것으로의 변화가 빠름을 비난한 것이다. 그런데 '개蓋'는 추측하는 말이다. 기록자 또한 전해들은 것이기 때문에 그 말을 의심하는 듯하다. 공자의 일을 인용한 것은 남은 슬픔이 아직 잊히지 않았음을 보이고자 한 것이다. '有子', 孔子弟子有若也. 『禮』: "旣祥, 白屨無絇", "縞冠素紕." 組之文五采. 今方祥卽以絲爲屨之飾, 以組爲冠之纓, 服之吉者也. 此二者皆譏其變吉之速. 然'蓋'者, 疑辭. 恐記者亦是得於傳聞, 故疑其辭也. 引孔子之事者, 以見餘哀未忘也.

【단궁상 33】

죽은 사람에 대해 조문하지 않는 경우가 세 가지다. 두려움 때문에 죽은 경우, 압사한 경우, 익사한 경우이다.
死而不弔者三.① 畏,② 厭,③ 溺.④

鄭注 ① 경솔하게 처신하여 효를 잊은 경우를 말한다. 謂輕身忘孝也.
② 다른 사람이 어떤 때 무고하게 자기를 공격하는데 그것을 해명하지 못하고 그 때문에 죽은 경우이다. "공자는 광 땅에서 억울하게 죽을 뻔했다."[58]
人或時以非罪攻己, 不能有以說之, 死之者. "孔子畏於匡."
③ 위험한 곳을 지나다닌 것이다. 行止危險之下.
④ 다리로 건너거나 배를 타고 건너지 않았던 것이다. 不乘橋舡.

集說 방씨方氏(방각方慤)는 말한다. "'전쟁에서 용감하지 못한 것은 효가 아니다'[59]라고 하였으니 두려움 때문에 죽은 경우일 것이다. '군자는 쓰러지는 담장 밑에 서 있지 않는다'[60]라고 하였으니 깔려서 죽은 경우일 것이다. 효자는 '배를 타지, 헤엄쳐 건너지 않는다'[61]라고 하였으니 물에 빠져 죽은 경우일 것이다. 세 가지는 모두 바른 명命이 아니므로 선왕이 예를 제정하면서 조문하지 않는 경우에 두었던 것이다." ○ 응씨應氏(응용應鏞)는 말한다. "정이 두터운 경우에 어찌 조문하지 않을 수 있겠는가? 다만 그 말을 쉽게 하지 못하는 것이다. 나라를 위하여 전투에서 사망한 경우라면 또한 조문하지 않을 리가 없다. 제나라 장공莊公이 기량杞梁의 처[62]에게 조문하지 않은 적이 없었다." ○ 내가 듣건대, 선유先儒는 "이치를 밝히면 두려움을 다스릴 수 있다"[63]고 하였다. 이치를 분명하게 보지 못하는 사람은 두려워하면서 나아갈 바를 몰라, 스스로 목매달아 죽어서 구덩이에 버려지는 경우가 많으니, 이것이 참으로 두려움 때문에 죽게 된다는 것이요, '전쟁에서 용감하지 못한 것'만을 가리키기는 어려울 듯하다. 어떤 이는 싸움질하다가 목숨을 잃는 것을 '외畏'라고 한다고 하였다. 方氏曰: "'戰陳無勇, 非

孝也', 其有畏而死者乎. '君子不立巖牆之下', 其有厭而死者乎. 孝子'舟而不游', 其有溺而死者乎. 三者皆非正命, 故先王制禮在所不弔." ○ 應氏曰, "情之厚者, 豈容不弔? 但其辭未易致耳. 若爲國而死於兵, 亦無不弔之理. 若齊莊公於杞梁之妻, 未嘗不弔也." ○ 愚聞, 先儒言"明理可以治懼." 見理不明者, 畏懼而不知所出, 多自經於溝瀆, 此眞爲死於畏矣, 似難專指'戰陳無勇'也. 或謂鬪狼亡命曰'畏'.

【단궁상 34】

자로子路는 누이의 상喪을 치르면서 상복을 벗어도 되는데 벗지 않았다. 공자가 "왜 상복을 벗지 않는가?"라고 묻자, 자로가 "저는 형제가 적어 차마 벗지 못하겠습니다"라고 하였다. 공자가 "선왕이 예를 제정한 것이다. 도리를 실천하는 사람들은 모두 차마 하지 못하는 마음이 있다"라고 하였다. 자로가 듣고는 드디어 복을 벗었다.

子路有姊之喪, 可以除之矣, 而弗除也. 孔子曰: "何弗除也?" 子路曰: "吾寡兄弟而弗忍也." 孔子曰: "先王制禮. 行道之人, 皆弗忍也."① 子路聞之, 遂除之.

鄭注 ① '도리를 실천한다'(行道)는 것은 인의仁義를 실천한다는 뜻이다. '行道', 猶行仁義.

集說 도리를 실천하는 사람들은 모두 친親(가까운 사람)에게 차마 하지 못하는 마음이 있지만, 끝내 상복을 벗는 것은 선왕의 제도를 어길 수 없기 때문이다. 行道之人, 皆有不忍於親之心, 然而遂除之者, 以先王之制不敢違也.

【단궁상 35】

태공太公이 영구營丘에 봉해졌으나 오세五世가 될 때까지 모두 주周에 돌아와 장례를 치렀다. 군자는 말한다. "악樂은 태어난 곳을 즐거워하는 것이고, 예禮는 그 근본을 잊지 않는 것이다. 옛사람들이 '여우는 죽을 때 머리를 똑바로 하여 언덕 쪽으로 향한다'고 하였는데, 어진 것이다."

太公封於營丘, 比及五世, 皆反葬於周.① 君子曰: "樂, 樂其所自生, 禮, 不忘其本.② 古之人有言曰'狐死正丘首', 仁也."③

鄭注 ① 제나라 태공太公은 분봉을 받았지만, 주周에 머물러 태사太師가 되었고 죽어서는 주나라에서 장례를 지냈다. 자손들은 태공이 태어난 곳이라 차마 떠나지 못하고, 오세五世가 지난 뒤에야 제나라에서 장례를 지냈다. 제齊를 '영구營丘'라고 한다. 齊大公受封, 留爲大師, 死葬於周. 子孫生焉, 不忍離也, 五世之後, 乃葬於齊. 齊曰'營丘'.

② 예악의 취지와 유사함을 말한다. 言其似禮樂之義.

③ '정구수正丘首'는 언덕 쪽으로 똑바로 머리를 향하는 것이다. '인仁'은 은혜이다. '正丘首', 正首丘也. '仁', 恩也.

集說 태공太公이 제나라에 봉해지기는 했지만 주周에 머물면서 태사太師가 되었으므로 태공이 죽자 주나라에서 장례를 지냈다. 자손들이 그 근본을 감히 잊지 못하였기 때문에 제나라로부터 주나라로 돌아와 장례를 치르고 선인의 선영先塋에 따라 묻히다가, 5세가 되어 친親이 다하게 된 뒤에야 그만두었다. 생을 즐거워하고 근본을 두터이 하는 것이 예악의 도이다. 살아서 이곳을 즐거워하였으니 죽어서 어찌 이곳을 배반할 수 있겠는가? 여

우가 미물微物이기는 하지만 자신이 굴을 파고 숨었던 곳을 언덕으로 삼는다. 이 또한 살아서 이곳을 즐거워하였기 때문에 죽을 때도 여전히 자기의 머리를 바르게 하여 언덕을 향하니, 그 근본을 잊지 않는 것이다. 근본을 배반하고 처음을 잊는 것은 어진 사람의 마음씀씀이가 아니므로 어질다고 지목한 것이다. ○ 소疏에서 말한다. "주공이 노나라에 봉해졌으나 그 자손들이 주나라로 돌아가 장례를 지내지 않은 것은, 둘째 아들이 주나라에 머물면서 대대로 그 채지를 지키고 있었기 때문이다. 『춘추』에 기록된 주공周公이 바로 그 사람이다." 太公雖封於齊, 而留周爲太師, 故死而遂葬於周. 子孫不敢忘其本, 故亦自齊而反葬於周, 以從先人之兆, 五世親盡而後止也. 樂生而敦本, 禮樂之道也. 生而樂於此, 豈可死而倍於此哉? 狐雖微獸, 丘其所窟藏之地. 是亦生而樂於此矣, 故及死而猶正其首, 以向丘, 不忘其本也. 倍本忘初, 非仁者之用心, 故以仁目之. ○ 疏曰: "周公封魯, 其子孫不反葬於周者, 以有次子在周, 世守其采地. 『春秋』周公是也."

【단궁상 36】

백어伯魚의 어머니가 죽고 기년期年이 되었는데도 백어는 여전히 곡을 하였다. 공자가 그것을 듣고는 "누구냐? 곡을 하는 사람이!"라고 하자, 문인이 "백어입니다"라고 대답하였다. 공자가 "아! 너무 지나치다!"라고 하였다. 백어가 이 말을 듣고는 드디어 상복을 벗었다.

伯魚之母死, 期而猶哭.① 夫子聞之, 曰: "誰與? 哭者!" 門人曰: "鯉也." 夫子曰: "嘻! 其甚也!"② 伯魚聞之, 遂除之.

鄭注 ① '백어伯魚'는 공자의 아들로 이름은 리鯉다. '유猶'는 여전히라는

뜻이다. '伯魚', 孔子子也, 名鯉. '猶', 尙也.

② '희嘻'는 슬퍼하고 한탄하는 소리다. '嘻', 悲恨之聲.

集說 백어伯魚의 어머니는 쫓겨난 뒤에 죽었다. 아버지 생존 중에 어머니가 돌아가시면 기년복期年服을 하고 담제禫祭를 지내지만, 쫓겨난 어머니(出母)에 대해서는 담제를 지내지 않는다. 백어는 바로 공자의 뒤를 이을 아들이어서 『예』에 따르면 복이 없다.[64] 게다가 기년이 지나면 곡을 하지 않아야 하는데도 여전히 곡을 하였기 때문에 공자가 너무 지나치다고 탄식하였던 것이다. 伯魚之母出而死. 父在爲母期而有禫, 出母則無禫. 伯魚乃夫子爲後之子, 則於『禮』無服. 期可無哭矣猶哭, 夫子所以歎其甚.

【단궁상 37】

순舜은 창오蒼梧의 들에 장례를 지냈는데 세 부인은 합장하지 않았다. 계무자季武子는 "주공周公은 합장을 하였다"라고 하였다.

舜葬於蒼梧之野,① 蓋三妃未之從也.② 季武子曰: "周公蓋祔."③

鄭注 ① 순舜은 유묘有苗를 정벌하러 나갔다가 죽었는데, 그로 인해 객지에서 장례를 지냈다. 『서』에서 순에 대해 "승하하시어 돌아가셨다"라고 하였다. '창오蒼梧'는 주나라 때에는 남쪽 월나라 지역이었는데 지금은 군郡이 되었다. 舜征有苗而死, 因留葬焉. 『書』說舜曰: "陟方乃死." '蒼梧', 於周南越之地, 今爲郡.

② 옛날에는 합장을 하지 않았다. 제곡帝嚳 때에 네 명의 비妃를 두었는데, 후비사성后妃四星[65]을 본뜬 것이다. 그 중 밝은 별이 정비正妃가 되고 나머지 작은 세 별은 차비次妃가 된다. 제帝 요堯도 그것을 따랐다. 순舜에 이르러 부모에게 고하지 않고 장가를 들어 정비正妃를 두지 않았으므로 세 비妃

뿐이었고 그들을 삼부인이라고 불렀다. 『이소離騷』에서 노래한 상부인湘夫人은 순의 비다. 하후씨는 삼의 세 배인 9명을 더 늘려 모두 열두 명이었다. 『춘추설春秋說』에 "천자는 열 두 부인을 둔다"고 했는데 이는 바로 하나라 제도이다. 우虞, 하夏와 주나라 제도를 근거로 차이를 두게 되면 은나라에서는 다시 9의 세 배인 27인을 더 늘려 모두 39인이었다. 주나라는 위로 제곡帝嚳을 본받아 정비正妃를 세우고 다시 27의 세 배인 81인을 증가시켜 모두 121인이었다. 그 지위는 후后, 부인夫人, 빈嬪, 세부世婦, 여어女御 등이다. 다섯 가지 지위는 서로 참작하여 존비를 정한다. 古者不合葬. 帝嚳而立四妃矣, 象后妃四星. 其一明者爲正妃, 餘三小者爲次妃. 帝堯因焉. 至舜不告而取, 不立正妃, 但三妃而已, 謂之三夫人. 『離騷』所歌湘夫人, 舜妃也. 夏后氏增以三三而九, 合十二人. 『春秋說』云: "天子取十二", 卽夏制也. 以虞·夏及周制差之, 則殷人又增以三九二十七, 合三十九人. 周人上法帝嚳, 立正妃, 又三二十七爲八十一人以增之, 合百二十一人. 其位, 后也, 夫人也, 嬪也, 世婦也, 女御也. 五者相參以定尊卑.

③ '부祔'는 합장을 가리킨다. 합장은 주공으로부터 시작되었다. '祔', 謂合葬. 合葬自周公以來.

集說 천자는 사해를 한 집안으로 삼는데, 남쪽으로 순수巡狩를 나갔다가 죽었으므로 바로 창오蒼梧의 들에서 장례를 지냈다. 소疏에서 말한다. "순의 첫째 비인 아황娥皇에게는 자식이 없었고, 둘째 비인 여영女英은 상균商均을 낳았으며, 셋째 비인 계비癸比는 두 딸 소명霄明과 촉광燭光을 낳았다"라고 하였다. 세 비는 뒤에 모두 순과 합장하지 않았다. 이것은 기록자가 합장의 일은 옛사람에게는 아직 없었다고 말하고, 이어서 계무자季武子의 말을 인용하여 주공周公 이후로 합장이 시작되었다고 한 것이다. 『서』의 "승하하시어 돌아가셨다"에 대하여 채침蔡沈은 "『사기』에 '순은 창오의 들에서 죽었다'고 하였고 『맹자』는 '명조鳴條에서 죽었다'[66]고 하였는데 어느 것이 맞

는지 모르겠다. 지금 영릉零陵 구의九嶷에 순의 무덤이 있다고 한다"[67]라고 하였다. 天子以四海爲家, 南巡而崩, 故遂葬蒼梧之野. 疏云: "舜長妃娥皇無子, 次妃女英生商均, 次妃癸比生二女霄明・燭光." 三妃後皆不從舜之葬. 此記者言合葬之事, 古人未有, 因引季武子之言, 謂自周公以來, 始祔葬也. 『書』"陟方乃死", 蔡氏曰: "□□史記』'舜崩於蒼梧之野', 『孟子』言'卒於鳴條', 未知孰是. 今零陵九嶷有舜冢云."

【단궁상 38】

증자曾子의 상喪에 시신을 부엌에서 목욕시켰다.

曾子之喪, 浴於爨室.

鄭注 증원曾元이 (동자의 지적에도 불구하고) 대자리 바꾸기를 반대하는 것을 보고 증자가 겸손함과 검소함으로 바로잡은 것이다. 예에 따르면 죽으면 적실適室에서 목욕을 시킨다.[68] 見曾元之辭易簀, 矯之以謙儉也. 禮, 死, 浴於適室.

集說 『의례』「사상례士喪禮」에는 적실에서 목욕을 시키도록 되어 있고 부엌에서 목욕을 시킨다는 문장은 없다. 구설[69]에서는 '증자曾子가 증원曾元이 대자리 바꾸기를 반대하였기 때문에 겸손함과 검소함으로 바로잡은 것'이라고 하였다. 그러나 증자는 자리에 다시 눕고 안정되기도 전에 죽었으니 반드시 언급이 있었던 것은 아닐 것이다. 이것이 정말 증자의 유명遺命이라도 자식 된 자가 어찌 비례를 따라 부친을 천시하는 일을 차마 할 수 있겠는가? 이는 추측하는 말을 가지고 단정하기는 어려운 것이니 그대로 두고 아는 사람을 기다려야 할 것이다. 「士喪禮」浴於適室, 無浴爨室之文. 舊說曾子以曾元辭易簀, 矯之以謙儉. 然反席未安而沒, 未必有言及. 此使果曾子之命, 爲人

子者, 亦豈忍從非禮而賤其親乎? 此難以臆說斷之, 當闕之以俟知者.

【단궁상 39】

대공大功의 상喪이 있을 경우 학업을 폐한다. 혹자는 "대공에 송誦을 하는 것은 괜찮다"고 한다.

大功廢業. 或曰: "大功, 誦可也."

鄭注 입으로 익히는 일은 허용하기 때문이다. 許其口習故也.

集說 '업業'이란 몸에 익히는 것으로 춤을 배우고 활쏘기를 배우고 금슬琴瑟을 배우는 것 등이다. 그것을 폐하는 것은 슬픔을 잊을까 염려해서이다. '송誦'이란 입으로 익히는 것으로 잠시 그것을 하는 것은 괜찮다. 그런데도 '혹왈或曰'이라고 칭한 것은 확정하지는 못하는 말이다. '業'者, 身所習, 如學舞·學射·學琴瑟之類. 廢之者恐其忘哀也. '誦'者, 口所習, 稍暫爲之亦可. 然稱'或曰', 亦未定之辭也.

【단궁상 40】

자장子張은 병이 위독해지자 신상申祥을 불러 말했다. "군자는 '종終'(마친다)이라 하고 소인은 '사死'(죽는다)라고 한다. 내가 오늘에서야 군자의 마침에 거의 가깝게 되었구나!"

子張病, 召申祥而語之曰: "君子曰終, 小人曰死.① 吾今日其庶幾乎!②”

鄭注 ① '신상申祥'은 자장子張의 아들이다. 자장이 신상으로 하여금 집상執喪을 잘하도록 하여 자신의 뜻을 이루고자 한 것이다. '사死'는 시澌(없어진다)라는 말이다. 일이 끝나는 것이 '종終'이고 완전히 사라지는 것이 '시澌'이다. 태사공太史公(사마천)의 『사기』에 "자장은 성姓이 전손顓孫이다"[70]라고 하였는데, 지금 '신상申祥'이라 한 것은 주周나라와 진秦나라의 발음으로는 두 가지가 서로 유사하기 때문이다. 어느 것이 맞는지는 모르겠다. '申祥', 子張子, 欲使執喪, 成己志也. '死'之言, 澌也, 事卒爲'終', 消盡爲'澌'. 太史公傳曰: "子張姓顓孫", 今曰申祥, 周秦之聲, 二者相近, 未聞孰是.

② 이루기 쉽다는 말이다. 言易成也.

集說 '신상申祥'은 자장子張의 아들이다. '종終'이란 시始에 대해서 말하는 것이다. '사死'는 다 사라지고 남은 것이 없다는 말이다. 군자는 행실이 이루어지고 덕이 세워져서 시작이 있고 마침이 있으므로 '종終'(마친다)이라 한다. 소인은 뭇 사물과 함께 썩어가므로 '사死'(죽는다)라고 한다. "죽어서 이름이 칭해지지 않을 것을 걱정한다"[71]는 것이 이것이다. 자장이 이때에 이르러 자신이 군자에 가깝게 된 것을 또한 스스로 믿었던 것이다. '申祥', 子張子也. '終'者對始而言. 死則澌盡無餘之謂也. 君子行成德立, 有始有卒, 故曰'終'. 小人與群物同朽腐, 故曰'死'. "疾沒世而名不稱"爲是也. 子張至此亦自信其近於君子也.

【단궁상 41】

증자曾子가 말했다. "막 돌아가셨을 때 올리는 전奠[72]은 남아서 시렁에 두었던 것으로 한다."

曾子曰: "始死之奠, 其餘閣也與."

鄭注 새것으로 바꿀 수 없기 때문이다. '시렁'(閣)은 음식물을 올려두고 보관하는 곳이다. 不容改新. '閣', 庋藏食物.

集說 막 돌아가셨을 때는 바로 말린 고기(脯), 젓갈(醢), 단술(醴酒)을 가지고 시신이 놓인 침상으로 나아가 시신의 동쪽에서 전奠을 올리는데, 시신의 어깨에 해당하는 곳에 진설하여, 죽은 이의 혼령이 의지함이 있게 한다. '시렁'(閣)은 음식을 올려두고 보관하기 위한 것이다. 대개 살아 계실 때 시렁에 남겨두었던 말린 고기와 젓갈을 가지고 전奠을 올린다. 始死, 以脯·醢·醴酒, 就尸牀而奠于尸東, 當死者之肩, 使神有所依也. '閣', 所以庋置飮食, 蓋以生時庋閣上所餘脯醢爲奠也.

【단궁상 42】

증자曾子가 말했다. "소공小功의 상에 곡위哭位(곡하는 자리)를 마련하지 않는 것은 누추한 동네에서 하는 예이다. 자사子思는 형수를 위해 곡할 때 곡위를 마련하였는데, 자사의 부인이 먼저 용踊(발을 동동 구르며 뛰는 의절)을 하였다." 신상申祥이 언사言思를 위해 곡을 할 때도 그렇게 하였다.

曾子曰: "小功不爲位也者, 是委巷之禮也.① 子思之哭嫂也爲位,② 婦人倡踊.③" 申祥之哭言思也亦然.④

鄭注 ① 비난한 것이다. '위位'는 친소親疎에 따라 줄지어 서서 곡하는 곳이다. '위항委巷'은 길거리가 구불구불하고 누추한 동네에서나 하는 것이란 말과 같다. 譏之也. '位', 謂以親疏敍列哭也. '委巷', 猶街里委曲所爲也.

② 좋게 여긴 것이다. 예에 따르면 수숙嫂叔 간에는 복이 없다. 善之也. 禮, 嫂叔無服.

③ 복이 있는 경우로, 형제의 아내끼리는 소공小功을 한다.[73] '창倡'은 먼저라는 뜻이다. 有服者, 娣姒婦小功. '倡', 先也.

④ 해설자가 언사言思는 자유子游의 아들로 신상申祥의 처남이어서 또한 복이 없다고 말한 것이다. 이로부터는 한 번 곡만 하고 곡위哭位는 마련하지 않았다. 說者云, 言思, 子游之子, 申祥妻之昆弟, 亦無服. 過此以往, 獨哭不爲位.

集說 '위委'는 굽다(曲)의 뜻이다. 구불구불한 동내(曲巷)는 누추한 동내(陋巷)라고 말하는 것과 같다. 평민들은 누추한 동내에 살면서 예의를 몰라 비루하고 소박하며 절도와 문식이 없다. 따라서 소공小功의 상喪에 곡위哭位를 마련하지 않는 것은 누추한 동네에서나 행해지는 예라고 비난한 것이다. '언사言思'는 자유子遊의 아들로 신상申祥의 처남이다. ○ 마씨馬氏는 말한다. "무릇 곡을 할 때 반드시 곡위를 마련하는 것은 친소親疎와 은기恩紀(은애의 법도)의 차이를 구별하려는 것이다. 수숙嫂叔 간에는 복이 없어 곡위를 마련하지 않는다고 의심하므로 복이 없더라도 곡위를 마련하는 것은 오직 수숙 간이 그렇다고 말한 것이다. 대개 수숙 간에 복이 없는 것은 남녀 간에 서로 가까이 지낸다는 혐의를 멀리하기 위해서이다. 곡위를 마련하는 것은 형제 사이인 내상內喪의 친족관계를 돈독히 하기 위해서이다. '자사子思는 형수를 위해 곡을 하면서 곡위를 마련하였는데, 자사의 부인이 먼저 용踊을 하였다'는 것은 부인들 간에는 서로 동서가 되는 의리가 있지만 자사 자신은 복이 없어 감히 먼저 할 수 없었기 때문이다. 신상申祥이 언사言

思를 위해 곡하면서 자사처럼 한 것은 비례이다. 처남의 경우는 외상外喪이고 이미 복이 없으므로 곡위哭位의 상주가 될 수 없다. 「단궁하」(11)에 "처의 형제로 장인의 후사가 된 처남이 죽으면, 적실適室(正寢)에서 곡을 하는데, 아들이 상주가 되어, 단袒, 문免, 곡哭, 용踊을 한다. 남편(아들의 아버지)은 정침으로 들어와 문 오른쪽에서 곡을 한다"라고 하였다. 이로써 말하면 처남을 위해 곡할 때는 자식이 상주가 되게 하여, 수숙嫂叔의 상喪과는 다르다. 아들이 상주가 된다면 부인이 먼저 발을 구르며 뛰어서는 안 된다." '委', 曲也. 曲巷猶言陋巷. 細民居於陋巷, 不見禮儀, 而鄙朴無節文. 故譏小功不爲位, 是曲巷中之禮也. '言思', 子游之子, 申祥妻之昆弟也. ○ 馬氏曰: "凡哭必爲位者, 所以敍親疎恩紀之差. 嫂叔疑於無服而不爲位, 故曰無服而爲位者, 惟嫂叔. 蓋無服者, 所以遠男女近似之嫌. 而爲位者, 所以篤兄弟內喪之親. '子思哭嫂爲位, 婦人倡踊', 以婦人有相爲娣姒之義, 而不敢以己之無服先之也. 至於申祥之哭言思, 亦如子思, 蓋非禮矣. 妻之昆弟外喪也, 而旣無服, 則不得爲哭位之主矣. 記曰: "妻之昆弟爲父後者死, 哭之適室, 子爲主, 袒免哭踊. 夫入門右." 由是言之, 哭妻之昆弟, 以子爲主, 異於嫂叔之喪也. 以子爲主, 則婦人不當倡踊矣."

【단궁상 43】

옛날에는 관冠을 세로로 곧게 꿰맸는데 지금은 가로로 꿰맨다. 따라서 상례 때의 관이 길례 때의 관과 상반되는 것은 옛날의 제도가 아니다.

古者冠縮縫, 今也衡縫.① 故喪冠之反吉, 非古也.②

鄭注 ① '축縮'은 세로라는 뜻이다. 지금 예제禮制에 '형衡'은 횡橫으로 읽

는다. 지금의 관은 가로로 꿰매는데, 주름이 많기 때문이다. '縮', 從也. 今禮制, '衡'讀爲橫. 今冠橫縫, 以其辟積多

② 당시 사람들의 의혹을 풀어준 것이다. 상례 때의 관을 세로로 곧게 꿰매는 것은 옛날 관의 방식이다. 解時人之惑. 喪冠縮縫, 古冠耳.

集說 소疏에서 말한다. "'축縮'은 곧다는 뜻이다. 은나라는 질質을 숭상하여 길례에 사용하는 관과 흉례에 사용하는 관을 모두 곧게 꿰맸다. 곧게 꿰맨 것은 벽적襞積에 주름이 적었기 때문에 하나하나 앞뒤로 곧게 꿰맸던 것이다. '형衡'은 횡橫(가로)의 뜻이다. 주周나라는 문文을 숭상하였기 때문에 관에 벽적이 많아 하나하나 곧게 꿰매지 못하고, 다만 주름을 많이 잡아 함께 가로로 꿰맸다. 상관喪冠의 경우는 질박함을 위주로 하여 그래도 주름을 적게 하고 곧게 꿰매는데 이는 길관吉冠과 상반되는 것이다. 당시 사람이 그 때문에 '옛날에는 상관과 길관이 반대였다'고 하므로, 기록자가 이를 풀이하여 '옛날이 아니라 주대周代에만 이와 같았다. 옛날에는 길관과 흉관을 동일하게 세로로 곧게 꿰맸다'라고 말한 것이다." 疏曰: "'縮', 直也. 殷尙質, 吉凶冠皆直縫. 直縫者辟積襵少, 故一一前後直縫之. '衡', 橫也. 周尙文, 冠多辟積, 不一一直縫, 但多作襵而幷橫縫之. 若喪冠, 質猶疎辟而直縫, 是與吉冠相反. 時人因言古喪冠與吉冠反, 故記者釋之云非古也, 止是周世如此耳. 古則吉凶冠同直縫也."

【단궁상 44】

증자曾子가 자사子思에게 "급伋아, 내가 부모의 상을 치를 때는 물과 미음을 입에 대지 않은 것이 7일이었다"라고 하였다. 자사가 말하였다. "선왕이 예를 제정할 때, 예보다 지나치게 행하는 사람에게는 억제시켜 예에 나아가게 하고, 예에 못 미치는 사람에게는 고무시켜 예에 미치게 하였습니다. 그 때문에 군자가 부모의 상을 치를 때는 물과 미음을 입에 대지 않는 기간이 3일이고, 지팡이를 짚은 뒤에는 일어설 수 있는 것입니다"라고 하였다.

曾子謂子思曰: "伋, 吾執親之喪也, 水漿不入於口者七日."① 子思曰: "先王之制禮也, 過之者俯而就之, 不至焉者跂而及之. 故君子之執親之喪也, 水漿不入於口者三日, 杖而后能起."②

鄭注 ① 자신의 경우는 당시 예가 자신처럼 하지 않은 것을 못마땅하게 여겨서 그리하였음을 말한 것이다. 言己以疾時禮而不如.

② 증자의 말처럼 하는 것은 지속하기 어렵기 때문에 예로 억제한 것이다. 爲曾子言難繼, 以禮抑之.

集說 삼 일 동안 행하는 것이 제도에 맞는다. 칠 일 동안 행할 경우 거의 생명을 해치게 된다. "부축을 받아서 일어나는 경우"가 있고, "지팡이를 짚고 일어나는 경우"가 있으며, "얼굴에 때가 끼게만 하는 경우"74)도 있다. 三日中制也. 七日則幾於滅性矣. 有"扶而起"者, 有"杖而起"者, 有"面垢而已"者.

【단궁상 45】

증자曾子가 말했다. "소공小功의 상에 추복追服을 하지 않는다면 멀리 떨어진 형제의 경우는 끝내 복이 없게 될 것이니 그래도 괜찮겠는가?"

曾子曰: “小功不稅,① 則是遠兄弟終無服也,② 而可乎?”③

鄭注 ① 예에 의거해서 말한 것이다.75) 상기喪期가 이미 지난 뒤에 부고를 듣고 복하는 것을 '퇴稅'라 한다. 대공 이상은 그렇게 하지만 소공은 가벼우므로 추복追服하지 않는다. 據禮而言也. 日月已過, 乃聞喪而服曰'稅'. 大功以上然, 小功輕不服.

② 서로 멀리 떨어져 사는 경우는 부고를 항상 뒤늦게 듣게 됨을 말한다. 言相離遠者, 聞之恒晩.

③ 자신이 가지고 있는 은의恩誼의 정감으로 이상하게 여긴 것이다. 以己恩怪之.

集說 '퇴稅'는 상례의 기간이 이미 지난 뒤에 비로소 그 부음을 듣고 추복追服하는 것이다. 대공大功 이상은 그렇게 하지만 소공小功은 가벼우므로 추복하지 않는다. 증자는 예에 의거해서 말한 것으로, '만약 소공의 복에 추복하지 않으면 먼 곳에서 죽은 재종형제再從兄弟의 경우는 항상 상기喪期가 지난 뒤에야 부음을 듣게 될 것이므로 끝내 복이 없게 되니 그래도 괜찮다는 것인가'라는 말이다. ○ 소疏에서 말한다. “이는 정복正服으로 소공을 할 경우이다. 「상복소기喪服小記」(33)에 '강복降服하여 시마緦麻와 소공小功을 하는 경우는 추복追服한다'라고 하였으니, 그 나머지는 그렇게 하지 않는다.” '稅'者, 日月已過, 始聞其死, 追而爲之服也. 大功以上則然, 小功輕, 故不稅. 曾子據禮而言, 謂'若是小功之服不稅, 則再從兄弟之死在遠地者, 聞之恒後時, 則終無服矣, 其可乎.' ○ 疏曰: “此據正服小功也. 「小記」曰'降而在緦·小功者則稅之', 其餘則否.”

【단궁상 46】

백고伯高의 상에 부의賻儀를 전하도록 한 공자孔子의 사자使者가 이르지 않자, 염자冉子가 비단 열 단(束帛)과 네 마리 말(乘馬)을 빌려 부의賻儀로 보냈다. 공자가 "괴이한 일이구나! 공연히 나로 하여금 백고에게 진심을 전하지 못하도록 만드는구나!"라고 하였다.

伯高之喪,① 孔氏之使者未至,② 冉子攝束帛·乘馬而將之.③ 孔子曰: "異哉! 徒使我不誠於伯高!"④

鄭注 ① 백고伯高는 죽을 당시에 위나라에 있었는데 어느 나라 사람인지는 듣지 못하였다. 伯高死時在衛, 未聞何國人.

② 부봉賻賵[76]을 하는 사람을 가리킨다. 謂賻賵者

③ 염자冉子는 공자의 제자인 염유冉有이다. '섭攝'은 빌린다는 뜻과 같다. 冉子, 孔子弟子冉有. '攝', 猶貸也.

④ '도徒'는 공연히라는 뜻과 같다. 예는 충직하고 신실한 마음(忠信)에 부합하기 위한 것이다. 충직하고 신실함을 보임에 그에 맞는 예가 아닌데, 부의를 어떻게 전하겠는가? '徒', 猶空也. 禮所以副忠信也. 忠信而無禮, 何傳乎?

集說 '섭攝'은 빌린다는 말이다. 열 개가 속束이고, 속은 오량五兩이다. 40자의 비단을 양끝에서 각각 말아와 중간에 이르면 각각의 말이(卷)는 20자가 되는데 이것이 1개箇이다. '속백束帛'은 20자짜리 10개로서 지금의 다섯 필이다. '승마乘馬'는 네 마리 말이다. '도徒'는 공연히라는 뜻이다. '백고伯高'는 어떤 사람인지 모르겠지만, 생각건대 반드시 공자와 가깝게 지냈던 사람인 듯하다. 염자冉子는 재물로 예를 행하는 것은 알았지만, 성인의 생각이 그 정성에 있지 재물에 있지 않았음을 몰랐던 것이다. 비록 자책하는

말처럼 보이지만 실은 염자를 깊이 책망한 것이다. '攝', 貸[77]也. 十箇爲束, 每束五兩. 蓋以四十尺帛, 從兩頭各卷至中, 則每卷二丈爲一箇. '束帛'是十箇二丈, 今之五匹也. '乘馬', 四馬也. '徒', 空也. '伯高'不知何人, 意必與孔子厚者. 冉子知以財而行禮, 不知聖人之心則于其誠不于其物也. 雖若自責之言, 而實則深責冉子矣.

【단궁상 47】

백고伯高가 위나라에서 죽자 공자에게 부고訃告를 하였다. 공자가 다음과 같이 말했다. "내가 어디에서 곡哭을 할 것인가? 형제라면 나는 묘廟에서 곡을 하고, 아버지의 친구라면 나는 묘문廟門 밖에서 곡을 하고, 스승이라면 나는 정침正寢에서 곡을 하고, 친구라면 나는 정침의 문밖에서 곡을 하고, 알고 지내는 사이라면 나는 들에서 곡을 하겠다. 들에서 하자니 너무 소원하고 정침에서 하자니 너무 무겁다. 자공子貢을 통해 나를 알게 되었으므로 나는 자공의 집에서 곡을 할 것이다." 드디어 자공에게 명하여 상주가 되게 하고는 "너와 알고 지내는 사람으로 네가 곡을 하기 때문에 조문온 사람에게는 배례拜禮하고, 백고와의 친분 때문에 온 사람에게는 배례하지 말라"고 하였다.

伯高死於衛, 赴於孔子.① 孔子曰: "吾惡乎哭諸?② 兄弟吾哭諸廟, 父之友吾哭諸廟門之外,③ 師吾哭諸寢, 朋友吾哭諸寢門之外, 所知吾哭諸野.④ 於野則已疏, 於寢則已重.⑤ 夫由賜也見我, 吾哭諸賜氏."⑥ 遂命子貢爲之主⑦曰: "爲爾哭也來者拜之, 知伯高而來者勿拜也."⑧

鄭注 ① '부赴'는 알린다는 뜻이다. 무릇 예전에 은恩의 관계가 있던 사람에게는 사람을 보내 부고한다. '赴', 告也. 凡有舊恩者, 則使人告之.

② 그와 교제한 것이 그리 오래되지 않았기 때문이다. 以其交會尙新.

③ 친소親疎를 구별하는 것이다. 別親疏也.

④ 경중輕重을 구별하는 것이다. 別輕重也.

⑤ '이已'는 지나치다는 뜻과 같다. '已', 猶大也.

⑥ 은恩에 근본 하여 자공의 침문 밖에서 곡하겠다는 것이다. 本於恩, 哭於子貢寢門之外.

⑦ 은恩의 관계가 말미암은 바를 밝힌 것이다. 明恩所由.

⑧ 정식의 상주와는 달리하는 것이다. 異於正主.

集說 사망하였음을 알리는 것이 '부赴'인데, 부訃와 동일하다. '이已'는 지나치다는 뜻이다. ○ 마씨馬氏(마희맹馬睎孟)는 말한다. "형제는 같은 선조에서 나와 안으로 친한 자이기 때문에 묘廟에서 곡한다. 아버지의 친구는 아버지와 연계되어 밖으로 친한 사람이기 때문에 묘문廟門 밖에서 곡한다. 스승은 자신의 덕을 이루어주고 그 친함이 아버지와 비견되기 때문에 정침正寢에서 곡한다. 친구는 자신의 인仁을 도와주고 그 친함이 형제와 비견되기 때문에 침문 밖에서 곡한다. 알고 지내는 사람에 이르면 또 친구에 비할 바가 못 된다. 서로 공경하는 사이가 있고, 서로 인사를 하며 지내는 사이가 있고, 서로 안부를 묻는 사이가 있고, 서로 집지執贄의 예를 행하는 사이[78]가 있는데, 모두 널리 교제하는 사람들이다. 공자가 백고伯高를 위해 곡하는데 들(野)에서 하는 것은 너무 소원하다고 여겨 자공子貢을 상주로 삼았다. 군자가 예를 행하면서 곡위哭位의 위치를 이처럼 상세히 분별한 것은 은미한 뜻을 드러내고자 함일 것이다." ○ 방씨方氏는 말한다. "백고가 공자에 대하여 알고 지내던 사이도 아니고, 자공을 통해 공자를 만났

기 때문에 자공의 집에서 곡한 것이다. 게다가 자공을 상주로 삼아 은恩이 말미암은 바가 있음을 밝혔다. 자공 때문에 온 경우라면 살아 있는 이를 조문하는 예가 자공에게 있고, 백고와 친분이 있어 온 경우라면 죽음을 슬퍼하는 예가 백고에게 있다. 배례를 하거나 하지 않는 것은 모두 그 실정에 맞게 하는 것이므로 공자가 이렇게 가르쳤던 것이다." ○ 석량왕씨石梁王氏는 말한다. "'위이곡야래자爲爾哭也來者'가 하나의 구절이 된다." 告死曰'赴', 與訃同. '已', 太也. ○ 馬氏曰: "兄弟出於祖, 而內所親者, 故哭之廟. 父友聯於父, 而外所親者, 故哭之廟門外. 師以成己之德, 而其親視父, 故哭諸寢. 友以輔己之仁, 而其親視兄弟, 故哭諸寢門之外. 至於所知, 又非朋友之比. 有相趨者, 有相揖者, 有相問者, 有相見者, 皆泛交之者也. 孔子哭伯高, 以野爲太疏, 而以子貢爲主. 君子行禮, 其審詳於哭泣之位如此者, 是其所以表微者歟." ○ 方氏曰: "伯高之於孔子, 非特所知而已, 由子貢而見, 故哭於子貢之家. 且使之爲主, 以明恩之有所由也. 爲子貢而來, 則弔生之禮在子貢, 知伯高而來, 則傷死之禮在伯高. 或拜或不拜, 凡以稱其情耳, 故夫子誨之如此." ○ 石梁王氏曰: "'爲爾哭也來者'一句."

【단궁상 48】

증자曾子가 "거상居喪 중에 질병이 생기면 고기를 먹고 술을 마시는데 반드시 초목草木의 향미를 넣어 조미한다"고 하였는데, 생강과 계피를 가리키는 것이다.

曾子曰: "喪有疾, 食肉飮酒, 必有草木之滋焉",① 以爲薑桂之謂也.②

鄭注 ① 향료를 첨가하는 것은 질병으로 먹기를 좋아하지 않기 때문이

다. 增以香味, 爲其疾不嗜食.

② 증자가 말한 '초목의 향미를 넣어 조미한다'(草木滋)는 것은 생강과 계피를 가리키는 것이라고 기록자가 바로잡은 것이다. 爲記者正曾子所云'草木滋'者謂薑桂.

集說 '상유질喪有疾'은 거상居喪을 하다가 질병이 생긴 것이다.[79] 병자는 먹기를 좋아하지 않기 때문에 초목의 향미를 첨가하는 것이다. '이위강계지위以爲薑桂之謂'라는 구절은 바로 기록자가 '초목의 향미'(草木之滋)를 풀이한 것이다. 또한 어쩌면 증자가 예서禮書의 말을 거론하면서 스스로 풀이한 것일 수도 있다. '喪有疾', 居喪而遇疾也. 以其不嗜, 故加草木之味. '以爲薑桂之謂'一句, 乃記者釋'草木之滋'. 亦或曾子稱禮書之言而自釋之歟.

【단궁상 49】

자하子夏가 자식의 상喪을 치루다 시력을 잃게 되었다. 증자曾子가 조문하면서 "내 들으니 친구가 시력을 잃으면 곡한다"라고 하였다. 증자가 곡을 하자 자하도 곡을 하면서 "하늘의 뜻이다! 나는 죄가 없다!"라고 하였다. 증자가 화를 내며 말했다. "상商이여! 그대가 어떻게 죄가 없다는 것인가? 나와 그대는 수수洙水와 사수泗水 지역에서 공자를 섬겼다. 그대는 물러나 서하西河 가에서 늙어가면서 서하의 사람들로 하여금 그대를 공자로 의심하게 하였으니 이것이 그대의 첫 번째 죄다. 부모상을 치르면서 사람들에게 남다르다는 칭찬을 받지 못하였으니 이것이 그대의 두 번째 죄다. 자식의 상을 치르면서 시력을 잃었으니 이것이 그대의 세 번째 죄다. 그런데도 그대는 어떻게 죄가 없다고 하는가?" 자하가 지팡이를 던지고 배례를 하며 말하기를 "나의 잘못이다! 나의 잘못이야! 내가 무리를 떠나 떨어져 산 지가 너무 오래되었다!"라고 하였다.

子夏喪其子而喪其明.① 曾子弔之曰: "吾聞之也, 朋友喪明則哭之."② 曾子哭, 子夏亦哭曰: "天乎! 予之無罪也!"③ 曾子怒曰: "商! 女何無罪也? 吾與女事夫子於洙泗之間.④ 退而老於西河之上,⑤ 使西河之民疑女於夫子, 爾罪一也.⑥ 喪爾親, 使民未有聞焉, 爾罪二也.⑦ 喪爾子, 喪爾明, 爾罪三也.⑧ 而曰爾何無罪與?" 子夏投其杖而拜曰: "吾過矣! 吾過矣!⑨ 吾離群而索居, 亦已久矣!"⑩

鄭注 ① '명明'은 눈동자이다. '明', 目精.

② 애통해한 것이다. 痛之.

③ 하늘이 죄 없는 사람을 벌주었다고 원망한 것이다. 怨天罰無罪.

④ 그에게 스승이 있었음을 말한 것이다. '수洙', '사泗'는 노나라의 강 이름이다. 言其有師也. '洙'·'泗', 魯水名.

⑤ '서하西河'는 용문龍門에서부터 화산華山 북쪽에 이르는 지역이다. '西河', 龍門至華陰之地.

⑥ 그가 스승을 언급하지 않았음을 말하는 것이다. 言其不稱師也.

⑦ 부모의 상을 치르면서 남다르다는 칭찬을 받지 못했음을 말한다. 言居親喪無異稱.

⑧ 처자식에게 융숭하였음을 말한다. 言隆於妻子.

⑨ 사과하고 아울러 죄를 인정한 것이다. 謝之且服罪也.

⑩ '군群'은 같은 문하에서 수학한 친구를 가리킨다. '삭索'은 떨어지다는 뜻이다. '群', 謂同門朋友也. '索', 猶散也.

集說 곡을 심하게 하였기 때문에 시력을 잃었다. '수洙', '사泗'는 노나라의 강 이름이다. '서하西河'는 자하가 사는 곳이다. '삭索'은 떨어지다는 뜻이다. 오래도록 벗과 가까이하지 않아 죄를 지어도 스스로 알지 못하였던 것이다. ○ 장자張子(장재張載)는 말한다. "자하가 시력을 잃은 것은, 부모상을 치르던 때는 아직 건강하고 굳세었지만, 자식의 상을 치르던 때는 기력이 점점 쇠해져 시력을 잃었던 것이 틀림없다. 그렇다고 하더라도 증자의 책망에 어떻게 변명할 수 있겠는가? '그대를 공자로 의심하게 하였다'(疑女於夫子)는 것은 자하子夏가 공자를 높이 받들지 않아 사람들에게 공자가 자하와 다르지 않다고 여기도록 만들었다는 것으로, 증자가 공자를 높이 받들어 사람들에게 성인을 존숭할 줄 알도록 한 것과는 달랐다." ○ 방씨方氏는 말한다. "자하는 스승을 존숭하지 않고 자기를 높였으며, 부모를 융숭하게 대하지 않고 자식을 융숭하게 대하였으면서도 여전히 죄가 없다고 생각하였다. 이것이 증자가 그에게 화를 낸 이유이다. 그러나 군자는 벗을 통해 인仁의 실천에 도움을 받는다.80) 자하가 세 가지 죄에 이르게 된 것도 친구들과 헤어져 오래도록 떨어져 살았기 때문이다. 무리와 헤어져 있었으므로 떨어져 살았던 것이다." 以哭甚故喪明也. '洙'·'泗', 魯二水名. '西河', 子夏所居. '索', 散也. 久不親友, 故有罪而不自知. ○ 張子曰: "子夏喪明, 必是親喪之時, 尚强壯, 其子之喪, 氣漸衰, 故喪明. 然而曾子之責, 安得辭也? '疑女於夫子'者, 子夏不推尊夫子, 使人疑夫子無以異於子夏, 非如曾子推尊夫子, 使人知尊聖人也." ○ 方氏曰: "子夏不尊於師而尊於己, 不隆於親而隆於子, 猶以爲無罪. 此曾子所以怒之也. 然君子以友輔仁. 子夏之至於三罪者, 亦由離朋友之群而散居之久耳. 以離群故散居也."

【단궁상 50】

대낮에 정침 안에 있으면 질병이 있는지 물어도 되고, 저녁에 중문 밖에 머물면 조문해도 된다. 이 때문에 군자는 큰일이 아니면 중문 밖에 머물지 않는다. 재계齋戒를 하는 것도 아니고 질병도 아니라면 주야晝夜로 정침 안에 머물지 않는다.

夫晝居於內, 問其疾可也,① 夜居於外, 弔之可也.② 是故君子非有大故, 不宿於外.③ 非致齊也非疾也, 不晝夜居於內.④

鄭注 ① 병이 있는 듯하기 때문이다. 似有疾.

② 상喪이 있는 듯하기 때문이다. 似有喪.

③ '대고大故'는 상喪의 근심을 가리킨다. '大故', 謂喪憂.

④ '내內'는 정침正寢 안이다. '內', 正寢之中.

集說 '내內'는 정침 안이고, '외外'는 중문 밖이다. 낮에 정침 안에 있다면 병이 있는 듯하고, 밤에 중문 밖에 머물러 있다면 상이 있는 듯하다. ○ 응씨應氏는 말한다. "치재致齋[81]를 하기 위해 방안에 머물 때는 방문 안쪽에 있는 것이 아니라, 서남쪽 구석 깊숙이에 단정하게 머문다." '內'者正寢之中, '外'謂中門外也. 晝而居內, 似有疾, 夜而居外, 似有喪. ○ 應氏曰: "致齊居內, 非在房闥之中, 蓋亦端居深處於宎奧之內耳."

【단궁상 51】

고자고高子皐는 부모의 상을 치르면서, 삼 년 동안 피가 나는 것처럼 눈물을 흘렸고, 치아를 드러내고 웃은 적이 없었다. 군자들은 그렇게 하는 것이 어려운 일이라고 평가하였다.

高子皐之執親之喪也,① 泣血三年,② 未嘗見齒.③ 君子以爲難.④

鄭注 ① '자고子皐'는 공자의 제자로 이름은 시柴다. '子皐', 孔子弟子, 名柴.

② 소리 없이 우는 것이 마치 피가 나는 것과 같음을 말한다. 言泣無聲如血出.

③ 웃음이 잔잔했음을 말한다. 言笑之微.

④ 다른 사람은 그렇게 할 수 없다는 말이다. 言人不能然.

集說 '자고子皐'는 이름이 시柴로 공자의 제자이다. ○ 소疏에서 말한다. "사람의 눈물은 반드시 슬픈 소리로 인하여 나오지만, 피가 나는 것은 소리를 통해서가 아니다. 자고가 소리 없이 애통해하면서 눈물도 흘린 것이 마치 피가 나는 것과 같았으므로, '피처럼 나는 눈물'(泣血)이라고 하였다. 사람이 크게 웃으면 치아의 뿌리가 보이고 보통으로 웃으면 치아가 드러나며 잔잔하게 웃으면 치아가 보이지 않는다." '子皐', 名柴, 孔子弟子. ○ 疏曰: "人涕淚, 必因悲聲而出, 血出則不由聲也. 子皐悲無聲, 其涕亦出, 如血之出, 故云'泣血'. 人大笑則露齒本, 中笑則露齒, 微笑則不見齒."

【단궁상 52】

최복衰服(상복)은, 법제에 맞지 않게 하는 것보다는 차라리 하지 않는 것이 낫다. 자최복齊衰服을 한 채로 삐딱하게 서거나 기대어 앉지 않으며, 대공복大功服을 하고는 노동을 하지 않는다.

衰, 與其不當物也, 寧無衰.① 齊衰不以邊坐, 大功不以服勤.②

鄭注 ① 예를 어지럽힘을 미워한 것이다. '부당물不當物'은 상복의 곱고 거친 정도와 넓고 좁은 정도가 법제에 맞지 않는다는 말이다. 惡其亂禮. '不當物', 謂精麤廣狹不應法制.

② 상복喪服을 더럽히기 때문이다. '변邊'은 삐딱하게 서거나 기대어 앉지 않는다는 뜻이다. 爲褻喪服. '邊', 偏倚也.

集說 소疏에서 말한다. "'물物'은 실 가닥의 수 및 법제에 따른 길이와 폭의 수를 말한다. '변좌邊坐'는 삐딱하게 서거나 기대앉는다는 뜻이다. 상복을 입고는 공경스러워야 하기 때문에 앉을 때나 설 때나 반드시 단정해야 하고, 최복을 한 채로 삐딱하게 서거나 기대앉아서는 안 된다. 자최齊衰는 가벼운 복인데도 기대앉지 않는다면, 무거운 참최斬衰의 경우는 말하지 않아도 알 수 있다. 대공大功은 가볍기는 하지만 또한 최복衰服을 한 채로 노동을 해서는 안 된다." ○ 마씨馬氏는 말한다. "최복이 법제와 맞지 않는다면 선왕의 제도를 어지럽혀 후세에 그 전해진 것을 의심하게 되지만, 최복이 없다면 예는 시행되지 않더라도 그 제도는 하나로 정해져 오히려 그것을 알 수 있게 된다. 따라서 '법제에 맞지 않게 하는 것보다는, 차라리 최복을 하지 않는 것이 낫다'라고 한 것이다." 疏曰: "'物', 謂升縷及法制長短幅數也. '邊坐', 偏倚也. 喪服宜敬, 坐起必正, 不可著衰而偏倚也. 齊衰輕, 旣不倚, 斬重, 不言可知. 大功雖輕, 亦不可著衰服而爲勤勞之事也." ○ 馬氏曰: "衰不當物, 則亂先王之制, 而後世疑其傳, 無衰則禮雖不行, 而其制度定于一, 猶可以識之. 故曰'與其不當物也, 寧無衰.'"

【단궁상 53】

공자가 위衛나라로 갔다가 전에 머물렀던 관사 주인의 상을 만나게 되자, 들어가 슬프게 곡을 하였다. 나와서 자공子貢에게 참마驂馬(곁말)를 풀어서 부의賻儀를 하게 하였다. 자공이 말했다. "문인門人의 상에는 참마를 풀어 부의한 적이 없었습니다. 옛 관사 주인에게 참마를 풀어 부의하는 것은 너무 무거운 것이 아닙니까?" 공자가 말했다. "내가 아까 들어가 곡을 할 때 한 차례 애도의 의절을 하는 것을 보고는 슬픔에 눈물을 흘렸으니, 나는 아무 이유 없이 눈물 흘리는 것을 싫어한다. 너는 그대로 시행하도록 하라."

孔子之衛, 遇舊館人之喪,① 入而哭之哀. 出, 使子貢說驂而賻之.② 子貢曰: "於門人之喪, 未有所說驂. 說驂於舊館, 無乃已重乎?"③ 夫子曰: "予鄉者入而哭之, 遇於一哀而出涕,④ 予惡夫涕之無從也. 小子行之."⑤

鄭注 ① 이전에 군주가 자신(공자)을 머물게 하였던 곳의 사람이다. 前日君所使舍己.

② '부賻'는 상례의 재용을 돕는 것이다. 곁말을 '참驂'이라 한다. '賻', 助喪用也. 騑馬曰'驂.'

③ 참마를 풀어 부의하는 것은 너무 무거운 것으로 문인들에 비해 은혜가 치우침을 말한 것이다. 言說驂大重, 比於門人, 恩爲偏頗.

④ '우遇'는 보다는 뜻이다. 옛 여관 주인은 은의恩誼가 가벼운 관계이기는 하지만 내가 들어가 곡할 때 주인이 나를 위해 한 차례 애도의 의절을 다하는 것을 보니, 이는 두터운 은의로 나를 대한 것이어서 내가 눈물을 흘리

게 되었다. 은의가 무거우면 은혜를 베풀어야 한다. '遇', 見也. 舊館人恩雖輕, 我入哭, 見主人爲我盡一哀, 是以厚恩待我, 我爲出涕. 恩重, 宜有施惠.

⑤ 여행 중에 부의賻儀를 대체할 것이 없어 참마를 가지고 가도록 한 것이다. 客行無他物可以易之者, 使遂以往.

集說 '구관인舊館人'은 옛날 머물렀던 관사의 주인이다. 수레에 말을 메울 때 가운데 두 마리가 복마服馬가 되고, 양쪽 곁에 각각 있는 한 마리가 참마驂馬가 된다. 한 번 애도의 의절을 표하는 것을 보고 눈물이 나왔으니 정 또한 두터운 것이다. 정이 두터운 사이에는 예를 박하게 할 수 없으므로 참마를 풀어서 부의賻儀하였던 것이다. 이는 정情에 맞추어 한 것일 뿐으로 여행 중에 다른 재화가 없었기 때문이다. '까닭 없이 눈물 흘리는 것을 싫어한다'(惡夫涕之無從)에서 '종從'은 부터라는 뜻이다. 이제 부의를 하지 않는다면 죽은 이에 대해 옛 친구로서의 정이 없는 것이고 이 눈물이 까닭 없이 나온 것이 된다. 이와 같은 것을 싫어하여 부의의 예를 반드시 행하도록 한 것이다. 구설(정현의 설)에 "공자가 주인이 한 번 애도의 의절을 표하는 것을 보고 눈물을 흘렸다"고 한 말은 주인이 공자가 온 것을 보고 슬픔이 심해져 이 때문에 두터운 은혜로 공자를 대한 것이고, 따라서 공자가 부의를 하였음을 뜻한다. 그러나 위 문장에 이미 '들어가 슬프게 곡을 하였다'고 했는데, 또 그 설을 멀리하고 주인의 슬퍼함을 보았다고 할 필요가 있겠는가? '舊館人', 舊時舍館之主人也. 駕車者, 中兩馬爲服馬, 兩旁各一馬爲驂馬. 遇一哀而出涕, 情亦厚矣. 情厚者禮不可薄, 故解脫驂馬以爲之賻. 凡以稱情而已, 客行無他財貨故也. '惡夫涕之無從'者, '從', 自也, 今若不賻, 則是於死者無故舊之情, 而此涕爲無自而出矣. 惡其如此, 所以必當行賻禮也. 舊說"孔子遇主人一哀而出涕", 謂主人見孔子來而哀甚, 是以厚恩待孔子, 故孔子爲之賻. 然上文旣曰'入而哭之哀', 則又何必迂其說而以爲遇主人之哀乎?

【단궁상 54】

공자孔子가 위衛나라에 머물 때 장례를 치르는 사람이 있어 그것을 보고는 "훌륭하다! 장례를 치름이여! 본보기로 삼을 만하다. 너희들은 이것을 기억하라!"라고 하였다. 자공子貢이 "선생님께서는 무엇을 훌륭하다고 보십니까?"라고 묻자 "그가 갈 때는 사모하는 듯이 하고 돌아올 때는 주저하는 듯이 하였다"라고 말하였다. 자공이 "빨리 돌아가서 우제虞祭의 예를 치르는 것이 낫지 않습니까?"라고 하자, 공자는 "너희들은 이것을 기억하라, 나도 아직 그렇게 하지 못한다"라고 하였다.

孔子在衛, 有送葬者, 而夫子觀之曰: "善哉爲喪乎! 足以爲法矣. 小子識之!" 子貢曰: "夫子何善爾也?" 曰: "其往也如慕, 其反也如疑."① 子貢曰: "豈若速反而虞乎?"② 子曰: "小子識之, 我未之能行也."③

鄭注 ① '모慕'는 어린아이가 부모를 따라다니며 울고 부르짖는 것을 말한다. '의疑'는 부모가 저 곳(땅속)에 계심을 슬퍼하여 돌아오고 싶지 않은 듯이 하는 것이다. '慕', 謂小兒隨父母啼呼. '疑'者, 哀親之在彼, 如不欲還然.

② '속速'은 빠르다는 뜻이다. '速', 疾.

③ 슬퍼하는 것이 근본이고 제사祭祀를 지내는 일은 말단이다. 哀戚本也, 祭祀末也.

集說 '갈 때는 사모하듯 하고 돌아올 때는 주저하듯 한다'(往如慕, 反如疑)는 것, 이것이 효자가 그 부모를 죽은 것으로 여기지 않는 지극한 정이다. 자공子貢은 만일 주저하듯 한다면 돌아오는 것이 더디게 되니 빨리 돌아와서

우제虞祭의 예를 행하는 것이 낫다고 본 것이다. 이는 예의 상도常道만을 아는 것일 뿐 그 정의 지극함은 살피지 못한 것이다. 공자가 거듭 "너희들은 그것을 기억하라"고 말하고 다시 "나도 아직 그렇게 하지 못한다"라고 하였으니, 이것이 어찌 쉽게 말한 것이겠는가? '往如慕, 反如疑', 此孝子不死其親之至情也. 子貢以爲如疑則反遲, 不若速反而行虞祭之禮. 是知其禮之常, 而不察其情之至矣. 夫子申言"小子識之", 且曰"我未之能行", 則此豈易言哉?

【단궁상 55】

안연顔淵의 상에 대상제大祥祭에 쓰인 고기를 보내오자 공자가 나가서 그것을 받았다. 들어와서는 금琴을 탄 뒤에 먹었다.

顔淵之喪, 饋祥肉,① 孔子出受之. 入, 彈琴而后食之.②

鄭注 ① '궤饋'는 보낸다는 뜻이다. '饋', 遺也.

② 거문고를 타면서 슬픔을 흩뜨리는 것이다. 彈琴以散哀也.

集說 '금琴을 탄 뒤에 먹는다'(彈琴而後食)는 것은 대개 화평한 소리가 상심한 심정을 흩뜨리기 때문이다. '彈琴而後食'者, 蓋以和平之聲, 散感傷之情也.

【단궁상 56】

공자孔子가 문인들과 함께 서서 공수拱手를 하면서 오른손을 왼손 위에 두자 문인들도 모두 오른손을 위에 두었다. 공자가 "너희는 배우기를 탐하는구나! 나는 누이의 상이 있기 때문에 그렇게 한 것이다"라고 하자, 문인들이 모두 왼손을 위에 두었다.

孔子與門人立, 拱而尙右, 二三子亦皆尙右.① 孔子曰: "二三子之嗜學也.② 我則有姊之喪故也." 二三子皆尙左.③

鄭注 ① 공자를 본뜬 것이다. 傚孔子也.

② '기耆'는 탐하다는 뜻이다. '嗜', 貪.

③ 바른 자세를 회복한 것이다. 상례는 오른쪽을 높이는데, 오른쪽은 음陰이다. 길례는 왼쪽을 높이는데 왼쪽은 양陽이다. 復正也. 喪尙右, 右, 陰也, 吉尙左, 左, 陽也.

集說 길한 일은 왼쪽을 높이는데 양陽이기 때문이고, 흉한 일은 오른쪽을 높이는데 음陰이기 때문이다. 이는 공수拱手를 하고 섰을 때 오른손을 위에 둔 것이다. 吉事尙左, 陽也, 凶事尙右, 陰也. 此蓋拱立而右手在上也.

【단궁상 57】

공자孔子가 아침 일찍 일어나, 뒷짐을 지고 지팡이를 끌며 문 앞을 어정거리면서 "태산이 무너지려는가? 대들보가 기울어지려는가? 철인哲人이 병들려나?"라고 노래하였다. 노래를 마치고 들어가 지게문을 바라보고 앉았다. 자공子貢이 그 소리를 듣고 "태산이 무너지면 우리가 어디를 우러러 보겠는가? 대들보가 무너지고 철인이 병들면 우리가 어디에 의지하겠는가? 선생님께서 병이 드실 모양이다"

라고 하면서, 이어 빠른 걸음으로 들어갔다.

孔子蚤作,① 負手曳杖, 消搖於門,② 歌曰: "泰山其頹乎?③ 梁木其壞乎?④ 哲人其萎乎?"⑤ 旣歌而入, 當戶而坐.⑥ 子貢聞之曰: "泰山其頹, 則吾將安仰? 梁木其壞, 哲人其萎, 則吾將安放? 夫子殆將病也",⑦ 遂趨而入.

鄭注 ① '작作'은 일어나다의 뜻이다. '作', 起.

② 다른 사람들이 자기를 괴이하게 여겨주기를 바란 것이다. 欲人之怪己.

③ '태산泰山'은 뭇 산들이 우러러보는 산이다. '泰山', 衆山所仰.

④ '대들보'(梁木)는 뭇 나무들이 의지하는 곳이다. '梁木', 衆木所放.

⑤ '철인哲人' 또한 뭇 사람들이 우러러보고 의지하는 사람이다. 이상의 두 구절은 병듦을 비유한 것이다. 『시』에 "시들지 않는 나무가 없다"고 하였다. '哲人', 亦衆人所仰放也. 以上二句, 喩之萎病也. 『詩』云: "無木不萎."

⑥ 일찍 앉은 것은 급하게 사람을 보고자 한 것이다. 蚤坐, 急見人也.

⑦ 공자가 노래한 뜻을 알아차린 것이다. '태殆'는 거의라는 뜻이다. 覺孔子歌意. '殆', 幾也.

集說 '작作'은 일어나다의 뜻이다. '부수예장負手曳杖'은 손을 젖혀 뒷짐을 지고 지팡이를 끄는 것이다. '소요逍遙'는 여유롭게 유유자적하는 모양이다. '태산泰山'은 뭇 산들이 우러러보는 산이고 '대들보'(梁木)는 뭇 나무들이 우러러보고 의지하는 곳이 됨은 '철인哲人'이 뭇 사람들이 우러러 바라보고 본받는 사람이 됨과 같다. '作', 起也. '負手曳杖', 反手卻後, 以曳其杖也. '消搖', 寬縱自適之貌. '泰山'爲衆山所仰, '梁木'亦衆木所仰而放者, 猶'哲人'爲衆人所仰望而放效也.

【단궁상 58】

공자孔子가 말하였다. "자공子貢아! 너는 왜 이리 더디게 왔느냐? 하후씨夏后氏는 동쪽 계단 위에 빈궁을 설치하였으니 여전히 주인의 자리에 있는 것이다. 은나라 사람은 두 기둥 사이에 빈궁을 설치하였으니 손님과 주인의 자리 사이에 끼여 있는 것이다. 주나라 사람은 서쪽 계단 위에 빈궁을 설치하였으니 여전히 손님으로 대접하는 것이다. 나는 은나라 사람인데 내가 어제 저녁에 두 기둥 사이에 앉아서 전奠을 받는 꿈을 꾸었다. 명철한 왕이 일어나지 않았으니 천하에 그 누가 나를 높이겠는가? 내가 죽을 때가 되었구나!" 7일 동안 자리에 앓아누웠다가 돌아가셨다.

夫子曰: "賜! 爾來何遲也?① 夏后氏殯於東階之上, 則猶在阼也. 殷人殯於兩楹之間, 則與賓主夾之也. 周人殯於西階之上, 則猶賓之也.② 而丘也殷人也, 予疇昔之夜, 夢坐奠於兩楹之間.③ 夫明王不興而天下其孰能宗予? 予殆將死也!④" 蓋寢疾七日而沒.⑤

鄭注 ① 앉아서 그를 기다리고 있었던 것이다. 坐則望之.

② 삼왕三王의 예禮로 자기의 꿈을 점친 것이다. 以三王之禮占己夢.

③ 이는 두 기둥 사이에 앉아서 음식 대접을 받는 꿈을 꾸었다는 것이다. '전奠'이라고 말한 것은 흉한 상象이다. '주疇'는 발어사이다. '석昔'은 이전이라는 뜻과 같다. 是夢坐兩楹之間而見饋食也. 言'奠'者, 以爲凶象. '疇', 發聲也. '昔', 猶前也.

④ '숙孰'은 누구라는 뜻이고, '종宗'은 높인다의 뜻이다. '두 기둥 사이'(兩楹之間)는 남쪽을 대면하여 밝음을 향하는 것으로 군주가 정사를 처리하면서

바르게 앉는 곳이다. 지금 명철한 군주가 없으니 누가 나를 높여 군주로 삼아줄 수 있겠는가? 이는 우리 은가殷家에서 빈궁殯宮에 전奠을 올리는 상이니, 이를 통해 죽게 될 것임을 스스로 알았던 것이다. '孰', 誰也, '宗', 尊也. '兩楹之間', 南面鄉明, 人君聽治正坐之處. 今無明王, 誰能尊我以爲人君乎? 是我殷家奠殯之象, 以此自知將死.

⑤ 성인이 명命을 알았음을 밝힌 것이다. 明聖人知命.

集說 '여전히 주인의 자리에 있다',(猶在阼) '여전히 손님으로 대접한 것이다'(猶賓之)라는 것은 효자가 부모의 죽음을 차마 인정하지 못하고 여기에 빈궁을 설치하여 여전히 동쪽 계단에 계시면서 주인 노릇을 하고, 여전히 서쪽 계단에 계시면서 빈객 노릇을 하심을 보인 것이다. 두 기둥 사이에 계시다면 이는 주인과 빈이 그를 끼고 있으므로 '함께'(與)라고 말하고 '여전히'(猶)라고 말하지 않았다. 공자는 선조가 송나라 사람으로 성탕成湯의 후예이므로 스스로 은나라 사람이라고 불렀다. '주疇'는 발어사이다. '전날 밤'(昔之夜)이라는 것은 어제 저녁이라고 말하는 것과 같다. 꿈에 두 기둥 사이에 앉아 음식 대접을 받은 일이 흉한 징조임을 안 것은, 은례殷禮에서는 빈궁을 두 기둥 사이에 두는데 공자는 은나라 사람이고 은례로 흠향을 받았으므로 죽게 될 것임을 알았던 것이다. 또 전奠을 받은 꿈을 자신이 풀이하면서, "지금 명철한 왕이 일어나지 않았으니 천하에 누가 나를 높여 남면南面하여 존귀한 자리에 앉도록 할 수 있겠는가? 이는 반드시 빈궁을 설치하게 될 조짐이다"라고 하였다. 오늘날의 관점에서 보면, 만세토록 왕으로서 제사를 받는 것이 그 꿈에 상응하는 것이다. '猶在阼'·'猶賓之'者, 孝子不忍死其親, 殯之於此, 示猶在阼階以爲主, 猶在西階以爲賓客也. 在兩楹間, 則是主與賓夾之, 故言'與'而不言'猶'也. 孔子其先宋人, 成湯之後, 故自謂殷人. '疇', 發語之辭. '昔之夜', 猶言昨夜也. 夢坐於兩楹之間而見饋奠之事, 知是凶徵者, 以殷禮, 殯在兩楹間, 孔

子以殷人而享殷禮, 故知將死也. 又自解夢奠之占云: "今日明王不作, 天下誰能尊己而使南面坐于尊位乎? 此必殯之兆也." 自今觀之, 萬世王祀亦其應矣.

【단궁상 59】

공자孔子의 상에 문인門人들이 어떤 복을 해야 할지 의문을 가졌다. 자공子貢이 말했다. "예전에 선생님께서 안연顔淵의 상을 치를 때 자식의 상을 치르듯 하시면서 상복은 없었고, 자로子路의 상을 치를 때도 그렇게 하셨습니다. 선생님의 상을 치르는 것은 아버지의 상을 치르는 것과 같게 하면서 상복은 하지 않기로 합시다."

孔子之喪, 門人疑所服.① 子貢曰: "昔者夫子之喪顔淵, 若喪子而無服, 喪子路亦然. 請喪夫子若喪父而無服."②

鄭注 ① 스승을 장사지내는 예의 규정이 없기 때문이다. 無喪師之禮. ② '상복은 없다'(無服)는 것은 상복을 하지 않고 조복弔服에 마질麻絰을 하고 심상心喪으로 삼 년을 한다는 것이다. '無服', 不爲衰, 弔服而加麻, 心喪三年.

集說 뒷장[82]의 '문인들이 질絰을 하고 나갔다'는 것으로 말하면 여기서 '상복이 없다'(無服)는 것은 조복弔服에 마질麻絰을 한 것을 가리킨다. 소疏에서 말한다. "사士는 조복弔服에 의최疑衰를 하는데, 마麻는 환질環絰을 가리킨다. 오복五服의 질은 모두 두 가닥이지만 환질만은 한 가닥이다." 뒷장[83] '이모부'에 대하여 소疏에서는 "무릇 조복弔服은 상복喪服이라고 부를 수 없다"라고 하였다. ○ 방씨方氏는 말한다. "'아버지의 상을 치르는 것과 동일하게 하면서도 상복은 없다'는 것은 이른바 심상心喪을 말한다." 以後章'二三

子絰而出'言之, 此所謂'無服', 蓋謂弔服加麻也. 疏云: "士弔服疑衰, 麻謂環絰也. 五服絰皆兩股, 惟環絰一股." 後章'從母之夫', 疏云: "凡弔服, 不得稱服." ○ 方氏曰: "若喪父而無服, 所謂心喪也."

【단궁상 60】

공자의 상에 공서적公西赤이 묘지명을 지었다. 유의柳衣로 관을 장식하고 운삽雲翣을 세우며 상여줄(披)을 설치한 것은 주나라 제도에 따른 것이었다. 숭아崇牙를 설치한 것은 은나라 제도에 따른 것이었다. 흰 비단으로 명정의 깃대를 싸고 (깃대 끝에) 명정 깃발(旐)을 매단 것은 하나라 제도에 따른 것이었다.

孔子之喪, 公西赤爲志焉.① 飾棺牆,② 置翣,③ 設披, 周也. 設崇, 殷也. 綢練, 設旐, 夏也.④

鄭注 ① '공서적公西赤'은 공자의 제자로 자字가 자화子華이다. '지志'는 밝혀서 기록하는 것을 가리킨다. '公西赤', 孔子弟子, 字子華. '志', 謂章識.

② 유의(牆)로 관을 가리는 것은 담장으로 집 안을 가리는 것과 같다. 牆之障柩, 猶垣牆障家.

③ '장牆'은 유의柳衣(상여의 윗덮개 틀에 씌우는 덮개)이다. '삽翣'은 나무에 흰 베를 씌운 것으로 '섭攝'(한 나라 때의 부채)과 같은 모양인 듯하다. '牆', 柳衣. '翣', 以布衣木, 如攝與.

④ 공자가 은나라 사람인데도 삼왕의 예를 함께 쓴 것은 공자를 높인 것이다. '피披'는 널을 옮길 때 옆에서 당기는 상여줄이다. '숭아崇牙'는 명정의 장식이다. '주련綢練'은 누인 비단으로 깃대를 싸매는 것이다. 이 명정은 장

례에 사용되는 수레에 세운다. 명정의 깃발은 검은 베를 사용하여 너비는 전체 폭 그대로 쓰고 길이는 여덟 자가 되게 하는데 조旐라고 한다. 『이아』에서 정기旌旗를 설명하면서 "흰 비단으로 깃대를 싼다"[84]고 하였다. 夫子雖殷人, 兼用三王之禮, 尊之. '披', 柩行夾引棺者. '崇牙', 旌旗飾也. '綢練', 以練綢旌之杠. 此旌葬乘車所建也. 旌之旒, 緇布, 廣充幅, 長尋, 曰旐. 『爾雅』說旌旗曰: "素錦綢杠."

集說 '공서公西'는 씨氏이고 '적赤'은 이름이며, 자字는 자화子華로 공자의 제자이다. ○ 소疏에서는 말한다. "공자의 상에 공서적이 관을 장식하여 공자를 영예롭게 하였다. 따라서 성대한 예를 행하고 삼왕의 제도를 갖추어 밝혀서 기록하였다. 이에 흰 비단으로 관덮개(褚)[85]를 만들고 관덮개 밖에 유의(牆)를 덧씌웠으며 수레 옆에는 운삽雲翣을 설치하였다. 상여가 기울거나 쓰러질 것을 염려하여 상여줄을 좌우로 매달아 지탱하였는데, 이는 모두 주나라의 제도이다. 전송하고 장례를 행할 때 상여에 세운 명정은 비단으로 숭아崇牙의 장식을 하였는데 이는 은나라 제도이다. 또 흰 비단으로 명정의 깃대를 싸매고 깃대 꼭대기에는 길이가 여덟 자인 명정 깃발(旐)을 달았는데, 이는 하나라 예이다." ○ 『시詩』에 "종틀과 그 고리 울퉁불퉁하네"[86]라고 하였다. 공영달孔穎達의 소에 "종과 경쇠를 매단 곳에 채색으로 큰 이빨 모양을 만드는데 그 모양이 솟아오른 듯하여 숭아崇牙라고 한다"고 하였다. '연練'은 흰 비단이다. 검의 베를 사용하여, 넓이는 전체 폭 그대로 사용하고, 길이는 여덟 자가 되게 하는 것이 명정 깃발(旐)의 제도이다. '公西', 氏, '赤', 名, 字子華, 孔子弟子也. ○ 疏曰: "孔子之喪, 公西赤以飾棺榮夫子. 故爲盛禮, 備三王之制, 以章明志識焉. 於是以素爲褚, 褚外加牆, 車邊置翣. 恐柩車傾虧, 而以繩左右維持之, 此皆周之制也. 其送葬乘車所建旌旗, 刻繒爲崇牙之飾, 此則殷制. 又綢盛旌旗之竿以素錦, 於杠首設長尋之旐, 此則夏禮也." ○ 『詩』"虡業維樅." 疏云: "懸鐘磬之處, 以采色爲大牙, 其狀隆然, 謂之崇牙." '練', 素錦也. 緇布, 廣終幅, 長八尺, 旐之制也.

【단궁상 61】

자장子張의 상에 공명의公明儀가 묘지명을 지었다. 천막 모양의 저褚는 바탕을 붉은색으로 하고, 네 모퉁이에 왕개미가 오고 가는 모양을 새겼으니, 은나라에서 사士를 장사지내던 예였다.

子張之喪, 公明儀爲志焉.① 褚幕丹質,② 蟻結于四隅,③ 殷士也.④

鄭注 ① '지志'는 또한 밝혀서 기록하는 것을 가리킨다. '志', 亦謂章識.

② 붉은 베로 천막처럼 만들어 관덮개(褚)로 삼고 장례 때 관을 덮었고, 유의柳衣를 덧씌우지도 운삽을 장식하지도 않았다. 以丹布幕爲褚, 葬覆棺, 不牆不翣.

③ 관덮개의 네 모퉁이에 그림을 그렸는데, 그 문양은 왕개미의 행렬이 오가면서 서로 교차하는 것처럼 그린다. '의蟻'는 왕개미다. 은나라의 의결蟻結은 지금의 뱀 문양을 그린 것과 유사하다. 畫褚之四角, 其文如蟻行往來相交錯. '蟻', 蚍蜉也. 殷之蟻結, 似今蛇文畫.

④ 공자에게 수학하였으므로 은나라의 예를 본뜬 것이다. 學於孔子, 傚殷禮.

集說 소疏에서 말한다. "관덮개(褚)는 관을 덮는 것인데, 대부 이상의 경우 그 형태는 휘장과 비슷하고, 사士의 경우는 관덮개를 사용하지 않는다. 공명의公明儀가 자신의 스승을 존숭하였으므로 특별히 관덮개를 만들었지만, 휘장처럼 만들지 못하고 단지 장막의 형태와 비슷하게 하였으므로 '저막褚幕'이라고 한 것인데, 붉은 바탕의 베로 만들었다. 또 관덮개의 네 모퉁이에 왕개미 행렬의 형태가 서로 교차하여 오고 가는 것을 그렸으므로 '네 모퉁이에 왕개미가 오고 가는 모양을 그렸다'(蟻結于四隅)고 하였는데, 이는 은나라의 예禮에서 사士의 장례 때 사용하던 장식이다." 疏曰: "'褚'者, 覆棺之

物, 若大夫以上, 其形似幄, 士則無褚. 公明儀尊其師, 故特爲褚, 不得爲幄, 但似幕形, 故云‘褚幕’, 以丹質之布而爲之也. 又於褚之四角, 畫蚍蜉之形交結往來, 故云‘蟻結于四隅’, 此殷禮士葬飾也.”

【단궁상 62】

자하子夏가 공자孔子에게 물었다. “부모의 원수가 있을 때 처신을 어떻게 합니까?” 공자가 대답하였다. “거적자리에 누워 방패를 베고 자며, 벼슬하지 않고, 원수와 함께 같은 하늘 아래 살지 않고자 하며, 시장이나 조정에서 만나면 집에 가서 싸울 무기를 가져오지 않고 휴대한 병기로 싸운다.”

子夏問於孔子曰: “居父母之仇, 如之何?” 夫子曰: “寢苫枕干, 不仕,① 弗與共天下也,② 遇諸市朝, 不反兵而鬪.”③

鄭注 ① 상복을 벗은 뒤에도 거처함을 계속 상중에 있는 것처럼 한다는 것이다. ‘간干’은 방패이다. 雖除喪, 居處猶若喪也. ‘干’, 盾也.

② 같이 살 수는 없다는 것이다. 不可以並生.

③ 시장과 조정에 가더라도 병기를 풀어놓지 않음을 말한다. 言雖適市朝, 不釋兵.

集說 ‘불반병不反兵’이란 집으로 돌아가서 무기를 구해오지 않는다는 것으로 항상 병기를 휴대함을 말한다. ‘不反兵’者, 不反而求兵, 言恒以兵器自隨.

【단궁상 63】

"형제의 원수가 있을 때 처신을 어떻게 합니까?" "벼슬을 해도 원수와 같은 나라에서 함께 벼슬하지 않는다. 군주의 명령을 받고 사신으로 가면, 원수를 만나더라도 싸우지 않는다." "사촌 형제의 원수가 있을 때 처신을 어떻게 합니까?" "앞장서지는 않는다. 주인이 복수를 할 수 있다면 병기를 잡고 그 뒤에서 돕는다."

曰: "請問居昆弟之仇, 如之何?" 曰: "仕弗與共國. 銜君命而使, 雖遇之, 不鬪."① 曰: "請問居從父昆弟之仇, 如之何?" 曰: "不爲魁.② 主人能, 則執兵而陪其後."③

鄭注 ① 싸움에 져서 군주의 명령을 폐하게 될 것이기 때문이다. 爲負而廢君命.

② '괴魁'는 우두머리와 같다. 천문의 북두칠성에서 괴성魁星이 머리가 되고 국자의 세 별이 꼬리가 된다. '魁', 猶首也. 天文北斗, 魁爲首, 杓爲末.

③ 그 주인이 이기지 못하는 것을 염려해서이며, 일을 이루어주는 것을 담당한다. 爲其負, 當成之.

集說 소疏에서 말한다. "조朝는 공문公門 안에 있고 문지기가 중문中門의 출입을 담당하는데, 병기는 중문 안에만 가지고 들어갈 수 없다. 뭇 서민들에게까지 크게 자문을 구하는 일이 고문皐門(왕궁의 외문) 안에서 시행되면 가지고 들어갈 수 있다. 조朝는 야외에 설치하기도 하고 현縣, 비鄙, 향鄕, 수遂에 설치하기도 한다. 다만 공사公事가 있는 곳이라면 모두 조朝라고 부른다. '병기'(兵)는 또한 허리에 차는 칼 이상을 가리키며 반드시 창일 필요는 없다." ○ 방씨方氏(방각方慤)는 말한다. "시장이나 조정에서도 병

기를 휴대한다면, 어느 곳을 가든 병기를 소지하지 않는 경우가 없다. 「곡례상曲禮上」(192)에 '형제의 원수에 대해서는 (길에서 만났을 때) 집에 가서 싸울 무기를 가져오지 않는다'라고 하였는데, 여기서 '원수를 만나도 싸우지 않는다'고 한 것은, 「곡례」는 벼슬하지 않은 경우에 근거해서 말한 것이기 때문이다." 疏曰: "朝在公門之內, 閽人掌中門之禁, 兵器但不得入中門耳. 其大詢衆庶, 在皐門之內, 則得入也. 設朝, 或在野外, 或在縣・鄙・鄕・遂. 但有公事之處, 皆謂之朝. '兵'者, 亦謂佩刀以上, 不必要是矛戟也." ○ 方氏曰: "市朝猶不反兵, 則無所往而不執兵矣. 「曲禮」云'兄弟之讎, 不反兵', 此言'遇之, 不鬪'者, 彼據不仕者言之耳."

【단궁상 64】

공자의 상에 문인들은 모두 질대絰帶(수질과 요대)를 한 채 외출하였다. 문인들이 함께 살 때 동료가 죽으면 (붕우 간의 상복으로) 질대를 하였는데, 외출을 할 때는 벗었다.

孔子之喪, 二三子皆絰而出.① 群居則絰, 出則否.②

鄭注 ① 스승을 높인 것이다. '나갔다'(出)는 것은 갈 곳이 있다는 말이다. 그렇다면 무릇 조복弔服에 삼으로 만든 질대絰帶를 한 경우, 외출을 할 때는 상복을 바꾸어 입는다. 尊師也. '出', 謂有所之適. 然則凡弔服加麻者, 出則變服.

② '군群'은 72명의 제자들이 서로 붕우 간의 상복을 하였음을 가리킨다. 자하子夏는 "내가 무리를 떠나 떨어져 살았다"[87]라고 하였다. '群', 謂七十二弟子, 相爲朋友服. 子夏曰: "吾離群而索居."

集說 조복弔服에 삼으로 만든 질대絰帶(수질과 요대)를 한 경우 외출을 할 때는 바꾸어 입는다. 이제 외출을 하면서 질대를 벗지 않은 것은 스승을 더 높이는 것이다. '무리'(群)란 여러 제자들이 서로 붕우로서의 상복을 했다는 것이다. 『의례』「상복喪服」의 정현주鄭玄註에 "친구 간에는 혈연적 유대는 없더라도 도道를 함께하는 은혜가 있어 서로를 위하여 시마緦麻의 질대絰帶를 해주는데 또한 조복弔服이다"라고 하였다. 그러므로 외출할 때는 그것을 벗었다. 弔服加麻者, 出則變之. 今出外而不免絰, 所以隆師也. '群'者, 諸弟子相爲朋友之服也. 『儀禮』註云: "朋友雖無親, 有同道之恩, 相爲服緦之絰帶, 亦弔服也." 故出則免之.

【단궁상 65】

벌초하여 묘소를 관리하는 것은 옛날부터 그리하였던 것이 아니다.
易墓, 非古也.

鄭注 '이易'는 풀과 나무를 베어내 관리하는 것을 가리킨다. 그렇게 하지 않은 것은 구릉에 묘를 썼기 때문이다. '易', 謂芟治草木. 不易者丘陵也.

集說 소疏에서 말한다. "'이易'는 풀과 나무를 베어내 관리해서 황폐해지지 않게 하는 것을 가리킨다. 옛날 은나라 이전에는 묘를 써도 봉분을 하지 않았으므로 벌초를 하지 않았다." 疏曰: "'易', 謂芟治草木, 不使荒穢. 古者殷以前, 墓而不墳, 不易治也."

【단궁상 66】

자로子路가 말했다. "내가 선생님께 들으니, '상례喪禮를 치를 때, 슬픔은 부족한데 예가 넘치는 것보다는 예는 부족하지만 슬픔은 넘치는 것이 낫다. 제례祭禮를 치를 때, 공경은 부족한데 예가 넘치는 것보다는 예는 부족하지만 공경은 넘치는 것이 낫다'고 하셨다."

子路曰: "吾聞諸夫子, 喪禮, 與其哀不足而禮有餘也, 不若禮不足而哀有餘也.① 祭禮, 與其敬不足而禮有餘也, 不若禮不足而敬有餘也."②

鄭注 ① 상례喪禮는 슬픔을 위주로 한다. 喪主哀.

② 제례祭禮는 공경함을 위주로 한다. 祭主敬.

集說 그 예禮가 있으나 그것을 시행할 재물이 없으면 예에 부족함이 있게 된다. 슬픔과 공경은 스스로 다할 수 있는 것이다. 이는 공자가 근본으로 돌아가는 논의로서 또한 '차라리 검소한 것이 더 낫고', '차라리 슬퍼하는 것이 더 낫다'[88]고 한 뜻이다. 有其禮而無其財, 則禮或有所不足. 哀敬則可自盡也. 此夫子反本之論, 亦'寧儉''寧戚'之意.

【단궁상 67】

증자曾子가 부하負夏 지역으로 조문을 갔다. 상주가 조전祖奠[89])을 마쳤음에도, 견전遣奠[90])을 치우고 구거柩車(널을 실은 상여)를 밀어 안쪽으로 방향을 돌리며 당 위로 올라갔던 부인을 내려오게 한 뒤 조문의 예를 행하였다. 종자從者가 "예에 맞는 것입니까?"라고 묻자 증자가 "'조祖'는 아직 정해지지 않았다는 뜻이다. 정해지지 않았으니 구거를 돌려 하루 더 머무는 것이 어찌 안 되겠는가?"라고 대답하였다.

曾子弔於負夏.① 主人旣祖, 塡池,② 推柩而反之,③ 降婦人而后行禮.④ 從者曰: "禮與?"⑤ 曾子曰: "夫祖者, 且也.⑥ 且, 胡爲其不可以反宿也?"⑦

鄭注 ① '부하負夏'는 위나라 땅이다. '負夏', 衞地.

② '조祖'는 구거를 옮겨 널을 실은 곳을 떠나는 것을 가리키며, 장지로 가는 것의 시작이 된다. '전지塡池'는 전철奠徹이어야 하는데, 발음 때문에 착오를 일으킨 것이다.[91] '전철'은 견전遣奠을 거두고 조전祖奠을 진설한다는 말이다. '祖', 謂移柩車去載處, 爲行始也. '塡池', 當爲奠徹, 聲之誤也. '奠徹', 謂徹遣奠, 設祖奠.

③ 널을 실은 곳으로 구거를 되돌린 것으로, 증자가 조문하러 온 것을 영광스럽게 여겨 다시 시작하고자 한 것이다. 反於載處, 榮曾子弔, 欲更始.

④ 예에 조전祖奠을 마치고 난 뒤에 부인이 당에서 내려오는데, 이제 구거를 널 실은 곳으로 되돌렸으니 부인이 그것을 피하여 다시 당에 오른 것이다. 구거는 되돌리는 경우가 없는데도 되돌리고, 다시 부인을 내려오게 한 것은 자기 부인에게 손님을 자랑하고 싶어서였지만, 모두 잘못이다. 禮, 旣祖而婦人降, 今反柩, 婦人辟之, 復升堂矣. 柩無反而反之, 而又降婦人, 蓋欲矜賓於此婦人, 皆非.

⑤ 괴이하게 여긴 것이다. 怪之.

⑥ '차且'는 아직 정해지지 않았다는 말이다. '且', 未定之辭.

⑦ 아부하는 말이다. 給說.

集 유씨劉氏는 말한다. "'부하負夏'는 위나라 땅이다. 장례葬禮 하루 전날

說 증자가 조문을 갔는데, 당시 상주는 조전祖奠을 마쳤고 부인은 당堂을 내려와 양쪽 계단 사이에 있었다. 증자가 이르자 주인이 영광으로 생각하여 전奠을 치우고 구거柩車(널을 실은 수레)를 밀어 되돌려놓고 안쪽을 향하게 하고는 조문을 받았다. 이는 죽은 이가 밖으로 나가려다가 손님이 오자 그를 위해 잠시 돌아온다는 뜻을 보인 것이다. 이 또한 '죽은 이 섬기기를 살아 있는 이 섬기듯이'92) 하려는 의도이긴 하지만 예에 맞는 것은 아니다. 구거가 안쪽으로 방향을 되돌렸다면 부인은 다시 당으로 올라가 구거를 피하였다가, 다음날에 다시 구거를 돌려 밖을 향하게 하고 부인을 계단 사이로 내려오게 한 뒤에 견전遣奠의 예를 행하게 된다. 그 때문에 종자從者가 널이 애초에 이미 옮겨졌는데 다시 구거를 밀어 되돌리고, 부인은 이미 내려왔는데 다시 당에 오르도록 하는 것을 보고, 모두가 예에 맞지 않은 것이므로 물은 것이다. 이에 증자는 대답하여 '조祖란 잠시(且)의 뜻이다. 이는 잠시 널을 옮겨 장차 길을 떠나는 것의 시작으로 삼은 것이지 아직 실제로 떠난 것은 아니다. 다시 되돌려 하루를 묵은 뒤 다음날에 구거를 돌려 견전遣奠을 올리고 떠나는 것이 어찌 불가하겠는가?'라고 답하였다. 소疏에서는 '상주喪主가 자신이 조문弔問 온 것을 영광으로 여기기는 것을 보고, 증자는 상주의 잘못을 지적하고 싶지 않아 변호하는 말로 종자從者의 질문에 답한 것'이라고 하였는데, 이는 보통 사람의 마음으로 대현大賢의 생각을 추측한 것이다. 일이 있었는지의 여부도 알 수 없고 그 의미 또한 억지로 해석하기도 어려우니, 혹시 기록한 사람이 빠뜨리거나 착오를 범한 것이 있었던 듯하다. 전奠을 치운 이유는 전이 구거의 서쪽에 있어 구거를 밀어 돌리고자 하면 반드시 전을 치운 뒤에야 돌릴 수 있었기 때문이다. 부인이 계단 사이로 내려오는 것도 전이 구거柩車의 서쪽에 있으므로 구거 뒤에 서 있었던 것이다. 이제 구거가 되돌려졌으므로 역시 당에 올라가 피

한 것이다." 劉氏曰: "'負夏', 衛地也. 葬之前一日, 曾子往弔, 時主人已祖奠, 而婦人降在兩階之間矣. 曾子至, 主人榮之, 遂徹奠, 推柩而反向內, 以受弔. 示死者將出行, 遇賓至而爲之暫反也. 亦事死如事生之意, 然非禮矣. 柩旣反, 則婦人復升堂以避柩, 至明日, 乃復還柩向外, 降婦人於階間, 而後行遣奠之禮. 故從者見柩初已遷而復推反之, 婦人已降而又升堂, 皆非禮, 故問之, 而曾子答之云'祖者, 且也. 是且遷柩爲將行之始, 未是實行. 又何爲不可復反越宿, 至明日乃還柩遣奠而遂行乎?' 疏謂'其見主人榮已, 不欲指其錯失, 而給說答從者', 此以衆人之心窺大賢也. 事之有無不可知, 其義亦難强解, 或記者有遺誤也. 所以徹奠者, 奠在柩西, 欲推柩反之, 故必先徹而後, 可旋轉也. 婦人降階間, 亦以奠在車西, 故立車後. 今柩反, 故亦升避也."

【단궁상 68】

종자從者가 또 자유子游에게 "예입니까?" 하고 물었다. 자유가 말했다. "창문 밑에서 반함飯含[93])을 하고, 방 안 문 쪽에서 소렴小斂[94])을 하고, 조계阼階에서 대렴大斂[95])을 하고, 객위客位인 서쪽 계단에서 빈殯을 하고, 가운데 뜰에서 조전祖奠을 올리고, 묘지에서 매장하는 것은, 점점 먼 곳으로 나아가기 위함이다. 그러므로 상사喪事에 나아감은 있으나 물러남은 없다." 증자가 그 말을 듣고는 "내가 장지로 갈 때의 조전祖奠에 대해 설명한 것보다 뛰어나구나!"라고 말하였다.

從者又問諸子游曰: "禮與?"① 子游曰: "飯於牖下, 小斂於戶內, 大斂於阼, 殯於客位, 祖於庭, 葬於墓, 所以卽遠也. 故喪事有進而無退."② 曾子聞之曰: "多矣乎, 予出祖者!"③

鄭注 ① 증자曾子의 말이 잘못이라고 의심한 것이다. 疑曾子言非.

② 구거를 돌린 것은 잘못임을 분명히 한 것이다. 明反柩非.

③ 자유子游의 말을 좋게 여기고 받아들인 것이다. 善子游言且服.

集說 종자從者가 증자曾子의 말을 의심하여 다시 자유子游에게 질문을 한 것이다. '방의 창 밑에서 반함을 한다'(飯於牖下)는 것은 시신을 목욕시킨 뒤 쌀과 조개로 시신의 입안을 채우는 것이다. 이때 시신은 서쪽 방의 남쪽 창문 아래 있으니 남쪽으로 머리를 둔 것이다. 『의례』 「사상례士喪禮」에 "소렴의小斂衣는 19벌이고, 대렴의大斂衣는 30벌이다"라고 하였다. '염斂'이란 싸서 거두는 것이다. 소렴은 지게문 안에서 하고 대렴은 나가 동쪽 계단에서 하는데, 이는 사자가 주인이었던 자리를 아직 차마 떠나지 못하는 것이다. 상주가 시신을 받들어 관에 모시면 서쪽 계단에 있게 된다. 서쪽 계단 위에 구덩이(肂)를 파는데, '사肂'는 눕히다는 뜻으로 시신을 구덩이에 눕히는 것을 말한다. 관을 구덩이 안에 안치하고 흙으로 덮는 것을 '빈殯'이라 한다. 빈을 열고 매장을 할 때가 되면 조묘祖廟의 가운데 뜰(中庭)에서 조전祖奠을 진설한 뒤에 장지로 떠난다. 창문 밑에서 방문 안으로, 동쪽 계단으로, 객위로, 뜰로, 그리고 묘로 옮겨가는 과정은 모두 하나의 절차가 하나의 절차에서 멀어지는 것으로 이것을 '나아가기는 하지만 물러나지는 않는다'고 한 것이다. 어찌 관을 밀어 돌릴 수 있겠는가? '다의호多矣乎, 여출조자予出祖者'에서 '다多'는 낫다는 의미다. 증자가 자유의 말을 듣고 자기의 설이 잘못되었음을 깨닫고는 '자유가 장지로 갈 때의 조전에 대해 설명한 것이 자신이 설명한 것보다 낫다'고 말한 것이다. 從者疑曾子之言, 故又請問於子游也. '飯於牖下'者, 尸沐浴之後, 以米及貝實尸之口中也. 時尸在西室牖下, 南首也. 「士喪禮」"小斂衣十九稱, 大斂三十稱." '斂'者, 包裹斂藏之也. 小斂在戶之內, 大斂出在東階, 未忍離其爲主之位也. 主人奉尸斂于棺, 則在西階矣. 掘肂於西階之上, '肂',

陳也, 謂陳尸於坎也. 置棺于肂中而塗之謂之'殯'. 及啓而將葬, 則設祖奠於祖廟之中庭而後行. 自牖下而戶內而阼而客位而庭而墓, 皆一節遠於一節, 此謂'有進而往, 無退而還'也. 豈可推柩而反之乎? '多矣乎, 予出祖'者, '多'猶勝也. 曾子聞之, 方悟己說之非, 乃言'子游所說出祖之事, 勝於我之所說出祖也.'

【단궁상 69】

증자曾子는 습의를 덧입어 석의裼衣를 감추고(襲裘)[96] 조문을 하였고, 자유子游는 석의를 드러내고(裼裘)[97] 조문을 하였다. 증자가 자유를 가리키며 사람들에게 "저 사람은 예에 밝은 사람인데 어찌하여 석의를 드러내고 조문을 하는가?"라고 하였다. 상주가 소렴小斂을 마치고 왼쪽 소매를 걷고(袒)[98] 삼끈으로 머리를 묶자(括髮), 자유가 종종걸음으로 나가 습의로 석의裼衣를 감추고 수질首絰과 요대腰帶를 하고 들어갔다. 증자가 "내가 잘못이로다, 내가 잘못이로다. 저 사람이 옳았다"라고 하였다.

曾子襲裘而弔, 子游裼裘而弔. 曾子指子游而示人曰: "夫夫也! 爲習於禮者, 如之何其裼裘而弔也?"① 主人旣小斂, 袒, 括髮, 子游趨而出, 襲裘帶絰而入.② 曾子曰: "我過矣, 我過矣. 夫夫是也."③

鄭注 ① 증자曾子는 상喪에 임해서는 꾸미지 않는다고 알고 있었던 것이다. '부부夫夫'는 이 사람이라고 말하는 것과 같다. 자유子游는 당시에 예에 밝다고 이름이 나 있었다. 曾子蓋知臨喪無飾. '夫夫', 猶言此丈夫也. 子游於時, 名爲習禮.

② 상주喪主가 변복變服을 함에 따라서 바꾼 것이다. 조문한 대상은 친구였다. 於主人變, 乃變也. 所弔者朋友.

③ 자유가 옳다고 인정하고 받아들인 것이다. 服是善子游.

集說 소疏에서 말한다. "조문하는 예는, 상주가 변복變服하기 전이라면 조문하는 사람은 길복吉服을 한다. 길복이란 염소 가죽으로 만든 갖옷에 검은 관, 검은색의 웃옷, 흰색의 치마를 하는 것이다. 거기에다 겉옷을 벗어 석의裼衣를 드러낸다. 이 경문의 '석의를 드러내고 조문을 하였다'(裼裘而弔)는 말은 이 뜻이다. 상주가 이미 복장을 바꾸어 입은 뒤에는, 조문하는 사람이 조복朝服을 착용하고 있더라도 무武(관의 아래우리)에 수질首絰을 더한다. '무'는 길관吉冠의 권卷(머리를 둘러싸는 관의 테두리 부분)이다. 다시 겉옷을 덧입고, 죽은 이가 친구라면 다시 수질首絰과 요질腰絰을 한다. 이 경문의 '습의로 석의를 감추고 수질과 요대를 하고 들어갔다'(襲裘帶絰而入)는 말은 이 뜻이다." ○ 방씨方氏는 말한다. "증자는 상사가 흉사인줄만 알고, 막 돌아가셨을 때는 여전히 길례를 따른다는 것은 몰랐다. 이것이 처음에는 자유를 비난하였으나 끝내 잘하였다고 여긴 이유이다." 疏曰: "凡弔喪之禮, 主人未變服之前, 弔者吉服. 吉服者, 羔裘, 玄冠, 緇衣, 素裳. 又袒去上服, 以露裼衣. 此'裼裘而弔', 是也. 主人既變服之後, 弔者雖著朝服, 而加武以絰. '武', 吉冠之卷也. 又掩其上服, 若是朋友, 又加帶. 此'襲裘帶絰而入', 是也." ○ 方氏曰: "曾子徒知喪事爲凶, 而不知始死之時尙從吉. 此所以始非子游而終善之也."

【단궁상 70】

자하子夏가 상喪을 마치고 공자를 뵈었더니, 공자가 그에게 금琴을 주었다. 자하가 조율하고자 하나 조율이 되지 않고, 연주하였지만 소리를 이루지 못하였다. 공자가 일어나서 "슬픔이 아직 잊히지 않았구나. (그럼에도 복을 벗는 것은) 선왕이 예를 제정하였으니 감히 더 지나치게 행할 수 없는 것이지"라고 하였다. 자장子張이 상을 마치고 공자를 뵈었더니, 공자가 그에게 금琴을 주었다. 자장이 조율하니 조율이 되었고, 연주하니 소리가 이루어졌다. 공자가 일어나서 "선왕이 예를 제정하였으니, (슬픈 마음이 이미 다했어도) 감히 상복을 다하는 데까지 이르지 않을 수 없는 것이지"라고 하였다.

子夏既除喪而見,① 予之琴. 和之而不和, 彈之而不成聲.② 作而曰: "哀未忘也. 先王制禮而弗敢過也."③ 子張既除喪而見, 予之琴. 和之而和, 彈之而成聲. 作而曰: "先王制禮, 不敢不至焉."④

鄭注 ① 공자를 뵌 것이다. 見於孔子.

② 악樂은 사람의 마음에서 나온다. 樂由人心.

③ '작作'은 일어서다의 뜻이다. '作', 起.

④ 슬픔의 정감에는 차이가 있지만, 모두 예에 따른 것을 좋게 여긴 것이다. 雖情異, 善其俱順禮.

集說 모두 상복을 벗었지만 금琴을 타는 소리에 조화롭고 조화롭지 않은 차이가 있는 것은, 생각건대 자하子夏는 '지나친 사람은 줄여 따르게 하는 경우'[99]로 슬픔을 줄이려고 억지로 노력하였으므로 남은 슬픔이 아직도 잊히지 않아 조화로운 소리를 낼 수 없었던 것이다. 자장子張은 '모자라는 사람은 발돋움하여 미치게 하는 경우'[100]이기 때문에 슬픔이 이미 다하여 조화로운 소리를 낼 수 있었던 것이다. 均爲除喪而琴有和・不和之異者, 蓋子夏是

'過之者俯而就之', 出於勉强, 故餘哀未忘而不能成聲. 子張是'不至者跂而及之', 故哀已盡而能成聲也.

【단궁상 71】

사구司寇인 혜자惠子의 상喪에 자유子游가 길복吉服에 쓰는 베로 만든 상복에 숫마로 만든 수질首絰과 요질腰絰을 하였다. 문자文子가 사양하면서 "선생님께서 황공하게도 저의 동생과 교유하시더니, 또 황공하게 그를 위해 상복을 하시니, 사양하겠습니다"라고 하였다. 자유가 "예에 따른 것입니다"라고 말하였다.

司寇惠子之喪,① 子游爲之麻衰·牡麻絰.② 文子辭曰: "子辱與彌牟之弟游,③ 又辱爲之服, 敢辭."④ 子游曰: "禮也."

鄭注 ① '혜자惠子'는 위나라 장군 문자미모文子彌牟의 아우인 혜숙란惠叔蘭으로 호虎를 낳았다. '惠子', 衛將軍文子彌牟之弟, 惠叔蘭也, 生虎者.

② 혜자가 적자適子를 폐하고 서자庶子를 세웠으므로, 자유子游가 그에 대해 무거운 복을 함으로써 비난한 것이다. '마최麻衰'는 길복吉服에 쓰는 베로 상복을 만든 것이다. 惠子廢適立庶, 爲之重服以譏之. '麻衰', 以吉服之布爲衰.

③ 그가 살아 있을 때 베풀어준 은의에 감사한 것이다. 謝其存時.

④ 상복을 입는 것을 만류한 것이다. 止之服也.

集說 '혜자惠子'는 위나라 장군인 문자미모文子彌牟의 동생이다. 혜자가 적자適子인 호虎를 폐하고 서자庶子를 세웠으므로 자유子游가 특별히 예에 맞지 않는 복장을 하여 그를 비난하였다. 이는 역시 단궁檀弓이 공의중자公儀仲子의 상에 단문袒免을 한 것[101]과 같은 뜻이다. '마최麻衰'는 길복에 쓰는

베로 상복을 만든 것이다. '모마질牡麻絰'은 숫마로 수질首絰과 요질腰絰을 만든 것이다. '마최'는 바로 길복吉服의 15승 베로 조복弔服보다 가볍다. 조복弔服의 질絰은 한 가닥으로 두르는데, 지금 숫마를 꼬아 만든 질絰을 사용하니 자최齊衰의 질과 같다. 정현 주에서 '무거운 복'이라고 한 것은 질絰을 가리켜 말한 것이다. 문자文子가 처음에 "황공하게 그를 위해 상복을 하시니, 사양하겠습니다"라고 한 것은 자유가 한 상복을 사양한 것이다. '惠子', 衛將軍文子彌牟之弟. 惠子廢適子虎而立庶子, 故子游特爲非禮之服以譏之. 亦檀弓免公儀仲子之意也. '麻衰', 以吉服之布爲衰也. '牡麻絰', 以雄麻爲絰也. '麻衰'乃吉服十五升之布, 輕於弔服. 弔服之絰, 一股而環之, 今用牡麻絞絰, 與齊衰絰同矣. 鄭註云"重服", 指絰而言也. 文子初言"辱爲之服, 敢辭"者, 辭其服也.

【단궁상 72】

문자文子가 물러나 자리로 돌아가 곡哭을 하였다. 자유子游가 종종걸음(趨)[102]으로 여러 신하들의 자리로 나아갔다. 문자가 다시 사양하면서 "선생님께서는 황공하게도 저의 아우와 교제하고, 또 황공하게 그를 위해 상복을 하며, 다시 또 황공하게 그의 상에 임하기까지 하시니, 사양하겠습니다"라고 하였다. 자유가 "거듭 이렇게 하기를 청합니다"라고 하였다. 문자가 물러나 적자適子를 부축하고 남쪽을 향하여 선 뒤 "선생님께서 황공하게도 저의 아우와 교유하고, 또 그를 위해 상복을 하며, 그의 상에 임해주시니, 호虎가 감히 자기의 자리로 돌아가지 않겠습니까?"라고 하자, 자유가 종종걸음으로 객의 자리로 나아갔다.

文子退, 反哭.① 子游趨而就諸臣之位.② 文子又辭曰: "子辱與彌牟之弟游, 又辱爲之服, 又辱臨其喪, 敢辭."③ 子游曰: "固以請."④ 文子退, 扶適子, 南面而立曰: "子辱與彌牟之弟游, 又辱爲之服, 又辱臨其喪, 虎也敢不復位?"⑤ 子游趨而就客位.⑥

鄭注 ① 자유子游는 예에 밝다는 이름이 있었고, 문자文子도 당연하다고 여겨 그 비난하는 의도를 깨닫지 못한 것이다. 子游名習禮, 文子亦以爲當然, 未覺其所譏.

② 깊이 비난한 것이다. 대부의 가신은 빈의 뒤에 자리한다. 深譏之. 大夫之家臣, 位在賓後.

③ 신하의 자리에 있는 것을 만류한 것이다. 止之在臣位.

④ 다시 명을 따르지 않았다. 再不從命.

⑤ 비난하는 의도를 깨달은 것이다. '호虎'는 적자適子의 이름이다. 문자가 몸소 부축하고 사양한 것으로 자유를 공경한 것이다. 남쪽을 향하여 섰다면 여러 신하들은 문 안에서 북쪽을 향하고 있었음이 분명하다. 覺所譏也. '虎', 適子名. 文子親扶而辭, 敬子游也. 南面而立, 則諸臣位在門內北面明矣.

⑥ 비난하였던 것이 올바로 행해진 것이다. 所譏行.

集說 재차 '감히 사양한다'(敢辭)고 한 것은 자유子游가 신하의 자리에 서는 것을 사양한 것이다. 이때까지는 여전히 자유의 의도를 깨닫지 못하다가, 자유가 '거듭 이렇게 하기를 청합니다'(固以請)라고 한 말을 듣자, 문자文子는 그것이 비난하는 것임을 깨달은 것이다. 이에 적자適子를 부축하여 상주의 자리를 바로잡으면서 자유의 뜻이 전달된 것이다. 종종걸음으로 객의 자리로 나아가는 것은 바른 예이다. ○ 소疏에서 말한다. "대부의 손님은 문의 동쪽에서 북쪽에 가까운 곳에 자리하고, 가신 또한 문의 동쪽에서 남

쪽으로 문에 가까운 곳에 자리하는데 모두 북쪽을 향한다." 次言'敢辭'者, 辭其立於臣位也. 此時尙未喩子游之意, 及子游言'固以請', 則文子覺其譏矣. 於是扶適子, 正喪主之位焉, 而子游之志達矣. 趨就客位, 禮之正也. ○ 疏曰: "大夫之賓位在門東近北, 家臣位亦在門東而南近門, 並皆北向.

【단궁상 73】

장군인 문자文子의 상에 이미 상복을 벗은 뒤에 월나라 사람이 조문을 오자 상주가 심의深衣에 연관練冠을 하고 묘廟에서 기다리면서 눈물을 흘렸다. 자유子游가 이 모습을 보고 "장군인 문씨의 아들이여, 거의 합당하구나! 예문禮文에 없는 예를 행하는데도, 그 거동이 절도에 맞는다"라고 하였다.

將軍文子之喪, 旣除喪, 而后越人來弔, 主人深衣練冠, 待于廟, 垂涕洟.① 子游觀之曰: "將軍文氏之子, 其庶幾乎! 亡於禮者之禮也, 其動也中."②

鄭注 ① '상주'(主人)는 문자文子의 아들인 간자하簡子瑕이다. '심의深衣에 연관練冠을 한다'(深衣練冠)는 것은 흉복凶服에 변화를 준 것이다. '묘에서 기다린다'(待于廟)는 것은 조문은 받되 손님을 맞는 예는 행하지 않았다는 것이다. '主人', 文子之子, 簡子瑕也. '深衣練冠', 凶服變也. '待于廟', 受弔, 不迎賓也.

② 예의 정신에 맞게 변경한 것이다. 中禮之變.

集說 '장군인 문자文子'는 바로 미모彌牟이다. '주인'은 문자의 아들이다. 예에 따르면 상복을 벗은 뒤에 조문을 하는 경우도 없고, 상복을 벗은 뒤에

조문을 받는 경우도 없다. 심의深衣는 길흉에 통용할 수 있고, 소상小祥의 연복練服에 쓰는 관은 완전히 길하지도 완전히 흉하지도 않다. 사당은 신주神主가 머무는 곳인데, 그곳에서 기다리면서 맞이하지 않는 것이 조문을 받는 예이다. 곡을 하지 않고 눈물을 흘린 것은 곡할 시기는 이미 지났지만 슬픈 감정이 여전히 사그라지지 않았기 때문이다. '서기庶幾'는 가깝다는 뜻이다. 자유子游는 문자文子의 아들이 변례變禮를 처리하는 것을 좋게 여겼으므로 '문씨의 아들이여, 거의 예에 가깝구나! 이러한 예는 규정이 없지만, 그 예를 행함에 거동이 모두 절도에 맞다'고 말한 것이다. ○ 소疏에서 말한다. "'심의'는 「간전間傳」(11)에서 말한 마의麻衣로, 제도가 심의와 같다. 가장자리를 베로 두르면 마의라고 하고 흰색으로 하면 장의長衣라고 하며 채색실로 하면 심의라고 한다.[103] '연관練冠'은 대상제사를 지내기 이전까지 쓰는 관인데, 대상제大祥祭에는 호관縞冠(누이지 않은 흰 비단의 관)이다. 막 돌아가셨을 때부터 소상, 대상 때까지 조문을 오는 것은 규정에 있는 예이지만, 대상 후에 조문을 오는 것은 규정에 없는 예로서, 문씨의 아들이 예에 명문 규정이 없는 예를 거의 적합하게 행하였음을 말한다. '동動'은 거동이다. '중'은 예의 정신에 맞게 절차를 변경한 것이다."

'將軍文子', 卽彌牟也. '主人', 文子之子也. 禮, 無弔人於除喪之後者, 亦無除喪後受人之弔者. 深衣吉凶可以通用, 小祥練服之冠, 不純吉亦不純凶. 廟者, 神主之所在, 待而不迎, 受弔之禮也. 不哭而垂涕, 哭之時已過, 而哀之情未忘也. '庶幾', 近也. 子游善其處禮之變, 故曰'文氏之子, 其近於禮乎! 雖無此禮, 而爲之禮, 其擧動皆中節矣.' ○ 疏曰: "深衣, 卽「間傳」所言麻衣也, 制如深衣. 緣之以布曰麻衣, 緣之以素曰長衣, 緣之以采曰深衣. '練冠'者, 祭前之冠, 若祥祭則縞冠也. 始死至練祥來弔, 是有文之禮, 祥後來弔, 是無文之禮, 言文氏之子庶幾堪行乎無於禮文之禮也. '動', 擧也. '中', 當於禮之變節也."

【단궁상 74】

어릴 때는 이름을 부르고, 관례冠禮를 치르면 자字를 부르며, 오십이 되면 '백伯'(첫째), '중仲'(둘째)이라고 하고, 죽으면 시호(謚)를 부르는 것은 주周나라의 도이다.

幼名, 冠字, 五十以伯·仲, 死謚, 周道也.

集說 소疏에서 말한다. "이와 같은 일은 모두 주나라의 도이다. 또 은나라 이전에는 살았을 때 호칭을 그대로 사후의 호칭으로 사용하였고, 별도의 시호(謚)가 없었다. 요堯, 순舜, 우禹, 탕湯이라고 부르는 사례가 그것이다. 주나라에서는 사후에 달리 시호를 지었다." ○ 주자朱子는 말한다. "『의례』의 가공언賈公彦 소에 '어릴 때는 백모보伯某甫라고 칭하다가 오십이 되어서야 모보某甫라는 말을 제거하고 백伯, 중仲이라고만 칭한다'라고 하였다. 이 설이 옳다. 오늘날 사람들이 지위가 높은 사람에 대하여 감히 자字를 부르지 못하고, '어느 어른'(幾丈)이라고 부르는 것과 같은 종류이다."104) 疏曰: "凡此之事, 皆周道也. 又殷以上, 有生號仍爲死後之稱, 更無別謚. 堯·舜·禹·湯之例, 是也. 周則死後別立謚." ○ 朱子曰: "□□儀禮』賈公彦疏云: '少時便稱伯某甫, 至五十乃去某甫而專稱伯·仲.' 此說爲是. 如今人於尊者, 不敢字之, 而曰'幾丈'之類."

【단궁상 75】

수질首絰과 요질要絰은 상주喪主의 충실한 마음을 표현하는 것이다.

經也者, 實也.

鄭注 슬픔을 표현하는 것이다. 所以表哀戚.

集說 삼이 머리에 있거나 허리에 있거나 모두 '질絰'이라 부른다. 구분하여 말하면 머리에 있을 때를 질絰이라 하고 허리에 있을 때를 대帶라 부른다. 질이란 말은 진실하다는 뜻으로 효자에게 충실한 마음이 있음을 밝히는 것이다. 수질首絰[105]은 치포관緇布冠의 규항缺項[106]을, 요질要絰[107]은 대대大帶를 본뜨고, 또 효대絞帶가 있어 혁대革帶를 본뜬다. 자최 이하에서는 베를 사용한다. ○ 주자朱子는 말한다. "수질의 크기는 한 뼘(搤)인데 이는 엄지손가락과 두 번째 손가락을 합친 둘레이다. 요질要絰은 이보다 작고, 효대絞帶는 요질보다 작다. 요질은 대대大帶를 본뜬 것인데, 두 끝을 길게 아래로 늘어뜨린다. 교대는 혁대革帶를 본뜬 것인데, 한쪽 끝에 고리가 있어 다른 한쪽 끝을 그 속으로 넣어 묶는다." 麻在首在要皆曰'絰'. 分言之, 則首曰絰, 要曰帶. 絰之言實, 明孝子有忠實之心也. 首絰象緇布冠之缺項, 要絰象大帶, 又有絞帶象革帶. 齊衰以下用布. ○ 朱子曰: "首絰大一搤, 是拇指與第二指一圍. 要絰較小, 絞帶又小於要絰. 要絰象大帶, 兩頭長垂下. 絞帶象革帶, 一頭有彄子, 以一頭串於中而束之."

【단궁상 76】

방안에 구덩이를 파고 시신을 목욕시키며, 아궁이를 헐어[108] (그 벽돌로) 다리를 고정시킨다.

掘中霤而浴, 毀竈以綴足.

集說 소疏에서 말한다. "'중류中霤'는 방 중앙이다. 사람이 죽으면 방 중앙의 땅을 파 구덩이를 만들고 침상으로 구덩이 위에 횃대처럼 걸쳐놓는다. 시신을 침상 위에서 씻겨 목욕물을 구덩이로 흘러들어가게 한다. 죽은 사람은 몸이 차가워지고 뻣뻣해지며 발이 뒤틀려 신발을 신길 수 없다. 따라서 아궁이를 헌 벽돌로 사자의 이의 발에 대고 묶어 곧게 만들어 신발을 신길 수 있도록 한다." 疏曰: "'中霤', 室中也. 死而掘室中之地作坎, 以牀架坎上. 尸於牀上浴, 令浴汁入坎也. 死人冷强, 足辟戾, 不可著屨. 故用毁竈之甓, 連綴死人足, 令直可著屨也."

【단궁상 77】

장례를 치를 때가 되면 사당(廟) 문 서쪽을 헐고 행단(行壇[109])을 넘어 대문으로 나가는데 이는 은나라의 도이다. 공자에게 배운 사람들이 그렇게 하였다.

及葬, 毁宗躐行, 出于大門, 殷道也.① 學者行之.②

鄭注 ① 다시는 이곳에서 할 일이 없음을 분명히 하는 것이다. 주나라 사람은 시신을 목욕시킬 때 방 중앙에 구덩이를 파지 않으며, 장례를 치를 때 사당의 벽을 헐고 행단을 넘어가지 않는다. '사당을 헌다'(毁宗)는 것은 사당 문의 서쪽 벽을 헐고 나간다는 것이다. 길신의 자리가 사당 문 밖에 있기 때문이다. 明不復有事於此. 周人浴不掘中霤, 葬不毁宗躐行. '毁宗', 毁廟門之西而出. 行神之位在廟門之外.

② 공자에게 배운 사람들이 그렇게 하였으니 이는 은나라의 예를 본받은

것이다. 學於孔子者行之, 傚殷禮.

集說 소疏에서 말한다. "'훼종毁宗'은 사당 벽을 헌다는 뜻이다. 은나라 사람은 사당에서 빈殯을 하고, 장례를 치를 때가 되어 널이 나가게 되면, 사당 문 서쪽 담장을 헐고 (길신의 자리를) 넘어가 대문으로 나갔다. 길신의 자리는 사당 문 서쪽으로, 사당 담장을 허문 곳의 밖에 해당한다. 생시에 외출할 때는 단을 설치하고 폐백을 올려 길신에게 고하고, 고하기를 마치면 수레가 단壇 위를 넘어서 나가는데, 이는 여행 중에 편안하기가 마치 단 위에 있는 것 같게 하려는 것이다. 이제 사당 담장을 허문 쪽으로 나가는 것은 이 행단行壇을 넘어가 생시에 출행할 때처럼 할 수 있게 하는 것이다." "공자에게 배운 사람들이 그렇게 하였으니 이는 은나라의 예를 본받은 것이다."110) 疏曰: "毁宗, 毁廟也. 殷人殯於廟, 至葬, 柩出, 毁廟門西邊牆, 而出于大門. 行神之位在廟門西邊, 當所毁宗之外. 生時出行, 則爲壇幣告行神, 告竟, 車躐行壇上而出, 使道中安穩, 如在壇. 今向毁宗處出, 仍得躐行此壇, 如生時之出也." "學於孔子者行之, 效殷禮也."

【단궁상 78】

자류子柳의 어머니가 죽자 자석子碩이 장례에 쓸 기물을 갖추기를 요청하였다. 자류가 "어떻게 마련하지?"라고 하자, 자석이 "서모庶母를 시집보내도록 합시다"라고 하였다. 자류가 "어떻게 남의 어머니를 시집보낸 돈으로 자신의 어머니를 장례 지낸다는 것인가? 안 된다"라고 하였다. 장례를 마치고, 자석이 부의賻儀로 받은 돈의 일부로 제기祭器를 갖추고자 하였다. 자류가 말하였다. "안 된다. 내가 듣건대, 군자는 상사喪事를 이용하여 재산을 늘리지 않는다. 형제 가운데 가난한 사람들에게 나누어주자."

子柳之母死, 子碩請具.① 子柳曰: "何以哉?"② 子碩曰: "請粥庶弟之母."③ 子柳曰: "如之何其粥人之母以葬其母也? 不可."④ 既葬, 子碩欲以賻布之餘具祭器.⑤ 子柳曰: "不可. 吾聞之也, 君子不家於喪.⑥ 請班諸兄弟之貧者."⑦

鄭注 ① '구具'는 장례에 쓰는 기물이다. '자류子柳'는 노魯나라 숙중피叔仲皮의 아들로 자석子碩의 형이다. '具', 葬之器用. '子柳', 魯叔仲皮之子, 子碩兄.

② 그것을 살 재물이 없음을 말한다. 言無其財.

③ '육粥'은 시집보내는 것을 가리킨다. 첩은 신분이 낮아 취하는 것을 '산다'(買)고 한다. '粥', 謂嫁之也. 妾賤, 取之曰'買'.

④ 충서忠恕이다. 忠恕.

⑤ 옛사람들은 돈을 천포泉布라고 불렀는데 베를 통용하여 재물을 살 수 있었기 때문이다. 古者謂錢爲泉布, 所以通布貨財.

⑥ 죽은 이를 빌미로 이익을 추구하는 것을 미워하는 것이다. 惡因死者以爲利.

⑦ 죽은 이가 긍휼히 여기던 사람들에게 나누어준 것이다. 녹봉祿俸이 많으면 향리와 향당의 사람들에게 주는 것이다.111) 以分死者所矜也. 祿多, 則與鄰里鄉黨.

集說 '자류子柳'는 노魯나라 숙중피叔仲皮의 아들로 자석子碩의 형이다. '구具'는 상사喪事에 필요한 기물을 가리킨다. '하이재何以哉'는 '무엇으로 비용을 마련할 것인가?'라는 말로 그것을 살 재물이 없음을 가리킨다. 정현은 "'육粥'은 시집보내는 것을 말한다. 첩은 신분이 낮아, 취하는 것을 '산다'(買)

고 한다"라고 하였다. '포布'는 돈이다. '상사喪事를 이용하여 재산을 늘리지 않는다'(不家於喪)는 것은 죽은 이를 빌미로 이익을 추구하는 것을 미워하는 것이다. '반班'은 나누어준다는 뜻과 같다. 서제庶弟의 어머니를 시집보내지 않는 것은 의義다. 형제 가운데 가난한 사람에게 나누어주는 것은 인仁이다. 서모를 시집보내 장례를 치르려고 했다면 재화가 모자랐음을 알 수 있다. '상사喪事를 이용하여 재산을 늘리지 않는다'는 말은 정말로 바꿀 수 없다. 옛사람들이 가난을 편안히 여기고 예를 지킨 것이 대체로 이와 같았다.
'子柳', 魯叔仲皮之子, 子碩之兄也. '具', 謂喪事合用之器物也. '何以哉', 言何以爲用乎, 謂無其財也. 鄭云: "'粥'謂嫁之也. 妾賤取之曰'買'." '布', 錢也. '不家於喪', 惡因死者而爲利也. '班', 猶分也. 不粥庶弟之母者, 義也. 班兄弟之貧者, 仁也. 夫以粥庶母以治葬, 則乏於財, 可知矣, 而'不家於喪'之言, 確然不易. 古人之安貧守禮蓋如此.

【단궁상 79】

군자君子가 말하였다. "남의 군사를 도모하다가 전쟁에 패하면 군사를 위해 죽는다. 남의 나라를 위해 일을 도모하다가 나라가 위태로워지면 나라를 위해 떠난다."
君子曰: "謀人之軍師, 敗則死之. 謀人之邦邑, 危則亡之.①"

鄭注 ① 자기를 이롭게 하고 무리를 잊는 것은 충忠이 아니다. '나라를 위해 떠난다'(亡之)고 말한 것은 현자를 위해 피하는 것이기는 하지만 의로운 퇴진이 아니기 때문이다. 利己亡衆, 非忠也. 言'亡之'者, 雖辟賢, 非義退.

集說 응씨應氏(응용應鏞)는 말한다. "많은 사람이 죽었다면 의리상 차마 혼

자 살 수는 없으니 어찌 죽지 않을 수 있겠는가? 나라가 위태로우면 자신만 홀로 살아남을 수 없으니 어찌 떠나지 않을 수 있겠는가?" 應氏曰: "衆死而義不忍獨生, 焉得而不死? 國危而身不可獨存, 焉得而不亡?"

【단궁상 80】

공숙문자公叔文子가 하구瑕丘에 오를 때 거백옥蘧伯玉이 뒤에서 따랐다. 문자가 "좋구나, 이 언덕이여! 내 죽으면 이곳에 묻히고 싶네"라고 하였다. 거백옥이 "당신이 이곳을 좋아하니, 내가 먼저 가겠습니다"라고 하였다.

公叔文子升於瑕丘, 蘧伯玉從.① 文子曰: "樂哉, 斯丘也! 死則我欲葬焉." 蘧伯玉曰: "吾子樂之, 則瑗請前."②

鄭注 ① 두 사람은 위衛나라 대부이다. '문자文子'는 헌공獻公의 손자로 이름은 발拔이다. 二子衛大夫. '文子', 獻公之孫, 名拔.

② 다른 사람의 좋은 전지田地에 해를 끼치려는 것을 풍자한 것이다. '원瑗'은 거백옥의 이름이다. 刺其欲害人良田. '瑗', 伯玉名.

集說 두 사람은 모두 위衛나라의 대부이다. '문자文子'는 이름은 발拔이고, '백옥伯玉'은 이름이 원瑗이다. ○ 유씨劉氏는 말한다. "백옥이 먼저 가기를 청한 것은 아마도 처음에는 문자의 뒤를 따라가다가 문자의 말을 듣고, 문자가 다른 사람의 땅을 빼앗아 스스로 죽은 뒤의 계책으로 삼으려 하는 것을 미워하여, 드디어 그것을 비난해서 '당신이 이곳이 좋아하니, 내가 앞에 가서 당신을 떠나겠습니다[112]'라고 한 것이다. 이는 그 일을 자신이 함께 듣고 싶지 않음을 보인 것이니, 풍자하여 가르치는 것에 뛰어난 사람이

라고 할 만하다." 二子皆衛大夫. '文子', 名拔, '伯玉', 名瑗. ○ 劉氏曰: "伯玉之請前, 蓋始從行於文子之後, 及聞文子之言, 而惡其將欲奪人之地, 自爲身後計, 遂譏之曰'吾子樂此, 則我請前行, 以去子矣.' 示不欲與聞其事也, 可謂長於風喩者矣."

【단궁상 81】

변弁 지역 사람으로 어머니가 죽자 어린아이처럼 우는 사람이 있었다. 공자孔子가 말하였다. "슬퍼하는 것이 애절하기는 하지만 그렇게 계속하기는 어렵다. 예禮는 전할 수 있기를 바라며, 이어받아 할 수 있기를 바란다. 따라서 곡을 하고 발을 구르는 것에 절도가 있는 것이다."

弁人有其母死而孺子泣者.① 孔子曰: "哀則哀矣,② 而難爲繼也.③ 夫禮爲可傳也, 爲可繼也. 故哭踊有節."

鄭注 ① 소리에 절도가 없음을 말한다. 言聲無節.

② 이는 진실로 애통해하는 것이다. 此誠哀.

③ 예의 중도를 벗어난 것이다. 失禮中.

集說 '변弁'은 지명이다. '어린아이처럼 우는 사람'(孺子泣)이란 그 소리가 어린아이처럼 길고 짧음 높고 낮음의 절도가 없다는 것이다. 성인이 예를 제정할 때는 사람들이 전할 수 있고 이어받아서 할 수 있게 하기를 바라기 때문에, 곡을 하는 것과 발을 구르는 것에 모두 절도가 있다. 절도가 없다면 전하고 이어받을 수가 없다. '弁', 地名. '孺子泣'者, 其聲若孺子無長短高下之節也. 聖人制禮, 期於使人可傳可繼, 故哭踊皆有其節. 若無節, 則不可傳而繼矣.

【단궁상 82】

숙손무숙叔孫武叔의 어머니가 죽었다. 소렴小斂이 끝나고 관을 드는 사람들이 시신을 들고 나가 시신이 문을 나가자, 무숙이 단袒을 하고 또 관冠을 벗어놓고 머리를 묶었다. 자유子游가 "예를 알기는 하네"라고 비웃었다.

叔孫武叔之母死.① 旣小斂, 擧者出, 尸出戶, 袒且投其冠, 括髮.② 子游曰: "知禮."③

鄭注 ① '무숙武叔'은 공자公子 아牙의 6세손으로 이름이 주구州仇인데 공자를 비난한 사람이다. '武叔', 公子牙之六世孫, 名州仇, 毁孔子者.

② 시신이 문으로 나가자마자 복을 바꿔 한 것은 슬퍼하는 절도를 잃은 것이다. '관冠'은 누이지 않은 흰색의 위모관委貌冠[113]이다. 尸出戶, 乃變服, 失哀節. '冠', 素委貌

③ 비웃은 것이다. 嗤之.

集說 예에, 막 돌아가시면 참최斬衰를 할 사람은 비녀를 꽂고 머리싸개를 하며, 자최齊衰를 할 사람은 흰 관을 쓴다. 소렴이 끝나면 휘장을 거두고, 상주는 방에서 머리를 묶고 단袒을 하며, 부인은 방에서 북상투를 튼다. '거자출擧者出'은 시신을 들고 나간다는 것이다. 머리를 묶는 것은 소렴을 한 뒤 시신이 당堂을 나가기 전에 한다. 상주는 시신을 받들어야 하므로 단을 하고 머리를 묶는다. 이제 무숙武叔이 시신이 문을 나가기를 기다려 단을 하고 관을 벗어 머리를 묶은 것은 예의 절도를 잃은 것이다. 그러므로 정현 주에서는 무숙이 예를 안다고 자유가 평가한 말을 '비웃은 것'으로 여겼다. ○ 풍씨馮氏는 말한다. "경문에 '호출호戶出戶'라고 하였는데 위의 '호戶'

는 '시尸'의 오자이다. 정현 주에서 '시신이 문으로 나가자마자 복을 바꿔 한다'(尸出戶, 乃變服)고 하였으니, 의미가 매우 분명하다. 그러나 정현 주의 '시尸'가 또한 '호戶'로 와전되어 결국 풀이가 통하지 않게 되었다." 禮始死, 將斬衰者笄纚, 將齊衰者素冠. 小斂畢而徹帷, 主人括髮·袒于房, 婦人髽于室. '擧者出', 擧尸以出也. 括髮當在小斂之後, 尸出堂之前. 主人爲將奉尸, 故袒而括髮耳. 今武叔待尸出戶, 然後袒而去冠括髮, 失禮節矣, 故註以子游知禮之言爲嗤之也. ○ 馮氏曰: "經文作'戶出戶', 上戶字乃尸字之訛也. 鄭註云'尸出戶, 乃變服', 義甚明. 然註文尸亦訛爲戶, 遂解不通."

【단궁상 83】

병이 위독해져 군주를 부축하여 옮길 때, 복인卜人의 우두머리가 오른쪽을 부축하고 사인射人의 우두머리가 왼쪽을 부축한다. 군주가 죽으면 이들이 시신을 옮기게 한다.

扶君, 卜人師扶右, 射人師扶左.① 君薨, 以是擧.②

鄭注 ① 군주가 병이 위독해진 때를 가리킨다. '복卜'은 복僕이 되어야 하는데, 발음 때문에 착오를 일으킨 것이다. '복인僕人', '사인射人'은 모두 평상시에 군주의 복식과 자리를 도와서 바르게 하는 사람이다. 謂君疾時也. '卜', 當爲僕, 聲之誤也. '僕人'·'射人', 皆平生時贊正君服位者.

② 차마 바꾸지 않는 것이다. 『주례』「하관夏官·사인射人」에 "군주가 죽으면, 복인僕人과 함께 시신을 옮긴다"라고 하였다. 不忍變也. 『周禮』「射人」"大喪, 與僕人遷尸."

集說 군주가 병이 심해진 때, 복인僕人[114]의 우두머리가 몸 오른쪽을 부축하고 사인射人[115]의 우두머리가 몸 왼쪽을 부축한다. 이 두 사람은 모두 평일 복식과 자리를 도와서 바르게 하는 사람이므로 군주가 죽어 시신을 옮겨야 할 때에도 여전히 이 사람들을 쓰는 것이다. 방씨方氏(방각方慤)는 '사師'를 무리로 풀이하였고, 응씨應氏는 '복인卜人'을 점치는 사람으로 보았다. 君疾時, 僕人之長扶其右體, 射人之長扶其左體. 此二人皆平日贊正服位之人, 故君旣薨遇遷尸, 則仍用此人也. 方氏釋師爲衆, 應氏以'卜人'爲卜筮之人.

【단궁상 84】

이모부와 외숙모 두 사람이 서로 상대를 위해 상복喪服을 하는 것에 대해서 군자는 언급하지 않았다. 혹자는 "한솥밥을 먹는 경우라면 시마緦麻복을 한다"라고 하였다.

從母之夫, 舅之妻, 二夫人相爲服, 君子未之言也.① 或曰: "同爨緦."②

鄭注 ① '이부인二夫人'은 이 두 사람이라고 말하는 것과 같다. 당시 이 두 사람이 한집에 살다가 한 사람이 죽자 상대를 위해 상복喪服을 한 경우가 있었는데, 조카가 외가에 머물다 이를 보고 비난하였다. '二夫人', 猶言此二人也. 時有此二人同居, 死相爲服者, 甥居外家而非之.

② 한솥밥을 먹으면 시마복緦麻服을 해줄 정도의 친함이 생기기 때문에 그렇게 해도 괜찮다. 以同居生緦之親, 可.

集說 '종모從母'는 어머니의 여자 형제이다. '구舅'는 어머니의 남자 형제이

다. 이모부는 외숙모에 대해 복이 없는데, 예경禮經에 실려 있지 않으므로 '군자가 언급하지 않았다'(君子未之言)라고 한 것이다. 당시 우연히 조카가 외가外家에 왔다가, 이 (이모부와 외숙모) 두 사람이 서로 의지하면서 한집에 살다 한 사람이 죽었는데 상복에 대해 근거할 만한 경문이 없음을 알게 된 일이 있었다. 이에 혹자가 한솥밥을 먹은 사람들끼리는 시마緦麻를 한다는 설을 제시하여 대처하였다. 이 또한 그만둘 수 없는 인정에 근거하여 변례變禮의 대처를 다한 것이다. ○ 혹자가 물었다. "이모부와 외숙모가 서로를 위해 상복을 하지 않는 것은 왜인가?" 주자朱子가 대답했다. "선왕이 예를 제정함에, 아버지의 친족은 넷이었다. 그러므로 아버지로부터 위로 올라가 족증조부族曾祖父를 위해서 시마를 한다. 고모의 자식, 자매의 자식, 딸의 자식은 모두 아버지로부터 미루어나간다. 어머니의 친족은 셋이니, 어머니의 아버지, 어머니의 어머니, 어머니의 형제로서, 은혜는 외삼촌(어머니의 형제)에서 그친다. 그러므로 이모부와 외숙모에 대해서는 모두 상복을 하지 않는데, 미루어 나아가지 못하기 때문이다. 아내의 친족은 둘이니, 아내의 아버지 · 아내의 어머니다. 얼른 보면 잡박하고 혼란하여 기강이 없는 듯하지만, 자세히 살펴보면 모두 의리가 있다."116) '從母', 母之姊妹. '舅', 母之兄弟. 從母夫於舅妻無服, 所以禮經不載, 故曰'君子未之言.' 時偶有甥至外家, 見此二人相依同居者, 有喪而無文可據. 於是或人爲同爨緦之說以處之. 此亦原其情之不可已而極禮之變焉耳. ○ 或問: "從母之夫 · 舅之妻, 皆無服, 何也?" 朱子曰: "先王制禮, 父族四. 故由父而上, 爲族曾祖父緦麻. 姑之子 · 姊妹之子 · 女子子之子, 皆由父而推之也. 母族三, 母之父 · 母之母 · 母之兄弟, 恩止於舅. 故從母之夫 · 舅之妻, 皆不爲服, 推不去故也. 妻族二, 妻之父 · 妻之母. 乍看似乎雜亂無紀, 子細看, 則皆有義存焉."

【단궁상 85】

상사喪事에서는 서둘러 나아가 수행하고자 하고, 길사吉事에서는 여유롭게 수행하고자 하고자 한다. 그러므로 상사에서는 다급하더라도 절차를 건너뛰지 않고, 길사에서는 기다리고 있더라도 태만하게 수행하지 않는다. 그러므로 너무 서두르면 거칠고 비루하게 되고, 너무 느리게 하면 소인의 행동이 된다. 군자는 여유롭게 하여 중도中道에 맞게 한다.

喪事欲其縱縱爾,① 吉事欲其折折爾.② 故喪事雖遽不陵節, 吉事雖止不怠.③ 故騷騷爾則野,④ 鼎鼎爾則小人.⑤ 君子蓋猶猶爾.⑥

鄭注 ① 일에 서둘러 나아가 수행하는 모양이다. '종縱'은 총령總領의 총總(거느린다)으로 읽는다. 趨事貌. '縱', 讀如總領之總.

② 편안한 모양이다. 『시詩』「위풍魏風·갈구葛屨」에 "아름다운 임이 한가로워"라고 하였다. 安舒貌. 『詩』云: "好人提提."

③ '능陵'은 뛰어넘다의 뜻이다. '지止'는 서서 일을 기다리는 때이다. '태怠'는 게으르다는 뜻이다. '陵', 躐也. '止', 立俟事時也. '怠', 惰也.

④ 지나치게 서두르는 것을 말한다. 謂大疾.

⑤ 지나치게 여유로움을 말한다. 謂大舒.

⑥ 서두름과 여유로움의 중도를 가리킨다. 疾舒之中.

集說 '종종縱縱'은 일에 서둘러 나아가 수행하는 데 이바지하는 모양이다. '절절折折'은 여유롭게 예에 맞추어 수행하는 모양이다. 상사喪事에서는 상황이 다급하여도 그 절차를 건너뛰어서는 안 된다. 길사吉事에서는 서서 할 일을 기다리는 때가 있어도 태만하게 하는 잘못을 범해서는 안 된다. 매우

바쁘게 행하여 너무 서두르면 비루하여 거칠어지고, 매우 더디게 하여 너무 느리면 곧 소인의 행동방식이 된다. 여유롭게 하여 완급의 중도에 맞게 하는 것이 군자가 예를 행하는 법도이다. '縱縱', 給於趨事之貌. '折折', 從容中禮之貌. 喪事雖急遽, 而不可陵躐其節次. 吉事雖有立而待事之時, 而不可失於怠惰. 若騷騷而太疾, 則鄙野矣, 鼎鼎而太舒, 則小人之爲矣. 猶猶而得緩急之中, 君子行禮之道也.

【단궁상 86】

상구喪具의 경우, 군자는 다 갖추어놓는 것을 부끄러워한다. 하루 이틀에 마련할 수 있는 것을 군자는 미리 장만하지 않는다.
喪具, 君子恥具.① 一日二日而可爲也者, 君子弗爲也.②

鄭注 ① 부모를 사모하지 않음을 피하려는 것이다. '상구喪具'는 관棺과 수의壽衣 등이다. 辟不懷也. '喪具', 棺衣之屬.

② 시신의 의복을 묶는 효포(絞), 홑이불(紟), 이불(衾), 시신을 씌우는 주머니(冒) 등을 가리킨다. 謂絞·紟·衾·冒.

集說 '상구喪具'는 관棺과 수의壽衣 종류이다. 군자가 일찍 그것을 만들어 완벽하게 갖추는 것을 부끄러워하는 이유는 그 부모가 장수하시기를 기원하지 않는다는 혐의를 사기 때문이다. 그러나 "60세가 되면 (상례 물품 중) 한 해가 걸리는 것을 마련해둔다. 70세가 되면 한 계절이 걸리는 것을 마련해둔다. 80세가 되면 한 달이 걸리는 것을 마련해둔다. 90세가 되면 이들 마련해둔 물건을 날마다 정돈한다."[117] 이렇게 하는 것은 갑작스럽게 변고가 생길까 염려해서이다. 하루 이틀에 변통할 수 있는 것은 군자는 미리 준비하지 않는데, 이것이 이른바 "시신의 의복을 묶는 효포(絞), 홑이불

(紟), 이불(衾),[118] 시신을 씌우는 주머니(冒)[119]는 사망한 뒤에 마련한다"[120]고 하는 것이다. '喪具', 棺衣之屬. 君子恥於早爲之而畢具者, 嫌不以久生期其親也. 然"六十歲制. 七十時制. 八十月制. 九十日脩." 蓋慮夫倉卒之變也. 一日二日可辦之物, 則君子不豫爲之, 所謂"絞·紟·衾·冒, 死而后制"者也.

【단궁상 87】

『의례』「상복喪服」에서, 형제의 자식에게 자기의 자식과 똑같이 상복을 하게 한 것은 끌어서 가까이 한 것이다. 형수와 시동생 사이에 상복이 없는 것은 밀어내 멀리한 것이다. 시집간 고모와 자매에게 상복을 박하게 하는 것은 나를 대신하여 후하게 대해줄 사람이 있기 때문이다.

「喪服」, 兄弟之子猶子也, 蓋引而進之也. 嫂叔之無服也, 蓋推而遠之也.① 姑姊妹之薄也, 蓋有受我而厚之者也.②

鄭注 ① 어느 때는 끌어 가까이하고 어느 때는 밀어 멀리하는 것은 친족을 중시하고 구별함을 현격하게 하는 것이다. 或引或推, 重親遠別.

② 그녀들이 자신을 두텁게 대해주는 이에게 전일하게 마음을 쓰도록 하기 위하여, 고모와 자매에 대해서는 시집을 가면 대공복大功服을 하고, 그녀들의 남편은 아내를 위해 기년복期年服을 한다. 欲其一心於厚之者, 姑·姊妹嫁大功, 夫爲妻期.

集說 방씨方氏는 말한다. "형제의 자식은 다른 부모에서 나왔지만 은의恩誼상 친할 만하므로 끌어 가까이해서 자식을 위한 상복과 같이 한다. 형수와 시동생의 관계는 같은 집에 살아도 의리상 혐의를 살 수 있기 때문에

밀어내 멀리하여 서로 상복을 하지 않는다. 시집을 가지 않은 고모와 자매 그리고 조카딸에 대해서는 모두 부장기복不杖期服을 하지만, 시집을 가면 모두 대공大功으로 낮추어 가볍게 하는 것은, 나를 대신하는 사람이 그녀에게 상복을 함에 무겁게 함이 있기 때문이다. 이는 그 남편들이 그녀들을 맞아서 장기복杖期服으로 후하게 하기 때문에 본종本宗끼리 서로 하는 상복에서 모두 한 등급을 낮춤을 말한다." 方氏曰: "兄弟之子, 雖異出也, 然在恩爲可親, 故引而進之, 與子同服. 嫂叔之分, 雖同居也, 然在義爲可嫌, 故推而遠之, 不相爲服. 姑・姊妹在室與兄弟姪, 皆不杖期, 出適則皆降服大功而從輕者, 蓋有受我者服爲之重故也. 言其夫受之而服爲之杖期以厚之, 故於本宗相爲皆降一等也."

【단궁상 88】

(공자는) 상喪을 당한 사람 곁에서 식사를 할 때 배불리 먹지 않았다.

食於有喪者之側, 未嘗飽也.

鄭注 슬픔과 안타까움을 돕는 것이다. 助哀戚也.

集說 응씨應氏는 말한다. "'식食' 자 앞에 '공자孔子'라는 글자가 빠진 것으로 의심된다." 應氏曰: "'食'字上, 疑脫'孔子'字."

【단궁상 89】

증자曾子와 객이 문 옆에 서 있는데 제자가 종종걸음으로 나갔다.

증자가 "너는 어디 가려 하는가?" 하고 묻자, "아버지가 돌아가셔서 나가 거리에서 곡하려 합니다"라고 대답하였다. 증자가 "돌아가 네 숙소에서 곡하라"라고 말하였다. 증자는 북쪽을 향하여 조문하였다.
曾子與客立於門側, 其徒趨而出.① 曾子曰: "爾將何之?" 曰: "吾父死, 將出哭於巷."② 曰: "反哭於爾次."③ 曾子北面而弔焉.

鄭注 ① '도徒'는 객사의 길손이다. '徒', 謂客之旅.

② 다른 사람의 숙소에서 내 흉사를 행할 수 없다고 생각하였기 때문이다. 以爲不可發凶於人之館

③ '차次'는 숙소이다. 예에 따르면, 관사의 주인은 그에게 전심으로 행하게 하는데, 자신에게 그런 일이 생긴 것처럼 한다. '次', 舍也. 禮, 館人使專之, 若其自有然.

集說 '기도其徒'는 문하의 제자이다. '차次'는 그 사람이 머무는 관사이다. 『의례』「사상례士喪禮」에 "상주喪主는 서쪽을 향하고, 손님은 문의 동쪽에서 북쪽을 향한다"라고 하였으니, 이것이 증자가 북쪽을 향하여 조문한 이유이다. '其徒', 門弟子也. '次', 其人所寓之館舍也. 「士喪禮」"主人西面, 賓在門東北面", 此曾子所以北面而弔之也.

【단궁상 90】

공자孔子가 말하였다. "죽은 이에게 가서 전송하는데 죽은 것으로 대하는 것은 어질지 못하니 그렇게 해서는 안 된다. 죽은 이에게 가서 전송하는데 산 것으로 대하는 것은 지혜롭지 못하니 그렇게 해서는 안 된다. 이 때문에 대그릇은 사용할 수 있게 모양을 다 갖추지 않고, 질그릇은 광택을 칠하지 않고, 목기는 아로새기는 문양을 갖추지 않고, 금슬琴瑟은 줄을 걸어놓지만 줄이 평평하지 않고, 생황은 갖추어놓지만 음이 고르지 않고, 종과 경쇠가 있지만 걸어놓는 틀은 없다. 그것을 명기明器라고 부르는 것은 신명神明(파악할 수 없지만 작용이 있는 것)으로 대하는 것이다."

孔子曰: "之死而致死之, 不仁而不可爲也. 之死而致生之, 不知而不可爲也.① 是故竹不成用, 瓦不成味, 木不成斲,② 琴瑟張而不平, 竽笙備而不和,③ 有鐘磬而無簨虡.④ 其曰明器, 神明之也."⑤

鄭注 ① '지之'는 간다는 뜻이다. '죽은 것으로 여긴다'(死之), '살아 있는 것으로 여긴다'(生之)는 것은 지각이 없고 지각이 있는 것을 말한다. '위爲'는 행한다는 뜻과 같다. '之', 往也. '死之'·'生之', 謂無知與有知也. '爲', 猶行也.

② '성成'은 좋다는 뜻과 같다. 대그릇을 잘 쓸 수 없다는 것은 가장자리에 띠가 없음을 가리킨다. '미味'는 말沫로 되어야 한다. '말沫'은 칠한다는 뜻이다. '成', 猶善也. 竹不可善用, 謂邊無縢. '味', 當作'沫'. '沫', 靧也.

③ 궁상의 화음이 없다는 것이다. 無宮商之調.

④ 걸어놓지 않은 것이다. 가로대를 '순簨'이라 하고 세로대를 '거虡'라고 한다. 不縣之也. 橫曰'簨', 植曰'虡'.

⑤ 죽은 이를 신명하게 여김을 말한다. 신명神明(파악할 수 없지만 작용이 있는 것)은 사람이 아는 바가 아니다. 따라서 그 기물이 이와 같다. 言神明死者也. 神明者, 非人所知. 故其器如此.

集說 유씨劉氏는 말한다. "'지之'는 간다는 뜻이다. '지사之死'는 예로써 죽은 이에게 가서 전송한다는 말이다. 죽은 이에게 가서 죽은 이에 대한 예

로써 극진히 대하는 것은 부모를 사랑하는 마음이 없는 것으로 어질지 못한 것이 되기 때문에 행할 수 없는 것이다. 죽은 이에게 가서 살아 있는 이에 대한 예로써 극진히 대하는 것은 이치를 살피는 밝음이 없는 것으로 지혜롭지 못한 것이 되기 때문에 또한 행할 수 없는 것이다. 이것이 선왕께서 명기明器를 만들어 죽은 이를 전송하는 까닭이다. 대나무 그릇은 끝을 묶은 띠가 없어 그 사용할 수 있게 모양을 다 갖추지 않고, 질그릇은 거칠고 질박하여 검은색 광택이 나게 칠하는 것을 이루지 않고, 목기는 다듬지 않아 아로새기는 문양을 갖추지 않고, 금슬은 줄을 걸어두기는 하였지만 줄이 평평하지 않아 켤 수 없고, 생황은 갖추어놓기는 했지만 음이 고르지 않아 불 수 없다. 종과 경쇠가 있기는 하지만 걸어두는 틀이 없어서 칠 수 없다. 이 모든 것은 죽은 것으로 여기는 것도 아니고, 또한 살아 있는 것으로 여기는 것도 아니며, 지각이 있음과 지각이 없음의 중간으로 죽은 이를 대하는 것이다. 그 때문에 기물을 갖추기는 했지만 쓸 수는 없는 것이다. 기물을 갖추었다면 죽은 것으로 여기는 것이 아니고, 쓸 수가 없다면 또한 산 것으로 여기는 것도 아니다. 그것을 명기明器라고 하는 것은 신명神明(파악할 수 없지만 작용이 있는 것)의 도리로써 그들을 대하기 때문이다." 劉氏曰: "'之', 往也. '之死', 謂以禮往送於死者也. 往於死者而極以死者之禮待之, 是無愛親之心, 爲不仁, 故不可行也. 往於死者而極以生者之禮待之, 是無燭理之明, 爲不知, 故亦不可行也. 此所以先王爲明器以送死者. 竹器則無縢緣而不成其用, 瓦器則麤質而不成其黑光之沫, 木器則樸而不成其雕斲之文, 琴瑟則雖張絃而不平, 不可彈也, 竽笙雖備具而不和, 不可吹也. 雖有鐘磬而無懸挂之簨虡, 不可擊也. 凡此皆不致死, 亦不致生, 而以有知無知之間待死者. 故備物而不可用也. 備物則不致死, 不可用則亦不致生. 其謂之明器者, 蓋以神明之道待之也."

【단궁상 91】

유자有子가 증자에게 "벼슬에서 물러난 뒤의 처신에 관해 선생님에게 들은 것이 있는가?" 하고 묻자, 증자가 "들은 적이 있다. 벼슬에서 물러나면 빨리 가난해지기를 바라고, 죽으면 빨리 썩기를 바란다"고 하였다. "이것은 군자의 말씀이 아니다"라고 하자, 증자가 "내가 선생님에게 들었다"라고 하였다. 유자가 다시 이것은 군자의 말씀이 아니다"라고 하자, 증자가 "내가 자유子游와 함께 들었다"라고 하였다. 유자가 "그렇구나. 그렇다면 선생님께서는 이유가 있어 그렇게 말씀하셨을 것이다"라고 하였다. 증자가 이 말을 자유에게 고하니, 자유가 "대단하다, 유자의 말이 선생님의 말씀과 같은 것이. 예전에 선생님께서 송나라에 계실 때 환퇴桓魋가 친히 석곽石槨을 만들었는데 삼 년이 되어도 일을 마치지 못하는 것을 보셨다. 선생님께서 '이렇게 화려하게 하는 것은 죽어서 빨리 썩는 것보다 못하다'라고 하셨다. 죽어서 빨리 썩고자 한다는 말은 사마司馬 환퇴桓魋를 위해서 말씀하신 것이다."

有子問於曾子曰: "問喪於夫子乎?"① 曰: "聞之矣, 喪欲速貧, 死欲速朽." 有子曰: "是非君子之言也",② 曾子曰: "參也聞諸夫子也." 有子又曰: "是非君子之言也", 曾子曰: "參也與子游聞之." 有子曰: "然. 然則夫子有爲言之也." 曾子以斯言告於子游, 子游曰: "甚哉, 有子之言似夫子也. 昔者夫子居於宋, 見桓司馬自爲石椁, 三年而不成.③ 夫子曰, '若是其靡也, 死不如速朽之愈也. 死之欲速朽, 爲桓司馬言之也."④

鄭注 ① '유자有子'는 공자의 제자인 유약有若이다. 공자가 죽은 뒤에 이것을 물은 것은 다른 가르침이 있었을 것으로 기대한 것이다. '상喪'은 벼슬을 하다 직위를 잃은 것을 가리킨다. 노나라 소공昭公이 제나라로 도망하여, "나라를 잃은 사람이 어떤 호칭을 사용해야 할지요?"121)라고 하였다. '有子', 孔子弟子有若也. 夫子卒後問此, 庶有異聞也. '喪', 謂仕失位也. 魯昭公孫於齊曰: "喪人其何稱?"

② 가난하거나 썩어 없어지는 것은 사람들이 바라지 않는 것이다. 貧朽非人所欲.

③ '환사마桓司馬'는 송나라 상휼向戌의 손자로 이름이 퇴魋다. '桓司馬', 宋向戌之孫, 名魋.

④ '미靡'는 사치스럽다는 뜻이다. '靡', 侈.

集說 벼슬하다가 지위를 잃는 것을 '상喪'이라 한다. '환사마桓司馬'는 바로 환퇴桓魋다. '미靡'는 사치스럽다는 뜻이다. 仕而失位曰'喪'. '桓司馬', 卽桓魋. '靡', 侈也.

【단궁상 92】

남궁경숙南宮敬叔이 노나라로 돌아왔을 때, 반드시 보물을 싣고 군주를 알현하였다. 공자孔子가 "이처럼 뇌물을 쓰는 것은 벼슬자리를 잃었을 때 빨리 가난해지는 것보다 못하다"라고 하였다. 자리에서 물러나면 빨리 가난해지고자 한다는 말은 경숙을 위해서 하신 것이다.

南宮敬叔反, 必載寶而朝.① 夫子曰: "若是其貨也, 喪不如速貧之愈也." 喪之欲速貧, 爲敬叔言之也.

鄭注 ① '경숙敬叔'은 노나라 맹희자孟僖子의 아들로, 중손열仲孫閱이다. 지위를 잃고 노나라를 떠났다가 돌아올 수 있게 되자, 보물을 싣고 와 군주에게 알현하였다. '敬叔', 魯孟僖子之子, 仲孫閱. 蓋嘗失位去魯, 得反, 載其寶來朝於君.

集說 '경숙敬叔'은 노나라 대부 맹희자孟僖子의 아들로, 중손열仲孫閱이다. 지위를 잃고 노나라를 떠났다가 뒤에 돌아올 수 있게 되자, 보물을 싣고 노나라 군주를 알현하였는데, 뇌물을 써서 복위하기를 꾀하려 한 것이다. '敬叔', 魯大夫孟僖子之子, 仲孫閱也. 嘗失位去魯, 後得反, 載寶而朝, 欲行賂以求復位也.

【단궁상 93】

증자曾子가 자유子游의 말을 유자有子에게 하니, 유자가 "그렇다. 나는 진작 선생님의 말이 아니라고 여겼다"라고 하였다. 증자가 "그대가 어떻게 그것을 알았는가?"라고 묻자, 유자가 다음과 같이 말했다. "선생님께서는 중도中都에 계실 때 4촌의 관棺과 5촌의 곽椁에 대한 규정을 만드셨다. 이것으로 빨리 썩기를 바라지 않았다는 것을 알았다. 예전에 선생님께서 노나라 사구司寇의 직위를 잃으시고 초나라로 가려고 할 때, 미리 자하子夏를 보내고 다시 염유冉有를 보내셨다. 이를 통해 빨리 가난해지고 싶어 하지 않으심을 알았다."

曾子以子游之言告於有子, 有子曰: "然. 吾固曰非夫子之言也." 曾子曰: "子何以知之?" 有子曰: "夫子制於中都, 四寸之棺, 五寸之椁. 以斯知不欲速朽也.① 昔者夫子失魯司寇, 將之荊,② 蓋先之以子夏, 又申之以冉有. 以斯知不欲速貧也."③

鄭注 ① '중도中都'는 노나라 읍읍의 이름이다. 공자는 그곳의 읍재邑宰가 되어 제도를 제정한 적이 있다. 공자는 중도의 읍재에서 사공司空이 되었고, 사공에서 사구司寇가 되었다. '中都', 魯邑名也. 孔子嘗爲之宰, 爲民作制. 孔子由中都宰爲司空, 由司空爲司寇.

② 초나라의 초빙에 응하려던 것이다. 將應聘於楚.

③ 벼슬을 하여 녹을 받고자 서두르는 것을 말한다. 言汲汲於仕得祿.

集說 정공定公 9년에 공자는 중도中都의 읍재가 되어 관곽棺槨에 관한 법제를 제정하였다. '4촌', '5촌'은 두께에 관한 규정이다. 초나라로 가려고 하면서 먼저 두 사람을 연이어 보낸 것은 대개 초나라에서 벼슬할 수 있는지 여부를 살펴보고 머무를 만한 벼슬자리를 도모하려 한 것이다. 定公九年, 孔子爲中都宰, 制棺槨之法制也. '四寸'·'五寸', 厚薄之度. 將適楚而先使二子繼往者, 蓋欲觀楚之可仕與否, 而謀其可處之位歟.

【단궁상 94】

제齊나라 대부大夫인 진장자陳莊子가 죽어 노魯나라에 부고訃告를 하였다. 노나라 사람이 곡하지 말기를 바라므로 목공繆公이 현자縣子를 불러 물었다. 현자가 말하였다. "옛날의 대부는 열 꾸러미의 하찮은 포를 가지고 방문하는 일도 국경을 넘어가서 하지 않았습니다. 그를 위해 곡을 하고 싶어도, 어떻게 곡을 할 수 있겠습니까?"

陳莊子死, 赴於魯. 魯人欲勿哭,① 繆公召縣子而問焉. 縣子曰: "古之大夫束脩之問不出竟. 雖欲哭之, 安得而哭之?"②

鄭注 ① 군주가 이웃나라의 대부를 위해 곡하는 예가 없다. '진장자陳莊子'는 제나라 대부인 진항陳恒의 손자로 이름이 백伯이다. 君無哭隣國大夫之禮. '陳莊子', 齊大夫陳恒之孫, 名伯.

② 밖으로 교제하지 않기 때문이다. 以其不外交.

集說 대부가 다른 나라의 군주에게 부고를 할 때는 "군주의 외신外臣인 과대부寡大夫 모가 죽었습니다"라고 한다. '장자莊子'는 제齊나라 대부로 이름은 백伯이다. 제나라는 강성하고 노나라는 약해서 그 부고를 무시할 수 없었다. 현자縣子가 예에 밝다고 이름이 나 있었기 때문에 불러서 물은 것이다. '수脩'는 포이다. 열 꾸러미가 '속束'이다. '문問'은 보낸다는 뜻이다. 신하가 된 사람은 밖으로 교제함이 없으니 군주에게 감히 두 마음을 가지지 않는 것이다. 따라서 열 꾸러미의 포가 하찮은 예물이기는 하지만 또한 그것을 가지고 국경을 넘지 않는다. 大夫訃於他國之君曰: "君之外臣, 寡大夫某死." '莊子', 齊大夫, 名伯. 齊强魯弱, 不容略其赴. 縣子名知禮, 故召問之. '脩', 脯也. 十脡爲'束'. '問', 遺也. 爲人臣者無外交, 不敢貳君也. 故雖束脩微禮, 亦不以出竟.

【단궁상 95】

(현자가 말하였다.) "그렇지만 지금의 대부大夫는 중원에서 정치를 행하고 교제하니, 곡을 하지 않고자 한들, 어떻게 하지 않을 수 있겠습니까? 게다가 신이 들으니, 곡하는 데에는 두 가지 경우가 있다고 합니다. 사랑해서 곡하는 것과 두려워서 곡하는 것입니다." 목공繆公이 "그렇구나. 그렇다면 어찌해야 좋겠는가?"라고 하자, 현자가 "이성異姓의 사당에서 곡하도록 하십시오"라고 하였다. 그래

서 현씨縣氏의 사당에서 함께 참여하여 곡하였다.

"今之大夫交政於中國, 雖欲勿哭, 焉得而弗哭?① 且臣聞之, 哭有二道. 有愛而哭之, 有畏而哭之."② 公曰: "然. 然則如之何而可?" 縣子曰: "請哭諸異姓之廟."③ 於是與哭諸縣氏.

鄭注 ① 당시 군주는 약하고 신하는 강하며 정치의 실권이 대부에게 있어 멋대로 회맹하여 다른 나라의 군주들과 교제하였다. 言時君弱臣强, 政在大夫, 專盟會以交接.

② 권도權道로 은미하게 권한 것이다. 以權微勸之.

③ 곡을 해서는 안 됨을 밝힌 것이다. 明不當哭.

集說 '중원에서 정치를 행하고 교제한다'(交政於中國)는 것은 당시 군주는 약하고 신하는 강하여 대부가 회맹會盟의 일을 농단하면서 국군들과 서로 교제하였음을 말한다. 여기서 변례變禮가 생겨난 것이다. 사랑하여 곡을 하는 것은 내 마음이 그만둘 수 없는 데에서 나오는 것이요, 두려워서 곡을 하는 것은 상황이 그만둘 수 없는 데에서 나오는 것이다. 백고伯高를 사씨賜氏의 사당에서 곡한 것[122]은 의리에 따른 것이고, '장자莊子를 현씨縣氏의 사당에서 곡한 것'은 위세에 눌려서 행한 것이다. '交政於中國', 言當時君弱臣强, 大夫專盟會之事, 以與國君相交接也. 此變禮之由也. 愛之哭出於不能已, 畏之哭出於不得已. 哭伯高於賜氏, 義之所在也, 哭莊子於縣氏, 勢之所迫也.

【단궁상 96】

원헌原憲이 증자曾子에게 "하후씨는 명기明器를 사용하였는데, 이는 백성들에게 죽은 이가 지각이 없음을 보인 것이다. 은나라 사람은 제기祭器를 사용하였는데 이는 지각이 있음을 보인 것이다. 주나라 사람은 두 가지를 아울러 썼는데 이는 의심함을 보인 것이다"라고 하였다. 증자가 말하였다. "그렇지 않다! 그렇지가 않다! 명기는 귀신의 기물이고, 제기는 사람의 기물이다. 옛사람이 어찌 그의 부모를 완전히 죽은 이로 대하였겠는가?"

仲憲言於曾子曰: "夏后氏用明器, 示民無知也.① 殷人用祭器, 示民有知也.② 周人兼用之, 示民疑也."③ 曾子曰: "其不然乎! 其不然乎!④ 夫明器, 鬼器也, 祭器, 人器也. 夫古之人胡爲而死其親乎?"⑤

鄭注 ① 이른바 "죽은 이로 대한다"123)는 것이다. '중헌仲憲'은 공자의 제자인 원헌原憲이다. 所謂"致死之". '仲憲', 孔子弟子原憲.

② 이른바 "살아 있는 이로 대한다"124)는 것이다. 所謂"致生之".

③ 백성들에게 지각이 없는 것과 있는 것 사이에서 의심토록 하는 것을 말한다. 言使民疑於無知與有知.

④ 그 설이 잘못임을 비난한 것이다. 非其說之非也.

⑤ 중헌仲憲이 말한 세 가지가 모두 잘못임을 말한다. 이것은 어떤 때는 귀신의 기물器物을 쓰고 어떤 때는 사람의 기물을 쓴다는 것이다. 言仲憲之言三者皆非. 此或用鬼器, 或用人器.

集說 '중헌仲憲'은 공자의 제자인 원헌原憲이다. '백성들에게 지각이 없음을 보인다'(示民無知)는 것은 백성들에게 죽은 이가 지각이 없음을 알게 하는 것이다. 지각이 없으므로 쓸 수 없는 기물을 사용하여 전송하고, 지각이

있으므로 사용할 수 있는 제기를 사용하여 전송한다. '의심한다'(疑)는 것은 지각이 있다고 여기지도 않고 지각이 없다고 여기지도 않는 것이다. 그러나 『주례』에 따르면 대부 이상만이 두 가지 기물을 아울러 사용할 수 있고 사士는 오직 귀신에 대한 기물만을 사용할 수 있다. 증자는 그의 말이 잘못이라고 여겨 '그것은 그렇지가 않다!'라고 말하였는데, 두 번 말한 것은 강하게 그렇지 않다고 한 것이다. 명기明器와 제기祭器는 본디 사람의 그릇과 귀신의 그릇이라는 차이가 있지만, 하나라와 은나라에서 쓰인 바가 다른 것은 각각 당시 왕의 제도에 따른 것이요 문질文質의 변화에 따른 것일 뿐, 지각이 있고 없고를 가리키는 것은 아니다. 원헌原憲의 말대로라면 하후씨는 어떻게 차마 그의 부모를 지각이 없는 것으로 대하였겠는가? ○ 석량왕씨石梁王氏는 말한다. "삼대三代에 장례를 치루는 도구는 질質과 문文에 서로 차이가 있었으므로 사용한 것이 달랐다. 그 의도는 지각이 있는가 없는가에 그리고 백성들에게 의심하도록 하려는 것에 있지 않았다. 중헌의 말은 모두 잘못인데, 증자가 그것을 비난하면서 끝에 하후씨가 명기를 쓴 것에 대해서만 비난한 것은 잘못한 것 중 심한 부분만 거론한 것이다." '仲憲', 孔子弟子原憲也. '示民無知'者, 使民知死者之無知也. 爲其無知, 故以不堪用之器送之, 爲其有知, 故以祭器之可用者送之. '疑'者, 不以爲有知, 亦不以爲無知也. 然『周禮』惟大夫以上得兼用二器, 士惟用鬼器也. 曾子以其言非, 乃曰'其不然乎!', 再言之者, 甚不然之也. 蓋明器祭器, 固是人鬼之不同, 夏殷所用不同者, 各是時王之制, 文質之變耳, 非謂有知無知也. 若如憲言, 則夏后氏何爲而忍以無知待其親乎? ○ 石梁王氏曰: "三代送葬之具, 質文相異, 故所用不同. 其意不在於無知有知及示民疑也. 仲憲之言皆非, 曾子非之, 末獨譏其說夏后明器, 蓋擧其失之甚者也."

【단궁상 97】

공숙목公叔木이 동복형제가 죽자 자유子游에게 어떤 상복喪服을 해야 할지를 물었다. 자유가 "대공大功일 것이다"라고 대답했다. 적의狄儀가 동복형제가 죽자 자하에게 물었다. 자하가 "나는 그것에 관해 들은 적이 없다. 노나라 사람은 그 경우 자최齊衰를 하였다"라고 하자, 적의가 자최복으로 거상하였다. 지금의 자최복은 적의의 질문으로 인해서 하게 된 것이다.

公叔木有同母異父之昆弟死, 問於子游.① 子游曰: "其大功乎."② 狄儀有同母異父之昆弟死, 問於子夏. 子夏曰: "我未之前聞也. 魯人則爲之齊衰", 狄儀行齊衰. 今之齊衰, 狄儀之問也.

鄭注 ① '목木'은 '주朱'로 되어야 한다. 『춘추』에는 '술戌'로 되어 있다. 위나라 공숙문자公叔文子의 아들로서 정공定公 14년에 노나라로 달아났다. '木', 當爲'朱', 『春秋』作'戌'. 衛公叔文子之子, 定公十四年奔魯.

② 무슨 복을 할 것인지 의심한 것이다. "친족관계가 있는 자는 그 친족관계에 따라 상복을 하니"125) 대공복이 옳다. 疑所服也. "親者屬", 大功是.

集說 '공숙목公叔木'은 위나라 공숙문자公叔文子의 아들이다. 같은 부모에서 태어난 형제들에 대하여 기년복을 하므로, 이 경문의 어머니는 같지만 아버지가 다른 형제들은 낮추어 대공大功을 해야 한다. 예경禮經에 명문 규정이 없으므로 자유子游가 추정하는 말로 대답을 하였다. 노나라 사람들은 자최삼월복齊衰三月服을 행한 지가 오래되었으므로 자하子夏가 그 사실을 들어 적의狄儀의 물음에 답한 것인데, 기록자는 적의의 이 질문으로 인해서 지금은 모두 그렇게 행하고 있다고 말하였다. 이것은 두 사람이 예에 관해

언급한 것이 다름을 기록한 것이다. ○ 정현鄭玄은 "대공복이 옳다"고 하였다. '公叔木', 衛公叔文子之子. 同父母之兄弟期, 則此同母而異父者, 當降而爲大功也. 禮經無文, 故子游以疑辭答之. 魯人齊衰三月之服行之久矣, 故子夏擧以答狄儀, 而記者云因狄儀此問而今皆行之也. 此記二子言禮之不同. ○ 鄭氏曰: "大功是."

【단궁상 98】

자사子思의 어머니가 위衛나라에서 죽었다. 유약柳若이 자사에게 "선생은 성인의 후손이십니다. 사방 사람들은 선생이 어떻게 상례를 치르는지 볼 것입니다. 선생께서 어찌 신중하지 않을 수 있겠습니까!"라고 하였다. 자사가 말했다. "내가 어찌 삼가겠는가! 내가 들었는데, 예禮가 있어도 재물이 없으면 군자는 행하지 않고, 예가 있고 재물이 있어도 상황이 안 되면 군자는 행하지 않는다. 내가 어찌 신중하겠는가!"

子思之母死於衛.① 柳若謂子思曰: "子聖人之後也. 四方於子乎觀禮. 子蓋愼諸."② 子思曰: "吾何愼哉! 吾聞之, 有其禮, 無其財, 君子弗行也,③ 有其禮, 有其財, 無其時, 君子弗行也.④ 吾何愼哉!"⑤

鄭注 ① '자사子思'는 공자의 손자로 백어伯魚의 아들이다. 백어가 죽자 그의 아내가 위나라로 재가再嫁하였다. '子思', 孔子孫伯魚之子. 伯魚卒, 其妻嫁於衛. ② '유약柳若'은 위나라 사람이다. 자사가 재가한 어머니를 위해 복을 하려고 하면서 예에 어긋날까 걱정하는 것을 보고 재가한 어머니를 위해서는 자최기년복齊衰期年服을 하는 것이라고 경계하였다. '柳若', 衛人也. 見子思欲

爲嫁母服, 恐其失禮, 戒之嫁母齊衰期.

③ 상황으로는 행할 수 있지만 예를 갖추기에는 재물이 부족한 경우를 가리킨다. 謂時可行而財不足以備禮.

④ 예를 갖추기에 재물은 풍족하지만 상황이 행할 수 없는 경우를 가리킨다. 謂財足以備禮而時不得行者.

⑤ 그쳐야 할 상황이면 그치고, 행해야 할 상황이면 행하니 의심할 바가 없다. 상을 치르는 예는 자식이 어머니에 대해 하는 것과 같이 하지만, 사자死者에게 더하여 사용하는 물품[126]은 주인主人(새로 시집간 어머니의 남편)이 할 수 있는 것을 초과해서 하지 않는다. 時所止則止, 時所行則行, 無所疑也. 喪之禮如子, 贈襚之屬, 不踰主人.

集說 '유약柳若'은 위衛나라 사람이다. 백어伯魚가 죽자 그의 아내는 위나라로 시집을 갔다. '그 예가 있다'(有其禮)는 것은 예에 할 수 있는 것임을 가리킨다. 그러나 재물이 없으면 할 수 없다. 예는 상황이 중요하다. 예에 허용되어 있고 재물이 있어도 해서는 안 되는 상황이라면, 또한 그렇게 할 수 없다. '柳若', 衛人. 伯魚卒, 其妻嫁於衛. '有其禮', 謂禮所得爲者. 然無財則不可爲. 禮時爲大. 有禮有財而時不可爲, 則亦不得爲之也.

【단궁상 99】

현자쇄縣子瑣가 말하였다. "내 들으니, 옛날에는 강복降服[127]을 하지 않고 아래위로 각각 친함에 따라서 상복을 하였다. 등백滕伯인 문文이 맹호猛虎를 위해 자최齊衰를 하였는데, 맹호는 등백의 숙부였다. 맹피孟皮를 위해 자최를 하였는데, 문은 맹피의 숙부였다."

縣子瑣曰: "吾聞之, 古者不降, 上下各以其親.① 滕伯文爲孟虎齊衰, 其叔父也. 爲孟皮齊衰, 其叔父也."②

鄭注 ① '옛날'(古)은 은나라 때이다. 위로 먼 친족에 대하여 강복降服하지 않았고 아래로 지위가 낮은 사람에 대하여 강복하지 않았다. '古', 謂殷時也. 上不降遠, 下不降卑.

② '백문伯文'은 은나라 때의 등滕나라 군주로서, 작록이 백伯이고 이름이 문文이다. '伯文', 殷時滕君也, 爵爲伯, 名文.

集說 '현자縣子'는 이름이 쇄瑣이다. ○ 소疏에서 말한다. "'옛날'(古)은 은나라 때이다. 주나라 예에서는 신분이 높은 사람이 낮은 사람에 대하여 강복降服을 하였고 적자適子가 서자庶子에 대하여 강복을 하였으며, 오직 정통正統에 대해서만 강복하지 않았다. 그러나 은나라 이전에는 귀하더라도 신분이 낮은 사람에 대하여 강복하지 않았다. '아래위가 각각 그 친함으로 상복을 한다'(上下各以其親)는 것은 강복하지 않은 일을 말한다. '위'(上)는 방친旁親으로 족증조族曾祖, 종조從祖 및 백숙부伯叔父의 반열을 가리킨다. '아래'(下)는 종자從子와 종손從孫의 부류를 가리킨다. 저들이 비록 지위가 낮기는 하지만 자기의 존귀함을 이유로 낮추지 않고, 여전히 본속本屬의 친족의 경중에 따라서 복하였으므로 '아래위로 각각 그 친함으로 한다'고 말한 것이다. 등滕나라의 백伯으로 이름이 문文인 사람이 맹호猛虎를 위해 자최복을 하였다는 것은 호虎가 문文의 숙부였기 때문이다. 또 맹피孟皮를 위해 자최복을 하였다는 것은 문文이 피皮의 숙부였기 때문이다. 이는 등백滕伯이 위로 숙부를 위해서 아래로 형제의 아들을 위해서 모두 자최복을 하였음을 말한다." '縣子', 名瑣. ○ 疏曰: "'古'者, 殷時也. 周禮以貴降賤, 以適降庶, 惟不降正耳. 而殷世以上, 雖貴, 不降賤也. '上下各以其親', 不降之事也. '上', 謂旁親・族曾祖・從祖

及伯叔之班. '下', 謂從子・從孫之流. 彼雖賤, 不以己尊降之, 猶各隨本屬之親輕重而服之, 故云'上下各以其親'. 滕國之伯名文. 爲孟虎著齊衰之服者, 虎是文之叔父也. 又爲孟皮著齊衰之服者, 文是皮之叔父也. 言滕伯上爲叔父, 下爲兄弟之子, 皆著齊衰也."

【단궁상 100】

후목后木이 말하였다. "상喪에 관하여 내가 현자縣子에게서 '상은 깊이 오래도록 생각하지 않을 수 없다. 관을 구입할 때는 안과 밖이 잘 다듬어진 것으로 한다'라고 들었다. 내가 죽으면 또한 그렇게 하라."

后木曰: "喪, 吾聞諸縣子曰, '夫喪不可不深長思也.① 買棺外內易.' 我死則亦然."②

鄭注 ① '후목后木'은 노나라 효공孝公의 아들인 혜백공惠伯鞏의 후손이다. '后木', 魯孝公子惠伯鞏之後.

② 이는 상주가 할 일이지 부탁할 일이 아니다. 此孝子之事, 非所託.

集說 '후목后木'은 노나라 효공의 아들 혜백공惠伯鞏의 후손이다. ○ 풍씨馮氏는 말한다. "이 조목은 '깊이 오래도록 생각하지 않을 수 없다'(不可不深長思)는 것에 중심이 있다. 관을 살 때는 관의 안과 밖이 모두 정밀하고 좋아야 한다. 이는 효자가 당연히 해야 할 일이지 부모가 미리 부탁하면서 '내가 죽으면 또한 그렇게 하라'(我死則亦然)고 말할 것이 아니다. 예를 기록하는 사람이 실언을 비난한 것이다." '后木', 魯孝公子惠伯鞏之後. ○ 馮氏曰: "此條重在'不可不深長思'一句. 買棺之時, 外內皆要精好. 此是孝子當爲之事, 非是父母豫所屬託而曰, '我死則亦然.' 記禮者譏失言也."

【단궁상 101】

증자曾子가 말하였다. "시신을 아직 꾸미지 않았으므로 당에 휘장을 치고, 소렴[128]을 마치면 휘장을 거둔다." 중량자仲梁子가 말하였다. "부부가 한창 어지러운 상황이므로 당에 휘장을 치고, 소렴을 마치면 휘장을 거둔다."

曾子曰: "尸未設飾, 故帷堂, 小斂而徹帷." 仲梁子曰: "夫婦方亂, 故帷堂, 小斂而徹帷."

鄭注 염을 하는 사람은 시신을 이리저리 움직이게 된다. 당에 휘장을 치는 것은 사람들이 외설스럽게 여기기 때문이다. '한창 어지럽다'(方亂)고 말한 것은 잘못이다. '중량자仲梁子'는 노나라 사람이다. 斂者動搖尸. 帷堂, 爲人褻之. 言'方亂', 非也. '仲梁子', 魯人也.

集說 돌아가신 처음에 입고 있던 옷을 벗기고 염금斂衾(소렴 때 사용하는 이불)을 덮고 씻기기를 기다린다. 복復을 한 뒤에 설치楔齒와 철족綴足을 마치면 포와 젓갈을 놓은 전奠[129]을 올린다. 일은 조금 안정되기는 하지만 시신은 여전히 염습을 하지 않은 상태이므로 '아직 꾸미지 않았다'고 한 것이다. 이에 당에 휘장을 치는 것은 사람들이 외설스럽게 여기지 않도록 하려는 것이다. 따라서 소렴을 마치고 휘장을 거둔다. 중량자仲梁子가 '부부가 한창 어지럽다'고 한 것은 곡하는 자리가 아직 정해지지 않았기 때문이다. 두 사람이 각각 예의 의미를 언급한 것이다. 정씨鄭氏(정현鄭玄)는 말한다. "염을 하는 사람은 시신을 이리저리 움직이게 된다. 당에 휘장을 치는 것은 사람들이 외설스럽게 여기기 때문이다. '한창 어지럽다'고 말한 것은 잘못이다. '중량자仲梁子'는 노나라 사람이다." 始死去死衣, 用斂衾覆之, 以俟浴. 旣復之後, 楔齒綴足畢, 具脯醢之奠. 事雖小定, 然尸猶未襲斂也, 故曰"未設飾". 於是設帷於

堂者, 不欲人褻之也, 故小斂畢, 乃徹帷. 仲梁子謂"夫婦方亂"者, 以哭位未定也. 二子各言禮意. 鄭云: "斂者動搖尸, 帷堂爲人褻之, 言方亂非也. 仲梁子, 魯人."

【단궁상 102】

소렴小斂의 전奠에 대해, 자유子游는 "동쪽에서 한다"고 하였고, 증자曾子는 "서쪽에서 하는데, 자리를 거둔다"고 하였다. 소렴의 전을 서쪽에서 하는 것은 노나라의 예가 말기에 잘못되었기 때문이다.

小斂之奠, 子游曰: "於東方." 曾子曰: "於西方, 斂斯席矣."① 小斂之奠在西方, 魯禮之末失也.②

鄭注 ① 증자曾子는 속설을 가지고 말한 것으로, 잘못이다. 또 대렴大斂130) 때는 당堂에서 전奠을 올리므로 자리가 있다. 曾子以俗說, 非. 又大斂奠於堂, 乃有席.

② 말세에 예를 잘못 실행한 것이다. 末世失禮之爲.

集說 소疏에서 말한다. "『의례』에 '소렴小斂의 전奠은 시신의 동쪽에 차린다'고 하였는데, 전奠에는 자리가 없다. 노나라가 쇠퇴한 말년에는 서쪽에서 전을 올리고 또 자리를 갖추었다. 증자曾子는 당시에 그와 같이 하는 것을 보고, 장차 예로 삼고자 하였으므로 '서쪽에서 소렴을 한다'고 말한 것이다. '사斯'는 이것이라는 뜻이다. 염을 할 때는 이 자리 위에 전을 차린다. 따라서 기록자가 바로잡아 '소렴의 전이 서쪽에 있게 된 것은 노나라 사람들이 예를 행함에 말세에 그 의리를 잃었기 때문이다'라고 한 것이다." ○ 이제 살펴보건대, 『의례』「기석례旣夕禮」의 "문안에 자리를 편다"는 구절에 대한 정현주鄭玄註에 '유사가 소렴을 행할 자리를 펴는 것이다'라고 하였으니, 소

렴을 행하기 이전에 있는 것이다. 대렴에 사용하는 옷과 전奠을 진설함에 이르러서는 (『의례』「사상례士喪禮」에) "전을 올리는 자리는 음식의 북쪽에 있고, 대렴을 행하는 자리는 그 동쪽에 있다"라고 하였고, 정현 주에 "대렴大斂에서 전奠을 올릴 때 자리가 있는 것은 더욱더 귀신으로 대하는 것이다"라고 하였다. 이에 근거하면 소렴 때의 전에는 자리가 없다. 疏曰: "□□儀禮』'小斂之奠設於東方', 奠又無席. 魯之衰末, 奠於西方, 而又有席. 曾子見時如此, 將以爲禮, 故云'小斂於西方.' '斯', 此也. 其斂之時, 於此席上而設奠矣. 故記者正之云, 小斂之奠所以在西方, 是魯人行禮, 末世失其義也." ○ 今按, 『儀禮』"布席于戶內", 註云: '有司布斂席也', 在小斂之前. 及陳大斂衣奠, 則云"奠席在饌北, 斂席在其東", 註云"大斂奠而有席, 彌神之"也. 據此則小斂奠無席.

【단궁상 103】

현자縣子가 말했다. "거친 칡베로 상복喪服의 상의를 짓고 가늘고 성긴 베로 상복의 하의를 짓는 것은 옛 제도가 아니다."
縣子曰: "綌衰繐裳, 非古也."

鄭注 당시 가볍고 서늘한 것을 숭상하여 예를 소홀히 한 것을 비난한 것이다. 非時尙輕涼慢禮.

集說 방씨方氏(방각方慤)는 말한다. "칡의 거칠고 틈이 있는 것을 격綌(거친 칡베)이라 하고, 베 가운데 가늘고 성긴 것을 세繐(가늘면서 성긴 베)라고 한다. 오복五服은 하나같이 삼으로 만드는데 각각 정해진 규정된 실올의 수가 있다. 거친 칡베로 상복의 상의를 만들고, 가늘고 성긴 베로 상복의 하의를 만드는 것은 가볍고 시원한 것을 취하는 것일 뿐이지 옛 제도가 아니

다." 方氏曰: "葛之麄而卻者謂之綌, 布之細而疎者謂之繐. 五服一以麻, 各有升數. 若以綌爲衰, 以繐爲裳, 則取其輕凉而已, 非古制也."

【단궁상 104】

자포子蒲가 죽자 곡을 하는 사람들이 자포의 이름인 멸滅을 불렀다. 자고子皐가 "이처럼 천박한가!"라고 하자 곡하는 사람들이 고쳤다.

子蒲卒, 哭者呼滅.① 子皐曰: "若是野哉!"② 哭者改之.

鄭注 ① '멸滅'은 자포子蒲의 이름이다. '滅', 蓋子蒲名.

② 비난한 것이다. 오직 복復을 할 때만 이름을 부른다. '자고子皐'는 공자의 제자인 고시高柴이다. 非之也. 唯復呼名. '子皐', 孔子弟子高柴.

集說 '멸滅'은 자포子蒲의 이름이다. 복復을 할 때는 이름을 부르지만 곡에서야 어찌 이름을 부를 수 있겠는가? '천박하다'(野哉)는 것은 비루하고 거칠어 예에 통하지 못했음을 말한다. '자고子皐'는 공자의 제자인 고시高柴이다. '滅', 子蒲之名也. 復則呼名, 哭豈可呼名也? '野哉', 言其鄙野而不達於禮也. '子皐', 孔子弟子高柴.

【단궁상 105】

두교杜橋의 어머니 상에, 빈궁殯宮131)에 예의 시행을 돕는 사람(相)이 없었다. 당시 사람들은 두교가 예에 거칠고 소략하다고 평가하였다.

杜橋之母之喪, 宮中無相. 以爲沽也.

鄭注 '고沽'는 소략하다는 뜻과 같다. '沽', 猶略也.

集說 소疏에서 말한다. "'고沽'는 거칠고 소략하다는 뜻이다. 효자는 부모님이 돌아가시면 슬프고 혼란에 빠져 예절이 있음을 알지 못한다. 따라서 일과 의절에 모두 다른 사람이 돕고 인도해야 한다. 두교杜橋의 어머니가 죽었는데, 빈궁殯宮에 돕는 사람을 세우지 않았다. 때문에 당시 사람들이 '그가 예에 대하여 거칠고 소략했다'라고 여긴 것이다." 疏曰: "'沽', 麤略也. 孝子喪親, 悲迷不復自知禮節. 事儀皆須人相導. 而杜橋家母死, 宮中不立相侍. 故時人謂其於禮爲麤略也."

【단궁상 106】

공자孔子가 "막 사망했을 때 고구羔裘와 현관玄冠을 입은 사람은 심의深衣로 갈아입는다"라고 하였다. 고구와 현관을 입고 공자는 조문하지 않았다.

夫子曰: "始死, 羔裘玄冠者, 易之而已." 羔裘玄冠, 夫子不以弔.

鄭注 길복吉服을 하고 상喪에 조문하지 않는 것이다. 不以吉服弔喪.

集說 소疏에서 말한다. "사망하기 전 위독할 때 돌보는 이는 조복朝服을 하는데, 고구羔裘[132]와 현관玄冠[133]이 바로 조복이다. 사망한 처음에 조복을 벗고 심의深衣[134]를 입는다. 당시에 갈아입지 않는 자가 있었고 또 소렴小斂을 한 뒤에 고구를 하고 조문을 하는 자가 있어, 기록자가 공자가 예를 시행한 일[135]을 인용하여 말한 것이다." 疏曰: "養疾者朝服, 羔裘玄冠卽朝服也. 始死則去朝服著深衣. 時有不易者, 又有小斂後羔裘弔者, 記者因引孔子行禮之事言之."

【단궁상 107】

자유子游가 상례 도구(喪具)에 대해서 묻자, 공자孔子가 "집안의 재정 형편에 맞추어 한다"라고 하였다. 자유가 "재정 형편을 어디에 기준을 둡니까?"라고 묻자 공자가 "형편이 되어도 예의 한도를 지나치지 말아야 한다. 정말 형편이 안 되면 머리와 다리 몸이 드러나지 않게 염을 하여, (빈궁에 모시지 않고) 곧바로 장례를 행하며, 손수 관을 묶어 하관을 하더라도, 어찌 그것을 비난하는 사람이 있겠는가?"라고 하였다.

子游問喪具, 夫子曰: "稱家之有亡." 子游曰: "有亡惡乎齊?"① 夫子曰: "有毋過禮. 苟亡矣, 斂首足形,② 還葬,③ 縣棺而封,④ 人豈有非之者哉?"⑤

鄭注 ① '오호제惡乎齊'는 풍족한 것과 부족한 것 어디에 맞출 것인가 물은 것이다. '惡乎齊', 問豐省之比.

② '형形'은 몸이다. '形', 體.

③ '선還'이란 말은 곧이라는 뜻으로, 이미 염을 했으면 즉시 장례를 치루고 3개월을 기다리지 않음을 말한다. '還'之言, 便也, 言已斂卽葬, 不待三月.

④ 비碑와 율綍을 설치하지 않는 것은 예를 갖추지 않는 것이다. '봉封'은 '폄窆'이 되어야 한다. '폄'은 하관하는 것이다. 『춘추좌전』에는 '붕塴'으로 되어 있다.136) 不設碑綍, 不備禮. '封'當爲'窆'. '窆', 下棺也. 『春秋傳』作'塴'.

⑤ 사람이 할 수 없는 것에 대해 견책하지 않는 것이다. 不責於人所不能.

集說 '상구喪具'는 죽은 이를 전송하는 예물이다. '오호제惡乎齊'란 무엇으로 두텁고 박한 정도를 조절하는 기준으로 삼는가라는 말이다. '예를 지나

치지 말라'(毋過禮)는 것은 부유하다고 해서 예의 한도를 넘어 후하게 장사지내서는 안 된다는 것이다. '곧바로 장사지낸다'(還葬)는 것은 염이 끝나면 즉시 장사를 지내고, 빈궁殯宮에 모셔 정해진 기간을 기다리지 않음을 가리킨다. '관을 묶어서 하관한다'(縣棺而封)는 것은 손수 줄을 묶어 하관하고 돌이나 비碑와 율繂[137])을 설치하지 않는다는 것이다. '사람들이 비난하지 않는다'는 것은 재물이 없으면 예를 갖출 수 없기 때문이다. '喪具', 送終之儀物也. '惡乎齊', 言何以爲厚薄之劑量也. '毋過禮', 不可以富而踰禮厚葬也. '還葬', 謂斂畢卽葬, 不殯而待月日之期也. '縣棺而封', 謂以手縣繩而下之, 不設碑繂也. 人不非之者, 以無財則不可備禮也.

【단궁상 108】

사사司士인 분賁이 자유子游에게 "침상에서 염습하고자 합니다"라고 고하자, 자유가 "그렇게 하라"라고 대답했다. 현자縣子가 그 말을 듣고는 "거만하구나, 숙씨叔氏여! 제 마음대로 예를 남에게 허락하는구나"라고 하였다.

司士賁告於子游曰: "請襲於牀",① 子游曰: "諾." 縣子聞之曰: "汰哉叔氏! 專以禮許人."②

鄭注 ① 당시에 실수를 한 것이다. 예에 따르면 오직 막 사망한 처음에 침상을 치운다. 時失之也. 禮唯始死廢牀.

② '예에 그렇다'라고 대답해야 했는데 '그렇게 하라'(諾)고 말한 것은 잘못이다. '숙씨叔氏'는 자유子游의 자字이다. 當言"禮然", 言"諾", 非也. '叔氏', 子游字.

集說 '분賁'은 사사司士의 이름이다. 예에 막 사망한 처음에 침상을 치우고 시신을 땅에 내려놓고 복復을 한 뒤에도 살아나지 않으면 시신을 다시 침상에 올린다. '습襲'이란 옷으로 시신을 싸는 것이다. 목욕을 시킨 뒤에 상축商祝이 제복祭服과 단의褖衣를 겹쳐서 침상 위에 펼쳐놓는다. 반함을 한 뒤에 시신을 습의襲衣 위로 옮기고 옷을 입힌다. 침상에서 습을 하는 것이 예이다. 후세에 예가 잘못되어 지면에서 습을 하는데, 이는 시신을 더럽히는 것이다. 사사司士가 예를 알고 자유에게 요청하자 자유가 예에 의거하여 대답하지 않고 '그렇게 하라'고 대답하여 현자縣子의 비난을 산 것이다. '태汰'는 자긍심이 큰 것으로, 예에 관한 일을 자문하는 이가 있으면 예에 근거해서 대답해야 하는데도 자유가 제멋대로 곧장 허락한 것은 마치 예가 자기로부터 나온 것처럼 한 것이다. 이는 자긍심이 지나친 것이다. '숙씨叔氏'는 자유의 자字이다. '賁', 司士之名也. 禮始死廢牀, 而置尸於地, 及復而不生, 則尸復登牀. '襲'者, 斂之以衣也. 沐浴之後, 商祝襲祭服褖衣, 蓋布於牀上也. 飯含之後, 遷尸於襲上而衣之. 襲於牀者, 禮也. 後世禮失而襲於地, 則褻矣. 司士知禮而請於子游, 子游不稱禮而答之以諾, 所以起縣子之譏也. '汰', 矜大也, 言凡有諮問禮事者, 當據禮答之, 子游專輒許諾, 則如禮自己出矣. 是自矜大也. '叔氏', 子游字.

【단궁상 109】

송宋나라 양공襄公이 자기 부인을 장사지낼 때, 초와 젓갈을 백 동이나 사용하였다. 증자曾子가 "이미 명기明器라고 하였는데 또 그것을 채웠구나!"라고 비판하였다.

宋襄公葬其夫人, 醯醢百甕. 曾子曰: "旣曰明器矣, 而又實之."

鄭注 이름은 명기明器인데 제기祭器와 함께 모두 채운 것은 귀신의 기물과 사람의 기물을 어지럽히는 것임을 말한다. 言名之爲明器, 而與祭器皆實之, 是亂鬼器與人器.

集說 하나라 예는 명기明器만을 사용하여 그 반은 채워두고 반은 비워두었다. 은나라 사람은 제기祭器만을 사용하여 역시 그 반만 채웠다. 주나라 사람은 두 가지를 아울러 사용하였는데 제기는 채워두고 명기는 비워두었다. 夏禮專用明器, 而實其半, 虛其半. 殷人全用祭器, 亦實其半. 周人兼用二器, 則實人器而虛鬼器.

【단궁상 110】

맹헌자孟獻子의 상에 사도司徒가 하사下士를 시켜 사방에서 부의로 들어온 베를 돌려주게 하였다. 공자가 "훌륭하구나!"라고 하였다.

孟獻子之喪,① 司徒旅歸四布.② 夫子曰: "可也."③

鄭注 ① '헌자獻子'는 노나라 대부 중손멸仲孫蔑이다. '獻子', 魯大夫仲孫蔑.
② '여旅'는 하사下士이다. 사도司徒가 하사를 시켜 사방에서 부의로 낸 베를 돌려주게 하였다. '旅', 下士也. 司徒使下士, 歸四方之賻布.
③ 당시 사람들이 모두 탐욕스러웠는데도 그가 청렴할 수 있었음을 선하게 여긴 것이다. 時人皆貪, 善其能廉.

集說 소疏에서 말한다. "장례를 마치고 부의賻儀로 들어온 베가 남게 되자 가신인 사도司徒가 주인의 의사를 받들어 하사下士에게 사방에서 주인에게 부의한 천포泉布를 돌려주도록 하였다. 당시 사람들이 모두 탐욕스러

웠지만 헌자獻子의 집안에서만 이렇게 할 수 있었으므로 공자가 '훌륭하다'라고 말하여 청렴할 수 있음을 좋게 여긴 것이다. 『좌전』에 '숙손씨叔孫氏의 사마司馬인 종려鬷戾'138)라고 되어 있으니, 이것은 가신에도 사도司徒와 사마司馬가 있었던 것이다." 疏曰: "送終旣畢, 賻布有餘, 其家臣司徒, 承主人之意, 使旅下士歸還四方賻主人之泉布. 時人皆貪, 而獻子家獨能如此, 故夫子曰可也, 善其能廉. 『左傳』'叔孫氏之司馬鬷戾', 是家臣亦有司徒・司馬也."

【단궁상 111】

부의賻儀 목록(賵)을 읽는 것에 대해, 증자曾子가 "옛 제도가 아니다. 이는 두 번 고하는 것이다"라고 하였다.

讀賵, 曾子曰: "非古也, 是再告也."

鄭注 증자가 예가 아니라고 말한 것은 조전祖奠을 올리고 부의 목록을 읽고, 빈객이 명령을 전달하고 상여가 장차 출발하려고 할 때 상주의 서리가 또 부의 목록을 읽었기 때문이다. 따라서 기록하여 둔 것이다. 曾子言非禮, 祖而讀賵, 賓致命將行, 主人之吏又讀賵. 所以存錄之.

集說 수레와 말을 부의賻儀로 보내는 것을 '봉賵'이라 하는데, 봉은 상주가 장사지내는 것을 돕는 것이다. 받았으면 보낸 사람의 이름과 물품을 방판方版에 기록한다. 장례 때 상여가 떠날 즈음에 상주의 사史가 이 방판에 기록된 이름과 물품을 읽고자 요청하는데, 대개 관의 동쪽에서 전방 동쪽에 서서 서쪽을 바라보고 읽는다. 옛날에는 영전에 올리기만 하고 읽지는 않았는데 주나라에서는 영전에 올리고 난 뒤 다시 읽었으므로 증자가 두 번 고하는 것이라고 여긴 것이다. 車馬曰'賵', 賵所以助主人之送葬也. 旣受則書

其人名與其物於方版. 葬時柩將行, 主人之史, 請讀此方版所書之賵, 蓋於柩東, 當前東, 西面而讀之. 古者奠之而不讀, 周則既奠而又讀焉, 故曾子以爲再告也.

【단궁상 112】

성자고成子高가 병들어 눕자 경유慶遺가 들어가 "당신의 병이 위급하게 되었으니 만일 죽게 된다면 어떻게 하겠는가?" 하고 물었다.
成子高寢疾,① 慶遺入請曰: "子之病革矣, 如至乎大病, 則如之何?"②

鄭注 ① '성자고成子高'는 제나라 대부 국백고國伯高의 아버지다. '成子高', 齊大夫國成伯高父也.

② 그의 뜻을 본 것이다. '혁革'은 급하다는 뜻이다. '유遺'는 경봉慶封의 친족이다. 觀其意. '革', 急也. '遺', 慶封之族.

集說 '성자고成子高'는 제나라 대부 국백고國伯高의 아버지로 시호는 성成이다. '유遺'는 경봉慶封의 친족이다. '혁革'은 '극亟'과 같은데 급하다는 뜻이다. '대병大病'은 죽음으로, 피하는 말이다. '成子高', 齊大夫國伯高父, 謚成也. '遺', 慶封之族. '革'與'亟'同, 急也. '大病', 死也, 諱之之辭.

【단궁상 113】

자고子高가 말했다. "내가 들으니 살아서는 사람에게 도움을 주고 죽어서는 사람에게 피해를 주지 않는다고 한다. 내가 비록 살아서는 사람에게 도움을 주지 못하였지만 죽어서 사람에게 피해를 줄 수 있겠는가? 내가 죽으면 경작하지 않는 땅을 택해서 장사지내도록 하라."

子高曰: "吾聞之也, 生有益於人, 死不害於人. 吾縱生無益於人, 吾可以死害於人乎哉? 我死則擇不食之地而葬我焉."

鄭注 '불식不食'은 경작하지 않는다는 뜻이다. '不食', 謂不墾耕.

集說 '불식지지不食之地'는 경작하지 않는 땅을 가리킨다. '不食之地', 謂不耕墾之土.

【단궁상 114】

자하子夏가 공자에게 들었다. "군주의 어머니와 군주의 아내의 상을 치르는 동안 거처하는 것, 말하는 것, 먹고 마시는 것은 화평하고 자신의 뜻에 맞게 한다"라고 하였다.

子夏問諸夫子曰: "居君之母與妻之喪, 居處言語飮食衎爾."

鄭注 '간이衎爾'는 자득한 모양이다. 소군小君을 위해서는 측은히 여기는 마음이 지극할 수 없기 때문이다. '衎爾', 自得貌. 爲小君惻隱不能至.

集說 군주의 어머니, 군주의 처는 모두 소군小君이어서 모두 자최부장기복齊衰不杖期服을 하지만, 은혜와 의리는 얕으므로 거상하는 동안 스스로 처신하는 것은 이와 같이 한다. '간이衎爾'는 화평하고 자신의 뜻에 맞는 모양이다. 이 장은 문세로 미루어 보면 '상喪' 자 밑에 '여지하부자왈如之何夫子曰'

이라는 말이 있어야 한다. 구설은 기록자가 생략한 것이라고 하였는데 역시 궐문이 있는 것 같다. 그렇지 않다면 '문問'은 '문聞'이 되어야 한다. 君母·君妻, 雖皆小君, 皆服齊衰不杖期, 然恩義則淺矣, 故居其喪, 則自處如此. '衎爾', 和適之貌. 此章以文勢推之, '喪'下當有'如之何夫子曰'字. 舊說謂記者之略, 亦或闕文歟. 又否則'問'當作'聞'.

【단궁상 115】

먼 곳에서 친구가 이르러 머물 곳이 없자, 공자가 "사는 동안 내 집에 머물고, 죽게 되면 내 집에 빈궁을 설치하시오"라고 하였다.
賓客至, 無所館, 夫子曰: "生於我乎館, 死於我乎殯."

鄭注 어진 사람은 다른 사람을 곤궁에 빠뜨리지 않는다. 仁者不厄人.

集說 살아서 이미 머물게 하였으니, 죽게 되면 빈궁을 설치해야 마땅하다. ○ 응씨應氏(응용應鏞)는 말한다. "친구는 의義로써 만나는 관계인데, 빈객이라고 한 것은 그가 먼 곳에서 왔기 때문이다." 生旣館之, 死則當殯. ○ 應氏曰: "朋友以義合, 謂之賓客者, 以其自遠方而來也."

【단궁상 116】

국자고國子高가 말하였다. "매장한다(葬)는 것은 감춘다(藏)는 뜻이다. 감추는 것은 사람들이 보지 못하게 하려는 것이다. 그 때문에

발까지 옷을 덮어 몸을 장식하고, 관으로 수의를 입힌 시신을 두르고, 곽으로 관을 두르고, 흙으로 관을 두른다. 그런데 도리어 흙을 쌓아 봉분을 만들고 나무를 심어 표시하는구나!"

國子高曰: "葬也者, 藏也. 藏也者, 欲人之弗得見也. 是故衣足以飾身, 棺周於衣, 椁周於棺, 土周於椁.① 反壤樹之哉!"②

鄭注 ① 모두 깊이 감추어 남이 발견하기 어렵게 하기 위한 것임을 말한다. '국자고國子高'는 성자고成子高인데, '성成'은 시호이다. 言皆所以爲深邃, 難人發見之也. '國子高', 成子高也, '成', 謚也.

② '반反'은 덮는다는 뜻이다. 태고의 시대처럼 하지 않고 오히려 봉분을 만들고 나무 심은 것을 괴이하게 여긴 것이다. 뜻이 검소하게 하는 것에 있으며, 주나라의 예가 아니다. '反', 覆也. 怪不如大古也, 而反封樹之. 意在於儉, 非周禮.

集說 '국자고國子高'는 바로 성자고成子高이다. ○ 소疏에서 말한다. "자고子高의 생각에는 사람이 죽으면 혐오스럽기 때문에 옷과, 이불 관과 곽을 갖추는데, 깊이 감추어 다른 사람이 알지 못하게 하려는 것이다. 그런데 지금은 도리어 흙을 쌓아서 봉분을 만들고 나무를 심어 표시하는구나! 라고 여긴 것이다. 국자의 의도는 검소하게 하는 것에 있고, 주나라 예는 아니다." '國子高', 卽成子高也. ○ 疏曰: "子高之意, 人死可惡, 故備飾以衣衾·棺椁, 欲其深邃, 不使人知. 今乃反更封壤爲墳, 而種樹以標之哉! 國子意在於儉, 非周禮.

【단궁상 117】

공자孔子의 상喪에, 연燕나라에서 보러 온 사람이 있었는데, 자하子

夏의 집에 머물렀다. 자하가 말하였다. "성인이 다른 사람을 장사지낸다고 생각하였습니까? 사람들이 성인을 장사지내는 것입니다. 어찌 당신이 볼 것이 있겠습니까?"

孔子之喪, 有自燕來觀者, 舍於子夏氏. 子夏曰: "聖人之葬人與? 人之葬聖人也. 子何觀焉?"

鄭注 '여與'는 및의 뜻이다. '與', 及也.

集說 연릉계자延陵季子가 아들을 장사지낼 때 공자가 가서 보았다. 이제 공자의 장례에 연나라 사람이 와서 보는 것도 당연한 것이다. 그러나 자하子夏의 생각은 성인이 다른 사람을 장사지낼 때는 모든 일이 예에 들어맞았지만, 사람들이 성인을 장례지낼 때는 모든 일이 반드시 예에 들어맞는 것은 아니기 때문에 '성인이 다른 사람을 장사지낸다고 생각하였습니까? 사람들이 성인을 장사지내는 것입니다. 어찌 당신이 볼 것이 있겠습니까?' 라고 말한 것이다. 대개 겸사謙辭이다. 延陵季子之葬其子, 夫子尙往觀之. 今孔子之葬, 燕人來觀, 亦其宜也. 然子夏之意, 以爲聖人葬人, 則事皆合禮, 人之葬聖人, 則未必皆合於禮也, 故語之曰'子以爲聖人之葬人乎? 乃人之葬聖人也. 又何觀焉?' 蓋謙辭也.

【단궁상 118】

예전에 공자孔子가 "나는 봉분이 당堂과 같은 것을 보았고, 둑과 같은 것을 보았고, 처마를 덮은 것처럼 생긴 것을 보았고, 도끼와 같은 것을 보았다. 나는 도끼와 같은 모양을 따르겠다"라고 하였는데, 이는 마렵봉馬鬣封을 가리키는 것이다. 지금 하루에 판을 세 번 자르면 봉분이 다 완성되니, 거의 선생님의 뜻을 행하는 것이리라.

昔者夫子言之, 曰: "吾見封之若堂者矣,① 見若坊者矣,② 見若覆夏屋者矣,③ 見若斧者矣.④ 從若斧者焉."⑤ 馬鬣封之謂也.⑥ 今一日而三斬板, 而已封,⑦ 尙行夫子之志乎哉."⑧

鄭注 ① '봉封'은 흙을 쌓아 봉분을 만드는 것이다. '당堂'은 형태가 네모지고 높다. '封', 築土爲壟. '堂', 形四方而高.

② '둑'(坊)은 형태가 측면은 비스듬히 줄어들고 위는 평평한데 길다. '坊', 形旁殺, 平上而長.

③ '덮다'(覆)는 것은 기와를 가리킨다. '하옥夏屋'은 오늘날 대문의 처마인데, 그 형태는 옆쪽이 넓은데 낮다. '覆', 謂茨瓦也. '夏屋', 今之門廡也, 其形旁廣而卑.

④ '도끼'는 형태가 측면으로 비스듬히 줄어들고 위가 칼날 모양인데 길다. '斧', 形旁殺, 刃上而長.

⑤ 공자는 위를 칼날 모양으로 하면 오르기 어렵고, 좁아서 또 쉽게 만들 수 있을 것이라고 생각하였다. 孔子以爲刃上難登, 狹又易爲功.

⑥ 시속에서 부르는 이름이다. 俗間名.

⑦ '판板'은 대개 넓이가 두 자이고 길이가 여섯 자이다. '판을 자른다'(斬板)는 것은 판을 묶은 끈을 자른다는 것이다. 세 번 잘라 쌓아 올리고 그치는데, 측면은 비스듬히 줄여나간다. 대개 높이는 4척인데 그 너비와 길이에 관해서는 듣지 못하였다. 『시詩』「대아大雅 · 면緜」에 "판을 묶어 쌓아올리네!"라고 하였다. '板', 蓋廣二尺, 長六尺. '斬板', 謂斷其縮也. 三斷止之, 旁殺. 蓋高四尺, 其廣袤未聞也. 『詩』云: "縮板以載!"

⑧ '상尙'은 거의라는 뜻이다. '尙', 庶幾也.

集說 이는 흙을 돋아 봉분을 만드는데 이 같은 네 가지 형태가 있음을 말한다. '봉封'은 흙을 쌓아 봉분을 만드는 것이다. '당과 같다'(若堂)는 것은 당堂이 사방에 기초가 있고 높은 것과 같음을 말한다. '방坊'은 둑이다. '둑과 같다'(若坊)는 것은 상면은 평평하고 측면은 비스듬히 줄어들며 남북으로 긴 것이다. '처마를 덮은 것과 같다'(若覆夏屋)는 것은 측면이 넓고 낮은 것이다. '도끼와 같다'(若斧)는 것은 위가 칼날처럼 좁다는 것이다. 이것을 다른 것과 비교해보면, 위의 세 가지는 모두 노동력이 많이 들고 완성하기 어렵지만, 이것은 검소하고 쉽게 만들 수 있으므로 시속時俗에서는 마렵봉馬鬣封(말갈기 모양의 봉분)이라고 부른다. 말의 갈기 윗부분은 살이 얇은데 봉분의 형태가 그와 유사한 것이다. '오늘 하루'(今一日)라는 것은 오늘 공자의 봉분을 쌓는데 많은 시간이 걸리지 않아, 하루 동안에 세 차례 판板을 잘라 올리자 바로 봉분이 완성되었음을 말한다. 그 방법은 구덩이 양 옆에 판을 기울여 놓고 새끼줄로 판을 묶은 뒤 안에 흙을 부어 다진다. 흙이 판과 평평해지면 판을 묶었던 새끼줄을 자르고, 이 판을 다진 흙 위로 올려놓고 다시 그 안에 흙을 채워 다진다. 이와 같이 하기를 세 번 하면 봉분이 완성되므로 '판을 세 번 자르자 봉분이 다 되었다'(三斬板而已封)고 한 것이다. '상尙'은 거의라는 뜻이다. '호재乎哉'는 추정하는 말인데, 또한 겸손하여 직언하지 않는 것이다. 此言封土有此四者之形. '封', 築土爲墳也. '若堂'者, 如堂之基四方而高也. '坊', 堤也. '若坊'者, 上平旁殺而南北長也. '若覆夏屋'者, 旁廣而卑也. '若斧'者, 上狹如刃. 較之, 上三者皆用功力多而難成, 此則儉而易就, 故俗謂之馬鬣封. 馬鬃鬣之上, 其肉薄, 封形似之也. '今一日'者, 謂今封築孔子之墳, 不假多時, 一日之間, 三次斬板, 卽封畢而已止矣. 其法側板於坎之兩旁, 而用繩以約板, 乃內土於內而築之. 土與板平, 則斬斷約板之繩, 而升此板於所築土之上, 又實土於其中而築之. 如此者三而

墳成矣, 故云'三斬板而已封'也. '尙', 庶幾也. '乎哉', 疑辭, 亦謙不敢質言也.

【단궁상 119】

부인은 칡베로 만든 요대腰帶를 하지 않는다.

婦人不葛帶.

鄭注 부인은 질質을 위주로 하며, 중요한 것에 변화를 주지 않으니, 소상小祥에 이르면 벗고, 졸곡卒哭 때는 수질首絰에만 변화를 줄 뿐이다.[139] 婦人質, 不變重者, 至期除之, 卒哭變絰而已.

集說 『의례』「사상례士喪禮」에 "부인의 요질要絰은 숫마로 만들며 삼의 뿌리 부분을 묶는다"라고 하였다. 졸곡卒哭에, 남자는 마대麻帶를 제거하고 칡베로 만든 대를 착용하며 수질首絰은 바꾸지 않는다. 부인은 칡베로 수질을 만들어 머리에 쓰고 있는 마질과 바꾸지만 마대는 바꾸지 않는다. 이것이 '칡베로 요질을 하지 않는다'(不葛帶)는 것이다. 연제練祭를 지내면 남자는 수질을 벗고 부인은 요대를 벗는데, 부인은 머리가 가볍고 허리가 중요하기 때문이다. 그러나 이것은 부인이 자최齊衰와 참최복斬衰服을 할 경우 이렇게 한다는 것이지, 만일 대공大功 이하의 가벼운 복이라면 졸곡에 이르러 모두 칡베로 만든 수질과 요질로 바꾸게 되는데, 남자의 경우와 동일하다. 『禮』: "婦人之帶, 牡麻結本." 卒哭, 丈夫去麻帶服葛帶, 而首絰不變. 婦人以葛爲首絰, 以易去首之麻絰, 而麻帶不變. 所謂"不葛帶"也. 旣練, 則男子除絰, 婦人除帶, 婦人輕首重要故也. 然此謂婦人居齊斬之服者如此, 若大功以下輕者, 至卒哭則並變爲葛, 與男子同.

【단궁상 120】

새로 난 과일과 곡식을 올릴 때는 삭전朔奠의 의식儀式과 같이 한다.
有薦新, 如朔奠.

鄭注 새로운 것을 중시하여 크게 올린다. 重新物, 爲之殷奠.

集說 '삭전朔奠'이란 매달 초하루에 올리는 전奠이다. 장사를 지내기 전에 대부大夫 이상은 초하루와 그믐에 모두 전을 올리지만 사士는 초하루에만 올린다. 계절에 수확한 새로운 과일과 새로 익은 곡식을 수확해서 올릴 때는 그 예가 삭전 때의 의식과 같다. '朔奠'者, 月朔之奠也. 未葬之時, 大夫以上, 朔望皆有奠, 士則朔而已. 如得時新之味, 或五穀新熟而薦之, 則其禮亦如朔奠之儀也.

【단궁상 121】

장례葬禮를 마치면, 각자 자기가 하는 상복喪服에 따라, 벗거나 바꾸어 입는다.
旣葬, 各以其服除.

鄭注 졸곡卒哭에 최복衰服과 질대絰帶를 바꾸어야 할 사람은 바꾼다. 복을 벗을 사람이 있으면 상주喪主를 개의하지 않고 벗는다. 卒哭, 當變衰麻者變之. 或有除者, 不視主人.

集說 3개월 만에 장례葬禮를 행하고, 장사를 지내고는 우제虞祭를 지내고, 우제를 지낸 뒤 졸곡卒哭을 한다. 혈연적 관계(親)가 무거워 최복과 질대를 바꾸어야 할 사람은 바꾼다. 복을 벗어야 할 사람은 곧 스스로 벗고, 상주가 졸곡제를 지내고 바꾸어 입는 것을 기다리지 않는다. 三月而葬, 葬而虞, 虞而卒哭. 親重而當變麻衰者變之. 其當除者卽自除之, 不俟主人卒哭之變也.

【단궁상 122】

상여喪輿의 지池(빗물받이 장식)는 살았을 때 집에 있었던 빗물받이(重霤) 수에 준하게 설치한다.

池視重霤.

鄭注 가옥에 빗물받이가 있는 것과 같다. 빗물받이는 나무로 만들어 물이 흐르도록 하는 것인데 역시 집의 장식이다. 유柳(상여 윗부분)는 집의 형상이다. 대나무로 지池를 만들고 푸른색 베로 입히며 청동으로 만든 물고기를 걸어둔다. 오늘날 집 안에 빗물받이가 있는데 청동으로 만든다고도 한다. 如堂之有承霤也. 承霤以木爲之, 用行水, 亦宮之飾也. 柳, 宮象也. 以竹爲池, 衣以靑布, 縣銅魚焉. 今宮中有承霤, 云以銅爲之.

集說 소疏에서 말한다. "'지池'는 상여의 빗물받이다. '중류重霤'는 가옥의 빗물받이다. 나무로 만들어 집의 처마에 받쳐놓으면 빗물이 이 나무 가운데로 흘러들어갔다가 다시 나무속에서 땅으로 흘러간다. 그러므로 '중류重霤'(재차 흘러가는 것)라고 한다. 천자의 가옥은 사방에 행랑이 있고, 사면에 모두 빗물받이가 있다. 제후는 행랑이 네 개이지만 후면의 빗물받이는 없고, 대부는 앞뒤 두면에 있으며, 사는 오직 하나가 전면에 있다. 살아 있을 때 가옥에 빗물받이가 있으므로 죽었을 때 상여에도 궁실을 본떠 빗물받이를 설치하여 수레덮개의 밑 즉 수레의 휘장 위를 가린다. 대나무를 엮어서 만드는데 형태는 광주리와 같고 푸른색 베로 입혀 수레덮개에 잇댄다. 지

池라고 부르는 것은 빗물받이를 본떴기 때문이다. 지를 설치하는 면수는 살아 있을 때 빗물받이를 설치하는 수에 준한다. 疏曰: "'池'者, 柳車之池也. '重霤'者, 屋之承霤也. 以木爲之, 承於屋簷, 水霤入此木中, 又從木中而霤於地. 故云'重霤'也. 天子之屋四注, 四面皆有重霤. 諸侯四注而重霤去後, 大夫惟前後二, 士惟一在前. 生時屋有重霤, 故死時柳車, 亦象宮室而設池於車, 覆鼈甲之下, 牆帷之上. 蓋織竹爲之, 形如籠, 衣以靑布, 以承鼈甲. 名之曰池, 以象重霤也. 方面之數, 各視生時重霤.

【단궁상 123】

제후가 즉위하면 속관(椑)을 만드는데, 해마다 한 번씩 옻칠을 하고 물건을 넣어둔다.

君卽位而爲椑,① 歲一漆之,② 藏焉.③

鄭注 ① '비椑'는 이관杝棺으로 시신에 직접 닿는 것이다. '비'는 견고하고 밀착되었다는 말이다. 천자의 속관 안에는 다시 물소와 외뿔소 가죽관이 있다. '椑', 謂杝棺親尸者. '椑', 堅著之言也. 言天子椑內又有水兕革棺.

② 아직 완성되지 않은 것처럼 하는 것이다. 若未成然.

③ 비워두면 좋지 않기 때문이다. 虛之不合.

集說 소疏에서 말한다. "군君은 제후이다. 군주는 나이에 상관없이 지체가 높고 물자가 완비되어 있다. 즉위하면 곧바로 시신을 넣어둘 관을 만드는데, 대개 이관杝棺이다. 칠을 하여 견고하게 벽돌처럼 만들므로 비椑라고 부른다. 매년 한 번씩 칠을 하는 것은 아직 완성되지 않은 것처럼 함을 보이는 것이다. '물건을 넣어둔다'(藏焉)는 것은 그 속을 비워두어 마치 급하게 쓰기를 기다림이 있는 것처럼 보이지 않으려고 하는 것이다. 그러므로 물

건을 그 속에 보관해둔다. 일설에는 남들에게 보이지 않으려고 하기 때문에 감추어둔다고도 한다." 疏曰: "'君', 諸侯也. 人君無論少長, 體尊物備. 卽位卽造爲親尸之棺, 蓋椸棺也. 漆之堅强甓甓然, 故名椑. 每年一漆, 示如未成也. '藏焉'者, 其中不欲空虛如急有待. 故藏物於中. 一說, 不欲令人見, 故藏之."

【단궁상 124】

복復(혼령魂靈을 부르는 일), 설치楔齒(뿔 수저로 치아를 받쳐놓는 일), 철족綴足(연궤燕几로 발이 뒤틀리지 않도록 묶는 일), 반함飯含(쌀이나 조개를 입안에 채우는 일), 설식設飾(시신을 수습하고 염하는 일), 유당帷堂(당 위에 휘장을 치는 일)은 동시에 한다.

復, 楔齒, 綴足, 飯, 設飾, 帷堂並作.

鄭注 '설식設飾'은 시신을 옮기고 새 옷을 입히는 것을 가리킨다. '設飾', 謂遷尸又加新衣

集說 사망한 처음에 초혼招魂을 한 뒤 뿔 수저를 사용하여 시신의 치아를 받쳐 열려 있도록 함으로써 반함飯含을 할 때 닫혀 있지 않게 한다. 또 연궤燕几를 이용하여 시신의 양쪽 발을 묶어 곧게 함으로써 신발을 신길 때 뒤틀리지 않도록 한다. '반飯'이란 쌀과 조개를 시신의 입안에 채우는 것이다. '설식設飾'은 시신을 수습하고 염을 하는 것이다. '유당帷堂'은 당 위에 휘장을 치는 것이다. '작作'은 일으켜 한다는 뜻이다. 복復에서 당 위에 휘장을 치기까지 여섯 가지 일은 한꺼번에 하므로 '동시에 한다'(並作)고 하였다. 『의례』에도 모두가 하나의 그림에 보인다. 始死招魂之後, 用角柶拄尸之齒令開, 得飯含時不閉. 又用燕几拘綴尸之兩足令直, 使著屨時不辟戾也. '飯'者, 實米與貝

于尸口中也. '設飾', 尸襲斂也. '帷堂', 堂上設帷也. '作', 起爲也. 復至帷堂六事, 一時並起, 故云'並作'也. 『儀禮』亦總見一圖.

【단궁상 125】

부형父兄이 부고訃告하는 사람에게 명령한다.

父兄命赴者.

鄭注 대부大夫 이상을 가리킨다. 사士의 경우는 상주가 직접 명한다. 謂大夫以上也. 士主人親命之.

集說 소疏에서 말한다. "살아 있을 때 다른 사람과 면식이 있는 사람이 이제 죽으면 그 집안에서 사람을 보내 부고訃告해야 한다. 『의례』「사상례士喪禮」에 '상주가 몸소 부고하는 사람에게 명령하지만, 대부 이상이라면 부형父兄이 명령한다'라고 하였다." 疏曰: "生時與他人有恩識者, 今死則其家宜使人往相赴告. 「士喪禮」: '孝子自命赴者, 若大夫以上, 則父兄命之也.'"

【단궁상 126】

천자와 제후가 죽으면 소침小寢, 대침大寢, 소조小祖, 대조大祖, 고문庫門, 사교四郊에서 복復(초혼)을 한다.

君復於小寢, 大寢, 小祖, 大祖, 庫門, 四郊.

鄭注 존귀한 자의 경우 그를 찾는 의절을 갖추는데, 또한 이전에 일을

보던 곳이다. 尊者求之備也, 亦他日所嘗有事.

集說 천자의 성곽문을 '고문皐門'이라 한다. 「명당위明堂位」(14)에 "노나라의 고문庫門이 바로 천자의 고문皐門이다"라고 하였는데, 이 고문庫門이 성곽문이다. ○ 소疏에서 말한다. "'군君'은 천자와 제후이다. 앞을 묘廟라 하고 뒤를 침寢이라 한다. 실室에 동서로 행랑이 있는 것을 묘廟라 하고, 동서로 행랑 없이 실室만 있는 것을 침寢이라 한다. '소침小寢'은 고조高祖 이하의 침인데 천자와 제후가 같다. '대침大寢'은 천자의 시조始祖의 침이고, 제후의 태조太祖의 침이다. '소조小祖'는 고조 이하의 묘廟인데, 천자와 제후가 동일하다. '대조大祖'는 천자의 시조묘始祖廟이고, 제후의 태조묘太祖廟이다." ○ 마씨馬氏(마희맹馬晞孟)는 말한다. "'침寢'은 거처하는 곳이다. '조朝'는 일을 처리하는 곳이다. '문門'은 출입하는 곳이다. '교郊'는 전에 이르렀던 곳이다. 군주의 복復을 반드시 여기에서 하는 것은 혼기魂氣가 떠나면서 또한 생시에 익숙하던 곳을 아직 떠나지 않기 때문이다. 이것을 보면 삶과 죽음의 설을 알 수 있다." ○ 이제 살피건대, 마씨는 소침小寢과 대침大寢을 연침燕寢과 정침正寢으로 여겼는데, 구설舊說(정현의 설)과 차이가 있다. 天子之郭門曰'皐門'. 「明堂位」言"魯之庫門卽天子皐門", 是庫門者郭門也. ○ 疏曰: "'君', 王侯也. 前曰廟, 後曰寢. 室有東西廂曰廟, 無東西廂有室曰寢. '小寢'者, 高祖以下寢也, 王・侯同. '大寢', 天子始祖之寢, 諸侯太祖之寢也. '小祖'者, 高祖以下廟也, 王・侯同. '大祖'者, 天子始祖之廟, 諸侯太祖之廟也." ○ 馬氏曰: "'寢', 所居處之地. '祖', 所有事之地. '門', 所出入之地. '郊', 所嘗至之地. 君復必於此者, 蓋魂氣之往, 亦未離生時熟習之地也. 觀此, 則死生之說可知矣." ○ 今按, 馬氏以小寢・大寢爲燕寢・正寢, 與舊說異.

【단궁상 127】

상喪에 전奠을 수건을 벗겨놓지 않고 덮어두는 것은 제육祭肉이 있는 경우이다.

喪不剝奠也與, 祭肉也與.

鄭注 '박剝'은 벗겨놓는다는 뜻과 같다. 희생의 고기가 있으면 수건을 덮어놓는데, 오래 진설하면 먼지가 쌓이기 때문이다. 포와 젓갈 등의 제수는 수건을 덮어두지 않는다. '剝', 猶倮也. 有牲肉則巾之, 爲其久設, 塵埃加也. 脯醢之奠不巾.

集說 '박剝'이란 수건으로 덮지 않는다는 뜻이다. 포와 젓갈 등의 제수는 먼지로 더럽혀지는 것을 꺼리지 않으므로 수건으로 덮지 않아도 된다. 무릇 덮는 것은 반드시 제육祭肉이 있는 것이다. '剝'者, 不巾覆也. 脯醢之奠不惡塵埃, 故可無巾覆. 凡覆之者, 必其有祭肉者也.

【단궁상 128】

빈殯을 행하고 열흘이 되면, 곽槨과 명기明器를 만들 목재를 늘어놓고 말린다.

旣殯旬, 而布材與明器.

鄭注 목공 일은 목재를 말려놓아야 하고 또 미리 만들어놓아야 한다. '목재'(材)는 곽을 짤 목재이다. 木工宜乾腊且豫成. '材', 椁材也.

集說 '재材'는 곽椁을 짤 목재이다. '넌다'(布)는 것은 나누어 늘어놓고 햇볕에 쐬어 말리는 것이다. 빈殯을 하고 열흘이 되면 곧 이 일을 하는데, 『의

례』「사상례士喪禮」에 "빈궁의 문밖에서 목재를 바친다"고 하였고, 정현주鄭玄註에 "명기明器를 만드는 데 쓰일 목재이다"라고 하였다. 그러나 이 경문에서 '목재와 명기'라고 한 것은 대개 곽과 명기 두 가지를 만들 목재를 모두 말리는 것이다. '材', 爲椁之木也. '布'者, 分列而暴乾之也. 殯後旬日, 卽治此事, 『禮』: "獻材于殯門外", 註云: "明器之材." 此云'材與明器'者, 蓋二者之材皆乾之也.

【단궁상 129】

아침에 올리는 전奠은 해가 뜨면 올리고, 저녁에 올리는 전奠은 해가 미처 떨어지기 전에 올린다.

朝奠日出, 夕奠逮日.

鄭注 음과 양이 교접하는 때로, 만나기를 기대하는 것이다. 陰陽交接, 庶幾遇之.

集說 '태일逮日'은 해가 아직 떨어지기 전에 미쳐서임을 말한다. ○ 방씨方氏(방각方慤)는 말한다. "아침에 올리는 전奠은 아침식사를 본뜨고, 저녁에 올리는 전奠은 저녁식사를 본뜬 것이다. 효자는 죽은 이 섬기기를 살아 있는 이 섬기듯이 한다." '逮日', 及日之未落也. ○ 方氏曰: "朝奠以象朝時之食, 夕奠以象夕時之食. 孝子事死如事生也."

【단궁상 130】

부모의 상에 곡哭은 정해진 때가 없고 공무를 수행하고는 반드시 자신이 돌아왔음을 아시게 한다.

父母之喪, 哭無時, 使必知其反也.

鄭注 소상小祥을 마친 뒤 군주를 위해 군사의 일에 참여할 경우, 돌아와서는 반드시 제사를 드림을 말한다. 謂旣練或時爲君服金革之事, 反必有祭.

集說 빈殯을 하기 전에는 곡하는 소리가 끊이지 않고, 빈殯을 한 뒤에는 아침저녁으로 곡하는 때가 정해져 있지만, 여막廬幕 중에서는 생각이 나면 곡을 하고, 소상小祥 후에는 슬픔이 이르면 곡하는데, 이것은 모두 곡하는데 정해진 때가 없는 것이다. '사使'란 군주가 일을 시켜 맡김을 받은 것이다. 소상 뒤에 군주가 일이 있어 일을 맡기면 수행하지 않을 수 없다. 그러나 돌아와서는 반드시 제사를 올려 고함으로써 부모님의 신령에게 자신이 이미 돌아왔음을 알리는데, "외출할 때 반드시 말씀드리고, 돌아와서도 반드시 얼굴을 뵌다"[140]는 의리다. 未殯, 哭不絶聲, 殯後雖有朝夕哭之時, 然廬中思憶則哭, 小祥後哀至則哭, 此皆哭無時也. '使'者, 受君之任使也. 小祥之後, 君有事使之, 不得不行. 然反必祭告, 俾親之神靈知其已反, 亦"出必告, 反必面"之義也.

【단궁상 131】

소상小祥에는 누인 명주로 만든 중의中衣를 입는데, 황색으로 안감을 대고 옅은 분홍색 비단(縓)으로 깃과 가선을 장식한다.

練, 練衣, 黃裏縓緣.

鄭注 소상小祥에는 누인 명주로 지은 관冠과 중의中衣를 입는데, 황색으로

안을 대고 엷은 진홍색 가선으로 꾸민다. 황색은 분홍색보다 지위가 낮다. '전縓'(분홍빛 비단)은 훈纁(분홍빛 비단) 종류이다. 상복을 바깥쪽으로부터 벗음을 밝힌 것이다. 小祥練冠·練中衣, 以黃爲內, 縓爲飾. 黃之色卑於纁. '縓', 纁之類. 明外除.

集說 소疏에서 말한다. "'연練'은 소상小祥이다. 소상에는 누인 명주로 만든 관(練冠)과 중의中衣를 착용하므로 연練이라고 한다. '연의練衣'는 누인 명주로 중의를 만든 것이고, '황리黃裏'는 황색 천으로 중의의 안감을 댄 것이다. 정복正服은 바꿀 수 없다. 중의는 정복이 아니고 최복에 받쳐서 입는 것일 뿐이다. '전縓'은 엷은 분홍색 비단이다. '연緣'은 중의의 깃과 소매의 가선을 가리킨다. 疏曰: "'練', 小祥也. 小祥而著練冠·練中衣, 故曰練也. '練衣'者, 以練爲中衣, '黃裏'者, 黃爲中衣裏也. 正服不可變. 中衣非正服, 但承衰而已. '縓', 淺絳色. '緣', 謂中衣領及褎之緣也."

【단궁상 132】

(소상 때) 칡베로 만든 요질要絰을 하고 승구繩屨를 신는데 신코 장식(絇)은 없다.

葛要絰, 繩屨無絇.

集說 소상小祥에 남자는 머리에 썼던 마질麻絰(삼베로 만든 수질)을 제거하고 허리의 갈질葛絰만을 남겨두므로 '칡베로 만든 요질을 한다'(葛要絰)고 하였다. '승구繩屨'란 부모가 막 돌아가시면 관구菅屨(띠풀로 만든 엄짚신)를 하다가 졸곡卒哭에는 자최齊衰의 괴표구蒯藨屨[141]로 바꾸고, 소상小祥에는 대공大功의 승마구繩麻屨(삼끈으로 만든 신)로 바꾼 것이다.[142] '무구無絇'는 신발

코 장식이 없는 것을 가리킨다. ○ 주자朱子는 말한다. "관구菅屨와 소구疏屨는 지금은 상고하여 알 수 없다. 이제 대략 경중으로 미루어보면, 참최에는 풀로 짠 신을 신고, 자최에는 삼으로 짠 신발을 신으면 된다. 삼으로 짠 신발은 현재 병졸들이 착용하고 있는 것이다."[143] 小祥, 男子去首之麻絰, 惟餘要葛也, 故曰'葛要絰'. '繩屨'者, 父母初喪菅屨, 卒哭受齊衰蒯藨屨, 小祥受大功繩麻屨也. '無絇', 謂無屨頭飾也. ○ 朱子曰: "菅屨疏屨, 今不可考. 今略以輕重推之, 斬衰用今草鞋, 齊衰用麻鞋, 可也. 麻鞋, 今卒伍所著者."

【단궁상 133】

뿔로 만든 귀마개(瑱)를 한다.

角瑱.

鄭注 '진瑱'은 귀마개이다. 길한 예를 치를 때는 옥을 사용하는데, 군주는 진瑱을 착용한다. '瑱', 充耳也. 吉時以玉, 人君有瑱.

集說 '진瑱'[144]은 귀마개이다. 길례吉禮를 치를 때 군주와 대부 그리고 사가 모두 사용하는데, 귀를 가리는 것이다. 군주는 옥으로 만든다. 사망한 처음에는 장식품을 제거하므로 귀마개가 없지만, 소상小祥 뒤에는 약간의 장식을 하므로 뿔을 사용하여 만든다. '瑱', 充耳也. 吉時, 君大夫士皆有之, 所以掩於耳. 君用玉爲之. 初喪去飾, 故無瑱, 小祥後微飾, 故用角爲之也.

【단궁상 134】

사슴가죽 갖옷(鹿裘)은 옷의 폭을 넓게 하고 길게 하며 소매부리를 단다. 소매부리를 하였으니 갖옷 위에 석의裼衣를 입어도 된다.

鹿裘衡長袪.① 袪, 裼之可也.②

鄭注 ① '횡衡'은 응당 '횡橫'의 오자이다. '거袪'는 소매 가선의 소매부리다. 소상小祥이 되어 갖옷을 만들 때는 횡으로 넓게 하고 또 길게 하며 다시 소매부리를 만든다. 그렇다면 그 이전에는 소매가 좁고 짧아 소매부리가 없었음을 알 수 있다. 길시吉時에는 새끼사슴 가죽으로 만든 갖옷을 입는다. '衡', 當爲橫字之誤也. '袪', 謂褎緣袂口也. 練而爲裘, 橫廣之, 又長之, 又爲袪. 則先時狹短無袪可知. 吉時麛裘.

② '석의'(裼)는 갖옷 위에 입는 옷이다. 소매부리가 있는데 석의裼衣로 입는 것은 문식文飾을 갖추는 것이다. 『예기』 「옥조玉藻」(52)에 "새끼사슴 가죽으로 지은 갖옷에 청색 개 가죽으로 만든 소매를 하고, 그 위에 창황색의 옷(絞衣)을 석의裼衣로 덧입는다"라고 하였다. 새끼사슴 가죽으로 지은 갖옷으로 또한 창황색의 옷(絞衣)을 쓰는 것이다. '裼', 表裘也. 有袪而裼之, 備飾也. 「玉藻」曰: "麛裘靑豻褎, 絞衣以裼之." 鹿裘, 亦用絞乎.

集說 소疏에서 말한다. "겨울에는 길사와 흉사에 입는 옷 모두에 갖옷이 포함된다. 길사의 경우 지위의 높고 낮음에 따라 차이가 있지만, 상사일 때는 사슴가죽으로 갖옷을 만들었다. 소상小祥 이전에는 갖옷이 좁고 소매가 짧으며 또 소매부리가 없다. 소상小祥에는 조금 장식을 하므로 다시 가로로 폭이 크고 길며 소매부리가 있는 것으로 바꾸어 입는다. '석의'(裼)는 갖옷 위에 입는 옷으로 길사吉事에는 모두 입는다. 상喪이 난 뒤에는 흉사로 질質(문식하지 않는 것)을 위주로 하여 석의裼衣를 입지 않는다. 소상 뒤에는 조금씩 길吉로 나아가므로 석의裼衣를 덧입어도 된다. 이와 같은 문장에

따르면, 소상 때에는 가장 밖에 상복이 있고, 상복 안에 누인 베로 만든 중의中衣가 있고, 중의 안에 석의가 있고, 석의 안에 사슴가죽으로 만든 갖옷이 있고, 사슴가죽 갖옷 안에는 자연히 항상 유의襦衣를 입고 있음이 분명하다." ○ 이제 살피건대, '거袪'는 소매부리다. 여기에서 소매부리라고 말한 것은 다른 것으로 소매부리의 가선을 만들었다는 것이다. 이미 소매부리를 하여 장식을 하였기 때문에 석의裼衣를 입어도 되는 것이다.145) 疏曰: "冬時吉凶衣裏皆有裘. 吉則貴賤有異, 喪則同用鹿皮爲之. 小祥之前, 裘狹而短袂, 又無袪. 小祥稍飾, 則更易作橫廣大者, 又長之, 又設其袪也. '裼'者, 裘上之衣, 吉時皆有. 喪後凶質, 未有裼衣. 小祥後漸向吉, 故加裼可也. 按如此文, 明小祥時外有衰, 衰內有練中衣, 中衣內有裼衣, 裼衣內有鹿裘, 鹿裘內自有常著襦衣." ○ 今按, '袪'者, 袖口也. 此所謂袪, 則是以他物爲袖口之緣. 旣袪以爲飾, 故裼之可也.

【단궁상 135】

빈궁殯宮을 지키고 있을 때, 멀리 사는 형제의 상을 들으면, 시마복緦麻服을 하는 정도의 사이라도 반드시 문상을 가지만, 형제가 아니라면 가까이 있어도 가지 않는다.

有殯, 聞遠兄弟之喪, 雖緦, 必往,① 非兄弟, 雖隣不往.②

鄭注 ① 골육을 친애하는 것이다. 親骨肉也.

② 친족관계가 없는 이를 소원하게 대하는 것이다. 疏無親也.

集說 삼년상에 빈궁殯宮을 지키고 있을 때는 조문弔問을 나갈 수 없다. 그러나 형제에 대해서는 은의恩義가 있기 때문에 시마복緦麻服을 하는 형제로서 분가하여 먼 곳에 살고 있는 경우라도 그가 죽으면 가서 곡한다. 형제

가 아니라면 가까운 곳이라도 가지 않는다. 三年之喪, 在殯, 不得出弔. 然於兄弟, 則恩義存焉, 故雖緦服兄弟之異居而遠者, 亦當往哭其喪. 若非兄弟, 則雖近不往.

【단궁상 136】

알고 지내던 사람이 죽으면, 그의 형제들이 함께 살지 않았더라도 모두 가서 조문한다.

所識, 其兄弟不同居者皆弔.

鄭注 그 집안에 가서 조문하는 것은 옛 교분을 이루는 것이다. 就其家弔之, 成恩舊也.

集說 풍씨馮氏는 말한다. "위 두 구절이 이미 살아 있는 이가 조문을 가고 곡하러 가는 것을 위주로 말하였으니 아래 구절의 의미도 같아야 한다. '소식所識'이 구가 되어야 하니, '만일 알고 지냈던 사람이라면'이라는 뜻이다. 죽은 이가 나와 알고 지내던 사람이라면 그의 형제들이 죽은 이와 같이 살지 않더라도 나는 모두 조문해야 하니, 서로 왕래하던 인정과 의리를 이루기 위해서이다." 馮氏曰: "上二句旣主生者出弔往哭爲義, 則下一句文意當同. '所識'當爲句, 若所知之謂也. 死者旣吾之所知識, 則其兄弟雖與死者不同居, 我皆當弔之, 所以成往來之情義也."

【단궁상 137】

천자의 관은 네 겹이다. 물소와 외뿔소 가죽으로 만든 관으로 싸는

데 두께가 3촌이다. 피나무로 만든 이관杝棺이 한 겹이고, 가래나무로 만든 재관梓棺이 두 겹이다. 네 가지 모두 위아래 사방을 두른다.
天子之棺四重.① 水・兕革棺被之, 其厚三寸.② 杝棺一,③ 梓棺二.④ 四者皆周.⑤

鄭注 ① 깊은 것을 숭상하기 때문이다. 제공諸公은 세 겹이고, 제후는 두 겹이며, 대부는 한 겹이고, 사士는 겹으로 하지 않는다. 尙深邃也. 諸公三重, 諸侯再重, 大夫一重, 士不重.

② 물소와 외뿔소의 가죽으로 관의 외피를 만든다. 가죽이 각각 세 치 두께이므로 모두 여섯 치인데, 이것이 한 겹이다. 以水牛・兕牛之革以爲棺被. 革各厚三寸, 合六寸也. 此爲一重.

③ 이른바 비관椑棺이다. 『이아』에 "가椵(유자나무의 일종)는 이椸다"라고 하였다. 所謂椑棺也. 『爾雅』曰: "椵, 杝."

④ 속관屬棺과 대관大棺을 가리킨다. 所謂屬與大棺.

⑤ '주周'는 두른다는 뜻이다. 무릇 관은 습기를 이겨낼 수 있는 것을 사용한다. '周', 帀也. 凡棺用能濕之物.

集說 물소와 외뿔소의 가죽은 습기를 잘 견디므로 몸에 닿는 관을 만든다. 두 종류의 가죽을 합하여 입힌 것이 한 겹이 된다. 피나무 역시 습기를 잘 견디므로 가죽 다음에 관을 싼다. 바로 앞 장에서 말한 비椑다. 가래나무 관은 두 가지인데 하나가 속관屬棺이고 다른 하나는 대관大棺이다. 이관杝棺 밖에 속관이 있고, 속관 밖에 다시 대관이 있다. '네 가지를 모두 두른다'는 것은 네 겹의 관을 아래 위와 사방으로 모두 둘러싼다는 말이다. 곽椁만은 두르지 않는데 밑에는 인茵[146]이 있고 위에는 항석抗席[147]이 있기 때문이다. 水牛・兕牛之革耐濕, 故以爲親身之棺. 二革合被爲一重.

杝木亦耐濕, 故次於革, 卽前章所謂椑也. 梓木棺二, 一爲屬, 一爲大棺. 杝棺之外有屬棺, 屬棺之外又有大棺. '四者皆周', 言四重之棺, 上下四方悉周帀也. 惟椁不周, 下有茵, 上有抗席故也.

【단궁상 138】

관을 묶을 때는 세로로 두 갈래 가로로 세 갈래로 하고, 임衽은 묶을 때마다 하나씩 사용한다.

棺束縮二衡三, 衽每束一.

鄭注 '횡衡' 또한 '횡橫'이 되어야 한다. '임衽'은 지금의 소요小要이다. '임'은 '칠漆'로 되어 있기도 하고 '휴髹'로 되어 있기도 하다. '衡', 亦當爲'橫'. '衽', 今小要. '衽'或作'漆', 或作'髹'.

集說 옛날 관에는 못을 사용하지 않고, 가죽 끈으로 세로로는 두 갈래로 묶고 가로로는 세 갈래로 묶었다. '임衽'은 형태가 지금의 은칙자銀則子와 같이 양 끝이 크고 가운데가 작다. 한대漢代에는 소요小要라고 불렀는데 어떤 재료로 만드는지는 언급하지 않았다. 그 역시 나무로 만들었을 것이다. 옷에서 바느질하여 꿰맨 곳을 '임衽'이라 한다. 소요로 관과 뚜껑이 맞닿아 있는 곳을 연결하고 합하였으므로 또한 임이라고 부른 것이다. 먼저 나무를 깎아 임을 설치한 뒤에 가죽으로 묶었다. 묶는 곳마다 반드시 하나의 임을 사용하므로 '임은 묶을 때마다 하나씩 사용한다'(衽每束一)라고 한 것이다. 古者棺不用釘, 惟以皮條, 直束之二道, 橫束之三道. '衽', 形如今之銀則子, 兩端大而中小. 漢時呼爲小要, 不言何物爲之. 其亦木乎. 衣之縫合處曰'衽'. 以小要連合棺與蓋之際, 故亦名衽. 先鑿木置衽, 然後束以皮. 每束處, 必用一衽, 故云'衽每束一'也.

【단궁상 139】

측백나무로 만든 곽椁은 밑동을 사용하는데 길이가 6척이다.

柏椁以端, 長六尺.

鄭注 '밑동을 사용한다'(以端)는 것은 목재의 밑동 부분이 서로 향하는 것(題湊)[148]을 말한다. 그 사방은 대개 1척이다. '以端', 題湊也. 其方蓋一尺.

集說 천자는 측백나무로 곽을 만든다. '단端'은 밑동과 같은 뜻이다. 곽은 측백나무의 밑동으로 만드는데 길이가 6척이다. 天子以柏木爲椁. '端', 猶頭也. 用柏木之頭爲之, 其長六尺.

【단궁상 140】

천자가 제후를 위해 곡을 할 때는 작변爵弁에 치의緇衣(검은색의 명주옷)를 입는다.

天子之哭諸侯也, 爵弁絰緇衣.

鄭注 사士의 제복祭服을 입고 곡을 하는 것은 변례變禮임을 밝힌 것이다. 천자는 지극히 존귀한 분이므로 시신을 안치한 관을 보지 않고 조복弔服을 하지도 않으며 삼으로 만든 고깔과 요질要絰을 채색 옷 위에 덧입지 않는다. 여기에서 '질絰' 자는 의미 없이 덧붙여진 글자이다. 당시 사람들이 간혹 고깔과 요질을 한 사람이 있어서 그렇게 말했던 것이다. 『주례』에 왕이 제후를 조문할 때는 변질弁絰에 시최緦衰(시마의 상복)를 한다고 하였다. 服士之祭服以哭之, 明爲變也. 天子至尊, 不見尸柩, 不弔服, 麻不加於采. 此言'絰', 衍字也.

時人間有弁絰, 因云之耳. 『周禮』, 王弔諸侯, 弁絰緦衰也.

集說 제후가 죽어 천자에게 부고하면 천자가 곡을 한다. 작변[149]과 치의는 본래 사士의 제복祭服이다. '작변爵弁'은 고깔의 색이 참새의 색깔과 같다. '치의緇衣'는 명주옷이다. ○ 정씨鄭氏(정현鄭玄)는 말한다. "'질絰' 자는 의미 없이 사용된 글자이다. 『주례』에 왕이 제후를 조문할 때는 변질弁絰에 시마緦麻를 한다[150]고 하였다." ○ 소疏에서 말한다. "천자는 지극히 존귀한 분이므로 시신을 안치한 관을 보지 않고 조복弔服을 하지도 않는다. 이 경우는 멀리서 곡하는 것이므로 시마복을 하지 않고 작변爵弁에 치의緇衣를 한 것이다." 諸侯薨而赴於天子, 天子哭之. 爵弁緇衣, 本士之祭服. '爵弁', 弁之色如爵也. '緇衣', 絲衣也. ○ 鄭氏曰: "'絰', 衍字也. 『周禮』, 王弔諸侯, 弁絰緦衰." ○ 疏曰: "天子至尊, 不見尸柩, 不弔服. 此遙哭之, 故不服緦衰, 而服爵弁緇衣也."

【단궁상 141】

어떤 이는 말한다. "유사有司를 시켜 곡을 하게 한다."

或曰: "使有司哭之."

鄭注 잘못된 것이다. 슬퍼하는 일은 허식으로 해서는 안 된다. 非也. 哀戚之事不可虛.

集說 정씨鄭氏(정현鄭玄)는 말한다. "잘못된 것이다. 슬퍼하는 일은 허식으로 해서는 안 된다." 鄭氏曰: "非也. 哀戚之事不可虛."

【단궁상 142】

제후를 위해 애도하는 기간에, 음악을 연주하면서 식사하지 않는다.
爲之不以樂食.

鄭注 대개 염斂과 빈殯을 하는 시기를 말한다. 蓋謂殯斂之間.

集說 소疏에서 말한다. "이것은 기록자의 말이지 혹자의 설이 아니다." 疏曰: "此是記者之言, 非或人之說也."

【단궁상 143】

천자의 빈궁을 설치할 때는 용춘龍輴의 사면에 나무를 쌓고 발라 곽으로 삼고, 도끼 문양을 수놓은 관의棺衣를 곽 위에 덮으며, 덮기를 마치면 지붕 아래 네 면에 두르는데 이것이 천자의 예이다.
天子之殯也, 菆塗龍輴以椁,① 加斧于椁上, 畢塗屋,② 天子之禮也.

鄭注 ① 나무를 쌓아 용춘龍輴을 둘러 곽처럼 하고 사면을 바른다. 천자의 빈殯은 춘거輴車를 사용하는데, 수레 끌채에 용을 그린다. 菆木以周龍輴如椁而塗之. 天子殯以輴車, 畫轅爲龍.

② 도끼 문양을 보黼라 하는데 흰색과 검은색의 문양이다. 참막縿幕에 자수를 놓아 곽에 더하여 관을 덮는다. 그러고 나서 그 위에 처마 모양의 덮개를 씌우고, (사면을) 모두 바른다. 斧謂之黼, 白黑文也. 以刺繡於縿幕, 加椁以覆棺. 已乃屋其上, 盡塗之.

集說 소疏에서 말한다. "'추菆'는 쌓는다는 뜻이다. '쌓고 바른다'(菆塗)는 것은 나무로 관 주위를 싸고 사면을 바르는 것을 말한다. '용춘龍輴'[151]은 빈殯을 행할 때 춘거輴車를 사용하여 관을 싣는데 수레 끌채에 용을 그린다. '곽으로 삼는다'(以椁)는 것은 이 나무를 쌓은 것이 곽의 형태를 본떴기 때문이다. 관을 덮을 옷에 도끼 문양을 수놓는다. 먼저 사면에 목재를 쌓아서 곽 모양을 만들고 윗부분이 관과 가지런하도록 하게 하는데, 상면은 그대로 열어둔다. 이 관의로 곽 위에서 넣어 관을 덮으므로 '곽 위에 도끼 문양의 관의를 덮는다'(加斧于椁上)고 하였다. '필畢'은 다하다의 뜻이다. 도끼 문양의 관의棺衣을 덮는 것이 끝나면, 또 사면에 처마 모양을 만들어 위에서부터 덮어 내려오고, 네 면을 모두 바른다." ○ 이제 살피건대, 용춘의 사면에 나무를 쌓고 바른다고 하였으니, 춘거도 빈궁殯宮 안에 두는 것이요, 춘거를 벗겨버리고 관만을 빈궁에 두는 것이 아니다. 疏曰: "'菆', 叢也. '菆塗', 謂用木叢棺而四面塗之也. '龍輴', 殯時用輴車載柩, 而畫轅爲龍也. '以椁'者, 此叢木象椁之形也. 繡覆棺之衣爲斧文. 先菆四面爲椁, 使上與棺齊, 而上猶開. 以此棺衣, 從椁上入覆於棺, 故云'加斧于椁上'也. '畢', 盡也. 斧覆旣竟, 又四注爲屋, 以覆於上而下, 四面盡塗之也." ○ 今按, 菆塗龍輴, 是輴車亦在殯中, 非脫去輴車而殯棺也.

【단궁상 144】

오직 천자의 상喪에만 동성同姓(동성의 친족), 이성異姓(이성의 친족), 서성庶姓(친족관계가 없는 경우)을 구별하여 곡위哭位를 설치하고 곡을 함이 있다.

唯天子之喪, 有別姓而哭.

鄭注 제후에게 동성同姓, 이성異姓, 서성庶姓에 따라 곡위哭位를 설치하게 하여, 조근朝覲하러 올 때와 구별한 것이다. 조근을 할 때는 관작이 같으면 자리가 동일하다. 使諸侯同姓・異姓・庶姓, 相從而爲位, 別於朝覲來時. 朝覲, 爵同同位.

集說 제후가 천자를 조근朝覲할 때는 관작이 같으면 그 자리가 동일하다. 이제 상례의 경우는 동성同姓과 이성異姓, 서성庶姓을 분별하여 각각 서로 따라서 곡위哭位를 만들어 곡하게 한다. 諸侯朝覲天子, 爵同則其位同. 今喪禮, 則分別同姓・異姓・庶姓, 使各相從而爲位以哭也.

【단궁상 145】

노나라 애공哀公이 공구孔丘의 뇌문誄文에 "하늘이 원로를 남겨두지 않아, 나의 자리를 도와줄 사람이 없도다. 아아 슬프도다, 니보尼父여!"라고 하였다.

魯哀公誄孔丘曰: "天不遺耆老, 莫相予位焉. 嗚呼哀哉, 尼父!"

鄭注 행적을 뇌문誄文으로 열거하여 시호를 삼는다. '막莫'은 없다는 뜻이다. '상相'은 돕는다는 뜻이다. 공자가 죽어 내가 군주의 일을 처리하는데 도와줄 사람이 없다는 말이다. '니보尼父'는 공자의 자를 따와서 시호를 지은 것이다. 誄其行以爲謚也. '莫', 無也. '相', 佐也. 言孔子死, 無佐助我處位者. '尼父', 因且字以爲之謚.

集說 시호를 짓는 자가 먼저 죽은 이가 살았을 때의 행적을 열거하여 기술하는 것을 '뇌誄'라고 한다. 위대한 성인의 행적을 어찌 다 열거할 수 있

겠는가? 다만 하늘이 이 노성老成한 사람을 남겨두지 않아 나의 자리를 보좌할 사람이 없다고 말하여 상심하고 애도하는 뜻을 실을 뿐이다. '공구孔丘'라고 칭한 것은 군신 간에 사용하는 말이기 때문이다. 이 경문은 『춘추좌씨전』의 언급과 같지 않다.[152] ○ 정씨鄭氏(정현鄭玄)는 말한다. "니보尼父는 공자의 자를 따와서 시호를 지은 것이다."[153] 作諡者先列其生之實行謂之'誄'. 大聖之行, 豈容盡列? 但言天不留此老成而無有佐我之位者, 以寓其傷悼之意而已耳. 稱'孔丘'者, 君臣之辭. 此與『左傳』之言不同. ○ 鄭氏曰: "尼父, 因其字以爲之諡也."

【단궁상 146】

나라가 큰 현과 읍을 잃으면 공경·대부·사는 모두 엽관厭冠을 하고 태묘太廟에서 삼 일 동안 곡을 하며, 군주는 정식定食에 음악을 연주하지 않는다. 혹자는 "정식은 하지만 토지 신에게 곡을 한다"라고 하였다.

國亡大縣邑, 公卿大夫士皆厭冠, 哭於大廟三日, 君不擧.① 或曰: "君擧, 而哭於后土."②

鄭注 ① 군대가 패하여 땅을 잃어 상喪을 당한 예용을 하고 돌아온 것이다. '엽관厭冠'은 지금의 상관喪冠으로 그 복식의 제도에 관해서는 듣지 못하였다. 軍敗失地, 以喪歸也. '厭冠', 今喪冠, 其服未聞.

② '후토后土'는 토지신이다. '后土', 社也.

集說 '엽관厭冠'은 상례喪禮의 관으로 「곡례하曲禮下」(17)에 설명이 보인다. 정식定食에 음악으로 식사를 돕는 것이 '거擧'이다. '후토后土'는 토지신(社)이다. ○ 응씨應氏는 말한다. "'태묘太廟에서 곡을 한다'(哭於大廟)는 것은 조

종祖宗이 세운 공업을 훼손시킨 것을 가슴 아파하는 것이요, '후토后土에 곡한다'(哭於后土)는 것은 전지와 국토가 줄어들고 깎인 것에 대해 가슴 아파하는 것이다. '불거不擧'는 스스로 줄이는 것이다. '군주가 정식을 한다'고 말하는 것은 틀린 것이다." '厭冠', 喪冠也, 說見「曲禮」. 盛饌而以樂侑食曰'擧'. '后土', 社也. ○ 應氏曰: "'哭於大廟'者, 傷祖宗基業之虧損, '哭於后土'者, 傷土地封疆之朘削也. '不擧', 自貶損也. 曰君擧者, 非也."

【단궁상 147】

공자는 곡을 하는 장소가 아닌 곳에서 곡하는 사람들을 싫어하였다.

孔子惡野哭者.

鄭注 그것이 사람들을 변란시키기 때문이다. 『주례』「추관秋官·사구司寇」에 "함매씨銜枚氏는 곡하는 장소가 아닌데 절규하는 것, 국중國中에서 탄식하는 것, 국중의 도로에서 노래를 부르거나 곡을 하는 것을 금지하는 일을 관장한다"[154]라고 하였다. 爲其變衆. 『周禮』: "銜枚氏掌禁野叫呼·歎呼於國中者·行歌哭於國中之道者."

集說 "알고 지내는 사이라면 나는 들에서 곡을 하겠다"[155]라고 공자가 말한 적이 있다. 대개 알고 지내던 사람에 대해 곡을 할 때는 반드시 곡위를 설치하고 휘장을 쳐서 예를 갖추었던 것이다. 여기서 싫어한 이유는 교郊와 야野의 경계, 도로 사이 등 곡할 장소가 아닌 곳에서 곡을 하는 것이고, 또한 창졸간에 행하여 사람들을 의심하고 놀라게 하므로 싫어한 것이다. 방씨方氏(방각方慤)는 "곡하는 사람들이 (자포의 이름인) 멸蔑을 부르자, 자고子皐가 천박하다고 하였으니,[156] 공자가 싫어한 것은 이 때문이다"라

고 하였는데, 아마도 그렇지 않은 듯하다. "所知吾哭諸野", 夫子嘗言之矣. 蓋哭其所知, 必設位而帷之, 以成禮. 此所惡者, 或郊野之際, 道路之間, 哭非其地, 又且倉卒行之, 使人疑駭, 故惡之也. 方氏說"哭者呼滅, 子皐曰野哉, 孔子惡者以此", 恐未然.

【단궁상 148】

벼슬하지 않은 사람은 물건을 마음대로 남에게 보내지 않는다. 남에게 보낼 때에는 아버지나 형의 명령을 칭탁하여 한다.

未仕者不敢稅人. 如稅人, 則以父兄之命.

鄭注 집안의 재산을 자기 마음대로 하지 않는 것이다. '세稅'는 다른 사람에게 보내는 것을 가리킨다. 不專家財也. '稅', 謂遺于人.

集說 '세인稅人'은 물건을 다른 사람에게 보내는 것이다. 아직 벼슬하지 않은 사람은 자신이 아직 존귀하고 영달하지 않았으므로, 안으로는 집안의 재산을 마음대로 하지 못하며, 밖으로는 사사로이 은혜를 베풀지 못한다. 인정과 의리상 부득이하게 보내주어야 할 경우에는 존자尊者의 명령을 칭탁하여 행한다. '稅人', 以物遺人也. 未仕者身未尊顯, 故內則不可專家財, 外則不可私恩惠也. 或有情義之所不得已而當遺者, 則稱尊者之命而行之.

【단궁상 149】

(국군의 상에서 신하들은) 사士가 모두 들어온 뒤에 아침과 저녁으

로 하는 용踊을 한다.

士備入而后朝夕踊.

鄭注 '비備'는 모두라는 뜻과 같다. 국군國君의 상에서, 상주가 곡을 한다는 혐의를 사기 때문에 신하들은 사士가 들어오면 용踊을 한다. '備', 猶盡也. 國君之喪, 嫌主人哭, 入則踊.

集說 국군國君의 상喪에 여러 신하들은 아침저녁으로 곡하고 발을 동동 구르는 예가 있다. 곡은 비록 품계에 따라 곡위哭位에 자리하여 행하지만, 용踊은 반드시 서로 맞추어 절도를 이루므로 먼저 하고 나중에 하는 것을 허용하지 않는다. 사士는 지위가 낮아 항상 가장 늦게 들어오게 된다. 사가 모두 들어왔다면 자리에 없는 사람이 없게 된다. 따라서 사가 모두 들어오는 것이 완료된 이후에 용踊을 한다. 國君之喪, 諸臣有朝夕哭踊之禮. 哭雖依次居位, 踊必相視爲節, 不容有先後也. 士卑, 其入恒後. 士皆入則無不在者矣. 故擧士入爲畢, 而後踊焉.

【단궁상 150】

대상大祥을 지내고 호관縞冠을 쓴다. 이달에 담제禫祭를 지내고, 달을 넘겨서 음악을 쓴다.

祥而縞.① 是月禫, 徙月樂.②

鄭注 ① '호관縞冠'은 누이지 않은 흰색의 비단으로 가선을 두른 것이다. '縞冠', 素紕也.

② 담제禫祭를 지낸 다음 달에 음악을 사용할 수 있음을 말한다. 言禫明月可以用樂.

集說 小疏에서 말한다. "'상祥'은 대상大祥이다. '호縞'는 호관을 가리키는데 대상을 지내는 날에 착용한다." ○ 마씨馬氏는 말한다. "대상大祥과 담제禫祭의 제도는 삼년상에서 시행할 때 그 지내는 달이 같고, 기년상에서 시행할 때 그 지내는 달이 다르다. 「잡기하雜記下」(37)에 '기년상은 11개월이 되면 연제練祭를 지내고 13개월이 되면 대상大祥 제사를 지내고, 15개월이 되면 담제禫祭를 지낸다'고 하였는데, 이는 기년상이다. 아버지 생존 중에 어머니를 위해 상복을 함에는 (아버지의 존귀함에) 눌리는 바가 있다. 삼년상은 가장 극진한 것이 되는데 25개월에 그치는 것은 그 예가 지나쳐서는 안 되기 때문이다. 삼 년의 사랑을 기년으로 끊는 기년상의 경우 그 사모하는 정은 오히려 펼 수 있다. 담제를 지낸 달에 음악을 행하는 것은 다른 사람의 음악을 듣는 것이고, 담제를 지낸 달을 넘겨 음악을 행하는 것은 자신이 행하는 것이다." 疏曰: "'祥', 大祥也. '縞', 謂縞冠, 大祥日著之." ○ 馬氏曰: "祥禫之制, 施於三年之喪, 則其月同, 施於期之喪, 則其月異. 「雜記」曰'十一月而練, 十三月而祥, 十五月而禫', 此期之喪也. 父在爲母, 有所屈. 三年所以爲極, 而至於二十五月者, 其禮不可過. 以三年之愛, 而斷於期者, 其情猶可伸. 在禫月而樂者, 聽於人也, 在徙月而樂者, 作於己也."

【단궁상 151】

군주가 사士의 상喪에 장막(帟)을 내려주는 일이 있다.

君於士有賜帟.

鄭注 '역帟'은 천막 가운데 작은 것으로 먼지를 막는 것인데, 군주가 하사하면 빈궁殯宮 위에 친다. 대부 이상은 막인幕人이 제공하는 일을 담당한다. '帟', 幕之小者, 所以承塵, 賜之則張於殯上. 大夫以上, 幕人職供焉.

集說 '역帟'은 천막 가운데 작은 것으로 빈궁殯宮(시신을 안치한 곳) 위에 쳐서 먼지를 막는 데 사용한다. 대부 이상은 담당한 관원이 그것을 제공한다. 사士는 지위가 낮아 또한 스스로 마련할 수 없으므로 군주가 사의 빈궁에 작은 천막을 하사하는 것이다. '帟', 幕之小者, 置之殯上, 以承塵也. 大夫以上則有司供之. 士卑又不得自爲, 故君於士之殯, 以帟賜之也.

역주

1) 유씨 : 송나라의 학자인 劉彝(1017~10896)로, 자는 執中이고 福州 사람이다. 胡瑗에게 從學하였으며, 『七經中議』, 『明善集』 등을 저술하였다. 長樂 劉氏로 불리기도 한다. 『宋史』 卷334 「劉彝傳」 참조.

2) 문 : 冠을 대신하는 것으로 한 치 넓이의 베를 목 가운데서 앞으로 둘러 이마 위에서 교차시키고 다시 조금 물려 상투에 감는 것이다. 『의례』 「士喪禮」 "주인은 삼끈으로 상투를 묶고(括髮), 왼팔의 겉옷을 벗어서 속옷을 드러내며(袒), 衆主人은 방에서 免을 한다"(主人髺髮袒, 衆主人免于房)에 대한 정현 주에 "여기서는 삼베로 만드는데 모양은 지금의 幓頭(머리를 묶는 두건)를 착용한 것과 같다. 목 가운데서 앞으로 둘러 이마 위에서 교차시키고 조금 물려 상투에 감는다"(此用麻布爲之, 狀如今之著幓頭矣. 自項中而前, 交於額上, 卻繞紒也)라고 되어 있다.

3) 주나라의 ~ 삼는다 : 『의례』 「喪服」, 齊衰不杖期章, '適孫' 조목에 대한 정현 주에 "주나라의 도는 적자가 죽으면 적손을 후사로 세운다"(周之道, 適子死, 則立適孫)라고 되어 있다.

4) 타국에서 죽어 ~ 한다 : 『의례』 「喪服·記」에 "붕우가 모두 다른 나라에 있다가 객사하여 상주가 될 친족이 없을 경우 그의 붕우가 상주가 되는데 袒과 免을 한다. 귀국하면 그만둔다"(朋友皆在他邦, 袒免. 歸則已)라고 하였다.

5) 아직 소렴을 ~ 있었으므로 : 빈객의 자리는 주인의 자리에 따라 변한다. 소렴 전에 주인은 차마 주인의 자리에 있을 수 없어 일이 있을 때는 서쪽 계단 아래 있으므로 빈객 또한 문의 서쪽으로 들어와 서쪽 계단 아래서 조문을 한다. 소렴이 끝나고 시신을 당으로 모시고 발을 친 뒤에 주인의 자리를 꾸미게 되면 조계 밑에서 서쪽을 향한다. 조문을 온 빈객은 문의 동쪽으로 들어와 동쪽 계단에서 조문을 한다. 『禮記注疏』, 195쪽 참조.

6) 태왕이 ~ 물려준 뜻 : 주나라 太王에게는 泰伯, 仲雍, 季歷의 세 아들이 있었다. 태왕이 왕위를 계력을 거쳐 그의 아들인 昌에게 전하고자 하는 뜻을 알아채고 태백과 중옹은 함께 荊蠻으로 도망하였다. 창이 바로 文王이다.

7) 부모를 ~ 간한다 : 『논어』 「八佾」에 나온다.

8) 제나라 ~ 말했던 것 : 『左氏傳』, 昭公 3년 조와 『晏子春秋』 「門下: 晉叔向問齊國若何晏子對以齊德衰民歸田氏」에 관련 내용이 보인다.

9) 속이지 ~ 간한다 : 『논어』 「憲問」에 보인다.

10) 아버지의 ~ 않는다 : 이 말은 「檀弓上」(59)에 나온다.

11) 다른 사람의 ~ 때문이다 : 혈연관계에 있는 이에 대해서는 친애하는 도리를 가지는데 이것을 恩이라고 한다. 부모의 상을 당하여 곡을 하면서 슬퍼하는 것은 恩을 표현하는 것이 된다. 다른 사람의 恩을 빼앗지 않았다는 것은 杜氏가 합장하고자 할 때 곡을 하여 恩을 표현하는 것을 季武子가 막지 않은 것을 말한다.

12) 묘를 허문 것 : 夷는 평탄하게 한다는 뜻으로 봉분을 허물어 평탄하게 하고 시신은 다른 곳으로 옮기지 않은 것을 말한다.

13) 쫓겨난 어머니를 ~ 않는다 : 『의례』「喪服」, '齊衰杖期'장의 傳에 나오는 말이다. "쫓겨난 처의 아들이 아버지의 후사가 되었다면 쫓겨난 어머니를 위해 복을 하지 않는다. 옛 기록(傳)에 '존귀한 분과 한 몸이 된다면 사친에 대해서는 감히 복을 하지 못한다'고 하였다."(出妻之子爲父後者, 則爲出母無服. 傳曰, '與尊者爲一體, 不敢服其私親'也)

14) 쫓겨난 어머니를 ~ 뿐이다 : 『儀禮』「喪服」, '齊衰杖期章'에 "쫓겨난 처의 아들이 어머니를 위해 자최장기로 복을 한다. 傳에 말한다. '쫓겨난 처의 아들이 어머니를 위해 기년의 복을 한다면, 외할아버지와 외할머니에 대해서는 복을 하지 않는 것이다. 옛 기록(傳)에 친족관계를 끊으면 방친을 위해서는 복을 하지 않지만 정통의 친에 대해서만은 계속해서 이어진다고 하였다. 쫓겨난 처의 아들이 아버지의 후사가 되었다면 쫓겨난 어머니를 위해 복을 하지 않는다'"(出妻之子爲母. 傳曰, '出妻之子爲母期, 則爲外祖父母無服. 傳曰, 絶族無施服, 親者屬. 出妻之子爲父後者, 則爲出母無服')라고 하였다.

15) 백어는 기년을 ~ 벗었다 : 「檀弓上」(36)에 나오는 기록이다.

16) 현자가 ~ 사례 : 「中庸」에 "도가 밝혀지지 않을 것을 나는 안다. 현자는 지나치고 불초자는 미치지 못한다"(道之不明也, 我知之矣. 賢者過之, 不肖者不及也)라고 하였다.

17) 상례의 ~ 낫다 : 『논어』「八佾」에 보인다.

18) '배이후계상'은 ~ 것이다 : 『朱子語類』 권87, 「小戴禮」에 보인다.

19) 어릴 때 ~ 것이다 : 이 말은 「檀弓上」(13)에 나온다.

20) 작의 ~ 결정한다 : 이 말은 『주례』「春官 · 冢人」에 보인다.

21) 공회의 난 : 공회는 衛나라의 대부이다. 위나라 靈公의 아들인 蒯聵가 어머니인 南子를 살해하려다 실패하고 추방되었다. 영공이 죽자 위나라에서는 괴외의 아들 輒을 임금으로 세웠다. 晉나라에 망명해 있던 괴외는 조씨의 도움을 얻어 還國하려 하였으나 輒은 군사를 동원하여 부자간에 공방전을 벌였다. 그 4년 뒤 괴외는 위나라의 권신 孔悝의 도움으로 첩을 몰아내고 드디어 임금이 되었다. 이 사람이 바로 위나라 莊公이다. 『사기』「衛康叔世家」 참조.

22) 자로가 ~ 아니다 : 이 말은 『晦菴集』 권41, 「答連嵩卿」에 보인다.

23) 빈례 : 관에 넣은 시신을 葬禮를 치르기 전까지 구덩이(肂)에 임시로 안치하는 것을 殯禮고 한다. 대렴에 이어서 같이 시행한다. 시신을 안치한 곳을 殯宮이라고 하는데, 주나라에서는 堂의 서쪽 계단 위에 설치하였다. 『三禮辭典』, 113쪽, '大斂' 항목; 1199쪽, '殯' 항목 참조.

24) 명기와 평소 ~ 등이다 : 明器는 무덤에 부장하는 食器, 用器, 樂器, 兵器, 燕器 등의 기물로, 살아 있는 사람이 사용하는 기물과는 달리 실제로 사용할 수는 없도록 하였다. 『儀禮』「旣夕禮」에 "死者가 생전에 늘 쓰던 기물을 진설하는데, 활과 화살(弓矢), 쟁기와 보습(耒耜), 밥그릇(敦) 2개, 국그릇(杅) 2개, 물받이 그릇(槃), 물 주전자(匜) 등이다.

물 주전자는 물받이 그릇 속에 담는데 주둥이(流)가 남쪽을 향하도록 한다"(用器, 弓矢・耒耜・兩敦・兩杅・槃・匜. 匜實於槃中, 南流)라고 하였다.

25) 유 : 관의 장식은 상하 두 부분으로 나뉘는데, 윗부분을 '柳'(구거의 윗덮개)라 하고 아랫부분을 '牆'(구거의 옆 덮개)이라고 한다. '柳'는 관의 위를 덮는 木框으로서 그 형상이 자라의 등껍데기와 같다. '유' 위에 베로 덮은 것을 '荒'이라고 하고, '荒' 위에 黼, 黻, 火 등의 문양을 그려 넣으며, 그 꼭대기를 '齊'라고 하는데 五采와 五貝를 장식한다. '柳'의 아랫부분은 앞・좌・우 3면에 '池'가 있다. '지'는 대나무로 만드는데, 지붕의 처마와 같은 것이다. '池'의 아래에, 관의 앞 및 양 곁에 있는 것을 '牆'이라고 하는데, '장'은 베로 만든 '帷'로 덮는다. 뒷부분에는 '振容'이 있는데, 비단으로 만들며, '幡'과 같다. '柳'는 '簍'로 쓰는 경우도 있다. '柳'는 또한 관 장식의 총칭으로도 사용된다. 『三禮辭典』, 826쪽 참조.

柳車

『三禮圖』(宋 聶崇義)

棺飾

『欽定禮記義疏』(淸)

26) 삽 : 喪轝와 棺을 가리기 위하여 사용하는 나무로 만든 부채 모양의 장식이다. 黻翣('己'자가 등지고 있는 문양을 그려 넣은 나무로 만든 부채 모양의 장식), 雲翣(구름의 문양을 그려 넣은 나무로 만든 부채 모양의 장식), 黼翣(도끼 문양을 그려 넣은 나무로 만든 부채 모양의 장식)의 구별이 있다. 「喪大記」 "黼翣이 둘이고, 黻翣이 둘이고, 구름을 그려 넣은 畫翣이 둘인데, 모두 홀 모양의 옥(圭)을 떠받들고 있다"(黼翣二, 黻翣二, 畫翣二, 皆戴圭)고 한 것에 대해 陳澔는 "翣은 모양이 부채와 비슷한데, 나무로 만든다. (장례의 의절에서 수레가 발인하여 장지로 가는) 도중에는 수레를 가리고, 관을 椁에 넣었을 때에는 곽을 가린다. 2개는 흑백의 도끼 문양을 그려 넣고, 2개는 '己' 자가 등지고 있는 문양을 그려 넣고, 2개는 구름의 문양(雲氣)을 그려 넣는다"(翣, 形似扇, 木爲之. 在路則障車, 入椁則障柩. 二畫黼, 二畫黻, 二畫雲氣)라고 하였다.

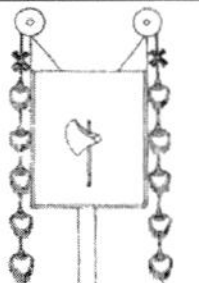

黼翣

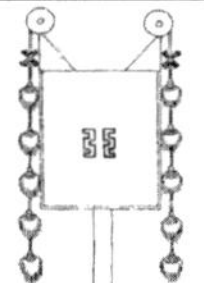

黻翣

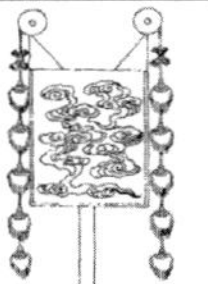

雲翣

『欽定禮記義疏』(淸)

27) 빈에서 상여를 ~ 하는데 : 「雜記上」(2)의 정현주에 "輤은 관을 싣고 빈궁으로 옮기는 상여의 덮개휘장이다. 輤은 그 명칭을 '시신과 가까이 한다'(襯)는 뜻과 '꼭두서니'(蒨)라는 두 뜻에서 취한 것이다. 발음은 '蒨旆'의 '蒨'으로 읽는다. '襯'은 棺이요, '꼭두서니'(蒨)는 붉은색으로 물들이는 풀이다. 장지로 옮길 때 관을 실은 상여의 장식을 '柳'(상여의 덮개장식)라고 한다"(輤, 載柩將殯之車飾也. 輤取名於襯與蒨. 讀如蒨旆之蒨. 襯, 棺也, 蒨, 染赤色者也. 將葬, 載柩之車飾曰'柳')라고 하였다.

28) 공자가 ~ 죽었다 : 『孔子家語』 권39, 「本姓解」에 나오는 말이다.

29) 사마천은 ~ 않았다' : 관련 내용은 『사기』 권47, 「孔子世家」에 보인다.

30) 옹저와 ~ 공자이겠는가 : 이 말은 『맹자』 「萬章上」에 보인다.

31) 「곡례」에 설명이 보인다 : 관련 내용은 「曲禮上」(175, 176)에 나온다.

32) 관끈장식 : '緌'는 관의 끈이 아래로 늘어뜨려진 부분을 가리킨다. 『禮記』 「內則」(2)의 鄭玄 注에 "'緌'는 관끈의 장식이다"('緌', 纓之飾也)라고 한 것에 대해 孔穎達은 "관끈을 묶고 턱 아래로 내려서 관을 고정시키면, 묶은 나머지는 흩어져 아래로 늘어뜨려지는데, 이것을 '緌'라고 한다"(結纓頷下, 以固冠, 結之餘者, 散而下垂, 謂之'緌')고 하였다. 緇布冠의 제도를 보면, 관의 테두리가 있는데 이를 '武'라고 하고, 武 위에 정수리를 덮는 부분이 있는데 앞쪽에서 뒤쪽으로 머리를 가로지른다. 武의 양측에 관을 묶는 2개의 끈이 있는데, 턱 아래에서 묶어서 관을 고정시킨다. 이를 纓(관끈)이라 한다. 纓을 묶고 난 나머지 끈은 아래로 늘어뜨리는데, 이를 '緌'라고 한다.

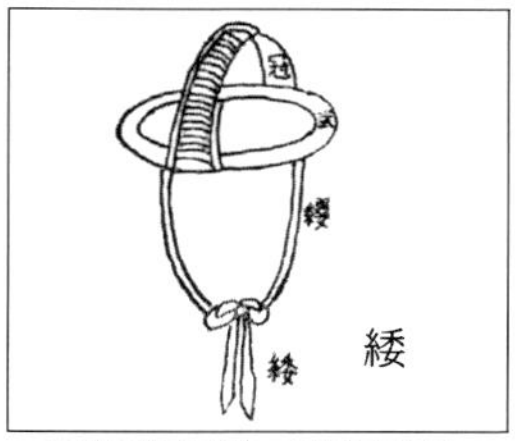

『儀禮譯注』(楊天宇)

33) 주나라 사람들은 ~ 설치하였다 : 孔穎達의 疏에 "유우씨 때는 瓦棺뿐이었고, 하후씨는 와관의 밖 사방에 구운 벽돌을 쌓았고, 은나라 때는 와관을 재관으로 바꾸고 다시 나무로 된 곽으로 즐주를 바꾸었으며, 주나라 사람은 관과 곽을 사용하고 다시 곽의 곁에 유와 삽선을 설치하는 것으로 바꾸었다"(有虞氏唯有瓦棺, 夏後氏瓦棺之外加堲周, 殷則梓棺替瓦棺, 又有木爲槨替堲周, 周人棺槨, 又更於槨傍置柳·置翣扇)라고 하였다.

34) 유의 : 柳와 같다. 「檀弓上」 각주 24), '柳' 항목 참조.

35) 흰 말이 깨끗하다 : 『주역』, '賁卦' 六四의 爻辭에 보인다.

36) 공손하였다고는 ~ 부족하였다 : 공영달 소에 다음과 같이 그 이유를 설명하고 있다. "『춘추좌씨전』에 '晉侯가 자신의 世子 申生을 죽였다'라고 기록하였다. 아버지가 不義한 것이다. 孝子는 부모를 不義에 빠뜨리지 않는데, 申生은 스스로 그렇게 하지 못하고 결국 아버지에게 자식을 죽인 악행이 있게 하였다. 비록 마음에는 효심이 있었지만 일을 처리함에 끝내 옳지 않았다. 그러므로 효도하였다고 말하지 않는 것이다. 다만 시호가 恭인 것은 아버지의 일에 순응하였기 때문이다. 諡法에 '공경하여 순응함으로 위를 섬기는 것이 恭이다'라고 하였다."(『春秋左傳』云: '晉侯殺其世子申生.' 父不義也. 孝子不陷

親於不義, 而申生不能自理, 遂陷父有殺子之惡. 雖心存孝, 而於理終非. 故不曰孝. 但謚爲恭, 以其順於父事而已. 謚法曰: '敬順事上曰恭.')

37) 숙씨는 그것을 잊었는가? : 이 말은 『춘추좌씨전』, 昭公 15년 조 傳에 나온다.

38) 숙씨여! ~ 허락하는구나 : 이 말은 「檀弓上」(108)에 나온다.

39) 뇌문을 지어 애도하였다 : 주석에 따르면, 사자의 공로를 드러내 애도하는 글을 誄라고 하고, 뇌문을 지어 애도할 때, 그 뇌문의 내용에 근거하여 시호를 내려준다. 따라서 뇌문을 지어 애도하였다는 말은 사자의 공로를 뇌문을 지어 드러내 애도하고 시호를 내려주었다는 뜻을 함축한다.

40) 악정 : 樂官의 우두머리를 총칭하는 말이다. 「王制」(88) "樂正은 네 가지 학술(術)을 높여서, 네 가지 교육을 진작시키는데, 先王의 『詩』, 『書』, 『禮』, 『樂』에 따라 교육시켜 사士를 양성한다"(樂正崇四術, 立四敎, 順先王『詩』·『書』·『禮』·『樂』, 以造士)에 대한 정현 주에 "樂正은 악관의 우두머리로 국자의 교육을 관장한다"(樂正, 樂官之長, 掌國子之敎)라고 하였다.

41) 하나의 ~ 않는 : 이 말은 『맹자』 「公孫丑上」에 보인다.

42) 자리를 바꾸어 ~ 지점이다 : 이 말은 『晦菴集』 권41, 「答連嵩卿」에 보인다.

43) 계손이 ~ 있다 : 이 말은 『晦庵集』 권49, 「答王子合」에 보인다.

44) 소상 : 練祭라고도 한다. 죽은 지 만 1년째(기년상의 경우는 11개월째)에 지내는 제사로 누인 상복(練服)으로 갈아입고 야채와 과일을 먹을 수 있다.

45) 대상 : 죽은 지 만 2년째(기년상의 경우는 13개월째)에 지내는 제사로 슬픔이 북받칠 때 곡을 하기는 하지만 아침저녁의 정해진 곡이 없고 고기를 먹을 수 있다.

46) 북상투 : '髽'의 의미에 대하여, ① 馬融은 "베를 구부려 수건을 만들고, 높이 4촌으로 하여 이마 위에 쓴다"고 하였다. ② 賈公彦은 "북상투에는 두 가지가 있다. 하나는 成服하기 전에 하는 북상투로서 『儀禮』 「士喪禮」에서 말한 것이 그것이다. 참최의 상에는 마로 북상투를 만들고, 자최의 상에는 베로 북상투를 만든다. 다른 하나는 성복 후에 하는 북상투로서, 이 경문에 대한 정현 주가 그것이다"라고 하였다. ③ 孔穎達은 「상복소기」의 소에서 "북상투의 형태는 다양하여 麻髽·布髽·露紒 등이 있다. 부인의 마좌는 남자의 括髮에 대응한다. 남자가 어머니를 위해 免을 할 때에 부인은 포좌를 사용하고, 또 성복한 후에는 露紒의 髽를 한다"고 하여 북상투에 3가지 형태가 있음을 설명하고 "정확하게 말하면 두 가지 북상투인데, 첫째는 참최의 마좌이고, 둘째는 자최의 포좌이다. 이 두 가지 모두 露紒라고도 칭한다"고 하였다. 『儀禮正義』, 1375쪽 참조.

47) 狐 : 저본에는 '壺'로 되어 있으나 『춘추』에 따라 바로잡았다.

48) 석최 : 『주례』 「春官·司服」에 "(조문할 때) 천자는 三公과 六卿에 대하여 錫衰를 하고, 제후에 대하여 緦衰를 하고, 대부와 사에 대해 疑衰를 한다. 그 머리의 복장은 弁을 하고 絰을 두른다"(王爲三公六卿錫衰, 爲諸侯緦衰, 爲大夫士疑衰. 其首服皆弁絰)고 하였다. 「喪服小記」(70)에도 "제후가 조문을 갈 때 반드시 皮弁과 錫衰를 한다"(諸侯弔必

皮弁錫衰)라고 하였다. 피변은 흰색의 弁이며, 錫衰는 7升半의 麻를 매끄럽게 가공하여 만든 옷으로 천자가 삼공과 육공에 대하여 조문할 때 입는 옷이다.『三禮辭典』, 317쪽, '皮弁服' 항목; 1142쪽, '錫衰' 항목 참조.

49) 부인의 조복의 ~ 한다 :『儀禮』「喪服」에 "대부가 命婦를 조문할 때는 錫衰를 한다. 명부가 대부를 조문할 때도 석최를 한다"(大夫弔於命婦錫衰. 命婦弔於大夫亦錫衰)라고 하였다.

50) 머리를 묶은 뒤 드리운 머리끈 : '總'의 의미다. ① 정현 주에서는 "머리카락을 묶는 것"(束髮)이라고 하였고,「內則」 공영달의 소에서는 "누인 비단(練繒)을 찢어서 만든다"고 하였다. 胡培翬는 "吉禮에는 비단으로 머리끈(總)을 만들고, 喪禮에는 베로 머리끈을 만든다.「증자문」에 '딸은 복장을 바꾸어 베로 만든 심의를 입고, 흰 생명주로 만든 머리끈을 하고 분상한다'(女改服, 布深衣, 縞總以趨喪)고 한 것은 親迎할 때 아내가 될 사람이 도중에 사위의 부모가 죽은 경우 입는 복장이다. 그러나「상복」의 이 경문 규정은 집에 있을 때의 成服이므로 비단으로 하지 않고 베를 사용하는 것이다"라고 하였다.「檀弓上」에 "노나라 부인들이 북상투(髽)를 하고 조문하였다"(魯婦人之髽而弔也)고 한 것에 대해 정현은 "부인이 조문을 할 때에는 素로 만든 머리끈을 한다"고 하였다. 黃榦은 이 '素'가 비단인지 베인지 상세하지 않다고 하였다. 胡培翬는 베로 만든 머리끈(布總)은 참최 이하의 머리끈이고, 조문할 때의 복장에는 생명주로 만든 머리끈(縞總)을 써야 한다고 해석하였다. ② 程瑤田은 "「內則」에서 말한 빗(櫛)·머리싸개(縰)·비녀(笄)·머리끈(總)의 순서에 따르면, 빗질을 한(櫛) 후에 머리카락을 감싸고(縰), 머리카락을 감싼 후에 비녀를 꽂으니(笄), 비녀를 꽂으면 머리카락을 묶는 일(紒)이 완성된다. 이에 머리띠(帕)로 묶은 머리카락을 둘러싸고, 그 끝을 맺어서 아래로 드리워 휘날리지 않도록 한다. 그러므로 이것을 總이라고 한다. 그러나 북상투를 할 때에는 반드시 머리싸개를 제거한다. 머리싸개는 머리카락을 묶는 것이다. 머리싸개를 제거하면 묶은 머리카락이 노출된다. 머리끈은 베로 만든 것을 사용한다"고 하였다.『儀禮正義』, 1374 참조.

51) 며느리가 ~ 하는데 :『儀禮』「喪服」, '齊衰不杖期' 조목에 나온다.

52) 중월이담 :『儀禮』「士虞禮」에 보인다.

53) 부모의 ~ 벗었으므로 :「雜記下」(20)에 "부모의 喪에 대해서는 기간이 지나서 상복을 벗고, 형제의 상에 대해서는 기간이 지나기 전에 벗는다"(親喪外除, 兄弟之喪內除)라고 하였다.

54) 달을 넘긴 열흘 뒤 : 공영달 소에 "대상은 흉사이므로 제사일을 遠日을 사용한다. 그러므로 대상을 지내고 열흘이 되면 달을 넘길 수 있다. 만일 제사일을 점쳐서 길하지 않으면 近日을 사용한다. 그러면 대상을 지내고 열흘이 되어도 笙을 연주하면서 노래하는 것이 소리를 이루지 못한다. 아직 달을 넘기지 못하였기 때문이다"(祥是凶事, 用遠日. 故十日得踰月. 若其卜遠不吉, 則用近日. 雖祥後十日, 亦不成笙歌. 以其未踰月也)라고 하였다.

55) 원일 : 열흘 뒤의 날짜를 의미한다. 가령 上旬에 있는 丁일을 날짜로 잡아 점을 쳤는데

길하지 않으면, 열흘 뒤 상순에 가서 중순에 있는 丁일을 점친다. 이때에도 丁일이 길하지 않게 나오면, 다시 중순에 가서 하순의 丁일을 점치고, 역시 길하지 않으면 제사를 그만둔다. 날을 잡아 길흉을 점치는 것은 세 번 이상 초과할 수 없기 때문이다. 「曲禮上」(204)에 "喪事에는 멀리 있는 날을 먼저 점치고, 吉事는 가까이 있는 날을 먼저 점친다"(喪事先遠日, 吉事先近日)라고 하였다.

56) 대상을 ~ 없고 : 『大戴禮記』「喪服變除禮」에 보인다.

57) 누이지 ~ 두른다 : 「玉藻」(33)에 보인다.

58) 공자는 ~ 뻔했다 : 『논어』「子罕」에 보인다.

59) 전쟁에서 ~ 아니다 : 「祭義」(33)에 보인다.

60) 군자는 ~ 않는다 : 『맹자』「盡心上」에 보인다.

61) 배를 ~ 않는다 : 「祭義」(38)에 나온다.

62) 제나라 장공이 기량의 처 : 기량은 춘추 시대 齊나라의 大夫로 이름은 殖이다. 莊公을 따라 莒나라를 습격하던 중 용감히 싸우다가 전사하였다. 그의 아내가 시신을 거두어 돌아오는데 들에서 장공이 조문하려 하자, 그녀는 "杞殖이 죄를 짓고 죽었는데 군이 조문하실 것이 있겠습니까. 만일 죄를 사면해주신다면 先人의 오막살이가 있으니, 거기에서 조문을 받겠습니다"라고 하였다. 『춘추좌씨전』, 襄公 23년 조 참조.

63) 이치를 ~ 있다 : 『二程遺書』 권1, 「端伯傳師說」에 나오는 말이다.

64) 백어는 ~ 없다 : 쫓겨난 어머니에 대해 자식은 자최기년복을 하지만, 자식이 아버지를 계승하여 후계자가 될 사람인 경우에는 복이 없다. 『儀禮』「喪服」'齊衰期年服'조항에 자세하다.

65) 후비사성 : 북두칠성 머리 부분의 樞, 璇, 璣, 權 등 네 별을 가리킨다. 정현은 이 네 별을 본떠 후비를 4인 두는 제도를 수립하였다고 설명하고 있다.

66) 명조에서 죽었다 : 『맹자』「離婁下」에 보인다.

67) 『서』의 "승하하시어 ~ 한다 : 인용문은 『書集傳』「舜典」에 보인다.

68) 예에 ~ 시킨다 : 『儀禮』「士喪禮」에 '適室에서 사망을 하면, 대렴 때 쓸 이불(斂衾)로 시신을 덮는다"(死于適室, 幠用斂衾)라고 하였고, 소렴 이전의 절차 즉 목욕, 반함 등은 모두 적실에서 하는 것으로 규정하고 있다.

69) 구설 : 정현 주를 가리킨다.

70) 자장은 성이 전손이다 : 『사기』 권67, 「仲尼弟子列傳」에 관련 내용이 보인다.

71) 죽어서 ~ 걱정한다 : 『논어』「衛靈公」에 나온다.

72) 막 돌아가셨을 때 올리는 전 : 상례에서 虞祭 이전에 사자에게 올리는 喪祭를 奠이라고 부른다. 祭는 귀신에게 올리는 제사를 의미하고, 奠은 정식 제사에 비하여 간략하게 줄여서 행하는 것을 말한다. 막 사망하였을 때 전을 올리고 이를 始死奠이라고 부른다. 葬禮를 치르기 전에는 살아 계실 때의 도리로 死者를 대하기 때문에 虞祭 이전에는 祭가

아닌 奠을 올린다. 奠은 尸가 없고 祭饌을 지면에 진설한다. 해당 부분, 공영달 소 참조.

73) 형제의 ~ 한다 : 『儀禮』 「喪服」, '小功' 조에 "남편의 고모·자매를 위해 소공 5월로 복을 하고, 손아랫동서와 손윗동서를 위해 소공 5월로 복을 하는데, 서로 똑같은 복으로 갚아준다"(夫之姑·姊妹, 娣姒婦, 報)라고 되어 있다.

74) "부축을 받아서 ~ 경우 : 「喪服四制」(6)에 나오는 말이다. "백관이 갖추어져 있고 백물이 구비되어서 명령을 하지 않아도 喪事가 행해질 수 있는 천자와 제후의 경우는 남의 부축을 받으면서 일어난다. 명령을 내려야 상사가 행해지는 대부와 사의 경우는 지팡이를 짚고서 일어난다. 자신이 직접 일을 집행해야 이루어지는 서인의 경우는 얼굴에 때가 끼게 할 뿐이다."(百官備, 百物具, 不言而事行者, 扶而起. 言而后事行者, 杖而起. 身自執事而后行者, 面垢而已)

75) 예에 ~ 것이다 : 「喪服小記」(33)에 "降服하여 緦麻와 小功을 하는 경우는 追服한다"(降而在緦·小功者, 則稅之)라고 하였다. 이에 따르면 正服으로 緦麻와 小功을 하는 경우는 추복을 하지 않는다는 뜻이 된다.

76) 부봉 : 賵은 장례를 돕기 위해 보내온 수레와 말, 비단 등의 부의품을 말한다. 부의품 가운데 車馬를 '賵'이라 하고 재화를 '賻'라 하며 의복과 가죽 등을 襚라고 부르는데, 또한 통틀어서 '賵'이라고 한다. 『三禮辭典』, 1137쪽, '賵' 참조.

77) 貸 : 『禮記大全』에 '貨'로 되어 있다. 본 경문의 정현주와 『陳氏禮記集說』(사고전서본) 원문에 의거하여 '貸' 자로 고친다.

78) 서로 공경하는 ~ 행하는 사이 : 관련 내용은 「雜記下」(41)의 정현 주에 보인다.

79) '상유질'은 ~ 것이다 : 거상 중에 질병이 생길 경우 술을 마시고 고기를 먹도록 허용하는 것과 관련해서는 「曲禮上」(165), 「曲禮上」(166), 「雜記下」(43), 「雜記下」(46) 등에 기록되어 있다.

80) 군자는 ~ 받는다 : 『논어』 「顔淵」에 나오는 曾子의 말이다. "군자는 학문을 통해 벗을 모으고 벗을 통해 仁의 실천에 도움을 받는다"(君子以文會友 以友輔仁)라는 曾子의 말이 나온다.

81) 치재 : 제사하기 3일 전 또는 1일 전부터 실내에 머무르면서 제사를 올리는 대상에 대하여 거처하던 곳, 말씀하던 모습, 즐기던 것, 지향하던 것, 좋아하던 음식 등 생전의 모습을 상기하면서 마음과 거동을 정결하게 유지하는 것을 말한다. 「祭義」(2)에 "안으로 마음을 삼가고 밖으로 거동을 조심한다. 재계하는 기간에는 부모가 거처하시던 바를 생각하고 웃고 말씀하시던 것을 생각하고 뜻을 두고 의향하시었던 바를 생각하고 좋아하시던 음악을 생각하고 즐기시던 음식을 생각한다. 그렇게 3일을 재계하면, 곧 재계하며 생각하였던 대상을 본다"(致齊於內, 散齊於外. 齊之日, 思其居處, 思其笑語, 思其志意, 思其所樂, 思其所嗜. 齊三日, 乃見其所爲齊者)에 대해 鄭玄은 "'致齊'는 이 다섯 가지를 생각하는 것이다. '散齊'는 7일 동안 말을 타지 않고, 음악을 연주하지 않고, 조문을 하지 않는 것이다"('致齊', 思此五者也. '散齊', 七日不御·不樂·不弔耳)라고 하였다.

82) 뒷장 : 아래 「檀弓上」(64)를 말한다.

83) 뒷장 : 아래 「檀弓上」(84)를 말한다.

84) 흰 비단으로 깃대를 싼다 : 이 말은 『爾雅』 「釋天」에 나온다.

85) 관덮개 : 柩衣라고도 한다. 대부 이상이 사용하는 관의 덮개장식으로 누이지 않은 흰 비단을 지붕 모양으로 만들어 관을 덮는다. 「喪大記」(83)의 "누이지 않은 흰 비단으로 褚를 설치한다"(素錦褚)에 대하여 鄭玄은 "大夫 이상의 喪에서 褚로 棺身을 덮고 그 위에 帷와 荒을 설치한다"(大夫以上有褚以襯覆棺, 乃加帷荒於其上)라고 하였다. 孔穎達은 疏에서 "素錦은 흰 비단이다. 褚는 '지붕'(屋)이다. 荒 아래에 흰 비단을 사용하여 지붕을 만든다. 葬禮에서 장지로 가는 도중에 宮室을 형상한 것이다. 그러므로 「雜記上」(2)에 '누이지 않은 흰 비단으로 지붕을 설치하고 출발한다'고 하였는데 곧 褚가 그것이다"('素錦', 白錦也. '褚', 屋也. 於荒下又用白錦以爲屋也. 葬在路象宮室也. 故「雜記」云'素錦以爲屋而行', 卽褚是也)라고 하였다.

86) 종틀과 그 고리 울퉁불퉁하네 : 『詩』 「大雅 · 皇矣」에 보인다.

87) 내가 ~ 살았다 : 이 말은 「檀弓上」(49)에 나온다.

88) '차라리 검소한 ~ 낫다 : 이 말은 『논어』 「八佾」에 보인다.

89) 조전 : 발인하기 전날 해가 기울 때 올리는 喪祭로 祖廟의 中庭에서 지낸다. 祖는 출발의 시작을 뜻한다. 살아 있을 때도 길을 떠날 일이 있으면 술을 마시고 전별하는 예가 있는데 이를 '祖'라고 한다. 그 때문에 死者가 길을 떠나려고 할 때 奠을 진설하는 것 또한 조라고 한다. 『漢書』 「臨江王傳」의 注에 "黃帝의 아들인 累祖가 먼 곳으로 유람하기를 좋아하다가 길에서 죽었으므로 후세 사람들이 그를 제사지내면서 行神으로 삼았다. '祖'라는 것은 길을 떠나는 사람을 전송하면서 지내는 제사이다"라고 하였다. 『儀禮』 「旣夕禮」 注에 "장차 길을 떠나면서 술을 마시는 것을 '祖'라고 하는데, '祖'는 시작의 뜻이다"라고 하였고, 이에 대한 疏에 "살펴보건대, 『시』에 이르기를, '한후가 나가 路祭를 지내니, 나가서 도 땅에 유숙하도다. 현보가 나아가 전송하니, 청주가 백 동이로다'(韓侯出祖, 出宿于屠. 顯父薦之, 淸酒百壺)라고 하였으며, 또 이르기를, '자 땅에 나가 유숙하고, 예 땅에서 전별주를 마시도다'(出宿于泲 飮餞于禰) 하였는데, 여기서는 모두 장차 길을 떠날 적에 술을 마시는 것을 '조'라고 하였다. 그런데 이곳 「기석례」에서는 죽은 자가 장차 길을 떠나는 것도 '조'라고 하였다. 이는 처음 길을 떠나는 것이기 때문에 '조'라고 한 것이다"라고 하였다.

90) 견전 : 葬奠이라고도 한다. 널을 구거에 싣고 장지로 떠나기 전에 지내는 喪祭로 『주례』 疏에 "장지로 갈 때, 조묘의 뜰에서 遣奠을 크게 차리고 사자를 전송한다"(將葬, 於祖廟之庭, 設大遣奠, 遣送死者)라고 하였다. 祖奠과 遣奠은 모두 祖廟의 뜰에서 지낸다.

91) '전지'는 ~ 것이다 : 徐乾學의 『讀禮通考』 권58, 「喪儀匡」에서는, '塡池'를 '奠徹'로 보아야 한다는 정현과는 달리 陸農師는 "池'는 殯을 한 구덩이다. 널을 실을 곳으로 구거를 이동시킨 다음에는 빈을 했던 구덩이를 메우므로 '상주가 조를 마치고 구덩이를 메웠

다'고 한 것이다. 『공총자』에 '널을 묻은 곳을 肂라 하는데, 肂坎을 지라고 한다'라고 한 것이 그것이다"(池, 殯坎也. 既祖則塡之, 故曰'主人既祖, 塡池.' 『孔叢子』曰'埋柩謂之肂, 肂坎謂之池', 是也)라고 한 견해를 소개하고 있다.

92) 죽은 ~ 섬기듯이 : 본 인용은 「中庸」(19)에 나온다.

93) 반함 : 생쌀과 조개 등을 死者의 입에 넣어 아름답게 장식하는 의절이다.

94) 소렴 : 상례의 둘째 날에 방에서 死者에게 옷과 이불을 덮어주는 절차로, 수의 19벌을 입히고 絞(수의를 묶는 끈)로 묶는다.

95) 대렴 : 사망한 지 삼 일째에 동쪽 계단 위쪽에서 死者에게 다시 壽衣를 입히고 이불을 덮어 殯을 준비하는 절차로, 30벌의 수의를 입힌 뒤 絞(수의를 묶는 끈)로 묶는다.

96) 석의를 감추고 : 『禮記』 「玉藻」(44)에 "(석의를 입지 않고) 갖옷을 겉으로 드러낸 채 공문을 들어가지 못하고, 갖옷에 덧입어 석의를 감추고(襲裘) 공문에 들어가지 못한다"라고 하였다. 이에 대하여 정현은 "표구는 갖옷을 겉에 드러내는 것이다. 갖옷을 입을 때는 반드시 석의를 입어야 한다"(表裘, 外衣也. 衣裘必當裼也)라고 하였고, 孔穎達은 "갖옷 위에는 석의가 있고, 석의 위에는 습의가 있으며, 습의 위에 정복을 입는다"(裘上有裼衣, 裼衣之上有襲衣, 襲衣之上有正服)라고 하였다. 이에 따르면 갖옷 위에 반드시 입어야 하는 裼衣를 입고 그 위에 다시 襲衣를 덧입는 것이다.

97) 석의를 드러내어 : 겨울철에는 속옷 위에 '갖옷'(裘: 모피옷)을 입고, 갖옷 위에 裼衣(中衣라고도 함)를 입고, 裼衣 위에 또 皮弁服 등 '겉옷'(上衣)을 입는데, 禮를 행할 때에는 겉옷의 왼쪽 소매를 걷어 올려서 그 裼衣를 드러나게 한다. 이렇게 하는 것을 '裼'이라고 한다. 『禮記』 「玉藻」(50)에 "군주는 여우의 흰 모피로 지은 갖옷(狐白裘)을 입고, 그 위에 비단으로 지은 옷(錦衣)을 裼衣로 덧입는다"(君衣狐白裘, 錦衣以裼之)라고 한 것에 대해 鄭玄은 "군주가 여우의 흰 모피로 지은 갖옷을 입는 경우에는 흰 비단으로 옷을 만들어 갖옷을 덮어 裼이 될 수 있게 한다. 袒(왼쪽 소매를 걷어 올리는 것)을 하여 옷이 드러나는 것을 '裼', '裼裘'라고 한다. 반드시 갖옷을 덮어 가리는 것은 갖옷이 속옷이기 때문이다. 『詩』에 '비단으로 웃옷을 만들어 絅衣(홑 비단 웃옷)를 삼고, 비단으로 치마를 만들어 絅裳(홑 비단 치마)으로 삼네'라고 하였다. 그렇다면 비단옷에 다시 겉옷이 있음이 분명하다. 천자는 여우 흰 털로 지은 겉옷에 피변복을 하는 듯하다. 무릇 裼衣는 갖옷의 색과 같게 한다"(君衣狐白毛之裘, 則以素錦爲衣覆之, 使可裼也. 袒而有衣曰'裼'. 必覆之者, 裘褻也. 『詩』云'衣錦絅衣, 裳錦絅裳'. 然則錦衣復有上衣, 明矣. 天子狐白之上衣, 皮弁服與. 凡裼衣象裘色也)라고 하였다. 또 같은 『禮記』 「玉藻」(55)에 "갖옷에 裼衣를 입는 것은 (석의의) 아름다움을 드러내기 위한 것이다. 조문을 할 때에는 裼衣 위에 갖옷을 습의로 껴입음은 문식을 다하지 않는 것이다. 군주가 있는 곳이라면 석의를 덧입어 문식을 다한다"(裘之裼也, 見美也. 弔則襲, 不盡飾也. 君在則裼, 盡飾也)라고 한 것에 대해 鄭玄은 "군자가 일을 할 때, 아름다움을 드러내는 것으로 공경함을 나타낸다. 喪事는 아름다움을 드러내는 일이 아니니다"(君子於事以見美爲敬. 喪非所以見美)라

고 하였다. '襲'은 곧 袒을 하지 않아 裼衣를 드러내지 않는 것을 말하는데, 문식으로 공경을 표현하기 부족한 아주 성대한 예를 행할 때는 문식을 위주로 하지 않기 때문에 襲을 하는 것으로 공경을 삼는다. 『禮記』「玉藻」(56)에 "의복에서 석의 위에 습의를 입는 것은 석의의 아름다움을 가리기 위한 것이다. 이 때문에 尸는 석의 위에 襲衣를 입고, 옥과 거북을 잡을 때 습의를 겹쳐 입는다. 신하가 일이 없을 때에도 (군주의 처소에서) 석의를 입는 것은 감히 (석의의 아름다움을) 가리지 않는 것이다"(服之襲也, 充美也. 是故尸襲, 執玉龜襲. 無事則裼, 弗敢充也)라고 하였다.

98) 왼쪽 소매를 걷고 : 겉옷의 왼 소매만을 벗고 속옷과 中衣를 남기는 것을 袒이라 하고, 속옷인 갖옷 위에 중의로 裼衣를 입고 다시 겉옷을 입었을 때 겉옷의 왼 소매를 벗어 석의가 드러나도록 하는 것이 裼이며, 왼 소매의 중의와 속옷을 모두 벗어 팔뚝이 드러나도록 하는 것을 肉袒이라고 한다. 袒도 하지 않고 裼도 하지 않는 것이 襲이다. 다시 말하면 속옷과 중의와 겉옷을 모두 입은 상태 그대로 두는 것이 襲이. 『三禮辭典』, 688쪽 참조.

99) 지나친 ~ 경우 : 이 말은 「檀弓上」(44)에 나온다.

100) 모자라는 ~ 경우 : 이 말은 「檀弓上」(44)에 나온다.

101) 단궁이 ~ 한 것 : 관련 내용은 「檀弓上」(1) 참조.

102) 종종걸음 : 『爾雅』에서는 時(室內의 걸음) → 行(堂上의 걸음) → 步(堂下의 걸음) → 趨(門外의 빠른 걸음) → 走(中庭의 달려가는 걸음) → 奔(大路의 뛰는 걸음)의 순서로 느린 걸음부터 빠른 걸음을 표기하고 있다.(『爾雅』「釋宮」"室中謂之時, 堂上謂之行, 堂下謂之步. 門外謂之趨, 中庭謂之走, 大路謂之奔")

103) 심의 · 장의

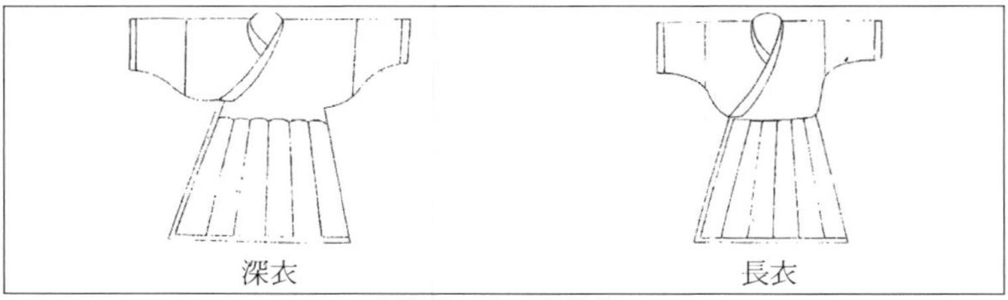

『禮書』(宋 陳祥道)

104) 『의례』의 ~ 종류이다 : 본 인용은 『朱子語類』 卷87에 보인다.

105) 수질 : 상주가 머리에 두르는 장식으로 상주의 진실한 마음을 표현하기 위한 것이다. 『儀禮』「喪服」에 "검은빛의 암마로 만든 首絰과 要絰을 두른다"(苴絰)라고 한 것에 대해 鄭玄은 "삼(麻)은 머리에 두르거나 허리에 두르거나 모두 '絰'이라고 한다. 絰이라는 글자는 진실하다는 뜻으로, 효자에게 진실한 마음이 있음을 밝히기 위해서 이 복을 제정한 것이다"(麻在首在要皆曰絰. 絰之言實也, 明孝子有忠實之心, 故爲制此服焉)라고 하였다.

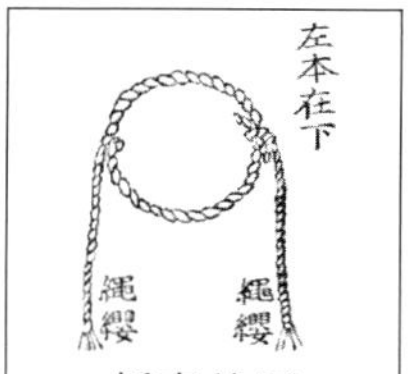

斬衰首絰

『家禮』

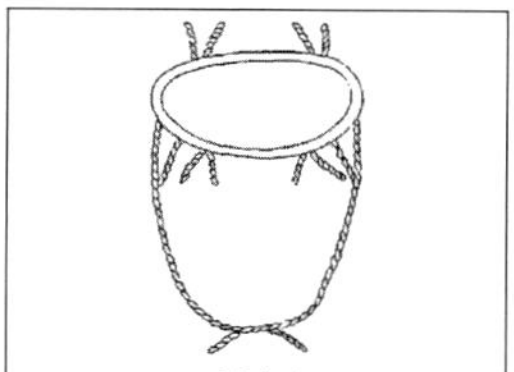

苴絰

『三禮圖』(宋 聶崇義)

苴絰

『欽定禮記義疏』(淸)

106) 규항 : '缺項'이 정확히 무엇을 의미하는가에 대해서는 정설이 없다. 鄭玄의 설명에 따르면, '규항'은 치포관을 머리에 고정시키는 작용을 하는 치포관의 부속물이다. 치포관에는 관을 고정시키는 비녀(笄)가 따로 없고, 관을 묶을 수 있는 관끈(紘)도 없다. 이 때문에 규항으로 관을 고정시킨다. 규항의 네 귀퉁이마다 두 갈래로 된 작은 끈(綴)이 있어 치포관을 쓸 때 이 끈을 관의 테두리(武)에 묶어서 규항을 관과 연결한다. 또한 규항의 양 끝에 매듭을 하나씩 맺고, 이 매듭에 조그만 끈(纓)을 꿴다. 그리고 머리에 규항을 두른 후 끈(纓)을 목 뒤에서 턱 앞으로 오게 하여 묶어서 치포관을 머리에 고정시킨다.

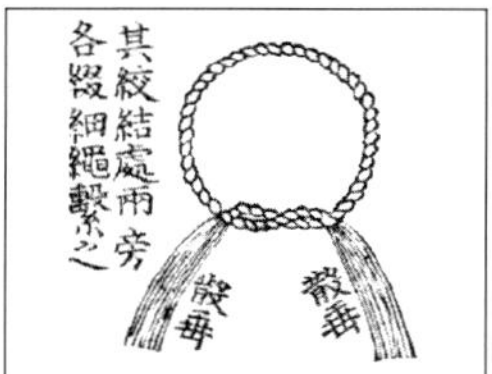

斬衰至大功腰絰

『家禮』

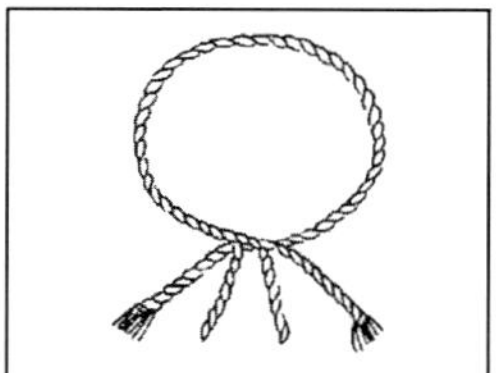

斬衰腰絰

『三禮圖』(宋 聶崇義)

腰絰

『欽定禮記義疏』(淸)

107) 요질 : 상주가 허리에 두르는 장식으로 腰帶라고도 한다. 평소 착용하던 大帶를 상징하는 것이다.

108) 아궁이를 헐어 : 죽은 뒤에는 다시 먹고 마실 일이 없음을 보이는 것이다.

109) 행단 : 출행하기 전에 길신에게 제사하기 위해 임시로 설치한 단을 말한다.

110) 공자에게 ~ 것이다 : 이 부분은 공영달 疏에 나오지 않고 정현 주에 나오는데, 집설에서 여기에 붙여 놓은 것이다.

111) 녹봉이 ~ 것이다 : 관련 내용은 『논어』「雍也」에 나온다. 공자가 제자 原憲에게 녹봉을 많이 주자 원헌이 사양하였다. 그러자 공자가 원헌에게 남는 돈으로 隣里와 鄕黨의 이웃에게 주라고 권하였다.

112) 당신을 떠나겠습니다 : 손희단의 『禮記集解』와 楊天宇의 『禮記譯註』에서는 '請前'을 '먼저 죽겠습니다'의 뜻으로 풀이하였다. 곧 먼저 죽어 그곳에 묻혀서 文子가 묻히지 못하게 하겠다는 취지로 완곡하게 문자의 의도를 비판한 말로 해석하였다.

113) 위모관 : 고대 주나라에서 사용하던 冠의 명칭이다. '委貌'는 모양을 안정시킨다는 뜻

으로 검은색 비단으로 만들며, 후대의 進賢冠에 그 모습이 남아 있다고 한다.

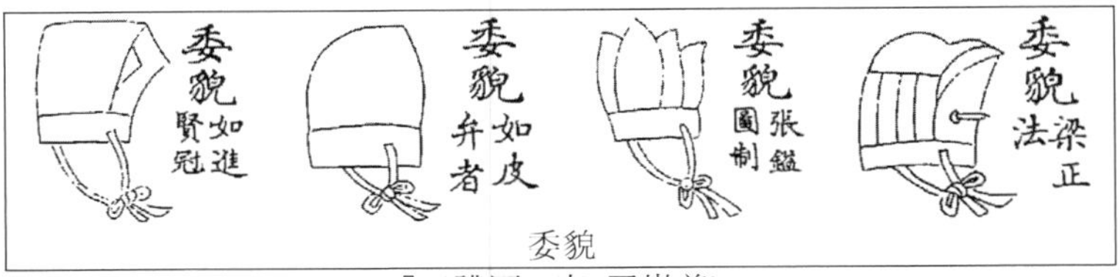

『三禮圖』(宋 聶崇義)

『禮書』(宋 陳祥道)

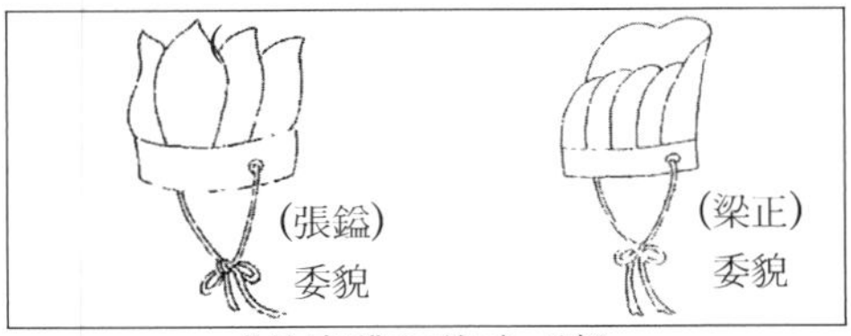

『欽定禮記義疏』(淸)

114) 복인 : 春官 宗伯에 소속되어 大卜과 卜師가 龜卜의 일을 행하는 것을 돕는 中士 혹은 下士를 가리킨다. 여기서는 '卜' 자가 '僕' 자여야 한다는 鄭玄註에 따라 해석하였다.

115) 사인 : 射禮를 주관하는 관직으로 三公孤 · 卿大夫의 朝位를 아울러 관장한다. 下大夫로 夏官 司馬에 소속된다. 射人師, 大射正, 司射라고 부르기도 한다. 관련 내용은 『주례』「夏官 · 射人」에 자세하다.

116) 선왕이 예를 ~ 있다 : 본 인용은 『朱子語類』 卷87, 「小戴禮記」에 보인다.

117) 60세가 ~ 정돈한다 : 이 말은 「王制」(123)에 보인다.

118) 시신의 의복을 묶는 효포 · 홑이불 · 이불 :

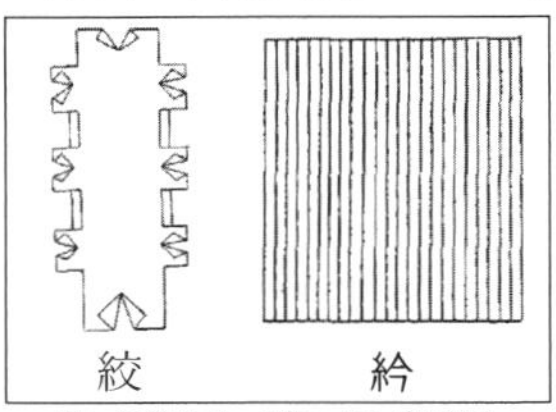

『三禮圖』(宋 聶崇義)

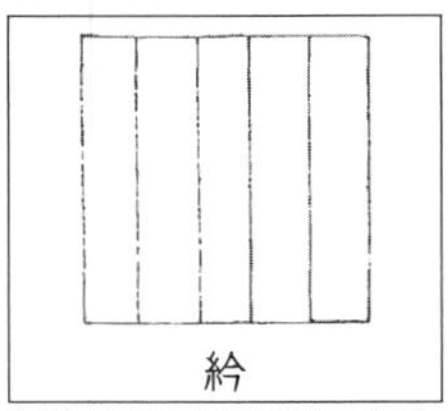

『欽定禮記義疏』(淸)

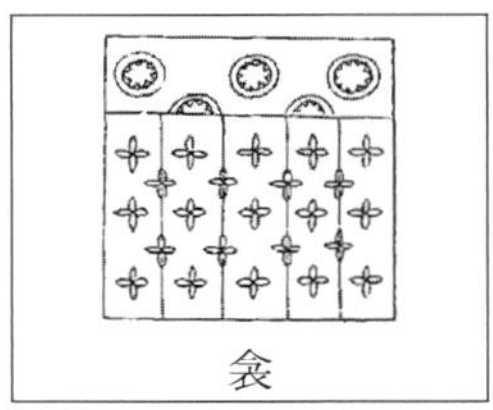

『三禮圖』(宋 聶崇義)

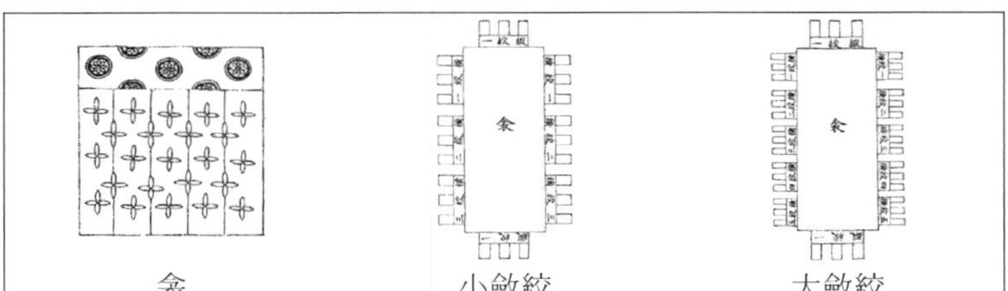

『欽定禮記義疏』(淸)

119) 시신을 씌우는 주머니 : 襲을 한 뒤 시신의 형체가 드러나지 않도록 상체와 하체를 감싸는 주머니로, 상체를 감싸는 부분을 質, 하체를 감싸는 부분을 殺라고 한다.

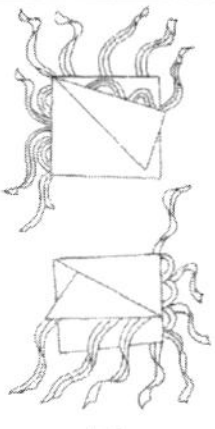

冒

『三禮圖』(宋 聶崇義)

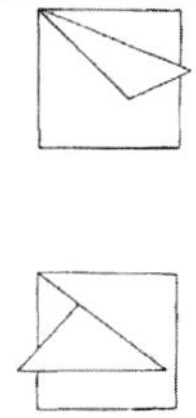

冒

『欽定禮記義疏』(淸)

120) 시신의 ~ 마련한다 : 이 말은 「王制」(123)에 보인다.

121) 나라를 ~ 할지요? : 관련 내용은 『춘추공양전』, 昭公 25년 조에 나온다. 魯나라 昭公이 季氏를 치려 하였다가 실패하고 齊로 망명하였는데, 이때 齊나라 景公이 그를 맞이하였다. 소공은 자신을 喪人 곧 나라를 잃은 사람으로 지칭하면서, 스스로 제후라고 일컫지 못하고 자신의 호칭을 어떻게 말해야 할지 제경공에게 물어 겸손을 나타낸 것이다.

122) 백고를 ~ 곡한 것 : 관련 내용은 「檀弓上」(47)에 보인다.

123) 죽은 이로 대한다 : 「檀弓上」(90)에 나오는 말이다.

124) 살아 있는 이로 대한다 : 「檀弓上」(90)에 나오는 말이다.

125) 친족관계가 ~ 하니 : 이 말은 「大傳」(20)에 나온다.

126) 사자에게 더하여 사용하는 물품 : 「文王世子」(35)에 "친족 간에 서로 도움에 있어 의당 弔問해야 하는데 조문하지 않고 袒免해야 하는데 하지 않으면, 담당자가 처벌한다. 부의로 보내는 賵, 賻, 贈, 含에 있어 모두 올바른 禮가 있다"(族之相爲也, 宜弔不弔, 宜免不免, 有司罰之. 至于賵·賻·承·含, 皆有正焉)라고 한 것에 대하여 陳澔는 "賵은 수레나 말을 주는 것이요, 賻는 재화를 주는 것이요, 含은 구슬과 옥을 주는 것이요, 襚는 의복을 주는 것으로 네 가지를 총칭해서 贈(부의를 보내는 것)이라고 한다"(賵以車馬, 賻以貨財, 含以珠玉, 襚以衣服, 四者總謂之贈)고 하였다.

127) 강복 : 순수한 혈연관계에 따른 복을 '바른 복'(正服) 또는 親服이라 한다. 正服 즉 親服을 높여 하는 것을 加服이라 하고, 낮추어 하는 것을 降服이라 한다.

128) 소렴 : 사망한 지 둘째 날에 방에서 死者에게 옷과 이불을 덮어주는 절차이다. 수의 19벌을 입히고 絞(수의를 묶는 끈)로 묶는다. 『儀禮』 「士喪禮」에 "다음날 즉 사망한 지 둘째 날에 房에다 小斂에 필요한 의복 등의 물건을 진설하는데, 진설할 때 옷깃이 남쪽을 향하게 하고, 먼저 사용하는 의복을 서쪽 윗자리에 놓는다. 의복은 먼저 서쪽에서 동쪽으로 가면서 늘어놓고, 동쪽 끝에 이르면 다시 꺾어서 서쪽으로 가면서 늘어놓는다.(縓) 수의를 묶는 끈(絞)은 가로로 3폭, 세로로 1폭을 늘어놓는데, 끈의 너비는 전체 폭 즉 2척이 되게 하고 끈의 끝부분을 3가닥으로 갈라놓는다. 이불은

겉은 검은색이고 안쪽은 붉은색이며, 이불 끝에 있는 술, 즉 위와 아래를 구별하기 위한 표식을 하지 않는다. 祭服이 그 다음에 놓이고, 잡옷(散衣)이 또 그 다음에 놓이는데, 제복과 잡옷을 모두 합해서 19벌이 된다. 여러 사람들이 기증한 襚衣를 다음에 진설하는데, 전부 사용할 필요는 없다”(厥明, 陳衣于房, 南領, 西上. 綪. 絞橫三, 縮一, 廣終幅, 析其末. 緇衾, 赬裏, 無紞. 祭服次, 散衣次, 凡有十九稱. 陳衣繼之, 不必盡用)라고 하였다.

129) 전 : 虞祭 이전의 喪祭이다. 이때는 尸가 없이 祭饌을 땅에 내려놓기 때문에 붙여진 이름이다. 「檀弓下」(27)의 “奠을 올릴 때 素器(문식을 가하지 않고 평소 쓰던 기물)를 사용하는 것은 살아 있는 자가 꾸밀 겨를이 없이 애통해하는 마음을 가지고 있기 때문이다”(奠以素器, 以生者有哀素之心也)에 대해 孔穎達의 疏에는 “‘奠’은 始死로부터 매장 때까지의 제사 이름이다. 그때는 尸가 없이 땅에 祭饌을 내려놓기 때문에 奠이라고 한다”(‘奠’, 謂始死至葬之時祭名. 以其時無尸奠置於地, 故謂之奠也)라고 하였다.

130) 대렴 : 사망한 지 삼 일째에 阼階(동쪽 계단) 위쪽에서 死者에게 다시 壽衣를 입히고 이불을 덮어 殯을 준비하는 절차이다. 30벌의 수의를 입힌 뒤 絞(수의를 묶는 끈)로 묶는다. 『儀禮』「士喪禮」“小斂 다음날 날이 밝으면 밤 동안 뜰에 밝혀놓았던 화톳불(燎)을 끈다. 동쪽 방에 대렴에 사용할 수의를 진설해놓는데, 옷깃이 남쪽을 향하게 하고 서쪽을 윗자리로 삼으며, 서쪽에서부터 동쪽으로 늘어놓다가 동쪽 끝에 이르면 다시 서쪽으로 꺾어놓는다. 먼저 수의를 묶는 끈(絞), 홑이불(紟) 각 1개, 斂衾 2개를 동쪽 방에 진설해놓고, 이어서 國君이 기증한 壽衣, 祭服, 散衣, 친구와 형제 등이 기증한 수의 등 모두 30벌을 진설한다. 그러나 수의를 묶는 끈(絞)과 殮衾 그리고 홑이불은 30벌에 들어가지 않으며, 기증한 옷을 전부 다 사용할 필요는 없다”(厥明滅燎. 陳衣于房, 南領, 西上, 綪. 絞·紟·衾二, 君襚·祭服·散衣·庶襚. 凡三十稱, 紟不在算, 不必盡用)라고 하였다.

131) 빈궁 : 원문은 ‘宮’인데, 여기서는 대렴 뒤에 葬禮를 행할 때까지 시신을 모신 殯宮을 가리킨다. 고대에 시신은 사자가 살았던 正寢의 堂과 서쪽 계단 사이에 구덩이를 파고 장례를 행할 때까지 임시로 안치한다. 따라서 殯宮은 시신이 안치되어 있는 곳 또는 넓게 생전의 正寢을 가리킨다. 『三禮辭典』, ‘殯’ 항목 참조.

132) 고구 :

羔裘 『禮書』(宋 陳祥道)

133) 현관 : 검은색 비단으로 만든 관으로 威貌라고 불리기도 한다. 士와 大夫가 평상시 쓰고 다니는 관으로 周代에서부터 사용되기 시작하였다. 威貌는 용모를 안정시킨다는

뜻을 갖고 있다. 『儀禮』「士冠禮」의 "주인은 현관과 조복 차림을 한다"(主人玄冠朝服)에 대한 정현 주 및 『三禮辭典』, 303쪽, '玄冠' 항목 참조.

134) 심의 그림 :

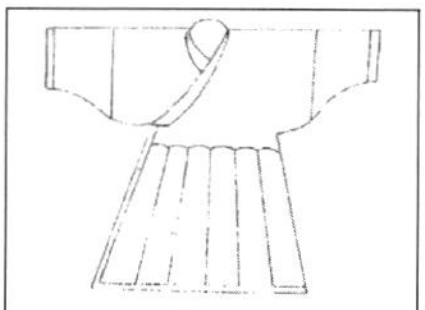

深衣

『禮書』(宋 陳祥道)

深衣前圖　深衣後圖　深衣交領圖

『欽定禮記義疏』(淸)

135) 공자가 예를 시행한 일 : 『논어』「鄕黨」에 나온다.

136) 『춘추좌전』에는 ~ 있다 : 『春秋左傳』, 昭公 12년 조 傳에 "毁之則朝而塴, 弗毁則日中而塴"라고 하였고, 孔穎達의 소에 "『주례』에는 '窆'으로, 『예기』에는 '封'으로 여기 『춘추좌전』에는 '塴'으로 되어 있는데, 모두 장례 때 무덤 속에 관을 내리는 일이다"(『周禮』作'窆', 『禮記』作'封', 此作'塴', 皆是葬時下棺於壙之事)라고 하였다.

137) 비와 율 : 하관하는 기구를 말한다. 하관할 때 관을 내리기 위해 설치하는 나무로 된 틀을 碑, 豐碑라고 하고, 줄을 綍이라고 한다. 신분에 따라 규모가 달랐다. 자세한 내용은 「檀弓下」(85) 정현 주 참조.

138) 숙손씨의 사마인 종려 : 이 말은 『春秋左傳』, 昭公 25년 조에 나온다.

139) 부인은 ~ 뿐이다 : 疏에 "이 경문은 자최와 참최를 하는 부인을 논한 것이다. 帶는 요질을 말한다. 장례 졸곡에 이르면 마대를 변경하여 갈대로 바꾸지만, 부인은 요대를 중시하고 質을 위주로 하므로 중시하는 바를 변경하지 않는다. 그러므로 갈대를 하지 않고 소상 때 마대를 벗으며 졸곡에는 수질을 마질에서 갈질로 변경할 뿐이다"(此論齊斬婦人. 帶, 要絰也. 葬後卒哭, 變麻易葛, 而婦人重要而質, 不變所重. 故不葛帶, 至期除之, 卒哭直變絰而已)라고 하였다.

140) 외출할 ~ 뵌다 : 이 말은 「曲禮上」(37)에 나온다.

141) 괴표구 : 郝敬은 "'藨'와 '蒯'는 모두 풀인데, '菅'보다 조금 가늘다"('藨' · '蒯', 皆草, 而較細於'菅')라고 하였다. '藨'(물고랭이)는 '蒯'(황모)의 일종으로 물가에서 자라는데, 높이가 4척 정도이고, 줄기로 자리, 새끼, 신발 등을 만든다. '蒯'도 풀이름으로, 물가에서 자란다. 『儀禮正義』, 1385쪽 참조.

142) 관구 :

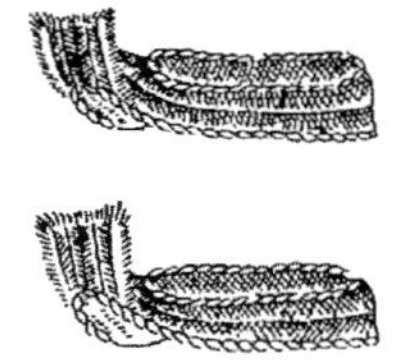

菅屨

『欽定禮記義疏』(淸)

143) 관구와 ~ 것이다 : 본 인용은 『晦庵集』 卷54, 「答周叔謹」에 보인다.

144) 진 : 귀마개로 보통은 玉이나 象牙로 만든다.

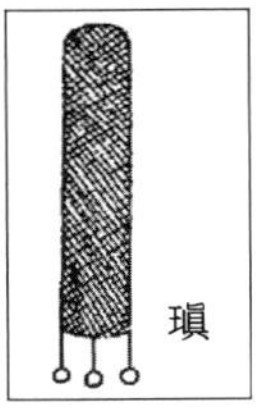

『欽定禮記義疏』(淸)

145) 새끼사슴 가죽 갖옷, 사슴가죽 갖옷 그림 :

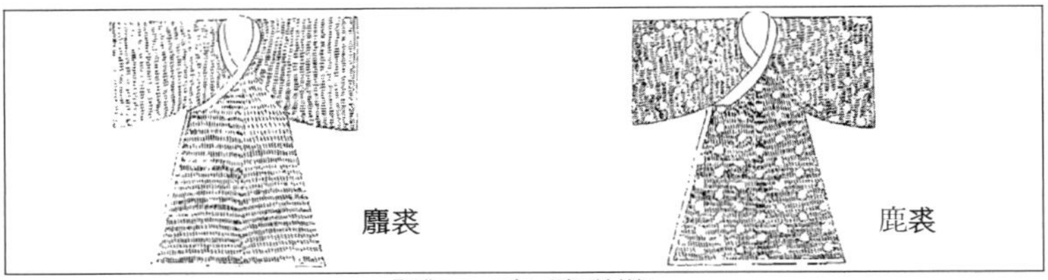

『禮書』(宋 陳祥道)

146) 인 : 관 밑에 까는 자리를 가리킨다. 『儀禮』 「旣夕禮」에 "(抗席 위에) 茵을 포개는데, 거친 베로 만든다"(加茵, 用疏布)라고 한 것에 대한 鄭玄의 註에 "'茵'은 관을 받치기 위한 것이다"(茵, 所以藉棺者)라고 되어 있다.

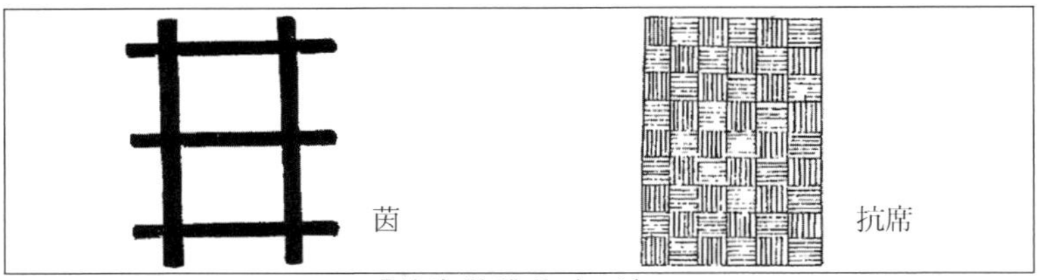

『欽定儀禮義疏』(淸)

147) 항석 : 하관한 뒤 관 위에 折을 덮고, 절 위에 항석을 놓는데 먼지를 막기 위해서이다. 항석은 띠풀로 만드는데 세 겹이다. 『儀禮』 「旣夕禮」의 "(抗木 위에) 抗席을 포개는데 세 겹으로 한다"(加抗席三)라고 한 것에 대해 鄭玄의 註에서는 "'席'은 먼지를 막는 것이다"(席所以禦塵)라고 하였다.

148) 목재의 ~ 향하는 것 : 題는 나무의 밑동 부분을 뜻하고, 湊는 향한다는 뜻이다. 疏에 "나무의 밑동이 서로 향하게 하여 네 모서리를 이루는 것을 말한다. 그와 같이 하면 곽의 두께가 관과 상응하게 된다"(言木之頭相嚮而作四阿也. 如此乃得槨之厚薄與棺相準)라고 하였다.

149) 작변 : 爵弁은 冕의 다음 등급에 해당하는 冠이다.

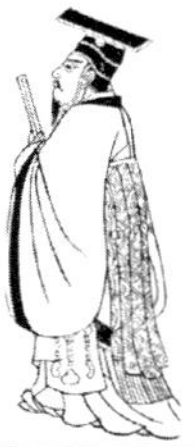

爵弁

『三禮圖』(宋 聶崇義)

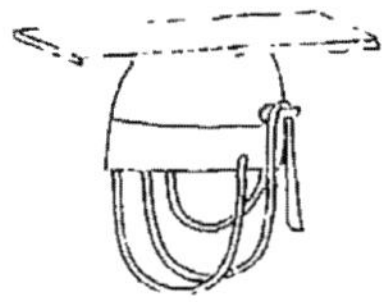

爵弁

『禮書』(宋 陳祥道)

150) 왕이 제후를 ~ 한다 : 『주례』「春官·司服」에 "천자는 三公과 六卿을 위해서 錫衰를 하고, 諸侯를 위해서 緦衰를 하고, 大夫와 士를 위해서 疑衰를 하는데, 그 머리 복식은 모두 弁絰을 한다"(王爲三公六卿錫衰, 爲諸侯緦衰, 爲大夫士疑衰, 其首服皆弁絰)라고 하였다. '弁絰'에 대해서 정현은 『禮記』「雜記上」(38)의 주에 "爵弁과 같은 모양에 누이지 않은 흰색이며 環絰을 더한 것을 '弁絰'이라고 한다"(如爵弁而素, 加環絰曰弁絰)라고 하였다.

151) 용춘 : 朝廟(死者가 사당에 모신 선조들의 신령을 알현하는 의식)를 하기 위해 관을 옮길 때 사용하는 사면을 두른 수레로 천자의 경우는 끌채에 용을 그리므로 용춘이라고 한다. 『의례』「旣夕禮」의 "輁軸(관굄차)을 사용하여 널(柩)을 祖廟로 옮긴다"(遷於祖, 用軸)고 한 것에 대한 정현 주에 "'軸'은 관굄차(輁軸)이다. 축의 형상은 굴림바퀴(轉轔)와 같은데 양쪽 끝부분을 깎아 軹(굴대)를 만든다. 輁의 형상은 긴 침상과 같은데 程(몸체의 양쪽 횡목)에 구멍을 뚫고 앞뒤에 쇠를 붙여 굴대(軹)를 연결한다. 대부와 제후 이상은 사면을 둘러치는데 그것을 輴이라고 한다. 천자는 거기에 龍을 그려 넣는다"('軸', 輁軸也. 軸狀如轉轔, 刻兩頭爲軹. 輁狀如長牀, 穿程, 前後著金而關軹焉. 大夫諸侯以上, 有四周, 謂之輴. 天子畫之以龍)라고 하였다.

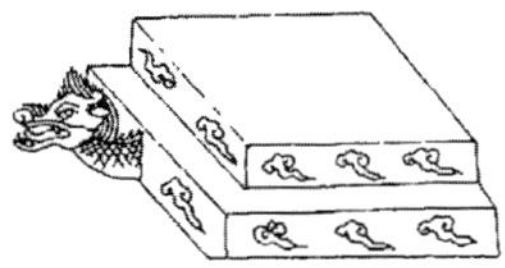

龍輴

『三禮圖』(宋 聶崇義)

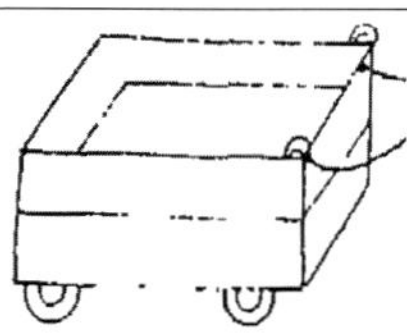

輴

『禮書』(宋 陳祥道)

152) 『춘추좌씨전』의 ~ 않다 : 관련 내용은 『春秋左傳』, 哀公 16년 조에 보인다.

153) 니보는 ~ 것이다 : 공자의 字인 仲尼에서 尼를 따와서 '尼父'라고 지은 것이다. '父'는 '甫'와 같이 남자의 美稱으로 음이 '보'이다.

154) 함매씨는 ~ 관장한다 : 원문의 '野'가 현행본 『周禮正義』에는 없다. 疏에 "곡을 그 장소가 아닌 곳에서 하는 것을 '野'라고 한다"(哭非其地謂之野)라고 하였다.

155) 알고 지내는 ~ 하겠다 : 이 말은 「檀弓上」(47)에 나온다.

156) 곡하는 ~ 하였으니 : 이 말은 「檀弓上」(104)에 나온다.

예기역주 권4

단궁하 제4
檀弓下

정현의 『예기목록禮記目錄』에서 말한다. "뜻은 앞 편과 같다. 간책簡策이 번잡하고 많아서 상과 하 두 권으로 나누었다."

鄭『目錄』云: "□□義同前篇, 以簡策繁多, 故分爲上下二卷."[1]

【단궁하 1】

군주의 적자가 장상長殤[2]으로 사망하면, 견거遣車[3]를 3대 사용한다. 공公의 서자가 장상으로 사망하면, 견거를 1대 사용한다. 대부의 적자가 장상으로 사망하면, 견거를 1대 사용한다.

君之適長殤, 車三乘. 公之庶長殤, 車一乘. 大夫之適長殤, 車一乘.

鄭注 모두 성인의 경우보다 낮추는 것이다. 위에서부터 아래로 둘씩 줄여, 성인은 견거遣車를 5대, 장상長殤은 3대, 하상下殤은 1대 사용하는데, 신분의 높고 낮음을 이것으로 차별한다. 서자庶子의 경우 '공公'의 서자라고 말한 것은 서자를 낮추고 멀리하는 것이다. 『의례』「상복喪服」의 전傳에 "대공大功의 상殤에서 중상中殤은 장상長殤을 따른다"라고 하였다. 皆下成人也.

自上而下, 降殺以兩, 成人遣車五乘, 長殤三乘, 下殤一乘, 尊卑以此差之. 庶子言'公', 卑遠之. 傳曰: "大功之殤中從上."

集說 이 경문은 상殤의 장례葬禮에서 사용하는 견거遣車의 예禮를 말한 것이다. '군君'은 국군國君을 말하며, 또 혹 토지를 가진 대부도 통용하여 군君이라고 칭하기도 한다. '공公'[4]은 오직 오등제후五等諸侯(公·侯·伯·子·男)만을 말한다. 16세에서 19세까지가 장상長殤이다. 이 상殤에 대해 장례를 행할 때 상구喪柩가 조묘祖廟를 알현하고 장지로 떠나기 전에 견전遣奠[5]을 진설하여 전奠을 올린다. 희생의 몸체를 나누고 잘라 싸서 이 수레에 실어 죽은 자를 전송하므로 견거遣車라고 부른다. 수레의 규모는 매우 작다. 곽椁 안의 네 귀퉁이에 놓기 때문에 크게 만들어놓을 수가 없다. 『의례』에 "중상中殤은 위(上 長殤)를 따른다"[6]고 하였다. 군주의 적자가 장상長殤에 해당하여 견거가 3대이면 중상中殤도 3대이며, 하상下殤은 1대이다. 공公의 서자가 장상長殤에 해당하여 견거가 1대면 중상도 1대이며, 하상은 견거가 없다. 대부의 적자가 장상에 해당하여 견거가 1대면 중상도 1대이며, 하상과 서자의 상殤에는 또한 견거가 없다. 此言送殤遣車之禮. '君', 謂國君, 亦或有地大夫, 通得稱君也. '公', 專言五等諸侯也. 十六至十九爲長殤. 葬此殤時, 柩朝廟畢, 將行, 設遣奠以奠之. 牲體分折包裹, 用此車載之, 以遣送死者, 故名遣車. 車制甚小. 以置之椁內四隅, 不容大爲之也. 『禮』"中殤從上." 君適長三乘, 則中亦三乘, 下則一乘也. 公庶長一乘, 則中亦一乘, 下則無也. 大夫適長一乘, 則中亦一乘, 下殤及庶殤, 亦無也.

【단궁하 2】

공公의 상喪에 모든 군주의 명을 받아 임명된 관리(達官)의 우두머리들은 상장喪杖을 한다.

公之喪, 諸達官之長杖.

鄭注 군주의 명命을 받아 임명된 경우를 가리킨다. 비록 관직을 가지고 있으나 군주에게 임용이 보고되지 않은 관리들은 참최복을 하지 않는다. 謂君所命. 雖有官職, 不達於君, 則不服斬.

集說 방씨方氏(방각方慤)[7]는 말한다. "군주에게 명命을 받은 자는 그 이름이 군주에게 보고되므로 달관達官이라고 한다. 부府·사史 이하는 모두 그 관직의 우두머리가 자율적으로 임명하므로 '달達'(보고한다)이라고 말할 수 없다. 군주에게 명을 받은 자는 그 은혜가 두터우므로 공公의 상喪에 오직 달관達官으로서의 장長은 상장喪杖을 한다." ○ 지금 생각건대, 관직에는 모두 장長(우두머리)과 이貳(차관)가 있다. 이 경문은 장長을 가지고 말했기 때문에 이貳에게까지 적용되지 않는다. 方氏曰: "受命於君者, 其名達於上, 故謂之達官. 若府·史而下, 皆長官自辟除, 則不可謂之'達'矣. 受命於君者, 其恩厚, 故公之喪, 惟達官之長杖." ○ 今按, 凡官皆有長·貳. 此以長言, 則不及貳也.

【단궁하 3】

군주가 대부의 상에 대하여, 장례葬禮를 치르려 할 때 빈궁殯宮에서 조문하는 경우, 상여가 나서면 (상주가 붙잡고 울부짖는데) 군주가 상여를 끌도록 명하고, 상여꾼은 세 걸음을 걷고서 멈춘다. 이렇게 하기를 세 차례 하고, (상여가 출발하면) 군주는 떠난다. 상여가 조묘祖廟를 알현할 때 (군주가 조문하는 경우에도) 또한 그렇게 한다. 죽은 이가 평소 빈객을 맞이하던 처소에서 상주가 슬픔을 표할 때 (군주가 조문하는 경우에도) 또한 그렇게 한다.

君於大夫, 將葬, 弔於宮, 及出, 命引之, 三步則止.① 如是者三, 君退.② 朝亦如之. 哀次亦如之.③

鄭注 ① 의義로써 상주의 뜻을 빼앗는 것이다. '궁宮'은 빈궁殯宮이다. '출出'은 상여가 이미 길에 나섰음을 말한다. 以義奪孝子. '宮', 殯宮. '出'謂柩已在路.
② '퇴退'는 떠난다는 뜻이다. 끌라는 명령을 세 차례 하므로 모두 아홉 걸음을 이동한다. '退', 去也. 三命引之, 凡移九步.
③ 군주의 조문은 반드시 빈궁에서만 하는 것은 아니다. '조朝'는 상여가 조묘祖廟를 알현하는 것이다. '차次'는 지난날 빈객을 맞이하던 대문 밖의 처소이다. 상주가 이곳에 이르면 슬픔을 표하는데 군주가 혹 이곳에서 조문하기도 한다. 君弔不必於宮. '朝', 喪朝廟也. '次', 他日賓客所受大門外舍也. 孝子至此而哀, 君或於是弔焉.

集說 '궁에서 조문한다'(弔於宮)는 것은 빈궁殯宮에서 한다는 것이다. '출出'은 상여가 이미 나섰다는 것이다. 상주가 상여를 붙잡고 울부짖으며 차마 떠나보내지 못하면, 군주가 상여를 끌고 가라고 명하여 상주의 뜻을 빼앗는다. 상여꾼은 세 걸음을 걷고 곧 멈추는데, 군주가 다시 끌라고 명령한다. 이렇게 하기를 세 차례 하고 상여가 드디어 출발하면, 군주는 곧 떠난다. 군주가 조문오는 때가 항상 빈궁에 있을 때일 수 없다. 혹 널이 조묘祖廟를 알현하는 때이더라도 또한 그렇게 하며, 혹 이미 대문을 나가 평소 빈객을 접대하던 처소에 이르러 상주가 슬퍼하면서 잠시 상여를 멈추고 있을 때도 또한 그렇게 한다. '弔於宮', 於其殯宮也. '出', 柩已行也. 孝子攀號不忍, 君

命引之, 奪其情也. 引者三步卽止, 君又命引之. 如是者三, 柩車遂行, 君卽退去. 君來時, 不必恒在殯宮. 或當柩朝廟之時, 亦如之, 或已出大門, 至平日待賓客次舍之處, 孝子哀而暫停柩車, 則亦如之.

【단궁하 4】

나이 오십에 수레가 없는 자는 국경을 넘어 조문하지 않는다.
五十無車者, 不越疆而弔人.

鄭注 기력이 떨어지기 시작하기 때문이다. 氣力始衰.

集說 노쇠해지기 시작하는 나이가 되면 근력筋力을 쓰는 것으로 예禮를 삼아서는 안 된다.[8] 始衰之年, 不可以筋力爲禮也.

【단궁하 5】

계무자季武子가 앓아누웠다. 교고蟜固가 자최복齊衰服을 벗지 않은 채 들어와 병문안을 하고 말하였다. "이 예가 사라지려고 합니다. 사士는 오직 공문公門에서만 자최복을 벗습니다." 계무자가 말하였다. "또한 훌륭하지 않은가! 군자만이 미세한 것을 밝힌다." 계무자가 죽자 증점曾點은 계무자의 문에 기대어 노래하였다.

季武子寢疾. 蟜固不說齊衰而入見, 曰: "斯道也將亡矣. 士唯公門說齊衰."① 武子曰: "不亦善乎! 君子表微."② 及其喪也, 曾點

倚其門而歌.③

鄭注 ① '계무자季武子'는 노나라 대부 계손숙季孫夙이다. 대대로 상경上卿이 되었는데, 세력이 강하고 국정國政을 전횡하여 나라 사람들이 그를 임금처럼 섬겼다. 교고蟜固는 예를 잘 수호하였으며 그를 두려워하지 않고 잘못된 습속을 바로잡았다. '도道'는 예禮와 같은 뜻이다. '季武子', 魯大夫季孫夙也. 世爲上卿, 强且專政, 國人事之如君. 蟜固能守禮, 不畏之, 矯失俗也. '道'猶禮也.

② 당시에는 어떻게 할 수 없어 거짓으로 훌륭하게 여긴 듯이 한 것이다. '표表'는 밝힌다는 뜻이다. 時無如之何, 佯若善之. '表'猶明也.

③ 자신은 관계하지 않음을 밝힌 것이다. '증점曾點'은 자字가 석晳이며, 증삼曾參의 아버지다. 明己不與也. '點'. 字晳, 曾參父.

集說 '계무자季武子'는 노나라 대부 계손숙季孫夙이다. '교고蟜固'는 사람의 성명이다. '증점曾點'은 자字가 석晳이며, 증삼曾參의 아버지다. 계무자가 앓아누워 있을 때 교고가 마침 자최상을 치르고 있었는데 흉복을 입은 채로 병문안을 한 뒤 말하였다. "대부의 문에서는 흉복을 벗어서는 안 되고, 오직 군주의 문에서만 벗습니다. 이 예가 사라지려고 합니다. 제가 흉복을 입고 온 것은 사라지려는 이 예를 보존하기 위함입니다." 계무자가 훌륭하게 여기면서 현저하게 예에서 어긋난 경우는 사람들이 모두 알 수 있으나, 미세하게 예에서 어긋날 경우에는 오직 군자만이 드러내어 밝힐 수 있다고 말하였다. 계무자는 정권을 장악하여 사람들이 높이고 두려워하는 대상이었고 교고가 그렇게 한 것은 당시 사람들의 시각을 바꾸고자 한 것이다. 예에 근거하여 행하였기 때문에 계무자가 비록 유감으로 여길 수는 있었어도 죄를 줄 수는 없었다. '문에 기대어 노래한다'(倚門而歌)는 것은 예가 아니다. 그 또한 광狂[9]의 한 모습이다. 기록한 자는 교고가 예를 살린 것을 칭찬하

고 증점이 예를 폐한 것을 기롱한 것인 듯하다. '季武子', 魯大夫季孫夙也. '蟜固', 人姓名. '點', 字晳, 曾子父也. 武子寢疾之時, 蟜固適有齊衰之服, 遂衣凶服而問疾, 且曰: "大夫之門, 不當釋凶服, 惟君門乃說耳. 此禮將亡. 我之凶服以來, 欲以救此將亡之禮也." 武子善之, 言失禮之顯著者, 人皆可知, 若失禮之微細者, 惟君子乃能表明之也. 武子執政, 人所尊畏, 固之爲此, 欲以易時人之觀瞻. 據禮而行, 武子雖憾, 不得而罪之也. 若'倚門而歌', 則非禮矣. 其亦狂之一端歟. 記者蓋善蟜固之存禮, 譏曾點之廢禮也.

【단궁하 6】

대부가 사士를 조문하는데 상주가 일이 있을 때 도착하면 빈擯이 (조문객에게 상주가 일이 있음을) 알린다. 조문을 하였으면 그날은 음악을 연주하지 않는다. 부인은 국경을 넘어서 조문하지 않는다. 조문을 한 날은 술을 마시지 않고 고기를 먹지 않는다.

大夫弔, 當事而至, 則辭焉.① 弔於人, 是日不樂.② 婦人不越疆而弔人.③ 行弔之日, 不飮酒食肉焉.④

鄭注 ① '사辭'는 알린다는 뜻이다. 빈擯(상례를 돕는 자)이 조문객에게 주인이 일이 있음을 알리는 것이다. 주인은 일이 없으면 대부를 맞이하러 나간다. '辭'猶告也. 擯者以主人有事告也. 主人無事, 則爲大夫出.

② 군자는 슬퍼하는 것과 즐거워하는 것을 한 날에 같이하지 않는다. "공자는 그날 곡하였으면 노래하지 않았다."10) 君子哀樂不同日. "子於是日哭, 則不歌."

③ 바깥일에 관여하지 않는다. 不通於外.

④ 슬픔을 온전히 유지하기 위함이다. 以全哀也.

集說 '대부가 조문한다'(大夫弔)는 것은 사士에게 조문하는 것이다. 대부가 비록 존귀하지만 주인이 소렴小斂·대렴大斂이나 빈殯 등의 일이 있을 때 도착하면 빈擯이 조문객에게 주인이 일이 있음을 알린다. '사辭'는 알린다는 뜻이다. 만약 일에 임하지 않을 때면 상주는 당堂을 내려와 조문객을 맞이한다. 부인에게는 바깥일이 없다. 그러므로 국경을 넘어 조문하지 않는다. '그날은 음악을 연주하지 않는다'(是日不樂), '술을 마시지 않고 고기를 먹지 않는다'(不飮酒食肉)는 것은 모두 남은 슬픔이 아직 다 사라지지 않았기 때문이다. '大夫弔', 弔於士也. 大夫雖尊, 然當主人有小斂·大斂或殯之事而至, 則殯[11])者以其事告之. '辭'猶告也. 若非當事之時, 則孝子下堂迎之. 婦人無外事. 故不越疆而弔. '是日不樂', '不飮酒食肉', 皆爲餘哀未忘也.

【단궁하 7】

장례葬禮에 조문하는 자는 반드시 인引(상여끈)을 잡는다. 인引을 잡지 않고 상여를 따르던 자들도 하관할 때에는 모두 불紼(관끈)을 잡는다.

弔於葬者必執引. 若從柩, 及壙, 皆執紼.

鄭注 근력으로써 돕는 것을 보이는 것이다. 상여의 끈을 '인引'이라 하고, 관의 끈을 '불紼'이라고 한다.[12]) '종구從柩'는 상여끈을 잡지 않고 뒤따르는 나머지 사람이다. 示助之以力. 車曰'引', 棺曰'紼.' '從柩', 贏者.

集說 '인引'은 상여를 끄는 줄이다. '불紼'은 관을 당기는 끈이다. ○ 정씨鄭氏(정현鄭玄)가 말한다. "근력으로써 돕는 것을 보이는 것이다." ○ 소疏에서 말한다. "장례葬禮에 조문하는 것은 본래 일을 돕기 위함이다. 그러므로

반드시 서로 도와서 상여를 끈다. 무릇 상여끈을 잡는 일에 사람을 쓸 때는 귀천에 따라 일정한 수가 있다. 수가 채워지면 나머지 사람은 모두 흩어져 상여를 따른다. 하관할 때에는 사람의 수를 제한하지 않고 모두 다 같이 관의 끈을 잡는다. '인引'이란 길고 먼 것의 이름이다. 그러므로 상여에 있다. 상여는 멀리 가는 것이다. '불紼'은 들어 올린다는 의미다. 그러므로 관에 있다. 관은 들어 올리는 것이지 멀리 가는 것이 아니다." '引', 引柩車之索也. '紼', 引棺索也. ○ 鄭氏曰: "示助之以力." ○ 疏曰: "弔葬本爲助執事. 故必相助引柩車. 凡執引用人, 貴賤有數. 數足, 則餘人皆散行從柩. 至下棺窆時, 則不限人數, 皆悉執紼也. '引'者, 長遠之名. 故在車. 車行遠也. '紼'是撥擧之義. 故在棺. 棺惟撥擧, 不長遠也."

【단궁하 8】

신하[13]의 상喪에 공公이 조문하면, 반드시 답례가 있어야 한다. (만약 상주의 후사나 친족이 없으면) 붕우 및 같은 주州 또는 같은 마을 사람 혹은 청지기를 보내도 된다. 조문하러 왔을 때 하는 말은 "우리 임금께서 일을 돕고자 합니다"라고 한다. 상주는 "수고롭게 직접 와주셨군요"라고 한다.

喪, 公弔之, 必有拜者.① 雖朋友·州里·舍人可也.② 弔曰: "寡君承事."③ 主人曰: "臨."④

鄭注 ① 가서 감사를 표한다. 往謝之.

② 상주의 후사가 될 사람이 없는 경우를 말한다. 謂無主後.

③ 또한 일의 진행을 돕기 위해 왔음을 보이는 것이다. 示亦爲執事來.

④ 군주가 수고롭게 신하의 상喪에 직접 왔다는 뜻이다. 君辱臨其臣之喪.

集說 이 경문은 국군이 자기 신하의 상喪에 조문하는 경우를 말한다. 국군이 조문한 뒤에 상주는 몸소 가서 답례해야 한다. 상가에 만약 상주의 후사가 없으면 반드시 그 다음 가까운 친족을 보내서 답례하게 한다. 또 가까운 친족이 없으면 죽은 사람의 붕우 및 같은 주州 또는 같은 마을 사람 혹은 상가의 청지기를 보내서 답례하는 것도 가능하다. '우리 임금께서 일을 돕고자 합니다'(寡君承事)라는 것은 상사喪事를 도우러 왔다는 것이다. 이것은 임금이 빈擯에게 말한 것으로, 명령을 전달해서 상주에게 들여보내는 말이다. '상주가 「수고롭게 직접 와주셨군요」라고 말한다'(主人曰臨)는 것은 수고롭게 직접 와준 무거운 은혜에 감사하는 것이다. 此謂國君弔其諸臣之喪. 弔後, 主人當親往拜謝. 喪家若無主後, 必使以次疏親往拜. 若又無疏親, 則死者之朋友及同州・同里及喪家典舍之人往拜, 亦可也. '寡君承事', 言來承助喪事. 此君語擯者, 傳命以入之辭. '主人曰臨'者, 謝辱臨之重也.

【단궁하 9】

임금이 길에서 상여를 만나면 반드시 사람을 시켜 조문한다.

君遇柩於路, 必使人弔之.

鄭注 백성과 신하에게 군주는 부모와 같은 은혜가 있다. 君於民臣有父母之恩.

集說 "괴상蕢尙이 집의 형상을 도로 위에 그려놓고 조문을 받은 것은 기량杞梁의 아내가 예를 아는 것만 못하다"14)고 하였는데, 이 경문에서 길에서 조문한다고 한 것은 어째서인가? 대개 작위가 있는 사람의 상喪에 대해

서는 예로써 조문해야 하지만 이 경문은 미천한 신하와 백성들을 가리키며 "예는 아래로 서인에게까지 미치지 않기"[15] 때문이다. '반드시 사람을 시켜 조문한다'(必使人弔)고 말한 것은 일반인의 상喪을 포괄적으로 말한 것이다. "蕢尙畫宮受弔, 不如杞梁之妻知禮", 而此言弔於路, 何也? 蓋有爵者之喪, 當以禮弔, 此謂臣民之微賤者耳, "禮不下庶人也." 言'必使人弔'者, 是汎言衆人之喪也.

【단궁하 10】

대부의 상喪에 서자庶子는 조문을 받지 못한다.

大夫之喪, 庶子不受弔.

鄭注 천한 자를 작위가 있는 자의 상주로 삼지 않는 것이다. 不以賤者爲有爵者主.

集說 대부의 상喪에는 적자가 상주가 되어 손님을 맞이한다. 혹시 다른 연고로 부재할 때도 서자가 감히 조문을 받지 못한다. 감히 비천한 자를 작위가 있는 자의 상주로 삼지 못하기 때문이다. 大夫之喪, 適子爲主拜賓. 或以他故不在, 則庶子不敢受弔. 不敢以卑賤爲有爵者之喪主也.

【단궁하 11】

처의 형제로 장인의 후사가 된 처남이 죽으면, 적실適室(正寢)에서 곡을 하는데, 아들이 (외삼촌의) 상주가 되어, 단袒[16], 문免[17], 곡哭, 용踊을 한다. 남편은 정침으로 들어와 문 오른쪽에서 곡을 하고,

사람을 문밖에 세워두어 조문하러 오는 이에게 사정을 알려주게 하는데, 조문하러 온 자가 죽은 자와 친하게 지내던 사람이면 들어가 곡을 한다. 남편은 자신의 아버지가 살아 계시면, 처의 방에서 (처남을 위해) 곡을 한다. 죽은 처남이 장인의 후사가 아니면, 다른 방에서 곡을 한다.

妻之昆弟爲父後者死, 哭之適室,① 子爲主, 袒・免・哭・踊.② 夫入門右,③ 使人立於門外, 告來者, 狎則入哭.④ 父在, 哭於妻之室.⑤ 非爲父後者, 哭諸異室.

鄭注 ① 그가 정통正統이기 때문이다. 以其正也.

② 혈연적으로 가까운 사람이 상주 노릇을 한다. 親者主之.

③ 북면北面하여 정통의 상주를 피한 것이다. 北面辟正主.

④ '압狎'은 서로 익숙하게 아는 것이다. '狎', 相習知者.

⑤ 사사로운 상사喪事로 아버지의 존귀함을 침범하지 않는다. 不以私喪干尊.

集說 이것은 처남의 상喪을 듣고도 미처 가서 조문하지 못할 때의 예禮이다. '아버지가 계신다'(父在)고 할 때의 아버지는 자신의 아버지다. '아버지의 후사가 된다'(爲父後)고 할 때의 아버지는 처의 아버지다. 문밖의 사람이 조문하러 온 자를 알린다.18) 만약 그가 죽은 자와 교유하여 잘 알고 친하게 지내던 사람이라면 곧장 들어가 곡을 하는데, 인정과 의리가 그러하기 때문이다. ○ 소疏에서 말한다. "'시집간 여자는 아버지의 후사가 된 형제를 위하여 복을 할 때 낮추지 않는데'19) 그가 정통正統이기 때문이다. 그러므로 자매의 남편은 처남을 위해 적실適室(正寢)이 있는 가운데뜰에서 곡을 한다. '아들이 상주가 된다'(子爲主)는 것은 생질이 외삼촌을 위하여 시마복緦麻服을 하기 때문에, 자신의 아들에게 명하여 상주가 되게 하고, 조문을

받고 빈객에게 배례하도록 한 것이다. '단袒·문免·곡哭·용踊을 한다'는 것은 관冠은 존귀한 것이어서 육단肉袒을 한 상태에서 쓸 수 없으므로, 반드시 먼저 관을 벗고 문免을 더하는 것이다. 그러므로 무릇 곡을 하는 경우 슬퍼지면 용踊을 하는데, 용踊을 할 때는 반드시 먼저 단袒을 하게 되고, 단袒을 할 때는 반드시 먼저 문免을 착용하게 된다. 그러므로 단袒·문免·곡哭·용踊을 한다고 말한 것이다. '남편은 문으로 들어와 오른쪽에 위치한다'(夫入門右)는 것은 외삼촌의 상주가 된 아들의 아버지를 가리키는데 곧 처남을 위해 곡하는 자이다." 此聞妻兄弟之喪, 而未往弔時禮也. '父在', 己之父也. '爲父後', 妻之父也. 門外之人以來弔者告. 若是交游習狎之人, 則徑入哭之, 情義然也. ○ 疏曰: "'女子子適人者爲昆弟之爲父後者, 不降', 以其正故也. 故姊妹之夫, 爲之哭於適室之中庭. '子爲主'者, 甥服舅緦, 故命己子爲主, 受弔拜賓也. '袒·免·哭·踊'者, 冠尊, 不居肉袒之上, 必先去冠而加免. 故凡哭, 哀則踊, 踊必先袒, 袒必先免. 故袒·免·哭·踊也. '夫入門右'者, 謂此子之父, 卽哭妻兄弟者."

【단궁하 12】

빈궁을 지키고 있을 때 멀리 다른 나라에 살고 있는 형제의 상을 들으면 측실側室(燕寢의 곁방)에서 곡을 한다. 측실이 없으면 대문 안의 오른편에서 곡을 한다. 같은 나라이면 가서 곡을 한다.

有殯, 聞遠兄弟之喪, 哭于側室.① 無側室, 哭于門內之右.② 同國, 則往哭之.③

鄭注 ① 자신의 빈궁에 곡하는 혐의가 있기 때문이다. 嫌哭殯.
② 남쪽에 가깝게 하는 것은 임시의 곡위(變位)를 만든 것이다. 近南者, 爲之變位.

③ 상중喪中에는 다른 나라로까지 조문가는 일은 없다. 喪無外事.

集說 '측실側室'은 연침燕寢의 곁방이다. '문내門內'는 대문의 안이다. 상편에서 "빈궁을 지키고 있을 때, 멀리 사는 형제의 상을 들으면, 시마복緦麻服을 하는 정도의 사이라도 반드시 문상을 간다"[20]고 하였는데 그 또한 같은 나라에 있을 때를 말한 것이다. ○ 방씨方氏(방각方慤)[21]는 말한다. "'측실에서 곡을 한다'(哭于側室)는 것은 빈궁殯宮을 멀리하고자 함이다. '문 안의 오른편에서'(于門內之右)라고 한 것은 상주의 자리에 거처하지 않은 것으로 변경한 것을 보여주는 것이다. '같은 나라면 간다'(同國則往)는 것은 멀지 않기 때문이다." '側室'者, 燕寢之旁室也. '門內', 大門之內也. 上篇言"有殯, 聞遠兄弟之喪, 雖緦, 必往", 其亦謂同國歟. ○ 方氏曰: "'哭于側室', 欲其遠殯宮也. '于門內之右'者, 不居主位, 示爲之變也. '同國則往'者, 以其不遠也."

【단궁하 13】

자장이 죽자, 증자가 모친상 중임에도 자최복을 입은 채로 가서 곡을 하였다. 어떤 사람이 "자최복을 입고는 조문하지 않는 법이다"라고 하였다. 증자는 "내가 조문한 것이겠는가?"라고 하였다.
子張死, 曾子有母之喪, 齊衰而往哭之. 或曰: "齊衰不以弔."① 曾子曰: "我弔也與哉?"②

鄭注 ① 그가 복이 없기 때문에 비난한 것이다. 以其無服非之.

② 붕우에 대해 애통함이 심하여 가서 곡을 한 것으로, 일반적인 조문과는 같지 않다는 것이다. 於朋友, 哀痛甚而往哭之, 非若凡弔.

集說 모친상의 상복을 입은 채로 붕우의 상에 곡을 하였으니 예를 벗어남이 매우 심한 것이어서 어떤 사람이 제지한 것이다. 그러나 증자의 뜻은 '내가 자장의 죽음에 어찌 보통의 예대로 조문만 할 뿐이겠는가?'라는 것이다. 지금 이 뜻을 살펴보면, 다만 붕우의 의리가 융성하고 두터워 가서 곡을 하지 않을 수 없고 또 상복을 벗고 갈 수도 없으므로, 가서 곡만 하고 조문하지 않았으니 예이다. 그러므로 '내가 조문한 것이겠는가?'라고 말하였다. ○ 유씨劉氏는 말한다. "증자가 일찍이 물었다. '삼년상 중에 조문하러 갈 수 있습니까?' 공자가 대답하였다. '삼년상 중에 연제를 지낼 때까지는 여러 사람과 함께 서지 않고 여럿이 함께 가지 않는다. 군자는 예로써 정情을 문식하니 삼년상 중에 조문하고 곡하는 것은 또한 허식이 아니겠는가?' 이미 이러한 가르침을 받았을 터인데, 또 모친상 중에 있으면서 벗에게 조문하였다니, 반드시 그렇지는 않았을 것이다. 무릇 경전에서 증자가 예를 그르친 일을 말한 것을 다 믿을 수는 없음은 여기서도 알 수 있다."

以喪母之服, 而哭朋友之喪, 踰禮已甚, 故或人止之. 而曾子之意, 則曰'我於子張之死, 豈常禮之弔而已哉?' 今詳此意, 但以友義隆厚, 不容不往哭之, 又不可釋服而往, 但往哭而不行弔, 禮耳. 故曰, '我弔也與哉?' ○ 劉氏曰: "曾子嘗問, '三年之喪, 弔乎?' 夫子曰, '三年之喪, 練不群立, 不旅行. 君子禮以飾情, 三年之喪而弔哭, 不亦虛乎?' 旣聞此矣, 而又以母喪弔友, 必不然也. 凡經中言曾子失禮之事, 不可盡信, 此亦可見."

【단궁하 14】

유약有若의 상에 도공悼公이 조문하자, 자유子游가 빈擯으로 도우면서 왼쪽에 위치하였다.

有若之喪, 悼公弔焉,① 子游擯, 由左.②

鄭注 ① '도공悼公'은 노나라 애공哀公의 아들이다. '悼公', 魯哀公之子. ② '빈擯'은 상례喪禮를 돕는 자이다. 상례가 폐하고 없어지니 당시 사람들은 이 의식은 마땅히 임금의 명령을 받드는 것처럼 하여야 한다고 여겨 모두 오른쪽에서 도왔다. 이 경문은 자유子游가 그 의식을 바로잡은 것을 칭찬한 것이다. 『효경설孝經說』에 "몸소 빈擯이 되어 도왔다"라고 하였다. '擯', 相侑喪禮者. 喪禮廢亡, 時人以爲此儀當如詔辭而皆由右相. 是善子游正之. 『孝經說』曰: "以身擯侑."

集說 '도공悼公'은 노나라 임금으로 애공哀公의 아들이다. '빈擯'은 예에 관련된 일을 돕는 것이다. 서 있을 때는 오른쪽을 높인다. 자유子游가 도공의 왼쪽에 있으면 도공은 오른쪽에 있게 되어 존귀하게 된다. 「소의少儀」(60)에 "군주의 명령을 다른 사람에게 전달할 때는 군주의 오른쪽으로부터 전달한다"[22)]라고 한 것은 임금의 명령을 전할 경우는 명령이 존귀하기 때문에 전하는 자가 오른쪽에 위치한다는 말이다. 당시 상례喪禮를 돕는 자들 또한 대부분 오른쪽에 위치했으므로 자유가 그것을 바로잡은 것이다. '悼公', 魯君, 哀公之子. '擯', 贊相禮事也. 立者尊右. 子游由公之左, 則公在右爲尊矣. 「少儀」云"詔辭自右"者, 謂傳君之詔命, 則詔命爲尊, 故傳者居右. 時相喪禮者, 亦多由右, 故子游正之也.

【단궁하 15】

제나라가 왕희王姬의 상喪을 알리자, 노나라 장공莊公이 그녀를 위해 대공복大功服을 하였다. 어떤 사람은 "노나라를 혼주婚主로 하여 시집갔기 때문에 그녀에게 자매의 복을 한 것이다"라고 하였고, 어떤 사람은 "외조모이기 때문에 그녀에게 복을 한 것이다"라고 하였다.
齊穀王姬之喪,① 魯莊公爲之大功. 或曰: "由魯嫁, 故爲之服姊妹之服", 或曰: "外祖母也, 故爲之服."②

鄭注 ① '곡穀'은 '곡告'이 되어야 하니, 발음 때문에 잘못된 것이다. '왕희王姬'는 주나라 여인으로, 제나라 양공襄公의 부인이다. '穀'當爲'告', 聲之誤也. '王姬', 周女, 齊襄公之夫人.

② 『춘추』에 "주나라 여인이 노나라 군주를 혼주婚主로 하여 시집가서 죽자, (노나라 장공은) 노나라 여인의 경우와 마찬가지로 자매에 대한 복을 입었다"고 한 것이 이것이다. 천자는 그녀에 대해 복이 없으나 왕자王者의 후예[23]에게 시집을 간 경우에는 복을 입어준다. '장공莊公'은 제나라 양공의 여동생인 문강文姜의 아들이니, 마땅히 외숙모가 되며 외조모가 아니다. 외조모에게는 또한 소공복小功服을 한다. 『春秋』"周女由魯嫁, 卒, 服之如內女, 服姊妹", 是也. 天子爲之無服, 嫁於王者之後乃服之. '莊公', 齊襄公女弟文姜之子, 當爲舅之妻, 非外祖母也. 外祖母又小功也.

集說 '곡穀'은 '곡告'으로 읽는다. 제나라 양공襄公의 부인 왕희王姬가 죽은 것은 노나라 장공莊公 2년의 일이다. 노나라에 부고하자, 애초에 노나라를 통해 시집갔기 때문에 노나라 임금이 그녀에게 출가한 자매를 위해 하는 대공복大功服을 하였으니, 예禮이다. 어떤 사람은 이 왕희가 장공의 외숙모임을 알지 못하고 외조모라고 하였으며, 또 외조모에게 입는 복이 소공小功임을 알지 못하고 대공을 외조모에 대한 복이라고 하였으니, 그 또한 망령된 것이다. ○ 정씨鄭氏(정현鄭玄)는 말한다. "『춘추』에 '주나라 여인이 노나

라를 혼주婚主로 하여 시집가서 죽자, (노나라 장공은) 노나라 여인의 경우와 마찬가지로 자매에 대한 복을 입었다'고 한 것이 이것이다. 천자는 그녀에 대해 복이 없으나 왕자王者의 후예에게 시집을 간 경우에는 복을 입어준다." '穀'讀爲告. 齊襄公夫人王姬卒, 在魯莊之二年. 赴告於魯, 其初由魯而嫁, 故魯君爲之服出嫁姊妹大功之服, 禮也. 或人旣不知此王姬乃莊公舅之妻, 而以爲外祖母, 又不知外祖母服小功, 而以大功爲外祖母之服, 其亦妄矣. ○ 鄭氏曰: "□□春秋』'周女由魯嫁, 卒則服之如內女, 服姊妹', 是也. 天子爲之無服, 嫁於王者之後乃服之."

【단궁하 16】

진晉나라 헌공獻公의 상喪이 나자, 진秦나라 목공穆公이 사람을 시켜 공자 중이重耳에게 조문하였다. 그리고 다음과 같이 말하였다. "과인이 듣기에 나라를 잃는 것도 항상 이러한 때에 있고, 나라를 얻는 것도 항상 이러한 때에 있습니다. 그대가 비록 엄숙한 상중에 있으나, 지위를 잃은 상태가 오래가서도 안 되고, 때를 놓쳐서도 안 됩니다. 유자孺子는 도모하시오!"

晉獻公之喪, 秦穆公使人弔公子重耳.① 且曰: "寡人聞之, 亡國恒於斯, 得國恒於斯.② 雖吾子儼然在憂服之中, 喪亦不可久也, 時亦不可失也. 孺子其圖之!"③

鄭注 ① 진晉나라 헌공獻公이 세자 신생申生을 죽이자 중이重耳는 난을 피하여 외국으로 도망가, 이때 적翟 땅에 있었는데, 가서 조문하게 한 것이다. 獻公殺其世子申生, 重耳辟難出奔, 是時在翟, 就弔之.

② 상을 당하여 왕위를 교체할 때임을 말한 것이다. 言在喪代之際.

③ 중이에게 자기 나라로 돌아가기를 권한 것으로, 그를 도와서 들여보내고자 하는 의도이다. '상喪'은 망명하여 지위를 잃은 것을 말한다. '유孺'는 어리다는 뜻이다. 勸其反國, 意欲納之. '喪'謂亡失位. '孺', 穉也.

集說 진晉나라 헌공獻公이 죽었을 때, 중이重耳는 난을 피해 적狄 땅에 있었으므로 목공穆公이 사람을 시켜 그에게 조문한 것이다. 조문하는 것은 정상적인 예(正禮)이므로 '그리고 다음과 같이 말했다'(且曰)로 아래의 말을 이끌어낸 것이다. '과인이 들었다'(寡人聞之)는 것은 이 사신이 목공의 말을 전한 것이다. '항상 이러한 때에 있다'(恒於斯)는 것은 항상 생사生死가 바뀌는 이러한 때에 있음을 말한 것이다. '엄숙한'(儼然)이라는 것은 몸가짐을 단정하게 지키는 모습이다. '상喪'은 지위를 잃는 것이다. '지위를 잃은 상태가 오래가서는 안 된다'(喪不可久)와 '때를 놓쳐서는 안 된다'(時不可失)는 것은 분상하러 귀국하여 왕위 계승을 도모하도록 권한 것이다. 그러므로 '유자孺子는 도모하시오'(孺子其圖之)라고 말한 것이다. 이때 진秦나라는 이미 그를 들여보낼 뜻을 가지고 있었다. 獻公薨時, 重耳避難在狄, 故穆公使人往弔之. 弔爲正禮, 故以'且曰'起下辭. '寡人聞之'者, 此使者傳穆公之言也. '恒於斯', 言常在此死生交代之際也. '儼然', 端靜持守之貌. '喪', 失位也. '喪不可久'·'時不可失'者, 勉其奔喪反國, 以謀襲位. 故言'孺子其圖之'也. 此時秦已有納之之志矣.

【단궁하 17】

구범舅犯에게 알리자 구범이 말하였다. "유자는 사양하십시오. 지위를 잃고 망명해 있는 사람은 보배 삼을 만한 것이 없으니 인애로움과 부모를 그리워하는 것을 보배로 여기는 것입니다. 아버지의 죽음이 어떤 일입니까? 그런데 또 그것을 이용해서 이익을 삼는다면 천하에 그 누가 변호해줄 수 있겠습니까? 유자는 사양하십시오."
以告舅犯,① 舅犯曰: "孺子其辭焉! 喪人無寶, 仁親以爲寶.② 父死之謂何? 又因以爲利,③ 而天下其孰能說之? 孺子其辭焉!"④

鄭注 ① '구범舅犯'은 중이重耳의 외삼촌 호언狐偃이며, 자字는 자범子犯이다. '舅犯', 重耳之舅狐偃也, 字子犯.

② '보배'(寶)는 지킬 만한 훌륭한 도리를 말한다. '인친仁親'은 인의仁義를 친히 행하는 것이다. '寶'謂善道可守者. '仁親', 親行仁義.

③ 귀국하여 후사가 되기를 구하고자 하는 것은 아비의 죽음을 이용하는 것이다. 欲反國求爲後, 是利父死.

④ '설說'은 해명한다는 뜻이다. '說'猶解也.

集說 '구범舅犯'은 중이重耳의 외삼촌 호언狐偃이며, 자字는 자범子犯이다. 공자 중이가 사자使者의 말을 듣고서 들어가 자범에게 알리자, 자범은 다음과 같이 말하였다. "마땅히 사양하고 받지 않음이 옳다. 지위를 잃고 나라를 떠난 사람은 보배로 여길 것이 없고, 오직 인애仁愛와 사친思親 어버이를 그리워함이 그 보배이다. 아버지의 죽음, 이것이 어떤 일인가? 바로 재난 중에서도 큰일이다. 어찌 또 이 재난을 이용해서 나라로 되돌아가는 기회로 삼을 수 있겠는가? 천하의 사람들 가운데 그 누가 나의 죄 없음을 해명해줄 수 있겠는가? 이것이 귀국하도록 권하는 말을 받아들여서는 안 되는 까닭이다." '舅犯', 重耳舅狐偃, 字子犯也. 公子旣聞使者之言, 入以告之子犯. 犯言當辭而不受可也. 失位去國之人, 無以爲寶, 惟仁愛思親乃其寶也. 父死謂是何事? 正是凶禍大事. 豈可又因此凶禍以爲反國之利? 而天下之人, 孰能解說我爲無罪乎? 此所以不當受其相勉反國之命也.

【단궁하 18】

공자 중이重耳가 사자에게 말하였다. "임금께서 고맙게도 망명한 신하인 중이에게 조문해주셨습니다. 저는 지위를 잃고 아버지가 죽었는데도 곡하고 울부짖는 상주의 자리에 참여하지 못하여 임금께 걱정을 끼쳐드렸습니다. 아버지의 죽음이 어떤 것입니까? 감히 다른 마음을 가져서 임금의 뜻을 욕되게 할 수 있겠습니까?" 머리를 지면에 대기만 하고 배례는 하지 않았으며, 곡을 하고 일어났다. 일어나서는 사사로운 대화를 하지 않았다.

公子重耳對客曰: "君惠弔亡臣重耳. 身喪父死, 不得與於哭泣之哀, 以爲君憂.① 父死之謂何? 或敢有他志以辱君義?"② 稽顙而不拜, 哭而起. 起而不私.

鄭注 ① 진秦나라 목공穆公에게 사례한 것이다. 謝之.

② '다른 뜻'(他志)은 사심私心을 말한다. '他志'謂私心.

集說 공자 중이重耳가 자범子犯의 말을 듣고, 나와서 손님에게 답한 것이다. '망명한 신하 중이에게 조문하여 주셨다'(惠弔亡臣重耳)는 것은 와서 조문해준 것에 사례한 것이다. '곡하고 울부짖는 상주의 자리에 참여하지 못했다'(不得與哭泣之哀)는 것은 도망 나와 외국에 머무르고 있어서 상주의 자리(喪次)에 있을 수 없음을 말한 것이다. '임금께 걱정을 끼쳐드렸습니다'(以爲君憂)는 것은 임금에게 나를 걱정하도록 만들었다는 것이다. '다른 마음'(他志)은 지위를 차지하려는 뜻을 말한다. '임금의 뜻을 욕되게 한다'(辱君義)는 것은 임금이 조문한 뜻을 욕되게 한다는 것이다. '사사로이 하지 않았다'(不私)는 것은 다시 사자使者와 더불어 사사로운 말을 하지 않았다는 것이다.

公子旣聞子犯之言, 乃出而答客. '惠弔亡臣重耳', 謝其來弔也. '不得與哭泣之哀', 言出亡在外, 不得居喪次也. '以爲君憂'者, 致君憂慮我也. '他志'謂求位之志. '辱君義'者, 辱君惠弔之義也. '不私', 不再與使者私言也.

【단궁하 19】

자현子顯이 목공穆公에게 복명하였다. 목공이 말하였다. "어질도다, 공자 중이重耳여! 머리를 지면에 대기만 하고 배례를 하지 않은 것은 아직 후사가 되지 않았기 때문에 배례를 마치지 않은 것이다. 곡을 하고 일어선 것은 아버지를 사랑함이요, 일어나서 사사로이 말하지 않는 것은 이익을 멀리한 것이다."

子顯以致命於穆公.① 穆公曰: "仁夫, 公子重耳! 夫稽顙而不拜, 則未爲後也, 故不成拜. 哭而起, 則愛父也, 起而不私, 則遠利也."

鄭注 ① 사신은 공자 집縶이다. 노씨盧氏는 말한다. "옛날에는 이름과 자字가 서로 짝을 이루었으니, 현顯은 마땅히 현韅이 되어야 한다." 使者, 公子縶也. 盧氏云: "古者名字相配, 顯當作韅."

集說 정현 주에서는 『국어』를 통해 사신이 공자 집縶이며 자字가 자현子韅임을 알았기 때문에[24] 현顯을 현韅으로 읽은 것이다. 상례喪禮에서는 먼저 머리를 지면에 댄 뒤에 배례하는 것을 '성배(成拜: 배례를 이룬다)'라고 하는데, 후사가 된 자만이 성배를 하는 것은 조문하는 예의 무거운 은혜에 사례하는 것이다. 지금 공자는 후사가 되지 않았기 때문에 성배하지 못한 것이다. '아버지를 사랑한다'(愛父)는 것은 아버지의 죽음을 애통해한다는 말과 같다. '사사로이 사자와 더불어 말하지 않는다'는 것은 귀국할 뜻이

없는 것이고 이익을 멀리하는 것이다. '아버지를 사랑한다', '이익을 멀리한다'(遠利)는 것은 모두 어진 자의 일이다. 그러므로 '어질도다, 공자 중이여!'라고 칭송한 것이다. 鄭註用『國語』, 知使者爲公子縶, 字子韅, 故讀顯爲韅也. 喪禮先稽顙後拜謂之'成拜', 爲後者成拜, 所以謝弔禮之重. 今公子以未爲後, 故不成拜也. '愛父'猶言哀痛其父也. 不私與使者言, 是無反國之意, 是遠利也. '愛父'·'遠利', 皆仁者之事. 故稱之曰'仁夫, 公子重耳!'

【단궁하 20】

빈궁에 휘장을 하는 것은 옛 법도가 아니다. 경강敬姜이 목백穆伯에게 곡을 하면서부터 시작되었다.

帷殯, 非古也. 自敬姜之哭穆伯始也.①

鄭注 ① '목백穆伯'은 노나라의 대부인 계도자季悼子의 아들 공보정公甫靖이다. '경강敬姜'은 목백의 아내로, 문백文伯 촉歜의 어머니다. 「잡기상雜記上」(58)에 "조석곡朝夕哭을 할 때 휘장을 걷는다"고 하였다. '穆伯', 魯大夫季悼子之子公甫靖也. '敬姜', 穆伯妻, 文伯歜之母也. 『禮』"朝夕哭, 不帷."

集說 『예』에 따르면 아침저녁으로 빈궁에서 곡을 할 때 반드시 그 휘장을 걷는다.[25] 경강敬姜이 남편 목백穆伯의 빈궁에서 곡을 할 때 혐의를 피하여 휘장을 다시 걷지 않았다. 이때 이후로 사람들이 모두 그것을 모방하였으므로 기록한 자가 '옛 법도가 아니다'(非古也)라고 한 것이다. '목백穆伯'은 노나라 대부인 계도자季悼子의 아들 공보정公甫靖이다. 『禮』, 朝夕哭殯之時, 必褰開其帷. 敬姜哭其夫穆伯之殯, 乃以避嫌而不復褰帷. 自此以後, 人皆倣之, 故記者云, '非古也'. '穆伯', 魯大夫季悼子之子公甫靖也.

【단궁하 21】

상례喪禮는 슬픔이 지극한 것이지만, 슬픔을 표현하는 데에 절도를 두는 것은 감정의 변화에 따라서 예를 변경하는 것이다. 군자는 낳아준 분의 마음을 생각한다.

喪禮, 哀戚之至也, 節哀, 順變也. 君子念始之者也.①

鄭注 ① '시始'는 낳아준다는 것이다. 부모가 자신을 낳아준 것을 생각하여 자신의 생명을 상하지 않으려는 것이다. '始'猶生也. 念父母生已, 不欲傷其性.

集說 상주의 슬픔은 천성의 지극함에서 나오는 것이니 어찌 막을 수 있겠는가? 성인이 예禮를 제정하여 그 슬퍼함에 절도를 둔 것은 대개 감정의 변화에 따라서 변경하는 것이다. 상주의 슬픈 감정에 따라 점점 변경하여 경감시키는 것을 말한다. '시始'는 낳아준다는 뜻이다. 나를 낳아준 자는 부모이니, 훼손하여 생명을 상하는 것은 나를 낳아준 자를 생각하지 않는 것이다. 孝子之哀, 發於天性之極至, 豈可止遏? 聖人制禮, 以節其哀, 蓋順以變之也. 言順孝子之哀情, 以漸變而輕減也. '始'猶生也. 生我者父母也, 毁而滅性, 是不念生我者矣.

【단궁하 22】

복復26)은 사랑하는 마음을 다하는 도리로, 이때에도 회생하기를 기도하는 마음을 가지고 있는 것이다. 어두운 곳으로부터 돌아오기를 바라는 것은 귀신에게 구하는 도리다. 북쪽을 향하는 것은 어두운 곳에서 구한다는 뜻이다.

復, 盡愛之道也, 有禱祠之心焉.① 望反諸幽, 求諸鬼神之道也.② 北面, 求諸幽之義也.③

鄭注 ① '복復'은 혼魂을 부르는 것을 말하며, 또 오사五祀에 나누어 기도하는데, 정기精氣가 되돌아오기를 바라는 것이다. '復'謂招魂, 且分禱五祀, 庶幾其精氣之反.

② 귀신은 어두운 곳에 머물기 때문에 귀신의 처소로부터 돌아오기를 바라는 것이다. 鬼神處幽闇, 望其從鬼神所來.

③ 오는 곳을 향한 것이다. 『의례』에 "복復을 하는 자는 지붕 위로 올라가 북쪽을 향한다"[27]고 하였다. 鄕其所從來也. 『禮』"復者升屋北面."

集說 오사五祀[28]에 기도를 행하고도 회생回生시킬 수 없으면 다시 복復을 하는데, 이는 부모를 사랑하는 마음을 다하는 것으로, 회생하기를 기도하는 마음은 복을 할 때에도 여전히 남아 있다. '망반저유望反諸幽'는 어두운 곳으로부터 돌아오기를 바라는 것이다. 귀신은 어두운 곳에 거처하는데 북쪽이 어두운 방향이다. 그러므로 어두운 곳에 거처하는 귀신에게 구할 경우는 반드시 북쪽을 향한다. 行禱五祀, 而不能回其生, 又爲之復, 是盡其愛親之道, 而禱祠之心, 猶未忘於復之時也. '望反諸幽', 望其自幽而反也. 鬼神處幽暗, 北乃幽陰之方. 故求諸鬼神之幽者, 必向北也.

【단궁하 23】

배례하는 것(拜)과 이마를 지면에 대는 것(稽顙)은 슬픔이 지극히 통렬하기 때문이다. 이마를 지면에 대는 것이 더욱 애통한 것이다.

拜·稽顙, 哀戚之至隱也. 稽顙, 隱之甚也.

鄭注 '은隱'은 애통함이다. '계상稽顙'은 예용禮容(예의 바른 차림새)을 갖추지 않고 지면에 이마를 대는 것이다. '隱', 痛也. '稽顙'者, 觸地無容.

集說 '은隱'은 애통함이다. '계상稽顙'은 이마를 지면에 대며 예용禮容(예의 바른 차림새)을 갖추지 않는 것이다. '배례하는 것'과 '이마를 대는 것'으로 말하면 모두 지극히 애통한 것이지만, '이마를 대는 것'이 애통함이 더욱 심한 것이다. '隱', 痛也. '稽顙'者, 以頭觸地, 無復禮容. 就拜與稽顙言之, 皆爲至痛, 而稽顙則尤其痛之甚者也.

【단궁하 24】

반함飯含에는 쌀과 조개를 사용하는데 차마 입을 비워두지 못하기 때문이다. 이것은 음식을 드리는 도(食道)로써 하는 것이 아니고, 아름다운 물건을 넣는 형식을 사용하는 것이다.

飯用米·貝, 弗忍虛也. 不以食道, 用美焉爾.

鄭注 존귀하게 대하는 것이다. 음식을 드리는 도리로써 하면 설만褻慢하게 된다. 쌀과 조개는 아름다운 물건이다. 尊之也. 食道褻. 米·貝美.

集說 쌀과 조개를 죽은 자의 입안에 넣는 것은 차마 그 입을 비워두지 못하기 때문이다. 이것은 음식을 드리는 도(食道)로써 하는 것이 아니고, 다만 이 아름답고 깨끗한 물건으로 입에 넣는 형식을 취하는 것이다. 實米與貝于死者口中, 不忍其口之虛也. 此不是用飮食之道, 但用此美潔之物, 以實之焉爾.

【단궁하 25】

명銘은 죽은 자의 성명을 적은 깃발이다. 죽은 자는 구별이 되지 않기 때문에 깃발로 표지한 것이다. 그를 사랑하므로 이름을 기록하고, 그를 존경하므로 도리를 다하는 것이다.

銘, 明旌也.① 以死者爲不可別已, 故以其旗識之.② 愛之, 斯錄之矣, 敬之, 斯盡其道焉耳.③

鄭注 ① 신명神明이 응집된 것(精)이다. 神明之精[29].

② '구별할 수 없다'(不可別)는 것은 모습이 보이지 않기 때문이다. '不可別', 形貌不見.

③ 중重과 전奠을 말한다. 謂重與奠.

集說 『의례』 「사상례士喪禮」에 따르면 명정(銘)[30]은 '모씨모지구某氏某之柩'(아무개 씨 아무개의 널)[31]라고 쓰고, 처음에는 서쪽 계단 위의 처마 밑에 두었다가 중重을 다 만들면 중이 있는 곳에다 두며, 빈궁을 설치하고 흙칠(塗)을 마치면 비로소 사감肂坎[32]의 동쪽에 세운다. 소疏에서 말한다. "사士의 명정은 길이가 3자이고, 대부는 5자이며, 제후는 7자이고, 천자는 9자이다. 명命을 받지 못한 사士는 검은 베(緇)로 만들되 길이가 반폭半幅이며, 정말赬末[33]은 길이가 종폭終幅이고 너비가 3촌이다. 반폭은 1척이고 종폭은 2척이니 총 길이가 3척이다." 대저 사랑하므로 그 이름을 기록하고, 존경하므로 그 도리를 다하는 것이니, 사랑(愛)이라 말하고 존경(敬)이라 말한 것이 빈 말이 아니다. 「士喪禮」銘曰'某氏某之柩', 初置于簷下西階上, 及爲重畢, 則置於重. 殯而卒塗, 始樹於肂坎之東. 疏云, "士長三尺, 大夫五尺, 諸侯七尺, 天子九尺. 若不命之士, 則以緇, 長半幅, 赬末, 長終幅, 廣三寸, 半幅一尺也, 終幅二尺也, 是總長三尺." 夫愛之而錄其名, 敬之而盡其道, 曰愛曰敬, 非虛文也.

【단궁하 26】

중重에는 신주의 도道가 있다. 은나라에서는 신주를 만들면 중重을 빈묘殯廟에 묶어 매달아놓으며, 주나라에서는 신주를 만들면 중重을 철거하여 매장한다.

重, 主道也.① 殷主綴重焉,② 周主重徹焉.③

鄭注 ① 사망한 초기에 아직 신주를 만들기 이전에는 중重으로 그 신神을 주관하게 하는 것이다. 중重은 우제虞祭를 지내고 묻으며, 그 뒤에 신주를 만든다. 『춘추전』에서 말한다. "우제의 신주(虞主)는 뽕나무를 사용하고, 연제練祭의 신주(練主)는 밤나무를 사용한다."[34] 始死未作主, 以重主其神也. 重既虞而埋之, 乃後作主. 『春秋傳』曰: "虞主用桑, 練主用栗."

② '철綴'은 묶는다는 것이다. 은나라 사람들은 신주를 만들면 중重을 묶어서 묘廟에 매달아놓고, 고조高祖의 지위를 떠날 때[35] 매장하였다. '綴'猶聯也. 殷人作主, 而聯其重, 縣諸廟也, 去顯考, 乃埋之.

③ 주나라 사람들은 신주를 만들면 중重을 철거하여 매장하였다. 周人作主, 徹重埋之.

集說 『의례』「사상례」 정현 주에 "사士의 중重[36]은 나무로 만들며 길이가 3척이다"[37]라고 하였다. 사망한 초기에 곧 중重을 만들어 신神이 의지하게 한다. 비록 신주神主가 아니지만 신주의 뜻이 있다. 그러므로 '신주의 도'(主道)라고 한 것이다. 은나라 예에서는 처음 빈궁을 차릴 때 중重을 빈묘殯廟의 뜰에 두었다가, 우제虞祭를 지내기 위해 신주가 만들어지면 이 중重을 묶어 처음 죽었을 때 차렸던 빈묘에 걸어둔다. 주나라 사람들은 우제虞祭를 지내면서 신주를 만들면 중重을 철거하여 매장하였다. 『禮』註云: "士重木長三尺." 始死作重以依神. 雖非主而有主之道. 故曰'主道'也. 殷禮始殯時, 置重于殯廟

之庭, 暨成虞主, 則綴此重而懸於新死者所殯之廟. 周人虞而作主, 則徹重而埋之也.

【단궁하 27】

전奠을 올릴 때 소기素器(文飾을 가하지 않은 기물)를 사용하는 것은 살아 있는 자가 애통해하는 마음을 가지고 있기 때문이다. 오직 제사의 예禮에서 주인은 자신의 마음을 다하여 문식한다. 어찌 귀신이 흠향하는 것을 알아서 그렇게 한 것이겠는가? 또한 주인이 재계하고 공경하는 마음을 가지고 있기 때문인 것이다.

奠以素器, 以生者有哀素之心也.① 唯祭祀之禮, 主人自盡焉爾. 豈知神之所饗? 亦以主人有齊敬之心也.②

鄭注 ① '애소哀素'는 애통해함에 문식할 겨를이 없음을 말한다. 무릇 기물에 문식이 없는 것을 '소素'라고 한다. '哀素', 言哀痛無飾也. 凡物無飾曰'素'. ② 애통해함에 문식하지 않은 것을 쓰고 공경함에 문식한 것을 쓰니, 예禮는 사람의 마음에서 나올 뿐이다. 哀則以素, 敬則以飾, 禮由人心而已.

集說 정씨鄭氏(정현鄭玄)는 말한다. "'애소哀素'는 애통해함에 문식할 겨를이 없음을 말한다. 무릇 기물器物에 문식이 없는 것을 '소素'라고 한다. 애통해함에 문식하지 않은 것을 쓰고 공경함에 문식한 것을 사용하니, 예禮는 사람의 마음에서 나올 뿐이다." ○ 방씨方氏는 말한다. "「사상례士喪禮」에 소조素俎(문식하지 않은 희생제기)가 있고, 「사우례士虞禮」에 소궤素几(상례에 쓰이는 흰색의 안석)가 있는데 모두 애통해함에 문식을 가하지 않기 때문이다. 상례와 장례는 흉례凶禮이기 때문에 이와 같은 것이다. 길례吉禮인 제사에 이르면 반드시 자신의 마음을 다하여 문식을 한다. 그러므로 '오직 제사의

예에서는 상주는 자신의 마음을 다할 뿐이다'(唯祭祀之禮, 主人自盡焉爾)라고 한 것이다. 그러나 주인이 자신의 마음을 다하는 것 또한 어찌 귀신이 흠향하는 것이 반드시 이것에 있음을 알아서 그렇게 하는 것이겠는가? 또한 자신의 마음을 표현하는 것일 뿐이다." 鄭氏曰: "'哀素', 言哀痛無飾也. 凡物無飾曰'素'. 哀則以素, 敬則以飾, 禮由人心而已." ○ 方氏曰: "「士喪禮」有素俎, 「士虞禮」有素几, 皆其哀而不文故也. 喪葬凶禮, 故若是. 至於祭祀之吉禮, 則必自盡以致其文焉. 故曰, '唯祭祀之禮, 主人自盡焉爾.' 然主人之自盡, 亦豈知神之所享必在於此乎? 且以表其心而已耳."

【단궁하 28】

가슴을 치고 발을 구르는 것(辟踊)은 슬픔이 지극한 것을 나타낸다. 횟수를 둔 것은 그것에 절도와 문식(節文)을 가한 것이다.

辟踊, 哀之至也. 有算, 爲之節文也.

鄭注 '산算'은 횟수이다. '算', 數也.

集說 소疏에서 말한다. "가슴을 치는 것이 '벽辟'이고 발을 구르는 것이 '용踊'인데, 이는 애통함이 지극한 것이다. 만약 한도를 정하지 않으면 생명을 상할 염려가 있으므로 횟수를 두어 기준과 절도를 세웠다. 한 번의 용踊에 발을 세 번 구르니, 세 번의 용踊에 아홉 번 발을 구르는 것이 하나의 단위가 된다. 사士는 3일에 세 차례의 용踊을 하고, 대부는 4일에 다섯 번의 용을 하며, 제후는 6일에 일곱 번의 용을 하고, 천자는 8일에 아홉 번의 용을 한다. 그러므로 '절도와 문식을 가하였다'(節文)고 말한 것이다." 疏曰: "撫心爲'辟', 跳躍爲'踊', 是哀痛之至極. 若不裁限, 恐傷其性, 故有算以爲之準節. 每一

踊三跳, 三踊九跳爲一節. 士三日有三次踊, 大夫四日五踊, 諸侯六日七踊, 天子八日九踊. 故云爲之'節文'也."

【단궁하 29】

웃옷을 벗어 어깨를 드러내고(袒) 머리를 묶는(括髮) 것은 모습을 변화시키는 것이다. 분해하는 것은 애통해하는 감정이 변한 것이다. 문식을 제거하는 것은 아름다움을 제거하는 것이다. 어깨를 드러내고 머리를 묶는 것은 문식을 제거하는 방식 중에 심한 것이다. 어깨를 드러내는 경우가 있고 옷을 도로 입는(襲) 경우가 있는 것은 슬픔에 절도와 문식을 가한 것이다.

袒·括髮, 變也. 慍, 哀之變也. 去飾, 去美也. 袒·括髮, 去飾之甚也. 有所袒有所襲, 哀之節也.

集說 소소에서 말한다. "웃옷을 벗어 어깨를 드러내고(袒衣) 머리를 묶는(括髮) 것은 모습을 변화시키는 것이다. 슬퍼하다 분해하는 것은 애통해하는 감정이 변한 것이다. 평소 길吉할 때 하는 옷의 문식을 제거하는 것은 그 화려하고 아름다운 것을 제거하는 것이다. 문식을 제거함에 비록 여러 방식이 있지만 오직 어깨를 드러내고 머리를 묶는 것(袒而括髮)이 또 문식을 제거하는 방식 중에 가장 심한 것이다. 이치로 보면 늘 어깨를 드러내고(袒) 있어야 마땅한데, 어찌하여 어깨를 드러낼 때가 있고 옷을 도로 입을(襲) 때가 있는가? 대개 슬픔이 심하면 어깨를 드러내고 슬픔이 가벼우면 옷을 도로 입으니 슬퍼함에 한계와 절도가 있는 것이다. 疏曰: "袒衣括髮, 形貌之變也. 悲哀慍恚, 哀情之變也. 去其尋常吉時之服飾, 是去其華美也. 去飾雖多端, 惟

袒而括髮, 又去飾之中最甚者也. 理應常袒, 何以有袒時·有襲時? 蓋哀甚則袒, 哀輕則襲, 哀之限節也."

【단궁하 30】

소변素弁(흰 명주로 만든 변)에 칡으로 만든 환질環絰(수질)을 두르고 장례葬禮를 지내는 것은 신神과 접하는 도리다. 공경하는 마음이 있기 때문이다. 주나라 사람들은 변弁을 쓰고 장사를 지냈고, 은나라 사람들은 후冔를 쓰고 장사지냈다.

弁絰葛而葬, 與神交之道也.① 有敬心焉.② 周人弁而葬, 殷人冔而葬.③

鄭注 ① 신神과 접하는 도리는 완전한 흉복凶服으로 해서는 안 된다. 천자와 제후는 복服을 바꾸어 입고 장례를 치르는데, 소변素弁을 관冠으로 쓰고 칡으로 환질環絰을 만든다. 우제虞祭와 졸곡卒哭을 마치고 나서 수복受服[38]으로 갈아입는다. 「잡기하雜記下」(56)에서 말한다. "무릇 고깔(弁)과 수질首絰을 할 때, 그 최복衰服은 소맷자락을 크게 한다." 接神之道, 不可以純凶. 天子諸侯, 變服而葬, 冠素弁, 以葛爲環絰. 既虞卒哭, 乃服受服也. 「雜記」曰: "凡弁絰, 其衰侈袂."

② 계절이 지나면 슬픔이 줄어들고 공경심이 생겨난다. 공경하면 복服에 문식이 있게 된다. 대부와 사士는 삼 개월 만에 장례葬禮를 하니 아직 한 계절을 넘기지 못한 것이다. 踰時哀衰而敬生. 敬則服有飾. 大夫士三月而葬, 未踰時.

③ 주나라의 변弁과 은나라의 후冔는 모두 제관祭冠을 본뜬 것이지만, 채색하지 않은 흰 비단을 사용하는 예는 동일하다. 周弁·殷冔, 俱象祭冠, 而素禮同也.

集說 상중에 있을 때는 관冠과 복服 모두 완전한 흉복凶服으로 한다. 장례葬禮를 지내 나의 부모가 신체를 땅속에 의탁할 때에 이르면, 마땅히 예를 갖추어 공경하는 마음으로 산천의 신神과 접해야 한다. 이때 흰 명주로 변弁을 만드는데 작변爵弁의 형식과 같게 하고, 칡으로 환질環絰을 만들어 머리에 쓰고서 장례를 치른다. 감히 완전한 흉복으로 신神과 교제하지 못하는 것은 공경함을 보이는 것이다. 그러므로 '공경하는 마음이 있기 때문이다'(有敬心焉)라고 하였다. 居喪時, 冠服皆純凶. 至葬而吾親託體地中, 則當以禮敬之心, 接於山川之神也. 於是, 以絹素爲弁, 如爵弁之制, 以葛爲環絰在首, 以送葬. 不敢以純凶之服交神者, 示敬也. 故曰: '有敬心焉.'

【단궁하 31】

죽을 먹는 동안에 주인·주부·우두머리 집사가 병이 나면 임금이 명령하여 거친 밥을 먹게 한다.

歠, 主人·主婦·室老, 爲其病也, 君命食之也.

鄭注 존귀한 자가 사람들의 뜻을 빼앗는 것이 쉽기 때문이다. '철歠'은 죽을 먹는 것이다. 尊者奪人易也. '歠', 歠粥也.

集說 소疏에서 말한다. "부모상을 당하여 죽을 먹을 때이다. '주인主人'은 죽은 자의 아들이다. '주부主婦'는 죽은 자의 아내이며, 죽은 자의 아내가 없을 경우에는 주인의 아내를 가리킨다. '실노室老'는 집안의 우두머리 집사이다. 이 세 사람은 모두 대부 집안의 귀한 자이다. 그들이 죽을 먹다가 병들어 곤란하게 되었기 때문에 임금이 반드시 명령하여 거친 밥을 먹도록 하는 것이다. 만약 사士의 상喪일 경우 임금은 명령하지 않는다. 「상대기喪

大記」(30)에 '주부가 거친 밥을 먹는다'고 하였는데, 이때 먹는다는 것은 빈궁을 차린 뒤에 먹는 것을 말함이요, 이 경문에서 주부가 죽을 먹는다고 한 것은 아직 빈궁을 차리기 전에 먹는 것을 말한 것이다." 疏曰: "親喪歠粥之時. '主人', 亡者之子. '主婦', 亡者之妻, 無則主人之妻也39). '室老', 家之長相. 此三人並是大夫之家貴者. 爲其歠粥病困之, 故君必命之食疏飯也. 若士喪, 君不命也. 「喪大記」言'主婦食疏', 食謂旣殯之後, 此主婦歠者, 謂未殯前."

【단궁하 32】

반곡反哭을 할 때 당堂에 오르는 것은 (돌아간 어버이가) 예를 행하던 곳으로 되돌아가는 것이다. 주부가 실室에 들어가는 것은 (돌아간 어버이가) 음식을 대접하고 공양하던 곳으로 되돌아가는 것이다.
反哭升堂, 反諸其所作也.① 主婦入于室, 反諸其所養也.②

鄭注 ① (돌아간) 어버이가 예를 행하던 곳이다. 親所行禮之處.
② (돌아간) 어버이가 음식을 대접하던 곳이다. 親所饋食之處.

集說 이 경문의 당堂과 실室은 모두 묘廟 안에 있는 것을 말한다. 하관下棺을 마치고 돌아와 조묘祖廟에서 반곡反哭40)을 한다. 사당이 둘인 경우에는 조묘에서 먼저 하고 녜묘禰廟에서 뒤에 한다. '소작所作'이란 (죽은 자가) 평소에 제사와 관례 및 혼례 등의 예를 행하던 곳이다. '소양所養'이란 음식을 대접하고 봉양하던 곳이다. 此堂與室, 皆謂廟中也. 卒窆而歸, 乃反哭於祖廟. 其二廟者, 則先祖後禰. '所作'者, 平生祭祀冠昏所行禮之處也. '所養'者, 所饋食供養之處也.

【단궁하 33】

반곡反哭 때 조문하는 것은 (상주의) 애통함이 지극하기 때문이다. 돌아와 보니 안 계시고 잃은 것이어서, 이에 애통함이 심한 것이다.

反哭之弔也, 哀之至也. 反而亡焉, 失之矣, 於是爲甚.

鄭注 애통함이 심한 것이다. 哀痛甚.

集說 손님으로서 조문하는 자가 서쪽 계단으로 올라와 '어찌된 일입니까?'라고 말하면, 주인은 배례하고 이마를 지면에 댄다. 이때에 부모는 이미 안 계시고 잃었으니, 다시는 자기 부모를 볼 수 없어 애통함이 이에 심하게 된 것이다. 손님이 조문을 마치고 나가면, 주인은 대문 밖에서 전송하고 이어서 빈궁으로 가는데, 곧 이전에 빈궁을 설치하였던 정침正寢의 당堂이다. 賓之弔者, 升自西階, 曰, '如之何?' 主人拜稽顙. 當此之時, 亡矣失矣, 不可復見吾親矣, 哀痛於是爲甚也. 賓弔畢而出, 主人送于門外, 遂適殯宮, 卽先時所殯正寢之堂也.

【단궁하 34】

은나라의 예는 하관下棺이 끝나면 조문하고, 주나라의 예는 반곡反哭 후에 조문한다. 공자는 "은나라의 예가 너무 질박하므로 나는 주나라의 예를 따르겠다"고 하였다.

殷旣封而弔, 周反哭而弔.① 孔子曰: "殷已慤, 吾從周."②

鄭注 ① '봉封'은 '폄窆'이 되어야 한다. '폄窆'은 하관下棺이다. '封'當爲'窆'. '窆', 下棺也.

② '질박함'(慤)은 애통함의 시작은 될 수는 있으나 애통함의 심함은 볼 수 없다. '慤'者, 得哀之始, 未見其甚.

集說 은나라의 예에서는 하관下棺이 끝나면 손님이 묘소로 나아가 상주에게 조문한다. 주나라의 예는 상주가 반곡反哭하기를 기다린 뒤에 조문한다. 공자가 '은나라의 예는 너무 질박하다'고 한 것은 대개 어버이가 흙 속에 있는 것이 본디 슬퍼할 만한 것이지만, 평소 거처하시던 곳에서 어버이를 찾다가 찾지 못하자 그 슬픔이 더욱 심해지는 것만 못하기 때문이다. 그러므로 묘소에서 조문하는 것은 집에서 조문함이 인정과 문식文飾을 아울러 다하게 되는 것만 못하니 따라서 주나라의 예를 따르고자 한 것이다. 殷之禮, 窆畢, 賓就墓所弔主人. 周禮則俟主人反哭而後弔. 孔子謂'殷禮太質慤'者, 蓋親之在土, 固爲可哀, 不若求親於平生居止之所而不得, 其哀爲尤甚也. 故弔於墓者, 不如弔於家者之情文爲兼盡, 故欲從周也.

【단궁하 35】

국도國都의 북쪽에 장례지내고 사자死者의 머리를 북쪽 방향으로 두는 것은 삼대三代가 통용한 예로서, 어두운 곳으로 가는 것이기 때문이다.

葬於北方, 北首, 三代之達禮也, 之幽之故也.

鄭注 '북방北方'은 국도國都의 북쪽이다. '北方', 國北也.

集說 '북방北方'은 국도國都의 북쪽이다. 빈궁을 설치할 때도 계속 머리를 남쪽 방향으로 두는 것은 어버이를 차마 귀신으로 대할 수 없어서이다. 매

장을 하면 주검과 관련된 일을 마치게 되므로 매장하면서 머리를 북쪽 방향으로 두는데, 하·은·주 삼대가 모두 이 예를 통용하였다. 남쪽 방향은 밝고 북쪽 방향은 어두우니, '어두운 곳으로 간다'(之幽)는 것은 '머리를 북쪽 방향에 둔다'(北首)는 뜻을 풀이한 것이다. '北方', 國之北也. 殯猶南首, 未忍以鬼神待其親也. 葬則終死事矣, 故葬而北首, 三代通用此禮也. 南方昭明, 北方幽暗, '之幽'釋所以'北首'之義.

【단궁하 36】

하관下棺을 마치면 상주는 죽은 자에게 폐백을 드리고(贈), 축관祝官은 먼저 돌아와 우제虞祭의 시를 (빈궁으로) 나아가게 한다.

既封, 主人贈, 而祝宿虞尸.

鄭注 '증贈'은 폐백을 가지고 하는데, 죽은 자를 광壙에서 전송하는 것이다. 상주가 폐백을 드릴 때, 축관祝官은 먼저 집으로 돌아온다. '贈'以幣, 送死者於壙也. 於主人贈, 祝先歸.

集說 상여의 행렬이 성문에 이르면, 공公은 재부宰夫를 시켜서 검은색과 옅은 진홍색의 비단 열 단(玄纁束)[41]을 보낸다. 하관下棺을 마치면 (상주는) 이 현훈을 묘소의 들(野)에서 죽은 자에게 드린다. 이때 축관祝官은 먼저 돌아와 우제虞祭[42]의 시尸를 나아가게 한다. '숙宿'은 숙肅으로 읽으니, 나아가게 한다는 뜻이다. '우虞'는 안정시킨다는 뜻과 같다. 장례를 마치고 혼령을 맞이하여 돌아와 그날로 빈궁에서 제사를 지내 안정시키는 것이다. (죽은 자가) 남자면 남자가 시가 되고, 여자면 여자가 시가 된다. '시尸'라는 말은 주主로 삼는다는 뜻이다. 어버이의 모습을 볼 수 없어 마음을 메어둘 곳이

없기 때문에, 시를 세우고 그에게 죽은 자의 옷을 입혀 상주의 마음을 거기에 두게 하는 것이다. 담제禫祭[43] 이전에는 죽은 자의 성별에 따라 서로 다른 시와 안석(几)을 사용하고, 묘廟에서 제사를 지내게 되면 여자 시는 쓰지 않으며 안석도 또한 마찬가지다. 「소뢰궤사례少牢饋食禮」에 "아무개의 비를 배향한다"[44]고 하였는데, 이는 성별에 상관없이 시를 함께 사용하는 것이다. 柩行至城門, 公使宰夫贈玄纁束. 旣窆則用此玄纁贈死者於墓之野. 此時, 祝先歸而肅虞祭之尸矣. '宿'讀爲肅, 進也. '虞'猶安也. 葬畢, 迎精而反, 日中祭之於殯宮, 以安之也. 男則男子爲尸, 女則女子爲尸. '尸'之爲言主也. 不見親之形容, 心無所係, 故立尸而使之著死者之服, 所以使孝子之心主於此也. 禫祭以前, 男女異尸異几, 祭於廟, 則無女尸, 而几亦同矣. 「少牢禮」云"某妃配", 是男女共尸.

【단궁하 37】

반곡反哭을 하고 나서 주인은 유사와 함께 우제虞祭에 쓸 희생을 살펴본다. 유사가 안석(几)과 자리(筵)를 가지고 묘의 왼쪽에 전奠을 베풀어놓고, 돌아와 (당일) 정오에 우제를 지낸다.

旣反哭, 主人與有司視虞牲.① 有司以几筵舍奠於墓左, 反, 日中而虞.②

鄭注 ① (당일) 정오에 우제虞祭를 지내려고 그 희생을 살피는 것이다. 日中將虞, 省其牲.

② 묘소에서 전奠을 올리게 하였던 유사有司가 돌아오면 우제를 지낸다. 묘의 왼쪽에 전奠을 베풀어놓는 것은 부모의 시신이 여기에 있기 때문에 그 지신地神에게 예를 올린 것이다. 『주례』「총인冢人」에 "무릇 묘소에서 제사

를 드릴 때는 시동을 둔다"라고 하였다. 所使奠墓有司來歸, 乃虞也. 舍奠墓左, 爲父母形體在此, 禮其神也. 『周禮』「冢人」"凡祭墓爲尸."

集說 사례士禮에서 우제의 희생은 특시特豕(돼지 1마리)다. '안석'(几)은 신神이 의지하도록 하는 것이다. '연筵'은 신神을 앉히는 자리로 자리가 펼쳐진 것을 연筵이라고 한다. 상주는 먼저 돌아와 희생을 살피고, 별도로 유사를 시켜 전奠을 베풀어 지신地神을 예우케 하는데 어버이가 몸을 이곳에 의탁하였기 때문이다. '사舍'는 석釋으로 읽는다. '전奠'은 놓는다는 뜻으로 이 제찬祭饌을 베풀어놓는다는 것이다. 묘도墓道는 남쪽을 향하는 것이므로 동쪽을 왼쪽으로 삼는다. 이 유사가 돌아오기를 기다려 (당일) 정오에 우제를 지낸다. 士之禮, 虞牲特豕. '几', 所以依神. '筵', 坐神之席也, 席敷陳曰筵. 孝子先反而視牲, 別令有司釋奠, 以禮地神, 爲親之託體於此也. '舍'讀爲釋. '奠'者置也, 釋置此祭饌也. 墓道向南, 以東爲左. 待此有司之反, 卽於日中時虞祭也.

【단궁하 38】

장례葬禮를 치른 날 우제虞祭를 지내는 것은 차마 하루라도 (혼령이) 돌아갈 곳이 없게 할 수 없기 때문이다.

葬日虞, 弗忍一日離也.

鄭注 차마 혼령이 돌아갈 곳이 없게 할 수 없기 때문이다. 弗忍其無所歸.

集說 정씨鄭氏(정현鄭玄) 말한다. "차마 혼령이 돌아갈 곳이 없게 할 수 없기 때문이다." 鄭氏曰: "弗忍其無所歸."

【단궁하 39】

이날 우제虞祭로 전奠을 바꾼다. 졸곡卒哭을 '성사成事'(제사가 성립됨)라고 한다.

是日也, 以虞易奠.① 卒哭曰'成事'.②

鄭注 ① '우虞'는 상제喪祭이다. '虞', 喪祭也.

② 우제를 지낸 뒤에 졸곡卒哭을 하고서 제사를 지내는데, 그 축문에 "상주 아무개는 일이 이루어졌음을 아뢰니다"(哀薦成事)고 했으니, 제사의 일을 이룬 것이다. 제사는 길吉로 성립된다. 旣虞之後, 卒哭而祭, 其辭蓋曰"哀薦成事", 成祭事也. 祭以吉爲成.

集說 시사始死·소렴小斂·대렴大斂·조석朝夕·삭월朔月·조조朝祖·봉견賵遣 등에서는 모두 상전喪奠을 올린다. 이날 비로소 우제虞祭로 상전을 대신하므로 '우제로 전奠을 바꾼다'(以虞易奠)고 한 것이다. '졸곡卒哭을 성사成事라고 한다'(卒哭曰成事)는 것은 축문에서 "상주 아무개는 일이 이루어졌음을 아뢰니다"(哀薦成事)라고 했고, 제사는 길吉로 성립되는데 졸곡하고 지내는 제사가 길제吉祭이기 때문이다. 始死·小斂·大斂·朝夕·朔月·朝祖·賵遣之類, 皆喪奠也. 此日以虞祭代去喪奠, 故曰'以虞易奠'也. '卒哭曰成事'者, 蓋祝辭曰"哀薦成事"也, 祭以吉爲成, 卒哭之祭, 乃吉祭故也.

【단궁하 40】

이날 길제吉祭로 상제喪祭를 바꾼다. 다음날 할아버지의 사당에 부제祔祭를 지낸다.

是日也, 以吉祭易喪祭.① 明日, 祔于祖父.②

鄭注 ① 졸곡卒哭은 길제吉祭이다. 卒哭, 吉祭.

② 제사를 지내 조묘祖廟(할아버지의 사당)에 고한다. 祭告於其祖之廟.

集說 '길제吉祭'는 졸곡제卒哭祭이다. '상제喪祭'는 우제虞祭이다. 졸곡은 우제 뒤에 한다. 그러므로 '길제로 상제를 바꾼다'고 한 것이다. '부祔'라는 말은 덧붙인다(附)는 뜻이다. 부제祔祭[45]란 조상들에게는 다른 묘廟로 옮겨야 함을 알리고, 이번에 죽은 자에게는 이 묘廟로 들어가야 함을 알리는 것이다. 『예』에서 "다음날 소목의 차례에 따라 부한다(班祔)"[46]고 하였는데, '다음날'(明日)이란 졸곡 다음날이다. 졸곡할 때가 되면 새 신주神主에게 "애자哀子 아무개가 내일 당신을 당신의 할아버지 아무개에게 올려 부祔하려고 합니다"라고 고한다. 때가 되면 새 신주를 받들고 조묘祖廟(할아버지의 묘)로 들어간다. 그리고 아울러 "마침 당신의 할아버지 아무개에게 당신의 손자 아무개를 올려 부祔합니다"라고 고한다. 손자를 반드시 조부에게 부하는 것은 소목昭穆의 자리가 같기 때문인데, 이른바 '그 소목의 차례대로 한다'는 것이다. 부제(祔附)를 마치면 우제의 신주는 정침正寢으로 되돌아온다. 삼년상이 끝나고 사시四時의 길제를 만난 뒤에 새 신주를 받들어 사당에 들여놓는다. 우제는 하루 건너서 지내며, 졸곡과 부제는 하루를 건너지 않고 지낸다. '吉祭', 卒哭之祭也. '喪祭', 虞祭也. 卒哭在虞之後. 故云'以吉祭易喪祭'也. '祔'之爲言附也. 祔祭者, 告其祖父, 以當遷他廟, 而告新死者, 以當入此廟也. 禮云: "明日以其班祔", '明日'者, 卒哭之次日也. 卒哭時, 告于新主曰: "哀子某, 來日隮祔爾于爾皇祖某甫." 及時, 則奉新主入祖之廟. 而幷告之曰: "適爾皇祖某甫, 以隮祔爾孫某甫." 孫必祔祖者, 昭穆之位同, 所謂'以其班'也. 畢事, 虞主復于寢. 三年喪畢, 遇四時之吉祭而後, 奉新主入廟也. 虞祭間一日, 而卒哭與祔, 則不間日.

【단궁하 41】

변례變禮로 길제吉祭에 나아갈 때는 부제祔祭에 이르기까지 반드시 이날[47]에 제사를 이어서 지낸다. 차마 하루라도 의지할 곳이 없게 할 수 없기 때문이다.

其變而之吉祭也, 比至於祔, 必於是日也接. 不忍一日末有所歸也.

鄭注 '말末'은 무無의 뜻이다. 날에는 이어지는 것이 있으니, 「사우례士虞禮」에 이른바 "다른 경우에 강일剛日을 쓴다"[48]고 한 것이 그것이다. 그 제사에서 축문祝文에는 "애천哀薦"(상주 아무개는 아뢴다)이라고 하고, "성사成事"(일이 이루어졌음)라고 한다. '末', 無也. 日有所用接之, 「虞禮」所謂"他用剛日"也. 其祭, 祝曰: "哀薦", 曰"成事."

集說 앞의 경문에서 말한 것은 모두 정상적인 예(正禮)에 의거한 것이다. 이 경문에서 '변變'이라 말한 것은 정상적인 예를 바꾼 것이기 때문이다. 바꾸게 된 것은 다른 사정이 있어서 장례 기일이 되기 전에 바로 장사를 치렀기 때문이다. 사례士禮에 의하면 장사를 빨리 치르고 우제를 빨리 지내고 나면 졸곡 전까지는 날수가 아직 남아 있어 제사가 없을 수 없다. '지之'는 간다는 뜻이다. 우제를 지내고 길제吉祭로 나아가는데, 그 예는 어떠한가? 우제를 지낸 후 부제祔祭에 이르기까지 강일剛日을 만나면 제사가 연속된다. 만약 정일丁日에 장사를 치렀다면 기일己日에 두 번째 우제를 지내고, 마지막 우제는 강일로 바꾸어 지내면 경일庚日에 삼우를 지내게 된다. 이 뒤에 강일을 만나면 제사를 지내고, 부제에 이른 뒤에 그치게 된다. 이것은 상주가 차마 그 어버이로 하여금 하루라도 의지할 곳이 없게 할 수 없기 때문이다. 上文所言, 皆據正禮. 此言'變'者, 以其變易常禮也. 所以有變者, 以有

他故, 未及葬期而卽葬也. 據士禮, 速葬速虞之後, 卒哭之前, 其日尙賖, 不可無祭. '之', 往也. 虞往至吉祭, 其禮如何? 曰虞後比至於祔, 遇剛日而連接其祭. 若丁日葬, 則己日再虞, 後虞改用剛日, 則庚日三虞也. 此後遇剛日則祭, 至祔而後止. 此孝子不忍使其親一日無所依歸也.

【단궁하 42】

은나라에서는 연제練祭[49]를 지내고 부제祔祭를 지냈고, 주나라에서는 졸곡卒哭을 하고 부제를 지냈다. 공자는 은나라의 예를 칭찬하였다.

殷練而祔, 周卒哭而祔. 孔子善殷.

鄭注 기년期年이 되서야 신도神道로 대우하는 것이 인정이다. 期而神之, 人情.

集說 『효경孝經』「상친喪親」장에 "종묘를 만들어 귀신으로 제향祭享한다"고 하였다. 공자가 은나라 부제의 예를 칭찬한 것은 어버이를 귀신으로 대우하는 것을 서두르지 않았기 때문이다. 『孝經』曰: "爲之宗廟, 以鬼享之." 孔子善殷之祔者, 以不急於鬼其親也.

【단궁하 43】

임금이 신하의 상喪에 임할 때 무관巫官은 복숭아나무를 잡고, 축관은 갈대로 만든 빗자루를 잡고, 소신小臣은 창을 잡으니, 꺼리는 바가 있기 때문에 살아 있는 자를 대하는 것과 달리하는 것이다. 상례喪禮에 죽은 자를 꺼리는 이치가 있으나, 그것은 선왕이 말하기 어려워한 바이다.

君臨臣喪, 以巫祝桃茢執戈, 惡之也,① 所以異於生也.② 喪有死之道焉,③ 先王之所難言也.④

鄭注 ① 흉하고 사악한 기운이 시신의 곁에 있기 때문이다. 임금이 대부의 상喪을 들으면 음악을 치우고 일을 중단하고 가니 습襲을 하기 전이다. 이미 습襲을 하였으면 무관巫官을 들어가지 못하게 하고 복숭아나무와 열茢을 버린다. '복숭아나무'(桃)는 귀신이 싫어하는 것이다. '열茢'은 추초萑苕(갈대)로 상서롭지 못한 것을 쓸어낼 수 있다. 爲有凶邪之氣在側. 君聞大夫之喪, 去樂卒事而往, 未襲也. 其已襲, 則止巫, 去桃・茢. '桃', 鬼所惡. '茢', 萑苕, 可掃不祥.

② 살아 있는 사람에게는 흉하고 사악한 기운이 없다. 生人無凶邪.

③ 사람이 죽으면 짐승이 죽은 모습과 같음이 있다는 것이다. 짐승이 죽으면 사람은 그것을 천하게 여긴다. 言人之死, 有如鳥獸死之狀. 鳥獸之死, 人賤之.

④ 성인이 분명하게 말하지 않은 것은 사람들이 그것을 매우 꺼리기 때문이다. 聖人不明說, 爲人甚惡之.

集說 복숭아의 성질은 악을 물리치니 귀신이 두려워한다. 왕망王莽이 한나라 고조의 신령을 싫어하여 도탕桃湯(복숭아나무 끓인 물)을 사당의 벽에 뿌렸다. '열茢'은 초추苕帚(갈대로 만든 비)이니, 더러움을 제거하는 것이다. 무관巫官이 복숭아나무를 잡고, 축관祝官이 빗자루를 잡고, 소신小臣이 창을 잡는 것은 대개 사람들이 꺼리는 흉하고 사악한 기운이 있기 때문에 이 세 가지 물건으로 물리치는 것이다. 살아 있는 사람에게 임할 때는 오직

창을 잡을 뿐이다. 이제 복숭아와 빗자루를 더 가지고 있기 때문에 '살아 있는 자를 대할 때와 달리한다'(異於生也)고 한 것이다. 임금이 신하를 부릴 때 예로써 하는데, 신하가 죽자 싫어한다면 어찌 예라고 할 수 있겠는가? 그러나 사람이 죽으면 꺼리게 되므로 상례喪禮에 참으로 죽은 자를 꺼리는 이치가 있는데 선왕이 차마 말하지 않은 것이다. 桃性辟惡, 鬼神畏之. 王葬惡高廟神靈, 以桃湯灑其壁. '茢', 苕帚也, 所以除穢. 巫執桃, 祝執茢, 小臣執戈, 蓋爲其有凶邪之氣可惡, 故以此三物, 辟祓之也. 臨生者, 則惟執戈而已. 今加以桃茢, 故曰'異於生也.' 君使臣以禮, 死而惡之, 豈禮也哉? 然人死, 斯惡之矣, 故喪禮實有惡死之道焉, 先王之所不忍言也.

【단궁하 44】

상례에서 널을 받들어 선조의 사당(祖廟)에 알현시키는 것은 죽은 자의 효심을 따르는 것이다. 거처를 떠나는 것을 슬퍼하므로 선조의 사당에 이르러 알현시킨 후에 길을 떠난다. 은나라의 예는 사당에 알현시키고 나서 사당에 빈궁을 차린다. 주나라의 예는 사당에 알현시키고 나서 이어서 장례葬禮를 행한다.

喪之朝也, 順死者之孝心也.① 其哀離其室也, 故至於祖考之廟而后行. 殷朝而殯於祖. 周朝而遂葬.

鄭注 ① '조朝'는 널을 사당으로 옮기는 것이다. '朝'謂遷柩於廟.

集說 자식이 어버이를 섬김에 "외출할 때는 반드시 말씀드리고 돌아와서도 반드시 얼굴을 뵌다."[50] 이제 장례葬禮를 행할 때 널을 받들어 조묘祖廟

에 알현시키는 것은 본디 죽은 자의 효심을 따르기 위한 것이다. 그러나 죽은 자의 마음을 살펴보건대, 또한 거처하던 곳을 떠나 영원히 땅속에 버려지는 것을 반드시 스스로 슬퍼할 것이요, 또한 선조의 사당에 이르러 결별하려고 할 것이다. 은나라는 질質을 숭상하였고 귀신을 존경하지만 멀리 하였다. 그러므로 대렴大斂 후에 곧 널을 받들어 선조의 사당에 알현시키고 드디어 사당에 빈궁을 설치한다. 주나라 사람은 정침正寢에 빈궁을 차리고, 장례를 행할 때가 되면 사당에 알현시킨다. 子之事親, '出必告, 反必面.' 今將葬而奉柩以朝祖, 固爲順死者之孝心. 然求之死者之心, 亦必自哀其違離寢處之居而永棄泉壤之下, 亦欲至祖考之廟而訣別也. 殷尙質, 敬鬼神而遠之. 故大斂之後, 卽奉柩朝祖而遂殯於廟. 周人則殯於寢, 及葬則朝廟也.

【단궁하 45】

공자가 "명기明器를 만든 자는 상喪을 치르는 도리를 아는구나! 기물器物을 갖추어놓았으나 사용할 수는 없다"라고 하였다.
孔子謂'爲明器者, 知喪道矣! 備物而不可用也.'

鄭注 귀신과 사람은 대하는 도리를 달리하니 서로 저촉하지 않는다. 神與人異道, 則不相傷.

集說 이 경문은 공자가 하나라의 예에 명기明器를 사용하여 장례를 치른 것을 칭찬한 것이다.[51] 此孔子善夏之用明器從葬.

【단궁하 46】

"슬프도다! 죽은 자에게 살아 있는 사람이 쓰는 기물器物을 사용하는 것은 순장殉葬하는 것에 가깝지 않은가!"

'哀哉! 死者而用生者之器也, 不殆於用殉乎哉!'

鄭注 '태殆'는 가깝다는 뜻이다. 사람을 죽여 죽은 자를 지키게 하는 것을 '순殉'이라고 한다. 살아 있는 사람이 쓰는 기물器物을 사용하는 것은 살아 있는 사람을 쓰는 것과 거의 가깝게 된다. '殆', 幾也. 殺人以衛死者曰'殉'. 用其器者, 漸幾於用人.

集說 이 경문은 공자가 은나라 사람들이 제기祭器를 사용하여 장례를 치르는 것을 비난한 것이다. 산 사람을 시신과 함께 묻는 것을 '순殉'이라고 한다. '태殆'는 가깝다는 뜻이다. 산 자의 기물器物을 사용하는 것은 산 사람을 쓰는 것과 가깝다는 것이다. 此孔子非殷人用祭器從葬. 以人從死曰'殉'. '殆', 幾也. 用其器則近於用人.

【단궁하 47】

명기明器라고 한 것은 귀신(神明)으로 대하기 때문이다. 도거塗車와 추령芻靈은 예로부터 있었으니, 명기의 의미를 가지고 있다. 공자가 '추령을 만든 자는 선하다'고 하고 '용俑을 만든 자는 어질지 못하다'고 하였는데, 살아 있는 사람을 사용하는 것과 흡사하기 때문이 아니겠는가!

其曰明器, 神明之也.① 塗車·芻靈, 自古有之,② 明器之道也.③ 孔子謂'爲芻靈者善', 謂'爲俑者不仁', 不殆於用人乎哉!④

鄭注 ① '신명神明으로 대한다'는 것은 죽은 자는 살아 있는 사람과 다르기 때문이다. '神明', 死者異於生人.

② '추령芻靈'은 띠풀을 엮어서 사람이나 말의 형상을 만든 것이다. '령靈'이라고 일컬은 것은 귀신의 종류에 속하기 때문이다. '芻靈', 束茅爲人馬. 謂之'靈'者, 神之類.

③ 명기明器와 같음을 말한다. 言與明器同.

④ '용俑'은 인형이다. 얼굴과 눈을 갖추고 기관으로 작동하여 살아 있는 사람과 흡사함이 있다. 공자가 옛날의 예를 칭찬하고 주나라의 예를 비난한 것이다. '俑', 偶人也. 有面目機發, 有似於生人. 孔子善古而非周.

集說 '명기明器'라고 일컬은 것은 귀신(神明)의 도리로 대하는 것이다. '도거塗車'[52]는 진흙으로 만든 수레이다. 풀을 엮어서 인형을 만들어 죽은 자를 호위하게 하는 것을 '추령芻靈'이라 하는데, 사람 모양과 대략 비슷할 뿐으로 또한 명기明器의 종류이다. 중고中古 시대에 나무로 된 인형을 만들어 '용俑'이라고 하였는데 얼굴과 눈을 갖추고 기관으로 작동하여 사람과 아주 흡사하였다. 그러므로 공자가 그 어질지 못함을 미워하였는데, 말단으로 흐르면 반드시 사람을 순장殉葬하는 일이 생겨날 것임을 알았기 때문이다. ○ 조씨趙氏는 말한다. "나무 인형을 부장하였는데, 기관을 설치하여 뛸 수 있으므로 용俑이라고 부른 것이다." 謂之'明器'者, 是以神明之道待之也. '塗車', 以泥爲車也. 束草爲人形, 以爲死者之從衛, 謂之'芻靈', 略似人形而已, 亦明器之類也. 中古爲木偶人, 謂之'俑', 則有面目機發而太似人矣. 故孔子惡其不仁, 知末流必有以人殉葬者. ○ 趙氏曰: "以木人送葬, 設機而能踊跳, 故名之曰俑."

【단궁하 48】

목공穆公이 자사子思에게 물었다. "옛 임금을 위하여 돌아와 상복을 입는 것이 고례古禮입니까?" 자사가 대답하였다. "옛날의 군자는 예로써 사람을 등용하고 예로써 사람을 물러나게 하였습니다. 그러므로 옛 임금을 위해 돌아와 상복을 입는 예가 있었던 것입니다. 지금의 군자는 사람을 등용할 때는 마치 무릎 위에 올려놓듯이 하고, 사람을 퇴진시킬 때는 마치 연못에 던지듯이 합니다. 외적의 우두머리가 되어 쳐들어오지 않는 것만도 또한 다행이 아니겠습니까? 그런데 또 어찌 돌아와 상복을 입는 예가 있을 수 있겠습니까?"
穆公問於子思曰: "爲舊君反服, 古與?"① 子思曰: "古之君子, 進人以禮, 退人以禮. 故有舊君反服之禮也. 今之君子, 進人若將加諸膝, 退人若將隊諸淵. 毋爲戎首, 不亦善乎? 又何反服之禮之有?"②

鄭注 ① 벼슬을 하다가 그만둔 자의 경우이다. '목공穆公'은 노나라 애공哀公의 증손이다. 仕焉而已者. '穆公', 魯哀公之曾孫.

② 쫓겨난 신하는 옛 임금에게 상복을 입지 않는 것을 말한다. 군사의 선봉장이 되어 와서 공격하는 것을 '융수戎首'라고 한다. 言放逐之臣不服舊君也. 爲兵主來攻伐曰'戎首'.

集說 '목공穆公'은 노나라 임금 애공哀公의 증손이다. 옛 임금을 위해 상복을 입는 것은 『의례』 「상복」 자최齊衰장에 보인다.[53] 맹자孟子가 "세 번 예를 갖추었을 경우에는 임금에게 상복을 입지만, 원수에게 무슨 상복이 있겠는가?"[54]라고 한 것이 이 경문과 뜻이 비슷하다. '연못에 던진다'(隊諸淵)

는 것은 죽을 곳에 둔다는 말이다. '융수戎首'는 난을 일으키는 외적의 우두머리가 된다는 것이다. '穆公', 魯君哀公之曾孫. 爲舊君服, 見『儀禮』齊衰章. 孟子言"三有禮, 則爲之服, 寇讎何服之有?" 與此章意似. '隊諸淵', 言置之死地也. '戎首', 爲寇亂之首也.

【단궁하 49】

도공悼公의 상喪이 나자 계소자季昭子가 맹경자孟敬子에게 물었다. "임금의 상喪에는 무엇을 먹습니까?" 맹경자가 대답하였다. "죽을 먹는 것이 천하의 공통된 예입니다.

悼公之喪, 季昭子問於孟敬子曰: "爲君何食?"① 敬子曰: "食粥, 天下之達禮也."

鄭注 ① '도공悼公'은 노나라 애공哀公의 아들이다. '소자昭子'는 강자康子의 증손으로 이름은 강强이다. '경자敬子'는 무백武伯의 아들로 이름은 첩捷이다. '悼公', 魯哀公之子. '昭子', 康子之曾孫, 名强. '敬子', 武伯之子, 名捷.

集說 '도공悼公'은 노나라 애공哀公의 아들이다. '소자昭子'는 강자康子의 증손으로 이름은 강强이다. '경자敬子'는 무백武伯의 아들로 이름은 첩捷이다. '悼公', 魯哀公之子. '昭子', 康子之曾孫, 名强. '敬子', 武伯之子, 名捷.

【단궁하 50】

우리 세 가문이 공실公室에 거처하면서도 신하의 예로써 임금을 섬기지 않았던 것은 사방에서 모두 알고 있습니다. 억지로 죽을 먹으면서 수척한 모습을 하는 것은 내가 비록 할 수 있지만, 사람들에게 참된 마음에서 수척하게 된 것이 아니라고 의심하게 만드는 것이 아니겠습니까? 나는 밥을 먹겠습니다."

吾三臣者之不能居公室也, 四方莫不聞矣.① 勉而爲瘠, 則吾能, 毋乃使人疑夫不以情居瘠者乎哉? 我則食食."②

鄭注 ① 인접한 나라 모두 우리가 공실公室에 거처하면서도 신하의 예로 임금을 섬기지 않았던 것을 알고 있다는 뜻이다. '삼신三臣'은 중손씨仲孫氏·숙손씨叔孫氏·계손씨季孫氏이다. 言隣國皆知吾等不能居公室, 以臣禮事君也. '三臣', 仲孫·叔孫·季孫也.

② 임금이 살아 있을 때 충성을 다하지 않다가 상喪을 당해서도 또 예를 다하지 않으니 잘못된 것이다. 공자가 말했다. "상사喪事는 감히 힘쓰지 않으면 안 된다." 存時不盡忠, 喪又不盡禮, 非也. 孔子曰: "喪事不敢不勉."

集說 '삼신三臣'은 중손씨仲孫氏·숙손씨叔孫氏·계손씨季孫氏 세 가문이다. 맹경자孟敬子가 "우리 세 가문이 공실公室에 거처하면서도 신하의 예로써 임금을 섬기지 않았던 것은 사방에서 모두 알고 있다. 상사喪事에 억지로 죽을 먹으면서 수척한 모습을 하는 것은 내가 비록 할 수 있지만, 그러나 어찌 사람들에게 내가 슬퍼하는 참된 마음에서 이렇게 수척하게 된 것이 아니라고 의심하게 만드는 것이 아니겠는가? 예를 위반하고 밥을 먹는 것만 못하다"라고 말한 것이다. ○ 응씨應氏는 말한다. "계소자季昭子의 물음에는 군자가 허물을 보완하는 마음이 들어 있으나 맹경자孟敬子의 대답은 '소인이 아무 꺼려함이 없는 것'55)이라고 말할 수 있다." '三臣', 仲孫·叔孫·季孫之三家也. 敬子言'我三家不能居公室而以臣禮事君者, 四方皆知之矣. 勉强食粥而爲毁

瘠之貌, 我雖能之, 然豈不使人疑我非以哀戚之眞情而處此瘠乎? 不若違禮而食食也.'
○ 應氏曰: "季子之問, 有君子補過之心, 而孟氏之對, 可謂'小人之無忌憚者'矣."

【단궁하 51】

위衛나라 사도경자司徒敬子가 죽자 자하子夏가 조문을 하였는데 상주가 아직 소렴小斂을 하기 전임에도 질絰(首絰과 腰絰)을 하고 갔다. 자유子游도 조문을 하였는데 상주가 소렴을 마치기를 기다렸다가 나가서 질絰을 하고 돌아와 곡哭을 하였다. 자하가 물었다. "그렇게 한 것이 근거가 있습니까?" 자유가 대답하였다. "선생님에게 들었는데, 상주가 상복으로 바꾸어 입기 전에는 조문을 하는 자가 질絰을 두르지 않습니다."

衛司徒敬子死,① 子夏弔焉, 主人未小斂, 絰而往. 子游弔焉, 主人旣小斂, 子游出絰, 反哭.② 子夏曰: "聞之也與?" 曰: "聞諸夫子, 主人未改服, 則不絰."

鄭注 ① '사도司徒'는 관직을 성씨로 삼은 것으로 공자 허許의 후예이다. '司徒', 官氏, 公子許之後.

② 둘 모두 붕우의 예로 조문을 갔으나 두 사람의 조문 방식이 달랐다. 皆以朋友之禮往, 而二人異.

集說 '사도司徒'는 관직을 성씨로 삼은 것이다. 소렴小斂을 하기 전에는 상주가 아직 상복으로 바꾸어 입지 않았으므로 조문하는 자는 질絰을 하지 않는다. 자하子夏가 질絰을 하고 가서 조문한 것은 비례非禮이다. 그때 자유

子游 또한 조문하였는데, 상주가 소렴을 하고 상복으로 바꾸어 입을 때까지 기다렸다가 나가서 질絰을 하고 돌아와 곡을 하였으니 예에 맞는 것이다.
'司徒', 以官爲氏也. 主人未小斂, 則未改服, 故弔者不絰. 子夏絰而往弔, 非也. 其時子游亦弔, 俟其小斂後改服, 乃出而加絰, 反哭之, 則中於禮矣.

【단궁하 52】

증자曾子가 말하였다. "안자晏子는 예를 안다고 할 만하다. 공경하는 마음을 가지고 있기 때문이다." 유약有若이 말하였다. "안자晏子는 한 벌의 여우갖옷(狐裘)을 삼십 년이나 입었고, 어버이의 장례에 견거遣車를 일승一乘만 사용했으며, 장지에 이르러서도 하관下棺이 끝나자 곧바로 돌아왔다."

曾子曰: "晏子可謂知禮也已. 恭敬之有焉."① 有若曰: "晏子一狐裘三十年, 遣車一乘, 及墓而反."

鄭注 ① 예禮는 공경일 뿐임을 말한다. 言禮者敬而已矣.

集說 '안자晏子'는 제나라 대부이다. 안자가 예를 안다고 증자曾子가 칭찬한 것은 예는 공경을 근본으로 삼는다는 뜻이다. 유약有若의 말은 다음과 같은 뜻이다. 여우갖옷(狐裘)은 가볍고 새것을 귀하게 여기는데 삼십 년이 되어도 바꾸지 않은 것은 자신에게 검소한 것이며, 견거遣車를 일승一乘만 사용한 것은 어버이에게 검소한 것이다. 예에 따르면 하관下棺한 후에 손님에게 배례하고 전송하는 등의 예가 있는데, 안자가 하관을 마치고 곧 돌아온 것은 손님에게 검소한 것이다. 이 세 가지는 모두 검소함 때문에 예

를 그르친 것이다. '晏子', 齊大夫. 曾子稱其知禮, 謂禮以恭敬爲本也. 有若之言, 則曰狐裘貴在輕新, 乃三十年而不易, 是儉於己也, 遣車一乘, 儉其親也. 禮, 窆後有拜賓·送賓等禮, 晏子窆訖卽還, 儉於賓也. 此三者, 皆以其儉而失禮者也.

【단궁하 53】

(유약이 말하였다.) "국군國君은 희생犧牲이 일곱 포包이고 견거遣車가 칠승七乘이며, 대부는 희생이 다섯 포이고 견거가 오승五乘이다. 안자晏子가 어찌 예를 안다고 하겠는가?"

"國君七个, 遣車七乘, 大夫五个, 遣車五乘. 晏子焉知禮?"

鄭注 안자晏子가 너무 검소하여 아랫사람들에게 각박한 것을 말한 것으로 비난한 것이다. '급묘이반及墓而反'은 하관下棺을 마치자마자 곧 돌아와, 손님에게 예를 갖추는 일을 하지 않았음을 말한다. 신하로서 거마車馬를 하사받은 자만이 견거遣車를 사용할 수 있다. 견거 승수乘數의 차이는 대부가 오승五乘이고 제후가 칠승七乘이니 천자는 구승九乘이다. 제후가 명수命數대로 하지 않는 것은 상례에서의 기물의 수는 대략의 수만 쓰기 때문이다. '개个'는 견전遣奠에 사용한 희생을 싸놓은 것의 개수이다. 「잡기상雜記上」(48)에 "견거遣車는 견전遣奠에 올린 희생의 덩치를 싼 개수에 맞추어 한다"고 하였다. 言其大儉偪下, 非之. '及墓而反', 言其旣窆則歸, 不留賓客有事也. 人臣賜車馬者, 乃得有遣車. 遣車之差, 大夫五, 諸侯七, 則天子九. 諸侯不以命數, 喪數略也. '个', 謂所包遣奠牲體之數也. 「雜記」曰: "遣車視牢具."

集說 견거遣車의 수는 천자가 구승九乘이고, 제후는 칠승七乘이며, 대부는 오승五乘이다. 천자의 사士는 삼승三乘이고 제후의 사士는 견거가 없다. 대

부 이상은 모두 태뢰太牢를 쓰고, 사士는 소뢰少牢를 쓴다. '개个'는 싼다(包)는 뜻이다. 무릇 희생을 쌀 때는 모두 하체下體를 취한다. 매 하나의 희생에서 세 개의 부위(體)를 취하니 앞다리에서는 비臂(앞다리 윗부분)와 노臑(앞다리 아랫부분)를 잘라 취하고 뒷다리에서는 격骼(중간 부위)을 잘라 취한다. 소뢰에는 희생 둘을 쓰므로 여섯 덩이를 나누어 세 개个로 만든다. 태뢰에는 희생 셋을 쓰므로 아홉 덩이가 된다. 대부는 아홉 덩이를 나누어 열다섯 단段을 만드는데 세 단段이 한 포包가 되므로 모두 다섯 포包이다. 제후는 나누어 스물하나의 단段을 만들므로 모두 일곱 포包가 된다. 천자는 나누어 스물일곱 단段을 만들므로 모두 아홉 포包가 된다. 견거 일승一乘마다 한 포包씩 싣는다. 遣車之數, 天子九乘, 諸侯七乘, 大夫五乘. 天子之士三乘, 諸侯之士, 無遣車也. 大夫以上, 皆太牢, 士少牢. '个', 包也. 凡包牲, 皆取下體. 每一牲取三體, 前脛折取臂・臑, 後脛折取骼. 少牢二牲, 則六體分爲三个. 太牢三牲, 則九體. 大夫九體分爲十五段, 三段爲一包, 凡五包. 諸侯分爲二十一段, 凡七包. 天子分爲二十七段, 凡九包. 每遣車一乘, 則載一包也.

【단궁하 54】

증자曾子가 말하였다. "나라에 도道가 없으면 군자는 예를 다 갖추는 것을 부끄럽게 여긴다. 나라의 풍속이 사치스러우면 검소함으로 보여주고, 나라의 풍속이 지나치게 검약하면 예를 갖추는 것으로 보여준다."

曾子曰: "國無道, 君子恥盈禮焉. 國奢則示之以儉, 國儉則示之以禮."

鄭注 당시 제나라가 한창 사치하였으므로, 바로잡으려고 한 것이다. 時齊方奢, 矯之是也.

集說 증자曾子는 권도權道를 주장하였고 유자有子는 상도常道를 주장하였다. 그래서 양쪽의 주장이 합치하지 않은 것이다. 曾子主權, 有子主經. 是以二端之論不合.

【단궁하 55】

국소자國昭子의 어머니가 죽자 국소자가 자장子張에게 물었다. "장례葬禮를 치를 때 묘소에 도착하면 남자와 부인은 어느 곳에 위치해야 합니까?" 자장이 대답하였다. "사도경자司徒敬子의 상이 났을 때 공자께서 도왔는데 남자들은 서쪽을 향하고 부인들은 동쪽을 향하였습니다."

國昭子之母死, 問於子張曰: "葬及墓, 男子·婦人安位?"① 子張曰: "司徒敬子之喪, 夫子相, 男子西鄉, 婦人東鄉."②

鄭注 ① '국소자國昭子'는 제나라의 대부이다. '國昭子', 齊大夫.
② 선도羨道[56]를 사이에 두고 위차位次를 마련한 것이다. '선생님'(夫子)은 공자를 가리킨다. 夾羨道爲位. '夫子', 孔子也.

集說 '국소자國昭子'는 제나라 대부이다. 그의 어머니의 장례를 치를 때 자장子張이 예의 집행을 도왔으므로 그에게 물었던 것이다. '선생님'(夫子)은 공자를 가리킨다. 상주 집안의 남자들은 모두 서쪽을 향하고 부인들은 모두 동쪽을 향하며, 남자 손님들은 여러 상주들의 남쪽에 자리하고 여자 손

님들은 여러 부인들의 남쪽에 자리하는 것이 예이다. '國昭子', 齊大夫. 葬其母, 以子張相禮, 故問之. '夫子', 孔子也. 主人家男子皆西向, 婦人皆東向, 而男賓在衆主人之南, 女賓在衆婦之南, 禮也.

【단궁하 56】

국소자國昭子가 말하였다. "허! 그만하시오!" 또 말하였다. "내가 상례를 행하는 것을 다들 볼 것이오. 당신이 전담하여 손님들은 손님의 자리에 있게 하고 상주들은 상주의 자리에 있게 하는 것이 좋겠소." 부인들은 남자들을 따라 모두 서쪽을 향하였다.

曰: "噫! 毋!"① 曰: "我喪也斯沾.② 爾專之, 賓爲賓焉, 主爲主焉."③ 婦人從男子皆西鄕.④

鄭注 ① '희噫'는 알아듣지 못한다는 것을 표현하는 소리다. '무毋'는 금지하는 말이다. '噫', 不寤之聲. '毋', 禁止之辭.

② '사斯'는 모두(盡)의 뜻이다. '첨沾'은 점覘으로 읽어야 하니 점覘은 본다는 뜻이다. 국소자國昭子는 스스로 말하기를 "제나라의 큰 가문이어서 일이 있으면 사람들이 모두 보게 된다"라고 하였으니, 사람들이 보고서 자신이 하는 것을 본받기를 원한다는 것이다. '斯', 盡也. '沾'讀曰覘, 覘, 視也. 國昭子自謂"齊之大家, 有事, 人盡視之", 欲人觀之, 法其所爲.

③ '전專'은 맡는다(司)는 뜻이다. 이때 자장子張이 예의 집행을 돕고 있었다. '專'猶司也. 時子張相.

④ 잘못한 것이다. 非也.

集說 국소자國昭子가 자장子張의 말을 듣고 탄식하면서 제지하고 다음과 같이 말하였다. "나는 대부이다. 제나라의 이름난 가문으로 이제 상례를 행하게 되니 사람들이 반드시 모두 와서 주시할 것이다. 마땅히 고쳐서 사람들에게 보여주어야 하지, 어찌 한결같이 낡은 예를 따르겠는가? 당신이 그 일을 전적으로 주관하여 손님들은 손님대로 손님 자리에 있게 하고 상주는 상주대로 상주 자리에 있게 하는 것이 좋겠다." 이에 국소자 가문의 부인들은 남자들과 더불어 상주 위치에 함께 자리하여 서쪽을 향하고, 여자 손님들 또한 남자 손님들과 더불어 손님 위치에 함께 자리하여 동쪽을 향하였다. '사斯'는 모두(盡)의 뜻이다. '첨沾'은 점覘으로 읽어야 한다. 이 경문은 예를 변경시킨 것을 기록한 것이다. 昭子聞子張之言, 歎息而止之, 言"我爲大夫. 齊之顯家, 今行喪禮, 人必盡來覘視. 當有所更改以示人, 豈宜一循舊禮? 爾當專主其事, 使賓自爲賓, 主自爲主, 可也." 於是, 昭子家婦人, 旣與男子同居主位而西鄕, 而女賓亦與男賓同居賓位而東鄕矣. '斯', 盡也. 沾讀爲覘. 此記禮之變.

【단궁하 57】

남편 목백穆伯의 상喪이 나자 경강敬姜은 낮에만 곡哭을 하였다. 아들 문백文伯의 상이 나자 밤낮으로 곡을 하였다. 공자가 "예를 아는구나!"라고 하였다.

穆伯之喪, 敬姜晝哭. 文伯之喪, 晝夜哭. 孔子曰: "知禮矣."

鄭注 남편의 상喪을 당하여 밤에 곡하지 않는 것은 색정色情을 그리워한다는 혐의 때문이다. 喪夫不夜哭, 嫌思情性也.

集說 남편에 대해서는 예로써 곡을 하고 아들에 대해서는 정情으로 곡을 하여 절도에 맞았으므로 공자가 아름답게 여긴 것이다. 哭夫以禮, 哭子以情, 中節矣, 故孔子美之.

【단궁하 58】

문백文伯의 상喪이 나자 경강敬姜은 문백의 침상에 기대어 곡哭을 하지 않고 말하였다. "지난날 내가 이 아들을 기르면서 나는 그가 장차 현인이 될 것이라고 여겼다. 그래서 일찍이 공실公室에 함께 나아가 그의 행실을 살피지 않았다. 이제 그가 죽자 붕우와 여러 신하 중에 눈물을 흘리는 자가 없는데, 처와 첩은 모두 목 놓아 곡哭을 하여 목소리를 잃었다. 이 아들은 예에 소홀함이 많았던 것이 틀림없다."

文伯之喪, 敬姜據其牀而不哭, 曰: "昔者吾有斯子也, 吾以將爲賢人也.① 吾未嘗以就公室.② 今及其死也, 朋友·諸臣未有出涕者, 而內人皆行哭失聲. 斯子也, 必多曠於禮矣夫."③

鄭注 ① 대개 그에게 재예才藝가 있음을 본 것이다. 蓋見其有才藝.

② 일찍이 함께 공실公室에 나가 그의 행실을 보지 못한 것이다. 계씨季氏가 노나라의 종경宗卿이니 경강敬姜은 회견會見의 예를 가지고 있었다. 未嘗與到公室, 觀其行也. 季氏, 魯之宗卿, 敬姜有會見之禮.

③ '내인內人'은 처와 첩이다. '內人', 妻妾.

集說 현인이라면 반드시 예를 알 것이라고 여겼다. 그러므로 '무릇 내가

평소 공실公室에 출입할 때, 함께 있으면서 그의 행실을 살피지 않았다'는 것은 대개 그가 현명하여 예를 알 것이라고 믿었기 때문이다. 그의 죽음에 이르러 그가 예에 소홀하였음을 알게 되었으므로 한탄한 것이다. ○ 정씨鄭氏(정현鄭玄)는 말한다. "계씨季氏가 노나라의 종경宗卿[57]이니 경강敬姜은 회견會見의 예[58]를 가지고 있었다." 以爲賢人必知禮矣. 故'凡我平日出入公室, 未嘗與俱而觀其所行,' 蓋信其賢而知禮也. 至死而覺其曠禮, 故歎恨之. ○ 鄭氏曰: "季氏, 魯之宗卿, 敬姜有會見之禮."

【단궁하 59】

계강자季康子의 어머니가 죽자 (염습을 하려고) 안에 입히는 옷을 펼쳐놓았다. 경강敬姜이 말하였다. "며느리는 꾸미지 않은 채 감히 시부모를 뵈지 못한다. 사방에서 손님이 오는데 안에 입히는 옷을 어찌하여 여기에 펼쳐놓는가?" 치울 것을 명하였다.

季康子之母死, 陳褻衣.① 敬姜曰: "婦人不飾, 不敢見舅姑. 將有四方之賓來, 褻衣何爲陳於斯?" 命徹之.②

鄭注 ① '설의褻衣'는 겉에 입히는 옷이 아니다. 그것을 펼쳐놓은 것은 염습을 하기 위함이다. '褻衣', 非上服. 陳之, 將以斂.

② 사방의 손님이 시부모보다 엄함을 말한다. '경강敬姜'은 계강자季康子의 종조모從祖母이다. 言四方之賓, 嚴於舅姑. '敬姜'者, 康子從祖母.

集說 '경강敬姜'은 계강자季康子의 종조모從祖母이다. ○ 응씨應氏는 말한다. "경강이 법도에 빈틈없었음을 보여주는 말이다." '敬姜', 康子之從祖母也. ○ 應氏曰: "敬姜森然法度之語."

【단궁하 60】

유자有子와 자유子游가 함께 서서 어린아이가 울부짖으며 그리워하는 것을 보았다. 유자가 자유에게 말하였다. "나는 상례의 용踊에 (왜 절도를 두는지) 항상 의문이어서 그것을 없애려고 한 지 오래이다. 슬픈 마음이 이 용踊에 담긴 것도 바로 (어린아이가 울부짖으며 그리워하는) 이것이다."

有子與子游立, 見孺子慕者. 有子謂子游曰: "予壹不知夫喪之踊也, 予欲去之久矣. 情在於斯, 其是也夫."

鄭注 상례에서의 용踊은 어린아이가 울부짖으며 그리워하는 것과 같다는 것이다. 喪之踊猶孺子之號慕.

集說 유자有子의 말은 다음과 같다. "상례에 용踊이 있는데, 나는 평소 그것을 왜 하는지 알지 못했다." '일壹'이란 줄곧(專一)이란 뜻으로 평소(常)의 의미와 같다. "나는 오래전부터 그것을 없애려고 하였다. 지금 어린아이가 이처럼 울부짖으며 그리워하는 것을 보니, 슬픈 마음이 이 용踊에 담긴 것 또한 이 어린아이가 그리워하는 것과 같은 것이다." 有子言"喪禮之有踊, 我常不知其何爲而然." '壹'者, 專一之義, 猶常也. "我久欲除去之矣. 今見孺子之號慕若此, 則哀情之在於此踊, 亦如此孺子之慕也夫."

【단궁하 61】

자유子游가 말하였다. "예에는 정情을 줄이는 것이 있고, 일부러 홍기시키는 물건을 두는 것이 있다. 감정대로 곧바로 행하는 것은 오랑캐의 방식이다. 예의 도道는 그와 같지 않다."

子游曰: "禮有微情者,① 有以故興物者.② 有直情而徑行者, 戎狄之道也.③ 禮道則不然."④

鄭注 ① 곡용哭踊에 절도를 두는 것이다. 節哭踊.

② 최질衰絰의 제도이다. 衰絰之制.

③ 곡용哭踊에 절도가 없고, 의복에 제도가 없는 것이다. 哭踊無節, 衣服無制.

④ 오랑캐와 다르다는 것이다. 與戎狄異.

集說 자유의 말은 다음과 같다. 선왕이 예를 제정할 때 현명한 자는 지나친 것을 줄여 따르게 하고, 불초한 자는 발돋움하여 예에 미치게 하였다. 현명한 자는 정情에 지나칠 우려가 있기 때문에 곡용哭踊의 절도節度를 수립하여 그 정情을 줄이게 한 것이다. 그러므로 '예에는 정을 줄이는 것이 있다'(禮有微情者)고 한 것이다. '미微'는 줄이다(殺)의 뜻이다. 불초한 자는 정에 미치지 못할 염려가 있기 때문에 정을 홍기시키는 최질衰絰을 만들어, 상복을 보고 슬픔을 생각하게 한 것이다. 그러므로 '일부러 정을 홍기시키는 물건을 두는 것이 있다'(有以故興物者)라고 한 것이다. 이 두 경우는 모두 예를 제정한 자가 사람의 마음을 참작하여 만든 것이다. 만약 자신의 감정을 그대로 펼치고 곧바로 행하여 혹 슬퍼하거나 혹 슬퍼하지 않으면서 제멋대로 굴며 절제가 없으면 이것은 오랑캐의 방식이다. 중국의 예의의 도道는 그와 같지 않다. 子游言先王制禮, 使賢者俯而就之, 不肖者企而及之. 慮賢者之過於情也, 故立爲哭踊之節, 所以殺其情. 故曰'禮有微情者.' '微'猶殺也. 慮不肖者之不及情也, 故爲之興起衰絰之物, 使之睹服思哀. 故曰'有以故興物者'. 此二者, 皆制禮者酌人情而爲之也. 若直肆己情, 徑率行之, 或哀或不哀, 漫無制節, 則是戎狄之道矣. 中國禮

義之道, 則不如是也.'

【단궁하 62】

"사람이 기쁘면 가슴이 차오르고, 가슴이 차오르면 노래를 하게 되고, 노래를 하면 몸을 흔들게 되고, 몸을 흔들면 춤을 추게 되고, 춤을 추면 성내게 된다. 성내면 걱정하게 되고, 걱정하면 탄식하게 되고, 탄식하면 가슴을 치게 되고, 가슴을 치면 발을 구르게 된다. 이것들을 품절品節하는 것, 이것을 예라고 일컫는다."

"人喜則斯陶,① 陶斯咏,② 咏斯猶,③ 猶斯舞,④ 舞斯慍.⑤ 慍斯戚,⑥ 戚斯歎,⑦ 歎斯辟,⑧ 辟斯踊矣.⑨ 品節斯, 斯之謂禮."⑩

鄭注 ① '도陶'는 울도鬱陶[59]이다. '陶', 鬱陶也.

② '영咏'은 흥얼거린다는 뜻이다. '咏', 謳也.

③ '유猶'는 '요搖'가 되어야 한다. 발음의 잘못으로 인한 것이다. '요搖'는 몸이 흔들리는 것을 말한다. 진나라 사람의 유猶와 요搖의 발음은 서로 비슷했다. '猶'當爲'搖'. 聲之誤也. '搖'謂身動搖也. 秦人猶搖聲相近.

④ 손이 춤을 추는 것이다. 手舞之.

⑤ '온慍'은 성냄이다. '慍'猶怒也.

⑥ '척戚'은 분개하고 성내는 것이다. '戚', 憤恚.

⑦ '탄歎'은 탄식하는 것이다. '歎', 吟息.

⑧ '벽辟'은 가슴을 치는 것이다. '辟', 拊心.

⑨ '용踊'은 발을 구르는 것이다. '踊', 躍.

⑩ 무舞와 용踊 모두 절도가 있어야 예를 이루게 된다. 舞踊皆有節, 乃成禮.

集說 이 경문은 즐거움(樂)이 극에 달하면 슬픔(哀)이 생기는 실정에 대해 말한 것이다. 다만 '춤추면 성냄이 생긴다'(舞斯慍)는 한 구절은 끝내 의심스럽다. 지금은 소疏에 의거한다. 유씨劉氏(유창劉敞)는 '요사무猶斯舞' 아래에 '의矣' 한 자를 첨가하고 '무사온舞斯慍' 세 자를 삭제하였는데, 지금 감히 그것을 따르지 않겠다. ○ 소疏에서 말한다. "'희喜'는 바깥 대상이 마음에 와 닿는 것을 일컫는다. '사斯'는 어조사이다. '도陶'는 울도鬱陶로 마음이 처음에 기쁘지만 아직 바깥으로 펼치지 않은 상태를 뜻한다. 울도의 마음이 바깥으로 펼쳐지면 읊조리거나 노래하게 된다. 읊조리거나 노래하는 것으로 충분치 않으면, 차츰 몸을 흔들기에 이르고 춤을 추는데 이르러 발을 구르고 손을 너울대니 즐거움이 극에 달한 것이다. 바깥 대상이 마음에 거슬리는 것을 '성냄'(慍)이라 한다. 무릇 기쁨(喜)과 성냄(怒)이 서로 짝이 되고 슬픔(哀)과 즐거움(樂)이 서로 낳으니, 만약 춤에 절도가 없으면 몸이 피로하고 싫증과 권태로움이 생겨 동작이 마음과 어긋나 성냄이 생긴다. 성냄의 발생은 춤이 극도에 이른 것으로부터 말미암는 것이다. 그러므로 「곡례상」(2)에 '즐거움을 끝까지 추구해서도 안 된다'고 한 것이다. 이 경문은 모두 아홉 구절인데 전반부와 후반부의 각 네 구절은 슬픔과 즐거움이 서로 짝이 되고 있으며, 중간의 '춤추면 이에 성냄이 생긴다'(舞斯慍)는 한 구절은 슬픔과 즐거움이 상생相生하는 것이다. '성내면 이에 걱정하게 된다'(慍斯戚)는 것은 성냄이 일어나 마음을 건드리면, 분한 나머지 바뀌어 걱정이 되고 걱정이 더 깊어지면 그로 인해 탄식이 나오고 한탄하는 것으로 풀리지 않으면 드디어 가슴을 치게 된다. 가슴을 쳐도 풀리지 않으면 발을 구르고(跳踊) 분격奮擊하게 되니 또한 슬픔이 극도에 달한 것이다. 그러므로 오랑캐들은 예가 없어 아침에 빈殯을 하고도 저녁에 노래 부르며, 어린아이들은 감정에 따라 금방 울고 금방 웃는다. 이제 이 두 가지 길을 품절品節하여

용踊과 무舞에 도수度數를 두게 한다면 오래 지속할 수 있으므로 '이것을 예라고 일컫는다'고 한 것이다. '품品'은 단계(階格)를 두는 것이고, '절節'은 억제하고 끊는 것(制斷)이다." ○ 손씨孫氏는 말한다. "마땅히 '사람이 기쁘면 가슴이 뛰고, 가슴이 뛰면 노래하고, 노래하면 몸을 흔들고, 몸을 흔들면 춤추고, 춤추면 뛰게 된다. 사람이 슬프면 성내게 되고, 성내면 걱정하게 되며, 걱정하면 탄식하고, 탄식하면 가슴을 치고, 가슴을 치면 뛰게 된다'(人喜則斯陶, 陶斯咏, 咏斯猶, 猶斯舞, 舞斯蹈矣. 人悲則斯慍, 慍斯戚, 戚斯歎, 歎斯辟, 辟斯踊矣)라고 고쳐야 한다. 대개 기쁨(喜)부터 뛰는 것(蹈)까지 모두 여섯 번 변하고, 슬픔(悲)부터 뛰는 것(踊)까지 여섯 번 변한다. 이것이 이른바 어린아이가 울부짖고 그리워하는 그대로의 감정(直情)이다. 춤추고 뛰며 가슴을 치고 뛰는 것은 모두 이 감정에 근본 하고 있으며, 성인이 이에 그것의 절도를 제정한 것이다." 此言樂極生哀之情. 但'舞斯慍'一句, 終是可疑. 今且據疏. 劉氏欲於'猶斯舞'之下, 增一'矣'字, 而刪'舞斯慍'三字, 今亦未敢從. ○ 疏曰: "'喜'者, 外境會心之謂. '斯', 語助也. '陶'謂欝陶, 心初悅而未暢之意. 欝陶之情暢, 則口歌咏之也. 咏歌不足, 漸至動搖身體, 乃至起舞, 足蹈手揚, 樂之極也. 外境違心之謂'慍'. 凡喜怒相對, 哀樂相生, 若舞無節, 形疲厭倦, 事與心違, 所以怒生. 慍怒之生, 由於舞極. 故「曲禮」云, '樂不可極也.' 此凡九句, 首末各四句, 是哀樂相對, 中間'舞斯慍'一句, 是哀樂相生. '慍斯戚'者, 怒來觸心, 憤恚之餘, 轉爲憂戚, 憂戚轉深, 因發歎息, 歎恨不泄, 遂至撫心. 撫心不泄, 乃至跳踊奮擊, 亦哀之極也. 故夷狄無禮, 朝殯夕歌, 童兒任情, 倏啼欻咲. 今若品節此二塗, 使踊舞有數, 則能久長, 故云'斯之謂禮.' '品', 階格也, '節', 制斷也." ○ 孫氏曰: "當作'人喜則斯陶, 陶斯咏, 咏斯猶, 猶斯舞, 舞斯蹈矣. 人悲則斯慍, 慍斯戚, 戚斯歎, 歎斯辟, 辟斯踊矣.' 蓋自喜至蹈, 凡六變, 自悲至踊, 亦六變. 此所謂孺子慕者之直情也. 舞蹈辟踊, 皆本此情, 聖人於是爲之節."

【단궁하 63】

“사람이 죽으면 그를 꺼리게 되며, 무능하다고 여겨 등지게 된다. 그러므로 효絞 · 금衾을 제정하고 류蔞 · 삽翣을 설치한 것은 사람들로 하여금 꺼리지 않도록 하기 위함이다.”

“人死, 斯惡之矣, 無能也, 斯倍之矣.① 是故制絞 · 衾, 設蔞 · 翣, 爲使人勿惡也.”②

鄭注 ① ‘무능無能’은 마음속으로 (죽은 자가) 다시 할 수 있는 것이 없다고 여기는 것이다. ‘無能’, 心謂之無所復能.

② ‘효금絞衾’은 시신을 꾸미는 것이다. ‘류삽蔞翣’은 관을 둘러싼 테두리 장식이다. 『주례』에 ‘류蔞’는 ‘류柳’로 되어 있다. ‘絞衾’, 尸之飾. ‘蔞翣’, 棺之牆飾. 『周禮』‘蔞’作‘柳’.

集說 죽었다고 여겨 꺼리고, 무능하다고 여겨 등지는 것은 아마도 아주 오랜 옛 시대 예가 없을 때, 사람들 가운데 이와 같이 하는 이가 많았던 것이다. 이에 성인이 예를 제정한 처음의 뜻을 거슬러 올라가 찾아보면 다만 사람들로 하여금 꺼리지 않게 하고 등지지 않도록 하기 위함일 뿐이었다. 효포(絞)와 이불(衾)로 시신을 꾸미고[60] 류蔞와 삽翣으로 관을 장식하면,[61] 죽은 자에게서 꺼릴 만한 것을 보지 못한다. 以其死而惡之, 以其無能而倍之, 恐太古無禮之時, 人多如此. 於是, 推原聖人所以制禮之初意, 止爲使人勿惡勿倍而已. 絞衾以飾其體, 蔞翣以飾其棺, 則不見死者之可惡矣.

【단궁하 64】

"사망한 초기에 포脯(말린 고기)[62]와 해醢(젓갈)로 전을 올리고, 매장하러 갈 때 견전遣奠을 올리고 나서 보내며, 매장을 마친 후에는 우제虞祭를 지내 음식을 올린다. 흠향하는 것을 본 적은 없으나, 상고시대 이래 그것을 폐한 경우는 없으니 사람들로 하여금 배반하지 못하도록 하기 위함이다. 그러므로 그대가 예에서 흠잡는 것은 또한 예의 흠이 아니다."

"始死, 脯醢之奠, 將行, 遣而行之, 旣葬而食之.① 未有見其饗之者也, 自上世以來, 未之有舍也, 爲使人勿倍也.② 故子之所刺於禮者, 亦非禮之訾也."③

鄭注 ① '장행將行'은 매장하러 가는 것이다. 매장하러 갈 때는 견전遣奠을 올린다. '사食'는 반우反虞 때의 제사이다. '將行', 將葬也. 葬有遣奠. '食', 反虞之祭.

② '사舍'는 폐하는 것이다. '舍'猶廢也.

③ '자訾'는 병통이다. '訾', 病也.

集說 사망한 초기에 곧 포脯와 해醢로 전奠을 올리고, 매장을 하러 갈 때는 희생을 싸서 견전遣奠을 올리며, 매장을 끝낸 후에는 우제虞祭의 음식을 올리지만, 어찌 일찍이 죽은 자가 그것을 흠향하는 것을 본 적이 있는가? 그러나 상고시대에 예를 제정한 이래 그것을 폐하고 하지 않았다는 것을 듣지 못하였으니, 이것을 하는 것은 근본에 보답하고 처음으로 되돌아간다는 생각을 스스로 그만둘 수 없기 때문이다. 어찌 다시 배반할 뜻을 가지겠는가? 선왕이 예를 제정함에 그 깊은 뜻이 대개 이와 같다. 지금 그대가

상례의 용踊의 절차를 트집 잡아 없애려고 하는 것은 또한 예에 하자가 있기 때문이라고 여기기에는 부족하다. 始死, 卽爲脯醢之奠, 將葬則有包裹牲體之遣, 旣葬則有虞祭之食, 何嘗見死者享之乎? 然自上世制禮以來, 未聞有舍而不爲者, 爲此則報本反始之思, 自不能已矣. 豈復有倍之之意乎? 先王制禮, 其深意蓋如此. 今子剌喪之踊而欲去之者, 亦不足以爲禮之疵病也.

【단궁하 65】

오나라가 진陳나라를 침범하여 사당의 나무(祀)를 베고 역병에 걸린 사람까지 죽였다. 군대가 되돌아서 국경을 나갈 때 진나라 태재 비嚭가 오나라 군대로 사신을 갔다. 부차夫差가 행인 의儀에게 말하였다. "이 사람은 말을 잘한다고 하는데 어찌 시험하여 묻지 않는가? 군대가 출전함에는 반드시 명분이 있는 것인데, 사람들이 이번의 출병을 칭하기를 무엇이라 일컫는가?"

吳侵陳, 斬祀殺厲.① 師還出竟, 陳大宰嚭使於師. 夫差謂行人儀曰: "是夫也多言, 盍嘗問焉? 師必有名, 人之稱斯師也者, 則謂之何?"②

鄭注 ① '사祀'는 신위를 모신 곳에 집과 나무가 있는 경우이다. '려厲'는 역병에 걸린 사람이다. '오나라가 진나라를 침범한 것'은 노나라 애공魯哀 원년 가을이다. '祀', 神位有屋樹者. '厲', 疫病. '吳侵陳', 以魯哀元年秋.

② '태재大宰'와 '행인行人'은 관직명이다. '부차夫差'는 오나라 임금 광光의 아들이다. '합盍'은 어찌 ~않는가(何不)의 뜻이다. '상嘗'은 시험 삼아의 뜻이다. 부차가 옛 원한을 씻으려 함에 그 출병에 좋은 명분이 있기를 바랐던

것이다. '大宰'·'行人', 官名也. '夫差', 吳子光之子. '盍', 何不也. '嘗'猶試也. 夫差修舊怨, 庶幾其師有善名.

集說 노나라 애공哀公 원년, 오나라 군대가 진陳나라를 침범했다. '참사斬祀'는 사당의 제사지내는 나무를 벤 것이다. '살려殺厲'는 역병에 걸린 사람을 죽인 것이다. '태재大宰'와 '행인行人'은 모두 관직명이다. '부차夫差'는 오나라 임금의 이름이다. '시부是夫'는 이 사람이라는 말로서 비嚭를 가리킨다. '다언多言'은 말을 잘한다는 뜻이다. '합盍'은 어찌 ~않는가(何不)의 뜻이다. '상嘗'은 시험 삼아(試)의 뜻이다. '군대를 출전함에는 반드시 명분이 있다'(師必有名)는 것은 군대를 보내 정벌하는 것은 반드시 그 나라의 죄를 가지고 우리가 출병하는 명분으로 내세운다는 말이다. 지금 사람들이 우리의 이 출병을 칭하여 어떠한 명분에서라고 일컫는가? 魯哀公元年, 吳師侵陳. '斬祀', 伐祠祀之木也. '殺厲', 殺疫病之人也. '大宰'·'行人', 皆官名. '夫差', 吳子名. '是夫'猶言此人, 指嚭也. '多言'猶能言也. '盍', 何不也. '嘗', 試也. '師必有名'者, 言出師伐人, 必得彼國之罪, 以顯我出師之名也. 今衆人稱我此師, 謂之何名乎?

【단궁하 66】

태재 비嚭가 대답하였다. "옛날의 정벌자는 사당의 나무를 베지 않고, 역병에 걸린 자를 죽이지 않았으며, 반백의 노인을 포로로 잡지 않았습니다. 지금 이 군대는 역병에 걸린 자를 죽였습니까? 혹 역병에 걸린 자까지 죽인 군대라 일컫지 않겠습니까?" 부차가 물었다. "너희 땅을 돌려주고 너희 백성을 돌려보내면 무엇이라 일컫겠는가?" 태재 비가 대답하였다. "임금께서 우리나라의 죄를 토벌하고 또 긍휼히 여겨 풀어주시니, 출병에 명분이 없다고 하겠습니까?"

大宰嚭曰: "古之侵伐者, 不斬祀, 不殺厲, 不獲二毛.① 今斯師也, 殺厲與? 其不謂之殺厲之師與?"② 曰: "反爾地, 歸爾子, 則謂之何?"③ 曰: "君王討敝邑之罪, 又矜而赦之, 師與有無名乎?"④

鄭注 ① '획獲'은 묶어 포로로 삼는 것이다. '이모二毛'는 머리털이 반백斑白인 사람이다. '獲', 謂係虜之. '二毛', 鬢髮斑白.

② 은미하게 막으려 한 것이다. 그러므로 마치 살피지 못한 듯이 말한 것이다. '역병에 걸린 사람까지 죽인다'(殺厲)고 바로 말한 것은 인명을 중시한 것이다. 欲微切之. 故其言似若不審然. 正言'殺厲', 重人.

③ '자子'는 붙잡힌 백성과 신하를 말한다. '子'謂所獲民臣.

④ 다시 은미하게 권하여 그 뜻을 이루었다. 오나라와 초나라는 명분을 벗어나 왕이라 칭했다. 又微勸之, 終其意. 吳・楚僭號稱王.

集說 '이모二毛'는 머리털이 반백斑白인 사람이다. '자子'는 붙잡힌 신민臣民이다. 침략한 땅을 돌려주고 포로로 잡은 백성을 풀어준 것은 긍휼이 여겨 풀어준 것이다. 어찌 또 명분 없는 군대라고 논할 수 있겠는가? 이 경문은 비嚭가 외교 사령辭令에 뛰어났기 때문에 패망의 화에서 나라를 구할 수 있었음을 말한 것이다. ○ 석량왕씨石梁王氏는 말한다. "이때 오나라에도 태재 비嚭가 있었는데 어찌된 것인가?" '二毛', 斑白之人也. '子'謂所獲臣民也. 還其侵略之地, 縱其俘獲之民, 是矜而赦之矣. 豈可又以無名之師議之乎? 此言嚭善於辭令, 故能救敗亡之禍. ○ 石梁王氏曰: "是時, 吳亦有大宰嚭, 如何?"

【단궁하 67】

안정顔丁은 거상居喪을 잘하였다. 돌아가신 초기에는 황망하여 아무리 찾아도 찾지 못하는 듯하였고, 빈殯을 하고 나서는 아득하여 쫓아가도 미치지 못하는 듯하였으며, 매장을 하고 나서는 슬픔에 겨워 어버이가 되돌아옴에 만나지 못하는 듯이 하면서 기다렸다.

顔丁善居喪.① 始死, 皇皇焉如有求而弗得, 及殯, 望望焉如有從而弗及, 旣葬, 慨焉如不及其反而息.②

鄭注 ① '안정顔丁'은 노나라 사람이다. '顔丁', 魯人.

② '종從'은 따라간다는 뜻이다. '개慨'는 앓는 모습이다. '從', 隨也. '慨', 憊貌.

集說 '안정顔丁'은 노나라 사람이다. '황황皇皇'은 서서棲棲[63]와 같은 뜻이다. '망망望望'은 가버리고 돌아보지 않는 모습이다. '개慨'는 감정이 슬프다는 뜻이다. 막 돌아가셨을 때에는 모습을 볼 수 있고 빈殯을 하고 나서는 널(柩)을 볼 수 있으나 매장하고 나면 보이는 것이 없다. '마치 따라가지만 미치지 못하는 것처럼'(如有從而弗及)은 마치 미칠 수 있는 곳이 있는 것처럼 한다는 것이다. 매장 뒤에는 다시는 따라가는 바가 있는 것처럼 하지 못하므로 단지 '어버이가 되돌아옴에 만나지 못하는 듯이 한다'(如不及其反)고 말한 것이다. 또 '이식而息'에서 '식息'은 기다린다는 뜻으로, 차마 어버이를 완전히 잊을 수 없어서 가다가 멈추다가 하면서 어버이가 되돌아오기를 기다리는 것이다. 대개 매장하면 가서 되돌아오지 않지만, 효자는 혼령(精)을 맞이하여 돌아올 때 여전히 마치 되돌아올 것으로 생각되는 바가 있는 것처럼 한다. '顔丁', 魯人. '皇皇'猶棲棲也. '望望', 往而不顧之貌. '慨', 感悵之意. 始死, 形可見也, 旣殯, 柩可見也, 葬則無所見矣. '如有從而弗及', 似有可及之處也. 葬後則不

復如有所從矣, 故但言'如不及其反'. 又云'而息'者, '息'猶待也, 不忍決忘其親, 猶且行且止, 以待其親之反也. 蓋葬者往而不反, 然孝子於迎精而反之時, 猶如有所疑也.

【단궁하 68】

자장子張이 물었다. "『서』에 '고종高宗이 삼 년 동안 명령을 하지 않다가 명령을 내리자 기뻐하였다'라고 하였는데, 그런 일이 있습니까?" 중니仲尼가 말하였다. "어찌 그렇지 않을 리가 있겠는가? 옛날에 천자가 죽으면 왕세자는 삼 년간 총재冢宰에게 명령을 받았다."

子張問曰: "『書』云, '高宗三年不言, 言乃讙', 有諸?"① 仲尼曰: "胡爲其不然也? 古者天子崩, 王世子聽於冢宰三年."②

鄭注 ① 당시 삼 년의 상례를 행하는 군주가 없었는데, 이러한 일이 있냐고 물은 것은 괴이하게 여긴 것이다. '환讙'은 기뻐한다는 말이다. 말을 하자 기뻐하였다는 것은 백성과 신하가 군주가 말하는 것을 바란 지 오래되었다는 것이다. 時人君無行三年之喪禮者, 問有此與, 怪之也. '讙', 喜說也. 言乃喜說, 則民臣望其言久.

② '총재冢宰'는 천관天官을 맡고 있는 경卿으로, 왕의 일을 보좌하는 자이다. 삼년상이 나면 그에게 조회를 받게 하였다. '冢宰', 天官卿, 貳王事者. 三年之喪, 使之聽朝.

集說 '말을 하자 기뻐하였다'(言乃讙)는 것은 명령을 반포하자 인심이 기뻐하였다는 것이다. '言乃讙'者, 命令所布, 人心喜悅也.

【단궁하 69】

지도자知悼子가 죽었는데 아직 장례를 치르지 않은 상태에서 평공平公이 술을 마시는데 사광師曠과 이조李調가 모시고 음악을 연주하였다. 두괴杜蕢가 바깥으로부터 와서 음악소리를 듣고 말하였다. "어디에서 나는 소리인가?" 대답하였다. "정침正寢에서입니다." 두괴가 정침으로 들어가 계단을 거쳐 올라가 술을 따르며 말하였다. "사광은 이것을 마셔라." 또 술을 따르며 말하였다. "이조는 이것을 마셔라." 또 술을 따라 당상에서 북면하고 앉아 그것을 마시고, 내려와 종종걸음으로 나갔다.

知悼子卒, 未葬,① 平公飮酒,② 師曠・李調侍,③ 鼓鍾.④ 杜蕢自外來, 聞鍾聲, 曰: "安在?"⑤ 曰: "在寢."⑥ 杜蕢入寢, 歷階而升, 酌, 曰: "曠飮斯." 又酌, 曰: "調飮斯." 又酌, 堂上北面坐飮之, 降, 趨而出.⑦

鄭注 ① '도자悼子'는 진나라 대부 순영荀盈으로, 노나라 소공 9년에 죽었다. '悼子', 晉大夫荀盈, 魯昭九年卒.

② 여러 신하들과 연회를 한 것이다. 평공平公은 진나라 제후인 표彪이다. 與群臣燕. 平公晉侯彪.

③ '시侍'는 임금과 더불어 술을 마시는 것이다. 『의례』「연례燕禮・기記」에 "뭇 시신侍臣에게 (술을 줄 것을) 청하였다"라고 하였다. '侍', 與君飮也. 「燕禮・記」曰: "請旅侍臣."

④ 음악이 연주된 것이다. 「연례」에 따르면, 손님이 문을 들어오면 「사하肆夏」를 연주하고, 술잔을 바치고(獻) 나면 음악을 끝낸다. 임금에게 올릴 때도 또한 같다. 樂作也. 「燕禮」, 賓入門, 奏「肆夏」, 旣獻而樂闋. 獻君亦如之.

⑤ 괴이하게 여긴 것이다. 두괴杜蕢는 도괴屠蒯라고도 한다. 怪之也. 杜蕢或作屠蒯.

⑥ 정침正寢에서 연회를 한 것이다. 燕於寢.

⑦ 석 잔이 모두 벌주이다. 三酌皆罰.

集說 '지도자知悼子'는 진나라 대부로 이름이 앵罃이다. '평공平公'은 진후晉侯 표彪이다. 무릇 석 잔을 따른 것은 이미 두 사람에게 벌주로 주고 또 스스로 벌주로 마신 것이다. '知悼子', 晉大夫, 名罃. '平公', 晉侯彪也. 凡三酌者, 旣罰二子, 又自罰也.

【단궁하 70】

평공이 불러 나아오게 하고 말하였다. "괴야, 전에는 네 마음속에 나를 개발시킬 것이 있을 것으로 생각하여 그래서 너와 더불어 말하지 않았다. 네가 사광에게 벌주를 마시게 한 것은 무엇 때문인가?" 두괴가 말하였다. "자묘일子卯日에는 음악을 연주하지 않습니다. 지도자知悼子의 널이 빈궁(堂)에 있는데 이는 자묘일보다 더 중합니다. 사광은 태사인데 알리지 않았으므로 그래서 벌주를 먹인 것입니다."

平公呼而進之曰: "**蕢**, **曩**者爾心或開予, 是以不與爾言.① 爾飮曠何也?" 曰: "子卯不樂.② 知悼子在堂, 斯其爲子卯也大矣.③ 曠也大師也, 不以詔, 是以飮之也."④

鄭注 ① '낭曩'은 전에(曏)라는 뜻으로, 처음 들어왔을 때를 말한다. '개開'는

간쟁이 제기될 것이 있음을 말한다. '曩', 曏也, 謂始來入時. '開'謂諫爭有所發起.

② 주紂는 갑자甲子에 죽었고, 걸桀은 을묘乙卯에 망하여 왕자王者는 이를 '죽는 날'(疾日)이라 하여 이날 음악을 연주하는 것을 길사吉事로 여기지 않는데, 스스로 경계하고 두려워하는 것이다. 紂以甲子死, 桀以乙卯亡, 王者謂之'疾日', 不以擧樂爲吉事, 所以自戒懼.

③ 대신의 상喪이 질일疾日보다 중함을 말한 것이다. 「잡기하雜記下」(67)에 "국군은 경卿과 대부大夫의 상喪에 대하여 장례 때가 되면 고기를 먹지 않고, 졸곡卒哭 때에 이르면 악樂을 사용하지 않는다"라고 말한다. 言大臣喪重於疾日也. 「雜記」曰: "君於卿大夫, 比葬, 不食肉, 比卒哭, 不擧樂."

④ '조詔'는 알린다는 뜻이다. 태사大師는 음악 연주를 관장한다. '詔', 告也. 大師典奏樂.

集說 다음과 같이 말한 것이다. 네가 처음 들어오자 나는 네가 반드시 간쟁할 것이 있어 나를 개발해줄 것으로 생각하였다. 그래서 나는 먼저 너와 말을 하지 않은 것인데, 석 잔을 따른 후 끝내 말하지 않고 나갔다. 네가 사광에게 마시게 한 것은 무슨 뜻이냐? 두괴의 말은 다음과 같다. 걸桀은 을묘일乙卯日에 죽었고, 주紂는 갑자일甲子日에 죽었으므로 질일疾日이라고 합니다. 그러므로 임금은 음악을 연주하지 않습니다. '당에 있다'(在堂)는 것은 빈궁에 있다는 뜻이다. 하물며 임금이 경·대부에 대해 장례 때가 되면 고기를 먹지 않으며, 졸곡 때에 이르면 음악을 연주하지 않는 법인데, 지도자知悼子가 빈궁에 있는데 음악을 연주하고 연회를 베풀어 술을 마실 수 있습니까? 걸주桀紂는 다른 시대의 임금이고, 지도자는 한 몸인 신하입니다. 그러므로 자묘일子卯日보다 중합니다. '조詔'는 알린다는 뜻으로 알리지 않은 죄를 벌한 것이다. 言爾之初入, 我意爾必有所諫敎, 開發於我. 我是以不先與爾言, 乃三酌之後, 竟不言而出. 爾之飮曠, 何說也? 蕢言桀以乙卯日死, 紂以甲子日

死, 謂之疾日. 故君不擧樂. '在堂', 在殯也. 況君於卿大夫, 比葬不食肉, 比卒哭不擧樂, 悼子在殯, 而可作樂燕飮乎? 桀紂異代之君, 悼子同體之臣. 故以爲大於子卯也. '詔', 告也, 罰其不告之罪也.

【단궁하 71】

"네가 조調에게 벌주를 먹인 것은 무엇 때문인가?" 두괴가 말했다. "조調는 임금이 총애하는 신하입니다. 마시고 먹는 것을 탐하여 임금의 과실過失을 잊었으므로 그래서 벌주를 마시게 한 것입니다."

"爾飮調何也?" 曰: "調也, 君之褻臣也. 爲一飮一食, 忘[64]君之疾, 是以飮之也."

鄭注 이조李調가 술과 음식을 탐한 것을 말한다. '설褻'은 총애한다는 뜻이다. 근신 또한 마땅히 임금의 병통을 바로잡아야 한다. 言調貪酒食. '褻', 嬖也. 近臣亦當規君疾憂.

集說 조調가 근습近習의 신하로서 한 번 마시고 한 번 먹는 것을 탐하여 임금이 예를 어긴 과실을 잊었으므로 벌을 준 것이라는 말이다. 言調爲近習之臣, 貪於一飮一食, 而忘君違禮之疾, 故罰之也.

【단궁하 72】

"네가 벌주를 마신 것은 무엇 때문인가?" 대답하였다. "저는 재부宰夫입니다. 칼과 숟가락을 바치는 일이 아닌데, 또 감히 (임금의 잘못을) 막는 것을 담당하는 일에 관여하였습니다. 그래서 벌주를 마신 것입니다."

"爾飮何也?" 曰: "蕢也, 宰夫也. 非刀匕是共, 又敢與知防. 是以飮之也."

鄭注 '방防'은 방탕하고 넘치는 것을 막는 것이다. '防', 禁放溢.

集說 '비非'는 불不과 같다. '재부宰夫'는 직무가 칼과 숟가락 등 주방일이다. 지금 칼과 숟가락을 바치는 직무에 전일하지 않고 감히 간쟁하고 막는 일을 담당하는 것에 관여하였으니 이는 직관을 침범한 것이므로 스스로 벌을 준 것이다. '非'猶不也. '宰夫', 職在刀匕. 今乃不專供刀匕之職, 而敢與知諫爭防閑之事, 是侵官矣, 故自罰也.

【단궁하 73】

평공이 말하였다. "과인 또한 잘못이 있으니 잔을 따라서 과인에게 마시게 하라." 두괴가 씻고서 치觶를 들었다. 공이 시신侍臣에게 말했다. "만약 내가 죽더라도 반드시 이 잔을 없애지 말라." 오늘에 이르기까지 헌獻을 마친 다음 이 치觶를 드는데 이를 두거杜擧라고 일컫는다.

平公曰: "寡人亦有過焉, 酌而飮寡人."① 杜蕢洗而揚觶.② 公謂侍者曰: "如我死, 則必毋廢斯爵也."③ 至于今, 旣畢獻, 斯揚觶, 謂之杜擧.④

鄭注 ① 옳은 것을 듣고 따른 것이다. 聞義則服.

② 임금에게 잔을 올리는 것이다. 『예禮』에 '양揚'은 '잉媵'으로 되어 있다. '양揚'은 든다는 뜻이고 '잉媵'은 보낸다는 뜻이다. 양揚이 뜻에 가깝다. 擧爵於君也. 『禮』'揚'作'媵'. '揚', 擧也, '媵', 送也. 揚近得之.

③ 후세에 경계로 삼고자 함이다. 欲後世以爲戒.

④ 이 잔은 드디어 두괴로 인하여 이름을 얻었다. '헌獻을 마친다'(畢獻)는 것은 손님과 임금에게 바친 것을 말한다. 此爵遂因杜蕢爲名. '畢獻', 獻賓與君.

集說 '양치揚觶'는 치觶[65]를 드는 것으로 대야에 씻고 나서 든 것은 깨끗하게 하여 공경함을 표한 것이다. 평공平公이 스스로 잘못을 알고 두괴에게 명하여 잔을 따르게 한 후에 또 이 잔으로 후세의 경계를 삼으려 하였으므로 기록한 자가 '오늘날까지 진나라에서 연례燕禮를 마칠 때는 반드시 이 치觶를 드는데 이를 두거杜擧라고 일컫는다'고 하였다. 이 치觶는 곧 전에 두괴가 들었던 것임을 말한다. 『춘추전』에는 '도괴屠蒯'라고 되어 있으며, 문장도 같지 않다. '揚觶', 擧觶也, 盥洗而後擧, 致潔敬也. 平公自知其過, 旣命蕢以酌, 又欲以此爵爲後世戒, 故記者云, '至今晉國行燕禮之終, 必擧此觶, 謂之杜擧'者. 言此觶, 乃昔者杜蕢所擧也. 『春秋傳』作'屠蒯', 文亦不同.

【단궁하 74】

공숙문자公叔文子가 죽자, 그의 아들 수戍가 임금에게 시호를 청하면서 말했다. "날짜가 정해져 있어서 장례를 치러야 할 것 같습니다. 그 이름을 바꾸어 줄 시호를 청합니다."

公叔文子卒,① 其子戍請諡於君, 曰: "日月有時, 將葬矣. 請所以易其名者.②"

鄭注 ① '문자文子'는 위衛나라 헌공獻公의 손자로서 이름은 발拔인데, 발發로 되어 있는 곳도 있다.[66] '文子', 衛獻公之孫, 名拔, 或作發.

② '시호'(謚)는 행적의 자취다. '때가 있다'(有時)는 것은 정해진 날수가 있다는 말과 같다. 대부와 사는 3개월 만에 장례를 치른다. '謚'者, 行之迹. '有時', 猶言有數也. 大夫士三月而葬.

集說 '문자文子'는 위衛나라 대부로, 이름은 발拔이다. '임금'(君)은 영공靈公을 말한다. 대부와 사는 3개월 만에 장례를 치른다. '때가 있다'(有時)는 것은 정해진 날수가 있다는 말과 같다. 죽으면 그 이름을 피한다. 따라서 시호를 내리는 것은 그 이름을 대신하기 위해서이다. '文子', 衛大夫, 名拔. '君', 靈公也. 大夫士三月而葬. '有時'猶言有數也. 死則諱其名. 故爲之謚所以代其名也.

【단궁하 75】

임금이 말하였다. "옛날 위衛나라에 기근이 들었을 때, 그대 아버지는 죽을 만들어 나라 안의 굶주린 자들에게 나누어 주었으니 이 또한 혜惠(은혜)가 아니겠는가? 옛날 위나라에 난이 일어났을 때, 그대의 아버지는 목숨을 걸고 과인을 호위하였으니 또한 정貞이 아니겠는가? 그대의 아버지는 위나라의 정사를 맡았을 때, 그 높고 낮음의 차등과 많고 적음의 절도를 옛 법도에 따라 닦고 거행했으며, 사방 이웃나라와 외교를 잘해서 위나라의 사직이 욕되지 않게 하였으니 또한 문文이 아니겠는가? 그러므로 그대의 아버지 시호를 정혜문자貞惠文子로 한다."

君曰: "昔者衛國凶饑, 夫子爲粥與國之餓者, 是不亦惠乎?① 昔者衛國有難, 夫子以其死衛寡人, 不亦貞乎?② 夫子聽衛國之政, 脩其班制, 以與四隣交, 衛國之社稷不辱, 不亦文乎?③ 故謂夫子貞惠文子.④"

鄭注 ① '임금'은 영공靈公을 말한다. '君', 靈公也.

② '난難'은 노나라 소공 20년에 도적이 위衛나라 군주 영공의 형 집縶을 살해한 일을 말한다. 당시 제표齊豹가 난을 일으키자, 영공은 사조死鳥 땅으로 갔다. '難', 謂魯昭公二十年盜殺衛侯之兄縶也. 時齊豹作亂, 公如死鳥.

③ '반제班制'는 존비의 차등을 말한다. '班制', 謂尊卑之差.

④ 후에 정혜貞惠를 말하지 않고 단지 문자文子라고 한 것은 문文이 그것을 겸할 수 있기 때문이다. 後不言貞惠者, 文足以兼之.

集說 노나라 소공 20년에 도적이 위나라 군주(衛靈公)의 형 집縶을 죽였다. 당시 제표齊豹가 난을 일으키자, 영공은 사조死鳥 땅으로 갔다. 이것이 위나라의 난(衛國之難)이라는 것이다. '반班'은 높고 낮음의 차등이고, '제制'는 많고 적음의 절도로서, 옛 법도를 따라 그것을 닦아서 거행했다. 선후를 따지면 '혜惠'가 앞에 오고, 대소를 논하면 '정貞'이 더 중요하므로 '혜정惠貞'이라 하지 않고, '정혜貞惠'라고 한 것이다. 이 세 글자(貞·惠·文)가 시호가 되는데 단지 '문자文子'라고 칭한 것에 대해서, 정현은 "문文이 그것을 겸할 수 있기 때문이다"라고 하였다. 魯昭公二十年盜殺衛侯之兄縶. 時齊豹作亂, 公如死鳥. 此衛國之難也. '班'者, 尊卑之次, '制'者, 多寡之節, 因舊典而脩擧之也. 據先後則'惠'在前, 論小大則'貞'爲重, 故不曰'惠貞', 而曰'貞惠'也. 此三字爲謚而惟稱'文子'者, 鄭

云"文足以兼之."

【단궁하 76】

석태중石駘仲이 죽었을 때, 적자適子가 없고 서자庶子 6인만 있어서 후계자로 삼을 자를 점쳤다. (점치는 사람이) "목욕을 하고 옥을 차면 길조를 얻는다"라고 말하자, 5인이 모두 목욕을 하고 옥을 찼다. 석기자石祁子는 "누가 부모의 상을 집행하면서 목욕을 하고 옥을 찬단 말인가?"라고 말하고, 목욕을 하지도 옥도 차지도 않았다. 석기자에게 길조가 나오자, 위衛나라 사람들은 거북이가 예禮를 안다고 생각했다.

石駘仲卒,① 無適子, 有庶子六人, 卜所以爲後者.② 曰: "沐浴佩玉則兆"③, 五人者皆沐浴佩玉. 石祁子曰: "孰有執親之喪, 而沐浴佩玉者乎?" 不沐浴佩玉.④ 石祁子兆, 衛人以龜爲有知也.

鄭注 ① '태중駘仲'은 위衛나라 대부 석작石碏의 일족이다. '駘仲', 衛大夫石碏之族.

② 적장자로 세울 사람이 없었기 때문이다. 莫適立也.

③ 가지런하고 청결하면 길조를 얻는다는 말이다. 言齊絜則得吉兆.

④ 마음이 바르고 예를 아는 것이다. 心正且知禮.

集說 '태중駘仲'은 위衛나라 대부이다. '목욕을 하고 옥을 차면 길조를 얻는다'(沐浴佩玉則兆)고 한 것은 점을 치는 사람의 말이다. ○ 방씨方氏(방각方慤)는 말한다. "점괘에는 또한 흉조가 있지만, 점복은 길조를 구하는 것을 위

주로 하기 때문에 경문에서 '조兆'라는 글자로 길조吉兆를 표현했다." '駘仲', 衛大夫. 曰'沐浴佩玉則兆', 卜人之言也. ○ 方氏曰: "兆亦有凶, 卜者, 以求吉爲主, 故經以'兆'言吉也."

【단궁하 77】

진자거陳子車가 위衛나라에서 죽자, 그의 처는 가대부家大夫와 함께 순장殉葬할 것을 모의하였다. 순장할 사람을 의논하여 정한 뒤에 진자강陳子亢이 오자, "남편이 병이 들었을 때 아랫사람에게 봉양을 받지 못하여 순장할 것을 청합니다"라고 고하였다.

陳子車死於衛, 其妻與其家大夫謀以殉葬.① 定而后陳子亢至, 以告, 曰: "夫子疾, 莫養於下, 請以殉葬.②"

鄭注 ① '자거子車'는 제齊나라의 대부이다. '子車', 齊大夫.

② '자강子亢'은 자거의 동생으로 공자의 제자이다. '하下'는 지하를 뜻한다. '子亢', 子車弟, 孔子弟子. '下', 地下.

集說 '자거子車'는 제齊나라의 대부이며, '자강子亢'은 그의 형제로서 곧 공자의 제자 자금子禽이다. 자거는 병들었을 때 집을 떠나 있었기 때문에 집안 식구들이 그에게 봉양을 다할 수 없었으므로 '아랫사람에게 봉양 받을 수 없었다'(莫養於下)고 한 것이다. 그리하여 사람을 죽여서 순장하려고 하였다. '정定'은 이미 죽일 사람을 의논하여 정했다는 뜻이다. '子車', 齊大夫, '子亢', 其兄弟, 卽孔子弟子子禽也. 疾時, 不在家, 家人不得以致其養, 故云'莫養於下'也. 於是欲殺人以殉葬. '定'謂已議定所殺之人也.

【단궁하 78】

자강子亢이 말했다. "순장하는 것은 예가 아닙니다. 그렇기는 하지만 그(자거)가 병들었을 때 봉양해야 할 사람은 바로 처와 가재家宰(가대부)가 아니었겠습니까? 순장을 그만둘 수 있다면 나는 그만두고 싶습니다만, 그만둘 수 없다면 두 분으로 순장하는 것이 바람직하다고 생각합니다." 이에 끝내 순장을 하지 않았다.

子亢曰: "以殉葬, 非禮也. 雖然, 則彼疾當養者, 孰若妻與宰? 得已則吾欲已, 不得已則吾欲以二子者之爲之也."① 於是弗果用.②

鄭注 ① 간언해도 그치게 할 수 없다고 생각하고 이 말로 순장을 부정한 것이다. '이已'는 그친다(止)는 뜻과 같다. 度諫之不能止[67], 以斯言拒之. '已'猶止也.

② '과果'는 결행하다는 뜻이다. '果', 決.

集說 '재宰'는 곧 가대부家大夫이다. '이자二子'는 처와 재를 말한다. 자강이 만일 '예가 아니다'(非禮)라고만 말했다면 반드시 중지시키지는 못했을 것이다. 그런데 봉양해야 할 사람이 당연히 순장되어야 한다고 말했기 때문에 중지하기를 요구하지 않고도 저절로 중지될 수 있었다. '宰', 卽家大夫也. '二子'謂妻與宰也. 子亢若但言'非禮', 未必能止之. 今以當養者爲當殉, 則不期其止而自止矣.

【단궁하 79】

자로가 말하였다. "슬프다, 가난이여! 살아 계실 때는 봉양할 수 없고, 돌아가실 때는 예를 갖출 수가 없다." 공자가 말하였다. "콩을 씹고 물을 마시게 하더라도 부모님이 그 기쁨을 다할 수 있다면 이를 효孝라고 한다. 단지 머리와 발만 염斂해서 형체가 밖으로 드러나지 않을 정도만 하고, 급히 매장을 하여 곽椁조차 없더라도 집안의 재산에 걸맞게 한다면, 이를 예禮라고 한다."

子路曰: "傷哉, 貧也! 生無以爲養, 死無以爲禮也." 孔子曰: "啜菽飮水, 盡其歡, 斯之謂孝. 斂首足形, 還葬而無椁, 稱其財, 斯之謂禮."

鄭注 '선還'은 빠르다는 뜻과 같다. 장례 기일을 다 지키지 못하는 것을 말한다. '還'猶疾也. 謂不及其日月.

集說 세상에는 삼생三牲(소·양·돼지)으로 봉양을 하면서도 부모를 즐겁게 할 수 없는 자가 있고, 또한 후장厚葬으로 남들이 보기에 아름답게 하면서도 예의 규정을 넘어서는 죄에 빠지고 있음을 알지 못하는 자도 있다. 이것을 알면 효와 예를 극진히 할 수 있는 것인데, 또 어찌 가난을 슬퍼할 필요가 있겠는가? '선장還葬'은 설명이 상편[68]에 보인다. 世固有三牲之養, 而不能歡者, 亦有厚葬以爲觀美, 而不知陷於僭禮之罪者. 知此則孝與禮可得而盡矣, 又何必傷其貧乎? '還葬', 說見上篇.

【단궁하 80】

위衛나라 헌공獻公이 망명생활을 하다가 위나라로 돌아올 때, 근교에 이르러 망명길을 따라 나선 자들에게 읍을 나누어준 뒤에 도성으로 들어가려고 하였다. 유장柳莊이 말하였다. "만일 모두 나라에 머물러 사직을 지켰다면 누가 말고삐를 잡고 망명길을 따랐겠습니까? 만일 모두 망명길을 따랐다면 누가 사직을 지켰겠습니까? 임금께서 귀국하시는데 사사로운 마음을 보이시는 것은 잘못된 일이 아니겠습니까?" 끝내 나누어주지 않았다.

衛獻公出奔, 反於衛, 及郊, 將班邑於從者而后入.① 柳莊曰: "如皆守社稷, 則孰執羈靮而從? 如皆從, 則孰守社稷?② 君反其國而有私也, 毋乃不可乎?"③ 弗果班.

鄭注 ① 따르던 자들에게 상을 내려서 머물러 있던 자들을 두렵게 하려는 것이다. 헌공獻公은 노나라 양공襄公 14년에 제齊나라로 망명하였다가 26년에 위나라로 돌아왔다. 欲賞從者, 以懼居者. 獻公以魯襄十四年出奔齊, 二十六年復歸於衛.

② 망명길을 따르는 것(從)과 머물면서 사직을 지키는 것(守)이 하나임을 말한 것이다. '적靮'은 말고삐다. 言從守若一. '靮', 紖也.

③ 사사로운 마음이 있으면 원망을 낳는다는 뜻이다. 言有私則生怨.

集說 헌공은 노나라 양공 14년에 제나라로 망명하였다가 26년에 위나라로 돌아왔다.[69] '기羈'는 말에 매는 고삐고, '적靮'은 말의 입에 물리는 재갈이다. 유장의 뜻은 위나라에 머물러 있던 자나 헌공을 따라 망명길을 떠난 자나 똑같이 나라를 위한 것이었기 때문에 따라나선 자(從者)에게만 상을 내려 사사로운 은혜를 보여서는 안 된다는 것이다. 獻公以魯襄十四年奔齊, 二十六年歸衛. '羈'所以絡馬, '靮'所以鞚馬. 莊之意謂居者行者均之爲國, 不當獨賞從者以示私恩.

【단궁하 81】

위衛나라에 유장柳莊이라는 태사大史가 있었는데 병으로 누었다. (그 집안사람들이 이를 헌공에게 알리자) 헌공獻公은 "만약 병이 위독해 지면 제사지내는 도중이라도 반드시 알리도록 하라"고 말하였다. (과연 제사 도중에 유장이 죽자) 공은 머리가 바닥에 닿도록 하여 두 번 배례를 하고(再拜稽首)70) 시尸에게 청하여 말하였다. "유장이라는 신하는 과인만의 신하가 아니라 사직의 신하입니다. 그가 죽었다고 하니 조문하러 가기를 청합니다." 제복祭服도 벗지 않은 채 달려가 조문을 하고, 마침내 제복을 벗어 수의襚衣를 삼게 하였다. 그리고는 구씨裘氏와 현반씨縣潘氏의 두 읍을 준다는 글을 써서 관 안에 넣고 "만세의 자손에 이르기까지 이 약속을 바꾸지 않을 것이다"라고 하였다.

衛有大史曰柳莊, 寢疾. 公曰: "君疾革, 雖當祭必告.①" 公再拜稽首, 請於尸曰: "有臣柳莊也者, 非寡人之臣, 社稷之臣也. 聞之死, 請往.②" 不釋服而往, 遂以襚之.③ 與之邑裘氏與縣潘氏, 書而納諸棺, 曰: "世世萬子孫毋變也.④"

鄭注 ① '혁革'은 위급하다는 뜻이다. '革', 急也.

② 서둘러 현자賢者를 조문하는 것이다. 急弔賢者.

③ 임금의 제복祭服을 벗어 신하에게 입히는 것으로서, 현자를 친애하는 뜻이다. 이 제복으로 수의襚衣를 삼게 한 것은 유장이 습의를 준비하지 않았기 때문이다. 무릇 수의는 그것으로 염을 하는 것이다. 脫君祭服以襚臣, 親賢也. 所以此襚之者, 以其不用襲也. 凡襚, 以斂.

④ 현자를 우대하는 까닭이다. '구裘'와 '현반縣潘'은 읍의 이름이다. 所以厚賢也. '裘'·'縣潘', 邑名.

集說 의복을 죽은 이에게 주는 것을 '수襚'라고 한다. '구裘'와 '현반縣潘'은 두 읍의 이름이다. '만자손萬子孫'은 유장의 후세를 말한다. 유장이 병으로 눕자 헌공이 그 집안사람에게 '만약 병이 위독해졌을 때 내가 비록 제사를 지내고 있더라도 반드시 와서 고하라'고 명하였다. 유장이 죽음에 이르렀을 때 과연 헌공이 제사를 지내고 있는 중이어서 드디어 제복을 벗지 않은 채 달려갔다. 이어 제복을 벗어 수의襚衣로 삼게 하고 또 두 읍을 하사하였다. 이는 비록 제후가 현자를 높이는 뜻을 보여주는 것이지만, 제사 일을 마치지도 않았고 제후의 명복命服을 대부에게 주었으며 읍을 봉해준다는 증서를 써서 관에 넣은 것은 모두 예가 아니다. 以衣服贈死者曰'襚'. '裘'·'縣潘', 二邑名. '萬子孫'謂莊之後世也. 莊之疾, 公嘗命其家, 若當疾亟之時, 我雖在祭事, 亦必入告. 及其死也, 果當公行事之際, 遂不釋祭服而往. 因釋以襚之, 又賜之二邑. 此雖見國君尊賢之意, 然棄祭事而不終, 以諸侯之命服而襚大夫, 書封邑之券而納諸棺, 皆非禮矣.

【단궁하 82】

진간석陳乾昔이 병으로 누었는데, 그의 형제들을 모아놓고 자기 아들인 존기尊己에게 명하였다. "만일 내가 죽거든 반드시 나의 관을 크게 만들어 내 두 첩이 관 안에서 나를 껴안을 수 있도록 하라." 진간석이 죽자 그의 아들은 "순장하는 것은 예가 아니다. 더구나 관을 함께할 수 있겠는가?" 하고 끝내 두 첩을 죽이지 않았다.
陳乾昔寢疾, 屬其兄弟而命其子尊己, 曰: "如我死, 則必大爲我

棺, 使吾二婢子夾我.① 陳乾昔死, 其子曰: "以殉葬, 非禮也. 況又同棺乎?" 弗果殺.②

鄭注 ① '비자婢子'는 첩이다. '婢子', 妾也.

② 아버지가 불의에 빠지지 않도록 한 존기尊己를 칭찬한 말이다. 善尊己不陷父於不義.

集說 '촉屬'은 『주례』에서 '촉민독법屬民讀法'(백성을 모아놓고 법을 읽는다)71) 이라고 했을 때의 '촉屬'과 같은 것으로, 합한다(合), 모은다(聚)의 뜻과 같다. 경문을 기록한 자가 올바름을 지키고 그 아버지의 잘못된 명령에 따르지 않은 존기를 칭찬한 말이다. '屬'如『周禮』'屬民讀法'之'屬', 猶合也, 聚也. 記者善尊己守正而不從其父之亂命.

【단궁하 83】

중수仲遂가 제齊나라의 수垂 땅에서 죽었는데, 노魯나라 선공宣公은 임오일壬午日에도 여전히 역제繹祭72)를 지내면서 만무萬舞를 추게 하고 약무籥舞만을 없앴다. 공자는 "예가 아니다. 경卿이 죽으면 역제를 지내지 않는 것이다"라고 하였다.

仲遂卒于垂, 壬午猶繹, 萬入去籥.① 仲尼曰: "非禮也. 卿卒不繹."

鄭注 ① 이 일은 『춘추』 선공宣公 8년 조에 기록되어 있다. '중수仲遂'는 노나라 장공莊公의 아들 동문양중東門襄仲이다. 전날 신사일辛巳日에 태묘太廟에 제사를 지낼 때 중수仲遂가 죽었는데 그 이튿날에 역제繹祭를 지내는

것은 잘못이다. '만萬'은 간무干舞이고, '약籥'은 약무籥舞이다. 『공양전』 선공 8년 조에 "소리 나는 것은 없애고, 소리 없는 것은 그대로 두었다"[73]고 하였다. 『春秋經』在宣八年. '仲遂', 魯莊公之子東門襄仲. 先日辛巳, 有事於太廟, 而仲遂卒, 明日而繹非也. '萬', 干舞也, '籥', 籥舞也. 傳曰: "去其有聲者, 廢其無聲者."

集說 '중수仲遂'는 노나라 장공莊公의 아들인 동문양중東門襄仲으로, 노나라의 경卿이다. '수垂'는 제나라의 지명이다. 종묘에 제사지낸 이튿날에 또 제례祭禮를 베풀어 전날의 제사를 계속하는 것을 '역제繹祭'라 하는데, 은나라 때에는 '융제肜祭'라고 하였다. 임오일壬午日에 역제를 지냈다고 했으므로 정식 제사(正祭)는 신사일辛巳日이 된다. '만무萬舞'는 방패를 잡고서 춤을 추는 것이고, '약무籥舞'는 피리를 불면서 춤을 추는 것이다. '만무를 추게 하고 약무만을 없앴다'(萬入去籥)는 것은 이 역제를 지낼 때 중수가 죽었기 때문에 단지 소리가 없는 간무干舞(萬舞)만 추게 하고, 소리가 있는 약무를 없애 사용하지 않았다는 뜻이다. ○ 진씨陳氏(진상도陳祥道)는 말한다. "춘추의 법에 제사지낼 때 경卿이 죽으면 음악을 사용하지 않고 이튿날 역제도 지내지 않는다. 그러므로 숙궁叔弓이 죽었을 때 노나라 소공昭公이 음악을 중지하고 제사를 마친 것에 대해 군자는 예禮라고 하였고,[74] 중수가 죽었을 때 선공宣公이 여전히 역제를 지내면서 만무를 추게 하고 약무만 없앤 것에 대해 성인은 예가 아니라고 하였다." ○ 여조겸呂祖謙의 『시기詩記』에서 다음과 같이 말한다. "'만무萬舞'는 두 가지 춤의 총명이다. '간무干舞'는 무무武舞의 별칭이고, '약무籥舞'는 문무文舞의 별칭이다. 문무는 또 우무羽舞라고도 한다. 정현이 『공양전』에 의거하여 만무를 간무라고 해석한 것은 잘못이다. 『춘추』에 '만입거약萬入去籥'[75]이라고 기록된 것은 문무와 무무 두 춤을 모두 추게 하면서 소리 나는 것을 없애려고 피리(籥)를 없앴다는 뜻이다. 『공양전』에서 만무를 무무로 보고 약무와 짝으로 말한 것은 경문의 뜻

을 해친 것이다. 만약 만무가 단지 무무만을 가리키는 것이라면 이 시(『시』, 「邶風 · 簡兮」)에서 어찌 만무만을 말하고 문무는 언급하지 않았겠는가? 『좌전』에 '중자仲子의 사당이 완성되자 만무를 추고자 하였다'[76]고 하였으니, 부인의 사당에는 또한 무무만을 쓸 수 없는 것이다. 그렇다면 만무는 문무와 무무 두 춤의 총명임이 분명하다." 이상 『시기』의 기록은 『시집詩緝』 「간혜簡兮」의 주에 나온다. ○ 나는 생각한다. 『좌전』에서 "초나라의 영윤令尹 자원子元[77]이 문부인文夫人[78]을 유혹하기 위해 부인이 거처하는 궁전 곁에 거처를 마련하고 만무를 추게 하였다. 부인이 이 일을 듣고는 울면서 말하였다. '선군先君이 이 춤을 추게 한 것은 전쟁에 대비하는 일을 익히기 위한 것이었다. 그런데 이제 영윤은 원수에 대해서는 마음을 쓰지 않고, 남편 없는 사람의 옆에서 그런 짓을 하다니 이상하지 않은가?'"[79]라고 하였다. 이에 의거하면 만무는 진실로 무무가 된다. 여씨는 어찌 이를 잊었단 말인가? '仲遂', 魯莊公子東門襄仲也, 爲魯卿. '垂', 齊地名. 祭宗廟之明日, 又設祭禮以尋繹昨日之祭, 謂之'繹', 殷謂之'肜'. 言壬午, 則正祭辛巳日也. '萬舞', 執干以舞也, '籥舞', 吹籥以舞也. '萬入去籥'者, 言此繹祭時, 以仲遂之卒, 但用無聲之干舞以入, 去有聲之籥舞而不用也. ○ 陳氏曰: "春秋之法, 當祭而卿卒則不用樂, 明日則不繹. 故叔弓之卒, 昭公去樂卒事, 君子以爲禮, 仲遂之卒, 宣公猶繹而萬入去籥, 聖人以爲非禮." ○ 『詩記』曰: "'萬舞', 二舞之總名也. '干舞'者, 武舞之別名, '籥舞'者, 文舞之別名. 文舞又謂之羽舞. 鄭氏據『公羊』以萬舞爲干舞, 誤也. 『春秋』書'萬入去籥', 言文武二舞皆入, 去其有聲者, 故去籥焉. 『公羊』乃以萬舞爲武舞, 與籥舞對言之, 失經意矣. 若萬舞止爲武舞, 則此詩何爲獨言萬舞, 而不及文舞? 『左傳』'考仲子之宮將萬焉', 婦人之廟, 亦不應獨用武舞也. 然則萬舞爲二舞之總名, 明矣." 出『詩緝』「簡兮」註. ○ 愚按, 『左傳』"楚令尹子元, 欲蠱文夫人, 爲館於其宮側而振萬焉. 夫人聞之, 泣曰, '先君, 以是舞也, 習戎備也. 今令尹不尋諸仇讎, 而於未亡人之側, 不亦異乎?'" 據此則萬舞信爲武舞矣. 呂氏豈偶忘之耶?

【단궁하 84】

계강자季康子의 어머니가 죽었을 때 공수약公輸若은 아직 어렸다. 내관(棺)을 외관(椁) 속에 내려놓으려(斂) 할 때, 공수반公輸般이 기계로 하관할 것을 청하자, 그의 말에 따르려고 하였다. 공견가公肩假는 "안 된다. 노나라에는 고유한 예속禮俗이 있다.

季康子之母死, 公輸若方小.① 斂, 般請以機封,② 將從之.③ 公肩假曰: "不可. 夫魯有初."④

鄭注 ① '공수약公輸若'은 장사匠師[80])이다. '방소方小'는 나이가 아직 어려 예를 알지 못한다는 뜻이다. '公輸若', 匠師. '方小', 言年尙幼, 未知禮也.

② '염斂'은 내관(棺)을 외관(槨) 안에 내려놓는 것이다. '반般'은 공수약의 일족으로, 재주와 솜씨가 많은 자이다. 공수약이 염하는 일을 주관하는데 나이가 아직 어리다는 것을 알고 대신하겠다고 청하여 자신의 솜씨를 시험하고자 하였다. '斂', 下棺於槨. '般', 若之族, 多技巧者. 見若掌斂事而年尙幼, 請代之, 而欲嘗其技巧.

③ 당시 사람들이 공수반의 솜씨를 인정한 것이다. 時人服般之巧.

④ '초初'는 고유한 예속禮俗을 말한다. '初', 謂故事.

集說 '공수公輸'는 씨이고 '약若'은 이름으로서, 당시 관직이 장사匠師였다. '방소方小'는 나이가 아직 어리다는 뜻이다. '염斂'은 내관(棺)을 외관(椁) 속에 내려놓는 것이다. '반般'은 공수약의 일족으로, 평소 솜씨가 많았다. 공수약이 염하는 일을 관장하는데 나이가 어리다는 것을 알고 그를 대신하여 자신의 솜씨를 시험하고자 하였다. '기폄機窆'은 기관이 움직이는 기계로 하관하고, 비碑와 율繂을 사용하지 않는다는 뜻이다. '노유초魯有初'는 노나라에 고유한 예속禮俗이 있다는 말이다. '公輸', 氏, '若', 名, 爲匠師. '方小', 年尙

幼也. '斂', 下棺於槨也. '般', 若之族, 素多技巧. 見若掌斂事而年幼, 欲代之而試用其巧技也. '機窆', 謂以機關轉動之器下棺, 不用碑與綍也. '魯有初', 言魯國自有故事也.

【단궁하 85】

공실公室은 풍비豐碑에 준해서 하고, 삼가三家는 환영桓楹에 준해서 한다.

公室視豐碑,① 三家視桓楹.②

鄭注 ① '준한다'(視)고 말한 것은 당시 천자의 예를 범하였기 때문이다. '풍비豐碑'는 큰 나무를 깎아서 만드는데, 형태가 석비石碑와 비슷하다. 외관(槨)의 앞뒤 사방 모퉁이에 그것을 세우고, 비碑의 속을 뚫어서 그 사이에 녹로鹿盧를 연결하고, 하관할 때 줄(綍)로 두른다. 천자는 6개의 줄(綍)과 4개의 비碑를 사용하는데, 비의 앞뒤에 각각 녹로를 겹으로 한다. 言'視'者, 時僭天子也. '豐碑', 斲大木爲之, 形如石碑. 於槨前後四角樹之, 穿中於間爲鹿盧, 下棺以綍繞. 天子六綍四碑, 前後各重鹿盧也.

② 당시 (삼가三家는) 제후의 예를 범하였다. 제후는 천자보다 신분이 낮으므로, 깎아서 형태를 큰 기둥처럼 할 뿐이다. 네 곳에 세우는 것을 '환桓'이라고 한다. 제후는 줄이 4개이고 비가 2개이니, 비는 환과 같다. 대부는 줄이 2개이고, 비가 2개이다. 사는 줄이 2개이고, 비는 없다. 時僭諸侯. 諸侯下天子也, 斲之形如大楹耳. 四植謂之'桓'. 諸侯四綍二碑, 碑如桓矣. 大夫二綍二碑. 士二綍無碑.

集說 '풍비豐碑'[81]는 천자의 제도이고, '환영桓楹'은 제후의 제도이다. ○ 소疏에서 말한다. "무릇 '시視'라고 말한 것은 비슷하게 견준다는 말이다. '풍

豐'은 크다는 뜻이다. 풍비는 큰 나무로 비碑를 만들어 그 비 가운데 나무를 뚫어서 구멍을 내고 그 빈 공간에 녹로鹿盧를 붙이는데, 녹로의 양 머리끝이 각각 비목碑木으로 들어간다. 줄의 한 끝으로 관의 밧줄에 연결하고, 다른 한 끝으로 녹로를 감는다. 다 감았으면 사람들이 각각 비를 등에 지고 줄의 끝을 어깨에 메고, 북소리를 들으면서 조금씩 뒤로 물러나면서 관을 내린다. '환영桓楹'은 비碑와 비슷하지 않고, 형태가 큰 기둥과 같을 뿐이지만, 통틀어서 말하면 또한 '비碑'라고 한다. 『설문해자說文解字』에 '환은 우정표郵亭表'라고 하였다. 오늘날의 다리 곁에 세워둔 이정표 기둥과 같은 것이다. 제후는 비가 두 개인데 두 기둥이 하나의 비가 되어 녹로를 설치하므로 정현이 '네 곳에 세운다'(四植)고 한 것이다." '豐碑', 天子之制, '桓楹', 諸侯之制. ○ 疏曰: "凡言'視'者, 比擬之辭. '豐', 大也. 謂用大木爲碑, 穿鑿去碑中之木, 使之空, 於空間著鹿盧, 兩頭各入碑木. 以紼之一頭係棺緘, 以一頭繞鹿盧. 旣訖, 而人各背碑負紼末頭, 聽鼓聲, 以漸却行而下之也. '桓楹'不似碑, 形如大楹耳, 通而言之, 亦曰'碑'. 『說文』'桓, 郵亭表也.' 如今之橋旁表柱也. 諸侯二碑, 兩柱爲一碑而施鹿盧, 故鄭云'四植'也."

【단궁하 86】

반般이여, 너는 남의 어머니를 가지고 너의 기교를 시험하려고 하니 어찌 부득이하여 그렇게 하는 것이겠는가? 너의 기교를 시험하지 않으면 너에게 괴로운 일이 생긴단 말인가? 아아!" 사람들이 끝내 공수반의 말을 따르지 않았다.

般, 爾以人之母嘗巧, 則豈不得以?① 其毋以嘗巧者乎, 則病者乎?② 噫!③" 弗果從.

鄭注 ① '이以'는 '이已' 자이다. 누가 너를 강제하여 이렇게 하도록 한 자가 있는가? 예에 참람된 것은 그래도 예에 근사한 점이 있지만, 기교를 부리는 것은 잘못임을 말한 것이다. '이以'는 '이已' 자와 본래 같은 것이다. '以', '已'字. 言寧有强使女者與? 僭於禮, 有似, 作機巧, 非也. '以'與'已'字本同爾.
② '무毋'는 없다(無)는 뜻이다. 너에게 어찌 괴로운 일이 있겠는가? 그것을 그치라는 말이다. '毋', 無也. 於女寧有病苦與? 止之.
③ 자기도 모르게 나오는 소리다. 不寤之聲.

集說 소疏에서 말한다. "'상嘗'은 시험한다는 뜻이다. 공견가公肩假가 '네가 남의 어머니를 가지고 자신의 기교를 시험하려고 하는데, 누가 너에게 강제로 핍박해서 이렇게 하도록 시킨 사람이 있는가? 어찌 부득이한 일이겠는가?'라고 하였다. 또 공수반公輸般에게 '남의 어머니를 가지고 자기의 기교를 시험하지 않는다고 너에게 괴로운 일이겠는가?'라고 하였다. 기교를 시험할 수 없다고 어찌 너에게 괴로운 바가 있느냐는 뜻이다. 공견가는 말이 끝나자 곧 다시 '아!' 하는 소리를 내며 탄식했다. 그리하여 뭇사람들이 드디어 중지하였다." ○ 일설에는 '즉기부득이기무이상교자호則豈不得以其毋以嘗巧者乎'까지 한 구절로 보기도 한다. '네가 남의 어머니를 가지고 기교를 시험하면서 마땅히 행해야 할 예를 폐기하고 있으니, 또한 어찌 스스로 자기 어머니를 가지고 기교를 시험하면서 예를 폐기하지 않을 수 있겠는가? 그렇게 되면 네 마음에 또한 괴로워서 불안한 바가 있을 것이다'라는 뜻이 된다. 대체로 그로 하여금 마음속에 돌이켜 반성하고 자기의 마음으로 타인의 마음을 헤아려서 그것이 잘못된 것임을 알도록 한 것이다. ○ 응씨應氏는 말한다. "주나라가 쇠퇴하고 예가 무너져서 제후들이 천자를 참람하

였기 때문에 공실公室(제후)에서 하관할 때 풍비豐碑에 준해서 했다. 대부가 제후를 참람하였기 때문에 삼가三家(노나라의 계손씨 · 중손씨 · 숙손씨의 세 대부)에서 하관할 때 환영桓楹에 준해서 했다. 그 침체가 계속된 폐단이 본디 유래가 있는 것이다." 疏曰: "'嘗', 試也. 言'爾欲以人母嘗試己之巧事, 誰有强逼於爾而爲此乎? 豈不得休已者哉?' 又語之云, '其無以人母嘗試己巧, 則於爾病者乎?' 言不得嘗巧, 豈於爾有所病. 假言畢, 乃更'噫'而傷嘆. 於是衆人遂止." ○ 一說'則豈不得以其母以嘗巧者乎'作一句. 言'爾以他人母試巧, 而廢其當用之禮, 則亦豈不得自以己母試巧, 而不用禮乎? 則於爾心, 亦有所病而不安乎.' 蓋使之反求諸心, 以己度人, 而知其不可也. ○ 應氏曰: "周衰禮廢, 而諸侯僭天子, 故公室之窆棺視豐碑. 大夫僭諸侯, 故三家之窆棺視桓楹. 其陵替承襲之弊, 有自來矣."

【단궁하 87】

낭郞에서 전쟁을 할 때, 공숙우인公叔禺人이 지팡이에 의지한 채 보保라는 성으로 들어가려는 자가 휴식을 취하고 있는 것을 보고 말하였다. "요역에 동원시키는 것이 비록 고통스럽고, 세금을 바치게 하는 것이 비록 과중하지만, (윗사람이 마음을 합쳐 적을 막아내면 오히려 책임을 면할 수 있다.) 그런데 지금 경 · 대부는 대책을 꾀하지 못하고 사士는 난에 목숨을 바치려 하지 않으니, 잘못된 일이다. 내 이미 이런 말을 했으니 실천하지 않을 수 있겠는가?" 이윽고 이웃마을의 왕기汪踦라는 어린아이와 함께 전쟁터에 가서 죽었다. 노나라 사람이 어린 왕기를 상殤의 예禮[82]로 장례를 치르고 싶지 않아서 공자에게 물었다. 공자는 다음과 같이 말했다. "방패와 창을 잡고 사직을 호위하였으니, 비록 상의 예로 장례를 치르지 않고자 하더라도 또한 옳지 않겠는가?"

戰于郞,① 公叔禺人遇負杖入保者息,② 曰: "使之雖病也,③ 任之雖重也,④ 君子不能爲謀也, 士弗能死也, 不可,⑤ 我則旣言矣.⑥" 與其鄰重汪踦往, 皆死焉.⑦ 魯人欲勿殤重汪踦,⑧ 問於仲尼. 仲尼曰: "能執干戈以衛社稷, 雖欲勿殤也, 不亦可乎?⑨"

鄭注 ① '낭郞'은 노나라 근교의 읍이다. 『춘추』 애공 11년 조에 "제齊나라의 국서國書가 군사를 이끌고 우리나라(노나라)를 공격하였다"고 한 것이 이것이다. '郞', 魯近邑也. 哀十一年"齊國書帥師伐我"是也.

② '우遇'는 본다(見)는 뜻이다. 도망쳐서 제齊나라 군대를 피하기 위해 보성保城으로 들어가려다 피곤해서 목 위에 지팡이를 얹고 양손으로 그것을 끼고 휴식을 취하는 것을 본 것이다. '보保'는 현읍縣邑에 있는 작은 성이다. '우인禺人'은 소공昭公의 아들이다. 『춘추전』에는 "공숙무인公叔務人"83)이라고 하였다. '遇', 見也. 見走辟齊師, 將入保, 罷倦, 加其杖頸上, 兩手掖之休息者. '保', 縣邑小城. '禺人', 昭公之子. 『春秋傳』曰: "公叔務人."

③ 당시의 요역을 말한다. 謂時繇役.

④ 당시의 부세를 말한다. 謂時賦稅.

⑤ '군자'는 경과 대부를 말한다. 노나라의 정치가 이미 피폐한데다 일을 도모하는 신하도 없었고, 사士는 또 난에서 죽으려고 하지도 않았기 때문에 우인禺人이 이를 수치로 여긴 것이다. '君子', 謂卿大夫也. 魯政旣惡, 復無謀臣, 士又不能死難, 禺人恥之.

⑥ 제나라의 군대와 대적해서 자신의 말을 실천하고자 한 것이다. 欲敵齊師, 踐其言.

⑦ 적에게 달려가서 제나라 도적에게 죽은 것이다. '린隣'은 이웃마을을 뜻한다. '중重'은 모두 '동童'으로 보아야 한다. 동童은 아직 관례를 하지 않은 자의 칭호이다. 성은 왕汪이고, 이름은 기踦이다. '린隣'은 어떤 판본에는 '담談'으로 되어 있기도 하다. 『춘추전』에는 "동왕기童汪踦"[84]라고 하였다. 奔敵死齊寇. '隣', 隣里也. '重'皆當爲'童', 童, 未冠者之稱. 姓汪, 名踦. '隣'或爲談. 『春秋傳』曰"童汪踦."

⑧ 임금의 일을 위해 죽어서 사士의 행동이 있음을 보고 성인의 상례로 치르고자 한 것이다. '노나라 사람'(魯人)이라고 말한 것은 임금의 일에 죽었기 때문에 나라에서 염하고 매장해주자는 것이다. 見其死君事, 有士行, 欲以成人之喪治之. 言'魯人'者, 死君事, 國爲斂葬.

⑨ 칭찬한 말이다. 善之.

集說 '낭에서 전쟁을 했다'(戰于郎)는 것은 노나라 애공哀公 11년에 제齊나라가 노魯나라를 공격한 일을 말한다. '우인禺人'은 소공昭公의 아들 공위公爲다. 노나라 사람으로 제나라 군대를 피해서 현읍에 있는 보保라는 작은 성에 들어가려던 자가 피곤한 나머지 지팡이에 의지한 채 도중에서 쉬고 있는 것을 보았다. 우인禺人이 이에 탄식하며 말하였다. "번잡한 요역도 비록 견뎌낼 수 없고, 빡빡한 세금도 비록 지나치게 많지만, 윗사람이 마음을 합쳐 외적을 막아낸다면 오히려 책임을 다할 수 있는 것이다. 그런데 지금 경과 대부는 대책을 도모하지 않고, 사는 몸을 바쳐 난에서 죽지도 않으니 어찌 신하가 임금을 섬기는 도리이겠는가? 매우 잘못된 것이다. 내가 이미 이런 말을 했으니 나의 말을 실천하지 않을 수 있겠는가?" 이에 이웃마을의 어린 왕기汪踦라는 자와 함께 가서 싸우다 적에게 죽임을 당했다. 노나라 사람은 왕기에게 성인成人의 행동이 있다고 생각하여 성인의 상례로 장례를 지내고자 하였는데, 공자는 그 권례權禮의 합당함을 칭찬하였다. '戰于

郞', 魯哀公十一年, 齊伐魯也. '禺人', 昭公子公爲也. 遇魯人之避齊師而入保城邑者, 疲倦之餘, 負其杖而息于塗. 禺人乃歎之曰: "徭役之煩, 雖不能堪也, 稅斂之數, 雖過於厚也, 若上之人恊心, 以禦寇難, 猶可塞責也. 今卿大夫不能畫謀策, 士不能捐身以死難, 豈人臣事君之道哉? 甚不可也. 我旣出此言矣, 可不思踐吾言乎?" 於是與其隣之童子汪踦者, 皆往鬪而死於敵. 魯人以踦有成人之行, 欲以成人之喪禮葬之, 而孔子善其權禮之當也.

【단궁하 88】

자로子路가 노나라를 떠날 때 안연顔淵에게 "어떻게 나를 송별하겠는가?"라고 말했다. 안연이 대답했다. "내가 듣건대, 나라를 떠날 때는 조상의 묘에 곡을 한 후에 떠나고, 나라로 돌아와서는 곡은 하지 않고 성묘만 하고 들어간다고 하였다." 안연이 자로에게 "어떻게 나를 편안하게 해주겠는가?"라고 말했다. 자로가 대답했다. "내 듣건대, 남의 묘를 지나면 식례式禮를 하고, 사당을 지나면 수레에서 내린다고 하였다."

子路去魯, 謂顔淵曰: "何以贈我?①" 曰: "吾聞之也, 去國則哭于墓而后行, 反其國, 不哭, 展墓而入.②" 謂子路曰: "何以處我?③" 子路曰: "吾聞之也, 過墓則式, 過祀則下.④"

鄭注 ① '증贈'은 송별한다는 뜻이다. '贈', 送.

② 군주를 섬기는 일이 없으면 효도를 위주로 하는 것이다. '곡哭'은 슬퍼하며 떠난다는 뜻이다. '전展'은 살펴본다는 뜻이다. 無君事, 主於孝. '哭', 哀去也. '展', 省視之.

③ '처處'는 편안히 한다(安)는 뜻과 같다. '處'猶安也.

④ 은거하는 자는 공경을 위주로 한다. 居者主於敬.

集說 '묘에 곡을 한다'(哭墓)는 것은 묘에 상주가 없게 됨을 슬퍼하는 것이다. 차마 무덤에 상주가 없어서는 안 되기 때문에 반드시 나라로 돌아올 기약을 한다. 그러므로 떠나는 자를 위해 그렇게 말하는 것이다. 묘와 사당은 사람들이 소홀히 하기 쉬운 것인데, 거기에 공경을 바칠 수 있다면 어딜 가든 나의 공경을 쓰지 않음이 없고, 공경하면 어딜 가든 편안하지 않음이 없으므로 머무는 자를 위해 그렇게 말하는 것이다. ○ 방씨方氏(방각方慤)85)는 말한다. "무릇 사물이 펼쳐지면 살펴볼 수 있다. 그러므로 살피는 것을 '전展'이라 한다." 哭墓, 哀墓之無主也. 不忍丘壟之無主, 則必有返國之期. 故爲行者言之. 墓與祀, 人所易忽也, 而能加之敬, 則無往而不用吾敬矣, 敬則無適而不安, 故爲居者言之也. ○ 方氏曰: "凡物展之則可省而視. 故省謂之'展'."

【단궁하 89】

초나라의 공윤工尹 상양商陽이 진기질陳棄疾과 함께 오나라 군대를 추격하여 따라잡았다. 진기질이 공윤 상양에게 "왕의 일이므로, 그대는 활을 잡아도 괜찮소"라고 하자 상양이 활을 잡았다. 진기질이 "그대는 쏘시오!"라고 하자 상양이 활을 쏘아서 한 사람을 꼬꾸라뜨리고는 활을 활집에 넣었다. 또다시 따라잡자 다시 쏘라고 고하였고, 또 두 사람을 고꾸라뜨렸다. 한 사람을 고꾸라뜨릴 때마다 자기 눈을 가리고 수레를 멈추게 하고는 말하였다. "나는 조회朝會 때에 앉지도 못하고, 연례燕禮 때에 참여하지도 못하는 사람이다.

세 사람을 죽인 것만으로도 돌아가 보고하기에 충분하다.” 공자가 말하였다. “사람을 죽이는 가운데에도 또한 예가 있는 것이다.”

工尹商陽與陳棄疾追吳師, 及之.① 陳棄疾謂工尹商陽曰: “王事也, 子手弓而可”, 手弓. “子射諸!②” 射之, 斃一人, 韔弓.③ 又及, 謂之, 又斃二人. 每斃一人, 揜其目,④ 止其御曰: “朝不坐, 燕不與. 殺三人, 亦足以反命矣.⑤” 孔子曰: “殺人之中, 又有禮焉.⑥”

鄭注 ① ‘공윤工尹’은 초나라 관직명이다. ‘기질棄疾’은 초나라의 공자 기질이다.[86] 노나라 소공昭公 8년에 군사를 이끌고 진陳나라를 멸망시키고 그곳에 현縣을 설치했다. 초나라 사람이 그것을 훌륭하게 여겼기 때문에 그를 진기질陳棄疾이라고 불렀다. 소공 12년에 이르러 “초자楚子가 주래州來에서 겨울 사냥(狩)을 하다가 탕후蕩侯·반자潘子·사마독司馬督·효囂 지방의 장관인 오午·능陵 지방의 장관인 희喜로 하여금 서徐나라를 포위하여 오吳나라를 핍박하고 두렵게 하였다”[87]고 하였으니, 당시 오나라 군대를 추적하던 일이 있었던 것이다. ‘진陳’은 ‘능陵’으로 되어 있기도 한데, 초나라 사람의 발음이다. ‘工尹’, 楚官名. ‘棄疾’, 楚公子棄疾也. 以魯昭八年帥師滅陳, 縣之. 楚人善之, 因號焉. 至十二年, 楚子狩於州來, 使蕩侯·潘子·司馬督·囂尹午·陵尹喜圍徐以懼吳, 於時有吳師. ‘陳’或作‘陵’, 楚人聲.

② 상양商陽이 어질어서 차마 사람을 해치지 못하기 때문에 왕의 일을 가지고 권한 것이다. 商陽仁, 不忍傷人, 以王事勸之.

③ 차마 다시 쏠 수 없었기 때문이다. ‘폐斃’는 고꾸라진다는 뜻이다. ‘창韔’은 활집이다. 不忍復射. ‘斃’, 仆也. ‘韔’, 韜也.

④ ‘눈을 가린다’(揜其目)는 것은 차마 볼 수 없었기 때문이다. ‘揜其目’, 不忍視之.

⑤ 조회朝會와 연례燕禮는 정침正寢에서 하는데, 대부는 윗자리에 앉고 사는 아래에 선다. 그렇다면 상양과 수레 몰이꾼(御者)은 모두 사士이다. 병거참승兵車參乘의 법에, 활 쏘는 자는 왼쪽에 있고, 창과 방패를 든 자는 오른쪽에 있고, 수레 모는 사람은 중앙에 있다. 朝燕於寢, 大夫坐於上, 士立於下. 然則商陽與御者皆士也. 兵車參乘, 射者在左, 戈盾在右, 御在中央.

⑥ 칭찬하는 말이다. 善之.

集說 '공윤工尹'은 초나라 관직명이다. 오나라의 군사를 추격한 일은 『좌전』 노나라 소공 12년 조에 실려 있다. '자수궁이가子手弓而可'까지가 구句가 되는데, 상양으로 하여금 활을 잡도록 하였다는 뜻이다. '수궁手弓'은 상양商陽이 손으로 활을 잡은 것이다. '창韔'은 활집이다. '위지謂之'는 다시 활을 쏘라고 고한 것이다. 눈을 가리고 차마 보지 못하고 수레를 멈추게 하여 차마 말을 달리지 못하게 한 것은 측은해하는 마음(惻隱之心)이 있었기 때문이다. 상양이 스스로 지위가 낮고 갖추어야 할 예가 가볍다고 말하였으니, 이 정도로만 해도 또한 책임을 다하였다고 칭할 수 있다. 공자가 예가 있다고 말한 것은 패배한 군사는 본래 곤궁하기 쉬운 법인데 상양이 함부로 죽이는 마음을 절제할 수 있었기 때문이다. 이는 어진 마음과 예절이 함께 행해진 것이다. 임금을 섬기는 예가 단지 여기에서 머문다는 것이 아니라, 다만 패배자를 추적하는 데 있어서 훌륭한 점을 취한 것이며, 또한 적을 앞에 두고 결정을 내리지 못하여 차마 사람을 죽이지 못했음을 말하는 것도 아니다. ○ 소疏에서 말한다. "조회朝會와 연례燕禮는 모두 정침에서 한다. 만약 노문路門 밖의 정조正朝에서 하면 대부 이하는 모두 서 있고, 만약 연례와 조회가 노침路寢에서 있으면 대부는 위에 앉으니, 공자가 '옷자락을 잡고 당堂에 오른 것'[88]이 그러한 예로서, 당에 오르면 앉는 것이다. 연례도 정침에서 하는데, 『의례』「연례」에 의하면 경·대부에게 술을 올린 뒤

서쪽 계단 위에서 사에게 술을 올린다. '당에 오른다'(升堂)는 문장이 없기 때문에 사는 아래에 서 있는 셈이 된다." 정현 주에서 "활 쏘는 자는 왼쪽에 있고, 창과 방패를 든 자는 오른쪽에 있고, 수레 모는 자는 중앙에 있다"고 한 것은 병거참승兵車參乘[89]의 법을 말한 것으로 이는 일반 병사의 경우를 말한다. 만약 원수의 경우라면 중앙 북 아래에 있고, 수레 모는 자는 왼쪽에 있고, 창과 방패를 든 자는 오른쪽에 있다. 만약 천자나 제후가 직접 군사를 이끌 경우에는 또한 북 아래에 있고, 원수가 아니라면 모두 왼쪽에 있고 수레 모는 자는 가운데 있다. 만약 병거가 아니라면 존귀한 사람이 왼쪽에 있다. '工尹', 楚官名. 追吳師事, 在魯昭公十二年. '子手弓而可', 爲句, 使之執弓也. '手弓', 商陽之弓在手也. '韔', 弓衣也. '謂之', 再告之也. 掩目而不忍視, 止御而不忍驅, 有惻隱之心焉. 商陽自言位卑禮薄, 如此, 亦可以稱塞矣. 孔子謂其有禮, 以敗北之師, 本易窮, 而商陽乃能節制其縱殺之心. 是仁意與禮節並行. 非事君之禮, 止於是也, 特取其善於追敗者, 亦非謂臨敵未決, 而不忍殺人也. ○ 疏曰: "朝與燕皆在寢. 若路門外正朝, 則大夫以下皆立, 若燕朝在於路寢, 則大夫坐於上, 如孔子'攝齊升堂'是也, 升堂則坐矣. 燕亦在寢, 「燕禮」, 獻卿・大夫之後, 西階上, 獻士. 無'升堂'之文, 是士立於下也." 鄭註: "射者在左, 戈盾在右, 御在中央", 謂兵車參乘之法, 此謂凡常戰士. 若是元帥, 則在中央鼓下, 御者在左, 戈盾亦在右. 若天子・諸侯親將, 亦居鼓下, 若非元帥, 則皆在左, 御者在中. 若非兵車, 則尊者在左.

【단궁하 90】

제후가 진秦나라를 정벌하였는데 조曹나라 선공桓公이 회맹 중에 죽었다. 제후들이 반함飯含을 하겠다고 청하자, 제후들에게 염습斂襲

까지 하게 하였다.

諸侯伐秦, 曹桓公卒于會.① 諸侯請含,② 使之襲.③

鄭注 ①『춘추』 노나라 성공成公 13년 조에 "조백曹伯 려廬가 전쟁터에서 죽었다"고 한 것이 이것이다. 려의 시호는 선宣인데, 환桓이라고 한 것은 발음의 잘못이다. 魯成十三年"曹伯廬卒於師"是也. 廬謚宣, 言桓, 聲之誤也.

② 붕우는 서로 씹어서 먹여주는 도리가 있기 때문이다. 以朋友有相啖食之道.

③ 잘못된 것이다. '습襲'은 천한 자의 일이다. 非也. '襲', 賤者之事.

集說 조백曹伯의 죽음은 노나라 성공成公 13년의 일이다. 습襲은 천한 자의 일이다. 제후가 그것을 따른 것은 예를 알지 못하는 것이다. 曹伯之卒, 魯成公十三年也. 襲, 賤者之事, 諸侯從之, 不知禮也.

【단궁하 91】

노나라 양공襄公이 형荊 땅으로 조회를 갔는데, 초나라 강왕康王이 죽었다. 형인이 양공에게 "반드시 염습해주시기를 청합니다"라고 하였다. 노나라 사람은 "예가 아니다"라고 하였다. 형인이 강제로 시키자, 무巫가 먼저 관에 붙어 있는 나쁜 기운을 털어 내고 염습을 하였다. 형인이 후회하였다.

襄公朝于荊, 康王卒.① 荊人曰: "必請襲."② 魯人曰: "非禮也." 荊人强之,③ 巫先拂柩, 荊人悔之.④

鄭注 ① 노나라 양공 28년에 있었던 일이다. '강왕康王'은 초楚나라 군주인 소昭이다. 초楚를 형荊이라고 말한 것은 주州의 명칭으로 말한 것이다. 在魯襄二十八年. '康王', 楚子昭也. 楚言荊者, 州言之.

② 양공을 시켜 습의襲衣를 입히게 하고자 한 것이다. 欲使襄公衣之.

③ 강왕을 높이고자 한 것이다. 欲尊康王.

④ 무巫와 축祝이 복숭아나무 가지와 갈대 비로 나쁜 기운을 쓸어내는 것은 군주가 신하의 상에 임할 때의 예이다. 巫祝桃茢, 君臨臣喪之禮.

集說 '형荊'은 『서』「우공禹貢」에 보이는 주州 이름으로서, 초가 나라를 세웠을 때의 본래 호칭이다. 노나라 희공僖公 원년에 처음으로 초라고 칭했다. 노나라 양공은 즉위 28년에 초나라로 조회를 가다가 마침 초나라 군주인 소昭의 상을 만났다. 노나라 사람은 염습을 해주는 것이 예가 아님을 알았지만 거스를 수가 없었다. 그리하여 군주가 신하의 상에 임하는 예로 먼저 하게 하였다. 형 땅 사람이 그 잘못을 깨닫고 후회하게 되었지만 이미 어쩔 수 없었다. 이는 양공이 권변權變을 마땅하게 사용하여 부끄러움을 씻은 것이다. '荊', 「禹貢」州名, 楚立國之本號. 魯僖公元年, 始稱楚. 魯襄公以二十八年朝楚, 適遭楚子昭之喪. 魯人知襲之非禮, 而不能違. 於是以君臨臣喪之禮先之. 及其覺之而悔, 已無及矣. 此其適權變之宜, 足以雪恥.

【단궁하 92】

등滕나라 성공成公의 상에 노魯나라 소공昭公이 자숙경숙子叔敬叔을 보내 조문을 하고 위로의 글을 바치게 하였는데, 이때 자복혜백子服惠伯을 부사副使로 삼았다. 등나라의 근교에 도착하자, 경숙은 의

백懿伯(혜백의 숙부)을 살해한 일 때문에 혜백의 원한으로 보복을 당할까 두려워하여 도성에 들어가지 않았다. 혜백이 말하였다. "이 사행使行은 임금의 명입니다. 숙부의 사사로운 원한 때문에 공적인 일을 해쳐서는 안 됩니다." 그제야 들어갔다.

滕成公之喪,① 使子叔敬叔弔, 進書,② 子服惠伯爲介.③ 及郊, 爲懿伯之忌不入.④ 惠伯曰: "政也. 不可以叔父之私不將公事.⑤" 遂入.⑥

鄭注 ① 노나라 소공 3년의 일이다. 魯昭三年.

② '자숙경숙子叔敬叔'은 노나라 선공宣公의 동생 숙힐叔肸의 증손 숙궁叔弓이다.[90] '진서進書'는 임금의 조문 글을 바친다는 뜻이다. '子叔敬叔', 魯宣公弟叔肸之曾孫叔弓也. '進書', 奉君弔書.

③ '혜백惠伯'은 경보慶父의 현손玄孫의 아들로, 이름은 초椒이다.[91] '개介'는 부사副使이다. '惠伯', 慶父玄孫之子, 名椒. '介', 副也.

④ '교郊'는 등나라의 근교이다. '의백懿伯'은 혜백惠伯의 숙부이다. '기忌'는 원한이라는 뜻이다. 경숙이 의백에게 원한이 있었기 때문에 혜백을 꺼려하였다. 『춘추전』에 "경숙이 들어가지 않았다"[92]고 하였다. '郊', 滕之近郊也. '懿伯', 惠伯之叔父. '忌', 怨也. 敬叔有怨於懿伯, 難惠伯也. 『春秋傳』曰: "敬叔不入."

⑤ '정政'은 군주의 명령으로 하는 일이다. 경숙은 소목昭穆 관계에서 의백을 숙부로 삼는다.[93] '政', 君命所爲. 敬叔於昭穆以懿伯爲叔父.

⑥ 혜백이 권유하자 그때서야 들어간 것이다. 惠伯强之, 乃入.

集說 등滕나라 성공成公의 상은 노나라 소공 3년의 일이다. '경숙敬叔'은 노나라 환공桓公의 7세손이고, '혜백惠伯'은 환공의 6세손이므로, 친족관계(世次)에 있어서 경숙은 혜백을 숙부라 칭하고, 의백懿伯은 혜백의 숙부이자 경

숙의 오종조五從祖이다. '진서進書'는 노나라 임금의 조문하는 글(弔書)을 받들어서 바친다는 뜻이다. '개介'는 부사副使이다. ○ 유씨劉氏(유창劉敞)는 말한다. "『좌전』 소공 3년 조의 주에 '기忌는 원한이다'라고 하였다. 경숙敬叔(숙궁)이 이전에 의백懿伯에게 원한이 있었기 때문에 등나라에 들어가지 않으려고 하다가, 혜백의 말로 들어갔다. 『좌전』에서는 '숙궁叔弓(경숙)은 예가 있다'고 하였다. 그런데 공영달孔穎達의 소疏에서 '경숙이 일찍이 의백을 죽여 그 집안사람들에게 원한을 샀기 때문에 혜백이 자기를 죽일까 두려워하여 감히 먼저 들어가지 못했다. 혜백이 그 뜻을 알아차리고 그의 마음을 풀어주었다'고 하였다. 혜백이 예를 알았음을 기록한 것이다. 두 가지 설은 다르지만 모두 의문스럽다. 저 『좌전』 주의 말대로 초椒(혜백)가 원수를 피하는 것을 예로 여긴다면 당연히 사신의 명을 받는 당일에 사행使行을 사양하는 것을 예로 여겨야지, 등나라의 근교에 당도한 뒤에 사양하고 들어가서는 안 된다. 이 소의 말대로 혜백이 자기를 죽일까 두려워하여 머뭇거렸다면 노나라에서 사신을 파견할 때 그의 원수를 부사로 삼고 그 서로 원수임을 고려하지 않아 명을 저버리고 일을 해치게 했던 것이 되니, 또한 훌륭한 조치가 아니다. 또 숙궁이 정사正使가 되었을 때 자기의 원수가 부사가 되었는데도 바꾸어 달라고 청하지 않은 것은 좋은 계책이 아니다. 또 함께 사신이 되어 일을 함께하면서도 항상 원수로 대비하여 노나라와 등나라 사이의 길을 왕복하였다는 것 또한 설명하기 어렵다. 만일 초椒(혜백)가 원수를 갚고자 하였다면 그 말은 비록 좋기는 하지만 어찌 자기를 유혹하게 해서 드디어 들어간 것이 아니라고 단정할 수 있겠는가? 또한 통론이 아니다. 생각건대, 『좌전』에는 '급교及郊, 우의백지기遇懿伯之忌'라고 하였는데, 이 경문에서는 '우遇'가 '위爲'로 되어 있다. 두 글자가 비록 다르긴 하지만 모두 '급교及郊'를 먼저 말하고 뒤에 '기忌'를 말하였다. 따라서 교郊에 이르러 비로소 기忌를 만난 것임을 알 수 있다. 어떤 사람은 '기忌'의 글자를 기일忌日의 뜻으로 보고, 의백은 경숙敬叔의 종조부인데 마침 등나라 교에 이르러 이날을 만났기 때문에 발걸음을 늦추고 다음날에 들어가려고 했기 때문에 혜백이 예로써 깨우치며 '공적인 일에는 공적인 이익만 있고 사적인 기일은 생각하지 않는다'고 말하고 먼저 들어갔고 숙궁도 드디어 들어갔다"고 한다. 이 설이 진실로 통한다. 그러나 또한 옳은지 어떤지 알 수 없으므로 일단 해석을 보류해두는 편이 좋겠다. 滕成公之喪, 在魯昭公之三年. '敬叔', 魯桓公七世孫, '惠伯'則桓公六世孫也, 於世次, 敬叔稱惠伯爲叔父, 懿伯則惠伯之叔父, 而敬叔之五從祖. '進書', 奉進魯君之弔書也. '介', 副也. ○ 劉氏曰: "□□左傳』註云, '忌, 怨也.' 敬叔先有怨'於懿伯, 故不欲入滕, 以惠伯之言而入. 『傳』言'叔弓之有禮也.' 此疏云'敬叔嘗殺懿伯, 爲其家所怨, 恐惠伯殺已, 故不敢先入. 惠伯知其意, 而開釋之.' 記惠伯之知禮也. 二說不同, 而皆可疑. 如彼註言, 禮椒爲之避仇怨, 則當自受命之日, 辭行以禮之, 不當及郊而後辭入也. 如此疏言, 恐惠伯殺已而難之, 則魯之遣使而使其仇爲之副, 不恤其相仇, 以棄命害事, 亦非善處也. 且叔弓爲正使, 得仇怨爲介而不請易之, 非計之得也. 又同使共事而常以仇敵備之, 而往反於魯滕之路, 亦難言也. 使椒果欲報仇, 則其言雖善, 安知非誘我耶而遂入? 又非通論也. 按, 『左傳』云, '及郊, 遇懿伯之忌', 此作'爲'. 二字雖異, 而皆先言'及郊', 而後言'忌'. 可見是及郊方遇忌也. 或者'忌'字只是'忌日', 懿伯是敬叔從祖, 適及滕郊, 而遇此日, 故欲緩至次日乃入, 故惠伯以禮曉之曰'公事有公利無私忌', 乃先入而叔弓亦遂入焉." 此說固可通/ 然亦未知然否, 闕之可也.

【단궁하 93】

노나라 애공哀公이 사람을 시켜서 궤상蕢尙을 조문하게 하였는데, 도중에 그를 만났다. 궤상은 길을 치워 궁실宮室의 자리를 그리고 거기서 조문을 받았다.

哀公使人弔蕢尙, 遇諸道. 辟於路, 畫宮而受弔焉.

鄭注 '애공哀公'은 노나라 임금이다. '획궁畫宮'은 땅에다 궁실 모양을 그린 것이다. '哀公', 魯君也. '畫宮', 畫地爲宮象.

集說 '애공哀公'은 노나라 임금이다. '벽어로辟於路'에서 '벽辟'은 '벽闢'의 발음으로 읽는다. 도로를 치우고 궁실宮室의 자리를 그려서 조문을 받는다는 뜻이다. '哀公', 魯君. '辟於路', '辟'讀爲'闢'. 謂除闢道路, 以畫宮室之位, 而受弔也.

【단궁하 94】

증자曾子가 말하였다. "궤상은 기량杞梁의 처가 예를 알았던 것만 못하다. 제나라 장공莊公이 좁은 길목으로 들어가 거나라를 습격했을 때, 기량이 그곳에서 죽었다. 기량의 처는 길에서 관을 맞이하여 슬프게 곡을 하였다."

曾子曰: "蕢尙不如杞梁之妻之知禮也.① 齊莊公襲莒于奪, 杞梁死焉.② 其妻迎其柩於路而哭之哀."

鄭注 ① 들판에서 조문의 예를 행하는 것은 잘못이다. 行弔禮於野, 非. ②『춘추』 노나라 양공 23년 조에 "제나라 군주가 거莒나라를 습격했다"고 한 것이 이것이다. 『춘추전』에 "기식杞殖과 화환華還이 무장병을 싣고 밤에 저우且于(거나라의 읍명)의 좁은 길목으로 들어갔다"(杞殖·華還載甲夜入且于之隧)고 하였다. '태隧'와 '탈奪'은 발음이 서로 가깝다. 혹은 '태兌'라고도 한다.

'량梁'은 바로 '식殖'이다. 魯襄二十三年"齊侯襲莒", 是也. 『春秋傳』曰: "杞殖·華還載甲夜入且于之隧." '隧'·'奪', 聲相近. 或爲'兌'. '梁'卽殖也.

集說 노나라 양공 23년에 제나라 군주가 거莒나라를 습격했다. '습격'(襲)이란 날랜 병사를 이끌고 대비하지 못한 적군을 덮쳐서 공격하는 것이다. 『춘추』에 "기식杞殖과 화환華還이 무장병을 싣고 밤에 저우且于(거나라의 읍명)의 좁은 길목으로 들어갔다"[94]라고 하였다. '저우且于'는 거나라의 읍명이다. '태隧'는 좁은 길이다. 정현은 "혹은 '태兌'라고도 한다"고 하였다. 그러므로 '奪'은 '태兌'로 읽는다. '량梁'은 바로 '식殖'이다. 전사하였기 때문에 처가 그의 관을 맞이하였다. 魯襄公二十三年, 齊侯襲莒. '襲'者, 以輕兵掩其不備而攻之也. 『左傳』言"杞殖·華還載甲夜入且于之隧." '且于', 莒邑名. '隧', 狹路也. 鄭云"或爲兌." 故讀'奪'爲'兌'. '梁'卽'殖'. 以戰死, 故妻迎其柩.

【단궁하 95】

제나라 장공이 사람을 시켜 조문하자 기량의 처가 대답하였다. "임금의 신하(곧 기량)에게 죄가 있다면 시조市朝에 죽인 시신을 걸어두고, 처와 첩도 구속해야 할 것입니다. 임금의 신하에게 죄가 없다면 선인先人(기량)의 집이 있으니, 임금께서는 명을 욕되게 하지 마소서."

莊公使人弔之, 對曰: "君之臣不免於罪, 則將肆諸市朝而妻妾執.① 君之臣免於罪, 則有先人之敝廬在, 君無所辱命.②"

鄭注 ① '사肆'는 시신을 걸어두어 사람들에게 보여주는 것이다. 대부 이상은 조朝에서 하고, 사 이하는 시市에서 한다. '집執'은 붙잡는다는 뜻이다.

‘肆’, 陳尸也. 大夫以上於朝, 士以下於市. ‘執’, 拘也.

② ‘명을 욕되게 하지 말라’(無所辱命)는 것은 사양하고 받지 않겠다는 뜻이다. 『춘추전』에 “제나라 군주가 그 집으로 가서 조문하였다”고 하였다. ‘無所辱命’, 辭不受也. 『春秋傳』曰: “齊侯弔諸其室.”

集說 ‘사肆’는 시신을 걸어두어 사람들에게 보여주는 것이다. ‘처첩집妻妾執’은 처첩을 구속하여 붙잡는다는 뜻이다. 『좌전』에 “제나라 군주가 그 집으로 가서 조문하였다”[95]고 하였다. ‘肆’, 陳尸也. ‘妻妾執’, 拘執其妻妾也. 『左傳』言“齊侯弔諸其室.”

【단궁하 96】

노나라 애공의 어린 아들 돈䵒의 상에, 애공은 발撥을 설치하고자 하여 유약有若에게 물었다. 유약은 “그렇게 할 수 있습니다. 임금의 세 신하(三臣)도 오히려 그것을 설치하고 있습니다”라고 말하였다. 이에 안류顔柳가 말하였다. “천자는 춘거輴車에 용의 무늬를 그려 넣고, 나무를 쌓아서 덧널(椁 외관)처럼 만들고 그 위에 수레덮개를 두릅니다. 제후는 춘거를 사용하고 수레덮개를 설치하며, 우심褕沈 때문에 발撥을 설치합니다. 세 신하는 춘거를 없앴지만 발을 설치하고 있습니다. 이는 예에 맞지 않는 것을 도적질하는 것입니다. 그런데 임금께서는 어디에서 그것을 배웠습니까?”

孺子䵒之喪,① 哀公欲設撥,② 問於有若. 有若曰: “其可也. 君之三臣猶設之.③” 顔柳曰: “天子龍輴而椁幬.④ 諸侯輴而設幬,⑤ 爲楡沈, 故設撥.⑥ 三臣者廢輴而設撥. 竊禮之不中者也. 而君何學焉?⑦"

鄭注 ① 노나라 애공의 어린 아들이다. 魯哀公之少子.

② '발撥'은 당겨서 춘거를 끌 수 있으니, 이른바 '불紼'(수레를 끄는 줄)이다. '撥', 可撥引輴車, 所謂'紼'.

③ '유猶'는 오히려(尙)의 뜻이다. 신하를 가지고 아들을 비유한 것이다. '세 신하'(三臣)는 중손씨仲孫氏 · 숙손씨叔孫氏 · 계손씨季孫氏를 말한다. '猶', 尙也. 以臣況子也. '三臣', 仲孫 · 叔孫 · 季孫氏.

④ '춘輴'은 빈을 할 때 관을 싣는 수레(殯車)로서, 끌채에 용의 그림을 그려 넣는다. '도幬'는 덮는다는 뜻이다. 빈을 할 때는 곽椁(덧널)으로 관棺(속널)을 덮고 바른다. 이른바 "용춘龍輴의 사면에 나무를 쌓고 발라 곽으로 삼는다"(菆塗龍輴以椁)[96]는 것이다. '輴', 殯車也, 畫轅爲龍. '幬', 覆也. 殯以椁覆棺而塗之. 所謂'菆塗龍輴以椁'.

⑤ 춘거에 용의 무늬를 그려 넣지 않는다는 뜻이다. 輴不畫龍.

⑥ 물로 느릅나무 흰 껍질의 즙을 묽게 해서 얼른 땅에 뿌려서 춘거를 끌 때에 매끄럽게 한다. 以水澆楡白皮之汁, 有急以播地, 於引輴車滑.

⑦ 비례非禮를 배운 것을 비판한 것이다. '폐廢'는 없앤다는 뜻이다. 상여줄(紼)은 춘거에 연결시키는 것인데, 세 신하는 예에 따르면 춘거를 없애야 한다. 이제 상여줄이 있다는 것은 춘거를 사용한다는 뜻이다. 이는 예를 참람한 것이다. 빈殯에 대하여, 『예기』에 "대부는 나무를 모아 쌓아서 서쪽 벽에 놓아둔다. 사는 땅을 파서 구덩이를 만들고 관을 흙 속에 넣고 임이 보이도록 한다"[97]고 하였다. 止其學非禮也. '廢', 去也. 紼繫於輴, 三臣於禮去輴. 今有紼, 是用輴. 僭禮也. 殯, 『禮』: '大夫菆置西序. 士掘肂見衽.'

集說 '돈蕈'은 애공의 어린 아들이다. 구설(정현 주)에는 발撥을 불紼이라고 하였는데 옳은지 틀린지 모르겠다. '세 신하'(三臣)는 노나라의 세 대부(三家 仲孫氏・叔孫氏・季孫氏)이다. 안류顔柳는 말한다. "천자의 빈殯은 춘거輴車에 관을 싣고, 수레 끌채에 용의 무늬를 그려 넣는다. '곽도椁幬'는 나무를 쌓아서 덧널(槨 외관)의 형태를 만들어 관을 덮는 것이다. 앞에서 '도끼 문양을 수놓은 관의棺衣를 곽 위에 덮는다'(加斧于椁上)[98]고 한 것이 이것이다. 제후는 춘거를 사용하고 수레덮개를 설치한다. 그렇다면 춘거는 있지만 용의 무늬는 그려 넣지 않고, 수레덮개는 있지만 덧널의 형태는 없는 것이다. '우심楡沈'은 물로 느릅나무의 흰 껍질에서 나오는 즙을 섞어서 땅에 뿌리는 것이다. 수레를 끌 때 뻑뻑하지 않게 하려는 것이다. 이제 세 대부(三家)는 춘거를 없애 사용하지 않으면서도 여전히 발撥을 설치하고 있다. 이는 한갓 예를 도적질하는 죄만 있을 뿐, 예법에 맞게 사용하는 실질은 없는 것이다." ○ 방씨方氏(방각方慤)[99]는 말한다. "춘거가 무겁기 때문에 우심楡沈을 하여 원활하게 하고, 우심이 흩어지게 하기 위해 발을 설치하여 당긴다. 춘거가 없으면 우심을 쓸 필요가 없고, 우심을 쓸 필요가 없으면 발을 사용할 필요가 없다. 세 신하는 이미 춘거를 없애야 함을 알면서도 발을 설치할 필요가 없음을 모른다. 이는 예를 도적질하여 예법에 맞지 않는 것이다. 발撥은 비록 경문에 나타나지 않지만, 문맥을 가지고 생각해 본다면 우심楡沈이다. 그러므로 '발을 설치한다'(設撥)는 것은 손으로 우심을 휘저어 길에다 뿌리는 것이다. 선유先儒(정현)가 불紼로 이해한 것은 잘못이다." ○ 이제 생각건대, 방씨의 설은 이와 같은데, 또한 옳고 그름을 알지 못하겠다. 일단 해석을 하지 않는 편이 좋겠다. '蕈', 哀公之少子. 舊說以撥爲紼, 未知是否. '三臣', 魯之三家也. 顔柳言, "天子之殯, 用輴車載柩, 而畫轅爲龍. '椁幬'者叢木爲椁形, 而覆幬其上. 前言'加斧于椁上', 是也. 諸侯輴而設幬. 則有輴而無龍, 有幬而無椁也. '楡沈', 以水浸楡

白皮之汁, 以播地. 取其引車不澁滯也. 今三家廢輴不用, 而猶設撥. 是徒有竊禮之罪, 而非有中用之實者也." ○ 方氏曰: "爲輴之重也, 故爲榆沈以滑之, 欲榆沈之散也, 故設撥以發之. 無輴則無所用沈, 無所用沈, 則無所用撥. 三臣旣知輴之可廢, 而不知撥之不必設. 是竊禮之不中者也. 撥雖無所經見, 然以文考之, 爲榆沈. 故'設撥'則是以手撥榆沈而灑於道也. 先儒以爲紼失之矣." ○ 今按, 方說如此, 亦未知其是否. 闕之, 可也.

【단궁하 97】

도공悼公의 어머니가 죽자, 애공哀公은 그녀를 위해 자최복齊衰服을 하였다. 유약有若이 말하였다. "첩을 위해 자최복을 하는 것이 예禮입니까?" 애공이 말하였다. "내가 그쳐야 한단 말인가? 노나라 사람들은 그녀를 나의 처라고 여긴다."

悼公之母死,① 哀公爲之齊衰. 有若曰: "爲妾齊衰, 禮與?②" 公曰: "吾得已乎哉? 魯人以妻我.③"

鄭注 ① '어머니'(母)는 애공의 첩이다. '母', 哀公之妾.

② 비난하면서 물은 것이다. 첩 가운데 귀한 자(貴妾)[100]는 그녀를 위해 시마緦麻의 복을 할 뿐이다. 譏而問之. 妾之貴者, 爲之緦耳.

③ 국인國人이 모두 나의 처라고 칭해서 사랑하는 첩을 위해 무거운 복을 하는 것이라고 말한 것이다. 잘못을 꾸미는 것으로, 잘못이다. 言國人皆名之爲我妻, 重服嬖妾. 文過, 非也.

集說 '이처아以妻我'는 나의 처로 여긴다는 뜻이다. 이는 애공이 정에 빠진 일과 잘못을 꾸민 말이다. ○ 소疏에서 말한다. "천자와 제후는 방친의 기년복 이하를 끊기 때문에 첩에 대해 복을 하지 않는다. 대부만은 귀첩貴

妾을 위해서 시마복을 한다." '以妻我', 以爲我妻也. 此哀公溺情之擧·文過之辭.

○ 疏曰: "天子·諸侯絶旁期, 於妾無服. 惟大夫爲貴妾緦."

【단궁하 98】

계자고季子皐가 자신의 처를 매장할 때 남의 밭을 침범하였다. 신상申祥이 아뢰었다. "보상해주십시오." 자고가 말하였다. "맹손씨孟孫氏가 이 일로 나를 죄주지 않고, 벗들이 이 일로 나를 버리지 않을 것이다. 나는 이곳에서 읍재邑宰가 되었는데, 길을 사들여 매장한다면 후에 전례가 되어 계속 이런 식으로 하기가 어려울 것이다."

季子皐葬其妻, 犯人之禾.① 申祥以告, 曰: "請庚之."② 子皐曰: "孟氏不以是罪予,③ 朋友不以是棄予.④ 以吾爲邑長於斯也, 買道而葬, 後難繼也.⑤"

鄭注 ① '계자고季子皐'는 공자의 제자 고시高柴로서, 맹손씨孟孫氏의 읍인 성成 땅의 읍재邑宰이다. 계季를 씨로 삼기도 하였다.101) '범犯'은 밟는다(躐)는 뜻이다. '季子皐', 孔子弟子高柴, 孟氏之邑成宰. 或氏季. '犯', 躐也.

② '신상申祥'은 자장子張의 아들이다. '경庚'은 보상한다는 뜻이다. '申祥', 子張子. '庚', 償也.

③ 당시 참람되고 사치하였기 때문이다. 時僭侈.

④ 큰일이 아님을 말한다. 言非大故.

⑤ 총애를 믿고 백성을 학대한 것이니, 잘못이다. 恃寵虐民, 非也.

集說 유씨劉氏는 말한다. "'계자고季子皐'는 공자의 제자 고시高柴이다. 공자는 일찍이 '고시는 우직하다'102)고 하였다. 『공자가어孔子家語』에서 칭한

바[103]를 살펴보고, 또 이 『예기』에 기록된 '삼 년 동안 피가 나는 것처럼 눈물을 흘렸다'[104] 및 '성成 땅 사람이 그를 위해 상복을 입었다'[105]는 일을 가지고 살펴본다면, 그가 어질다는 것을 알 수 있다. 처를 매장할 때 남의 밭을 침범한 이 일도 성成 땅의 읍재가 되었을 때의 일인데, 그런 일이 실제 있었던 것인지 어떤지 알 수 없다. 그러나 '맹손씨가 이 일로 나를 죄주지 않고, 벗들이 이 일로 나를 버리지 않을 것이다'고 한 것은 남의 밭을 침범한 잘못은 사소한 것이고 길을 사들여 매장하는 해는 크기 때문이다. 왜인가? 자기를 읍재로 삼았는데도 길을 사들여 매장하게 한다면, 후에 반드시 전례가 되어 계속해서 이렇게 하기 어려울 것이기 때문이다. 이 또한 우직해서 생각을 지나치게 한 하나의 사례이다. 그러나 진실한 마음에서 나온 것이지 잘못을 꾸미는 말은 아니었다. 정현 주에서 '총애를 믿고 백성을 학대한 것이다'고 하고, 방씨가 또한 불인不仁·불서不恕의 설로 덧붙인 것은 너무 심하다. 어찌 자고처럼 어진 사람이 이렇게 하였겠는가?" 劉氏曰: "'季子皐', 孔子弟子高柴也. 夫子嘗曰'柴也, 愚.' 觀『家語』所稱, 及此經所記'泣血三年'及'成人爲衰'之事, 觀之, 賢可知矣. 此葬妻犯禾, 亦爲成宰時事, 有無, 固不可知. 然曰'孟氏不以是罪予, 朋友不以是棄予'者, 以犯禾之失小而買道之害大也. 何也? 以我爲邑宰, 尙買道而葬, 則後必爲例而難乎爲繼者矣. 此亦愚而過慮之一端. 然出於誠心, 非文飾之辭也. 鄭註謂'其恃寵虐民', 而方氏又加以不仁·不恕之說, 則甚矣. 豈有賢如子皐而有是哉?"

【단궁하 99】

벼슬을 하면서도 아직 봉록을 받지 않는 자에게 군주가 음식을 대접하는 것을 '헌獻'이라고 하고, 사신으로 가서는 자기 군주를 '과군

寡君'이라고 칭한다. 그 나라를 떠난 뒤에 군주가 죽으면 그를 위해 복을 하지 않는다.

仕而未有祿者, 君有饋焉曰'獻', 使焉曰'寡君'.① 違而君薨, 弗爲服也.②

鄭注 ① 현재 신하의 자리에 있다면 봉록을 받는 자와 똑같이 한다는 뜻이다. '군유궤君有饋'는 군주에게 음식을 올린다는 뜻이다. 見在臣位, 與有祿同也. '君有饋', 有饋於君.

② 은혜가 가볍기 때문이다. '위違'는 떠난다는 뜻이다. 以其恩輕也. '違', 去也.

集說 「왕제」(22)에서 "작위가 정해진 뒤에 봉록을 준다"고 하였다. 이는 처음 임용되어 사士가 되었지만 아직 봉록을 받지 못한 자이니, 군주에게 음식을 올릴 때는 '헌獻'이라고 하고, 타국에 사신으로 가면 (자기 군주를) '과군寡君'이라고 칭하는데 이 두 가지 일은 모두 뭇 신하와 동일하다. 다만 그 나라를 떠난 뒤에 군주가 죽으면 그 군주를 위해서 복服을 하지 않는데 이는 뭇 신하들과 다르다. 그렇게 하는 이유는 군주의 봉록을 받은 적이 없기 때문이다. ○ 방씨方氏는 말한다. "탕湯임금이 이윤伊尹에 대해서 배운 후에 신하로 삼았다. 배울 때에는 손님으로 예우하고 신하로 여기지 않았다. 이것이 이른바 '벼슬을 하지만 아직 봉록을 받지 않는 자'라는 것이다. 맹자가 제나라에 있을 때가 그런 경우이다. 단지 손님으로 예우하고 신하로 여기지 않기 때문에 음식을 줄 때 '하사한다'(賜)고 말하지 않고 '올린다'(獻)고 하며, 명을 가지고 사신으로 가면 '군君'이라고 하지 않고 '과군寡君'이라고 한다. '헌獻'은 윗사람에게 올린다는 말이고, '과寡'는 스스로 겸손히 하는 말이기 때문이다. 주인과 손님의 도리만 있고 군신의 예는 없기 때문에 떠난 뒤에 군주가 죽으면 그를 위해 복을 하지 않는 것이다. '떠난다'(違)

라고 말했으므로, 그 나라에 있을 때는 복을 한다는 뜻이 된다." 「王制」云: "位定然後祿之." 此蓋初試爲士, 未賦廩祿者, 有饋於君則稱'獻', 出使他國則稱'寡君', 此二事皆與群臣同. 獨違離之後而君薨, 則不爲舊君服, 此則與群臣異. 所以然者, 以其未嘗食君之祿也. ○ 方氏曰: "湯之於伊尹, 學焉而後臣之. 方其學也, 賓之而弗臣. 此所謂'仕而未有祿者'. 若孟子之在齊, 是也. 惟其賓之而弗臣, 故有饋焉, 不曰'賜', 而曰'獻', 將命之使, 不曰'君', 而曰'寡君'. 蓋'獻'爲貢上之辭, 而'寡'則自謙之辭故也. 以其有賓主之道, 而無君臣之禮, 故違而君薨, 弗爲服也. 其曰'違', 則居其國之時, 固服之矣."

【단궁하 100】

우제虞祭에 시尸를 세우고, 안석(几)과 자리(筵)를 설치한다.

虞而立尸, 有几·筵.

集說 매장하기 이전에는 살아 있는 자의 예로 섬기고, 매장을 하면 부모의 형체가 이미 묻혔으므로 우제 때는 시尸를 세워 귀신을 형상한다. '연筵'은 자리(席)이다. 대렴大斂의 전奠에는 자리는 있지만 안석은 없고, 우제를 지낼 때는 안석을 설치하여 자리와 서로 짝하게 한다. 未葬之前, 事以生者之禮, 葬則親形已藏, 故虞祭則立尸以象神也. '筵', 席也. 大斂之奠, 雖有席而無几, 此時則設几與筵相配也.

【단궁하 101】

졸곡제卒哭祭에 이름을 피휘 하는 것은 살아 있는 사람으로 섬기는 일이 끝나고 귀신으로 섬기는 일이 시작되기 때문이다.

卒哭而諱,① 生事畢而鬼事始已.②

鄭注 ① '휘諱'는 그 이름을 피휘 한다는 뜻이다. '諱', 辟其名.

② 다시는 하실下室에서 음식을 올리지 못하고 귀신으로 제사를 올린다는 뜻이다. '이已'는 어조사이다. 謂不復饋食於下室, 而鬼神祭之. '已', 辭也.

集說 졸곡제에 그 이름을 피휘 하는 것은 살아 있는 사람을 섬기는 예가 이미 끝나고 귀신을 섬기는 일이 시작되기 때문이다. '이已'는 어조사이다. 卒哭而諱其名, 蓋事生之禮已畢, 事鬼之事始矣. '已', 語辭.

【단궁하 102】

졸곡제를 마치고 나서 재부宰夫는 목탁을 들고 궁에서 "오래된 휘諱를 버리고, 새로 들어온 이름을 피휘 하라"라고 명한다. 침문寢門에서 고문庫門으로 들어온다.106)

旣卒哭, 宰夫執木鐸以命于宮, 曰: "舍故而諱新."① 自寢門至于庫門.②

鄭注 ① '고故'는 고조의 아버지로서 마땅히 천묘遷廟해야 할 자이다. 『역설易說』「제을帝乙」에 "『주역』의 제을은 은나라의 시조 성탕成湯이고, 『서』의 제을은 은나라의 6대 왕이다. 제왕의 이름은 하늘이 명하는 것이므로, 관계가 소원해지면 이름을 같이 할 수 있다"고 하였다. '故', 爲高祖之父當遷者也. 『易說』「帝乙」曰: "□□易』之帝乙爲成湯, 『書』之帝乙六世王. 天之錫命, 疏可同名."

② 백관이 있는 곳이다. '고문庫門'은 궁의 바깥문이다. 「명당위」(14)에 "고문庫門은 천자의 고문皐門처럼 세운다"라고 하였다. 百官所在. '庫門', 宮外門. "明堂位曰庫門, 天子皐門."

集說 『주례』에 따르면 대상大喪·소상小喪에 재부가 그 계령戒令을 관장한다.[107] 그러므로 졸곡제를 지낸 뒤에 재부宰夫로 하여금 금구목설金口木舌(금으로 된 주둥이에 나무 혀)의 목탁을 들고 그것을 흔들면서 궁에 명령하게 한다. 그 명령하는 말에 "오래된 휘諱를 버리고 새로 들어온 이름을 피휘 하라"라고 한다. '오래된 휘'(故)는 고조의 아버지로서 천묘遷廟해야 할 자를 말한다. 휘가 많아지면 피휘 하기 어려우므로 오래된 휘를 버리고 새로 죽은 자의 이름을 피휘 하게 한다. 친족관계(親)가 다했기 때문에 피휘 하지 않을 수 있는 것이다. '고문庫門'은 바깥에서 들어올 때 첫 번째 문으로 '고문皐門'이라고도 한다. 『周禮』大喪·小喪, 宰夫掌其戒令. 故卒哭後使宰夫執金口木舌之鐸, 振之以命令于宮也. 其令之之辭, 曰: "舍故而諱新." '故'謂高祖之父當遷者. 諱多則難避, 故使之舍舊諱, 而諱新死者之名也. 以其親盡, 故可不諱. '庫門', 自外入之第一門, 亦曰'皐門'.

【단궁하 103】

두 글자의 이름은 양쪽 모두를 피휘 하지는 않는다. 공자의 어머니는 이름이 징재徵在인데, '재'를 말하면 '징'을 칭하지 않았고, '징'을 말하면 '재'를 칭하지 않았다.

二名不偏諱. 夫子之母名徵在, 言在不稱徵, 言徵不稱在.

鄭注 '칭稱'은 든다擧는 뜻이다. 「잡기하」(53)에 "아내가 피휘 하는 친속에 대하여 남편은 아내의 곁에서 그 이름을 일컫지 않는다"[108]라고 하였다.

'稱', 擧也. 『雜記』曰: "妻之諱不擧諸其側."

集說 '이명二名'은 두 글자로 이름을 지은 것이다. 이 경문은 피휘 하는 예를 기록한 것이다. '二名', 二字爲名也. 此記避諱之禮.

【단궁하 104】

군대가 패배를 하면 소복을 입고 고문庫門 밖에서 곡을 하며, 부거赴車에는 갑옷을 넣는 전대와 활집을 싣지 않는다.

軍有憂則素服, 哭于庫門之外,① 赴車不載櫜·韔.②

鄭注 ① '우憂'는 적에게 패배한 것을 말한다. '소복素服'은 호관縞冠(누이지 않은 흰 비단으로 만든 관)을 말한다. '憂', 謂爲敵所敗也. '素服'者, 縞冠也.

② 무기를 거두어들이지 않는 것은 보복해야 한다는 뜻을 보이는 것이다. 상喪을 알리는 말로 말한 것이니,109) 나라에 돌아가 알린다는 뜻이다. '고櫜'는 갑옷을 넣는 전대이고, '창韔'은 활집이다. 兵不戢, 示當報也. 以告喪之辭言之, 謂還告於國. '櫜', 甲衣, '韔', 弓衣.

集說 '고櫜'는 갑옷을 넣는 전대이고, '창韔'은 활집이다. 갑옷을 전대에 넣지 않고, 활을 활집에 넣지 않는 것은 다시 쓰겠다는 의지를 보이는 것이다. ○ 방씨方氏(방각方愨)는 말한다. "전쟁에서 이기고 돌아오는 것을 '개愷'(즐겁다)라 한다. 그렇다면 패하고 돌아오는 것을 '우憂'(슬프다)라고 하는 것이 마땅하다. '소복을 입고 곡한다'(素服哭)는 것은 상례喪禮로 처리하는 것이다. 반드시 고문 밖에서 하는 것은 종묘에 가깝기 때문이다. 군대가 출정할 때 조상에게 명을 받는데, 공이 없다면 조상의 명에 욕이 된다. '부거赴車'는 자기 나라로 달려가 알리는 수레이다. 무릇 상喪을 알리는 것을 '부赴'라고 하

니 패배를 알리는 것으로 수레의 이름을 삼은 것은 소복을 입는 뜻과 같다." '櫜', 甲衣, '韔', 弓衣. 甲不入櫜, 弓不入韔, 示再用也. ○ 方氏曰: "戰勝而還謂之愷, 則敗謂之憂, 宜矣. '素服哭', 以喪禮處之也. 必於庫門之外者, 以近廟也. 師出受命于祖, 無功則於祖命辱矣. '赴車', 告赴於國之車. 凡告喪曰'赴', 車以告敗爲名, 與素服同義."

【단궁하 105】

종묘에 불이 나면 3일 동안 곡을 하므로 『춘추』에 "신궁新宮에 불이 나자, 또한 3일 동안 곡을 하였다"고 한 것이다.

有焚其先人之室, 則三日哭,① 故曰: "新宮火, 亦三日哭.②"

鄭注 ① 그 종묘를 불태우는 것을 말한다. 곡哭을 하는 것은 정신精神에 이지러지고 상한 것이 있음을 슬퍼한 것이다. 謂火[110]燒其宗廟. 哭者, 哀精神之有虧傷.

② '화火'는 사람이 방화하였다는 뜻이다. '신궁의 화재'(新宮火)는 노나라 성공成公 3년에 있었다. '火', 人火也. '新宮火', 在魯成三年.

集說 '선조의 방'(先人之室)은 종묘를 말한다. 노나라 성공成公 3년에 선공宣公 성공의 아버지의 사당에 화재가 일어났다. 신주가 처음 들어왔기 때문에 '신궁新宮'(새로 들어온 사당)이라 한 것이다. 『춘추』에 "2월 갑자甲子에 신궁에 불이 났다. 3일 동안 곡을 하였다"고 썼다. 주에서는 "예禮를 얻었음을 기록한 것이다"라고 하였다. 경문에서 '그러므로 말하였다'(故曰)고 한 것은 『춘추』의 글을 말한다. '先人之室', 宗廟也. 魯成公三年, 焚宣公之廟. 神主初入, 故曰'新宮'. 『春秋』書"二月甲子, 新宮災. 三日哭." 註云: "書其得禮." 此言'故曰'者, 謂『春秋』文也.

【단궁하 106】

공자가 태산 곁을 지날 때, 어떤 부인이 무덤에서 곡을 하며 슬퍼하고 있었다. 공자는 식례式禮를 하고 그 소리를 경청하고는 자로子路를 시켜 묻게 하였다. "그대가 곡하는 소리를 들으니, 줄곧 거듭된 슬픔이 있었던 사람 같습니다." (부인이) 이에 말하였다. "그렇습니다. 옛날에 저희 시아버님이 호랑이에게 물려 죽었는데 우리 남편도 호랑이에게 물려 죽었고 이제 또 우리 아들이 호랑이에게 물려 죽었습니다." 공자가 말하였다. "어째서 이곳을 떠나지 않습니까?" (부인이 말하였다) "이곳은 가혹한 정치가 없기 때문입니다." 공자가 말하였다. "얘들아, 기억해두어라! 가혹한 정치는 호랑이보다 사납다."

孔子過泰山側, 有婦人哭於墓者而哀. 夫子式而聽之,① 使子路問之, 曰: "子之哭也, 壹似重有憂者." 而曰: "然. 昔者吾舅死於虎, 吾夫又死焉, 今吾子又死焉.②" 夫子曰: "何爲不去也?" 曰: "無苛政." 夫子曰: "小子識之, 苛政猛於虎也."

鄭注 ① 그가 매우 슬퍼하는 것을 괴이하게 여긴 것이다. 怪其哀甚.
② '이而'는 '내乃'의 뜻과 같다. 남편의 아버지를 '구舅'(시아버지)라고 한다. '而'猶乃也. 夫之父曰'舅'.

集說 곡하는 소리를 듣고 식례式禮[111])를 하고 경청한 것이다. "자최복을 입은 자를 만나면 비록 친한 사이라도 반드시 몸가짐을 변화시킨다"[112])는 뜻과 같다. 성인의 공경하는 마음이 발동하는 것은 그렇게 되기를 기약하지 않아도 저절로 그렇게 되는 것이 있다. '일사중유우壹似重有憂'는 매우 거

듭되는 근심과 고통이 있던 자인 듯하다라는 말이다. '이왈而曰'은 내왈乃曰의 뜻이다. 호랑이가 사람을 죽이는 것은 피할 수 없는 창졸간에 벌어진다. 가혹한 정치의 해는 비록 죽음에 이르지는 않지만 아침저녁으로 근심하는 고통이 있어서 오히려 빨리 죽는 편이 낫다. 이것이 호랑이보다 사나운 까닭이다. 남의 윗사람이 된 자가 이 점을 몰라서야 되겠는가? 聞其哭, 式而聽之. 與'見齊衰者雖狎必變'之意同. 聖人敬心之所發, 蓋有不期然而然者. '壹似重有憂'者, 言甚似重疊有憂苦者也. '而曰', 乃曰也. 虎之殺人, 出於倉卒之不免. 苛政之害, 雖未至死, 而朝夕有愁思之苦, 不如速死之爲愈. 此所以猛於虎也. 爲人上者, 可不知此哉?

【단궁하 107】

노魯나라 사람 가운데 주풍周豐이라는 자가 있었다. 애공哀公이 폐백을 들고 그를 만나고자 청하자 주풍은 "불가합니다"라고 하였다. 애공은 "나는 직접 가는 것을 그만두겠다"라고 말하고, 사람을 시켜 물었다. "유우씨有虞氏(순임금)는 백성에게 믿으라고 명을 내리지도 않았는데 백성이 믿었습니다. 하우씨夏后氏(우임금)는 백성에게 공경하라고 명을 내리지도 않았는데 백성들은 그를 공경하였습니다. 어떻게 명을 내리면 백성들에게 이러한 믿음과 공경을 얻을 수 있겠습니까?" 주풍이 대답하였다. "폐허가 된 무덤에서는 백성에게 슬퍼하라고 명을 내리지 않아도 백성이 슬퍼합니다. 사직과 종묘에서는 백성에게 공경하라고 명을 내리지 않아도 백성이 공경합니다. 은나라가 훈시(誓)[113]를 하였지만 백성이 이반하기 시작하였고 주나라가 회맹(會)을 하였지만 백성이 의심하기 시작했습니다. 예의와 충신과 성실한 마음으로 임하지 않으면 비록 백성의 마음을 굳게 묶으려고 해도 백성이 흩어지지 않겠습니까?"

魯人有周豐也者. 哀公執摯請見之,① 而曰: "不可.②" 公曰: "我其已夫③", 使人問焉, 曰: "有虞氏未施信於民, 而民信之. 夏后氏未施敬於民, 而民敬之. 何施而得斯於民也?④" 對曰: "墟墓之間, 未施哀於民而民哀. 社稷宗廟之中, 未施敬於民而民敬.⑤ 殷人作誓而民始畔, 周人作會而民始疑.⑥ 苟無禮義 · 忠信 · 誠慤之心以涖之, 雖固結之, 民其不解乎?⑦"

鄭注 ① 현자에게 자신을 낮추는 것이다. '지摯'는 짐승의 폐백(禽摯)이다. 제후이면서도 짐승의 폐백을 쓰는 것은 자신의 존귀함을 낮추어 신분이 낮은 사람에게 나아가는 의리다. 下賢也. '摯', 禽摯也. 諸侯而用禽摯, 降尊就卑之義.

② 임금이 존귀한 신분으로 비천한 자신을 만나는 것에 대하여 사양한 것이다. 『의례』 「사상견례士相見禮」에 "선생先生(관직에서 물러난 경 · 대부)이나 이작자異爵者(사士와 작위가 다른 경 · 대부)가 사士에게 만나기를 청하면 사양한다"고 하였다. 辭君以尊見卑. 「士禮」"先生異爵者, 請見之則辭."

③ '이已'는 그친다는 뜻이다. 거듭 힘써 현자에게 예우를 갖추는 것이다. '已', 止也. 重强變賢.

④ 당시 애공哀公은 삼환三桓[114]과 관계가 악화되기 시작하여 장차 불안해질까 두려워하였다. 時公與三桓始有惡, 懼將不安.

⑤ 백성이 슬퍼하는 곳을 보면 슬퍼지고, 엄숙하고 공손한 곳을 보면 엄숙하고 공손해지는 것은 반드시 그렇게 하도록 시키는 자가 있는 것이 아니다. '허墟'는 훼멸되어 남아 있는 것이 없는 땅이다. 言民見悲哀之處則悲哀, 見

莊敬之處則莊敬, 非必有使之者. '墟', 毁滅無後之地.

⑥ '회會'는 회맹이다. 회맹(會盟)과 훈시(誓)는 믿음으로 대중을 단결시키는 것인데, 그 후에 겉으로는 대중을 믿지만 믿음이 마음속에서 우러나오지 않자 백성들이 이반하고 의심하였다. 공자는 "그 몸이 바르면 명령을 하지 않아도 행해지고, 그 몸이 바르지 않으면 비록 명령을 해도 따르지 않는다"[115]고 하였다. '會'謂盟也. 盟·誓所以結衆以信, 其後外恃衆而信不由中, 則民畔·疑之. 孔子曰: "其身正, 不令而行, 其身不正, 雖令不從."

⑦ '리涖'는 임한다는 뜻이다. '涖', 臨.

集說 주풍周豐은 반드시 현자이면서 은자일 것이므로 애공이 자신을 낮추어서 그를 만나고자 한 것이다. 이에 '불가하다'(不可)고 말한 것은 옛날에 신하가 되지 않으면 만나지 않았기 때문에 감히 임금이 찾아와서 만나는 것을 감당하지 못했던 것이다. '아기이부我其已夫'의 '이已'는 그친다(止)는 뜻이므로 주풍이 원하지 않는 바를 강요하지 않겠다는 말이다. 목적의식을 가지고 단결시키는 것은 목적의식 없이 감동시키고 믿게 하는 것보다 못하니, 그 말이 매우 옳다. 다만 대우大禹가 묘苗 땅을 정벌할 때 이미 군사를 모아놓고 훈시한 적이 있기 때문에 훈시(誓)는 은나라에서 시작된 것이 아니다. 우禹임금이 도산塗山에서 제후들을 회맹하였으니, 회맹(會) 또한 주나라에서 시작된 것이 아니다. 이 경문은 '훈시했지만 이반하고 회맹했지만 의심한다'(誓之而畔·會之而疑)는 것이 은나라와 주나라에서 시작되었음을 말한 것이다. 周豐, 必賢而隱者, 故哀公屈己見之, 乃曰'不可'者, 蓋古者不爲臣不見, 故不敢當君之臨見也. '我其已夫', '已', 止也, 不强其所不願也. 有心之固結, 不若無心之感孚, 其言甚正. 但大禹征苗, 已嘗誓師, 誓非始於殷也. 禹會諸侯於塗山, 會亦不始於周也. 此言'誓之而畔·會之而疑', 則始於殷·周耳.

【단궁하 108】

상례를 치르더라도 집안이 망하는 근심이 생기지 않도록 하고, 슬픔으로 수척해지더라도 몸이 위태롭게 되지 않도록 한다. 상례를 치르더라도 집안이 망하는 근심이 생기지 않도록 하는 것은 집안이 망하면 사당도 없어지기 때문이다. 슬픔으로 수척해지더라도 몸이 위태롭게 되지 않도록 하는 것은 몸이 위태로우면 후손이 끊기기 때문이다.

喪不慮居,① 毁不危身.② 喪不慮居, 爲無廟也. 毁不危身, 爲無後也.

鄭注 ① 집을 팔아 상례를 받든다는 말이다. 謂賣舍宅以奉喪.

② 초췌하여 거의 목숨을 잃는 것을 말한다. 謂憔悴將滅性.

集說 유씨劉氏는 말한다. "상례喪禮는 집안 형편에 걸맞게 하는 것이지 억지로 후장厚葬을 하여 집안을 망치는 염려를 초래해서는 안 된다. 집안이 망하면 종묘만 홀로 보존될 수는 없기 때문이다. 슬픔으로 몸이 수척해지더라도 목숨을 잃는 데까지 이르지 않게 해야지 지나치게 슬퍼하여 몸을 망치는 위험을 초래해서는 안 된다. 죽은 자 때문에 산 자를 해치면, 군자는 그것을 '자손이 없게 된다'(無子)고 말한다. 이 두 가지는 모두 현자가 예에 지나치는 것을 막는 것이다." 劉氏曰: "喪禮, 稱家之有無, 不可勉爲厚葬, 而致有敗家之慮. 家廢則宗廟不能以獨存矣. 毁不滅性, 不可過爲哀毁, 而致有亡身之危. 以死傷生, 則君子謂之'無子'矣. 此二者皆所以防賢者之過禮."

【단궁하 109】

연릉계자延陵季子가 제齊나라에 갔는데, 돌아올 때 그의 큰아들이 죽자 영嬴과 박博 땅 사이에 묻었다. 공자는 "연릉계자는 오나라에서 예에 익숙한 인물이다"라 하고, 그곳으로 가서 장사지내는 것을 보았다.

延陵季子適齊, 於其反也, 其長子死, 葬於嬴·博之間.① 孔子曰: "延陵季子, 吳之習於禮者也", 往而觀其葬焉.②

鄭注 ① '계자季子'는 이름이 찰札이다. 『춘추』 노나라 소공昭公 27년 조에 "오吳나라 공자公子 찰札이 상국上國[116]을 빙문하였다"고 한 것이 그것이다. 계자는 나라를 사양하고 연릉延陵에 거하였기 때문에 연릉계자延陵季子라고 칭했다. 『좌전』에는 '연릉'을 '연주래延州來'라고 하였다.[117] '영嬴'과 '박博'은 제나라 땅이다. 지금 태산현泰山縣이 그곳이다. '季子', 名札. 魯昭二十七年"吳公子札聘於上國"是也. 季子讓國居延陵, 因號焉. 『春秋傳』謂'延陵', '延州來'. '嬴'·'博', 齊地. 今泰山縣是也.

② 가서 조문한 것이다. 往弔之.

集說 오나라 공자 찰은 나라를 사양하고 연릉에 거처하였으므로 '연릉계자延陵季子'라고 한다. '영嬴'과 '박博'은 제나라의 두 읍의 이름이다. 吳公子札讓國, 而居延陵, 故曰'延陵季子'. '嬴'·'博', 齊二邑名.

【단궁하 110】

그 무덤의 구덩이(坎)는 샘에 이르지 않을 정도로 깊이가 적당하였고, 그 염斂은 당시 입던 옷으로 하였다. 매장하고 나서 봉분을 하였는데, 가로와 세로는 구덩이를 가릴 만하고 그 높이는 기댈 수 있을 정도였다. 봉분한 뒤에 왼쪽 어깨를 드러내 보였고(左袒), 오른쪽으로 그 봉분을 돌면서 세 번 울부짖으며 "뼈와 살이 흙으로 돌아가는 것은 명命이로다! 하지만 혼기魂氣는 가지 않는 곳이 없다, 가지 않는 곳이 없다"라고 하고 나서 드디어 떠났다. 공자는 "연릉 계자는 예에 부합하는 듯하구나!"라고 하였다.

其坎深不至於泉,① 其斂以時服.② 旣葬而封, 廣輪揜坎, 其高可隱也.③ 旣封, 左袒, 右還其封, 且號者三, 曰: "骨肉歸復于土, 命也! 若魂氣則無不之也, 無不之也",④ 而遂行. 孔子曰: "延陵季子之於禮也, 其合矣乎!"

鄭注 ① 생존했을 때의 뜻으로 죽은 자의 마음을 헤아린 것이다.118) 以生恕死.

② 당시 통행하던 옷으로 하고 별도로 고쳐서 만들지 않았으니, 절약한 것이다. 以時行之服, 不改制, 節.

③ 또한 절약한 것이다. '륜輪'은 세로(從)이다. '은隱'은 가린다(據)는 뜻이다. 봉분을 손으로 가릴 수 있다는 것은 높이 4장 정도임을 말한다. 亦119)節也. '輪', 從也. '隱', 據也. 封可手據, 謂高四尺所.

④ '선還'은 에워싼다는 뜻이다. '호號'는 곡을 하고 또 말을 한다는 뜻이다. '명命'은 목숨(性)의 뜻과 같다. '還', 圍也. '號', 哭且言也. '命'猶性也.

⑤ '행行'은 떠난다는 뜻이다. '行', 去也.

集說 '샘에 이르지 않았다'(不至於泉)는 것은 깊이가 마땅함을 얻었음을 말한다. '시복時服'은 죽을 때의 추위나 더위에 따라 입던 옷을 말한다. '봉封'

은 흙을 쌓아 봉분(墳)을 만드는 것이다. 가로를 '광廣'이라 하고, 세로를 '륜輪'이라 한다. (봉분의 크기는) 아래로는 겨우 무덤의 구덩이를 덮을 만하고 위로는 겨우 기댈 수 있을 정도에 이르렀으니, 모두 검소한 규모이다. '왼쪽 어깨를 드러낸다'(左袒)는 것은 양陽(혼魂)이 변화했음을 보여주는 것이고, '오른쪽으로 돈다'(右還)는 것은 음陰(백魄)이 돌아갔음을 보여주는 것이다. '뼈와 살(骨肉)이 흙으로 돌아간다'는 것은 음陰이 내려가는 것이고, '혼기魂氣는 가지 않는 곳이 없다'는 것은 양陽이 올라가는 것이다. 음과 양은 기다. 명命은 음과 양의 기가 모여 있는 것이다. 계자가 '뼈와 살이 흙으로 돌아가는 것을 명으로 여긴다'(骨肉歸復于土爲命)는 것은 정기精氣는 사물이 되어 끝이 있기 때문이다. '혼기魂氣는 가지 않는 곳이 없다'(魂氣則無不之)고 한 것은 유혼遊魂은 변화하는데 방향이 없기 때문이다.[120] 오래 살고 일찍 죽는 것은 태어난 처음에 결정된 것이기 때문에 명命이라고 말할 수 있다. 혼기는 죽은 뒤에 흩어지는 것이기 때문에 명이라고 말할 수 없다. 두 번 '가지 않는 곳이 없다'(無不之)고 말한 것은 이별을 아파하는 지극한 정으로 그 혼이 자기를 따라 돌아오기를 바라는 것이다. 여행 중에 치르는 장례 절차에 적당했을 뿐 아니라 또 유명의 원리에도 통달했으니, 공자가 훌륭하게 여긴 것도 당연하다. 그러나 의문하는 말을 하고 단정하는 말을 하지 않았던 것은 계자가 때에 따라 알맞게 처리하는 도가 그 형편의 유무에 걸맞게 하고 모두 예에 의거하지는 않았기 때문일 것이다. 그러므로 공자가 곧바로 '계자는 예에 대해서 부합하였다'라고 말하지 않고, 반드시 '기호其乎'(아마도 ~일 것이다) 두 글자를 덧붙여서 사람들로 하여금 말을 통해서 본뜻을 터득하게 하였다. 읽는 사람들은 자세하게 음미해야 한다. ○ 석량왕씨石梁王氏는 말한다. "'선還'은 환環과 같은 뜻이다." '不至於泉', 謂得淺深之宜也. '時服', 隨死時之寒暑所衣也. '封', 築土爲墳也. 橫曰'廣', 直曰'輪'. 下則僅足以揜坎, 上則纔至於可隱, 皆儉制也. '左袒', 以示陽之變, '右還', 以示陰之歸. '骨肉之歸土', 陰之降也, '魂氣之無

不之', 陽之升也. 陰陽, 氣也. 命者, 氣之所鍾也. 季子, 以'骨肉歸復于土爲命'者, 此精氣爲物之有盡. 謂'魂氣則無不之'者, 此遊魂爲變之無方也. 壽夭得於有生之初, 可以言命. 魂氣散於旣死之後, 不可以言命也. 再言'無不之'也者, 愍傷離訣之至情, 而冀其魂之隨己以歸也. 不惟適旅葬之節, 而又且通幽明之故, 宜夫子之善之也. 然爲疑辭, 而不爲決辭者, 蓋季子乃隨時處中之道, 稱其有無, 而不盡拘乎禮者也. 故夫子不直曰'季子之於禮也合矣', 而必加'其乎'二字, 使人由辭以得意也. 讀者詳之. ○ 石梁王氏曰: "'還'與環同."

【단궁하 111】

주루邾婁[121]) 고공考公의 상에, 서徐나라 임금이 용거容居를 보내 조문하고 함含의 예를 행하게 하였다. 용거가 말하였다. "저희 임금께서 저에게 무릎을 꿇고 함의 예를 행하여 후옥侯玉을 바치게 하였습니다. 저에게 함의 예를 행하게 해주십시오."

邾婁考公之喪,① 徐君使容居來弔含.② 曰: "寡君使容居坐含, 進侯玉. 其使容居以含.③"

鄭注 ① '고공考公'은 은공隱公 익益의 증손이다. '고考'는 '정定'으로 보기도 한다. '考公', 隱公益之曾孫. '考'或爲'定'.

② 조문하고 또 함의 예를 행하는 것이다. 弔且含.

③ 직접 함의 예를 행하고자 하는 것이니, 잘못이다. 함의 예는 천한 자를 시키지 않는다. 군주가 간다면 직접 함의 예를 행하고, 대부는 함옥을 보낼 뿐이다. '후옥侯玉'이라 한 것은 당시 서나라가 왕을 참칭해서 스스로 천자에 비유한 것이다. 欲親含, 非也. 含不使賤者. 君行則親含, 大夫歸含耳. 言'侯玉'者, 時徐僭稱王, 自比天子.

集說 고공考公의 상에 서徐나라의 임금이 신하 용거容居라는 자를 보내어 조문하고 또 함含[122]에 쓸 주옥珠玉[123]을 바치게 하였다. 용거가 자기 임금의 명을 전하면서 "우리 임금께서 저에게 직접 무릎을 꿇고 함含의 예를 행하도록 하여 주邾의 임금께 후옥侯玉을 올리도록 하였습니다"라고 하였다. '후옥侯玉'은 서나라가 스스로를 천자에 비견하고, 주의 임금을 자기의 제후로 삼은 것이니, 제후에게 옥을 올린다는 말이다. '기사용거이함其使容居以含'은 용거가 즉시 함의 예를 행할 수 있도록 요구한 것이다. ○ 소疏에서 말한다. "함의 예를 행할 때는 염하기 전이라면 사士는 주인이 직접 함의 예를 행하고, 대부 이상은 사람을 시켜서 함의 예를 행한다. 만약 염을 한 뒤부터 빈殯과 장葬을 할 때까지 함의 예를 행하러 오는 자가 있다면 직접 관이나 빈궁 위에 벽옥璧玉을 바친다. 이를 '친함親含'(직접 함의 예를 행하다)이라고 한다. 만약 단지 명을 받고서 벽옥을 상주에게 바치면 상주는 그것을 받는데 이를 '불친함不親含'(직접 함의 예를 행하지 않는다)이라고 한다." ○ 석량왕씨는 말한다. "'좌坐'는 '궤跪'(무릎을 꿇다)로 해석해야 한다." 考公之喪, 徐國君使其臣容居者來弔, 且致珠玉之含. 言"寡君使我親坐而行含, 以進侯玉於邾君." '侯玉'者, 徐自擬天子, 以邾君爲己之諸侯, 言進侯氏以玉也. '其使容居以含'者, 容居求卽行含禮也. ○ 疏曰: "凡行含禮, 未斂之前, 士則主人親含. 大夫以上, 卽使人含. 若斂後至殯葬, 有來含者, 親自致璧於柩及殯上者. 謂之'親含'. 若但致命, 以璧授主人, 主人受之, 謂之'不親含'." ○ 石梁王氏曰: "'坐'當訓'跪'."

【단궁하 112】

주邾나라의 유사有司가 말했다. "제후의 나라에서 황공하게 우리나라에 오실 경우, 신하가 오시어 그 예가 간소하면 신하의 간소한 예를 행하고, 임금께서 오시어 그 예가 광대하면 임금의 광대한 예를 행하였습니다. 신하의 간소한 예와 임금의 광대한 예가 뒤섞인 적은 아직 없었습니다."

有司曰: "諸侯之來辱敝邑者, 易則易, 于則于. 易于雜者, 未之有也."

鄭注 '이易'는 신하의 예를 말한다. '우于'는 임금의 예를 말한다. '잡雜'은 용거가 신하로서 임금의 예를 행하고자 한다는 것이다. 서徐나라가 자신을 천자에 비견하고 대부로 하여금 제후와 대등하게 하자 주邾의 유사가 그것을 거절한 것이다. '易'謂臣禮. '于'謂君禮. '雜'者, 容居以臣欲行君禮. 徐自比天子, 使大夫敵諸侯, 有司拒之.

集說 주邾의 유사가 그것을 거부한 것은 다음과 같은 이유 때문이다. 제후의 나라에서 황공하게도 주邾나라에 왔을 때, 신하가 와서 그 일이 간소한 경우는 신하의 간소한 예를 행하고, 임금이 와서 그 일이 광대하면 임금의 광대한 예를 행했다. '우于'는 '우迂'와 같으니, 넓고 멀다(廣遠)는 뜻이 있다. 이제 신하가 와서 임금의 예를 행하려고 하니 이는 신하의 예와 임금의 예가 서로 뒤섞이는 것이다. 우리나라에는 이러한 경우가 없었다. 邾之有司拒之. 言諸侯之辱來邾國者, 人臣來而其事簡易, 則行人臣簡易之禮, 人君來而其事廣大, 則行人君廣大之禮. '于', 猶'迂'也, 有廣遠之意. 今人臣來而欲行人君之禮, 是易·于相雜矣. 我國未有此也.

【단궁하 113】

용거가 대답하였다. "제가 듣건대, 신하가 임금을 섬길 때 그 임금의 말을 감히 잊지 않으며, 자손이 선조를 섬길 때 또한 선조의 일을 감히 저버리지 않는다고 하였습니다. 옛날 우리 선군 구왕駒王께서 서쪽으로 토벌하여 황하를 건넜을 때 이 왕王이라는 칭호를 쓰지 않았던 곳이 없었습니다. 저는 어리석은 사람이지만 감히 선조를 잊지 못하겠습니다."

容居對曰: "容居聞之, 事君不敢忘其君, 亦不敢遺其祖. 昔我先君駒王西討, 濟於河, 無所不用斯言也. 容居, 魯人也, 不敢忘其祖."

鄭注 우리 선조와 지금 임금은 제후에 대해서 처음부터 이와 같았으니, 의를 따르지 않으면 정복했음을 말하는 것이다. '구왕駒王'은 서나라 선군이 참칭한 것이다. '용거'는 그의 자손이다. '제濟'는 건넌다는 뜻이다. 서쪽으로 토벌하여 황하를 건넜음을 말하는 것으로, 그 나라의 영토를 광대하게 하였음을 뜻한다. '노魯'는 어리석고 미련하다는 뜻이다. 어리석고 미련하다(魯鈍)고 말한 것은 스스로 거짓된 것이 아님을 밝히려는 것이다. 言我祖與今君於諸侯初如是, 不聞義則服. '駒王', 徐先君僭號. '容居', 其子孫也. '濟', 渡也. 言西討渡於河, 廣大其國. '魯', 魯鈍也. 言魯鈍者, 欲自明不妄.

集說 용거가 또 대답하여 말하였다. "임금을 섬기는 자는 감히 그 임금을 잊지 않는다. 내가 이와 같이 명을 받들었으니, 이제 행하지 않는다면 이는 우리 임금을 잊는 것이다. 사람의 자손이 되어서는 마땅히 선조의 가르침을 지켜야 한다. 그러므로 또한 감히 우리 선조를 저버리지 못하겠다." '용

거'(居)는 서나라의 공족이다. 또 말하였다. "옛날 우리의 선군 구왕駒王이 황하를 건너 서쪽으로 토벌할 때, 이 왕王이라고 칭하는 말을 사용하지 않은 곳이 없었다." 스스로 그 영토가 광대하여 오래전부터 이미 왕자의 예를 행했음을 말하는 것이다. 또 스스로 "나는 속이는 사람이 아니라 바로 어리석고 미련한 사람이다. 이 때문에 우리 선조를 감히 잊지 못하겠다"라고 말하였다. 주나라 사람이 자기 말을 믿어주기를 바라는 것이다. 이 경문은 서徐나라의 임금과 신하가 참람되었음을 드러내고, 또 주邾의 유사가 끝내 당시의 참람됨을 바로잡을 수 없었음을 밝힌 것이다. 容居又答言"事君者不敢忘其君. 我奉命如此, 今不能行, 是忘吾君也. 爲人子孫, 當守先世之訓. 故亦不敢遺吾祖也." '居', 蓋徐之公族耳. 且言"昔者, 我之先君駒王濟河而西討, 無一處不用此稱王之言." 自言其疆土廣大, 久已行王者之禮也. 又自言"我非譎詐者, 乃魯鈍之人. 是以不敢忘吾祖." 欲邾人之信其言也. 此著徐國君臣之僭, 且明邾有司不能終正當時之僭也.

【단궁하 114】

자사子思의 어머니가 위衛나라에서 죽자 자사에게 부고하였고 자사는 사당에서 곡을 하였다. 문인들이 찾아와서 말하였다. "서씨庶氏의 어머니가 죽었는데 어째서 공씨孔氏의 사당에서 곡을 하십니까?" 자사는 "내가 잘못했다, 내가 잘못했다!"고 하고, 마침내 다른 방에서 곡을 하였다.

子思之母死於衛,① 赴於子思, 子思哭於廟. 門人至, 曰: "庶氏之母死, 何爲哭於孔氏之廟乎?②" 子思曰: "吾過矣, 吾過矣!" 遂哭於他室.

鄭注 ① 개가한 어머니로, 성은 서씨庶氏이다. 嫁母也, 姓庶氏.

② '문인門人'은 제자이다. 개가한 어머니는 사당과 종족의 관계를 끊는다. '門人', 弟子也. 嫁母與廟絶族.

集說 백어伯魚(공자의 아들이자 자사의 아버지)가 죽자 그 처는 위衛나라의 서씨庶氏에게 개가하였다. 개가한 어머니는 사당과 종족의 관계를 끊으므로 사당에서 곡을 할 수 없다. 伯魚卒, 其妻嫁於衛之庶氏. 嫁母與廟絶族, 故不得哭之於廟.

【단궁하 115】

천자가 죽은 지 3일이 지나 축祝이 먼저 상장喪杖을 잡는다. 5일이 지나 대부와 사가 상장을 잡는다. 7일이 지나 기내의 백성 및 서인으로서 관에 있는 자가 상복을 입는다. 3개월이 지나 제후의 대부가 상복을 입는다.

天子崩三日, 祝先服.① 五日, 官長服.② 七日, 國中男女服.③ 三月, 天下服.④

鄭注 ① 축祝은 반함과 염을 돕기 때문에 먼저 복을 한다. 祝佐含斂先病.

② '관의 우두머리'(官長)는 대부와 사를 말한다. '官長', 大夫・士.

③ 서인이다. 庶人.

④ 제후의 대부이다. 諸侯之大夫.

集說 소疏에서 말한다. "축祝은 대축大祝[124]과 상축商祝[125]이다. '복服'은 상장喪杖을 짚는 것이다. 이는 상복의 제도이므로 상장을 복이라고 부른

것이다. 축은 반함과 염을 돕기 때문에 먼저 피곤해지므로 먼저 상장을 잡는다. 그러므로 상주도 3일에 상장을 잡는다. '관장官長'은 대부와 사를 말한다. 피곤함이 축보다 뒤에 오므로 5일에 상장을 짚는다. '국중의 남녀'(國中男女)는 기내의 백성과 서인으로서 관직에 있는 자를 가리키는데 자최삼월복을 하고 벗는다. 반드시 7일을 기다리는 것은 천자는 7일에 빈을 하고 빈을 한 뒤에 사왕이 성복成服[126]을 하기 때문에 백성이 그때 성복할 수 있는 것이다. '3개월에 천하 사람이 복을 한다'(三月天下服)는 것은 제후의 대부가 왕을 위해 세최복繐衰服을 하는 것[127]을 말하니, 장례를 치른 뒤에 벗는다. 가까운 곳에 있는 제후의 대부는 3개월을 기다리지 않는데, 여기서는 먼 곳에 있는 제후의 대부에 의거해서 말한 것이다. 어떻게 혹 상장을 짚거나 혹은 상복을 입거나 하는 것을 알 수 있는가? 「상대기喪大記」(22)와 「상복사제喪服四制」에 설명되어 있기 때문이다. 그러나 「상복사제」(6)에는 '7일 만에 사에게 지팡이를 준다'고 하였는데, 이 경문에서는 '5일에 사士에게 상장을 준다'고 하였다. 이에 대해 최씨崔氏(최영은崔靈恩)는 '이 경문은 조정의 사士에 의거해서 말한 것이고, 「상복사제」는 읍재의 사士를 말한 것이다'라고 하였다." 疏曰: "祝, 大祝·商祝也. '服', 服杖也. 是喪服之數, 故呼杖爲服. 祝佐含斂先病, 故先杖也. 故子亦三日而杖. '官長', 大夫·士也. 病在祝後, 故五日. '國中男女', 謂畿內民及庶人在官者, 服齊衰三月而除. 必待七日者, 天子七日而殯, 殯後嗣王成服, 故民得成服也. '三月天下服'者, 謂諸侯之大夫爲王繐衰, 旣葬而除. 近者亦不待三月, 今據遠者爲言耳. 何以知其或杖服或衰服? 按, 「喪大記」及「喪服四制」云云. 然「四制」云, '七日授士杖', 此云'五日士杖'者. 崔氏云'此據朝廷之士, 「四制」言邑宰之士也.'"

【단궁하 116】

우인虞人이 모든 현의 사당에 있는 나무를 바치는데, 관곽을 만들 수 있는 것을 베어서 바친다. 나무가 이르지 않는 경우는, 그 사당을 없애고 그 사람의 목을 벤다.

虞人致百祀之木, 可以爲棺椁者斬之.① 不至者, 廢其祀, 刎其人.

鄭注 ① '우인虞人'은 산림과 천택을 관장하는 관리다. '백사百祀'는 기내에 있는 모든 현에 있는 사당을 말한다. '이위관곽以爲棺槨'은 관곽을 만든다는 뜻이다. '참斬'은 벤다는 뜻이다. '虞人', 掌山澤之官. '百祀', 畿內百縣之祀也. '以爲棺椁', 作棺椁也. '斬', 伐也.

集說 '우인虞人'은 산림과 천택을 관장하는 관리다. 천자의 내관(棺)은 4중으로 되어 있고 외관(椁)으로 두르니 또한 어찌 많은 나무로 만들겠는가? 기내畿內에 있는 모든 현의 사당에서 그 쓸 수 있는 나무를 모두 베어 바친다면 너무 많은 것이 아니겠는가? 기내의 좋은 목재가 본래 부족하지 않을 것인데, 어찌 유독 사당에서만 나무를 베는가? '그 사당을 없애고, 그 사람의 목을 벤다'(廢其祀刎其人)는 것 또한 어찌하여 법이 그리 준엄한가? 예제가 이와 같지만, 그 내용을 자세히 알 수 없다. 어떤 사람은 "반드시 우인에게 나무를 바치도록 명을 내리고, 명을 따르지 않은 뒤에 나라에서 정해진 형벌을 내린다. 우인이 한 사람이 아니니, 반드시 모두에게 명을 내리지는 않는다"고 하였다. '虞人', 掌山澤之官也. 天子之棺, 四重而椁周焉, 亦奚以多木爲哉? 畿內百縣之祀, 其木可用者, 悉斬而致之, 無乃太多乎? 畿內之美材, 固不乏矣, 奚獨於祠祀斬之乎? '廢其祀刎其人', 又何法之峻乎? 禮制若此, 未詳其說. 一云: "必命虞人致木, 不用命者, 然後國有常刑. 虞人非一, 未必盡命之也."

【단궁하 117】

제齊나라에 큰 기근이 들었다. 검오黔敖는 길에서 음식을 만들어 굶주리는 자를 기다렸다가 먹여주었다. 어떤 굶주린 자가 소매로 얼굴을 가리고 발은 절뚝거리며 머리는 푹 숙인 채 기가 죽어서 왔다. 검오는 왼손으로 음식을 받들고 오른손으로 음료수를 집어 들고는 "어이, 와서 먹어!"라고 하였다. 굶주린 자는 눈을 치켜세워 노려보면서 말했다. "나는 '어이, 와서 먹어' 하면서 주는 음식은 먹지 않아서 이 지경에 이르렀소." 검오가 그에게 나아가 사죄했지만 끝내 먹지 않고 죽었다. 증자가 이 소식을 듣고 말하였다. "하찮은 고집이다! '어이, 와서 먹어!' 하면서 주면 거절할 수 있지만, 사과하면 먹을 수 있는 것이다."

齊大饑. 黔敖爲食於路, 以待餓者而食之. 有餓者蒙袂輯屨, 貿貿然來.① 黔敖左奉食, 右執飮, 曰: "嗟, 來食!" 揚其目而視之, 曰: "予唯不食嗟來之食, 以至於斯也."② 從而謝焉, 終不食而死.③ 曾子聞之, 曰: "微與! 其嗟也可去, 其謝也可食.④"

鄭注 ① '몽몌蒙袂'는 남에게 보이고자 하지 않는다는 뜻이다. '집輯'은 오므린다(斂)는 뜻이니, 신발을 오므린다(斂屨)는 것은 힘이 지쳐서 발을 펼 수 없다는 말이다. '무무貿貿'는 눈이 밝지 못한 모습이다. '蒙袂', 不欲見人也. '輯', 斂也, 斂屨, 力憊不能屨也. '貿貿', 目不明之貌.

② '어이, 와서 먹어!'(嗟來食)라는 것은 비록 불쌍하게 여겨서 부르는 것이지만 공경하는 말이 아니다. '嗟來食', 雖閔而呼之, 非敬辭.

③ '종從'은 나아간다(就)는 뜻이다. '從'猶就也.

④ '미微'는 '무無의 뜻과 같으니, '무여無與'는 그의 광견狂狷[128]을 비판하는 말이다. '微'猶無也, '無與', 止其狂狷之辭.

集說 '몽몌蒙袂'는 옷소매로 얼굴을 가린다는 뜻이다. '집구輯屨'는 그 발을 모아 오므린다는 뜻으로, 피곤하고 지쳐서 걸음이 절뚝거리는 것을 말한다. '무무貿貿'는 머리를 숙이고 기가 죽은 모습이다. '어이, 와서 먹어'(嗟來食)라는 말은 탄식하고 불쌍하게 여겨 와서 먹게 하는 것이다. '종從'은 나아간다(就)는 뜻이다. '미여微與'는 하찮은 일과 말단적인 절개라는 뜻과 같으니, '어이, 와'(嗟來)라고 하는 말은 비록 공경스럽지 않지만 그러나 또한 큰 잘못은 아니므로 '어이, 와서 먹어'라고 할 때는 비록 거절할 수 있지만 사과하면 먹을 수 있다는 말이다. '蒙袂', 以袂蒙面也. '輯屨', 輯斂其足, 言困憊而行蹇也. '貿貿', 垂頭喪氣之貌. '嗟來食', 歎閔之而使來食也. '從', 就也. '微與', 猶言細故末節, 謂嗟來之言, 雖不敬, 然亦非大過, 故其嗟雖可去, 而謝焉則可食矣.

【단궁하 118】

주루邾婁의 정공定公 때에 자기 아버지를 시해한 자가 있었다. 유사가 그 사실을 보고하자, 정공은 두려워하여 자리를 찾지 못하고 말했다. "이는 과인의 죄다." 또 말하였다. "과인은 일찍이 이런 옥사를 다스리는 법을 배웠다. 신하가 임금을 시해하면 모든 신하가 죽이고 용서하지 않는다. 자식이 아버지를 시해하면 집에 있는 모든 사람이 죽이고 용서하지 않는다. 그 사람을 죽이고 그 집을 헐며, 그 집을 파서 연못으로 만든다. 임금은 한 달이 지난 뒤에야 술을 마신다."

邾婁定公之時, 有弑其父者.① 有司以告, 公瞿然失席, 曰: "是寡人之罪也.②" 曰: "寡人嘗學斷斯獄矣. 臣弑君, 凡在官者, 殺無赦. 子弑父, 凡在宮者, 殺無赦.③ 殺其人, 壞其室, 洿其宮而豬焉.④ 蓋君踰月而后擧爵.⑤"

鄭注 ① '정공定公'은 구차貜且이다. 노나라 문공 14년에 즉위하였다. '定公', 貜且也. 魯文十四年卽位.

② 백성에게 예가 없는 것은 가르친 자의 죄다. 民之無禮, 敎之罪.

③ 뭇 신하와 자손이 신분의 고하에 상관없이 모두 죽일 수 있으니, 그 죄를 용서하지 않음을 말한다. 言諸臣子孫無尊卑, 皆得殺之, 其罪無赦.

④ 그 대역大逆을 밝혀서 사람들이 다시는 그런 짓을 하고자 하지 않게 하는 것이다. '저豬'는 연못(都)이다. 남방에서는 연못을 저라고 한다. 明其大逆, 不欲人復處之. '豬', 都也. 南方謂都爲豬.

⑤ 스스로 자책하는 것이다. 自貶損.

集說 '구연瞿然'은 놀라고 괴이하게 여기는 모습이다. '관에 있는 자'(在官者)는 여러 신하를 말한다. '집에 있는 자'(在宮者)는 집안사람을 말한다. 천하 사람이 미워하는 것은 이러한 것보다 큰 것이 없다. 이 때문에 사람들이 모두 죽일 수 있고, 용서해주는 이치가 없다. 다만 아버지에게 이런 죄가 있으면 자식은 죽일 수 없다. 임금이 술을 마시지 않는 것은 인륜이 크게 무너졌기 때문이니, 또한 교화를 밝히지 못해서 초래된 것이다. 그러므로 가슴 아파하면서 스스로 자책하는 것이다. ○ 소疏에서 말한다. "'저豬'는 물이 모이는 곳의 명칭이다." ○ 석량왕씨石梁王氏는 말한다. "주소본에 '자식이 아버지를 시해하면 집에 있는 모든 사람이 죽이고 용서하지 않는다'고 하였으니, 옳다."[129] '瞿然', 驚怪之貌. '在官者', 諸臣也. '在宮者', 家人也. 天

下之惡, 無大於此者. 是以人皆得以誅之, 無赦之之理. 惟父有此罪, 則子不可討之也. 君不擧爵, 以人倫大變, 亦教化不明所致. 故傷悼而自貶耳. ○ 疏曰: "'豬'是水聚之名." ○ 石梁王氏曰: "註疏本作'子弒父, 凡在宮者, 殺無赦', 爲是."

【단궁하 119】

진晉나라의 헌문자獻文子가 집을 완성하자, 진나라의 대부가 예를 갖추어 가서 축하했다. 장로長老가 말하였다. "아름답구나, 거대한 곳간이여! 아름답구나, 수많은 집들이여! 여기서 음악을 연주하여 제사하고, 여기서 곡을 하여 상례를 치르고, 여기서 나라의 빈객과 종족을 모아 연회를 베풀겠구나!" 헌문자가 말했다. "내가 여기서 음악을 연주하여 제사하고, 여기서 곡을 하여 상례를 치르고, 여기서 나라의 빈객과 종족을 모아 연회를 베풀 수 있다면, (형벌을 면하여) 몸을 온전히 해서 구원九原의 묘지에서 조상을 뵐 수 있을 것이다." 북쪽을 향해 머리가 바닥에 닿도록 하여 두 번 배례를 하였다. 예를 아는 군자는 '장로는 칭송을 잘하고, 헌문자는 기도를 잘한다'고 말하였다.

晉獻文子成室, 晉大夫發焉.① 張老曰: "美哉輪焉! 美哉奐焉!② 歌於斯, 哭於斯, 聚國族於斯!"③ 文子曰: "武也得歌於斯, 哭於斯, 聚國族於斯, 是全要領以從先大夫於九京也." 北面再拜稽首.④ 君子謂之'善頌善禱.'⑤

鄭注 ① '문자文子'는 조무趙武이다. 집을 짓는 것이 완성되자 진나라 임금

이 술을 따라준 것으로 축하함을 말한다. 여러 대부도 예를 갖추어 따라가서 축하했다. '文子', 趙武也. 作室成, 晉君獻之, 謂賀也. 諸大夫亦發禮以往.

② 마음으로 그의 사치를 비판한 것이다. '륜輪'은 높고 큰 모양이니, 높고 거대함을 말한다. '환奐'은 그 집이 화려하고 많음을 말한다. 心譏其奢也. '輪', 輪囷, 言高大. '奐', 言衆多.

③ 여기에서 제사와 상례와 연회를 한다면 충분할 것이라는 뜻이다. 이를 말한 것은 그가 후에 다시 지으려는 마음을 막고자 한 것이다. 祭祀·死喪·燕會於此, 足矣. 言此者, 欲防其後復爲.

④ '전요령全要領'이란 형벌을 면한다는 뜻이다. 진나라 경·대부의 묘지는 구원九原에 있다. '경京'은 아마 글자의 잘못인 듯하니, 마땅히 '원原'이 되어야 한다. '全要領'者, 免於刑誅也. 晉卿·大夫之墓地在九原. '京', 蓋字之誤, 當爲'原'.

⑤ '칭송을 잘한다'(善頌)는 것은 장로의 말을 가리키고, '기도를 잘한다'(善禱)는 것은 문자의 말을 가리킨다. '도禱'는 구한다는 뜻이다. '善頌', 謂張老之言, '善禱', 謂文子之言. '禱', 求也.

集說 '진헌晉獻'을 구설에서는 "진나라 임금이 술을 따라준 것으로 축하하는 것을 말한다"고 하였다. 그러나 임금이 신하에게 하사하는데 어찌 '바친다'(獻)라고 말할 수 있겠는가? '헌문獻文' 두 글자는 모두 조무의 시호로서, 정혜문자貞惠文子와 같은 경우이다. 여러 대부가 예를 갖추고 가서 축하했는데, 기록하는 자는 장로의 말을 기술했다. '륜輪'은 둥근 곳간(輪囷)으로, 높고 거대함을 뜻한다. '환奐'은 집이 빛나고 화려한 것으로, 많음을 뜻한다. '가歌'는 제사에 음악을 연주하는 것이다. '곡哭'은 상례에 곡을 하는 것이다. '취국족聚國族'은 연회에 나라의 빈객을 모으고 종족을 모은다는 뜻이다. '송頌'이란 그 일을 칭찬하고 그 복을 축원하는 것이다. '도禱'란 화를 면하도록 기도하는 것이다. 장로의 말은 송을 잘한 것이고, 무자의 대답은

기도를 잘한 것이다. ○ 정씨鄭氏(정현鄭玄)는 말한다. "진나라의 경과 대부의 묘지는 구원九原에 있다." ○ 소疏에서 말한다. "'령領'은 목이다. 옛날에 죄가 무거우면 허리를 베고, 죄가 가벼우면 목을 베는 형벌을 가했다. '선대부先大夫'는 문자의 조상이다." ○ 석량왕씨는 말한다. "'여기에서 노래한다'(歌於斯)는 것은 제사에 노래하고 연주하는 것을 말한다. 대부는 제사에 음악을 연주하지 않지만 춘추시대에는 혹 연주하기도 했다." '晉獻', 舊說謂'晉君獻之, 謂賀也.' 然君有賜於臣, 豈得言'獻'? 疑'獻文'二字, 皆趙武謚, 如貞惠文子之類. 諸大夫發禮往賀, 記者因述張老之言. '輪', 輪囷, 高大也. '奐', 奐爛, 衆多也. '歌', 祭祀作樂也. '哭', 死喪哭泣也. '聚國族', 燕集國賓聚會宗族也. '頌'者, 美其事, 而祝其福. '禱'者, 祈以免禍也. 張老之言, 善於頌, 武子所答, 善於禱也. ○ 鄭氏曰: "晉卿・大夫之墓地, 在九原." ○ 疏曰: "'領', 頸也. 古者, 罪重腰斬, 罪輕頸刑. '先大夫', 文子父祖也." ○ 石梁王氏曰: "'歌於斯', 謂祭祀歌樂也. 大夫祭無樂, 春秋時或有之."

【단궁하 120】

공자가 기르던 개가 죽자, 자공에게 그것을 묻으라고 하면서 말하였다. "내가 듣건대, 해진 휘장은 버리지 않는다. 그것으로 말을 묻기 때문이다. 해진 수레덮개는 버리지 않는다. 그것으로 개를 묻기 때문이다. 나는 가난해서 수레덮개가 없다. 개를 묻을 때 또한 거적을 깔아주어 그 머리가 흙 속에 파묻히지 않게 하라."

仲尼之畜狗死,① 使子貢埋之, 曰: "吾聞之也, 敝帷不棄. 爲埋馬也. 敝蓋不棄. 爲埋狗也. 丘也貧, 無蓋. 於其封也, 亦予之席, 毋使其首陷焉.②"

鄭注 ① '휵구畜狗'는 길이 잘 들어서 집을 지킨다. '畜狗', 馴守.

② '봉封'은 '폄窆(묻다)'이 되어야 한다. '함陷'은 흙 속에 빠지는 것을 말한다. '封'當爲'窆'. '陷', 謂沒於土.

集說 개와 말은 모두 사람에게 힘이 된다. 그러므로 특별히 은혜를 보인 것이다. 狗·馬, 皆有力於人, 故特示恩也.

【단궁하 121】

임금이 타는 말(路馬)이 죽으면 휘장으로 묻어준다.

路馬死, 埋之以帷.

鄭注 '로마路馬'는 임금이 타는 말이다. 그 밖의 개와 말은 휘장과 수레덮개로 묻어줄 수 없다. '路馬', 君所乘者. 其他狗馬, 不能以帷蓋.

集說 임금이 타는 말이 죽으면 특별히 휘장으로 묻어주고, 해진 휘장을 쓰지 않는다는 말이다. ○ 방씨方氏(방각方愨)는 말한다. "노나라 소공昭公이 타던 말이 구덩이에 빠져 죽자 휘장으로 싸주었다."130) 謂君之乘馬死, 則特以帷埋之, 不用敝帷也. ○ 方氏曰: "魯昭公乘馬塹而死, 以帷裹之."

【단궁하 122】

계손季孫의 어머니가 죽자 노나라 애공哀公이 조문하였다. 증자가 자공과 함께 조문하는데, 문지기(閽人)가 임금이 있다는 이유로 들여보내지 않았다. 증자는 자공과 함께 그 마구간에 들어가 옷매무새를 가다듬었다. 자공이 먼저 들어가자, 문지기는 "아까 이미 주인께 고하였습니다"라고 하였다. 증자가 뒤따라 들어가자 문지기는 자리를 피해주었다.

季孫之母死, 哀公弔焉. 曾子與子貢弔焉, 閽人爲君在, 弗內也.① 曾子與子貢入於其廄而脩容焉.② 子貢先入, 閽人曰: "鄉者已告矣."③ 曾子後入, 閽人辟之.④

鄭注 ① '혼인閽人'은 문을 지키는 사람이다. '閽人', 守門者.

② 옷매무새를 더욱 엄정하게 한 것이다. 更莊飾.

③ 감히 중지시키지 못하고 말로써 그에게 예의를 갖춘 것이다. 既不敢止, 以言下之.

④ 두 현인이 서로 뒤따르는 것을 보고 더욱 더 공손해진 것이다. 見兩賢相隨, 彌益恭[131]也.

集說 '향자이고鄉者已告'는 앞서 이미 주인에게 고하였다는 뜻이다. '鄉者已告', 言先已告於主人矣.

【단궁하 123】

문 지붕 뒤의 처마를 지나자 경과 대부들이 모두 자리를 피해주었고, 애공이 한 계단을 내려와 그들에게 읍을 하였다. 군자들은 "옷 장식을 다하는 도가 이에 사람들을 크게 감동시킨다"고 말하였다.

涉內霤, 卿·大夫皆辟位, 公降一等而揖之.① 君子言之, 曰: "盡飾之道, 斯其行者遠矣."

鄭注 ① 예우하는 것이다. 禮之.

集說 '내류內霤'는 문 지붕 뒤의 처마이다. '행자원行者遠'은 감동이 크다고 말하는 것과 같다. ○ 유씨劉氏는 말한다. "이 장은 의심스럽다. 증자와 자공이 경의 어머니 상에 조문할 때는 반드시 스스로 예를 다하여 문에 나아갔을 것이고 문지기가 거부한 뒤에야 옷매무새를 다듬어 장식을 다하지는 않았을 것이다. 또 문에 이르렀을 때 문지기가 사절했다면 마땅히 문지기에게 다시 청했을 것이고, 만약 끝내 통과할 수 없었다면 물러나는 것이 옳다. 어찌 반드시 위의를 갖추어 그들을 두렵게 하고 감동시켜서 들어가고자 했겠는가? 들어간 뒤에 임금과 경·대부가 그들에게 공경을 표시한 것은 평소 그들의 어짊을 알고 있었기 때문이고, 평소 서로 알지 못하다 처음 그 용모의 아름다움을 보고 더욱 공경했던 것은 아니다. 그런데 군자들이 '옷장식을 다하는 도가 이에 사람들을 크게 감동시킨다'고 말했다고 한다. 이는 두 사람의 덕행이 사람을 크게 감동시키기에 부족하고, 단지 자질구레한 외적인 장식이 크게 사람들을 감동시켰던 것이 될 것이다." '內霤', 門屋後簷也. '行者遠', 猶言感動之大也. ○ 劉氏曰: "此章可疑. 二子弔卿母之喪, 必自盡禮以造門, 不當待閽者拒而後脩容盡飾也. 且旣至而閽人辭, 或當再請於閽, 若終不得通, 退可也. 何必以威儀悚動之, 以求入耶? 其入而君·卿·大夫敬之者, 以平日知其賢也, 非素不相知創見其容飾之美而加敬也. 而君子乃曰'盡飾之道, 斯其行者遠'. 則是二子之德行, 不足以行遠, 惟區區之外飾, 乃足以行遠耶."

【단궁하 124】

송나라 수도에 있는 양문陽門의 수위병사(介夫)가 죽자 사성司城 자한子罕이 들어가 슬프게 곡을 하였다. 송나라를 염탐하고 있던 진晉나라 사람이 돌아가 진나라 제후에게 보고하였다. "양문의 수위병사가 죽자 자한이 그에게 슬프게 곡을 하는데, 백성들이 (감동하여) 기뻐하고 있습니다. 아마도 공격할 수 없을 듯합니다."

陽門之介夫死,① 司城子罕入而哭之哀.② 晉人之覘宋者, 反報於晉侯, 曰: "陽門之介夫死, 而子罕哭之哀, 而民說. 殆不可伐也."③

鄭注 ① '양문陽門'은 송宋나라 수도의 문 이름이다. '개부介夫'는 갑옷을 입은 수위병사이다. '陽門', 宋國門名. '介夫', 甲衛士.

② 송나라는 무공武公 때문에 사공司空을 피휘 하여 사성司城이라고 하였다. '자한子罕'은 대공자戴公子 악보술樂甫術의 후손 악희樂喜이다. 宋以武公諱司空爲司城. '子罕', 戴公子樂甫術之後樂喜也.

③ '점覘'은 염탐한다는 뜻이다. '覘', 闚視也.

集說 '양문陽門'은 송나라 수도의 문 이름이다. '개부介夫'는 갑사甲士로서 수위하는 자이다. 송나라는 무공武公의 이름이 사공司空이기 때문에 그 관직명을 바꾸어 사성司城이라고 하였다. '자한子罕'은 악희樂喜로서 대공의 후예이다. '점覘'은 염탐한다는 뜻이다. '陽門', 宋之國門名. '介夫', 甲士之守衛者. 宋武公諱司空, 改其官名爲司城. '子罕', 樂喜也, 戴公之後. '覘', 闚視也.

【단궁하 125】

공자가 듣고 말하였다. "훌륭하다, 적국을 염탐함이여! 『시詩』에 '무릇 백성에게 상喪이 있으면, 온 힘을 다하여 도와준다'고 하였다. 비록 진나라에 대한 근심을 없앴을 뿐이었지만, 천하에 그 누가 송나라를 당해낼 수 있겠는가?"

孔子聞之, 曰: "善哉, 覘國乎!① 『詩』云, '凡民有喪, 扶服救之.'② 雖微晉而已, 天下其孰能當之?③"

鄭注 ① 은미한 사실을 알아낸 것을 선하게 여긴 것이다. 善其知微.

② '구救'는 돕는다는 뜻과 같다. '救'猶助也.

③ '미微'는 아니다(非)의 뜻과 같다. '微'猶非也.

集說 공자가 염탐하는 자를 선하게 여긴 것은 그가 다스림의 본체를 알았기 때문이다. 『시詩』「패풍邶風·곡풍谷風」의 편이다. '포복扶服'은 힘을 다한다는 뜻이다. '미微'는 없애다(無)의 뜻이다. 공자가 『시詩』을 인용하여 "송나라가 비록 자한子罕이 인심을 얻어서 진나라에 대한 근심을 없앨 수 있었을 뿐이었지만, 그러나 천하에 또한 누가 (송나라를) 당해낼 수 있겠는가?" 하였다. 인심이 믿을 만한 것임을 강조하여 말한 것이다. 일설에는 "'미微'는 약하다는 뜻으로 비록 진나라의 강함을 약화시켜서 감히 정벌하지 못하게 했을 뿐이지만, 이러한 뜻을 미루어나가면 백성들이 기꺼이 복종하여 반드시 윗사람을 친애하고 어른들을 위해 목숨을 바치게 되어 온 천하가 그 나라를 당해낼 수 없게 될 것이다"라는 뜻이라고 하였는데 앞의 설이 옳다. 孔子善之, 以其識治體也. 『詩』「邶風·谷風」之篇. '扶服', 致力之義. '微', 無也. 夫子引『詩』, 而言"宋國雖以子罕得人心, 可無晉憂而已, 然天下亦孰能當之?" 甚言人心之足恃也. 一說, "'微', 弱也, 雖但弱晉之强, 使不敢伐而已, 然推此意, 則民旣悅

服, 必能親其上死其長, 而擧天下莫能當之矣", 前說爲是.

【단궁하 126】

노나라 장공莊公의 상에 민공閔公은 장례를 마치자 갈질葛絰을 두르고 고문庫門으로 들어가지 않았다. 사와 대부는 졸곡을 마친 뒤에 마질麻絰을 두르고 들어가지 않았다.

魯莊公之喪, 旣葬, 而絰不入庫門.① 士·大夫旣卒哭, 麻不入.②

鄭注 ① 당시 자반子般이 시해하고 경보가 난을 일으켜서, 민공閔公이 감히 삼년상을 치르지 못하고 매장이 끝나자 길복吉服을 입고 돌아왔다. 군주와 신하의 관계를 바로잡아 난을 방비하고 막으려는 것이다. 미약함의 지극함이다. 時子般弑, 慶父作亂, 閔公不敢居喪, 葬已, 吉服而反. 正君臣, 欲以防遏之. 微弱之至.

② '마麻'는 질絰과 같다. 여러 신하들이 우제와 졸곡제를 마치고 또한 상복을 벗은 것이다. 민공은 이미 길복을 하였기 때문에 우제와 졸곡제에 참여하지 않았다. '麻'猶絰也. 群臣畢虞卒哭, 亦除喪也. 閔公旣吉服, 不與虞卒哭.

集說 장공이 자반子般에게 시해되고 경보慶父가 난을 일으켰다.[132] 민공閔公은 당시 나이 8세였다. '질絰'은 갈질葛絰이다. 제후는 칡으로 만든 변질弁絰을 두르고 장례를 치른다. 장례가 끝나자 민공은 곧바로 고문庫門[133] 밖에서 흉복을 벗고 길복으로 공위公位를 이었으므로 "질을 하고 고문으로 들어가지 않았다"고 한 것이다. 사와 대부는 줄곧 마질麻絰을 하고 졸곡을 기다렸는데, 이때 마질을 하고 고문으로 들어가지 않았다. 민공은 이미 길복을 하여 우제와 졸곡제에 참여하지 않았으므로 여러 신하들이 졸곡에 이

르러 상복을 벗었다. 화란의 두려움이 예가 폐기된 이유임을 기록한 것이다. 莊公爲子般所弑, 而慶父作亂. 閔公時年八歲. '絰', 葛絰也. 諸侯, 弁絰葛而葬. 葬畢, 閔公卽除凶服於庫門之外, 而以吉服嗣位, 故云"絰不入庫門也." 士・大夫則仍麻絰, 直俟卒哭, 乃不以麻絰入庫門. 蓋閔公旣吉服, 不與虞與卒哭之祭, 故群臣至卒哭而除. 記禍亂恐迫, 禮所由廢.

【단궁하 127】

공자의 친구로 원양原壤이 있었는데, 그 어머니가 죽자 공자는 그를 도와서 관곽을 손질해주었다. 원양은 관목 위에 올라가 "오래되었구나, 내가 음악에 흥취를 맡기지 못한 적이여!"라고 하고는 "너구리 머리처럼 알록달록하고, 여자의 손을 잡은 듯하구나!"라고 노래하였다. 공자는 듣지 못한 척하고 그의 앞을 지나갔다. 공자를 따르던 시종은 "선생님께서는 아직 그와 절교하지 않았습니까?"라고 말하였다. 공자는 "내 듣건대, 친척에 대해서는 그 친척으로서의 정을 잃지 않고, 친구에 대해서는 친구로서의 우호를 잃어서는 안 된다"라고 하였다.

孔子之故人曰原壤, 其母死, 夫子助之沐椁.① 原壤登木, 曰: "久矣, 予之不託於音也",② 歌曰: "貍首之斑然, 執女手之卷然.③" 夫子爲弗聞也者而過之.④ 從者曰: "子未可以已乎?⑤" 夫子曰: "丘聞之, 親者毋失其爲親也, 故者毋失其爲故也."

鄭注 ① '목沐'은 만든다는 뜻이다. '沐', 治也.

② '목木'은 관곽의 목재이다. '탁託'은 의지한다는 뜻으로, 나무를 두드려

음악을 만드는 것을 말한다. '木', 椁材也. '託', 寄也, 謂叩木以作音.

③ 남을 기쁘게 하는 말이다. 說人辭也.

④ 일부로 모르는 척하는 것이다. 佯不知.

⑤ '이已'는 그친다(止)는 뜻과 같다. '已'猶止也.

集說 어떤 사람이 주자朱子에게 물었다. "원양原壤이 관목에 올라가 노래를 하는데, 공자는 못 들은 척하고 지나가버린 것은 은자隱者를 대하는 방법이다. 그런데 그가 걸터앉아 공자를 기다릴 때 지팡이로 정강이를 두드린 것[134]은 너무 지나친 것이 아닌가?" 주자는 말한다. "그 말은 오히려 잘못이다. 원양이 노래한 것이 바로 커다란 악이다. 만약 이해시키고자 하다가 할 수 없으면 단지 그치고 우선 잠시 쉬는 것이다. 그가 걸터앉아서 기다릴 때에 이르러서는 가르치지 않을 수 없었기 때문에 곧바로 책망한 것이다. 다시 그의 정강이를 두드린 것은 스스로 마땅히 이와 같이 해야 하는 것이다. 만약 지금 당신의 말과 같이 한다면 이는 그 사람에 무관심한 것이니 도리어 벗을 사귀는 도리가 아니다." ○ 호씨胡氏는 말한다. "그 어머니가 죽었는데 노래 부른 것을 꾸짖었다면 원양과의 교제는 마땅히 끊어야 한다. 걸터앉은 정강이를 두드렸다면 원양은 오히려 친구일 뿐이다. 훌륭한 덕이 예에 딱 들어맞고 행동에서 나타나는 것을 여기서도 볼 수 있다." ○ 풍씨馮氏는 말한다. "어머니가 죽었는데 노래한다면 악이 이것보다 큰 것이 있겠는가? 마땅히 절교해야 하는데 절교하지 않은 것은 평소의 소양을 가지고 있어도 사태는 한때에 의도하지 않은 데에서 나오기도 하는 것이 이와 같기 때문이다. 훌륭하다, 주자의 말이여! '만약 이해하고자 하는데 할 수 없다면 단지 그치고 우선 잠시 쉬는 것이다'고 하였다. 성인이 대처하기 어려운 것에 대처한 뜻을 깊이 터득한 것이다." ○ 유씨劉氏는 말한다. "원양의 어머니가 죽자 공자는 그를 도와서 관을 만들어주었다. 원

양은 이미 만들어진 관목에 올라가 '오래되었다, 내가 음악소리에 흥취를 맡기지 못한 것이여!'라고 하였다. '너구리 머리처럼 알록달록하다'(如貍首之斑)는 것은 관목의 무늬가 화려함을 말한다. '권卷'은 권拳(주먹)과 같다. '여자의 주먹을 잡은 듯하다'(如執女手之拳)는 것은 손질한 관곽이 매끄러움을 말한다. 원양이 예법을 무너뜨린 것이 심하다. 공자가 거짓으로 듣지 못한 척하고 지나가서 그를 피하였다. 시종은 그의 무례함을 보고, 공자는 반드시 마땅히 이미 그와의 교제를 끊었어야 한다고 생각했다. 그래서 '선생님은 마땅히 그와 이미 절교했어야 하지 않습니까?'라고 하였다. 공자는 '친척이 된 자가 비록 예가 아닌 행동을 했어도 갑작스레 그 친척의 정을 잃어서는 안 된다. 친구 된 자가 비록 예가 아닌 행동을 했어도 갑작스레 그 친구의 우호를 잃어서는 안 된다'고 하였다. 이것이 성인이 악을 감추어주고 교제를 온전히 하는 뜻이다." 或問朱子: "原壤登木而歌, 夫子爲弗聞而過之, 待之自好. 及其夷俟, 則以杖叩脛, 莫太過否?" 曰: "這說却差. 如壤之歌, 乃是大惡. 若要理會不可但已, 只得且休. 至其夷俟之時, 不可不敎誨, 故直責之. 復叩其脛, 自當如此. 若如今說, 則是不要管他, 却非朋友之道矣." ○ 胡氏曰: "數其母死而歌則壤當絶. 叩其夷踞之脛則壤猶故人耳. 盛德中禮見乎周旋, 此亦可見." ○ 馮氏曰: "母死而歌, 惡有大於此者乎? 宜絶而不絶, 蓋以平生之素, 而事有出於一時之不意者, 如此. 善乎, 朱子之言! 曰, '若要理會不可但已, 只得且休.' 其有以深得聖人之處其所難處者矣." ○ 劉氏曰: "原壤母卒, 夫子助之治椁. 壤登已治之椁木, 而言'久矣, 我之不託興於詠歌之音也!' '如貍首之斑', 言木文之華也. '卷'與拳同. '如執女手之拳', 言沐椁之滑膩也. 壤之廢敗禮法, 甚矣. 夫子佯爲不聞而過去以避之. 從者見其無禮, 疑夫子必當已絶其交. 故問曰, '子未當已絶之乎?' 夫子言, '爲親戚者, 雖有非禮, 未可遽失其親戚之情也. 爲故舊者, 雖有非禮, 未可遽其故舊之好也.' 此聖人隱惡全交之意."

【단궁하 128】

조문자趙文子가 숙예叔譽와 함께 구원九原을 관람하였다. 문자가 말하였다. "죽은 자가 만일 다시 살아날 수 있다면 나는 누구를 따라야 하는가?"

趙文子與叔譽觀乎九原.① 文子曰: "死者, 如可作也, 吾誰與歸?②"

鄭注 ① '숙예叔譽'는 숙향叔向으로, 진晉나라 양설羊舌 대부의 손자이며, 이름은 힐肸이다.135) '叔譽', 叔向也, 晉羊舌大夫之孫, 名肸.

② '작作'은 일어난다는 뜻이다. '作', 起也.

集說 '문자文子'는 진晉나라의 대부로서 이름은 무武이다. '숙예叔譽'는 숙향叔向이다. 경·대부로서 죽어 이곳에 매장된 자가 많은데, 만일 재생하여 일어날 수 있다면 나는 여러 대부 가운데 누구를 따라야 하는가? 라고 물은 것이다. 문자는 가설적으로 이런 말을 하여 숙향과 더불어 옛사람들의 현부賢否를 논하고자 한 것이다. '文子', 晉大夫, 名武. '叔譽', 叔向也. 言卿·大夫之死而葬於此者, 多矣, 假令可以再生而起, 吾於衆大夫誰從乎? 文子蓋設此說, 欲與叔向共論前人賢否也.

【단궁하 129】

숙향은 말했다. "양처보陽處父가 아니겠는가?" 문자가 말하였다. "행동이 진나라에서 전권을 휘두르다 제명에 죽지 못했으니 그 지혜는 칭찬하기에 부족하다."

叔譽曰: "其陽處父乎?①" 文子曰: "行幷植於晉國, 不沒其身, 其知不足稱也.②"

鄭注 ① '양처보陽處父'는 진晉나라 양공襄公의 태부太傅이다. '陽處父', 襄公之太傅.

② '병幷'은 전횡한다(專)는 뜻과 같으니, 성질이 사나워 자기 마음대로 하다가 호역고狐射姑에게 살해당한 것을 말한다.136) '몰沒'은 마친다(終)는 뜻이다. '치植'는 '특特'(혼자서)으로 해석하기도 한다. '幷'猶專也, 謂剛而專己, 爲狐射姑所殺. '沒', 終也. '植'或爲'特'.

集說 '양처보'(處父)는 진나라 양공의 스승이다. '병幷'은 여러 일을 자기가 겸하는 것으로 권력을 전횡하는 것이다. '치植'는 굳세고 강하여 혼자 선다는 뜻이다. 행동이 이와 같았기 때문에 호역고狐射姑에게 살해당했다. 그 몸을 잘 끝마치지 못했으니, 이는 지혜롭지 못한 것이다. '處父', 晉襄公之傅. '幷'者, 兼衆事於己, 是專權也. '植'者, 剛强自立之意. 所行如此, 故爲狐射姑所殺. 不得善終其身, 是不智也.

【단궁하 130】

"구범舅犯이 아니겠는가?" 문자가 말하였다. "이익을 보고는 자기 임금을 돌보지 않았으니 그 인仁은 칭찬하기에 부족하다."

"其舅犯乎?" 文子曰: "見利不顧其君, 其仁不足稱也."

鄭注 오래도록 문공文公과 더불어 난을 피하다가 장차 귀국하기에 이르렀을 때 임금을 편안하게 하려는 마음이 없었음을 말한다. 황하에 이르렀

을 때 구슬을 돌려주면서 거짓으로 도망칠 것을 청하여 임금에게 이익을 요구한 것이 그 예이다. 謂久與文公辟難, 至將反國, 無安君之心. 及河授璧, 詐請亡, 要君以利是.

集說 숙향이 또 자범子犯을 따를 수 있다고 칭하자 문자는 말하였다. "자범은 나라 밖에서 19년 동안 문공文公(공자 重耳)을 따랐는데, 귀국하려는 위태로운 때에 당연히 그를 보좌하여 들어가서 그 일을 안정시켜야 했다. 그런데 황하에 이르러 구슬을 되돌려주면서 사양하였다. 이는 아마도 훗날 작위를 높이고 봉록을 많이 받으려는 계산으로 이 말을 하여 임금을 강요해서 이익을 얻으려는 것이었지 어찌 자기 임금의 안위를 돌보았겠는가? 이는 인仁하지 못한 것이다."137) 叔譽又稱子犯可歸, 文子言"子犯從文公十九年于外, 及反國危疑之時, 當輔之入以定其事. 乃及河而授璧以辭. 此蓋爲他日高爵重祿之計, 故以此言要君求利也, 豈顧其君之安危哉? 是不仁也."

【단궁하 131】

"나는 수무자隨武子를 따르겠다. 자기 임금을 이롭게 하면서도 자신을 잊지 않았고, 자신의 일을 꾀하면서도 자기 친구를 버리지 않았다." 진나라 사람들은 문자는 사람을 알아본다고 하였다.

"我則隨武子乎. 利其君不忘其身, 謀其身不遺其友."① 晉人謂文子知人.②

鄭注 ① '무자武子'는 사회士會이다. 수隨 땅과 범范 땅에서 식읍을 받았고, 자는 계季이다. '武子', 士會也. 食邑於隨・范, 字季.

② 지난날에 그가 선했던 바를 보면 그가 미래에 할 일을 알 수 있다. 見其

所善於前, 則知其來所學.

集說 문자가 스스로 '내가 따르기를 바라는 자는 오직 수무자일 뿐이다'라고 하였다. '무자武子'는 사회士會로서, 수隨 땅에서 식읍을 받았다. 『좌전』에 "그 분은 집안일을 잘 다스렸고, 진나라에서 말할 때는 감정을 숨기지 않았다"[138]라고 하였다. 자신을 잊지 않고 일을 도모한 것은 지혜로운 것(知)이다. 자기 임금을 이롭게 하고, 자기 친구를 버리지 않은 것은 모두 어진 것(仁)이다.[139] 文子自言'我所願歸者, 惟隨武子乎.' '武子', 士會也, 食邑於隨. 『左傳』言"夫子之家事治, 言於晉國, 無隱情." 蓋不忘其身而謀之, 知也. 利其君不遺其友, 皆仁也.

【단궁하 132】

문자는 그 몸가짐이 겸손하여 마치 옷의 무게도 이기지 못하는 듯하였고, 그 목소리가 낮고 느려서 마치 말을 할 줄 모르는 듯하였다.
文子其中退然如不勝衣,① 其言吶吶然如不出諸其口[140].②

鄭注 ① '중中'은 몸이다. '퇴退'는 부드럽고 조화로운 모습이다. 『의례』「향사례鄕射禮 · 기記」에 "활마다 2촌씩 계산하여 과녁 몸통의 치수로 삼는다"고 하였다. '퇴退'가 어떤 본에는 '타妥'로 되어 있다. '中', 身也. '退', 柔和貌. 「鄕射 · 記」曰: "居二寸以爲侯中." '退'或爲'妥'.

② '눌눌吶吶'은 느슨하고 작은 모양이다. '吶吶', 舒少貌.

集說 '중中'은 몸의 뜻으로, 『의례』「향사례 · 기」에 보인다.[141] '퇴연退然'은 겸손하게 낮추고 겁먹은 듯 유약한 모습이다. '눌눌吶吶'은 목소리가 낮고 말이 느리다는 뜻이다. '여불출저기구如不出諸其口'는 마치 말을 할 줄 모

르는 듯하다는 뜻이다. '中', 身也, 見『儀禮』「鄕射・記」. '退然', 謙卑怯弱之貌. '吶吶', 聲低而語緩也. '如不出諸其口', 似不能言者.

【단궁하 133】

진晉나라에 천거한 인물로 관고管庫의 선비 70여 가가 있었지만, 생전에는 그들과 이익을 주고받지 않았으며, 죽을 때에는 자식을 그들에게 부탁하지 않았다.

所擧於晉國, 管庫之士七十有餘家,① 生不交利,② 死不屬其子焉.③

鄭注 ① '관고의 선비'(管庫之士)는 부府・사史 이하로서, 관의 장관이 임용한다. 임금에게 그들을 천거하여 대부나 사로 삼게 하였다. '관管'은 열쇠를 뜻하고, '고庫'는 물건을 저장하는 곳이다. '管庫之士', 府・史以下, 官長所置也. 擧之於君, 以爲大夫・士也. '管', 鍵也, '庫', 物所藏.

② 청렴하다는 뜻이다. 廉也.

③ 깨끗하다는 뜻이다. 潔也.

集說 '관管'은 열쇠의 뜻으로 곧 오늘날의 자물쇠로서, 창고에 저장된 물건은 자물쇠로 열고 잠그는 한계를 삼는다. '관고의 선비'(管庫之士)는 천한 직책이다. 그들이 현명하다는 것을 알고 천거한 것은 벗을 버리지 않았던 실증이다. 비록 그들을 천거하여 그 사람들에게 은혜를 베풀었지만, 살아 있을 때는 그들과 이익을 주고받지 않았고, 죽었을 때도 자기 아들을 그들에게 부탁하지 않았으니 청렴하고 깨끗함의 지극함이다. '管', 鍵也, 卽今之鎖, 庫之藏物, 以管爲開閉之限. '管庫之士', 賤職也. 知其賢而擧之, 卽不遺友之實. 雖有擧用之恩於其人, 而生則不與之交利, 將死亦不以其子屬託之, 廉潔之至.

【단궁하 134】

숙중피는 아들 자류를 가르쳤다. 숙중피가 죽자, 자류의 처는 노둔한 사람이었지만 자최복齊衰服에 규질繆絰을 둘렀다. 숙중연은 그것이 잘못되었다고 자류에게 고하였다. 그러자 자류는 처에게 세최복繐衰服에 환질環絰을 두르도록 하겠다고 하였다. 숙중연은 "옛날에 내가 고모와 자매의 상을 당했을 때에도 그렇게 하였는데 나를 막는 사람이 없었다"고 하였다. 자류는 물러나 자기 처로 하여금 세최복에 환질을 두르게 하였다.

叔仲皮學子柳.① 叔仲皮死, 其妻魯人也, 衣衰而繆絰.② 叔仲衍以告.③ 請繐衰而環絰.④ 曰: "昔者吾喪姑姊妹亦如斯, 末吾禁也."⑤ 退, 使其妻繐衰而環絰.⑥

鄭注 ① '숙중피叔仲皮'는 노나라 숙손씨叔孫氏의 종족이다.[142] '효學'는 가르친다는 뜻이다. '자류子柳'는 숙중피의 아들이다. '叔仲皮', 魯叔孫氏之族. '學', 敎也. '子柳', 仲皮之子.

② '의衣'는 '제齊' 자로 보아야 하니 글자가 뭉개진 것이다[143]. '규繆'는 '아래로 늘어뜨린 끈을 꼬지 않는다'(不樛垂)[144]라고 할 때의 '규樛'로 읽는다. 사의 처가 시부모를 위해 하는 복服이다. 비록 어리석고 미련하지만 예禮에 대해서는 잘 배웠음을 말한다. '衣', 當爲'齊', 壞字也. '繆', 讀爲'不樛垂'[145]之樛. 士妻爲舅姑之服也. 言雖魯鈍, 其於禮勝學.

③ 자류子柳에게 고한 것으로, 그렇게 하는 것은 잘못임을 말한 것이다. '연衍'은 숙중피의 동생인 듯하다. '연衍'은 '피皮'로 보기도 한다. 告子柳, 言此非也. '衍', 蓋皮之弟. '衍'或爲'皮'.

④ '세최緦衰'는 소공小功의 올로 하지만, 4승升 반의 상복이다. '환질環絰'은 조복弔服의 질絰이다. 당시 부인들이 가볍고 세밀한 것을 좋아하여 이것을 많이 입었다. 숙중연은 예의 근본을 알지 못하였는데 자류 또한 옳다고 여겼다. 그리하여 숙중연에게 청하여 자기 처로 하여금 시아버지를 위해서 그것을 입게 하였다. '緦衰', 小功之縷, 而四升半之衰. '環絰', 弔服之絰. 時婦人好輕細, 而多服此者. 衍旣不知禮之本, 子柳亦以爲然. 而請於衍, 使其妻爲舅服之.

⑤ 숙중연이 자류에게 답한 것이다. 고모와 자매가 아직 시집가지 않았을 때는 자최복을 하는데, 며느리가 시부모를 위해 복하는 것과 같다. '말末'은 무無의 뜻이다. '나를 금지하는 이가 없었다'(無禁我)라고 말한 것은 자기 말이 행해지기를 바란 것이다. 衍答子柳也. 姑・姊妹在室齊衰, 與婦爲舅姑同. '末', 無也. 言'無禁我', 欲其言行.

⑥ 제후의 대부가 천자를 위해 하는 상복과 조복弔服의 질絰로 며느리가 시아버지에게 복을 하는 것은 잘못이다. 婦以諸侯之大夫爲天子之衰・弔服之絰服其舅, 非.

集說 '규繆'는 꼰다(絞)는 뜻으로 두 가닥을 서로 교차하여 꼰다는 뜻이다. 오복五服의 질絰은 모두 그렇게 한다. 다만 조복弔服의 환질環絰은 한 가닥이다. ○ 소疏에서 말한다. "숙중피叔仲皮가 자기 아들 자류子柳를 가르쳤지만 자류는 오히려 예를 알지 못하였다. 숙중피가 죽자, 자류의 처는 비록 미련하고 어리석은 부인이었지만 오히려 시아버지를 위하여 자최齊衰의 상복을 입고 머리에 규질繆絰146)을 두를 줄 알았다. '숙중연叔中衍'은 숙중피의 동생이자 자류의 작은아버지였는데, 당시 부인들이 가볍고 가는 복을 좋아하고 숭상하는 것을 보고 자류에게 고하였다. '너의 처는 어째서 예가 아닌 복을 입고 있는가?' 자류는 당시에 모두 그렇게 하는 것을 보고 또한 옳다고 생각하였다. 그리하여 숙중연에게 자기 처로 하여금 몸에 세최緦

衰[147])를 착용하고 머리에 환질環絰을 두르게 하겠다고 청하였다. 숙중연이 또 답하였다. '옛날에 내가 고모와 자매의 상을 당했을 때에도 이처럼 세최에 환질을 하였는데 금지하는 사람들이 없었다.' 자류는 숙중연의 이러한 말을 듣고 물러나 자기 처로 하여금 세최를 착용하고 환질을 두르게 하였다." '繆', 絞也, 謂兩股相交. 五服之絰, 皆然. 惟弔服之環絰一股. ○ 疏曰: "言叔仲皮教訓其子子柳, 而子柳猶不知禮. 叔仲皮死, 子柳妻雖是魯鈍婦人, 猶知爲舅著齊衰而首服繆絰. '衍'是皮之弟, 子柳之叔, 見當時婦人好尙輕細, 告子柳. 云'汝妻何以著非禮之服?' 子柳見時皆如此, 亦以爲然. 乃請於衍, 令其妻身著繐衰, 首服環絰. 衍又答云, '昔者吾喪姑·姊妹, 亦如此繐衰環絰, 無人相禁止也.' 子柳得衍此言, 退使其妻著繐衰而環絰."

【단궁하 135】

성 땅 사람 가운데 형이 죽었어도 상복을 입지 않은 자가 있었는데, 자고子皐가 성 땅의 읍재邑宰가 될 것이라는 말을 듣자 드디어 상복을 입었다. 성 땅 사람이 말하였다. "누에가 길쌈하는데 게가 등에 광주리를 지고, 벌이 관을 쓰는데 매미가 부리에 갓끈을 물고 있구나. 형이 죽었는데 자고가 그를 위해 상복을 입는구나."

成人有其兄死而不爲衰者, 聞子皐將爲成宰, 遂爲衰. 成人曰: "蠶則績而蟹有匡, 范則冠而蟬有緌. 兄則死而子皐爲之衰."

鄭注 형이 죽은 자를 기록한 것이다. 그가 형에 대하여 상복을 하는 것이 형의 죽음을 애도해서가 아님이, 게에게 광주리가 있고 매미에게 갓끈(緌)이 있는 것이 누에의 길쌈이나 벌의 관을 위한 것이 아님과 같음을 말한 것이다. '범范'은 벌이다. '선蟬'은 매미다. '유緌'는 매미의 부리니, 길게 배

아래로 늘어져 있다. 蚩兄死者. 言其衰之不爲兄死, 如蟹有匡, 蟬有緌, 不爲蠶之績, 范之冠也. '范', 蜂也. '蟬', 蜩也. '緌'爲蜩喙, 長在腹下.

集說 '성成'은 노나라의 읍의 이름이다. '광匡'은 (게의) 등껍질이 광주리와 비슷함을 말한 것이다. '범范'은 벌이다. ○ 주씨朱氏(주신朱申)는 말한다. "실을 길쌈하는 자는 반드시 광주리에 담긴 것으로부터 한다. 그러나 게에게 광주리가 있는 것은 누에가 길쌈하도록 하기 위한 것이 아니라 자기의 등을 위한 것일 뿐이다. 머리에 관을 쓰는 자는 반드시 갓끈으로 장식한다. 그러나 매미에게 갓끈이 있는 것은 벌의 관을 위한 것이 아니라 자신의 부리를 위한 것이다. 형이 죽은 자는 반드시 그를 위해서 상복을 입는다. 그러나 성 땅 사람이 상복을 입은 것은 형의 죽음을 위한 것이 아니라 자고를 위한 것일 뿐이다. 위의 두 구절로 아래 구절을 비유한 것이다." '成', 魯邑名. '匡', 背殼似匡也. '范', 蜂也. ○ 朱氏曰: "絲之績者, 必由乎匡之所盛, 然蟹之有匡, 非爲蠶之績也, 爲背而已. 首之冠者, 必資乎緌之所飾. 然蟬之有緌, 非爲范之冠也, 爲喙而已. 兄死者, 必爲之服衰. 然成人之服衰, 非爲兄之死也, 爲子皐而已. 蓋以上二句, 喩下句也."

【단궁하 136】

악정자춘樂正子春의 어머니가 죽자 5일 동안 음식을 먹지 않고 말하였다. "나는 후회하고 있다. 나의 어머니에게 나의 정을 다하지 못한다면, 내가 어디에 나의 정을 쓰겠는가?"

樂正子春之母死, 五日而不食. 曰: "吾悔之.① 自吾母而不得吾情, 吾惡乎用其情?②"

鄭注 ① 억지로 하여 예에 지나쳤다는 말이다.148) '자춘子春'은 증자의 제자이다. 勉强過禮. '子春', 曾子弟子.

② '오호惡乎'는 어디에(於何)라는 뜻이다. '惡乎'猶於何也.

集說 '자춘子春'은 증자의 제자이다. 거짓되게 하여 제정된 예를 지나치고 진실한 정을 어머니에게 쓰지 않는다면, 다른 곳에 그 진실한 정을 쓸 곳이 없게 된다. 이것이 후회한 까닭이다. '子春', 曾子弟子. 矯爲過制之禮, 而不用其實情於母, 則他無所用其實情矣. 此所以悔也.

【단궁하 137】

가뭄이 들었다. 노魯나라 목공穆公은 현자縣子를 불러 물었다. "하늘에서 오랫동안 비를 내리지 않아 내가 곱사등이(尫)에게 햇빛을 쪼이게 하려고 하는데 어떻겠는가?"

歲旱. 穆公召縣子而問然.① 曰: "天久不雨, 吾欲暴尫而奚若?②"

鄭注 ① '연然'이라는 글자는 '언焉'이다. 무릇 '목穆'은 '규繆'로 쓰기도 한다. '然'之言'焉'也. 凡'穆'或作'繆'.

② '해약奚若'은 하여何如이다. '곱사등이'(尫)는 얼굴이 하늘을 향하고 있으니, 하늘이 불쌍하게 여겨서 비를 내려주기를 바라는 것이다. '奚若', 何如也. 尫者, 面鄉天, 覬天哀而雨之.

集說 『좌전』의 주에 "'왕尫은 척추에 병이 든 사람으로, 그 얼굴이 위를 향하고 있다"149)고 하였다. 그에게 햇빛을 쪼이게 한다는 것은 하늘이 불쌍하게 여겨 비를 내리기를 바라는 것이다. 『左傳』註云: "尫者, 瘠病之人, 其面

上向." 暴之者, 冀天哀之而雨也.

【단궁하 138】

(현자가) 말하였다. "하늘이 오랫동안 비를 내리지 않는다고 남의 병든 아들에게 햇빛을 쪼이게 하는 것은 학대하는 것입니다. 불가하지 않겠습니까?"

曰: "天則不雨而暴人之疾子, 虐. 毋乃不可與?"

鄭注 고질병에 걸린 자는 사람들이 슬퍼한다. 그에게 햇빛을 쪼이게 하는 것은 학대이다. 錮疾, 人之所哀. 暴之是虐.

集說 이는 잔인하고 학대하는 일이니, 하늘을 감동시키는 방법이 아님을 말한 것이다. 此言酷虐之事, 非所以感天.

【단궁하 139】

(목공이 말하였다.) "그렇다면 내가 무당에게 햇빛을 쪼이게 하면 어떻겠는가?

"然則吾欲暴巫而奚若?"

集說 무당은 신과 만날 수 있다. 신이 가련하게 여겨 비를 내려주기를 바라는 것이다. 巫能接神. 冀神閔之而雨.

【단궁하 140】

(현자가 말하였다.) "하늘이 비를 내리지 않는다고 어리석은 여자한테 바라고 여기에서 비가 내리기를 구하는 것은 너무 실정에 어두운 것이지 않겠습니까?"

曰: "天則不雨而望之愚婦人, 於以求之, 毋乃已疏乎?"

鄭注 '이已'는 심하다(甚)는 뜻과 같다. 무당은 신과 접하는 일을 주관하니, 또한 하늘이 불쌍하게 여겨 비를 내려주기를 바라는 것이다. 『춘추전』에서 무당(巫)을 설명하면서 "여자는 '무巫'라고 하고, 남자는 '격覡'이라고 한다"고 하였다. 『주례』「여무女巫」에 "(여무는) 가뭄이 들면 춤을 추며 기우제를 지낸다"고 하였다. '已'猶甚也. 巫主接神, 亦覬天哀而雨之. 『春秋傳』說巫曰: "在女曰巫, 在男曰覡." 『周禮』「女巫」"旱暵則舞雩."

集說 '어이구지於以求之'는 '어차구지於此求之'(여기에서 비를 구하다)라고 말하는 것과 같다. '이소已疏'는 매우 현실과 거리가 멀다는 뜻이다. '於以求之', 猶言'於此求之'也. '已疏', 言甚迂闊也.

【단궁하 141】

(목공이 말하였다.) "시장을 옮기면 어떻겠는가?" (현자가 말하였다.) "천자가 돌아가시면 여항으로 7일 동안 시장을 옮기고, 제후가 돌아가시면 여항으로 3일 동안 시장을 옮깁니다. 가뭄 때문에 시장을 옮기는 것도 가능하지 않겠습니까?

"徙市則奚若?" 曰: "天子崩, 巷市七日, 諸侯薨, 巷市三日. 爲之徙市, 不亦可乎?"

鄭注 '시장을 옮긴다'(徙市)는 것은 서인의 상례를 말한다. 이제 시장을 옮기는 것은 가뭄에 슬퍼하기를 마치 상을 당한 듯이 한다는 뜻이다. '徙市'者, 庶人之喪禮. 今徙市, 是憂戚於旱若喪.

集說 '사徙'는 옮긴다는 뜻이다. '시장을 옮긴다'(徙市)라고 하고 '여항의 시장'(巷市)이라고 한 것은 교역하는 물건을 여항으로 옮긴다는 뜻이다. 이는 서인들이 나라의 대상大喪에 슬퍼하여 시장을 파하지만 날마다 사용하는 필수품은 또 없앨 수 없기 때문에 여항으로 시장을 옮기는 것이다. 이제 가뭄이 들어서 시장을 옮기고자 하는 것은 군주의 상례를 행하여 자책하는 것이다. 현자縣子는 목공이 자신에게서 책임을 구하고 남에게서 책임을 구하지 않는 것이라고 생각하여 그 말을 옳게 여겼다. 그러나 어찌 노나라 희공僖公이 커다란 가뭄에 무당을 불태워 햇빛을 쏘이려다 장문중臧文仲의 말을 듣고 중지한 일[150]을 듣지 못하였는가? 현자는 그 설을 들어서 목공에 대답하지 못하고 시장을 옮기는 것이 옳다고 말하였으니, 이 또한 너무 실정에 어두운 것이다. '徙', 移也. 言'徙市', 又言'巷市'者, 謂徙交易之物於巷也. 此庶人爲國之大喪, 憂戚罷市, 而日用所須, 又不可缺, 故徙市於巷也. 今旱而欲徙市者, 行喪君之禮, 以自責也. 縣子以其求之己而不求諸人, 故可其說. 然豈不聞僖公以大旱欲焚巫尪, 聞臧文仲之言而止? 縣子不能擧其說以對穆公, 而謂徙市爲可, 則亦已疏矣.

【단궁하 142】

공자가 말하였다. "위衛나라 사람이 합장(祔)을 할 때는 (두 관을) 떨어지게 한다. 노魯나라 사람이 합장할 때는 합치니 선하도다!"

孔子曰: "衛人之祔也離之.① 魯人之祔也合之, 善夫!"②

鄭注 ① '부祔'는 합장을 말한다. '떨어뜨린다'(離之)는 것은 그 외관外棺 속에서 두 관 사이를 떨어뜨려놓는 것을 말한다. '祔', 謂合葬也. '離之', 有以間其椁中.

② '선하다'(善夫)는 것은 노나라 사람을 선하게 여긴다는 뜻이다. 합장할 때는 마땅히 두 관 사이를 붙여놓아야 한다. '善夫', 善魯人也. 祔葬當合也.

集說 살았을 때 이미 방을 함께하였기 때문에 죽었을 때 무덤을 함께하므로 노나라를 선하게 여긴 것이다. ○ 소疏에서 말한다. "'부祔'는 합장을 말한다. '떨어뜨린다'(離之)는 것은 하나의 물건을 써서 그 외관外棺 속에 있는 두 관의 사이를 떨어뜨려놓는 것을 말한다. 노나라 사람은 두 관을 병합하여 외관 안에 넣고 별도의 물건으로 떨어뜨려놓는 일이 없다." ○ 주자朱子는 말한다. "옛날에 외관은 여러 목재를 합하여 만들었으므로 크기는 사람이 만드는 바대로 따랐다. 오늘날에는 전체의 나무를 사용하기 때문에 큰 나무로 외관을 만들 수 없으므로 합장할 때는 단지 무덤만 함께하고 각각 외관을 사용한다. 生既同室, 死當同穴, 故善魯. ○ 疏曰: "祔, 合葬也. 離之, 謂以一物隔二棺之間於椁中也. 魯人則合並兩棺置椁中, 無別物隔之." ○ 朱子曰: "古者椁合衆材爲之, 故大小隨人所爲. 今用全木則無許大木可以爲椁, 故合葬者只同穴而各用椁也."

역주

1) 『禮記注疏』「原目」의 공영달의 소에 나오는 내용이다. 『예기집설』, 『예기집설대전』, 『예기주소』 어디에도 본문으로 끌어 쓴 경우는 없다.

2) 장상 : 남녀가 冠禮와 笄禮를 하기 전에 죽은 것을 殤이라 한다. 19세에서 16세 사이에 죽은 자는 長殤, 15세에서 12세 사이에 죽은 자는 中殤, 11세에서 8세 사이에 죽은 자는 下殤, 8세 미만에 죽은 자는 無服之殤이 된다. 『儀禮』「喪服」 鄭玄 注 참조.

3) 견거 : 遣奠 때 진설한 희생의 몸체를 싣고 묘지로 가 壙中에 함께 부장하는 의장용 수레이다. 『주례』「春官·巾車」에 "대상에 견거를 장식하고 이어 진열을 한 뒤 묘지로 간다"(大喪, 飾遣車, 遂廞之, 行之)에 대한 정현 주에 "사람을 시켜 들게 하여 묘로 간다. 견거는 鸞車라고도 한다"(使人擧之以如墓也. 遣車, 一曰鸞車)라고 하였고, 賈公彦의 疏에 "장식한다는 것은 다시 금, 상아, 가죽으로 장식하여 살아 있을 때의 수레처럼 하지만 거칠고 작게 할 뿐임을 말한다"(言飾者, 還以金象革飾之, 如生存之車, 但粗小耳)라고 하였다.

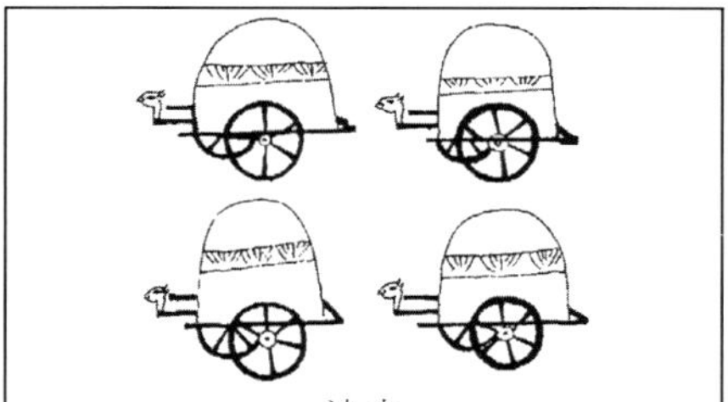
遣車
『三禮圖』(宋 聶崇義)

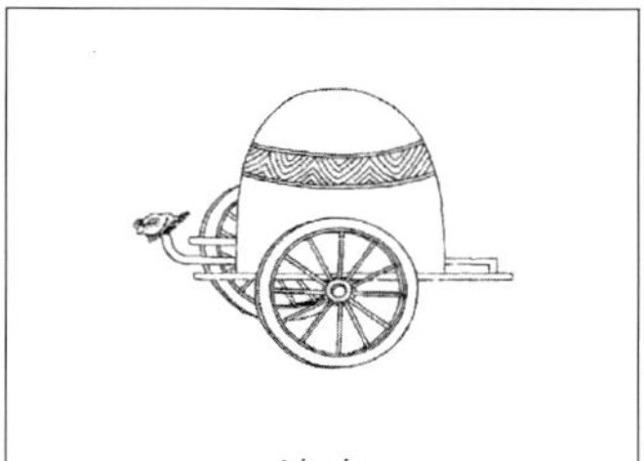
遣車
『欽定禮記義疏』(淸)

4) 공 : 공은 제후의 다섯 등급인 公·侯·伯·子·男의 첫 번째 등급이다. 「王制」(1) 참조.

5) 견전 : 葬日에 거행하므로 葬奠이라고도 한다. 장지로 출발하기 전에 진설하는 전으로 가장 나중에 올리므로 사용하는 음식 또한 매우 풍성하다. 전을 마친 뒤에는 희생의 몸체를 싸서 遣車에 싣고 장지로 가 壙中에 매장한다.

6) 중상은 위를 따른다 : 『儀禮』「喪服」의 傳에 "大功의 殤에서 中殤은 長殤을 따른다"라고 하였다.

7) 방씨 : 衛湜의 『禮記集說』에 方慤의 말로 인용되어 있다.

8) 근력을 쓰는 ~ 안 된다 : 「曲禮上」(106) 참조.

9) 광 : 이상은 크고 진취적이지만 법도에 어긋나고 행동이 지나친 사람을 가리킨다. 『논어』「子路」 참조.

10) 공자는 ~ 않았다 : 『논어』「述而」에 나오는 말이다.

11) 殯 : 『예기집설』에는 殯으로 되어 있으나, 擯의 오자로 보인다.

12) 상여의 ~ 한다 : 본 경문의 주석에서 引과 紼을 상여끈과 관끈으로 구분하여 설명한 것과 달리 『儀禮』 「旣夕禮」의 "引을 부착한다"(屬引)에 대한 정현 주에는 "'屬'은 부착한다(著)는 뜻과 같다. '引'은 널을 실은 수레(柩車)를 끄는 끈으로, 軸輴(구거의 굴대)에 있는 것을 紼이라고 한다. 옛날에는 사람이 柩를 끌었다"('屬'猶著也. '引', 所以引柩車, 在軸輴曰紼)라고 하거나 「곡례상」(171)의 주에서는 紼을 '상여를 당기는 끈'(引車索)으로 정의하고 있다. 그러나 陳澔는 본 경문의 주석은 물론 「곡례」의 주석에서도 '관을 당기는 끈'으로 일관되게 해석하고 있다.

13) 신하 : 『예기주소』의 疏에서는 대부로 한정하였다.

14) 괴상이 ~ 못하다 : 「檀弓下」(93~95) 참고.

15) 예는 ~ 않기 : 「曲禮上」(180) 참고.

16) 단 : 웃옷의 왼쪽 소매만 벗고 그 안에 입은 속옷은 그대로 입고 있는 것을 袒이라고 한다. 겨울에 裘(갖옷)를 입은 위에 다시 裼衣(갖옷 위에 입는 속옷으로 체의라고도 발음한다)를 입고 그 위에 웃옷을 입는데 이때 웃옷의 왼쪽 소매를 벗어 裼衣를 드러낸 것을 裼이라고 한다. 왼쪽 소매를 전부 벗어 어깨의 맨살을 드러낸 것을 肉袒이라고 하며 이것은 형벌을 받기 위한 경우에 주로 한다. 『三禮辭典』, 688쪽 참조.

17) 문 : 冠을 대신하는 것으로, 한 치 넓이의 베를 목 중앙에서 이마 앞에서 교차시키고 다시 뒤로 감아 상투에 묶는 것이다. 『三禮辭典』, 384쪽 참조.

18) 문밖의 ~ 알린다 : 『예기주소』의 疏에서는 조문하러 온 사람에게 알린다고 하였다.

19) 시집간 ~ 않는데 : 『儀禮』 「상복」 '자최부장기 · 전'에 "(부인은) 아버지의 후사가 된 곤제를 위해 왜 기년으로 복을 하는가? 부인이 비록 집을 떠나 있더라도 반드시 종으로 돌아가야 하므로 '소종'이라 하고 기년의 복을 한다"고 하였다.

20) 빈궁을 ~ 간다 : 「檀弓上」(135)에 나온다.

21) 방씨 : 衛湜의 『禮記集說』에 方慤의 말로 인용되어 있다.

22) 군주의 ~ 전달한다 : 「少儀」(60)에 나오는 말이다.

23) 왕자의 후예 : 하나라와 은나라의 제사를 받드는 후손을 가리킨다.

24) 정현의 ~ 때문에 : 『국어』 「晉語二」에 관련 내용이 기록되어 있다.

25) 아침저녁으로 ~ 걷는다 : 「雜記上」(58)의 기록이다.

26) 복 : 막 사망하였을 때 지붕의 중앙으로 올라가 북쪽을 향해 死者가 입던 옷을 흔들면서 혼을 부르는 의절이다. 복의 절차에 관해 『儀禮』 「士喪禮」에서 "復을 하는 사람은 동쪽 추녀(榮) 앞에서 사다리를 타고 지붕으로 올라가 중앙까지 가서 북쪽을 향해 옷을 흔들면서 魂靈을 부르는데, 소리를 길게 내고 나서 '아무개는 돌아오라'라고 세 번을 외친 다음 옷을 堂 앞으로 던진다. 옷을 받는 사람이 뜰에서 옷을 받을 때는 상자(篋)를 사용하여 받고, 옷을 받은 뒤 阼階로 올라가 옷을 시신 위에 덮어놓는다"(升自前東榮, 中屋, 北面, 招以衣曰, '皐某復', 三, 降衣于前. 受用篋, 升自阼階, 以衣尸)라고 한 것에 대해 정현은 "'북쪽을 향해서 부른다'(北面招)는 것은 어두운 곳에서 구한다는 뜻이다.

'皐'는 소리를 길게 내는 것이다. '某'는 죽은 사람의 이름이다. '復'은 돌아오라는 뜻이다. '降衣'는 옷을 아래로 던진다는 뜻이다. 「喪大記」(6)에 '무릇 復을 할 때는 남자는 이름을 부르고 부인은 字를 부른다'고 하였다. '받는다'(受)는 것은 뜰에서 받는다는 것이다. 復을 할 때는 한 사람이 招魂을 하므로 옷을 받는 사람 또한 한 사람이다. 國君의 경우는 司服이 초혼할 때 사용한 옷(復衣)을 받는다. '衣尸'는 시신 위에 덮는 것으로 마치 魂이 돌아온 것처럼 하는 것이다"('北面招', 求諸幽之義也. '皐', 長聲也. '某', 死者之名也. '復', 反也. '降衣', 下之也. 『喪大記』曰, '凡復, 男子稱名, 婦人稱字.' '受'者, 受之於庭也. 復者, 其一人招, 則受衣亦一人也. 人君則司服受之. '衣尸'者, 覆之, 若得魂反之)라고 하였다.

27) 복을 ~ 향한다 : 『儀禮』「사상례」에 나오는 말이다.

28) 오사 : 「曲禮下」(82)의 "천자는 천지에 제사하고, 사방에 제사하고, 산천에 제사하고, 五祀에 제사하는데 해마다 두루 제사한다"(天子祭天地, 祭四方, 祭山川, 祭五祀, 歲徧)에 대해 정현은 "'五祀'는 戶(출입문의 신), 竈(부엌의 신), 中霤(방 중앙의 후토신), 門(대문의 신), 行(길의 신)이다"(五祀, 戶・竈・中霤・門・行也)라고 하였고, 陳澔의 『集說』에는 "五祀는 봄에 戶에 제사하고, 여름에 竈에 제사하고, 늦여름에 中霤에 제사하고, 가을에 門에 제사하고, 겨울에 行에 제사한다. 이것이 이른바 '해마다 두루 지낸다'(歲徧)는 것이다.…… 「祭法」을 보면, 천자는 七祀를 세우는데 五祀에다 司命과 泰厲를 더하고, 제후는 五祀인데 司命과 公厲는 있지만 戶와 竈는 없다. 대부는 三祀인데 族厲는 있지만 中霤, 戶 그리고 竈가 없고, 사는 二祀인데 門과 行이다. 이 규정은 경전을 살펴보면 모두 합치하지 않는다"(五祀, 則春祭戶, 夏祭竈, 季夏祭中霤, 秋祭門, 冬祭行. 此所謂'歲徧.'……「祭法」天子立七祀, 加以司命・泰厲, 諸侯五祀, 有司命・公厲而無戶・竈. 大夫三祀有族厲, 而無中霤戶竈, 士二祀則門・行而已. 是法考於經, 皆不合)라고 하였다.

29) 精 : 어떤 본에서는 旌으로 되어 있다. 그럴 경우 '죽은 자의 이름을 적은 깃발'이라는 뜻이 된다.

30) 명정 : 死者의 성명을 생전에 사용하던 깃발이나 따로 마련한 布에 써서 표시한 것으로, 殯을 할 경우에는 肂坎(매장 때까지 관을 안치해놓는 구덩이)의 동쪽에 세워 두고 그렇지 않을 경우에는 靈座의 오른쪽에 기대어놓는다.

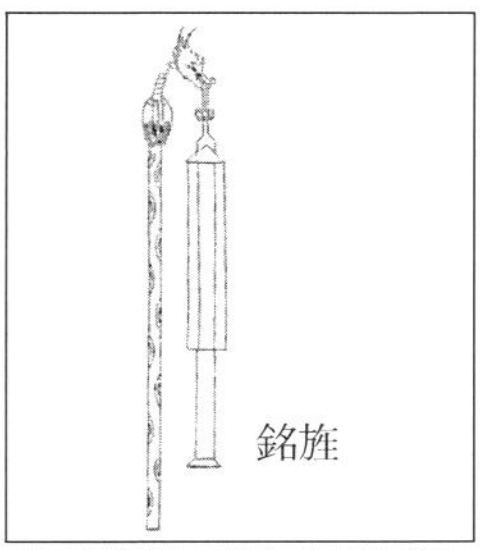

『三禮圖』(宋 聶崇義)

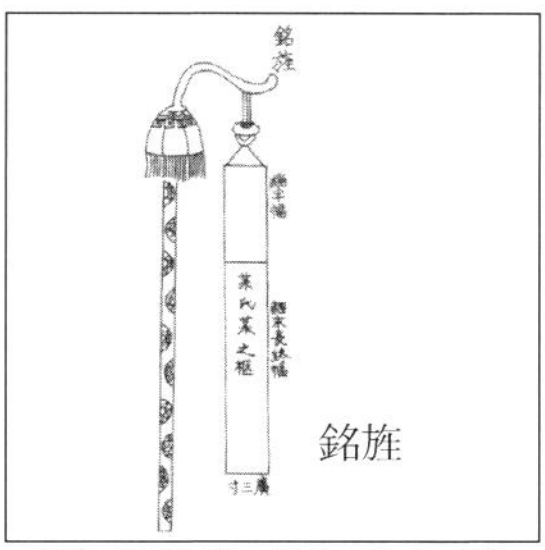

『禮書通考』(淸 黃以周)

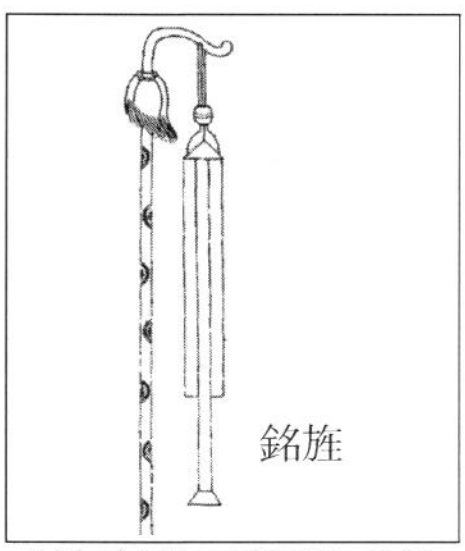

『欽定禮記義疏』(淸)

31) 모씨모지구 : 「喪服小記」(42)에 "復을 하고 銘을 쓸 때는 천자로부터 士에 이르기까지 그 용어가 한결같았다. 남자는 이름을 부르고, 婦人은 姓과 伯仲을 썼으며, 姓을 모를 때는 氏를 썼다"(復與書銘, 自天子達於士, 其辭一也. 男子稱名, 婦人書姓與伯仲, 如不知姓, 則書氏)라고 하였다. 이에 대해 鄭玄은 "이것은 은나라의 예를 말한 것이다. 은나라는 質을 숭상하여 이름을 중시하지 않았고, 그 때문에 復을 하면서 신하가 군주의 이름을 부를 수 있었다. 주나라의 예는 천자가 崩했을 때 復을 하면서 '皐天子復'이라 하였고, 제후가 薨했을 때 復을 하면서 '皐某甫復'이라고 하였다. 그 나머지와 銘을 쓰는 것은 동일했다"(此謂殷禮也. 殷質, 不重名, 復則臣得名君. 周之禮, 天子崩, 復曰'皐天子復', 諸侯薨, 復曰'皐某甫復'. 其餘及書銘則同)라고 하였다.

32) 사감 : 임시로 관을 안치하는 구덩이다. 『儀禮』「사상례」"서쪽 계단 위에 관을 안치할 구덩이(肂)를 파는데, 구덩이의 깊이는 衽이 보일 정도로 판다"(掘肂見衽)고 하였고, 정현은 주에서 "'肂'는 관을 안치할 구덩이(坎)로 서쪽 계단 위에 판다"('肂', 埋棺之坎者也, 掘之於西階上)고 하였다.

33) 정말 : 經은 붉은색을 뜻하며, 末은 깃발의 하단 부분을 뜻한다. 『儀禮正義』, 1665쪽 참조.

34) 우제의 ~ 사용한다 : 『춘추공양전』, 文公 2년 조에 나오는 말이다.

35) 고조의 지위를 떠날 때 : 孔穎達의 소에 "이제 죽은 이들은 대대로 체천하여 顯考가 되는데 그 重은 계속 묘에 보관하였다가 죽은 이가 현고의 지위를 떠날 때 그 중과 신주를 매장한다. 이미 체천하여 다시 묘가 없으므로 현고는 고조를 가리킨다"(今死者世世遞遷, 至爲顯考, 其重恒在, 死者去離顯考, 乃埋其重及主. 以其旣遷, 無復有廟, 故顯考謂高祖也)라고 하였다.

36) 중 : 虞祭를 지낼 신주가 만들어지기 전까지 신주 대신 사용되는 기물로, 나무를 깎아 만들어 반함을 하고 남은 쌀로 끓인 죽과 명정을 걸어놓는다. 「曲禮下」(41) 각주 참조.

37) 사의 ~ 3자이다 : 『儀禮』「士喪禮」"重은 나무를 깎아 구멍을 뚫어서 만든다. 甸人이 重을 동서 방향으로는 뜰 중앙에 설치하는데, 남북 방향으로는 뜰을 삼등분하여 남쪽으로 삼분의 일이 되는 곳에 설치한다"(重, 木刊鑿之. 甸人置重于中庭, 參分庭一在南)고 한 조항의 정현 주에 나오는 말이다.

38) 수복 : 상복을 하는 기간 동안 무거운 복을 가벼운 복으로 갈아입는 것이다. 이에 관해 聶崇義는 다음과 같이 설명한다. "참최의 상에서 또한 관과 최복을 받는 것은 무엇 때문인가? 무릇 상에서 상복을 제정한 것은 슬픔을 표현하기 위한 것이다. 슬픔에는 성한 때와 줄어드는 때가 있으니, 그 상복도 슬픔의 정도에 따라 융성하게 하기도 하고 줄이기도 한다. 그러므로 처음의 상복은 거칠고 조악한데, 장례를 치른(葬) 후, 연제를 지낸(練) 후, 대상제사를 지낸(大祥) 후에 이르면 점차 세밀하게 하여 문식을 가한다. 참최의 상을 예로 들면, 衰服은 처음 3승의 베로 만들고, 冠은 6승의 베로 만드는데, 장례를 치른 후에는 그 관의 승수로 수복을 하니, 6승의 최복과 7승의 관을 받는다. 소상의

제사를 지낸 후에는 또 그 관의 승수로 수복을 하니, 7승의 최복과 8승의 관을 받는다. 이는 장례를 치른 후와 상제를 지낸 후에 모두 다시 가벼운 상복으로 받는 것이다. 이 때문에 '受冠'·'受服'의 명칭이 있게 된 것이다. 降服으로 자최의 복을 할 경우에는 처음 죽었을 때에는 4승의 최복을 입고, 7승의 관을 쓴다. 장례를 치른 후에는 그 관의 승수로 수복을 하니, 7승의 최복과 8승의 관을 받는다. 正服으로 자최의 복을 할 경우에는 5승의 최복을 입고, 8승의 관을 쓴다. 장례를 치른 후에는 그 관의 승수로 수복을 하니, 8승의 최복과 9승의 관을 받는다. 義服으로 자최의 복을 할 경우에는 6승의 최복을 입고, 9승의 관을 쓴다. 장례를 치른 후에는 그 관의 승수로 수복을 하니, 9승의 최복과 10승의 관을 받는다. 降服으로 대공의 복을 할 경우에는 7승의 최복을 입고, 10승의 관을 쓴다. 장례를 치른 후에는 그 관의 승수로 수복을 하니, 10승의 최복과 11승의 관을 받는다. 正服으로 대공의 복을 할 경우에는 8승의 최복을 입고, 10승의 관을 쓴다. 장례를 치른 후에는 10승의 최복과 11승의 관을 받는다. 義服으로 대공의 복을 할 경우에는 9승의 최복을 입고, 11승의 관을 쓴다. 장례를 치른 후에는 11승의 최복과 12승의 관을 받는다. 처음 상을 당했을 때 쓰는 冠의 升數는 모두 장례를 치른 후에 받는 최복의 승수와 동일하다. 그러므로 傳에서 '자최와 대공의 복에는 장례를 치른 후에 새롭게 받는 최복과 동일한 升數의 관을 쓴다'(齊衰·大功, 冠其受)고 한 것이다." 胡培翬, 『儀禮正義』, 1395쪽 참조.

39) 無則主人之妻也 : 疏에는 이 구절이 없다.

40) 반곡 : '反哭'은 죽은 이를 매장한 후에 돌아와서 哭을 하는 절차를 말한다. 主人 이하 近親者는 죽은 이를 매장하고 집으로 돌아와 먼저 祖廟에서 哭을 하고, 다음으로 殯宮에서 哭을 한다.

41) 검은색과 옅은 ~ 열 단 : '玄纁束帛'을 줄인 말이다. 『儀禮』「聘禮」의 鄭玄 注에 의하면 '玄纁束帛'은 검은색 3, 옅은 진홍색 2의 비율로 이루어진 비단 10단을 가리킨다.

42) 우제 : 喪祭의 명칭으로, 士의 경우 3개월 만에 장례를 치르고, 장례를 치른 후 4일 안에 殯宮에서 세 차례 虞祭를 지내는데, 이를 '三虞'라고 칭한다. 첫 번째 우제를 '祫事', 두 번째 우제를 '虞事', 세 번째 우제를 '成事'라고 한다. 『儀禮』「旣夕禮」의 '三虞'에 대해 鄭玄은 "'虞'는 상제의 명칭이다. '虞'는 안정시킨다는 뜻이다. 骨肉은 흙으로 돌아갔지만, 精氣는 돌아다니지 않는 곳이 없다. 효자는 그 精氣가 방황하고 있기 때문에 세 차례 제사를 지내서 안정시켜 주는 것이다. 아침에 매장을 하였는데, 한낮에 우제를 지내는 것은 차마 하루라도 떨어지지 못하기 때문이다"('虞', 安也. 骨肉歸於土, 精氣無所不之. 孝子爲其彷徨, 三祭以安之. 朝葬, 日中而虞, 不忍一日離)라고 하였다.

43) 담제 : 大祥祭를 지내고 한 달을 건너 27개월째에 지내는 제사로, 제사를 지내면 정치에 종사하는 등 일상을 회복하게 된다. 『儀禮』「士虞禮」의 "中月而禫"에 대해 鄭玄은 "'中'은 사이를 둔다는 뜻과 같다. '禫'은 제사의 명칭이다. 대상제와는 한 달을 띄운다. 초상으로부터 여기에 이르기까지 모두 27개월이다. '禫'은 담담한 듯 평안하다는 뜻이다"

('中'猶間也. '禫', 祭名也. 與大祥間一月. 自喪至此, 凡二十七月. '禫'之言, 澹澹然平安意也)라고 하였다. 『儀禮正義』에서 胡培翬는 "禫은 淡과 통용되는데 애통하고 참담한 마음이 이때에 이르러 조금씩 평안해지고 지난날 아침저녁으로 불안했던 것이 이때에 이르면 조금 안정된다는 것이다"(禫與淡通, 謂哀痛慘切之念, 至此漸平, 向之夙夜不安者, 至此稍安也)라고 하였다.

44) 아무개의 비를 배향한다 : 『儀禮』 「소뢰궤사례」에 "주인은 머리가 바닥에 닿도록 하여 두 번 배례를 한다. 축은 시동을 맡을 사람에게 고하여 '孝孫 아무개는 내일 丁亥日에 皇祖 백 아무개(伯某)께 歲時의 제사를 올리고 아무개의 비(某妃)를 아무개 씨(某氏)께 배향하고자 하나이다. 감히 다시 한 번 시동이 되어줄 것을 청하나이다'라고 말한다"(主人再拜稽首. 祝告曰, '孝孫某, 來日丁亥, 用薦歲事于皇祖伯某, 以某妃配某氏. 敢宿')라고 하였다. 이는 성별에 상관없이 동일한 시동을 사용하고 있음을 보여주는 사례이다.

45) 부제 : '祔祭'는 제사의 명칭으로, 虞祭를 지내고 卒哭祭를 마친 이튿날에 신주를 祖廟에 올려서 제사를 지내는데, 「喪服小記」에 "祔祭는 반드시 昭穆에 따라 한다"(以其昭穆)고 하였듯이 이미 죽은 조상들의 신주와 나란히 배열하여 合祀를 한다. 祔祭를 마친 후에 신주를 寢으로 되돌려놓았다 大祥 이후에 비로소 廟에 옮겨놓는다.

46) 다음날 ~ 부한다 : 『儀禮』 「既夕禮」에 나오는 말이다.

47) 이날 : 虞祭 이후 祔祭 이전의 剛日을 말한다.

48) 다른 ~ 쓴다 : 『儀禮』 「士虞禮 · 記」의 "三虞 · 卒哭 · 다른 제사(他)는 剛日을 사용하는데 또한 처음과 같고, '상주는 일이 이루어졌음을 아뢰니다'(哀薦成事)라고 한다"(三虞 · 卒哭 · 他, 用剛日, 亦如初, 曰'哀薦成事')에 대해 정현은 "'다른 경우'(他)는 때에 맞추어 매장을 하지 않은 경우를 가리킨다. 「喪服小記」에 '빨리 장사를 지낼 경우에는 虞祭도 빨리 행한다. 그러나 삼 개월 뒤에 卒哭을 한다'라고 하였다. 그렇다면 우제와 졸곡 사이에 제사가 있는 경우에는 또한 강일을 쓰는데, 그 제사는 이름이 없어 '다른 경우'라고 가정하여 말한 것이다"('他', 謂不及時而葬者. 「喪服小記」曰, '報葬者報虞者. 三月而後卒哭.' 然則虞卒哭之間有祭事者, 亦用剛日, 其祭無名, 謂之他者, 假設言之)라고 하였다.

49) 연제: '練祭'는 삼년상에서 13개월 만에 거행하는 제사로, 이때에 누인 베로 짠 練冠을 쓰기 때문에 그것으로 제사의 명칭을 삼은 것이다. 「雜記下」(37)에 "기년상은 11개월이 되면 練祭를 지내고 13개월이 되면 大祥祭를 지내고, 15개월이 되면 禫祭를 지낸다"(期之喪十一月而練, 十三月而祥, 十五月而禫)고 하였다.

50) 외출할 ~ 뵌다 : 「曲禮」(37)에 나오는 말이다.

51) 이 경문은 ~ 것이다 : 이 구절은 생전에 쓰던 물건이 아닌, 명기를 매장 시 부장품으로 넣는 것을 말한다.

52) 도거 : 진흙으로 만든 부장용 수레로서 明器의 일종이다. 遣車라고도 한다. 『三禮辭典』, '塗車' 항목 참조.

53) 옛 임금을 ~ 보인다 : 『儀禮』 「喪服」 자최삼월장에 "舊君과 구군의 어머니 · 구군의 처를

위해 자최 3월로 복을 한다"(爲舊君 · 君之母 · 妻)고 하였다.

54) 세 번 ~ 있겠는가? : 『맹자』 「離婁下」에 나오는 말이다.

55) 소인이 ~ 없는 것 : 「中庸」에 나오는 말이다.

56) 선도 : 墓道라고도 한다. 賈公彦은 "壙으로 들어가는 길을 가리킨다. 길 위에 負土(흙을 받치는 横板)가 없는 것이 羨道이다. 천자의 경우는 隧라고 하는데, 길 위에 負土가 있는 것이 隧이다"라고 해석한다.(『儀禮注疏』, 878쪽 참조) 이에 대하여 方苞는 "壙의 남쪽에 무덤으로 통하는 埏門이 있는데 연문의 아래쪽이 羨道이다. 빗물이 그곳으로 새서 광속으로 스며들지 못하게 하는 것이다"라고 하였다. 『儀禮正義』, 1900쪽 참조.

57) 종경 : 一門의 家老 또는 重臣. 후대에는 太常寺의 官이나 禮部尙書를 가리키는 말이다.

58) 회견의 예 : 제후의 부인이 다른 제후를 회견하는 예가 있다.(「曲禮下」(63) 참조) 경강은 대부의 부인이지만 계씨가 노나라의 중신이므로 회견의 예가 있다고 한 것이다.

59) 울도 : 『맹자』 「萬章上」 "鬱陶思君爾"의 '鬱陶'에 대하여 주자는 "생각을 깊이 해서 기가 펴지지 못한 상태"(思之甚而氣不得申也)로 해석한다. 즉 무엇인가 꽉 차 있지만 발산하지 못한 상태를 말한다.

60) 효포와 ~ 꾸미고 : 「檀弓上」(86) 각주 참조.

61) 류와 ~ 장식하면 : 「檀弓上」(13)의 각주 참조.

62) 포 : 『주례』 「天官 · 腊人」의 "고기 말리는 일을 관장한다"(掌乾肉)에 대해 정현 주에 "큰 동물은 해체하고 잘라서 말리니, 그것을 '乾肉'이라고 한다.…… 얇게 잘라서 말린 것을 '脯'라고 하고, 두드리고 생강이나 계피를 뿌려 넣은 것을 '鍛脩'라고 한다. '腊'은 작은 동물을 통째로 말린 것이다"(大物解肆乾之, 謂之'乾肉'.……薄折曰'脯', 棰之而施薑桂曰'鍛脩'. '腊', 小物全乾)라고 하였다.

63) 서서 : 여유가 없이 불안한 모습이다. 『詩』 「小雅 · 六月」의 "유월에 경황없이 융거의 차비를 갖추었네"(六月棲棲, 戎車既飭)의 朱子 註에 '棲棲'를 '황망하고 불안한 모습'(皇皇不安之貌)이라 하였다.

64) 忘 : 주소본에는 亡으로 되어 있다.

65) 치 : 나무 또는 청동으로 만든 3승 용량의 술잔이다. 『儀禮』 「士冠禮」의 "예주(醴)를 넣은 한 통의 질그릇 술동이(甒)만을 단독으로 진설하는데, 옷의 북쪽에 놓는다. 또 그 북쪽에 대광주리(篚)를 진설하는데, 그 안에 술 국자(勺), 술잔(觶), 뿔 숟가락(角柶) 등을 넣어두며, 말린 고기(脯)를 담아놓은 대나무 그릇(籩)과 고기젓갈(醢)을 담아놓은 나무 그릇(豆)을 진설하는데, 남쪽을 윗자리로 하여 놓는다"(側尊一甒醴, 在服北. 有篚實勺 · 觶 · 角柶, 脯醢, 南上)에 대한 정현 주에 "3升 용량의 술잔을 '觶'라고 한다"(爵三升曰'觶')라고 하였다. 『三禮辭典』에는 "용량은 3승이다. 나무로 만드는데 청동으로 만든 것도 있다"(容三升. 以木製, 亦有青桐製者)라고 하였고, 聶崇義의 『三禮圖』에는 "입구의 직경은 5촌, 가운데의 깊이는 4촌, 바닥의 직경은 3촌이다"(口徑五寸, 中深四寸强, 底徑三寸)라고 하였다.

『三禮圖』(宋 聶崇義)

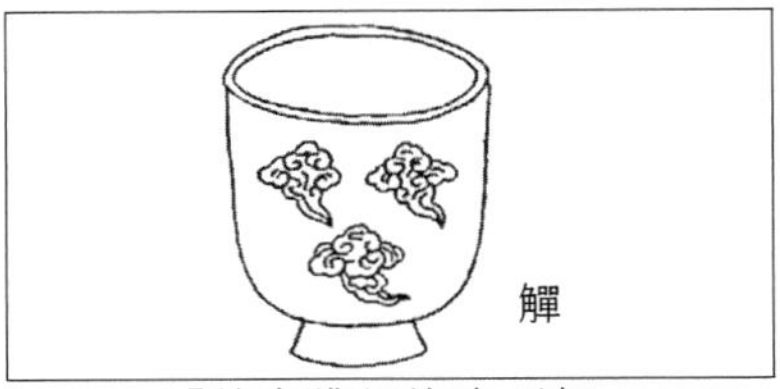

『欽定禮記義疏』(淸)

66) 발로 ~ 있다 : 『左傳』, 襄公 29년 조에는 公叔發로 되어 있다.

67) 止 : 사고전서본에는 '止'가 '正'으로 되어 있다. 완원 교감에 따르면, 惠棟校宋本에 '正'이 '止'로 되어 있고, 宋監本 · 岳本, 嘉靖本, 衛湜의 『集說』, 『考文』에 인용된 古本 足利本도 마찬가지다. 공영달의 소에 "子亢不能止之"라고 하였고, 또 "自度不能止"라고 하였기 때문에 '止'로 보는 것이 타당하다. 『예기정의』(상), 293쪽, 관련 부분 참조.

68) 상편 : 「檀弓上」(107)을 말한다.

69) 헌공은 ~ 돌아왔다 : 위나라 헌공이 孫文子와 甯惠子에게 함께 식사하자고 명하자 두 사람이 예복을 차려입고 들어갔지만, 헌공은 날이 저물도록 그들을 부르지 않고 새와 짐승을 기르는 동산에서 기러기 사냥을 하고 있었다. 두 사람이 그곳까지 찾아갔지만 헌공은 皮冠을 벗지도 않은 채 그들과 말을 하는 무례한 짓을 하였다. 두 사람이 노하여서 헌공을 공격하자 헌공은 제나라로 망명하였다. 12년 후 영혜자의 아들 甯喜가 아버지의 말로 손씨를 공격하고 헌공을 맞아들였다. 『左傳』 襄公 12년 조 및 26년 조 참조.

70) 머리가 바닥에 ~ 하고 : '稽首'의 절차는 먼저 무릎을 꿇어 바닥에 붙이고, 이어서 왼손과 오른손을 포개어 맞잡고, 다시 머리를 천천히 바닥에 붙이는데, 손이 무릎 앞에 있고 머리는 손의 앞에 있게 된다. 이러한 과정으로 一拜의 禮를 완성한다. '再拜稽首'는 두 차례의 稽首를 행하는 것이다. 『주례』 「春官 · 大祝」에서는 절을 ① 稽首(배례를 할 때 머리가 바닥에 이르는 것), ② 頓首(배례를 할 때 머리가 바닥을 두드리는 것), ③ 空手(배례를 할 때 머리가 손이 있는 곳에 이르는 것), ④ 振動, ⑤ 吉拜, ⑥ 凶拜, ⑦ 奇拜, ⑧ 褒拜, ⑨ 肅拜의 '九拜'로 분류하는데, 稽首는 이 가운데 가장 공경을 나타내는 절이다. 胡培翬 『儀禮正義』, 252쪽 참조.

71) 촉민독법 : 『주례』 「地官 · 黨正」에 "정월에 백성을 모아놓고 법을 읽으며, 그 덕행과 도예를 기록한다"(正歲屬民讀法而書其德行道藝)고 하였다.

72) 역제 : 천자와 제후가 제사를 지낸 다음 날 또 제사를 지내면서 시를 접대(儐尸)하는 예를 행하는데, 이것을 繹이라고 부른다. 제사에서 시가 방 안에 있는 것을 正祭라고 한다. 正祭가 끝나고 시가 堂에 있으면 賓禮로 시를 대접하는데 이것을 '儐尸'라고 한다. 관련 내용은 『儀禮』 「有司徹」에 보인다. 『三禮辭典』, 1236쪽, '繹祭'; 1099쪽, '儐尸' 등 참조.

73) 소리 나는 ~ 두었다 : 孔穎達의 疏에 다음과 같은 설명이 보인다. "'소리 나는 것을 없앤

다'(去其有聲)고 한 것은 籥舞를 없앤다는 뜻으로 피리(籥)를 불면 소리가 나기 때문이다. '소리 없는 것은 그대로 둔다'(廢其無聲)고 한 것은 萬舞를 그대로 두어 없애지 않는다는 뜻으로 만무는 소리가 없기 때문이다." 『예기정의』(상), 296쪽, 해당 부분 참조.

74) 죽었을 때 ~ 하였고 : 소공 15년 2월 癸酉에 소공이 武公에게 禘 제사를 지낼 때 숙궁도 참여하였다. 피리 부는 舞樂의 樂人이 들어왔을 때 숙궁이 죽자, 음악을 중지하고 제사를 끝마쳤다. 군자가 그 일은 예에 맞는 것이라고 하였다. 『좌전』 소공 15년 2월 조 참조.

75) 만입거약 : 『春秋』, 宣公 8년 조에 나오는 말이다.

76) 중자의 ~ 하였다 : 『左傳』, 隱公 5년 9월 조에 나오는 말이다.

77) 자원 : 초나라 文王의 동생으로, 이름은 善이다.

78) 문부인 : 초나라 문왕의 부인, 즉 息嬀이다.

79) 초나라의 ~ 않은가? : 『좌전』, 莊公 28년 조에 나오는 말이다.

80) 장사 : 『주례』 「地官 · 鄕師」에 "(향사는) 大喪에 일이 있으면 그 백성을 이끌고 가서 일을 다스린다. 매장할 때가 되면 큰 깃발을 잡고 匠師와 함께 상여를 몰면서 일을 다스린다"(大喪用役, 則帥其民而至, 遂治之. 及葬, 執纛以與匠師, 御匶而治役)고 하였다. 정현 주에서 "장사는 事官의 속관이다. 장사와 司空의 관계는 향사와 司徒의 관계와 같다. 향사는 일을 주관하고, 장사는 뭇 장인의 일을 주관하는데, 함께 상례의 발인을 관장한다"(匠師, 事官之屬. 其於司空, 若鄕師之於司徒也. 鄕師主役, 匠師主衆匠, 共主葬引)고 하였다.

81) 풍비 :

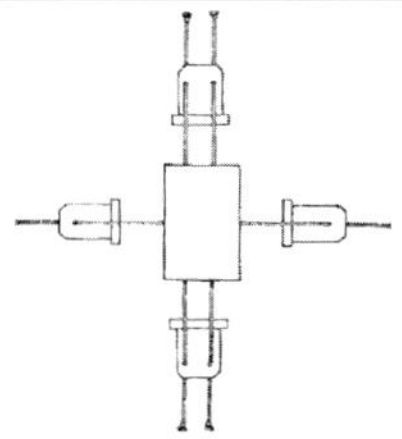

四碑六紼圖

『欽定禮記義疏』(淸)

豊碑古制圖

『家禮輯覽』(朝鮮 金長生)

82) 상의 예 : 성인이 되지 못하고 죽은 이를 위한 喪禮이다. 19세에서 16세까지는 長殤, 15세에서 12세까지는 中殤, 11세부터 8세까지는 下殤이라고 한다. 그 상례는 매우 간략하다.

83) 공숙무인 : 『左傳』, 昭公 11년 조에 나온다.

84) 동왕기 : 『左傳』, 哀公 11년 조에 나온다.

85) 방씨 : 衛湜의 『禮記集說』에 方慤의 말로 인용되어 있다.

86) 기질은 ~ 기질이다 : 기질은 초나라 恭王의 아들로서 후에 平王이 된다.

87) 초자가 ~ 하였다 : 『左傳』, 昭公 12년 조에 보인다. 楚子는 초나라 靈王으로 이름은 虔이고 기질의 형이다.

88) 옷자락을 잡고 당에 오른 것 : 『논어』 「鄕黨」에 나오는 말이다.

89) 참승 : 옛날 乘車하는 법으로, 御者가 수레의 가운데에 있고, 군주는 왼쪽에 있고, 오른쪽에 호위자 1인을 태워 수레가 기울지 않도록 한다. 그 오른쪽에 타는 자를 참승이라 한다. 陪乘, 車右라고도 한다.

90) '자숙경숙'은 숙궁이다 : 孔穎達의 疏에는 다음과 같은 설명이 보인다. 『世本』에 의하면 叔肸이 聲伯嬰齊를 낳았고, 성백영제가 叔老를 낳았고, 숙로가 叔弓을 낳았다고 한다. 따라서 숙궁은 숙힐의 증손이 된다. 叔이 氏인데 경문에서 '子叔'이라고 한 것은 子는 남자의 통칭이기 때문에 '子'를 '叔'에 붙인 것이다. 『禮記正義』(上), 304쪽, 해당 부분 참조.

91) '혜백'은 ~ 초이다 : 孔穎達의 疏에는 다음과 같은 설명이 보인다. 『世本』에 의하면 公子慶父가 穆伯敖를 낳았고, 목백오가 文伯穀을 낳았고, 문백곡이 獻子蔑을 낳았다고 한다. 헌자멸은 경보의 증손이 되는데, 혜백은 바로 이 헌자멸의 손자이다. 따라서 혜백은 경보의 현손의 아들이 되는 것이다. 『좌전』 昭公 3년 조에는 "자복초가 부사가 되었다"(子服椒爲介)고 하였으므로, 혜백의 이름이 '초'임을 알 수 있다. 『禮記正義』(上), 304쪽, 해당 부분 참조.

92) 경숙이 들어가지 않았다 : 『左傳』, 昭公 3년 조에는 다음과 같이 되어 있다. 소공 3년 5월에 노나라 叔弓이 등나라에 가서 등나라 성공을 장사지내는 일에 참가했다. 그때 공자 服椒가 副使가 되었다. 등나라 교외에 도달하자 그날이 복초의 부친 懿伯의 忌日이었다. 그래서 敬子(叔弓)가 복초를 위하여 그날에 등나라의 도읍으로 들어가지 않기로 하였다. 惠伯(服椒)이 "公事에는 공적인 이익만 있고, 사적인 기일은 없다. 제가 먼저 들어가게 해주십시오"라고 하였다. 그리고 곧 먼저 들어가 머물 곳을 할당받자, 경자 또한 그 뒤를 따라 들어갔다.

93) 경숙은 ~ 삼는다 : 孔穎達의 疏에는 다음과 같이 정현의 설을 비판한다. 『세본』에 의하면 敬叔은 환공의 7세손이고, 혜백은 환공의 6세손으로 惠伯은 경숙의 아버지의 6종형제이다. 따라서 경숙은 혜백을 숙부라고 부르고, 懿伯을 五從祖라고 부른다. 따라서 경숙은 소목 관계에서 혜백을 숙부로 삼는다고 하였다. 『예기정의』(상), 304쪽, 관련 부분 참조. 진호의 『예기집설』도 이에 동의한다.

94) 기식과 ~ 들어갔다 : 이 말은 『좌전』, 襄公 23년 7월 조에 나온다.

95) 제나라 ~ 조문하였다 : 이 말은 『좌전』, 襄公 23년 7월 조에 나온다.

96) 용춘의 ~ 삼는다 : 이 말은 「檀弓上」(103)에 나온다.

97) 대부는 ~ 한다 : 이 말은 「喪大記」(78)에 나온다.

98) 도끼 문양을 ~ 덮는다 : 이 말은 「檀弓上」(143)에 나온다.

99) 방씨 : 衛湜의 『禮記集說』에 方慤의 말로 인용되어 있다.

100) 첩 가운데 귀한 자 : 여자가 시집갈 때 따라가는 조카딸과 여동생, 곧 姪娣를 말한다. 『儀禮』「喪服」'緦麻三月' 조에 "貴臣과 貴妾이다. 「傳」에서 말한다. 무엇 때문에 시마복을 하는가? 귀하기 때문이다'(貴臣·貴妾. 「傳」曰, '何以緦也? 以其貴也')고 하였다. 정현 주에 "귀첩은 질제이다"고 하였고, 胡培翬의 『의례정의』에서는 "姪은 처의 형의 여동생이고, 娣는 처의 조카로서, 처를 따라와서 첩이 된 자이다. 「곡례」에 대부는 세신과 질제의 이름을 칭하지 않는다. 그러므로 이들은 첩 가운데 귀한 자가 된다"고 하였다.

101) 계를 ~ 하였다 : 『사기』「仲尼弟子列傳」에는 "高柴의 자는 子皐로서 공자보다 30세가 어리다. 鄭나라 출신이다"고 하였다. 본래 氏는 高인데 季子皐라고 한 것은 그가 季少(막내아들을 뜻하는 字)였기 때문에 字를 씨로 삼아 계라고 칭한 것이다. 子游를 叔氏라고 칭하고, 仲由라고 칭한 것도 그러한 예이다.

102) 고시는 우직하다 : 『논어』「先進」에 나오는 말이다.

103) 『공자가어』에서 칭한 바 : 『孔子家語』「弟子行」 제12에 "공자를 뵙고 난 뒤부터는 문을 출입할 때 문턱을 밟지 않았고, 오고 가면서 지나칠 때 발로 그림자를 밟지 않았고, 계칩에는 생물을 죽이지 않았고 한창 자라날 때는 식물을 꺾지 않았고 부모의 상을 치를 때는 치아를 보이지 않았으니 이것이 고시의 행동이었다"(自見孔子, 出入於戶, 未嘗越履, 往來過之, 足不履影, 啓蟄不殺, 方長不折, 執親之喪未嘗見齒, 是高柴之行也)라고 하였다.

104) 삼 년 동안 ~ 흘렸다 : 「檀弓上」(51)에 나오는 말이다.

105) 성 땅 ~ 입었다 : 「檀弓下」(135)에 나오는 말이다.

106) 침문에서 ~ 들어온다 : 앞에서 목탁을 들고 궁중에 명하였고, 또 궁에서 나와 침문에서 고문에 이르는 것이다. 寢門·路門·庫門은 노나라의 외문이다. 백관 및 종묘가 있는 곳으로, 고문에 이르러 모두가 알게 하는 것이다. 공영달의 소 참조.

107) 『주례』에 ~ 관장한다 : 『주례』「천관·재부」에 "소상·대상에 소관의 戒令을 관장하여 집사를 이끌고 다스린다"(大喪小喪掌小官之戒令, 帥執事而治之)고 하였다. 이에 대해 정현은 "대상은 왕후와 세자의 상이고, 소상은 夫人 이하 소관 및 사의 상이다"(大喪, 王后·世子也, 小喪, 夫人以下小官·士也)라고 하였다.

108) 아내가 ~ 않는다 : '擧'가 '稱'의 뜻으로 쓰인 용례를 든 것이다. 정현 주에 "아내가 자신의 친속을 위해 피휘 하는 이름을 남편은 아내의 곁에서 역시 말하지 않는다"(妻之所爲其親諱, 夫於其側, 亦不言也)고 하였다.

109) 상을 ~ 것이니 : 禍福을 알릴 때는 告라고 칭하고, 崩薨을 알릴 때는 赴라고 칭한다. 이제 군대가 패했기 때문에 '告'라고 칭해야 하는데 '赴'라고 칭했다. 그래서 '상을 알리는 말로 말한 것'이라고 한 것이다. 공영달의 소 참조.

110) 火 : 사고전서본에 '火'로 되어 있다. 그러나 阮元의 교감기에 "惠棟校宋本에 '人'은 '火'

로 되어 있는데 옳다. 宋監本 · 衛湜의 『집설』도 마찬가지다"고 하였다. 이에 따라 번역한다.

111) 식례 : 수레의 가로막대에 기대고 머리를 숙여 경의를 표하는 예이다.

112) 자최복을 ~ 변화시킨다 : 『논어』 「鄕黨」에 보인다.

113) 훈시 : 군대가 출정할 때 군사들 앞에서 전쟁의 목적과 규율 등을 경계하고 훈시하는 것이다. 『서』 「大禹謨」에 "우임금이 여러 제후를 모아놓고, 군대 앞에서 훈시하였다"(禹乃會群后, 誓于師)고 하였고, 蔡沈의 주에 "誓는 경계한다는 뜻으로, 군대 앞에서 하는 것을 誓라고 한다"고 하였다.

114) 삼환 : 三家라고도 한다. 노나라 桓公의 후손들로서, 중손씨, 숙손씨, 계손씨를 말한다.

115) 그 몸이 ~ 않는다 : 『논어』 「子路」에 보인다.

116) 상국 : 오나라는 동남쪽에 치우쳐 있었고 지세가 낮았으며 중원에 있는 나라들은 상류에 있었으므로 中原에 있는 나라를 상국이라고 칭했다. 『左傳』, 昭公 27년 조의 "연주래 계자가 상국을 빙문하였다"(使延州來季子, 聘于上國)에 대한 공영달의 정의 참조.

117) 『좌전』에는 ~ 하였다 : 『左傳』, 昭公 27년 조의 "연주래 계자가 상국을 빙문하였다"(使延州來季子, 聘于上國)에 대한 杜預의 주에 "계자는 본래 연릉에 봉해졌는데, 후에 다시 주래에 봉해졌다. 그래서 '연주래'라고 한 것이다"(季子本封延陵, 後復封州來. 故曰'延州來')고 하였다.

118) 생존했을 ~ 것이다 : 공영달의 소에 "생전에 샘물 가까이 가고자 하지 않았기 때문에 죽었을 때도 샘에 이르지 않게 한 것이다. 살았을 때의 뜻을 가지고 죽은 자의 마음을 헤아린 것이다"(以生時不欲近泉, 故死亦不至於泉. 以生時之意, 以恕於死者)라고 하였다.

119) 亦 : 사고전서본 『예기대전』에는 '亦'이 '示'로 되어 있다. 완원의 교감기에 "惠棟校宋本에 '示'가 '亦'으로 되어 있고, 宋監本 · 岳本 · 嘉靖本도 마찬가지고, 『讀通解』도 마찬가지고, 『考文』에 인용된 古本足利本도 마찬가지다. 생각건대, 공영달의 『정의』에 의거하여 '亦' 자로 보는 것이 옳다"고 하였다. 이에 따라 번역한다.

120) 유혼은 변화하는데 ~ 때문이다 : 『역』 「繫辭上」에 "정기는 사물이 되고, 유혼은 변화한다"(精氣爲物, 遊魂爲變)고 하였다. 그 주에서 "精氣는 천지의 기로서 모여서 만물을 생성한다. 모임이 극에 달하면 흩어져서 유혼이 변화한다"(精氣烟熅, 聚而成物. 聚極則散, 而遊魂爲變也)고 하였다.

121) 주루 : 周의 武王이 五帝 가운데 하나인 顓頊의 후예를 봉한 곳이다. 魯의 附庸國으로 성은 曹이다. 춘추시대에는 子爵이 된다. 邾라고도 하는데 후에 鄒로 바꾸었다고 한다. 노나라에 의해 멸망되었다.

122) 함 : 생쌀과 조개 등을 死者의 입에 넣어 아름답게 장식하는 의절로 飯含이라고도 한다. 含玉은 반함에 사용할 옥이다.

123) 주옥 : 구슬과 옥, 또는 구슬 모양의 옥을 뜻한다. 여기서는 반함에 사용하는 구슬 모양의 옥을 뜻하는 것으로 생각된다.

124) 대축 : 제사에서 신에게 고하는 贊辭를 담당하는 직관의 명칭이다. 축관의 우두머리로 하대부이며 춘관 종백에 소속되어 있다. 泰祝, 祝史라고도 불리며 생략하여 祝이라고도 부른다. 『三禮辭典』, 101쪽 참조.

125) 상축 : 축 가운데 商나라의 예에 밝은 사람이다. 하나라의 예를 익힌 사람을 夏祝이라고 하며 상축과 하축은 모두 喪祝의 속관이다. 『주례』「春官 · 商祝」 참조.

126) 성복 : 사망한 지 4일째 되는 날에 喪服 짓기를 끝내고 상복으로 갈아입는 절차이다. 성복한 뒤에는 죽을 먹기 시작하며 朝夕哭과 無時哭만을 하고 代哭은 하지 않는다. 『儀禮』「士喪禮」 "죽은 지 사흘째 되는 날, 즉 大斂을 한 다음 날, 五服의 친속들은 모두 成服을 하고 지팡이를 짚는 服을 하는 사람은 지팡이를 짚는다"(三日成服, 杖)에 대해 鄭玄은 "殯을 마친 다음 날로, 죽은 다음 날부터 사흘째이다. 죽을 먹기 시작한다"(既殯之明日, 全三日. 始歠粥矣)라고 하였다. 『儀禮』「士喪禮」 "아침과 저녁마다 곡하는 의식(朝夕哭)은 子日과 卯日을 피하지 않는다"(朝夕哭, 不辟子 · 卯)에 대한 정현 주에 "시신을 殯宮에 안치한 뒤로부터 아침과 저녁 그리고 슬픔이 북받칠 때마다 哭을 하고, 번갈아 가면서 끊이지 않고 곡을 하는 것은 하지 않는다. '子日과 卯日'은 桀과 紂가 망한 날이다. 흉사의 경우는 피하지 않고 吉事의 경우는 그날을 피해서 거행한다"(既殯之後, 朝夕及哀至乃哭, 不代哭也. 子 · 卯, 桀 · 紂亡日. 凶事不辟, 吉事闕焉)라고 하였다.

127) 제후의 대부가 ~ 하는 것 : 『儀禮』「喪服」 '세최칠월'장에 규정되어 있다.

128) 광견 : 狂者는 진취적이어서 백이 · 숙제의 굳센 정신을 본받는다. 狷者는 자기의 뜻을 곧바로 펼쳐서 무례한 행동에는 결코 따르지 않는다. 경문에서 굶주린 자는 이 두 가지 성격을 동시에 갖고 있지만 증자는 이런 견자와 광자의 융통성 없음을 비판한 것이다.

129) 주소본에 ~ 옳다 : '在宮'이 다른 본에는 '在官'으로 되어 있기 때문에 교감을 한 것이다.

130) 노나라 ~ 씨주었다 : 이 말은 『左傳』, 昭公 29년 조에 나온다.

131) 益恭 : 惠棟校宋本 · 宋監本 · 岳本 · 嘉靖本 · 衛湜의 『禮記集說』에는 모두 '益恭'으로 되어 있고, 閩本 · 監本 · 毛本에는 '益敬'으로 되어 있다.

132) 장공이 ~ 일으켰다 : 장공이 즉위 32년에 죽고 태자 般이 즉위했다. 그해 10월에 共仲(慶父)이 말을 치는 일을 맡고 있는 낙을 시켜 태자 반을 黨氏의 집에서 해치게 하고 민공을 세웠다. 『左傳』, 莊公 32년 조 참조.

133) 고문 : 노나라에는 庫門 · 雉門 · 路門이 있는데, 고문이 가장 밖에 있다. 따라서 밖에서 들어올 때는 고문을 먼저 들어간다.

134) 그가 걸터앉아 ~ 두드린 것 : 『논어』「憲問」에 "원양이 걸터앉아 공자를 기다리고 있었다. 공자는 '어려서 공손하지 못하고, 장성해서 칭찬할 만한 일이 없고, 늙어서 죽지 않는 것이 賊이다' 하고 지팡이로 그의 정강이를 두드렸다"(原壤夷俟. 子曰, '幼而不孫弟, 長而無述焉, 老而不死, 是爲賊.' 以杖叩其脛)라고 하였다.

135) '숙예'는 ~ 힐이다 : 『韓詩外傳』에 "조문자가 숙향과 더불어 구원을 유람하였다"고 하였으므로 숙예는 숙향을 말한다. 양설은 읍명으로, 진의 대부 공족이 양설대부가 되었다. 『左傳』, 閔公 2년 조에 "양설대부가 尉가 되었다"고 하였다. 양설대부는 羊舌職을 낳았고, 직은 숙향을 낳았다. 따라서 양설대부의 손자라고 한 것이다. 『좌전』, 昭公 3년 조에 숙향이 제나라 안자와 말하면서 "肸에게는 아들이 없습니다"고 하였다. 숙향의 이름이 힐인 것이다. 공영달의 소 참조.

136) 호역고에게 살해당한 것을 말한다 : 양처보가 衛나라에 빙문갔다가 돌아오는 길에 甯 땅을 지났다. 영 땅 사람 嬴이 양처보를 따랐다. 溫 땅에 이르렀다가 돌아왔는데 영의 아내가 물었다. 영은 '그 분은 성질이 지나치게 강하다(剛)'고 하였다.(『좌전』, 文公 5년 조) 진나라가 夷 땅에서 군사훈련을 할 때 호역고로 하여금 中軍을 이끌게 하고, 趙盾을 부장으로 삼았다. 양처보가 溫 땅에서 돌아와서 다시 董 땅에서 군사 훈련을 하였는데, 중군의 대장과 부장을 맞바꾸어 조돈을 대장으로 삼고 호역고를 부장으로 삼았다. 호역고가 이에 불만을 품고 續鞫居를 시켜 양처보를 살해하였다.(『좌전』, 文公 6년 조) 호역고는 진나라 대부 狐偃의 아들로, 賈季라고도 불렀다.

137) 자범은 ~ 것이다 : 晉나라 文公(즉 公子 重耳)는 노나라 희공 5년에 驪姬의 난을 피해 망명하여 19년 동안 떠돌이 생활을 하다 희공 24년, 秦의 도움으로 귀국하게 되었다. 일행이 황하에 이르렀을 때 자범은 지니고 있던 구슬을 공자에게 주면서 '신은 군주의 말고삐 끈을 잡고서 군주를 따라 천하를 돌아다녔는데, 신이 저지른 죄가 매우 많습니다. 그것은 신도 잘 알고 있는데, 하물며 군주께서 이겠습니까? 제가 여기서 도망치게 하여 주시기 바랍니다'라고 하였다. 그러자 공자는 '이제부터 내 아저씨와 마음을 같이 하겠습니다'라고 맹세하고 구슬을 황하 물에 던져버렸다. 舅犯은 진나라 대부 狐偃으로 문공의 외삼촌이다. 자범은 그의 子이다. 『左傳』, 僖公 24년 조 참조.

138) 그 분은 ~ 않았다 : 『左傳』, 襄公 27년 조 참조.

139) 자기 친구를 ~ 것이다 : 晉나라의 士會(수무자)는 先蔑과 함께 晉의 공자 雍을 맞이하여 秦나라로 망명했는데, 秦에 있던 3년 동안 사회는 선멸을 만나지 않았고, 사회가 晉으로 돌아올 때도 선멸을 만나지 않고 귀국하였다. 따라서 사실은 사회가 친구를 버린 것이다. 그런데 조문자가 '버리지 않았다'고 한 것은 선멸과 함께 공자 옹을 맞이해서 공모자로 화가 자신에게 미칠까 봐 만나지 않은 것이다. 이유 없이 버린 것이 아니다. 공영달의 소와 『좌전』, 文公 7년 조 참조.

140) 如不出諸其口 : 본래 사고전서본 『예기대전』에는 '諸'가 없다. 阮元 교감기에 "惠棟校宋本에는 '諸' 자가 있다. 石經 · 宋監本 · 岳本 · 嘉靖本도 마찬가지고, 衛湜의 『集說』도 마찬가지다. 사고전서본에는 '諸' 자가 빠져 있으며, 閩本 · 監本 · 毛本도 마찬가지다. 『石經考文提要』에 '宋大學本 · 宋本九經 · 南宋巾箱本 · 余仁仲本 · 『禮記纂言』 · 至善堂九經本에는 모두 '제' 자가 있다'고 하였다"고 되어 있다. 이에 따라 번역한다.

141) 『의례』 「향사례 · 기」에 보인다 : 『儀禮』 「鄉射禮 · 記」에 "향사의 과녁은 가장 위쪽의

폭이 4丈이고, 가운데 폭이 10尺이다. 활 쏘는 곳과 과녁의 거리는 활 50개의 길이로 하고, 50개의 활마다 2寸씩을 계산하여 과녁 몸통(侯中)의 치수로 한다"(鄕侯上个五尋, 中十尺. 侯道五十弓, 弓二寸以爲侯中)고 하였다. '中'이 '身'(몸)의 용례로 쓰인 예를 든 것이다.

142) 노나라 숙손씨의 종족이다 : 『世本』에 따르면 노나라 桓公이 僖叔牙를 낳았고, 숙아는 武仲休를 낳았고, 휴는 惠伯彭을 낳았고, 팽은 皮를 낳아 叔仲氏가 되었다. 공영달의 소 참조.

143) 글자가 뭉개진 것이다 : 『儀禮』 「상복 · 傳」의 "婦爲舅姑齊衰"(며느리가 시부모를 위해서 자최를 입는다)에 '衣衰'라는 문장이 없기 때문에 '衣'는 '齊' 자로 보아야 한다. '齊' 자가 뭉개져 없어지고 '衣'가 남아 있는 것이다. 공영달의 소 참조.

144) 아래로 ~ 않는다 : 『儀禮』 「喪服 · 傳」에 "성인으로 죽은 사람의 복상은 그 문식이 번다하지만, 성인이 되지 못하고 죽은 사람의 복상은 그 문식이 번다하지 않기 때문이다. 그러므로 殤의 要絰은 아래로 늘어뜨린 끈을 꼬지 않는다"(喪成人者其文縟, 喪未成人者其文不縟. 故殤之絰不樛垂)라고 하였다.

145) 讀爲不樛垂 : 사고전서 『예기대전』에는 '爲不樛'이 '爲木樛'으로 되어 있다. 阮元교감기에는 "閩 · 監 · 毛本에 '木'은 '不'로 되어 있다. 衛湜의 『集說』에 '讀爲不樛垂之樛'로 되어 있다. 단옥재는 '不樛이 옳고 木樛은 잘못이다'고 하였다. 岳本 『禮記考證』에 '「喪服傳」을 살펴보건대 不樛垂로 되어 있다'고 하였다. 공영달은 '樛는 양다리로 서로 꼬는 것이다. 오복의 絰이 모두 그렇게 한다. 다만 弔服環絰에는 不樛한다'고 하였다. 또 「잡기」에 '纏而不樛. 是環絰不樛也'라고 하였다. 이들에 의거하면 '木'의 글자는 '不'의 글자로 보아야 한다"고 하였다. 본 번역은 이에 따른다.

146) 규질 : '繆'는 '樛'와 통한다. 규질은 麻의 끈을 이마 앞에서부터 뒤로 향하게 하여 뒤통수에서 두 가닥을 묶는다. 齊衰 · 규질은 士의 처가 시부모를 위해 하는 상복이다. 손희단은 "규질은 끈 한 가닥을 이마에서 뒤로 향하여 돌려서 뒤통수에서 서로 묶는 것이다. 환질은 그것을 만드는 것이 고리와 같으며, 머리에 얹는다.… 규질은 大功 이상의 絰이며, 環絰은 小功 이하의 絰이다"(『禮記集解』)라고 하였다. 규질은 무겁고, 환질은 가볍다.

147) 세최 : 올이 가늘고 베가 거친 것을 '繐'라고 한다. 『儀禮』 「喪服 · 傳」에 "'세'란 무엇인가? 소공의 올로 하는 것이다"고 하였고, 정현 주에 "그 올을 엮을 때 소공과 같이 하되, 베 4升 반을 이룬다. 올을 가늘게 하는 것은 은혜가 가볍기 때문이다. 승수가 적은 것은 지존에 복하는 것이기 때문이다. 무릇 베가 가늘고 거친 것을 '세'라고 한다"고 하였다. 繐衰裳은 제후의 신하가 천자를 위해 하는 상복이다.

148) 억지로 ~ 말이다 : 어머니가 돌아가시고 3일 동안 먹지 않는 것이 예인데, 5일 동안 먹지 않았기 때문에 정해진 예에서 2일이 지난 것이다. 2일을 지난 것이 문제가 아니라, 다만 진실한 정으로 하지 않고 억지로 하여 5일에 이른 것이 후회된다는 말이다.

공영달의 소 참조.

149) 왕은 ~ 있다 : 『左傳』, 僖公 21년 조 주에는 "尪은 무당이 아니라 척추에 병이 든 사람으로 그 얼굴이 위를 향하고 있다. 세속에서는 '하늘이 그의 병을 불쌍하게 여겨 비가 그의 코 안으로 들어갈까 걱정하였기 때문에 가뭄이 들게 하였다'고 하였다"(尪, 非巫也, 瘠病之人, 其面上向. 俗謂"天哀其病恐雨入其鼻, 故爲之旱)로 되어 있다.

150) 노나라 희공이 ~ 중지한 일 : 『좌전』, 僖公 21년 조에 나온다.

색인

◆ ㄱ ◆

가枷 131

가례嘉禮 55

가상家相 264

가소嘉蔬 345

가옥嘉玉 346

갈질葛絰 721

갑甲 167

강强 76

강降 348

강렵剛鬣 340

강복降服 506

강일剛日 215

개介 231

갱헌羹獻 341

거虡 494

거우車右 236, 409

겁袷 353

격綌 162, 511

견거遣車 626

견거遣車 573

견전遣奠 464, 639

겹梜 161

경로卿老 264

계笄 419

계상稽顙 388, 598

계상이후배稽顙而后拜 388

고庫 277

고櫜 692

고鼓 168

고구羔裘 513

고문庫門 531, 690, 692, 721

고사固辭 105

곡哭 473, 534, 583, 631

곡轂 235

곡벽穀璧 359

곡위哭位 432

곤梱 132

공려公厲 335

공수拱手 451

과戈 173

곽椁 498, 543

곽槨 533

관棺 498

광廣 701

교유交遊 84

구屨 102
구廐 277
구朐 143
구柩 348
구舅 487
구거柩車 464
국掬 177
군례軍禮 55
궁규躬圭 359
궤장几杖 274
귀갑龜甲 273
귀협龜莢 274
규圭 359
규벽圭璧 261
규질繆絰 730
규항缺項 478
극戟 174
근覲 310
금衾 638
금공金工 302
금로金路 199, 232
기期 77
기耆 76
기羈 657
기거奇車 234
기일忌日 394
길관吉冠 435
길례吉禮 55
길사吉事 216, 489
길제吉祭 612, 614

• ㄴ •

낙諾 120
내류內霤 718
내사內事 315
노老 77
뇌誄 411
뇌동雷同 119
뇌문誄文 409, 547

• ㄷ •

단袒 485, 583
담제禫祭 420, 551
대鐓 174
대공大功 430, 504
대공복大功服 446, 589
대관大棺 541
대렴大斂 467
대상大祥 421, 551
대상제大祥祭 408, 451
대조大祖 531
대침大寢 531
대향大享 357
덕거德車 199
도悼 77
도禱 71

도거塗車 619
돌비腯肥 340
동성同姓 546

◆ ㄹ ◆

려厲 640
려驪 402
령軨 222
로마路馬 716
롱壟 192
료우僚友 84
루壘 207
류蔞 638
륜輪 701
리離 131

◆ ㅁ ◆

마렵봉馬鬣封 524
마질麻絰 721
마최麻衰 472
막幕 404
만蠻 307
만무萬舞 660
말末 143
맹盟 312
명銘 599
명기明器 494, 501, 516, 533, 618, 619
명시明視 342
명자明粢 345
모矛 174
모耄 77
모마질牡麻絰 473
목牧 306
목鶩 359
목공木工 302
목로木路 199, 232
묘墓 389
묘廟 439, 475
무거武車 199
문免 377, 583
문門 335
문수門隧 185

◆ ㅂ ◆

반곡反哭 606, 607, 610
반함飯含 467, 530, 598, 674
발跋 123
방坊 525
방方 276
방사方祀 333
방상方喪 383
배이후계상拜而后稽顙 388
백伯 304
백호白虎 203
벽辟 602
변례變禮 409, 476, 488, 501

병兵 348
병거兵車 199
복復 297, 417, 530, 531, 596
봉賵 518
부祔 428, 738
부鳧 359
부거赴車 692
부고訃告 531
부의賻儀 448, 481
부인夫人 300, 318
부인婦人 318
부제祔祭 612, 614, 615
분墳 389
불紼 192, 580
불록不祿 348, 351
붕崩 348
비椑 529
비碑 515
비轡 223
비우肥牛 337
비휴貔貅 203
빈嬪 300
빈擯 579, 587
빈궁殯宮 539, 575
빈례賓禮 55
빙聘 312

◈ ㅅ ◈

사死 348, 430
사社 293
사祀 71, 640
사祠 71
사賜 171
사공司空 301
사교四郊 531
사구司寇 301
사기司器 302
사도司徒 301
사마司馬 301
사명司命 335
사목司木 302
사사司士 301
사수司水 302
사초司草 302
사토司土 302
사화司貨 302
삭전朔奠 527
삼사三祀 335
삼參 131
삽翣 399, 457, 638
상傷 189
상殤 667
상거祥車 231
상관喪冠 435
상구喪具 490
상례喪禮 464, 596

상로象路 199, 232
상사喪事 216, 489
상제商祭 343
상제喪祭 612
색우索牛 337
서誓 312
서방庶方 308
서방書方 276
서성庶姓 546
서자庶子 583, 653
석舄 102
석裼 263
석개席蓋 274
석공石工 302
석의裼衣 538
선膳 289
설식設飾 530
설의褻衣 632
설치楔齒 509, 530
성사成事 612
세繐 511
세부世婦 264, 300, 318
세신世臣 264
세최복繐衰服 730
소공小功 432, 436
소관素冠 281
소기素器 601
소렴 509
소렴小斂 467, 469, 485, 510, 624
소상小祥 535
소상素裳 281
소의素衣 281
소조小祖 531
소지疏趾 342
소침小寢 531
속束 500
속관屬棺 541
속백束帛 438
수漱 148
수綏 167
수綬 411
수脩 360, 500
수공獸工 302
수육濡肉 154
수질首絰 469, 472, 478
순簨 494
순장 659
순장殉葬 619, 654
숭아崇牙 457
습拾 359
습襲 263
승구繩屨 536
승마乘馬 438
시尸 61, 90, 182, 348, 658, 689
시矢 359
시마복緦麻服 539

식式 229, 234, 236

식례式禮 670, 694

신矧 164

신규信圭 359

신명神明 494

실노室老 605

심상心喪 381, 456

심의深衣 475, 513

◆ ㅇ ◆

안거安車 80

애艾 76

약弱 76

약무籥舞 660

양폐量幣 347

얼闑 103

역帟 553

역閾 103

역제繹祭 660

연練 458

연관練冠 475

연제練祭 415, 615

연練 536

염斂 700

염습斂襲 674

엽관厭冠 275, 548

영纓 133, 359

예사禮辭 105

오奧 89

오관五官 301, 303

오례五禮 55

오사五祀 334

오중五衆 301

옥로玉路 199, 232

와관瓦棺 399

외사外事 315

요대腰帶 469

요질腰絰 472

요질要絰 478, 536

용俑 619

용踊 432, 551, 583, 602, 633

용춘龍輴 545

우遇 311

우계右契 168

우심楡沈 682

우제虞祭 610, 611, 612, 639, 689

운삽雲翣 457

원騵 402

유唯 120

유幼 76

유당帷堂 530

유모柔毛 341

유여猶與 219

유의柳衣 457

유인孺人 318

유일柔日 215

유현類見 315
유類 315
육粥 482
육공六工 302
육부六府 302
육재六材 302
육전六典 300
육직六職 302
육태六大 300
윤酳 148
윤제尹祭 342
율繂 515
융戎 307
음사淫祀 336
의依 309
이夷 307
이椸 131
이貳 160
이관杝棺 541
이모二毛 642
이사二祀 335
이성異姓 500, 546
인引 580
일원대무一元大武 340
임衽 542

◈ ㅈ ◈

자漬 348
자炙 154
자胾 143, 147
자묘일子卯日 646
자최齊衰 504, 506
자최복齊衰服 446, 577, 685
작변爵弁 543
장壯 76
장牆 400, 457
장醬 168
장상長殤 400, 573
장첩長妾 264
재계齋戒 445
재관梓棺 541
저褚 459
저齊 155, 168
적狄 307
적績 176
적靮 657
적실適室 583
적자適子 473, 653
전奠 431, 454, 510, 533, 534, 610
전饘 404
전록田祿 279
정情 633
정旌 199
정제脡祭 343
제祭 71
제구鞮屨 282

제기祭器 502

제례祭禮 464

제복祭服 279

제육祭肉 533

조朝 310, 617

조祖 465

조竈 334

조묘祖廟 575

조복朝服 180, 236

조전祖奠 464, 467

족려族厲 335

졸卒 348, 351

졸곡卒哭 209, 612, 615

졸곡제卒哭祭 689

종終 430

종모從母 487

종묘宗廟 277

종사終辭 105

종자宗子 338

좌髽 418

좌거佐車 411

주胄 167

주부主婦 605

주인主人 605

주조朱鳥 203

죽粥 404

준純 94

준餕 158

준소尊所 155

중重 600

중류中霤 334, 479

중류重霤 528

중상中傷 400

중소重素 274

중의中衣 535

즐주堲周 400

지池 528

지수摯獸 203

지자支子 338

직稷 293

진瑱 537

진畛 295

진袗 274

질絰 478, 624

질제姪娣 264

집우執友 84, 85

◈ ㅊ ◈

차次 493

참마驂馬 448

창韔 692

창鬯 359

책策 167, 221

책簀 414

책혜策彗 235

처妻 300, 318

천관天官 300

천왕붕天王崩 297

천자복天子復 297

철족綴足 509, 530

첩妾 300, 318

청룡青龍 203

청작清酌 344

청척清滌 344

초공草工 302

초설勦說 119

총總 420

총예葱涤 143

최衰 276

최복衰服 446

추령芻靈 619

축縮 435

춘거輴車 682

춘전春田 288

측실側室 585

치絺 162

치觶 649

치격絺綌 274

치도馳道 289

치의緇衣 543

칠사七祀 335

침문寢門 104, 690

◆ ㅌ ◆

태려泰厲 335

태묘太廟 548

태복大卜 300

태사大史 300

태사大士 300

태재大宰 300

태종大宗 300

태축大祝 300

토공土工 302

퇴稅 437

◆ ㅍ ◆

폐幣 261

포脯 639

포벽蒲璧 359

포수脯脩 143

품절品節 635

풍본豐本 346

풍비豐碑 664

◆ ㅎ ◆

하상下殤 400

한翰 402

한음翰音 341

함含 702

함차鹹鹺 346

합장合葬 384

항行 335

해醢 639
향享 303
향기薌萁 345
향합薌合 344
헌獻 171
혁로革路 199, 232
현관玄冠 513
현무玄武 203
협筴 219
형衡 435
호戶 334
호관縞冠 551
혼거魂車 231
환규桓圭 359
환영桓楹 664
황고皇考 350
황벽皇辟 350
황비皇妣 350
황조고皇祖考 350
황조비皇祖妣 350
회會 312
회膾 143
효殽 143, 147
효絞 638
후后 300, 318
훙薨 314, 348
휘楎 131
휘諱 690
휴鑴 234
흉례凶禮 55
희우犧牛 337